작은 두루마리의 비밀

영원한 복음

| **이경환** 목사 지음 |

The Secret of Little Scroll

쿰란출판사

| 머리말 |

현시대는 하나님께서 구약의 선지자들을 통해 예언하게 하셨던 세상 종말의 징조들과 예수께서 감람산 강론에서 말씀하셨던 재림의 징후들이 곳곳에서 나타나고 있는 말세입니다. 특히 근자에 빈발(頻發)하는 폭우, 폭설, 혹한(酷寒), 혹서(酷暑) 및 한발(旱魃) 등의 기상이변이나 부쩍 잦아진 지진과 화산 폭발 등의 천재지변, 그리고 자원 고갈 및 환경 오염으로 인한 생태계 파괴와 지구 온난화 현상 등은 세상의 종말이 임박했음을 깨닫게 하시려는 자연을 통한 하나님의 음성이기도 합니다.

그러면 이러한 마지막 시대를 맞이하여 성도들의 최대의 관심사는 무엇이어야 하겠습니까? 예수께서 강림하시어 세상을 심판하실 때 과연 산 채로 들림 받아 영광의 주님을 맞이할 수 있을까에 있어야 하지 않겠습니까?

그런데 오직 '믿음'만 가지고는 신랑으로 오시는 예수님을 맞이할 수 있다고 볼 수 없습니다. 왜냐하면 예수께서 들려주셨던 마태 25장의 열 처녀 비유를 보면 신랑을 맞이하지 못했던 미련한 다섯 처녀들도 예수를 믿었던 자들로 보지 않을 수 없기 때문입니다. 이것은 그들이 신랑이 왔다는 소리에 등을 들고 맞으러 나갔다가 등불이 꺼져가자 슬기로운 다섯 처녀들에게 기름을 구했고 그들이 거절하자 한밤중인데도 불구하고 기름을 사러 나갔다는 데서(마 25:1-9) 충분히 입증됩니다.

더욱이 그들이 돌아왔을 때는 이미 혼인 잔치의 문은 닫혔지만 그들은 포기하지 아니하고 "주여 주여 우리에게 열어주소서"(11절)라고 간청하였습니다. 이로 볼 때 미련한 다섯 처녀들은 교회의 신도(信徒)들이 분명한 데도 불구하고 그들에게 되돌아온 대답은 "진실로 너희에게 이르노니 내가 너희를 알지 못하노라"(마 25:12)는 차디 찬 외면뿐이었다는 데서 오직 '믿음'만 가지고는 재림의 주를 맞이한다는 보장을 할 수 없다는 의미입니다.

그리고 이것은 양과 염소 비유에서도 재확인됩니다(마 25:31-46). 왜냐하면 임금이 왼편 염소들에게 왜 임금을 돌아보지 않았느냐는 추궁을 하였을 때(42,43절) 그들이 "주여 우리가 어느 때에 주께서 주리신 것이나 목마르신 것이나 나그네 되신 것이나 옥에 갇히신 것이나 병드신 것이나 옥에 갇히신 것을 보고 공양하지 아니하더이까"(44)라고 대답한 것을 보면 그들 역시 신자들이 확실한데도 불구하고 임금은 그들에게 "저주를 받은 자들아 나를 떠나 마귀와 그 사자들을 위하여 예비된 영원한 불에 들어가라"(마 25:41)는 냉혹한 지옥의 선고를 하였기 때문입니다.

그러므로 말세의 성도들은 긴장하지 않을 수 없습니다. 왜냐하면 예수께서 열 처녀 비유와 양과 염소의 비유를 통해 들려주시고자 하시는 메시지는 오직 '믿음'의 복음만 가지고는 재림하시는 예수님을 맞이할 수 없음을 깨닫게 하시려는 의도가 명백하기 때문입니다. 바로 이런 이유에서 주님은 "나더러 주여 주여 하는 자마다 다 천국에 들어갈 것이 아니요 다만 하늘에 계신 내 아버지의 뜻대로 행하는 자라야 들어가리라 그 날에 많은 사람이 나더러 이르되 주여 주여 우리가 주의 이름으로 선지자 노릇하며 주의 이름으로 귀신을 쫓아내며 주의 이름으로 많은 권능을 행하지 아니하였나이까 하리니 그 때에 내가 그들에게 밝히 말하되 내가 너희를 도무지 알지 못하니 불법을 행하는 자들아 내게서 떠나가라 하리라"(마 7:21-23)는 말씀을 하신 것으로 보입니다.

이처럼 마지막 때는 '믿음만'으로는 구원을 받을 수 없기 때문에 감람산에서 종말론 강론을 마무리하시던 주께서 "충성되고 지혜로운 종이 되어 주인에게 그 집 사람들을 맡아 때를 따라 양식을 나눠줄 자가 누구냐"(마 24:45)라는 말씀을 하신 것이라고 생각합니다. 즉 종말에 관한 말씀을 하시다가 '때를 따라 양식을 나눠줄 자가 누구냐'라고 하셨으므로 마지막 때에는 구원을 위한 말씀이 달리 또 있음을 암시하셨다는 뜻입니다. 그러면 주께서 시사(示唆)하신 마지막 때의 구원의 말씀은 무엇일까요?

요한계시록 10장에서 사도 요한은 하늘에서 내려온 힘센 천사의 손에 펴 놓인 작은 두루마리를 먹게 됩니다. 그 때 그 천사는 사도 요한에게 "네가 많은 백성과 나라와 방언과 임금에게 다시 예언하여야 하리라"(11)고 말합니다. 즉 온 세상에 그 작은 두루마리의 내용을 다시 전파하여야 한다고 한 것입니다. 그렇다면 사도 요한이 먹었던 그 '작은 두루마리'를 마지막 때에 다시 전파해야 할 구원의 말씀으로 보아야 하지 않겠습니까?

또한 사도 요한은 요한계시록 14장에서 영원한 복음을 가지고 공중에 날아가는 다른 천사의 환상을 봅니다. 그런데 '영원한 복음'은 땅에 거하는 모든 민족과 종족과 방언과 백성에게 전할 소식이라고 하였고(6), 공중에 날아가는 천사는 큰 음성으로 심판의 시간이 이르렀음을 외쳤다는 데서(7) 그 '영원한 복음'도 마지막 때에 온 세계에 다시 전파해야할 구원의 말씀으로 보지 않을 수 없습니다.

그래서 본서의 제목을 『작은 두루마리의 비밀, 영

원한 복음』이라고 한 것입니다. 마지막 때의 구원의 말씀은 작은 두루마리에 수록되어 있고 그 핵심 내용은 '영원한 복음'이라고 보았기 때문입니다.

한편, 지금은 교회가 위기에 봉착한 시대이기도 합니다. 교회의 성장은 정체(停滯) 내지는 퇴보하고 있는 처지에서 교회가 다툼과 분열, 부패와 비리의 일그러진 모습을 보임으로 말미암아, 교회가 세상의 등불과 희망이 되기는커녕 오히려 비난과 지탄의 대상이 되고 있기 때문입니다. 더욱이 보수주의 신학과 진보주의 신학이 대립하고 있는 상황에서 교회가 올바른 종말론은 제시하지 못한 채 전천년설과 후천년설 및 무천년설을 모두 성경적이라고 인정하는 것은 자체 모순일 뿐 아니라 말세의 성도를 오히려 방황하게 만드는 큰 잘못이라고 지적하지 않을 수 없습니다.

이러한 교회의 위기시대를 맞이하여 신학의 난맥(亂脈)을 바로 잡고, 십인십색(十人十色)의 종말론을 잠재우며, 교회를 새롭게 하고 성도를 완전하게 할 성경적인 올바른 신학과 완전한 종말론이 그 어느 때보다도 요청되는 시대가 아닐 수 없습니다.

그런데 성령께서는 성경을 성경으로 푸는 성경 해석주의에 입각하여 난해한 상징적 표현들이 성경 다른 곳에서 어떤 의미로 사용되었는지를 찾고, 또 짝이 되는 말씀을 찾으면 완전한 종말론을 얻을 수 있다는 확신을 주셨습니다. 그리고 '아브라함의 하나님, 이삭의 하나님, 야곱의 하나님'이라는 말속에는 말세의 교회를 향한 하나님의 새로운 역사(役事)가 있을 것과 더 나아가 타 종교까지도 예수 안에서 품고 아우를 수 있는 진리가 담겨져 있음을 깨우쳐주셨습니다.

부족한 종에게 성도를 완전하게 하고 교회를 새롭게 하며 기독교를 업그레이드 시킬 종말의 진리와 성경의 여러 보화들을 발견하도록 은혜를 베푸신 성 삼위 하나님께 진정한 감사와 찬송과 영광을 돌리면서, 아무쪼록 본서가 종말의 성도들을 완전히 결실하게 하여 미구(未久)에 불어 닥칠 무서운 재난과 환난에서 보호받게 함은 물론, 성도들을 그리스도의 신부로 아름답게 단장시켜 주께서 재림하시면서 세상을 심판하실 때 넉넉히 들림 받게 하는 좋은 길잡이가 되기를 소망합니다.

2013년 12월 9일

주님의 작은 종 이 경 환 목사

제 1 장
영원한 복음

Ⅰ. 영원한 복음이란?

서문에서 영원한 복음은 마지막 때에 전파될 구원의 기쁜 소식이라고 하였습니다. 하지만 '복음은 영원하다'는 의미에서 영원한 복음이라고 칭한 것이라고 생각할 수도 있을 것입니다. 그러므로 영원한 복음에 관계된 말씀을 자세히 살펴봄으로써 영원한 복음은 무엇인지를 규명해 보겠습니다.

1. 영원한 복음은 어떤 기쁜 소식인가?

사도 요한은 다른 천사가 땅에 거주하는 모든 민족과 종족과 방언과 백성에게 전할 영원한 복음을 가지고 공중에 날아가는 환상을 봅니다(계 14:6). 그런데 그 천사는 큰 음성으로 "하나님을 두려워하며 그에게 영광을 돌리라 이는 그의 심판의 시간이 이르렀음이니"(계 14:7)라고 외쳤고, 또 그 뒤를 따르는 다른 둘째 천사는 "무너졌도다 무너졌도다 큰 성 바벨론이여 모든 나라에게 그의 음행으로 말미암아 진노의 포도주로 먹이던 자로다"(계 14:8)라고 외쳤으므로 '영원한 복음'은 일반적으로 알고 있는 '복음'이 아니라 마지막 때에 구원받을 수 있는 기쁜 소식으로 보아야 합니다. 왜냐하면 복음은 2천 년 전부터 시작하여 지금도 전파되고 있는 구원의 좋은 소식인데, 영원한 복음은 마지막 때에 전파될 기쁜 소식임을 분명히 했기 때문입니다.

그래서 그 둘째 천사의 뒤를 따르는 다른 셋째 천사는 "만일 누구든지 짐승과 그의 우상에게 경배하고 이마에나 손에 표를 받으면 그도 하나님의 진노의 포도주를 마시리니……그 고난의 연기가 세세토록 올라가리로다"(계 14:9-11)라고 외친 것입니다. 즉 복음은 '예수를 믿으면 구원받는다'는 것인데, 영원한 복음은 '짐승과 그의 우상에게 경배하거나 짐승표를 받으면 유황불의 심판을 받는다'고 하였으므로 영원한 복음은 복음과는 다른 것이라는 의미입니다.

그렇기 때문에 그 셋째 천사는 "성도들의 인내가 여기 있나니 그들은 하나님의 계명과 예수에 대한 믿음을 지키는 자니라"(12절)는 말로 그의 외침을 마무리합니다. 즉 단순히 '예수를 믿는 자'라고 하지 않고 '하나님의 계명과 예수 믿음을 지키는 자'라고 했기 때문에 영원한 복음은 최후의 심판에서 구원받게 하는 마지막 때의 기쁜 소식이라는 뜻입니다.

이처럼 마지막 때에는 온 세상에 전파해야 할 구원의 기쁜 소식이 또 있기 때문에, 하늘에서 내려온 힘센 천사가 작은 두루마리를 먹은 요한에게 "네가 많은 백성과 나라와 방언과 임금에게 다시 예언하여야 하리라"(계 10:11)고 말한 것이라고 생각합니다.

그러면 좀 더 구체적으로 영원한 복음은 어떤 구원의 기쁜 소식인가에 대하여 고찰해 보겠습니다.

(1) 육체가 죽음을 보지 않고 산 채로 들림 받는다는 완전 구원의 기쁜 소식입니다.

예수께서 강림하실 때 있게 될 성도들의 구원에 대하여 예수님은 "그때에 두 사람이 밭에 있으매 한 사람은 데려가고 한 사람은 버려둠을 당할 것이요 두 여자가 맷돌질을 하고 있으매 한 사람은 데려가고 한 사람은 버려둠을 당할 것이니라"(마 24:40, 41)고 하셨고, 또 "그 밤에 둘이 한자리에 누워 있으매 하나는 데려감을 얻고 하나는 버려둠을 당할 것이요"(눅 17:31)라고 말씀하셨습니다.

즉 주 재림 시의 구원은 육체의 구원임을 밝히신 것입니다. 그러므로 영원한 복음은 육체가 죽음을 보지 않고 산 채로 들림 받아 천국에 들어간다는 완전 구원의 기쁜 소식입니다.

인류 최대의 문제는 죽음입니다. 하지만 그것은 복음조차도 해결해 주지 못했습니다. 물론 나중에 부활의 소망은 있지만 말입니다. 그러나 영원한 복음은 사람이 죽지 않고 영원히 살 수 있는 길을 보여주는 완전한 구원의 기쁜 소식입니다. 따라서 영원한 복음은 인류 최대의 희소식이 아닐 수 없습니다. 인류의 영원한 숙제는 죽음을 극복하는 것이기 때문입니다.

(2) 신랑 예수께서 신부 되는 성도들을 데리러 오신다는 희소식입니다.

예수님은 제자들과 최후의 만찬 식사를 마치신 후 고별 설교에서 "……내가 너희를 위하여 거처를 예비하러 가노니 가서 너희를 위하여 거처를 예비하면 내가 다시 와서 너희를 내게로 영접하여 나 있는 곳에 너희도 있게 하리라"(요 14:2, 3)고 말씀하셨습니다.

그러면 거처를 마련한 다음 데리러 오신다는 의미는 무엇일까요? 예수께서 성도들을 신부로 맞아들이시겠다는 뜻이 아니겠습니까? 그래서 예수님은 등을 들고 신랑을 맞이하러 나간 열 처녀 이야기를 해주신 것이요(마 25:1-13), 사도 요한은 보좌로부터 "……어린양의 혼인 기약이 이르렀고 그의 아내가 자신을 준비하였으므로 그에게 빛나고 깨끗한 세마포를 입게 하셨으니 이 세마포는 성도들의 옳은 행실이로다"(계 19:7, 8)라는 음성을 들은 것이라고 봅니다.

그러므로 영원한 복음은 신랑 되시는 예수께서 신부 되는 성도들을 데리러 오신다는 가슴 설레는 희소식입니다.

(3) 하나님의 계명과 예수 믿음을 지키면 산 채로 들림 받아 천국에 들어간다는 마지막 때의 구원의 복음입니다.

영원한 복음을 가지고 공중에 날아가는 천사의 뒤를 따르던 셋째 천사는 다음과 같이 외쳤습니다.

> "만일 누구든지 짐승과 그의 우상에게 경배하고 이마에나 손에 표를 받으면 그도 하나님의 진노의 포도주를 마시리니 그 진노의 잔에 섞인 것이 없이 부은 포도주라 거룩한 천사들 앞과 어린양 앞에서 불과 유황으로 고난을 받으리니 그 고난의 연기가 세세토록 올라가리로다 짐승과 그의 우상에게 경배하고 그의 이름표를 받은 자는 누구든지 밤낮 쉼을 얻지 못하리라 하더라 성도들의 인내가 여기 있나니 그들은 하나님의 계명과 예수에 대한 믿음을 지키는 자니라"(계 14:9-12)

이 말씀 속의 '짐승'은 요한계시록 13장의 열 뿔 일곱 머리 짐승으로 그 짐승은 마지막 시대에 온 세상의 통치자가 되어 자칭 하나님이라고 하면서 세상을 구원할 메시아인 양 사람들을 미혹할 거짓 그리스도입니다. 그리고 '그의 이름표를 받는 것'은 짐승의 이름이나 그 이름의 수인 666표를 이마에나 오른손에 받는 것을 말하는데(계 13:16-18), 이것은 짐승을 구세주로 믿고 그에게 충성한다는 표시가 됩니다.

바로 이런 까닭에 성경은 짐승과 그의 우상에게 경배하고 짐승표를 받으면 유황 불못의 영원한 형벌에 처해진다고 경고합니다. 왜냐하면 짐승이나 그의 우상에게 경배하는 것은 "나 외에 다른 신을 두지 말라, 우상 숭배하지 말라"는 제1계명과 제2계명을 범하는 죄요, 666 짐승표를 받는 것은 예수를 그리스도로 믿지 아니하고 짐승을 메시아로 믿고 따르겠다는 표징이기 때문입니다. 그래서 "성도들의 인내가 여기 있나니 그들은 하나님의 계명과 예수에 대한 믿음을 지키는 자니라"고 한 것입니다. 즉 '하나님을 사랑하라'는 계명을 인내로서 지켜 짐승과 그의 우상에게 경배하지 아니하고, 또 예수에 대한 믿음을 인내로 지켜 666 짐승표를 받지 아니하여야 주께서 강림하시어 세상을 심판하실 때 산 채로 들림 받는다는 뜻입니다.

그런데 하나님의 계명에는 '이웃을 사랑하라'는 계명도 있지 않습니까?(마 22:37-40) 그러므로 영원한 복음이란 '짐승과 그의 우상에게 경배하지 말고 하나님만 섬기며, 짐승표를 받지 말고 예수 믿음을 지키며 이웃을 사랑하면, 주께서 강림하시어 세상을 심판하실 때 산 채로 들림 받아 천국에 들어간다'는 것이라고 정의할 수 있습니다.

그런데 아무리 적그리스도가 통치하는 세상이라 할지라도 그 통치를 받지 않는 지역도 있다고 보아야 하지 않겠습니까? 그러면 그 지역의 사람들에게는 영원한 복음이 무엇이라고 보아야 할까요?

적그리스도의 치하(治下)에서 '짐승과 그의 우상에게 경배하지 말고 하나님만 섬기라'는 것은, 하나님을 사랑하라는 계명을 온전히 지키라는 뜻입니다. 그리고 '666 짐승표를 받지 말고 예수에 대한 믿음을 지키라'는 것은 예수님에 대한 신앙을 온전히 소유하라는 의미입니다. 그런데 예수님에 대한 온전한 믿음이란 예수께서 나의 구주라는 믿음을 어떤 상황 속에서도 굳게 지킬 뿐 아니라 주님의 인도, 곧 성령의 인도를 받는 것을 의미하지 않습니까? 그러므로 짐승 통치가 없는 곳에서는 '하나님을 온전히 사랑하고, 예수 믿음을 지켜 성령의 인도를 받으며 이웃을 사랑하면, 죽음을 보지 않고 산 채로 들림 받아 천국에 들어간다'는 것이 영원한 복음이라고 말할 수 있습니다.

그러면 예수님의 초림 이후 지금까지 전파되고 있는 복음과 마지막 시대에 전파될 영원한 복음과의 차이에 대하여 비교해 보겠습니다.

2. 복음과 영원한 복음의 차이점

복음은 영혼이 구원받아 낙원에 올라간다는 기쁜 소식인데, 영원한 복음은 육체가 죽음을 보지 않고 산 채로 들림 받아 천국에 들어간다는 완전 구원의 기쁜 소식입니다.

또한 복음은 '예수를 구주로 믿으면 구원받는다'고 하여 오직 '믿음'을 요구하지만, 영원한 복음은 '짐승과 그의 우상에게 경배하지 말고 하나님만 섬기고, 짐승표를 받지 말고 예수 믿음을 지키며 이웃을 사랑하면, 주께서 강림하실 때 산 채로 들림 받아 천국에 들어간다'고 하여 하나님을 온전히 사랑하고, 예수 믿음을 지켜 성령의 인도를 받으며, 이웃을 사랑할 것을 요구합니다.

따라서 주께서 마르다에게 "나는 부활이요 생명이니 나를 믿는 자는 죽어도 살겠고"(요 11:25)라고 하신 것은 복음을 염두에 두신 말씀이요, 이어서 하신 "무릇 살아서 나를 믿는 자는 영원히 죽지 아니하리니 이것을 네가 믿느냐"(26절)라고 하신 것은 영원한 복음을 내다보신 말씀이었다고 볼 수 있습니다. 왜냐하면 '무릇 살아서 나를 믿는 자'란 '예수 안에 살면서 예수를 믿는 자는 누구든지'(whoever lives and believes in me, RSV, NIV)라는 의미로 이는 예수를 믿을 뿐 아니라 계명을 실천함으로써 예수 안에 사는 자는 영원히 죽지 않는다는 의미이기 때문입니다. 이런 면에서 주님은 "진실로 진실로 너희에게 이르노니 사람이 내 말을 지키면 영원히 죽음을 보지 아니하리라"(요 8:51)는 말씀을 하신 것 같습니다.

그러므로 영원한 복음은 결코 '다른 복음'(갈 1:9)일 수 없습니다. 바울이 언급한 '다른 복음'은 할례도 받아야 구원받을 수 있다는 초대 교회의 이단이지만(갈 2:3, 4, 3장), 영원한 복음은 하나님의 계명을 실천하고 예수에 대한 믿음을 지키면, 죽지 않고 들림 받아 영원히 산다는 마지막 때의 기쁜 소식이기 때문입니다.

이렇게 볼 때 영원한 복음은 복음을 완전하게 하는 것이라고 말하지 않을 수 없습니다. 즉 주께서 "내가 율법이나 선지자를 폐하러 온 줄로 생각지 말라 폐하러 온 것이 아니요 완전하게 하려 함이라"(마 5:17)고 하시어, 복음은 율법을 완전하게 하는 것이라고 말씀하셨던 것처럼, 영원한 복음은 복음을 완전하게 하는 것이라는 의미입니다. 왜냐하면 구원의 범위에서는 영혼만이 아닌 영육의 구원을, 구원의 조건에서는 믿음만이 아닌 하나님의 계명과 예수에 대한 믿음을 지킬 것을 요구함으로써 복음을 완전하게 하는 것이기 때문입니다. 그러면 마지막 때에 영원한 복음이 전파되는 이유는 무엇일까요?

3. 마지막 시대에 영원한 복음이 전파되는 까닭

(1) 마지막 때는 추수 때이기 때문입니다.

예수님은 천국을 여러 가지로 비유하시던 중 다음과 같이 농사에 비유하셨습니다.

> "천국은 좋은 씨를 제 밭에 뿌린 사람과 같으니……좋은 씨를 뿌리는 이는 인자요 밭은 세상이요 좋은 씨는 천국의 아들들이요……추수 때는 세상 끝이요 추수꾼은 천사들이니 그런즉 가라지를 거두어 불에 사르는 것같이 세상 끝에도 그러하리라"(마 13:24, 37-39).

주께서 "천국은 좋은 씨를 제 밭에 뿌린 사람과 같다"고 하시면서, "밭은 세상이요 좋은 씨는 천국의 아들들이다"라고 말씀하셨으므로, 하나님은 세상이라는 밭에 천국의 좋은 씨를 심어 가꾸시는 천국 농부이십니다. 그래서 주님은 "나는 참 포도나무요 내 아버지는 농부라"(요 15:1)고 말씀하신 것이요, 하나님은 "내가 자식을 양육하였거늘 그들이 나를 거역하였도다 소는 그 임자를 알고 나귀는 그 주인의 구유를 알건마는 이스라엘은 알지 못하고 나의 백성은 깨닫지 못하는도다"(사 1:2, 3)라고 탄식하신 것입니다.

그런데 '추수 때는 세상 끝'이라고 하였습니다. 즉 예수께서 강림하시어 세상을 심판하실 때는 천국의 곡식을 거두어들이는 때라는 뜻입니다. 그렇다면 마지막 때는 세상에 뿌려진 천국 곡식이 완전히 결실해야 하지 않겠습니까? 왜냐하면 여물지 않은 곡식을 추수하는 어리석은 농부는 없기 때문입니다. 바로 이런 이유에서 요한계시록은 성도들이 휴거되는 상황에 대하여 익은 곡식을 추수하는 것으로 상징적 묘사를 한 것이라고 봅니다(계 14:14-16).

이처럼 예수님은 익은 곡식을 추수하러 오시기 때문에 성경은 주의 강림 시에 성도들이 완전해야 함을 역설합니다. 즉 바울 사도는 "우리 주 예수께서 그의 모든 성도와 함께 강림하실 때에 하나님 우리 아버지 앞에서 거룩함에 흠이 없게 하시기를 원하노라"(살전 3:13)고 하였고, 베드로는 "그러므로 사랑하는 자들아 너희가 이것을 바라보나니 주 앞에서 점도 없고 흠도 없이 평강 가운데서 나타나기를 힘쓰라"(벧후 3:14)고 하였으며, 사도 요한은 "주를 향하여 이 소망을 가진 자마다 그의 깨끗하심과 같이 자기를 깨끗하게 하느니라"(요일 3:3)고 말한 것입니다.

그러면 천국의 곡식이 익었다, 곧 하나님의 백성들이 결실하여 완전하게 되었다는 것은 무엇을 의미할까요?

예수님은 완성된 인간의 모델이십니다. 그래서 바울 사도는 "하나님이 미리 아신 자들을 또한 그 아들의 형상을 본받게 하기 위하여 미리 정하셨으니"(롬 8:29)라고 한 것이요, 또 "나의 자녀들아 너희 속에 그리스도의 형상을 이루기까지 다시 너희를 위하여 해산하는 수고를 하노니"(갈 4:19)라고 말한 것입니다. 그러므로 천국의 좋은 씨가 열매를 맺었다는 것은 곧 그리스도의 형상을 이루었다는 의미입니다. 그러면 그리스도의 형상은 어떤 형상일까요?

2천 년 전 세상에 오셔서 인류에게 보여주신 예수님의 모습은 세 가지로 압축할 수 있습니다. 하나는 하나님을 사랑하여 말씀에 절대 순종하신 의로운 형상이요(빌 2:8), 또 하나는 성령의 인도를 받으신 거룩한 형상이며(마 4:1; 막 1:12; 눅 4:1), 다른 하나는 인간을 사랑하신 선한 형상입니다(요 13:1). 하나님을 사랑하는 것이 의로운 형상인 이유는 하나님을 사랑하는 데서 믿음, 정의, 진실, 공평, 성실, 공의, 정직 등의 모든 의로운 것들이 나오기 때문이고, 성령의 인도를 받는 것이 거룩한 형상인 까닭은 성령은 거룩한 영이므로 성령의 인도를 받는 것 자체가 거룩한 것이기도 하지만, 또한 성령의 인도를 받는 데서 사랑과 희락과 화평과 오래 참음과 자비와 양선과 충성과 온유와 절제 등 성령의 열매들이 맺히기 때문입니다(갈 5:22). 그리고 이웃을 사랑하는 것이 선한 형상인 이유는 이웃을 사랑하는 데서 이해, 용서, 긍휼, 자비, 봉사, 섬김, 나눔, 희생 등의 온갖 선한 것들이 나오기 때문입니다.

따라서 땅에 뿌려진 천국의 곡식이 완전히 열매 맺는다는 것은 곧 '의롭고 거룩하며 선한 그리스도의 형상을 이루는 것'이며, 바로 이런 이유에서 하나님은 마지막 때에 전 세계적으로 짐승 통치가 시행되도록 섭리하시고, '짐승과 그의 우상에게 경배하지 말고 하나님만 섬기며, 짐승표를 받지 말고 예수 믿음을 지키며 이웃을 사랑하면, 주께서 강림하시어 세상을 심판하실 때 산 채로 들림 받아 천국에 들어간다'는 영원한 복음을 전파하시는 것이라고 생각합니다. 왜냐하면 '짐승과 그의 우상에게 경배하지 않고 하나님만 섬기는 것'은 그리스도의 의로운 형상을 이루는 것이고, '짐승표를 받지 않고 예수 믿음을 지키는 것'은 주의 거룩한 형상을 이루는 것이며, '이웃을 사랑하는 것'은 그리스도의 선한 형상을 이루는 것이기 때문입니다.

그러므로 종말의 성도들은 신앙생활의 목표를 다시 세워야 할 것입니다. 즉 소원을 이루고 복을 받는 데 신앙생활의 목표를 두어서는 안 되고, 영혼의 구원이나 교회의 부흥에 두는 것도 미흡하며, 그리스도의 의롭고 거룩하며 선한 형상을 이루는 데 신앙생활의 궁극적 목표를 두어야 한다는 의미입니다. 왜냐하면 예수님은 익은 곡식을 추수하러 오시는데 성도가 완전하지 아니하면 재림하시는 주님을 맞이할 수 없기 때문입니다.

(2) 재림의 때는 신랑 예수님과 신부 성도들이 결혼하는 때이기 때문입니다.

성경은 예수께서 강림하시어 세상을 심판하신 후에는 혼인 잔치가 있을 것이라고 말하고 있습니다(참조. 계 19:1-7). 따라서 주의 재림 시는 신랑 예수님과 신부 성도들이 결혼하는 시기가 될 것입니다. 그런데 결혼이란 성인 남녀만이 할 수 있는 것이 아닙니까? 그러므로 주님과의 혼례 역시 영적으로 성숙한 자만 할 수 있다는 것은 지극히 당연한 일일 것입니다. 그러면 성도가 그리스도의 신부가 될 수 있을 정도로 완전히 익은 모습은 무엇일까요?

예수께서 하나님 아버지는 '농부'시고, 당신은 '참 포도나무'시며, 성도들은 '가지'라는 비유를 드셨을 때(요 15:1, 5) 이러한 말씀을 하셨습니다.

> "내가 아버지의 계명을 지켜 그의 사랑 안에 거하는 것같이 너희도 내 계명을 지키면 내 사랑 안에 거하리라……내 계명은 곧 내가 너희를 사랑한 것같이 너희도 서로 사랑하라 하는 이것이니라 사람이 친구를 위하여 자기 목숨을 버리면 이보다 더 큰 사랑이 없나니 너희는 내가 명

하는 대로 행하면 곧 나의 친구라 이제부터는 너희를 종이라 하지 아니하리니 종은 주인이 하는 것을 알지 못함이라 너희를 친구라 하였노니 내가 내 아버지께 들은 것을 다 너희에게 알게 하였음이라"(요 15:11-15).

즉 예수께서 아버지의 계명을 지켜 하나님의 사랑 안에 거하는 것같이 성도들도 예수님의 계명을 지키면 주님의 사랑 안에 거하고 또 친구도 될 수 있다는 말씀입니다. 따라서 '서로 사랑하라'(요 13:34)는 주님의 계명을 지키는 것이 그리스도의 신부가 될 수 있는 성숙한 모습이라고 보아야 합니다. 왜냐하면 주님의 계명을 지키는 자는 주님의 사랑 안에 거할 뿐 아니라 더 이상 종이 아닌 친구로 대해 주신다고 하셨는데, 아내는 남편의 사랑 안에 거하는 자요 또한 친구처럼 친밀한 사이이기 때문입니다.

예수께서 열 처녀의 비유를 통해 등만 준비했던 미련한 다섯 처녀들은 신랑을 맞이하지 못했고, 등과 함께 기름을 준비했던 슬기로운 다섯 처녀들은 신랑을 맞이했다는 이야기를 해주신 까닭이 바로 여기 있다고 보아야 합니다(마 25:1-13). 왜냐하면 등만 준비했다는 것은 '등불'이 없다는 뜻이요, '기름과 함께 등을 준비했다'는 것은 '등불'이 있다는 의미인데, 주께서 "이같이 너희 빛이 사람 앞에 비치게 하여 그들로 너희 착한 행실을 보고 하늘에 계신 너희 아버지께 영광을 돌리게 하라"(마 5:16)고 말씀하신 데서 알 수 있듯이 '빛'이란 곧 '착한 행실'로 이는 결국 '사랑'을 의미하기 때문입니다.

그러므로 종말의 성도들은 하나님을 사랑하는 의로운 형상과 성령의 인도를 받는 거룩한 형상에 머물러서는 안 되고, 이웃을 사랑하는 선한 형상까지 이루어야 한다는 것을 꼭 명심해야 합니다. 왜냐하면 그것이 곧 천국 곡식이 완전히 익은 모습이기 때문입니다.

이처럼 사랑은 완전한 것이기 때문에 야고보 선생은 사랑의 계명을 최고의 법이라고 하였고(약 2:8), 사도 바울은 "남을 사랑하는 자는 율법을 다 이루었느니라"(롬 13:8b)고 하면서 믿음과 소망과 사랑 중에 제일은 사랑이라고 하였으며(고전 13:13), 베드로는 사랑이 열매임을 이렇게 피력합니다.

> "그러므로 너희가 더욱 힘써 너희 믿음에 덕을, 덕에 지식을, 지식에 절제를, 절제에 인내를, 인내에 경건을, 경건에 형제 우애를, 형제 우애에 사랑을 더하라 이런 것이 너희에게 있어 흡족한즉 너희로 우리 주 예수 그리스도를 알기에 게으르지 않고 열매 없는 자가 되지 않게 하려니와 이런 것이 없는 자는 맹인이라 멀리 보지 못하고 그의 옛 죄가 깨끗하게 된 것을 잊었느니라"(벧후 1:5-9).

즉 거듭난 영혼은 믿음에서 출발하여 덕, 지식, 절제, 인내, 경건 및 형제 우애를 거쳐 사랑에까지 이르러야 비로소 완전한 열매인 신의 성품에 이른다고 한 것입니다. 그러니 천국 곡식이 완전히 결실한 모습은 곧 '사랑'이 아니겠습니까? 그렇기 때문에 예수님은 하나님의 온전하신 모습도 '사랑'임을 다음과 같이 밝히셨습니다.

> "또 네 이웃을 사랑하고 네 원수를 미워하라 하였다는 것을 너희가 들었으나 나는 너희에게 이르노니 너희 원수를 사랑하며 너희를 박해하는 자를 위하여 기도하라 이같이 한즉 하늘에 계신 너희 아버지의 아들이 되리니 이는 하나님이 그 해를 악인과 선인에게 비추시며 비를 의로운 자와 불의한 자에게 내려주심이라 너희가 너희를 사랑하는 자를 사랑하면 무슨 상이 있으리요 세리도 이같이 아니하느냐 또 너희가 형제에게만 문안하면 남보다 더하는 것이 무엇이냐 이방인들도 이같이 아니하느냐 그러므로 하늘에 계신 너희 아버지의 온전하심과 같이 너희도 온전하라"(마 5:43-48).

그러므로 종말의 성도들은 '이웃 사랑'의 가치에 대하여 눈을 떠야 합니다. 왜냐하면 영혼을 완성시키고, 그리스도의 신부가 되게 하며, 죽음을 보지 않고 산 채로 들림 받게 하는 핵심은 '인간 사랑'에 있기 때문입니다. 그래서 베드로는 "만물의 마지막이 가까이 왔으니 그러므로 너희는 정신을 차리고 근신하여 기도하라 무엇보다도 뜨겁게 서로 사랑할지니 사랑은 허다한 죄를 덮느니라"(벧전 4:8)고 하였고, 사도 요한은 "우리가 형제를 사랑함으로 사망에서 옮겨 생명으로 들어간 줄을 알거니와 사랑하지 아니하는 자는 사망에 머물러 있느니라"(요일 3:14)고 하였으며, 또 "이로써 사랑이 우리에게 온전히 이루어진 것은 우리로 심판 날에 담대함을 가지게 하려 함이니"(요일 4:17)라는 말로 사랑은 최후의 심판을 이기는 묘약(妙藥)임을 증언한 것입니다.

(3) 예수께서 재림하실 때는 새 예루살렘의 영원한 천국이 열리는 때이기 때문입니다.

복음이 전파되는 신약시대의 키워드는 '믿음'입니다. 성경은 '믿음으로 구원받고'(막 16:16; 행 16:31; 벧전 1:9), '믿음으로 거듭나며'(요 3:3-8), '믿음으로 영생을 얻고'(요 3:16, 6:40), '믿음으로 의롭다 하심을 받는다'(롬 3:20-28)고 증언하고 있기 때문입니다. 즉 영혼의 구원에 '행위'는 필요조건이 아니고 오직 '믿음'만이 필요충분조건이라는 뜻입니다. 그리고 이것은 예수께서 십자가에 달리셨을 때, 예수를 믿었던 한쪽 편의 강도에게서 증명된 사실이기도 합니다(참조. 눅 23:39-43). 왜냐하면 그는 비록 죄악된 삶을 살았지만 죽을 때 예수를 구주로 영접함으로 말미암아, "오늘 네가 나와 함께 낙원에 있으리라"는 감격스런 구원을 받았기 때문입니다.

하지만 예수께서 강림하시어 세상을 심판하실 때는 '믿음만으로는 들림 받지 못한다'는 것을 깨달아야 합니다. 왜냐하면 예수님은 익은 곡식, 곧 완전히 성숙한 주의 신부들을 데리러 오시는데 '믿음'

은 거듭나게 하는 요소일 뿐, 완전히 결실한 모습은 아니기 때문입니다. 그래서 바울 사도는 로마 교회에 이러한 권면을 합니다.

> "또한 너희가 이 시기를 알거니와 자다가 깰 때가 벌써 되었으니 이는 이제 우리의 구원이 처음 믿을 때보다 가까웠음이라 밤이 깊고 낮이 가까웠으니 그러므로 우리가 어둠의 일을 벗고 빛의 갑옷을 입자 낮에와 같이 단정히 행하고 방탕하거나 술 취하지 말며 음란하거나 호색하지 말며 다투거나 시기하지 말고 오직 주 예수 그리스도로 옷 입고 정욕을 위하여 육신의 일을 도모하지 말라"(롬 13:11-14).

사도 바울이 '이 시기를 알거니와 자다가 깰 때가 벌써 되었다'고 한 것은 그리스도께서 재림하실 때가 가까웠다는 의미입니다. 왜냐하면 이미 영혼의 구원을 받은 로마 교회를 향하여 '우리의 구원이 처음 믿을 때보다 가까웠다'고 했으므로 바울이 염두에 둔 '구원'은 주께서 재림하실 때 받게 될 육체까지의 완전한 구원으로 보아야 하기 때문입니다. 그래서 그는 "우리가 어둠의 일을 벗고 빛의 갑옷을 입자 낮에와 같이 단정히 행하고 방탕하거나 술 취하지 말며 음란하거나 호색하지 말며 다투거나 시기하지 말고 오직 주 예수 그리스도로 옷 입고 정욕을 위하여 육신의 일을 도모하지 말라"고 권면합니다. 왜냐하면 주께서 강림하실 때 산 채로 들림 받으려면 '믿음'만으로는 불충분하고 '의롭고 거룩하며 선한 행위'가 있어야 하기 때문입니다.

이처럼 주께서 강림하실 때의 구원은 '행위'가 관건이기 때문에 마지막 때의 구원의 길을 보여주는 요한계시록은 한결같이 행위를 강조하는 것을 보게 됩니다. 곧 첫 장에서는 "이 예언의 말씀을 읽는 자와 듣는 자와 그 가운데 기록한 것을 지키는 자는 복이 있나니 때가 가까움이라"(계 1:3)고 하였고, 마지막 장에서는 "보라 내가 속히 오리니 이 두루마리의 예언의 말씀을 지키는 자는 복이 있으리라"(계

22:7)고 한 것입니다. 그리고 요한에게 나타났던 천사는 "이 두루마리의 예언의 말씀을 인봉하지 말라 때가 가까우니라 불의를 하는 자는 그대로 불의를 행하고 더러운 자는 그대로 더럽고 의로운 자는 그대로 의를 행하고 거룩한 자는 그대로 거룩하게 하라"(계 22:10, 11)고 말함으로써 오직 '행위'의 중요성을 역설(力說)한 것입니다.

이상으로 영원한 복음은 무엇이고, 복음과 다른 점은 무엇이며, 왜 마지막 때에는 영원한 복음이 전파되는지에 대하여 고찰해 보았습니다. 그러면 이를 보다 더 확실하게 하기 위해 인간의 구조와 타락에 대하여 살펴보겠습니다. 왜냐하면 복음은 영혼의 구원과 관계가 있고 영원한 복음은 육체의 구원과 상관이 있기 때문입니다.

4. 인간의 구조와 타락

(1) 인간의 구조

성경은 "여호와 하나님이 땅의 흙으로 사람을 지으시고 생기를 그 코에 불어넣으시니 사람이 생령이 되니라"(창 2:7)고 하였습니다. 여기서 '생기'는 '니쉬마트 하임'(נשמת חיים)으로 직역하면 '생명의 바람'(the breath of life)입니다. 즉 흙으로 빚은 사람에게 생명을 주는 '생기'를 불어넣으셨다는 뜻입니다. 따라서 그 '생기'는 곧 '영'(רוּחַ, πνευμα, spirit)이라고 보아야 합니다. 왜냐하면 사람을 살게 하는 것은 하나님께서 인간의 속에 넣어주신 영(靈)이기 때문입니다. 이것은 사람에게서 영이 떠나면 죽을 수밖에 없다는 데서도 충분히 입증됩니다. 이렇게 볼 때 영은 일단 생명의 역할, 곧 전원(電源, battery)과 같은 에너지 기능을 함을 알 수 있습니다. 그리고 영의 불멸성으로 볼 때 영의 생명력은 영원한 것이 분명합니다.

그리고 생기를 코에 불어넣었을 때 '사람이 생령이 되니라'고 하였는데, '생령'은 '네페쉬 하야'(נפשׁ חיה)로서, '산 혼'(living soul)입니다. 즉 영이 몸을 만나면서 비로소 '산 사람'이 되었다는 뜻입니다. 그런데 사람을 움직이게 하는 것은 지성과 감성과 의지의 인격이므로 '혼'(ψυχη, soul)은 곧 생각하고 느끼고 결단하는 넓은 의미의 '마음'(mind)입니다. 좁은 의미의 '마음'은 감성(heart)을 가리키고 있습니다.

이처럼 인간은 영과 육으로 구성된 이원적(二元的) 존재이므로 인간의 구조에 관한 이론에 있어서는 영과 육으로 구성되었다는 '이분설'(dichotomous theory)이 맞습니다. 하지만 영이 몸을 만나면서 혼이 드러났으므로 기능상으로는 '삼분설'(trichotomous theory)도 가능하다고 볼 수 있습니다. 그래서 바울 사도는 "너희의 온 영과 혼과 몸이 우리 주 예수 그리스도 강림하실 때에 흠 없게 보전되기를 원하노라"(살전 5:23)고 말합니다.

그렇지만 영과 혼은 구분할 수는 있어도 분리는 안 됩니다. 왜냐하면 혼은 몸을 움직이는 부분이기 때문에 영과 구분한 것일 뿐, 사실은 영의 일부분이기 때문입니다. 그렇기 때문에 몸을 입지 않은 순수한 영적 존재들, 예컨대 천사나 마귀의 경우에는 '영혼'이라고 칭하지 않고 단순히 '영'으로만 일컫는 것을 보게 됩니다. 곧 '천사의 영혼'이나 '마귀의 영혼'이라고 하지 않고, '천사의 영', '마귀의 영'이라고 칭한다는 의미입니다. 왜냐하면 몸이 없음으로 인하여 영과 혼을 구분할 필요가 없기 때문입니다.

그러므로 영혼은 인간의 정수(精髓)요 엑기스입니다. '영'으로 말미암아 몸의 생명이 유지되고, '혼'으로 말미암아 육신이 활동할 수 있기 때문입니다. 따라서 영혼은 인간의 사후에도 독자적으로 존재하며, 이런 면에서 바울 사도는 "우리의 겉사람은 낡아지나 우리의 속사람은 날로 새로워지는도다"(고후 4:16)라는 표현을 합니다.

한편, 예수님의 몸이 하나님의 성전이었던 것처럼(요 2:21) 성도의 몸도 하나님의 영이 거하시는 성전입니다(고전 3:16, 6:19). 성전의 원형(原形)은 하나님께서 모세에게 식양(式樣)을 보여 만들게 했던 성막인데(출 25-27장), 성막은 회막과 바깥뜰로 구성되어 있었고, 회막은 또 지성소와 성소로 나누어져 있었습니다. 그러므로 회막(혹은 성막)은 영혼에 상응(相應)하고, 성막뜰은 육체에 상응하며, 또한 지성소는 영에, 성소는 혼에 상응한다고 볼 수 있습니다.

인간의 영이 지성소에 상응하는 까닭은 지성소가 하나님의 영의 거처였던 것처럼 신자의 영에도 성령의 보좌가 있기 때문입니다. 사도 바울이 "우리가 이 보배를 질그릇에 가졌으니"(고후 4:7)라고 말한 것은, 영에 내주하시는 성령을 염두에 둔 말이 분명합니다. 왜냐하면 성령은 생명과 행복의 원천이시기 때문입니다.

더 나아가 "우리가 사방으로 욱여쌈을 당하여도 싸이지 아니하며 답답한 일을 당하여도 낙심하지 아니하며 박해를 받아도 버린 바 되지 아니하며 거꾸러뜨림을 당하여도 망하지 아니하고"(고후 4:8, 9)라고 한 것이나, "무명한 자 같으나 유명한 자요 죽은 자 같으나 보라 우리가 살아 있고 징계를 받은 자 같으나 죽임을 당하지 아니하고 근심하는 자 같으나 항상 기뻐하고 가난한 자 같으나 많은 사람을 부요하게 하고 아무것도 없는 자 같으나 모든 것을 가진 자로다"(고후 6:9, 10)라고 한 것도, 속에 거하시는 성령으로 말미암아 성도가 소유하게 될 복된 소망들을 내다본 표현들임이 명백합니다.

그리고 지성소에 안치된 법궤 안에 십계명의 두 돌판이 있었던 것처럼, 인간의 영에는 하나님을 사랑하고 인간을 사랑하라는 하나님의 법이 새겨져 있습니다. 인간에게 종교성과 도덕심이 생기는 까닭은 전적으로 여기에 기인합니다.

그런데 다윗이 성령의 감동을 받아 "내 형질이 이루어지기 전에 주의 눈이 보셨으며 나를 위하여 정한 날이 하루도 되기 전에 주의 책에 다 기록이 되었나이다 하나님이여 주의 생각이 내게 어찌 그리 보배로우신지요 그 수가 어찌 그리 많은지요 내가 세려고 할지라도 그 수가 모래보다 많도소이다"(시 139:16-18)라고 노래한 것을 보면, 영(靈)에는 인간을 향한 하나님의 계획들이 전부 새겨져 있다고 보아야 할 것입니다. 마치 식물의 씨 속에 그 식물을 향한 하나님의 계획들이 다 새겨져 있듯이 말입니다.

그래서 다윗은 "여호와께서 사람의 걸음을 정하시고 그의 길을 기뻐하시나니"(시 37:23)라고 하였고, 솔로몬은 "사람의 걸음은 여호와로 말미암나니 사람이 어찌 자기의 길을 알 수 있으랴"(잠 20:24)고 하였으며, 예레미야는 "여호와여 내가 알거니와 사람의 길이 자신에게 있지 아니하니 걸음을 지도함이 걷는 자에게 있지 아니하니이다"(렘 10:23)라고 말한 것입니다. 그러므로 '영'은 인간의 힘이 전혀 미칠 수 없는 하나님의 영역입니다.

한편, 혼(魂)은 성소에 상응하므로 성소를 밝혔던 등잔대는 마음의 눈인 지성(知性)을 상징하고, 하나님 사랑의 징표인 떡상은 감성(感性)을 가리키며, 기도에 해당하는 분향단은 의지를 상징합니다. 그런데 하나님께서 사람의 혼(魂)에는 자유를 부여하셨습니다. 즉 영에 심어주신 하나님의 법을 따를 수도 있고 거역할 수도 있으며, 또 성령의 뜻에 순종할 수도 있고 불순종할 수도 있는 절대 자유를 주신 것입니다. 사람이 자유의지를 남용하여 범죄할 위험이 충분히 있음에도 불구하고 자유를 주신 이유는 자유의지에 의한 순종만이 가치가 있기 때문입니다. 환언하면, 로봇(robot)과 같은 무의지(無意志)의 복종은 아무런 가치가 없고 또한 하나님께 아무런 기쁨이 되지 못하기 때문에 인간에게는 자유의지를 주셨다는 뜻입니다. 따라서 혼은 '자아(self), 자기, 자신'이라고 여길 수 있는 인간의 영역입니다.

끝으로 인간의 몸은 성전의 바깥뜰에 상응합니다. 성막뜰이 성막을 둘러싸고 보호했던 것처럼 몸은 영혼을 감싸고 보호하는 영혼의 집이기 때문입니다. 그런데 인간의 몸은 뇌척수 신경계에 의해 움직이는 부분과 자율신경계에 의해 움직이는 부분이 있다는 점에서, 즉 혼의 의지로 움직일 수 있는 골격근(骨格筋)과 의지로 움직일 수 없는 심근(心筋) 및 평활근(平滑筋, 내장을 움직이는 근육)으로 구성되어 있다는 면에서 몸은 하나님과 인간의 공동 영역입니다. 즉 영에 의해 생명이 유지되고 혼에 의해 활동하게 된다는 면에서, 육체는 하나님과 사람의 지배를 함께 받는 부분이라는 뜻입니다.

이상과 같이 인간의 구조에 대하여 고찰해 볼 때 영(靈)은 '하늘'이요, 혼(魂)은 '사람'이며, 육(肉)은 '땅'이라고 말할 수 있습니다. 왜냐하면 '영'은 하나님께로부터 왔을 뿐 아니라 하나님의 보좌가 있고, '혼'은 지·정·의(知情意)의 인격이며, '몸'은 흙으로부터 왔기 때문입니다. 따라서 인간은 천·인·지(天人地)가 함께 모여 있는 소우주인 셈입니다.

그러므로 인간은 자신의 존재에 대하여 '청지기'라는 의식(意識)을 가져야 합니다. 왜냐하면 하나님에 의해 피조(被造)되었을 뿐 아니라 하나님의 영이 내주해 계시다는 면에서 주인은 하나님이시기 때문입니다. 즉 사람은 자기 마음대로 살게 되어 있지 않고, 하나님의 말씀과 성령의 뜻대로 살게 되어 있는 '하나님의 종'임을 한시도 잊지 말아야 한다는 뜻입니다. 그래서 하나님은 "이스라엘아 네 하나님 여호와께서 네게 요구하시는 것이 무엇이냐 곧 네 하나님 여호와를 경외하여 그의 모든 도를 행하고 그를 사랑하며 마음을 다하고 뜻을 다하여 네 하나님 여호와를 섬기고 내가 오늘 네 행복을 위하여 네게 명하는 여호와의 명령과 규례를 지킬 것이 아니냐"(신 10:12, 13)라고 말씀하신 것이요, 지혜의 왕 솔로몬은 "일의 결국을 다 들었으니 하나님을 경외하고 그 명령들을 지킬지어다 이것이 모든 사람의 본

분이니라”(전 12:13)고 말한 것입니다.

더 나아가 하나님께서 사람을 영(靈)과 육(肉)의 이원적(二元的) 존재로 지으신 이유는, 위로는 하나님과 교제하면서 하나님을 사랑하고 그 뜻을 분별하기 위함이고, 아래로는 인간과 교제하면서 이웃을 사랑하고 하나님의 뜻을 세상에 펼치기 위함이라고 보아야 할 것입니다.

그러나 인간은 하나님을 사랑하지 못한 채 영적으로 타락하였고 이웃도 사랑하지 못한 채 육적으로도 타락하였습니다. 이제 그 인간의 타락에 관한 말씀을 살펴봄으로써 영혼의 구원은 ‘믿음’을 요구하는 복음에 있지만 육체까지의 완전한 구원은 ‘행위’를 요구하는 영원한 복음에 있는 까닭을 고찰해 보겠습니다.

(2) 인간의 타락

하나님께서 아담을 지으시고 그를 에덴동산에 두셨을 때 하나님은 “동산 각종 나무의 열매는 네가 임의로 먹되 선악을 알게 하는 나무의 열매는 먹지 말라 네가 먹는 날에는 반드시 죽으리라”(창 2:16, 17)는 에덴의 법을 주셨습니다. 그러나 사탄의 화신(化身)인 뱀이 “너희가 결코 죽지 아니하리라 너희가 그것을 먹는 날에는 너희 눈이 밝아져 하나님과 같이 되어 선악을 알 줄을 하나님이 아심이니라”(창 3:4, 5)고 꾀자 하와는 그 유혹에 넘어가 선악과를 따먹었고 아담 역시 하와가 건네주는 선악과를 거절하지 못하고 먹음으로써 최초의 사람 아담 부부는 하나님의 명령을 거역하는 죄인이 됩니다(창 3:1-6).

그러자 성경은 “그들의 눈이 밝아져 자기들이 벗은 줄을 알고 무화과나무 잎을 엮어 치마로 삼았더라”(창 3:7)고 하였는데, 바로 이 부분이 아담 부부의 영이 죽었음을 보여주는 대목이었습니다. 왜냐하면 ‘눈이 밝아져’라고 한 것은 그들의 영이 죽음으로 말미암아 육안

(肉眼)만 밝게 느끼게 되었다는 뜻이기 때문입니다. 다시 말하면 아담 부부가 영적으로 살아 있어 하나님의 밝은 빛 아래 거했을 때는 태양 빛이 거의 의식(意識)되지 아니하여 벗은 줄을 알지 못했지만, 영이 죽음으로 말미암아 영안(靈眼)이 어두워지자 육안(肉眼)이 밝게 느껴지면서, 벗은 것에 대한 부끄러움을 느끼게 되어 무화과나무 잎을 엮어 수치스러운 곳을 가리었다는 의미입니다.

그러므로 "네가 먹는 날에는 반드시 죽으리라"고 말씀하셨을 때의 그 '죽음'은 하나님과의 관계가 단절되는 영적 죽음을 가리켰습니다. 즉 영이 사람의 몸에서 떠나는 것은 '육적 죽음'이요 하나님의 성령이 사람의 영으로부터 떠나는 것은 '영적 죽음'이라고 볼 때, 선악과를 먹음으로써 찾아왔던 아담 부부의 죽음은 '영적 죽음'이었다는 뜻입니다. 이것은 아담의 육적 죽음이 930년 이후에나 찾아왔다는 데서도 입증됩니다(창 5:5).

한편, 아담 부부는 동산에 거니시는 하나님의 소리를 듣고 두려워서 숲속에 숨었는데(창 3:8), 이는 그들의 마음에 불안이 찾아왔다는 증거였습니다. 즉 평강의 원천이셨던 하나님의 영이 떠나심으로 말미암아 인간은 불안한 존재가 된 것입니다. 실존주의 철학자들이 '인간의 본질은 불안이다'라고 말한 이유가 바로 여기 있다고 보아야 합니다. 그리고 하나님의 성령이 떠남으로 말미암아 불안해진 인간은 세상에 있는 것들을 의지하며 눈에 보이는 것들만 추구하는 가운데 자연히 세상을 사랑하는 부패한 마음을 갖게 됩니다.

더 나아가 하나님은 아담에게 "네가 네 아내의 말을 듣고 내가 네게 먹지 말라 한 나무의 열매를 먹었은즉 땅은 너로 말미암아 저주를 받고 너는 네 평생에 수고하여야 그 소산을 먹으리라"(창 3:17)는 형벌을 선고하셨는데, 이로 말미암아 인간은 교만하고 이기적인 존재로 더욱 변질되었습니다. 왜냐하면 스스로의 힘을 의지하여 의식주 문제를 해결하는 가운데 인간은 자신이 주인인 것처럼 착각하는 교만한 마음을 갖게 되었고, 또 치열한 생존 경쟁 속에서 살아가야 하는 가운데 어쩔 수 없이 자기만 아는 이기적 존재가 되어 버렸기 때문입니다.

그런데 이런 교만하고 이기적 마음은 육적 타락까지 초래하게 됩니다. 즉 하나님의 아들들이 사람의 딸들의 아름다움을 보고 자기들이 좋아하는 모든 자로 아내를 삼자(창 6:2) 하나님은 "나의 영이 영원히 사람과 함께하지 아니하리니 이는 그들이 육신이 됨이라 그러나 그들의 수명은 백이십 년이 되리라"(창 6:3)고 선언하신 것입니다. 따라서 그 어떤 질병이나 신체 장애도 없이 근(近) 천 년이나 살 수 있었던 거룩한 몸이 질병은 물론, 각종 장애를 입을 수도 있고 무엇보다도 120년밖에 살 수 없는 짐승 차원의 더러운 육체로 전락해 버린 것입니다. 그리고 그 육적 타락은 사람의 마음을 급격히 악하게 만들어 세상에는 죄악이 가득하게 되었고, 하나님은 마침내 죄로 물든 당시의 세상을 홍수로 심판해 버리지 않을 수 없었던 것입니다(창 6:5-7).

그러므로 선악과를 먹은 죄는 영적 죽음을 초래하였고, 그 영적 죽음은 혼의 부패를 가져와 인간은 세속적이고 교만하며 이기적인 존재가 되어 버렸는데, 그로 말미암아 육적 타락까지 초래하면서 사람은 죄악에 빠져 완전히 망하게 된 것입니다. 그래서 하나님은 사람들의 죄악이 세상에 가득함과 그들이 마음으로 생각하는 모든 계획들이 항상 악할 뿐임을 보시고 땅 위에 사람 지으셨음을 한탄하셨습니다(창 6:5, 6). 그리고 마음에 근심하시면서 "내가 창조한 사람을 내가 지면에서 쓸어버리되 사람으로부터 가축과 기는 것과 공중의 새까지 그리하리니 이는 내가 그것들을 지었음을 한탄함이니라"(창 6:7)고 말씀하신 것입니다.

이상으로 인간의 구조와 타락에 대하여 살펴보았습니다. 그러면 영혼의 구원은 오직 '믿음'의 복음에 있지만, 산 채로 들림 받아 천국에 들어가려면 '의롭고 거룩하며 선한 행위'를 요구하는 영원한 복음에 있는 까닭은 무엇일까요?

(3) '믿음'으로 구원받고 '행위'로 천국에 들어가는 까닭

① 오직 '믿음'으로만 구원받는 이유

하나님과의 관계가 단절된 영적 사망은 선악과를 먹은 아담의 죄가 그의 후손들에게 대(代)를 이어 전가됨으로써 찾아왔습니다. 그래서 구약의 시인은 "누가 살아서 죽음을 보지 아니하고 자기의 영혼을 스올의 권세에서 건지리이까"(시 89:48)라고 탄식한 것입니다. 즉 영적 죽음으로 인하여 인간은 사후 하늘에 오르지 못하고 음부로 내려갈 수밖에 없게 된 슬픔을 한탄한 것입니다.

이처럼 인간의 영적 사망이 하나님의 말씀에 불순종한 것 때문에 비롯되었다면, 죽은 영이 다시 살아나는 구원 역시 하나님으로부터 기인(基因)되어야 한다는 것은 당연한 이치가 아니겠습니까? 즉 단절된 하나님과의 관계를 복원시켜 영적 생명을 다시 얻는 구원은 개인의 어떤 노력이나 선행에 달려 있는 것이 아니라, 하나님께서 인류의 구원을 위해 취하신 하나님의 방법에 달려 있다는 의미입니다.

하나님께서 죄에 빠진 인류를 구원하시기 위한 방법은 독생자 예수 그리스도를 세상에 보내시어 인류의 죄를 대신 지시고 십자가에 달려 죽게 하신 것입니다. 그래서 예수님은 "내가 하늘에서 내려온 것은 내 뜻을 행하려 함이 아니요 나를 보내신 이의 뜻을 행하려 함이니라"(요 6:38)고 하시면서, "하나님이 그 아들을 세상에 보내신 것은 세상을 심판하려 하심이 아니요 그로 말미암아 세상이 구원을 받게 하려 하심이라"(요 3:17)고 말씀하신 것입니다. 그리고 사도 요한은 "……하나님이 자기의 독생자를 세상에 보내심은 그로 말미암아 우리를 살리려 하심이라 사랑은 여기 있으니 우리가 하나님을 사랑한 것이 아니요 하나님이 우리를 사랑하사 우리 죄를 속하기 위하여 화목 제물로 그 아들을 우리에게 보내셨음이라"(요일 4:9, 10)고 증언한 것입니다.

예수님은 30세쯤 되신 때부터 천국 복음을 전파하기 시작하여 수많은 병자를 치유하시고, 마귀에게 눌린 모든 자를 해방하시며, 소외된 자들의 친구가 되어 주시는 등 선한 일을 많이 하셨습니다. 하지만 당시 종교 지도자들의 모함을 받아 33세에 십자가에 달려 돌아가셨다가 3일 만에 부활하셨는데, 예수님의 죽음은 인류의 죄를 대속(代贖)하기 위한 죽음이었고, 주님의 부활 승천은 대제사장으로서 속죄 제사를 완수하기 위한 것이었습니다. 그래서 세례 요한은 예수님을 향하여 "보라 세상 죄를 지고 가는 하나님의 어린양이로다"(요 1:29)라고 하였고, 바울 사도는 "예수는 우리가 범죄한 것 때문에 내줌이 되고 또한 우리를 의롭다 하시기 위하여 살아나셨느니라"(롬 4:25)고 말한 것입니다. 그리고 히브리 기자는 예수께서 십자가의 피로 속죄의 제사를 드린 대제사장이셨음을 이렇게 증언합니다.

> "그리스도께서는 장래 좋은 일의 대제사장으로 오사 손으로 짓지 아니한 것 곧 이 창조에 속하지 아니한 더 크고 온전한 장막으로 말미암아 염소와 송아지의 피로 하지 아니하고 오직 자기의 피로 영원한 속죄를 이루사 단번에 성소에 들어가셨느니라 염소와 황소의 피와 및 암송아지의 재를 부정한 자에게 뿌려 그 육체를 정결하게 하여 거룩하게 하거든 하물며 영원하신 성령으로 말미암아 흠 없는 자기를 하나님께 드린 그리스도의 피가 어찌 너희 양심을 죽은 행실에서 깨끗하게 하고 살아 계신 하나님을 섬기게 하지 못하겠느냐……율법을 따라 거의 모든 물건이 피로써 정결하게 되나니 피 흘림이 없은즉 사함이 없느니라"(히 9:11-14, 22).

그러므로 영혼의 구원은 인류의 죄를 위해 십자가에 달려 돌아가신 예수를 구주로 믿는 데 있습니다. 그래서 예수님은 "모세가 광야에서 뱀을 든 것같이 인자도 들려야 하리니 이는 그를 믿는 자마다 영생을 얻게 하려 하심이니라 하나님이 세상을 이처럼 사랑하사 독생자를 주셨으니 이는 그를 믿는 자마다 멸망하지 않고 영생을 얻게 하려 하심이라"(요 3:14-16)고 말씀하신 것이요, 베드로는 "너희가 알거니와 너희 조상이 물려준 헛된 행실에서 대속함을 받은 것은 은이나 금같이 없어질 것으로 된 것이 아니요 오직 흠 없고 점 없는 어린 양 같은 그리스도의 보배로운 피로 된 것이라"(벧전 1:18, 19)고 말한 것입니다.

그리고 바울 사도는 "그런즉 자랑할 데가 어디냐 있을 수 없느니라 무슨 법으로냐 행위로냐 아니라 오직 믿음의 법으로니라 그러므로 사람이 의롭다 하심을 얻는 것은 율법의 행위에 있지 않고 믿음으로 되는 줄 우리가 인정하노라"(롬 3:27, 28)는 말로 구원은 오직 '믿음의 법'으로만 얻을 수 있음을 외친 것입니다.

그런데 이러한 하나님의 구원 계획은 아담과 하와가 범죄했을 때부터 시작되었다고 보아야 합니다. 왜냐하면 하나님은 하와를 미혹했던 뱀에게 "내가 너로 여자와 원수가 되게 하고 네 후손도 여자의 후손과 원수가 되게 하리니 여자의 후손은 네 머리를 상하게 할 것이요 너는 그의 발꿈치를 상하게 할 것이니라"(창 3:15)고 말씀하셨는데, 이는 '여자의 후손'인 예수님을 통하여 사탄에게 치명상을 입힘으로써 마귀에게 매여 종노릇하는 인류를 구원하실 계획에 대한 예언이었기 때문입니다.

마리아와 약혼했던 요셉이 마리아의 임신 소식을 듣고 파혼을 생각하고 있었을 때, 그의 꿈에 나타난 천사가 "다윗의 자손 요셉아 네 아내 마리아 데려오기를 무서워하지 말라 그에게 잉태된 자는 성령으로 된 것이라"(마 1:20)고 현몽한 까닭이 바로 이 때문이었습니다. 즉 마리아에게 잉태된 아기는 창세기에 예언되었던 '여자의 후손'이기 때문에 남자로 말미암지 아니하고 여인 홀로 성령의 능력으로 임신하였음을 전한 것입니다.

구약시대에 이스라엘 백성들이 율법을 범하면 양이나 염소, 혹은 송아지의 피로 속죄제(贖罪祭)를 드리도록 하여 그들의 죄를 사해 주셨던 것이나(레 4장), 7월 10일 대속죄일에 아사셀 염소를 택하여 백성들의 모든 불의와 죄를 그 염소에게 지우고, 그 아사셀 염소를 광야로 내몰아 죽게 하였던 것도(레 16:21, 22, 29) 그리스도를 통한 대속적 구원의 모형과 예표(豫表)로 삼기 위함이었습니다. 그래서 주전 700년경의 선지자였던 이사야는 이런 예언을 한 것입니다.

> "그가 찔림은 우리의 허물 때문이요 그가 상함은 우리의 죄악 때문이라 그가 징계를 받음으로 우리는 평화를 누리고 그가 채찍에 맞음으로 우리는 나음을 받았도다 우리는 다 양 같아서 그릇 행하여 각기 제 길로 갔거늘 여호와께서는 우리 모두의 죄악을 그에게 담당시키셨도다" (사 53:5, 6).

이처럼 죽었던 영이 살아나는 구원의 길은 그 어떤 선행에 있지 않고 하나님께서 보내신 독생 성자 예수를 구주로 믿는 데 있기 때문에 예수님은 "내가 진실로 진실로 너희에게 이르노니 내 말을 듣고 또 나 보내신 이를 믿는 자는 영생을 얻었고 심판에 이르지 아니하나니 사망에서 생명으로 옮겼느니라"(요 5:24)고 말씀하신 것이요, 바울 사도는 다음과 같은 말을 한 것입니다.

> "그러므로 한 사람으로 말미암아 죄가 세상에 들어오고 죄로 말미암아 사망이 왔나니 이와 같이 모든 사람이 죄를 지었으므로 사망이 모든 사람에게 이르렀느니라……한 사람의 범죄로 말미암아 사망이 그 한 사람을 통해 왕 노릇 하였은즉 더욱 은혜와 의의 선물을 넘치게 받

> 는 자들은 한 분 예수 그리스도를 통하여 생명 안에서 왕 노릇 하리로다 그런즉 한 범죄로 많은 사람이 정죄에 이른 것같이 한 의로운 행위로 말미암아 많은 사람이 의롭다 하심을 받아 생명에 이르렀느니라 한 사람이 순종하지 아니함으로 많은 사람이 죄인 된 것같이 한 사람이 순종하심으로 많은 사람이 의인이 되리라"(롬 5:12-19).

한편, 영혼의 구원이란 잃어버린 영적 생명을 다시 찾는 것을 의미한다는 면에서도 구원은 행위에 있지 않고 믿음에 있습니다. 왜냐하면 '생명'이란 오직 하나님께서 값없이 주시는 은혜이기 때문입니다. 그래서 한밤중에 예수님을 찾아왔던 니고데모에게 주님은 거듭남의 도리에 대하여 이러한 교훈을 하신 것입니다.

> "진실로 진실로 네게 이르노니 사람이 거듭나지 아니하면 하나님 나라를 볼 수 없느니라……진실로 진실로 네게 이르노니 사람이 물과 성령으로 나지 아니하면 하나님의 나라에 들어갈 수 없느니라 육으로 난 것은 육이요 영으로 난 것은 영이니 내게 네게 거듭나야 하겠다 하는 말을 놀랍게 여기지 말라 바람이 임의로 불매 네가 그 소리를 들어도 어디서 와서 어디로 가는지 알지 못하나니 성령으로 난 사람도 다 그러하니라"(요 3:3-8).

여기서 '거듭난다'는 것은 '겐네데 아노덴'(γεννηθῇ ἄνωθεν)으로 '위로부터 태어나는 것'(be born above, Cranmer)을 뜻하고, '다시 태어나는 것'(is born again, NIV)을 의미하며, '새롭게 태어나는 것'(is born anew, RSV)을 말합니다. 따라서 이 말씀은 사람이 하나님께로부터 다시 새롭게 태어나지 아니하면 구원받을 수 없다는 뜻입니다. 하지만 니고데모는 그 '거듭남'의 의미를 잘 몰랐습니다. 그래서 "사람이 늙으면 어떻게 날 수 있사옵나이까 두 번째 모태에 들어갔다가 날 수 있사옵나이까"(4절)라고 반문합니다. 그때 주님은 "육으로 난 것은 육이요 영으로 난 것은 영이니 내가 네게 거듭나야 하겠다 하는 말을 기이히 여기지 말라"(요 3:6, 7)고 말씀하셨는데, 이는 세상에서 살려면 부모를 통해 육적 생명을 얻어야 하듯이 하늘나라에서 살려면 하나님을 통해 영적 생명을 다시 얻어야 한다는 가르침이었습니다.

그러면 사람은 어떻게 거듭날 수 있을까요? 예수께서 "사람이 물과 성령으로 나지 아니하면 하나님의 나라에 들어갈 수 없느니라"(요 3:5)고 말씀하셨는데, '물'과 '성령'은 각각 무엇을 상징할까요?

'물'은 씻는 것이므로 예수님의 보혈을 의미합니다. 그러므로 예수께서 나의 죄를 위해 십자가에서 피 흘리셨음을 믿고 회개하여야 거듭날 수 있다는 뜻입니다. 그래서 베드로는 거듭남에 대하여 이렇게 말합니다.

> "너희가 거듭난 것은 썩어질 씨로 된 것이 아니요 썩지 아니할 씨로 된 것이니 살아 있고 항상 있는 하나님의 말씀으로 되었느니라……너희에게 전한 복음이 곧 이 말씀이니라"(벧전 1:23, 25).

즉 거듭남은 썩지 아니할 씨인 하나님의 말씀으로 말미암는다고 한 것인데, 그 말씀은 곧 '복음'이라고 하였으니 베드로 역시 예수를 구주로 믿어야만 거듭날 수 있음을 분명히 한 것입니다. 이처럼 예수를 믿어야만 하늘의 생명을 얻을 수 있기 때문에, 예수님은 당신을 '생명의 떡'이라고 하시면서 다음과 같은 말씀을 하셨습니다.

> "진실로 진실로 너희에게 이르노니 믿는 자는 영생을 가졌노니 내가 곧 생명의 떡이니라 너희 조상들은 광야에서 만나를 먹었어도 죽었거니와 이는 하늘에서 내려오는 떡이니 사람으로 하여금 먹고 죽지 아니하게 하는 것이니라 나는 하늘에서 내려온 살아 있는 떡이니 사람이 이 떡을 먹으면 영생하리라 내가 줄 떡은 곧 세상의 생명을 위한 내 살이니라……내가 진실로 진실로 너희에게 이르노니 인자의 살을 먹지 아니하고 인자의 피를 마시지 아니하면 너희 속에 생명이 없느니라 내 살을 먹고 내 피를 마시는 자는 영생을 가졌고 마지막 날에 내가 그

를 다시 살리리니 내 살은 참된 양식이요 내 피는 참된 음료로다"(요 6:47-55).

한편, '성령으로 거듭난다'는 것은 예수를 구주로 믿는 그 '믿음' 자체가 성령의 감동에 의해서라는 뜻입니다. 다시 말하면 2천 년 전 한 유대의 청년이었던 예수가 총독 빌라도에 의해 사형 선고를 받고 십자가에서 처형당했는데, 그 피는 나의 죄를 씻기 위한 피였고, 그 죽음을 나의 죽음을 대신하는 죽음이었다는 것이 믿어지는 것은, 전적으로 하나님의 은혜라는 뜻입니다. 그래서 바울 사도는 "너희는 그 은혜에 의하여 믿음으로 말미암아 구원을 받았으니 이것은 너희에게서 난 것이 아니요 하나님의 선물이라"(엡 2:8)고 말합니다.

이상의 고찰과 같이 영혼의 구원은 오직 예수 그리스도를 구주로 믿는 데 있습니다. 그렇지만 산 채로 들림 받아 천국에 들어가려면 행위, 특히 사랑의 선한 행위가 있어야 하는 이유는 무엇일까요?

② '행위'가 있어야 산 채로 천국에 들어갈 수 있는 까닭

ⓐ 인간은 두 단계를 거처 완전히 타락했기 때문입니다.

앞에서 고찰해 본 대로 인간은 두 단계를 거쳐 완전히 타락하였습니다. 첫 번째는, 선악과를 먹지 말라는 하나님의 명령에 불순종함으로 인하여 영적으로 타락하였고 두 번째는, 이웃을 배려하지 못하고 자기들만 좋으면 된다는 식의 이기적인 결혼을 함으로 말미암아 육적으로도 완전히 타락한 것입니다.

따라서 영혼이 하늘의 생명을 얻을 뿐 아니라 육체까지 완전한 구원을 얻으려면, 역시 두 단계를 거쳐야 한다는 것은 당연한 이치가

아니겠습니까? 즉 예수를 구주로 믿고 영혼이 구원받은 후 영적 성장을 계속하다가 이웃까지 사랑하는 완전한 성도가 되어야만 비로소 죽음을 보지 않고 천국에 들어갈 수 있다는 의미입니다. 그렇기 때문에 육체가 산 채로 들림 받는 마지막 때에 '사랑'이 핵심이 되는 영원한 복음이 전파되는 것이라고 생각합니다.

이처럼 육체의 생명은 이웃을 사랑하는 행위가 관건이기 때문에 예수님은 "진실로 진실로 너희에게 이르노니 사람이 내 말을 지키면 영원히 죽음을 보지 아니하리라"(요 8:51)고 말씀하신 것이요, 또 어떤 사람이 예수님께 와서 무슨 선한 일을 하여야 영생을 얻을 수 있느냐는 질문을 했을 때 "네가 생명에 들어가려면 계명들을 지키라"(마 19:17)고 대답하신 것입니다. 그리고 그가 다 지켰다고 하자 "네가 온전하고자 할진대 가서 네 소유를 팔아 가난한 자들에게 주라 그리하면 하늘에서 네게 보화가 있으리라 그리고 와서 나를 따르라"(마 19:21)는 말씀으로 다시 한 번 선행을 강조하신 것입니다.

그런데 선악과를 먹고 영적으로 타락한 인간이 육적으로까지 완전히 타락한 이유는 영적 죽음으로 인하여 그의 혼, 곧 그 마음이 세속적이고 교만하며 이기적으로 점점 부패해졌기 때문이 아닙니까? 그러므로 거듭난 영혼도 그 마음이 영적으로 성장, 성화하지 아니하면 의롭고 거룩하며 선한 열매를 맺을 수 없다고 보아야 할 것입니다. 그래서 베드로는 "오직 우리 주 곧 구주 예수 그리스도의 은혜와 그를 아는 지식에서 자라 가라"(벧후 3:18)고 한 것이요, 바울 사도는 "오직 사랑 안에서 참된 것을 하여 범사에 그에게까지 자랄지라 그는 머리니 곧 그리스도라"(엡 4:15)고 권면한 것입니다.

그러면 중생한 영혼은 어떻게 성장하며 성화(聖化)되어 갈까요? 거듭난 영혼이 성장·성화되어 가는 수단과 방법에 대하여 고찰해 보겠습니다.

영혼이 성장·성화되어 가는 수단과 방편들

● 말씀 : 성경 말씀은 영혼의 양식입니다. 음식을 먹어야 육신이 자랄 수 있고 건강을 유지할 수 있듯이, 영혼은 하나님의 말씀을 먹어야 성장할 수 있고 또 영적 건강을 유지할 수 있습니다. 하나님께서 광야 생활을 했던 이스라엘에게 만나를 내려주셨던 영적 의미가 바로 여기 있었습니다. 그래서 모세는 "네 조상들도 알지 못하던 만나를 네게 먹이신 것은 사람이 떡으로만 사는 것이 아니요 여호와의 입에서 나오는 모든 말씀으로 사는 줄을 네가 알게 하려 하심이니라"(신 8:3)고 교훈한 것입니다.

그런데 자유주의 신학은 성경을 하나님의 말씀으로 인정하지 않았습니다. 소위 역사 비평적 방법으로 성경을 마음대로 재단(裁斷)하였고, 인간의 이성으로 이해될 수 없는 부분들은 모두 신화(神話)로 치부하였거나 재해석하였습니다. 그리하여 영혼들을 병들게 했고, 서구 교회의 몰락을 초래하였습니다.

하지만 예수님은 성경을 인용하시어 사탄의 시험을 물리치셨고, 또 "너희가 성경에서 영생을 얻는 줄 생각하고 성경을 연구하거니와 이 성경이 곧 내게 대하여 증언하는 것이니라"(요 5:39)는 말씀으로 성경의 권위를 인정하셨습니다. 즉 성경은 정확 무오(無誤)한 영감(靈感)을 받은 하나님의 말씀임을 주께서 인증하셨다는 뜻입니다. 그래서 다윗은 하나님의 말씀을 이렇게 예찬합니다.

"여호와의 율법은 완전하여 영혼을 소성시키며
여호와의 증거는 확실하여 우둔한 자를 지혜롭게 하며
여호와의 교훈은 정직하여 마음을 기쁘게 하고
여호와의 계명은 순결하여 눈을 밝게 하시도다
여호와를 경외하는 도는 정결하여 영원까지 이르고

여호와의 법도 진실하여 다 의로우니 금 곧 많은 순금보다 더 사모할 것이며 꿀과 송이꿀보다 더 달도다
또 주의 종이 이것으로 경고를 받고 이것을 지킴으로 상이 크니이다"(시 19:7-11).

그러므로 "모든 성경은 하나님의 감동으로 된 것으로 교훈과 책망과 바르게 함과 의로 교육하기에 유익하니 이는 하나님의 사람으로 온전하게 하며 모든 선한 일을 행할 능력을 갖추게 함이라"(딤후 3:16)고 한 사도 바울의 권면에 따라, 하나님의 말씀을 금보다 더 사모하며 꿀보다 더 달게 여기고, 날마다 성경 말씀을 읽고 그 말씀을 묵상(QT)함으로써 영혼의 성장과 성화를 도모해야 하겠습니다.

● **기도** : 기도는 영혼의 호흡입니다. 육체가 호흡하지 않고 살아갈 수 없듯이 영적 생명 또한 기도의 호흡 없이는 유지될 수 없습니다. 그래서 예수님도 금식 기도, 산 기도, 철야 기도, 새벽 기도를 하셨고, "항상 기도할 것"(눅 18:1)을 가르치셨으며, 바울 사도 역시 "쉬지 말고 기도하라"(살전 5:17), "항상 성령 안에서 기도하라"(엡 6:18b)고 권면한 것입니다.

그런데 기도는 하나님과의 대화입니다. 그러므로 기도는 대단한 특권이 아닐 수 없습니다. 왜냐하면 온 우주를 통치하시는 지존(至尊)하신 그분을 어느 때든지 만나 문제를 부탁하고, 소원을 아뢰며, 사랑의 밀어(密語)를 나누고, 또 마음속의 응어리진 것들을 마음껏 털어놓을 수 있는 통로가 곧 기도이기 때문입니다.

이러한 기도의 특권을 이용하여 위기의 인생을 승리로 장식한 대표적 인물이 다윗입니다. 그래서 그는 "내가 환난 중에서 여호와께 아뢰며 나의 하나님께 부르짖었더니 그가 그의 성전에서 내 소리를 들으심이여 그의 앞에서 나의 부르짖음이 그의 귀에 들렸도다"(시

18:6)라고 노래하였고, 또 "백성들아 시시로 그를 의지하고 그의 앞에 마음을 토하라 하나님은 우리의 피난처시로다"(시 62:8)라고 하였으며, 구약의 시인은 "여호와께서 내 음성과 내 간구를 들으시므로 내가 그를 사랑하는도다 그의 귀를 내게 기울이셨으므로 내가 평생에 기도하리로다"(시 116:1, 2)라는 시를 읊은 것입니다.

기도는 우둔한 자를 명철하게 하고, 약한 자를 강하게 하며, 천한 자를 귀하게 하고, 배움이 좀 부족해도 성공적인 인생이 되게 합니다. 왜냐하면 기도는 하나님의 도움을 얻는 길이기 때문입니다. 따라서 기도 생활에 승리하면 신앙에 승리하고, 기도 생활에 성공하면 인생에 성공합니다.

그렇기 때문에 이러한 기도의 위력을 잘 아는 사탄은 어떻게 해서든지 기도를 못하게 하려고 훼방합니다. 기도에 회의(懷疑)를 품게 하고, 기도에 집중하지 못하게 하며, 다음으로 미루게도 하고, 바쁜 일을 발생하게 하여 기도를 못하게도 합니다. 따라서 기도 시간을 낼 수 없을 정도로 바쁜 것은 마귀의 전략에 넘어간 것임을 깨달아야 합니다. 그러므로 그 무엇보다도 기도가 최우선임을 깨닫고 항상 성령 안에서 무시(無時)로 기도함으로써 영적 성장과 성화를 꾀하여야 할 것입니다. 하나님과 만나는 시간이 많고 대화하는 시간이 길고 잦을수록, 하나님과의 관계는 더 깊어지면서 주님의 거룩한 성품 또한 닮아갈 수 있기 때문입니다.

● **예배** : 하나님께서 상번제에 대하여 명령하셨을 때 "이는 너희가 대대로 여호와 앞 회막문에서 늘 드릴 번제라 내가 거기서 너희와 만나고 네게 말하리라 내가 거기서 이스라엘 자손을 만나리니 내 영광으로 말미암아 회막이 거룩하게 될지라"(출 29:42, 43)고 말씀하셨습니다. 그러므로 예배 역시 영혼을 성장시키는 매우 좋은 수단이

아닐 수 없습니다. 예배는 하나님을 만나는 것이므로 영혼이 거룩해질 뿐 아니라 말씀을 먹음으로 말미암아 속사람이 강건해지기 때문입니다.

더 나아가 하나님께서 "내게 토단을 쌓고 그 위에 네 양과 소로 네 번제와 화목제를 드리라 내가 내 이름을 기념하게 하는 모든 곳에서 네게 임하여 복을 주리라"(출 20:24)고 말씀하셨으므로, 예배는 하나님의 복을 받는 통로가 되기도 합니다. 따라서 주일 예배는 물론 주중(週中)의 모든 예배와 새벽 예배까지 드리게 된다면, 장족(長足)의 영적 성장을 보게 될 것입니다.

● **교회 생활** : 교회 생활은 예배와 교육, 선교와 봉사 및 성도의 교제 를 통해 영적 성장을 도모할 수 있는 종합적 성장의 방편(方便)입니다. 그러므로 무교회주의자가 되지 말고 반드시 교회에 등록하여 동료 신자들과 함께 영혼의 성장을 도모해야 합니다. 왜냐하면 홀로 신앙생활을 하는 것보다 목회자를 통해 신앙의 지도를 받으면서 동료들과 더불어 교회 생활을 하는 것이 훨씬 더 영혼의 성장에 유익하기 때문입니다.

그런데 가정이나 직장 등지에서 사회생활은 하지 않으면서 교회당, 혹은 기도원이나 수양관 같은 데서만 머물면 안 됩니다. 왜냐하면 배우고 받은 바 영적 지식과 은혜들을 가정이나 직장 등지에서 나누고 실천하지 아니하면 건강한 영적 성장을 기대할 수 없기 때문입니다.

예수께서 세 제자들과 함께 변화산에 오르셨을 때, 신비한 체험을 했던 제자들은 그곳에 머물고자 했지만, 예수께서 그들을 데리고 하산하셨던 이유가 바로 이 때문이었습니다(참조. 마 17:1-8). 그러므로 예수께서 기도의 산에 오르셨던 것처럼 예배의 산, 기도의 산에 올라야 하지만, 아울러 문제 많은 세상으로 다시 내려오셨던 것처럼 말씀을 실천하고 사명을 수행하기 위하여 가정과 일터 및 사회로 내려옴으로써 건전한 신앙생활을 도모해야 하겠습니다.

● **전도** : 예수께서 "너희는 가서 모든 민족을 제자로 삼아 아버지와 아들과 성령의 이름으로 세례를 베풀고 내가 너희에게 분부한 모든 것을 가르쳐 지키게 하라"(마 28:19, 20)고 하셨고, 또 "너희는 온 천하에 다니며 만민에게 복음을 전파하라"(막 16:15)고 명하셨습니다. 따라서 전도는 주 예수 그리스도의 지상 명령입니다. 더욱이 사도 바울이 "하나님의 지혜에 있어서는 이 세상이 자기 지혜로 하나님을 알지 못하므로 하나님께서 전도의 미련한 것으로 믿는 자들을 구원하시기를 기뻐하셨도다"(고전 1:21)라고 말한 데서 알 수 있듯이, 세상의 그 어떤 지혜로도 구원의 길은 알 수 없기 때문에 전도처럼 중요한 것은 없습니다.

하지만 말씀에 대한 지식이 부족하고 또 성령의 능력이 함께하지 않는 전도는 실패할 수밖에 없음을 전도의 현장에서 절실히 느끼게 됩니다. 따라서 전도 또한 성장의 수단이 될 수밖에 없습니다. 왜냐하면 전도의 성공을 위해 말씀을 더 배우고 기도하며, 또 인도한 새신자의 양육을 위해 애쓰고 노력하는 과정에서 자연히 영혼은 성장해 가기 때문입니다.

이상으로 영혼이 성장·성화되어 가는 수단과 방편에 대하여 고찰해 보았습니다. 그러므로 중생한 영혼은 말씀과 기도, 예배와 교회생활 및 전도를 통해 반드시 속사람을 성장·변화시킴으로써 완전히 열매 맺는 길로 나아가야 할 것입니다.

ⓑ 천국에 들어가는 것은 하나님의 통치를 받는 것이기 때문입

니다.

아담이 에덴동산에서 쫓겨났던 이유는 하나님의 말씀에 불순종함으로써 하나님의 통치를 거역했기 때문입니다. 따라서 산 채로 들림 받아 직접 천국에 들어가려면 하나님의 말씀을 실천하는 행위가 있어야 함은 너무나 당연합니다. 왜냐하면 천국은 하나님의 통치를 받는 하나님 나라이므로 만일 말씀에 불순종한다면 천국에서 살 수 없기 때문입니다. 바로 이런 이유에서 성경은 '구원'을 언급할 때는 언제나 '믿음'을 강조하지만, '천국'을 언급할 때는 항상 '행위'를 강조하는 것을 보게 되는데, 아래에 인용한 주님의 말씀들이 그 좋은 예(例)가 됩니다.

> "너희 의가 서기관과 바리새인보다 더 낫지 못하면 결코 천국에 들어가지 못하리라"(마 5:20).
> "너희가 돌이켜 어린아이들과 같이 되지 아니하면 결단코 천국에 들어가지 못하리라"(마 18:3).
> "어린아이들이 내게 오는 것을 용납하고 금하지 말라 하나님의 나라가 이런 자의 것이니라 내가 진실로 너희에게 이르노니 누구든지 하나님의 나라를 어린아이와 같이 받들지 않는 자는 결단코 그곳에 들어가지 못하리라"(막 10:14, 15).
> "만일 네 손이 너를 범죄하게 하거든 찍어버리라 장애인으로 영생에 들어가는 것이 두 손을 가지고 지옥 곧 꺼지지 않은 불에 들어가는 것보다 나으니라 만일 네 발이 너를 범죄하게 하거든 찍어버리라 다리 저는 자로 영생에 들어가는 것이 두 발을 가지고 지옥에 던져지는 것보다 나으니라 만일 네 눈이 너를 범죄하게 하거든 빼버리라 한 눈으로 하나님의 나라에 들어가는 것이 두 눈을 가지고 지옥에 던져지는 것보다 나으니라"(막 9:43-47).

이처럼 천국에 들어가려면 행위가 있어야 하기 때문에 사도 바울은 "불의한 자가 하나님의 나라를 유업으로 받지 못할 줄을 알지 못하느냐 미혹을 받지 말라 음행하는 자나 우상 숭배하는 자나 간음하는 자나 탐색하는 자나 남색하는 자나 도적이나 탐욕을 부리는 자나 술 취하는 자나 모욕하는 자나 속여 빼앗는 자들은 하나님의 나라를 유업으로 받지 못하리라"(고전 6:9, 10)고 한 것이요, 또 "육체의 일은 분명하니 곧 음행과 더러운 것과 호색과 우상 숭배와 주술과 원수 맺는 것과 분쟁과 시기와 분냄과 당 짓는 것과 분열함과 이단과 투기와 술 취함과 방탕함과 또 그와 같은 것들이라……이런 일을 하는 자들은 하나님의 나라를 유업으로 받지 못할 것이요"(갈 5:19-21)라고 말한 것입니다.

바로 이런 까닭에 산 채로 천국에 직접 들어가는 마지막 때에, 의롭고 거룩하며 선한 행위를 요구하는 영원한 복음이 전파되는 것이라고 생각합니다.

ⓒ 천국에 들어가는 것은 지극한 복락을 누리는 것이기 때문입니다.

천국은 지복(至福)을 누리는 곳이므로 천국에 들어가려면 반드시 '행위'가 있어야 합니다. 왜냐하면 하나님의 복은 하나님의 말씀에 순종하거나 복종하는 경우에만 받을 수 있기 때문입니다. 여기서 '순종'이란 하나님의 뜻을 이해하고 따르는 것을 말하고, '복종'은 이해를 잘 못해도 무조건 따르는 것을 의미합니다.

이처럼 하나님의 말씀에 순복(順服)해야만 하나님의 복을 받을 수 있다는 것은 구약시대와 신약시대를 거쳐 영원한 천국에 이르기까지 변함없는 하나님 나라의 원리입니다. 그래서 모세는 "보라 내가 오늘 생명과 복과 사망과 화를 네 앞에 두었나니 곧 내가 오늘 네게 명령하여 네 하나님 여호와를 사랑하고 그 모든 길로 행하며 그의 명령과 규례와 법도를 지키라 하는 것이라 그리하면 네가 생존하며 번성할 것이요 또 네 하나님 여호와께서 네가 가서 차지할 땅에서 네게 복을 주실 것임이니라"(신 30:15, 16)고 말한 것이요, 예수님은 "나를 보내신 이가 나와 함께하시도다 나는 항상 그가 기뻐하시는 일을 행하므로 나를 혼자 두지 아니하셨느니라"(요 8:29)고 말씀하신 것입니다. 즉 임마누엘의 복에 대하여 언급하신 것인데, 그 복은 하나님께서 기뻐하시는 일만 행하셨기 때문임을 주께서 밝히셨다는 데서 천국의 복, 곧 임마누엘의 복은 오직 '행위'에 있음이 명백합니다.

이렇게 볼 때 믿음은 하늘나라의 시민권을 얻어(빌 3:20) 신분이 바뀌는 것일 뿐, 천국의 복락을 누리려면 행위가 있어야 하기 때문에 '행위로 천국에 들어간다'고 한 것이며, 이는 구약시대의 이스라엘이 할례로 말미암아 그 신분이 하나님의 백성이 되었을지라도 율법을 지키지 않으면 복을 받을 수 없었던 것과 같은 이치입니다.

ⓓ 영원한 천국은 몸을 입고 사는 완전한 하나님의 나라이기 때문입니다.

신약시대에 예수를 믿고 구원받은 성도들이 가 있는 곳은 낙원입니다(참조. 눅 23:43; 고후 12:1). 그런데 그 낙원은 몸은 없이 영혼들만 사는 천국입니다. 그러나 예수께서 강림하실 때 열리는 새 예루살렘 천국은 부활체, 혹은 영화체(榮化體, 휴거되어 부활체처럼 영광스럽게 변화된 몸)를 입고 사는 완전한 하나님 나라입니다. 그래서 단순히 '하늘'로 불리는 곳이 아니라(마 5:12, 16; 요 3:13; 엡 4:10; 벧전 3:22) '새 하늘과 새 땅'으로 불리는 곳입니다(벧후 3:13; 계 21:1).

그렇기 때문에 영원한 천국은 예수를 믿어야 함은 물론, 이웃을 사랑하지 아니하면 들어갈 수 없는 천국입니다. 왜냐하면 영적 생명은 예수를 구주로 영접함으로써 얻게 되지만, 육적 생명은 이웃을 사랑함으로써 얻게 되기 때문입니다. 환언하면 '믿음'은 하나님과의 수직적 관계를 맺게 하고, '사랑'은 인간과의 수평적 관계를 맺게 하기 때문에, 산 채로 천국에 들어가는 마지막 때에는 믿음 위에 사랑의 행위가 반드시 있어야 한다는 의미입니다.

이상으로 영혼의 구원은 오직 '믿음'의 복음에 있지만, 육체가 산 채로 천국에 들어가는 데는 왜 '행위'를 요구하는 영원한 복음에 있는지에 대하여 고찰해 보았습니다. 이처럼 '구원'과 '천국에 들어가는 것'은 구분되기 때문에 바울 사도는 "주께서 나를 모든 악한 일에서 건져내시고 또 그의 천국에 들어가도록 구원하시리니"(딤후 4:18)라는 말로 '구원'과 '천국에 들어가는 것'을 구분한 것입니다.

하지만 이러한 구분이 신약시대의 성도에게는 사실 무의미합니다. 왜냐하면 일단 믿음으로 구원받았으면 낙원에 오르게 되고, 낙원에 있는 성도들은 주께서 강림하실 때 부활의 몸을 입고 모두 영원한 천국에 들어갈 것이기 때문입니다. 그러나 문제는 주 강림 시까지 지상에 남아 있는 말세의 성도들입니다. 왜냐하면 그때는 휴거된 후 낙원을 거치지 않고 곧바로 영원한 천국에 들어가는 때이므로, '구원'과 '천국에 들어가는 것'을 구분하여 복음에만 머물지 아니하고 영원한 복음에 따라 의롭고 거룩하며 선한 행위의 열매를 맺어야 하기 때문입니다.

어떤 이는 '복음이면 복음이지 영원한 복음은 또 무엇이냐?'고 볼멘소리를 할 수 있습니다. 하지만 이것은 현 교회시대가 신앙생활의 종극점이 아니라는 것을 깨달으면 쉽게 수긍하리라고 믿습니다. 즉 스데반 집사가 '광야 교회'라는 표현을 한 것같이(행 7:38), 신약시대의 교회는 출애굽했던 이스라엘이 광야 길을 걷는 것과 같은 여정에 있을 뿐, 아직 요단강을 건넌 것은 아니므로 가나안 족속을 몰아내고 그곳에 하나님 나라를 건설했던 것과 같은 최종 단계가 현 교회 앞에 또 놓여 있다는 의미입니다.

시대의 변화에 눈을 뜨자!

그러므로 종말의 성도들은 시대의 변화에 눈을 떠야 하겠습니다. 즉 마지막 때는 천국의 곡식을 추수할 때요, 신랑 예수님과 결혼할 때이며, 또 죽음을 보지 않고 산 채로 들림 받아 천국에 들어가는 때이므로 복음에 안주하지 말고 영원한 복음에 따라 그리스도의 형상을 이루어야 한다는 시대적 자각입니다. 바로 이런 이유에서 주님은 다음과 같은 말씀을 하신 것이라고 생각합니다.

> "좁은 문으로 들어가기를 힘쓰라 내가 너희에게 이르노니 들어가기를 구하여도 못하는 자가 많으리라 집주인이 일어나 문을 한 번 닫은 후에 너희가 밖에 서서 문을 두드리며 주여 열어주소서 하면 그가 대답하여 이르되 나는 너희가 어디에서 온 자인지 알지 못하노라 하리니 그때에 너희가 말하되 우리는 주 앞에서 먹고 마셨으며 주는 또한 우리를 길거리에서 가르치셨나이다 하나 그가 너희에게 말하여 이르되 나는 너희가 어디에서 왔는지 알지 못하노라 행악하는 모든 자들아 나를 떠나가라 하리라"(눅 13:24-27).

이 말씀은 마지막 때의 상황을 염두에 두신 말씀입니다. 왜냐하면 "집주인이 일어나 문을 한 번 닫은 후에 너희가 밖에 서서 문을 두드리며 주여 열어주소서 하면……"이라고 한 부분은 주께서 강림하셨을 때의 상황이기 때문입니다(참조. 마 25:10-12). 그런데 '좁은 문'이란 생명으로 인도하는 문을 의미하므로(마 7:13, 14), 여기서 '좁은 문'이란 말세의 성도들을 산 채로 들림 받게 하는 영원한 복음을 가리킨다고 보아야 합니다. 왜냐하면 문 밖에서 문을 열어달라고 하는 자들에게 집주인이 "나는 너희가 어디에서 왔는지 알지 못하노라 행악하는 모든 자들아 나를 떠나가라 하리라"고 한 것을 보면, 그들은 영원한 복음을 무시함으로써 행위의 열매를 맺지 못한 자들이라고 보아야 하기 때문입니다.

이렇게 볼 때 주의 재림과 세상 종말이 가까웠는데도 불구하고 여전히 '오직 믿음'의 복음에만 매달려 계명의 완전한 실천과 온전한 믿음의 행위를 요구하는 영원한 복음을 거부하는 자들은, 복음을 배척했던 예수님 당시의 바리새인들에게 주께서 "너희가 날씨는 분별할 줄 알면서 시대의 표적은 분별할 수 없느냐"(마 16:3)라는 책망을 하셨던 것처럼, '시대를 분별하지 못하는 어리석은 자'라는 책망을 받고 버림받을 수도 있음을 깨달아야 할 것입니다. 그래서 주님은 이러한 말씀을 하신 것으로 보입니다.

> "만일 그 악한 종이 마음에 생각하기를 주인이 더디 오리라 하여 동료들을 때리며 술친구들과 더불어 먹고 마시게 되면 생각하지 않은 날 알지 못하는 시각에 그 종의 주인이 이르러 엄히 때리고 외식하는 자가 받는 벌에 처하리니 거기서 슬피 울며 이를 갈리라"(마 24:48-51).

'악한 종'이란 주님의 강림을 전혀 준비하지 않고 있는 목회자나 신자들을 가리킵니다. 따라서 그들이 '동료들을 때린다'는 것은 영원한 복음에 따라 재림을 준비하고 있는 신실한 목회자들이나 성도들을 비난하고 박해하는 것을 의미합니다. 그리고 '술친구들과 더불어 먹고 마신다'는 것은 시대를 분별하지 못하는 동료들과 더불어 세상 재미에 푹 빠져 있다는 뜻입니다. 그러나 생각하지 않은 날, 알지 못하는 시각에 주께서 강림하시어 그들을 엄히 징벌하신다는 것이니, 정신을 차리고 깨어 있어 주의 강림을 준비해야 하지 않겠습니까?

그러므로 "깨어 있으라 어느 날에 너의 주가 임할는지 너희가 알지 못함이니라 너희도 아는 바니 만일 집주인이 도둑이 어느 시각에 올 줄을 알았더라면 깨어 있어 그 집을 뚫지 못하게 하였으리라 이러므로 너희도 준비하고 있으라 생각하지 않은 때에 인자가 오리라"(마 24:42-44)는 주님의 말씀을 가슴 깊이 새기고, 영원한 복음에 따라 그리스도의 형상을 이룸으로써, 신랑으로 다시 오시는 예수님을 맞이하기 위한 준비를 게을리하지 말아야 할 것입니다.

그러면 현 시대는 예수님의 강림과 세상 심판으로부터 얼마나 근접해 있을까요? 재림과 종말의 징조에 대하여 말씀을 상고해 보겠습니다.

Ⅱ. 재림과 종말의 징조

인간은 지구와 함께 운명을 같이할 수밖에 없는 존재입니다. 땅을 딛고, 대기(大氣)를 호흡하며, 흙에서 나는 것을 먹고 사는 존재이기 때문입니다. 따라서 지구의 운명을 알고 사는 것처럼 중요한 것은 없습니다. 왜냐하면 아무리 앞날에 대한 멋진 비전과 환상적인 계획을 가졌을지라도 지구가 멸망한다면 그런 꿈들은 한순간에 물거품이 되고 말 것이기 때문입니다.

그러면 세상을 창조하시고 역사를 주관하시며 우주에 관한 계획을 이미 다 수립해 놓고 계시는 하나님은 지구의 장래에 대하여 어떤 구상을 하고 계실까요?

하나님은 스바냐 선지자를 통해 “내가 땅 위에서 모든 것을 진멸하리라 내가 사람과 짐승을 진멸하고 공중의 새와 바다의 고기와 거치게 하는 것과 악인들을 아울러 진멸할 것이라 내가 사람을 땅 위에서 멸절하리라 나 여호와의 말이니라”(습 1:2, 3)고 말씀하셨습니다. 그리고 이사야 선지자는 “보라 여호와의 날 곧 잔혹히 분냄과 맹렬히 노하는 날이 이르러 땅을 황폐하게 하며 그중에서 죄인들을 멸하리니 하늘의 별들과 별 무리가 그 빛을 내지 아니하며 해가 돋아도 어두우며 달이 그 빛을 비추지 아니할 것이로다”(사 13:9, 10)라고 하나님의 말씀을 대언하였으며, 또 다음과 같은 예언도 하였습니다.

> “보라 여호와께서 땅을 공허하게 하시며 황폐하게 하시며 지면을 뒤집어엎으시고 그 주민을 흩으시리니 백성과 제사장이 같을 것이며 종과 상전이 같을 것이며 여종과 여주인이 같을 것이며 사는 자와 파는 자가 같을 것이며 빌려주는 자와 빌리는 자가 같을 것이며 이자를 받는 자와

이자를 내는 자가 같을 것이며 땅이 온전히 공허하게 되고 온전히 황무하게 되리라 여호와께서 이 말씀을 하셨느니라"(사 24:1-3).

그러므로 하나님은 세상을 멸하시려고 이미 작정하신 것입니다. 그래서 이사야 선지자는 "대저 온 땅을 멸망시키기로 작정하신 것을 내가 만군의 주 여호와께로부터 들었느니라"(사 28:22)고 증언한 것입니다. 그러면 그 이유가 무엇일까요?

이 세상은 과학은 고도로 발달했어도 하나님을 알지 못하는 영적 무지의 세상이요 또한 음란과 폭력과 거짓 등 온갖 악으로 가득 찬 세상이기 때문입니다. 더 나아가 재림 직전의 세상은 하나님을 대적하고 성도를 괴롭힐 짐승 통치의 세상이 될 것이기 때문이기도 합니다.

그런데 예수님은 감람산 종말론 강론에서 "노아의 때에 된 것과 같이 인자의 때에도 그러하리라 노아가 방주에 들어가던 날까지 사람들이 먹고 마시고 장가들고 시집가더니 홍수가 나서 다 그들을 멸망시켰으며 또 롯의 때와 같으리니 사람들이 먹고 마시고 사고 팔고 심고 집을 짓더니 롯이 소돔에서 나가던 날에 하늘로부터 불과 유황이 비오듯 하여 그들을 멸망시켰느니라 인자가 나타나는 날에도 이러하리라"(눅 17:26-30)고 말씀하셨습니다. 즉 세상의 종말은 예수님의 강림과 맞물려 있음을 밝히신 것입니다.

그러므로 예수께서 재림하실 때 세상을 멸하시는 것이 하나님의 계획입니다. 그래서 수제자 베드로는 "그러나 주의 날이 도둑같이 오리니"(벧후 3:10)라고 주의 강림을 언급하면서, 곧이어 "그 날에는 하늘이 큰소리로 떠나가고 물질이 뜨거운 불에 풀어지고 땅과 그 중에 있는 모든 일이 드러나리로다"(10절)라고 한 것이요, 바울 사도는 "주의 날이 밤에 도둑같이 이를 줄을 너희 자신이 자세히 알기 때문이라 그들이 평안하다, 안전하다 할 그때에 임신한 여자에게 해산의 고

통이 이름과 같이 멸망이 갑자기 그들에게 이르리니 결코 피하지 못하리라"(살전 5:2, 3)고 말한 것입니다.

그러면 주의 재림과 세상의 종말은 언제쯤 있게 될까요? 예수님은 "무화과나무의 비유를 배우라 그 가지가 연하여지고 잎사귀를 내면 여름이 가까운 줄을 아나니 이와 같이 너희도 이 모든 일을 보거든 인자가 가까이 곧 문 앞에 이른 줄 알라"(마 24:32, 33)고 말씀하셨습니다. 즉 무화과나무의 변화하는 모습을 보고 여름이 가까운 줄 아는 것처럼, 세상이 돌아가는 징조를 보고 재림과 종말의 시기를 가늠하라는 가르침입니다.

그러므로 성경이 말하고 있는 재림과 종말의 일반적 징조에 대하여 살펴보고, 천국 농사철에 의한 징조를 고찰해 본 후, 바벨론 느부갓네살 왕의 꿈과 다니엘의 환상을 통해 본 종말의 징조에 대하여 고찰해 보겠습니다.

1. 일반적 징조들

(1) 교통과 지식의 발달

다니엘은 말세가 되면 "사람이 빨리 왕래하며 지식이 더하리라"(단 12:4)고 하였습니다. 즉 교통의 발달과 많은 지식이 종말의 징조라고 한 것입니다. 그러면 오늘날의 세계는 어떻습니까? 교통수단은 매우 발달해 있고, 현 시대는 지식·정보화의 시대로서 매스미디어로 말미암아 지식의 홍수시대를 이루고 있지 않습니까? 그러므로 지금은 말세가 분명합니다. 따라서 조롱하는 자들이 와서 "주께서 강림하신다는 약속이 어디 있느냐 조상들이 잔 후로부터 만물이 처음 창조될 때와 같이 그냥 있다"(벧후 3:4)라고 하며 조소(嘲笑)하여도 "주의 약속은 어떤 이들이 더디다고 생각하는 것같이 더딘 것이 아니라 오직 주께서는 너희를 대하여 오래 참으사 아무도 멸망하지 않고 다 회개하기에 이르기를 원하시느니라"(벧후 3:9)는 말씀처럼 다소 더딘 줄 믿고 주의 재림을 대비해야 할 것입니다.

(2) 악하고 음란하며 믿음이 없는 사회상

바울 사도는 마지막 때의 사회상에 대하여 다음과 같은 말을 하였습니다.

> "너는 이것을 알라 말세에 고통하는 때가 이르러 사람들이 자기를 사랑하며 돈을 사랑하며 자랑하며 교만하며 비방하며 부모를 거역하며 감사하지 아니하며 거룩하지 아니하며 무정하며 원통함을 풀지 아니하며 모함하며 절제하지 못하며 사나우며 선한 것을 좋아하지 아니하며 배신하며 조급하며 자만하며 쾌락을 사랑하기를 하나님 사랑하는 것보다 더하며 경건의 모양은 있으나 경건의 능력은 부인하니 이 같은 자들에게서 네가 돌아서라"(딤후 3:1-5).

자기를 사랑하고 돈을 사랑하고 자랑하고 교만하고 비방하고 부모를 거역하고 무정하고 원통함을 풀지 아니하고 모함하고 사납고 배신하고 조급하고 자만하다는 것은 악한 모습입니다. 그리고 거룩하지 아니하고 절제하지 못하며 쾌락을 사랑하기를 하나님 사랑하는 것보다 더하다는 것은 음란한 모습이며, 감사하지 아니하고 경건의 모양은 있으나 경건의 능력은 부인하는 것은 믿음이 없는 모습입니다. 그러므로 바울 사도는 악하고 음란하며 믿음이 없는 사회상을 종말의 징조로 본 것입니다.

하나님은 악하고 음란하며 믿음이 없는 세상을 그대로 두지 않습니다. 이것은 포악하기 그지없던 노아 시대의 세상은 홍수로, 음란하기 짝이 없던 소돔과 고모라는 유황불로 멸하셨던 데서 익히 증명됩니다. 그리고 주께서 강림하시면서 세상을 심판하시는 이유 중 하나도 믿음이 없는 세상 때문임을 분명히 하셨습니다. 즉 주님은 "그러나 인자가 올 때에 믿음을 보겠느냐"(눅 18:8)라고 말씀하신 것입니다.

그러면 현 세상은 어떻습니까? 영화, 소설, 잡지, 인터넷, 게임, TV, 드라마, 뉴스에 가득한 것이 폭력과 음란이며, 또한 고도로 발달된 과학 문명으로 인하여 하나님보다 인간의 두뇌를 더 신뢰하는 불신앙의 세상이 아닙니까? 그러므로 지금은 세상 종말이 임박한 말세라고 보지 않을 수 없습니다.

(3) 온 세계로 복음이 전파됨

예수님은 종말론 강론에서 "이 천국 복음이 모든 민족에게 증언되기 위하여 온 세상에 전파되리니 그제야 끝이 오리라"(마 24:14)고 말씀하셨습니다. 따라서 온 세상에 복음이 전파되는 것이 또 하나의 유력한 종말의 징조가 됩니다. 그러면 현재 세계 선교는 어느 정도 진행되고 있을까요?

1989년에 랄프 윈터라는 유명한 선교학자가 지구상에 살고 있는 종족을 조사해 보았더니, 24,000종족이었는데, 그때까지 복음을 들은 종족은 13,000종족이었고 11,000종족이 남았다고 했습니다. 그런데 그가 2000년도에 다시 조사해 보니, 2,000종족이 복음을 더 들어 9,000종족이 남았고, 2004년도의 조사에서는 3,000종족이 복음을 더 접하여 6,000종족만 남았는데, 2006년도의 조사에서는 2,500종족이 복음을 더 들어 3,500종족밖에 남지 않았다고 하였습니다. 따라서 예수 초림 이후 약 1,900년 동안은 13,000종족밖에 복음을 듣지 못했지만, 1989년부터 2006년까지 17년 동안에는 무려 7,500종족이나 복음을 접했다는 통계입니다. 그러니 세월이 흐르고 종말이 가까울수록 세계 선교는 더욱 빠른 속도로 진행되고 있는 것입니다.

그러므로 우리는 임박한 종말을 느끼지 않을 수 없습니다. 2006년도를 기점으로 미전도 종족이 3,500종족밖에 남지 않았다면 세계 선교에 마침표를 찍을 날도 멀지 않았기 때문입니다.

2. 천국 농사철에 의한 징조

앞에서 살펴본 대로, 하나님은 천국의 좋은 씨를 세상이라는 밭에 뿌려 가꾸시는 천국 농부십니다. 그런데 자연계는 영계(靈界)의 그림자이므로 세상 농사가 철을 따라 진행된다면, 영적인 농사 또한 계절에 따라 진행된다고 보아야 하지 않겠습니까? 그러면 천국 농사의 계절에는 어떤 것들이 있다고 보아야 할까요?

예수께서 "율법과 선지자는 요한의 때까지요 그 후부터는 하나님 나라의 복음이 전파되어 사람마다 그리로 침입하느니라"(눅 16:16)고 말씀하셨습니다. 그러므로 영적 농사철에는 일단 구약의 '율법시대'와 신약의 '은혜시대'가 있습니다. 이것은 또 사도 바울이 "믿음이 오기 전에 우리는 율법 아래에 매인 바 되고 계시될 믿음의 때까지 갇혔느니라"(갈 3:23)고 말한 데서도 뒷받침됩니다.

그런데 주께서 종말론 강론을 하시던 중 "때를 따라 양식을 나눠 줄 자가 누구냐"(마 24:45)라고 말씀하셨으므로 '종말시대'라는 천국 농사철이 또 있다고 보아야 합니다. 즉 천국 농사철에는 구약시대와 신약시대, 그리고 종말시대가 있다는 의미입니다.

그러면 세상에 뿌려진 천국의 곡식은 영적 농사철에 따라 어떻게 성장의 과정을 거쳐 열매를 맺게 될까요? 다음의 말씀 속에서 찾을 수 있습니다.

"또 이르시되 하나님의 나라는 사람이 씨를 땅에 뿌림 같으니 그가 밤낮 자고 깨고 하는 중에 씨가 나서 자라되 어떻게 그리 되는지를 알지 못하느니라 땅이 스스로 열매를 맺되 처음에는 싹이요 다음에는 이삭이요 그다음에는 이삭에 충실한 곡식이라 열매가 익으면 곧 낫을 대나니 이는 추수 때가 이르렀음이라"(막 4:26-29).

"그가 밤낮 자고 깨고 하는 중에 씨가 나서 자라되 어떻게 그리 되는지를 알지 못하느니라"는 말씀 속에서 천국 농사도 철을 따라 이루어진다는 강한 암시를 받게 됩니다. 그런데 주님은 천국의 씨가 땅에 뿌려져 자라는 과정을 '싹과 이삭과 이삭에 충실한 곡식'이라고 하셨습니다. 그렇다면 구약시대는 싹이 나서 자라는 계절이고, 신약시대는 이삭이 패여 성장하는 농사철이며, 종말시대는 이삭에 충실한 곡식이 되는 천국 농사철로 보아야 하지 않겠습니까?

이렇게 볼 때 '싹이 나서 자라는 것'이란 율법으로 말미암아 양육 받는 단계이고, '이삭이 패여 영글어가는 것'은 복음으로 말미암아 하나님의 자녀로 양육 받는 과정이며, '이삭에 충실한 곡식'은 영원한 복음으로써 그리스도의 신부가 되게 하는 최종 단계로 보아야 합니다. 특히 '이삭'(head)에는 차세대의 생명이 있다는 점에서 영혼의 구원을 상징하고, '이삭에 충실한 곡식'이란 완전한 열매이므로 그리스도의 형상을 이루어 산 채로 들림 받는 육체의 구원을 상징한다는 점에서도 그렇습니다.

그런데 구약시대와 신약시대는 대략 2천 년 안팎이 됩니다. 그러면 종말시대는 어느 정도로 예상해야 할까요?

약 기십(幾十) 년 정도로만 보아야 하지 않을까 사료됩니다. 왜냐하면 이미 재림과 종말의 징조들이 상당히 나타나고 있을 뿐 아니라, 고도로 발달된 과학 문명으로 인하여 종말시대의 일 년은 과거의 약 100년에 해당될 수도 있기 때문입니다.

그러므로 지금은 주의 재림과 세상 종말이 임박한 말세로 보지 않을 수 없습니다. 왜냐하면 이처럼 성도를 완전히 열매 맺게 할 영원한 복음이 드러났다는 것 자체가 은혜시대에서 종말시대로 접어드는 경계 선상에 와 있거나, 아니면 이미 종말시대로 접어들었다는 증거이기 때문입니다.

3. 느부갓네살 왕의 꿈으로 본 종말의 징조

BC 604년경 바벨론 왕 느부갓네살은 장래의 일을 생각하다가 한 큰 신상(神像)에 관한 꿈을 꿉니다(단 2:31-35). 즉 신상의 머리는 순금이고, 가슴과 팔은 은, 배와 넓적다리는 놋, 종아리는 쇠, 그리고 발과 발가락은 쇠와 진흙으로 된 꿈을 꾼 것입니다. 그런데 손대지 아니한 돌이 나와서 쇠와 진흙으로 된 발을 쳐서 부서뜨리니 전 신상(神像)이 완전히 다 부서져 여름 타작마당의 겨같이 되어 간 곳이 없었고, 우상을 친 돌은 태산을 이루어 온 세계에 가득했다는 꿈이었습니다. 그러면 느부갓네살 왕이 보았던 꿈의 내용은 무엇일까요?

다니엘은 그 왕에게 "왕은 곧 그 금 머리니이다"(단 2:38)라고 해석해 주었으므로, 금 머리는 바벨론을 가리켰습니다. 그리고 "왕을 뒤이어 왕보다 못한 다른 나라가 일어날 것이요 셋째로 또 놋 같은 나라가 일어나서 온 세계를 다스릴 것이며"(39절)라고 했으므로 '은 가슴과 팔'은 바벨론을 멸하고 세계를 제패했던 메대와 바사를, '놋 배와 넓적다리'는 메대 바사를 멸망시키고 세계를 통치했던 헬라를 상징했습니다.

그런데 "넷째 나라는 강하기가 쇠 같으리니 쇠는 모든 물건을 부서뜨리고 이기는 것이라 쇠가 모든 것을 부수는 것같이 그 나라가

뭇 나라를 부서뜨리고 찧을 것이며"(40절)라고 하였으므로, '쇠 종아리'는 헬라를 멸망시키고 역사상 가장 강력한 제국을 건설했던 로마가 분명합니다. 그러면 '쇠와 진흙으로 된 발'은 어떤 나라를 상징한다고 보아야 할까요?

그 나라는 일단 말세에 등장했다가 하나님의 심판을 받을 나라입니다. 왜냐하면 다니엘이 "또 왕이 보신즉 손대지 아니한 돌이 나와서 신상의 쇠와 진흙의 발을 쳐서 부서뜨리매 그때에 쇠와 진흙과 놋과 은과 금이 다 부서져 여름 타작마당의 겨같이 되어 바람에 불려 간 곳이 없었고 우상을 친 돌은 태산을 이루어 온 세계에 가득하였나이다"(단 2:34, 35)라고 했는데, 이는 손대지 아니한 돌에 의해서 쇠와 진흙으로 된 발의 나라를 비롯한 모든 국가들은 멸망하고 온 세상은 돌의 나라가 된다는 의미이기 때문입니다.

그런데 그 쇠와 진흙으로 된 발에 대하여 "왕께서 그 발과 발가락이 얼마는 토기장이의 진흙이요 얼마는 쇠인 것을 보셨은즉"(41절)이라고 하였으므로 그 나라는 쇠 같은 성향의 나라들과 진흙 같은 성향의 국가들이 연합할 나라입니다. 그리고 "왕께서 쇠와 진흙이 섞인 것을 보셨은즉 그들이 다른 인종과 서로 섞일 것이나 피차에 합하지 아니함이 쇠와 진흙이 합하지 아니함 같으리이다"(43절)라고 하였습니다. 그러므로 그 연합국은 인종을 초월하여 서로 섞일 것이나 쇠와 진흙이 질적으로 합해질 수 없는 것처럼, 피차 갈등과 알력(軋轢)이 예상되는 세계적인 연합국입니다.

그러면 '쇠와 진흙'은 각각 어떤 정치 이념을 가진 국가들을 상징한다고 보아야 할까요?

오늘날의 정치 사상은 민주주의입니다. 그런데 민주주의에는 자본주의와 사회주의라는 두 기둥이 있습니다. 자본주의는 '가진 자' 중심인 반면, 사회주의는 '못 가진 자' 중심이며, 자본주의는 개인의 자유에 무게를 두는 반면, 사회주의는 사회 평등에 무게를 둡니다. 따라서 물렁한 진흙은 우익의 자본주의를 상징하고, 든든한 쇠는 좌익의 사회주의를 가리킨다고 보아야 합니다. 왜냐하면 개인 중심의 자본주의는 사회 중심의 사회주의에 비해서 결속력이 약할 수밖에 없기 때문입니다.

그러므로 '쇠와 진흙으로 된 발'은 마지막 때에 사회주의 국가들과 자본주의 나라들이 연합하여 세계 통합 국가를 형성한다는 꿈입니다. 그리고 그 세계 통합 국가는 하나님을 대적하고 성도를 괴롭히는 나라가 될 것입니다. 왜냐하면 신상의 금, 은, 동, 철로 상징된 바벨론, 메대 바사, 헬라, 로마 나라들이 한결같이 하나님을 대적하고 이스라엘을 괴롭혔던 나라였으므로 '쇠와 진흙으로 된 발'도 같은 모습을 띤다고 보아야 하기 때문입니다.

그렇기 때문에 쇠와 진흙으로 된 발을 비롯한 전 신상(神像)이 손대지 아니한 돌에 의해 완전히 부서진다고 한 것입니다. 왜냐하면 그 '손대지 아니한 돌'은 하나님께서 마지막 때에 세우실 '한 하나님의 나라'이기 때문입니다(단 2:44).

이상과 같이 느부갓네살 왕의 꿈을 해석해 볼 때, 자본주의 국가들과 사회주의 국가들이 연합하여 단일 정부를 이룰 세계 통합 국가의 출현이야말로 가장 유력한 종말의 징조가 아니겠습니까?

그러면 요즈음의 세계 정치 동향은 어떻습니까? 세계는 1970년대까지만 해도 미국을 중심으로 한 자본주의 국가들과 소련을 중심으로 한 공산 사회주의 국가들이 첨예하게 대립하며 세계 곳곳에서 충돌했습니다. 그러나 1980년대에 들어오면서 구 소련이 붕괴된 이래 동서 화해의 시대가 시작되어, 지금은 사상과 이념의 벽을 뛰어넘어 인류의 평화를 위해 피차 노력하는 시대가 되었습니다. 아울러 현 세계는 하나의 규범과 기준 및 가치관을 갖고자 하는 지구촌화, 세계화의 시대이기도 합니다.

더 나아가 세계는 경제 금융 위기를 비롯하여 식량 문제, 자원 고갈 문제, 물 부족 문제, 기후나 환경 문제 등을 효과적으로 해결할 국제통합기구의 필요성을 절감하는 시대이고, 심지어 환율 문제와 무역 불균형 등을 해소하고 전쟁이나 종교 분쟁까지 종식시키려면, 세계 단일정부(World Government)가 필요하다는 생각까지 갖지 않을 수 없는 시대가 되었습니다. 게다가 인터넷으로 말미암아 온 세계의 길은 사통오달(四通五達)로 뚫렸고, 언어조차 영어로 거의 통일되었을 뿐 아니라, 빠른 교통수단으로 말미암아 일일 생활권이 가능해진 글로벌 시대라는 점에서 세계 통합 국가를 형성할 수 있는 기반은 이미 구축되었다고 볼 수 있습니다.

그러므로 쇠와 진흙으로 된 발의 시대는 목전에 다가온 것이며, 그로 말미암아 임박한 종말을 느끼지 않을 수 없습니다.

4. 다니엘의 환상으로 본 종말의 징조

"하늘의 네 바람이 큰 바다로 몰려 불더니 큰 짐승 넷이 바다에서 나왔는데 그 모양이 각각 다르더라 첫째는 사자와 같은데 독수리의 날개가 있더니 내가 보는 중에 그 날개가 뽑혔고 또 땅에서 들려서 사람처럼 두 발로 서게 함을 받았으며 또 사람의 마음을 받았더라 다른 짐승 곧 둘째는 곰과 같은데 그것이 몸 한쪽을 들었고 그 입의 잇 사이에는 세 갈빗대가 물렸는데 그에게 말하는 자들이 있어 이르기를 일어나서 많은 고기를 먹으라 하였더라 그 후에 내가 또 본즉 다른 짐승 곧 표범과 같은 것이 있는데 그 등에는 새의 날개 넷이 있고 그 짐승에게 또 머리 넷이 있으며 권세를 받았더라 내가 밤 환상 가운데에 그 다음에 본 넷째 짐승은 무섭고 놀라우며 또 매우 강하며 또 쇠로 된 큰 이가 있어서 먹고 부서뜨리고 나머지를 발로 밟았으며 이 짐승은 전의 모든 짐승과 다르고 또 열 뿔이 있더라 내가 그 뿔을 유심히 보는 중에 다른 작은 뿔이 그 사이에서 나더니 첫 번째 뿔 중의 셋이 그 앞에서 뿌리까지 뽑혔으며 이 작은 뿔에는 사람의 눈 같은 눈들이 있고 또 입이 있어 큰 말을 하였더라"(단 7:2-8).

다니엘은 사자, 곰, 표범, 무서운 넷째 짐승과 그 넷째 짐승으로부터 돋은 열 뿔 및 그 사이에서 돋은 작은 뿔을 봅니다. 그런데 그 작은 뿔에 대하여 "그가 장차 지극히 높으신 이를 말로 대적하며 또 지극히 높으신 이의 성도들을 괴롭게 할 것이며 그가 또 때와 법을 고치고자 할 것이며 성도들은 그의 손에 붙인 바 되어 한 때와 두 때와 반 때를 지내리라"(25-26절)고 하였으므로 이 작은 뿔은 마지막 때에 등장할 적그리스도의 나라이자 그 통치자가 분명합니다. 곧 영원한 복음에서 언급된 '짐승'이라는 뜻입니다.

이렇게 볼 때 느부갓네살 왕이 보았던 '쇠와 진흙의 발'과 다니엘이 보았던 '작은 뿔'은 결국 같은 시대를 본 것입니다. 왜냐하면 '쇠와 진흙의 발'은 장차 하나님을 대적하고 성도를 괴롭힐 세계 통합 국가이며, '작은 뿔'은 그 세계 통합 국가를 주도할 적그리스도의 나라이자 그 통치자이기 때문입니다.

이처럼 느부갓네살 왕의 꿈과 다니엘의 환상을 비교해 볼 때, 바벨론 왕이 보았던 신상의 금 머리는 다니엘이 보았던 환상의 사자에 해당하고, 은 가슴과 팔은 곰에, 놋 배와 넓적다리는 표범, 그리고 쇠 종아리는 무서운 넷째 짐승에 해당된다고 보지 않을 수 없습니다. 즉 다니엘이 보았던 네 짐승도 결국 바벨론, 메대 바사, 헬라, 로마를 본 것이라는 의미입니다.

그러므로 백수(百獸)의 왕 사자에게 금수(禽獸)의 왕인 독수리의 날개가 있다는 것은 바벨론(BC 626년-BC 539년)이 역사상 가장 강력한 왕권을 가졌던 것을 상징하고, 그가 '사람의 마음을 받았다'는 것은 느부갓네살 왕이 7년간 정신병으로 고생하다가 회복된 후 여호와 하나님께 감사와 찬송을 드렸던 것으로 보아야 합니다(단 4:34-37).

그리고 바벨론을 멸하고 세계를 제패했던 메대 바사(BC 539년-BC 330년)를 '몸 한쪽을 든 곰'으로 묘사한 이유는 바사가 메대보다 더 강력했음을 의미하며, 그 입의 잇 사이에 세 갈빗대가 물렸다는 것은 메대 바사의 연합군이 바벨론과 이집트 및 리비아를 정복한 것에 대한 묘사가 분명합니다.

아울러 메대 바사를 멸하고 세계를 지배했던 헬라(BC 330년-BC 63년)를 '날개 넷이 달린 표범'으로 묘사한 것은 알렉산더 대왕이 역사상 가장 빠른 속도로 주변의 여러 나라들을 점령해 들어갔기 때문이고, 그 짐승에게 머리 넷이 달렸다는 것은 알렉산더 대왕의 요절(夭折) 이후 헬라가 네 장군들에 의해 분할 통치되었던 것을 상징한다고 보아야 할 것입니다.

또한 헬라를 멸하고 BC 63년부터 세계를 제패하기 시작하여 서로마는 AD 456년까지, 동로마는 1453년까지 당시의 세계를 호령하며 근세까지 큰 영향을 끼쳤던 로마를 '무섭고 놀라우며 매우 강하며 또 쇠로 된 큰 이가 있다'고 묘사한 이유는 로마가 역사상 가장 강력한 제국을 건설했기 때문이 틀림없습니다.

한편, 다니엘은 느부갓네살 왕이 보지 못했던 것을 더 보았는데 그것은 넷째 짐승으로부터 돋은 '열 뿔'입니다(참조. 단 7:7). 그런데 그 열 뿔에 대하여 "내가 그 뿔을(열 뿔) 유심히 보는 중에 다른 작은 뿔이 그 사이에서 나더니 첫 번째 뿔(열 뿔) 중의 셋이 그 앞에서 뿌리까지 뽑혔으며"(8절)라고 하였습니다. 따라서 이 '열 뿔'이야말로 종말의 시점을 알려주는 가장 유력한 징조가 아닐 수 없습니다. 왜냐하면 '작은 뿔'은 전술한 대로 세계 통합 국가를 주도할 적그리스도의 나라인데, 그 작은 뿔이 '열 뿔' 중 세 뿔을 뿌리째 뽑아버린다고 했기 때문입니다. 그러면 넷째 짐승으로부터 돋은 '열 뿔'은 무엇을 상징한다고 보아야 할까요?

성경은 메대 바사의 연합국을 "두 뿔 달린 숫양"(단 8:3, 29)으로 묘사했고, 헬라의 네 연합국은 '네 뿔 달린 숫염소'(단 8:8, 22)로 상징했습니다. 따라서 성경 해석주의에 의해 넷째 짐승으로부터 돋은 '열 뿔'도 옛 로마의 판도에서 등장할 열 연합국으로 보아야 합니다. 그래서 천사는 "그 열 뿔은 이 나라(넷째 짐승)에서 일어날 열 왕이요"(단 7:24)라고 해석해 준 것입니다. 그러면 비잔틴 제국(동로마 제국)이 오스만튀르크 제국에 의해 멸망당한 이후 옛 로마의 판도에서 열 연합국이 출현한 적이 있었습니까?

없었습니다. 하지만 현재 열 연합국이 등장할 것 같은 강력한 조짐이 보이는데, 그것은 곧 유럽 연합(European Union)입니다.

유럽 연합은 열 뿔의 전신(前身)

EU는 유럽의 정치·경제 통합을 실현할 목적으로 1993년 11월 1일 발효된 마스트리히트 조약에 따라 유럽의 12개국이 출범한 연합 기구입니다. 유럽 연합의 시발점은 1957년 3월에 프랑스, 이탈리아, 서독, 벨기에, 네덜란드, 룩셈부르크 6개국이 결성한 '유럽경제공동체'(EEC)입니다. 그런데 1973년에는 영국, 아일랜드, 덴마크가, 1981년에는 그리스, 1986년에는 스페인과 포르투갈이 가입하여 12개국이 되면서 '유럽공동체'(EC)로 명칭을 바꾸었다가 정치 통합까지 이룰 목표로 '유럽 연합'으로 개칭한 것입니다.

EU는 '유로'(euro)로 화폐를 거의 통일했을 뿐 아니라 연합 국가의 헌법을 비롯하여 연합 국가의 기관들이 속속 구성되고 있기 때문에 유럽 연합이야말로 다니엘이 보았던 '열 뿔'의 전신이 분명합니다. 그런데 1995년에는 오스트리아, 스웨덴, 핀란드가, 2004년에는 동구권의 10개국이, 2007년에는 루마니아와 불가리아, 2013년에는 크로아티아도 가입하여 현재 EU 가맹국은 총 28개국이 되었습니다.

하지만 성경이 '열 뿔'로 묘사했기 때문에 막상 정치·군사 통합까지 이루어 완전한 국가적 공동체를 이룰 때는 오직 10개국만 남아 유럽 열 연합국을 형성하게 된다고 보아야 합니다. 왜냐하면 "내가 생각한 것이 반드시 되며 내가 경영한 것을 반드시 이루리라"(사 14:24)고 말씀하신 하나님께서 다니엘에게 '열 뿔'의 환상을 보여주셨는데 '열 뿔'은 곧 '열 나라'를 상징하기 때문입니다.

이처럼 '열 뿔'의 전신인 EU가 이미 역사의 수면 위로 모습을 드러내고 있어, 머지않아 유럽 열 연합국이 출현할 것은 확실하다는 점에서 세상의 종말은 아주 임박하다고 말하지 않을 수 없습니다. 왜냐하면 열 뿔이 등장하면 곧이어 그 열 뿔 중 세 뿔을 뽑아버릴 '작은 뿔'이 출현할 것이고, 그로 말미암아 세상은 급격하게 종말로 치닫게 될 것이기 때문입니다.

그런데 종말론을 연구하는 일각(一角)에서는 '열 뿔'을 EU로 간주하고, '작은 뿔'을 열 뿔의 추대를 받을 유럽 연합 대통령으로 풀이하여, EU의 대통령이 곧 적그리스도라고 주장합니다. 그러면 과연 이 해석이 옳은 것일까요?

유럽 연합의 대통령이 적그리스도가 될 것인가?

EU의 대통령을 적그리스도로 보는 까닭은 "다른 작은 뿔이 그 사이에서 나더니"(단 7:8)라는 말씀을 작은 뿔이 '열 뿔'로부터 돋은 것으로 오인(誤認)하기 때문입니다. 그러나 '작은 뿔'은 결코 '열 뿔'로부터 돋은 뿔이 아닙니다. 왜냐하면 성경은 "내가 그 뿔(열 뿔)을 유심히 보는 중에 다른 작은 뿔이 그 사이에서 나더니"(단 7:8)라고 하였는데, '사이'는 히브리어 '벤'(בֵּין)으로서 여러 용례들이 증명해 주듯이(수

8:9; 왕상 18:42; 단 8:21) 문자 그대로 '사이'(between, among)라는 의미이기 때문입니다. 다시 말하면 작은 뿔은 열 뿔 사이인 넷째 짐승으로부터 돋은 뿔이지 열 뿔로부터 돋은 뿔이 아니기 때문에 '작은 뿔'이 '열 뿔'의 추대를 받을 적그리스도일 수는 없다는 뜻입니다.

더욱이 '작은 뿔'은 먼저 돋은 '열 뿔' 중에서 세 뿔을 뿌리째 뽑을 나라라는 점에서도 '작은 뿔'이 유럽 연합의 대통령이라는 것은 있을 수 없습니다. 왜냐하면 이는 작은 뿔이 유럽 열 연합국 중 세 나라를 침공하여 궤멸시킴으로써 유럽 열 연합국을 와해시킨다는 뜻인데, 자기를 대통령으로 추대한 유럽 열 연합을 공격하여 그중 세 나라를 멸망시킨다는 것은 결코 있을 수 없는 일이기 때문입니다. 그렇기 때문에 "그 열 뿔은 그 나라(넷째 짐승)에서 일어날 열 왕이요 그 후에 또 하나가 일어나리니 그는 먼저 있던 자들과 다르고 또 세 왕을 복종시킬 것이며"(24절)라고 하여, 작은 뿔은 열 뿔이 등장한 이후에 출현하여 열 연합국 중 세 나라를 쳐 복종시킬 '다른 나라'임을 분명히 한 것입니다. 그러므로 EU를 적그리스도의 나라로 간주하고, 그 유럽 연합의 대통령이 적그리스도의 역할을 할 것이라는 해석은 오류입니다.

이상으로 다니엘이 보았던 환상에 대하여 고찰해 보았습니다. 따라서 주의 재림과 세상의 종말은 아주 목전에 다다른 것입니다. 왜냐하면 작은 뿔에 의해 와해될 열 뿔, 곧 유럽 열 연합국의 전신(前身)인 EU가 이미 모습을 드러냈기 때문입니다.

그러므로 종말의 성도들은 "허리에 띠를 띠고 등불을 켜고 서 있으라 너희는 마치 그 주인이 혼인집에서 돌아와 문을 두드리면 곧 열어주려고 기다리는 사람과 같이 되라 주인이 와서 깨어 있는 것을 보면 그 종들은 복이 있으리로다 내가 진실로 너희에게 이르노니 주인이 띠를 띠고 그 종들을 자리에 앉히고 나아와 수종 들리라……그러므로 너희도 준비하고 있으라 생각하지 않은 때에 인자가 오리라"(눅 12:35-40)고 하신 주님의 말씀에 따라 재림의 주님을 맞이할 준비를 게을리하지 말아야 하겠습니다.

Ⅲ. 한 이레의 언약

한 이레의 언약이란 종말시대에 온 세계 국가들이 체결할 정치적 계약으로, 이 한 이레의 언약은 주의 재림과 세상 종말의 가장 확실한 징조가 될 뿐 아니라 이것을 정확하게 아는 것은 종말론을 올바로 해석하는 열쇠가 됩니다. 왜냐하면 종말에 일어날 사건들은 이 한 이레의 언약을 중심으로 전개되기 때문입니다.

그러면 이 한 이레의 언약은 어떤 계약인가를 고찰해 본 후, 한 이레의 기간과 한 이레의 언약으로 본 세상의 종말에 대하여 말씀을 연구해 보겠습니다.

1. 한 이레의 언약은 어떤 계약인가?

메대 왕 다리오의 통치 원년인 BC 539-538년에 다니엘은 예루살렘의 황폐함이 70년 만에 그칠 것이라는 예레미야의 글을 접하게 됩니다(단 9:2). 그리하여 그가 조국 이스라엘의 회복을 위해 간절히 기도하던 중 예루살렘 성읍과 성전의 완전한 회복을 위한 70이레의 말씀을 받게 되었는데, 그 70이레의 말씀 중 아래에 소개된 마지막 한 이레에 관한 말씀이 곧 한 이레의 언약입니다.

> "그가 장차 많은 사람들과 더불어 한 이레 동안의 언약을 굳게 맺고 그가 그 이레의 절반에 제사와 예물을 금지할 것이며 또 포악하여 가증한 것이 날개를 의지하여 설 것이며 또 이미 정한 종말까지 진노가 황폐하게 하는 자에게 쏟아지리라 하였느니라"(단 9:27).

본문의 '그'는 바로 앞 절의 '한 왕', 곧 "장차 한 왕의 백성이 와서 그 성읍과 성소를 무너뜨리려니와 그의 마지막은 홍수에 휩쓸림 같을 것이며 또 끝까지 전쟁이 있으리니 황폐할 것이 작정되었느니라"는 말씀 중의 '한 왕'을 받은 것입니다. 그런데 그 한 왕이 많은 사람들과 더불어 한 이레 동안의 언약을 굳게 맺은 다음 그 계약 기간의 중간이 되었을 때 제사와 예물을 금지한다고 하였습니다. 따라서 그 계약은 세계의 통치권과 관련된 계약으로 보아야 합니다. 왜냐하면 '제사와 예물을 금지한다'는 것은 하나님께 드리는 예배와 헌물을 금지한다는 뜻인데, 하나님께 예배드리는 종교인 유대교와 기독교(가톨릭, 개신교, 동방정교회)를 탄압하려면 세계의 정치 권력을 잡지 않으면 불가능하기 때문입니다.

그런데 "또 포악하여 가증한 것이 날개를 의지하여 설 것이며"라는 부분도 이를 뒷받침해 주는 부분입니다. 왜냐하면 '포악하여'의 히브리어 '솨멤'(שָׁמֵם)은 '멸망케 하다, 황폐케 하다'라는 뜻이고, '가증한 것'은 하나님께서 미워하시는 우상을 가리키며(참조. 겔 5:11; 왕상 11:5-7), '날개'는 '카나프'(כָּנָף)로서 그런 뜻도 있지만 '꼭대기'라는 뜻도 있는데, 여기서는 가증한 우상이 성전에 세워진다는 내용이므로 '꼭대기'로 보아야 하기 때문입니다. 그래서 이 부분을 표준새번역은 "성전의 가장 높은 곳에 흉측한 우상을 세울 것이다"라고 번역합니다.

다시 말하면 "포악하여 가증한 것이 날개를 의지하여 설 것이며"라는 것은 '멸망하게 할 가증한 우상이 성전 꼭대기에 설 것이며'라는 의미이므로, 한 이레의 언약은 세계의 통치권과 관계있는 계약이라는 뜻입니다. 왜냐하면 세계의 정치 권력을 잡지 아니하면 예루살렘 성전 꼭대기에 가증한 우상을 세울 수는 없기 때문입니다. 그리고 그 우상은 세계 통합 국가의 왕을 신처럼 경배하기 위한 우상으로 보아야 합니다. 왜냐하면 하나님께 드리는 예배를 금지시키면서 성전 꼭대기에 우상을 세운다면, 그 우상은 거짓 그리스도를 신처럼 경배하기 위한 우상으로 보지 않을 수 없기 때문입니다.

그러므로 '한 왕'은 영원한 복음에서 언급된 바로 그 '짐승'입니다. 즉 마지막 때에 온 세계의 통치자가 되어 하나님을 대적하고 성도를 괴롭히며 메시아인 양 세상을 미혹한다는 거짓 그리스도이자 그의 나라라는 뜻입니다. 그래서 "그의 마지막은 홍수에 휩쓸림 같을 것이며……황폐할 것이 작정되었느니라"고 하였고, 또 "이미 정한 종말까지 진노가 황폐하게 하는 자에게 쏟아지리라"고 예언한 것입니다.

이렇게 볼 때 한 왕이 많은 사람들과 더불어 맺는다는 한 이레의 언약은 한 왕이 세계 많은 나라들과 '한 이레 동안의 세계 통합 국가를 세운다는 계약'으로 보아야 합니다. 왜냐하면 하나님께 드리는 예배를 금지시킬 뿐 아니라 예루살렘 성전을 비롯하여 온 세계 교회당의 꼭대기에 자기의 우상을 세워 경배하게 하려면 세계의 통치권을 쥐지 않으면 불가능하기 때문입니다.

그런데 '한 이레'는 문자적으로 본다면 한 주(a week), 곧 7일입니다. 따라서 한 이레에 대한 연구가 필요합니다. 왜냐하면 한 왕이 겨우 한 주간의 통치를 위해 세계 모든 나라와 계약을 맺는다는 것은 있을 수 없기 때문입니다. 그러면 '한 이레'는 구체적으로 어떤 기간을 가리킬까요?

2. 한 이레의 기간에 대한 고찰

한 이레는 70이레에서 유래했습니다. 그러므로 70이레의 말씀을 상고(詳考)함으로써 한 이레의 기간에 대하여 알아보겠습니다.

(1) 70이레

> "네 백성과 네 거룩한 성을 위하여 일흔 이레를 기한으로 정하였나니 허물이 그치며 죄가 끝나며 죄악이 용서되며 영원한 의가 드러나며 환상과 예언이 응하며 또 지극히 거룩한 이가 기름부음을 받으리라"(단 9:24).

'허물이 그치며 죄가 끝나며 죄악이 용서되며'는 이스라엘이 역사적으로 하나님께 범한 모든 죄, 즉 율법을 범하고 예수 그리스도를 죽이며 기독교인들을 박해한 죄 등에서 사함 받는다는 의미이고, '영원한 의가 드러나며'는 70이레가 차면 이 세상이 심판받는다는 뜻입니다. 왜냐하면 영원한 하나님의 의는 최후의 심판 때 가서야 완전히 드러나는 법이기 때문입니다. 그렇기 때문에 세상 심판에 관한 말씀이 나올 때마다 요한계시록은 하나님의 의로우심을 찬양하는 것을 보게 됩니다(참조. 계 16:5, 7, 19:2). 또한 '환상과 예언이 응하며'는 선지자들을 통해 이스라엘에게 주셨던 하나님 나라의 회복에 대한 예언들이 성취된다는 뜻입니다.

그러므로 70이레의 언약이란 70이레가 차면 이스라엘은 예수를 그리스도로 믿고 모든 죄에서 벗어나 하나님 나라의 영광을 회복하지만 이 세상은 멸망시킨다는 하나님의 약속입니다. 그리고 "또 지극히 거룩한 이가 기름부음을 받으리라"고 한 부분은 그 70이레 중에 메시아가 기름부음을 받고 구속(救贖) 사업을 수행할 것이라는 의미입니다. 그러면 '70이레'는 어떤 기간을 가리킬까요?

(2) 70이레의 기간에 대한 고찰

'70이레'의 히브리 원문은 '솨부임 쉬브임'(שָׁבֻעִים שִׁבְעִים)입니다. '쉬브임'은 '70'(seventy)이고, '솨부임'은 '이레'(a week)라는 뜻과 '일곱으로 된'

이라는 의미가 있는데, 수식받는 위치에 있으면 '이레'로 번역되지만 수식하는 위치에 있으면 '일곱으로 된'이라고 번역해야 합니다. 그런데 본문은 '솨부임 쉬브임'으로 되어 있어 '솨부임'이 수식하는 위치에 있습니다. 그러므로 '70이레'가 아니요 '일곱으로 된 70'으로 번역해야 했습니다.

이처럼 '솨부임'이 수식받는 위치에 있어야만 '이레'로 번역될 수 있다는 것은 칠칠절에 관한 말씀에서 '일곱 주'(seven weeks)를 '쉬브아 솨부임'(שִׁבְעָה שָׁבֻעִים, 신 16:9)이라고 하여 '솨부임'을 수식받는 곳에 놓은 데서, 그리고 다니엘이 기도했던 '세 이레'에 대해서도 '쉴로솨 솨부임'(שְׁלֹשָׁה שָׁבֻעִים, 단 10:2)이라고 하여 '솨부임'을 수식받는 곳에 놓은 데서 충분히 입증됩니다.

그런데 '한 이레'도 '솨부아 에하드'(שָׁבוּעַ אֶחָד)로서 '솨부아'(솨부임의 단수)가 수식하는 위치에 있습니다. 따라서 '한 이레' 역시 '일곱으로 된 1'이라는 의미입니다.

그러면 '70이레', 곧 '일곱으로 된 70'이라고 할 때 그 '70'의 시간 단위는 무엇일까요? '주'(週)일까요, '월'(月)일까요, 아니면 '연'(年)일까요? 이것은 다니엘 9장의 앞부분을 보면 자명해집니다. 왜냐하면 다니엘이 예레미야의 책에서 "예루살렘의 황폐함이 칠십 년 만에 그치리라"(2절)는 그 연수(年數)를 깨닫고 조국의 회복을 위하여 기도하다가 "네 백성과 네 거룩한 성을 위하여 '일곱으로 된 70'(칠십 이레)으로 기한을 정하였나니"라는 말씀을 받았기 때문입니다. 따라서 '70'의 시간 단위는 말할 나위도 없이 '연'(year)입니다. 하나님께서는 '70'의 시간 단위를 말씀하지 않으셔도 다니엘의 뇌리 속에는 '70년'이라는 연수가 들어 있기 때문에 총명한 그가 충분히 이해할 수 있다고 판단하시어 시간 단위를 말씀하지 않으셨던 것입니다.

그러므로 '70이레'는 '일곱으로 된 70년'이며 이는 곧 70년이 일곱 번인 490년이라는 뜻입니다. 그리고 바로 그 490년으로 이스라엘과 예루살렘의 완전한 회복 기간으로 약속하신 것입니다. 아울러 '한 이레'는 '일곱으로 된 1년'이므로 곧 '7년'입니다. 그러므로 한 왕이 많은 사람들과 더불어 한 이레 동안의 언약을 굳게 정한다는 것은 한 왕이 세계 거민과 더불어 '7년 계약의 세계 통합 국가를 체결한다'는 의미입니다.

바로 여기에서 종말론에서 상용어가 된 '7년 대환난'이라는 용어가 생겨났고 "그 이레의 절반에 제사와 예물을 금지할 것이며"라는 말씀에 의해 '전 3년 반'과 '후 3년 반'이라는 용어도 파생했습니다. 그래서 "또 짐승이 과장되고 신성 모독을 말하는 입을 받고 또 마흔 두 달 일할 권세를 받으니라"(계 13:5)고 하여, 세계 통합 국가의 왕이 적그리스도의 역할을 할 기간을 3년 반에 해당하는 42개월이라고 한 것입니다. 그리고 "성도들은 그의 손에 붙인 바 되어 한 때와 두 때와 반 때를 지내리라"(단 7:25)고 한 것도, 성도들이 3년 반 동안 짐승통치 하에서 큰 환난을 겪을 것이라는 예언입니다. 왜냐하면 '한 때'는 1년을 가리키기 때문입니다(참조. 단 4:23, 11:13).

7년 대환난이 아니고 7년 대재난

이상의 고찰로 볼 때 그동안 종말론에서 상용어가 되었던 '7년 대환난'이라는 용어는 불완전한 용어였습니다. 왜냐하면 성경은 '환난'이라는 단어를 성도들이 신앙으로 인하여 겪는 고난의 의미로 주로 사용하고 있는데(참조. 요 16:33; 행 4:22; 롬 5:3; 계 2:9, 7:14), 성도가 겪게 될 환난의 기간은 7년이 아니고 7년 계약의 중간부터인 후 3년 반 동안이며 7년 동안 계속되는 것은 세상에 임할 재앙이기 때문입니다. 그래서 본서에서는 '7년 대환난'이라고 하지 아니하고 '7년 대재난'이라고 칭하였습니다. 그러면 남은 69이레에 대한 말씀도 살펴보겠습니다.

(3) 69이레

> "그러므로 너는 깨달아 알지니라 예루살렘을 중건하라는 영이 날 때부터 기름 부음을 받은 자 곧 왕이 일어나기까지 일곱 이레와 예순두 이레가 지날 것이요 그 곤란한 동안에 성이 중건되어 광장과 거리가 세워질 것이며 예순두 이레 후에 기름 부음을 받은 자가 끊어져 없어질 것이며 장차 한 왕의 백성이 와서 그 성읍과 성소를 무너뜨리려니와 그의 종말은 홍수에 휩쓸림 같을 것이며 또 끝까지 전쟁이 있으리니 황폐할 것이 작정되었느니라"(단 9:25, 26).

본문의 '일곱 이레'도 '솨부임 쉬브아'(שָׁבֻעִים שִׁבְעָה)로서 '솨부임'이 수식하는 위치에 있습니다. 따라서 '일곱 이레' 역시 '일곱으로 된 7'로서 49년을 가리키고, '예순 두 이레'도 '솨부임 쉬심 우쉬나임'(שָׁבֻעִים שִׁשִּׁים וּשְׁנַיִם)으로 '일곱으로 된 62'이므로 434년을 뜻합니다. 그러므로 "예루살렘을 중건하라는 영이 날 때부터 기름 부음을 받은 자 곧 왕이 일어나기까지 일곱 이레와 예순두 이레가 지난다"는 말씀은 예루살렘을 중건하라는 명령이 났을 때부터 메시아가 기름 부음을 받고 구원의 사역을 시작하기까지 49년과 434년을 합친 483년이 될 것이라는 의미입니다.

그러면 예루살렘을 중건하라는 명령은 언제 났을까요? '중건'(重建)에 해당되는 히브리 원어는 '슈브'(שׁוּב)와 '바나'(בָּנָה)의 두 단어로 구성되어 있습니다. '슈브'는 '돌아가다'(come back), '돌이키다'(return)라는 뜻이므로 신앙적 회복의 의미가 있고, '바나'는 '세우다', '짓다'라는 뜻이므로 물리적 건축의 의미가 있습니다. 따라서 '예루살렘을 중건하라는 영'은 이스라엘의 신앙을 회복하여 예루살렘을 다시 세우라는 명령이 됩니다.

그런데 바사 왕 고레스 원년(BC 537년)에 있었던 제1차 귀환령은 성전을 건축하라는 영(令)이었고(스 1:1-4), 아닥사스다 왕 제20년(BC 445-

444년)에 있었던 제3차 귀환령은 느헤미야의 성벽 재건 청원을 왕이 허락한 것이었습니다(느 2:1-8). 그러나 아닥사스다 왕 제7년(BC 458-457년)에 있었던 제2차 귀환령은 에스라로 하여금 이스라엘의 신앙을 회복하여 예루살렘을 다시 세우라는 명령이었습니다(스 7:11-26). 즉 '예루살렘을 중건하라'는 명령은 아닥사스다 왕 제7년인 BC 458-457년에 발령됐다는 뜻입니다.

그러므로 "예루살렘을 중건하라는 영이 날 때부터 기름부음을 받은 자 곧 왕이 일어나기까지 일곱 이레(49년)와 예순두 이레(434년)가 지난다"는 예언은 정확하게 성취된 것입니다. 왜냐하면 예루살렘 중건령이 났던 때부터(BC 458-457) 예수께서 기름 부음을 받으시고 공생애를 시작하셨던 30세(눅 3:23), 곧 AD 25-26년까지는(예수 탄생은 BC 5-4년이므로) 483년이기 때문입니다. 따라서 이상의 70이레에 관한 말씀을 도표화하면 다음과 같이 됩니다.

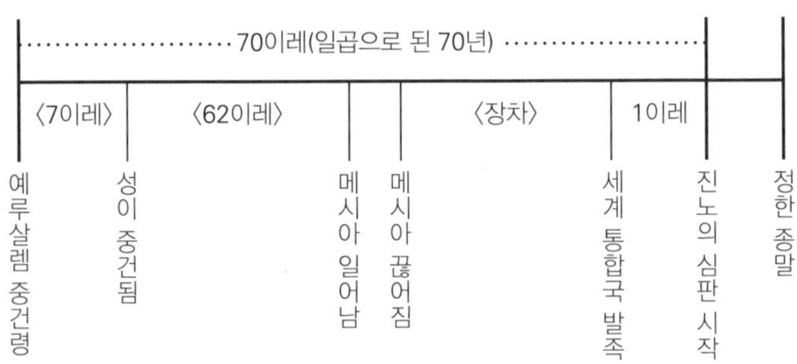

그러므로 "그 곤란한 동안에 성이 중건되어 광장과 거리가 세워질 것이며"는 느헤미야의 인도를 받은 이스라엘 백성들이 산발랏을 비롯한 이방인들의 훼방을 받아 몹시 어려운 상황 가운데서 성벽을 재건했던 것을 가리키고(느 4-6장), "예순두 이레 후에 기름 부음을 받은 자가 끊어져 없어질 것이며"는 예수께서 십자가에 달려 돌아가셨다가 부활 승천하심으로 말미암아 주께서 세상에 더 이상 계시지 않

을 것에 대한 예언이었습니다.

따라서 하나님께서 다니엘에게 주셨던 70이레의 언약 중 69이레는 이미 성취되었고, 이제 마지막 한 이레의 언약만 남겨둔 셈입니다. 그러면 한 왕이 세계와 더불어 7년 계약의 세계 통합 국가를 형성한다면 세상의 종말은 얼마나 남게 될까요?

3. 한 이레의 언약으로 본 종말의 시기

세마포 옷을 입은 천사는 다니엘에게 "이 말은 마지막 때까지 간수하고 봉함할 것임이니라 많은 사람이 연단을 받아 스스로 정결하게 하며 희게 할 것이나 악한 사람은 악을 행하리니 악한 자는 아무것도 깨닫지 못하되 오직 지혜 있는 자는 깨달으리라"(단 12:9, 10)고 하면서 종말의 시기에 대하여 이렇게 설명해 주었습니다.

> "매일 드리는 제사를 폐하며 멸망하게 할 가증한 것을 세울 때부터 천이백구십 일을 지날 것이요 기다려서 천삼백삼십오 일까지 이르는 사람은 복이 있으리라"(단 12:11, 12)

"매일 드리는 제사를 폐하며 멸망하게 할 가증한 것을 세울 때"는 한 이레 언약의 중간기, 곧 7년 대재난의 중간기입니다. 그런데 그때부터 1,290일이 지난다는 것은 후 3년 반이 끝나고 30일을 더 지난다는 뜻입니다(1년을 360일로 간주하여).

그리고 "기다려서 1,335일까지 이르는 사람은 복이 있으리라"는 것은 그때로부터 45일을 더 지나면 지상 천년왕국이 시작된다는 의미입니다. 왜냐하면 여기의 '복'은 히브리어 '에쉐르'(אֶשֶׁר)로서, 이는 하나님 나라의 복을 가리키기 때문입니다. 그래서 시편 기자는 "여호와를 자기 하나님으로 삼은 나라 곧 하나님의 기업으로 선택된 백성은 복(에쉐르)이 있도다"(시 33:12)라고 하였고, 또 "이러한 백성은 복이 있나니 여호와를 자기 하나님으로 삼는 백성은 복(에쉐르)이 있도다"(시 144:15)라고 노래한 것입니다.

그러므로 이 세상의 종말은 한 이레의 계약 기간이 끝나고 30일을 경과한 다음 45일 어간에 있게 됩니다. 그리고 그 45일째가 되는 날, 곧 세계 통합 국가의 왕이 하나님께 드리는 예배를 금지시키고 자기의 우상을 성전 꼭대기에 세울 때부터 1,335일째가 되는 날은 지상 천년왕국이 시작됩니다. 따라서 한 이레의 언약으로 본 세상 종말의 시기를 도표화하면 다음과 같게 됩니다.

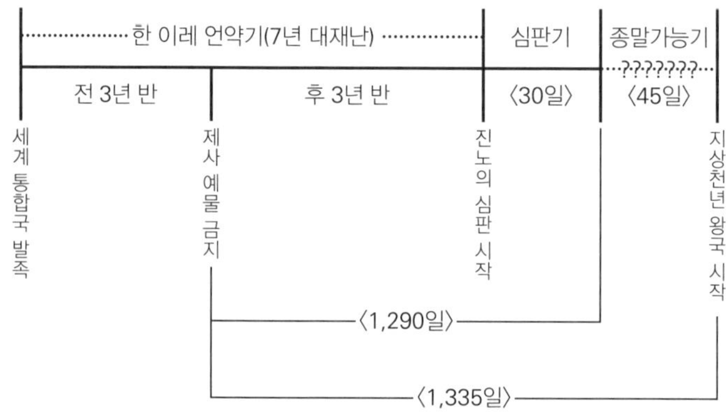

이상의 고찰과 같이 한 이레의 언약은 이 세상 종말과 직접 연결되어 있기 때문에 예수께서 한 이레의 언약과 관계된 사건들을 재림의 징조로 삼으신 것이었습니다.

그러므로 종말시대의 성도들은 세계의 정치적 동향을 예의 주시하고, 한 왕에 의해 세계 모든 나라들이 체결할 7년 계약의 세계 통합 국가의 출현에 촉각을 곤두세워야 할 것입니다. 왜냐하면 세계 통합 정부가 들어서면 세상의 종말은 7년 남짓밖에 남지 않는 셈이 되어 사실상 초읽기에 들어간 것이나 마찬가지이기 때문입니다.

Ⅳ. 아시아 일곱 교회

사도 요한은 AD 95년경 도미티아누스 황제의 기독교 박해 시에 에베소에서 체포되어 밧모라는 섬에 유배되어 있었습니다(계 1:9). 그러던 어느 주의 날 그는 뒤에서 들리는 나팔 소리 같은 큰 음성을 듣게 됩니다. 즉 "네가 보는 것을 두루마리에 써서 에베소, 서머나, 버가모, 두아디라, 사데, 빌라델비아, 라오디게아 등 일곱 교회에 보내라"(계 1:11)는 음성을 들은 것입니다. 그때 요한은 그 음성에 대하여 알아보려고 뒤로 돌이켰는데, 뜻밖에도 일곱 금 촛대 사이에 서 계신 그리스도의 형상을 보게 됩니다.

그러면 사도 요한이 보았던 예수 그리스도의 모습과 그 의미를 살펴본 후, 아시아 일곱 교회와 그 교회들에게 주신 말씀들을 고찰해 보겠습니다.

1. 요한이 보았던 그리스도의 모습과 그 의미

사도 요한은 예수님의 모습을 보고 다음과 같이 진술하였습니다.

> "촛대 사이에 인자 같은 이가 발에 끌리는 옷을 입고 가슴에 금띠를 띠고 그의 머리와 털의 희기가 흰 양털 같고 눈 같으며 그의 눈은 불꽃 같고 그의 발은 풀무불에 단련한 빛난 주석 같고 그의 음성은 많은 물소리와 같으며 그 오른손에 일곱 별이 있고 그 입에서 좌우에 날선 검이 나오고 그 얼굴은 해가 힘있게 비추는 것 같더라"(계 1:13-16).

'촛대 사이'란 일곱 금 촛대 사이라는 뜻입니다. 그런데 '금 촛대'는 교회를 상징하고(참조. 계 1:20c) '일곱'이라는 수는 완전수로서 전체를 의미하므로 '일곱 금 촛대'는 전 세계 교회를 가리킵니다. 따라서 '일곱 금 촛대 사이에 계시는 예수님'은 전 세계의 교회를 돌보시는 주님이라는 뜻입니다. 여기서 교회를 '금 촛대'로 상징한 까닭은 교회는 금처럼 귀하면서 어두운 세상을 비취는 빛이기 때문입니다.

한편, 예수께서 발에 끌리는 옷을 입고 가슴에 금띠를 띠신 것은 왕 되신 예수님의 권위를 나타내고, 머리와 털의 희기가 흰 양털 같고 눈 같은 것은 존귀하고 지혜로운 주님이시라는 뜻이며, 눈이 불꽃 같다는 것은 사람의 마음속까지 꿰뚫어보시는 예수님이라는 의미입니다(참조. 계 2:18, 23). 그리고 주님의 발이 풀무불에 단련한 빛난 주석과 같다고 한 것은 지극히 거룩하신 주님이라는 뜻이고, 주님의 음성이 많은 물소리 같다는 것은 예수님께 큰 권세가 있다는 의미입니다. 또한 오른손에 일곱 별이 있다는 것은 '일곱 별'이 일곱 교회의 사자를 가리킨다는 점에서(계 1:20) 전 세계 교회의 목회자들을 붙들고 계시는 주님이라는 뜻입니다.

바로 여기에서 모든 교회의 목회자들은 자부심을 가져야 합니다. 왜냐하면 하늘과 땅의 권세를 가지신 만왕의 왕 예수께서 목회자들을 붙들고 계신다면 그처럼 자랑스럽고 든든한 일은 없기 때문입니다.

더 나아가 사도 요한은 주님의 입에서 날선 검이 나오는 것을 보았는데 그 의미는 무엇일까요? 요한계시록이 백마를 타고 강림하시면서 세상을 심판하시는 예수님에 대하여 "그의 입에서 예리한 검이 나오니 그것으로 만국을 치겠고"(계 19:15)라고 하였으므로 '세상을 심판하시는 주님'이라는 의미입니다. 끝으로 '해같이 빛나는 얼굴'은 사랑이 풍성하신 예수님이라는 뜻입니다. '해'는 하나님의 은혜를 상징하기 때문입니다(참조. 시 31:16, 67:1).

이상으로 예수 그리스도의 모습과 그 의미에 대하여 고찰해 보았습니다. 하지만 사도 요한은 주님의 이러한 모습을 뵈옵자 그 발 앞에 엎드려 죽은 자같이 됩니다. 아마도 예수님의 모습이 너무 영광스러워 그 위엄에 완전히 압도된 것 같습니다. 그러나 예수님은 그에게 오른손을 얹으시고 "두려워하지 말라 나는 처음이요 마지막이니 곧 살아있는 자라 내가 전에 죽었었노라"(계 1:17,18)고 하시면서 계시록을 기록할 사명을 주셨습니다.

그러면 아시아 일곱 교회의 의미와 각 교회에 주신 말씀들을 살펴보겠습니다.

2. 아시아 일곱 교회의 의미

아시아 일곱 교회는 사도 요한 당시 소아시아에 실재(實在)했던 에베소, 서머나, 버가모, 두아디라, 사데, 빌라델비아, 라오디게아의 일곱 교회를 가리킵니다. 그러나 일곱이라는 숫자가 완전수이고, 하나님의 말씀은 시간과 공간을 초월하여 반포해야 된다는 점에서, 아시아 일곱 교회는 전 시대의 모든 교회를 상징한다고 보아야 합니다.

그런데 서머나 교회에 말씀하신 "장차 받을 고난"(계 2:10)은 후 3년 반 짐승 통치 시에 성도들이 받을 대환난으로 볼 수 있고, 빌라델비아 교회에 하신 "내가 또한 너를 지켜 시험의 때를 면하게 하리니"(계 3:10)라는 말씀 중에 '시험의 때'는 후 3년 반의 짐승 통치 시대를 가리키며, 두아디라 교회에 "내가 올 때까지"(계 2:25)라고 하신 것과, 사데 교회에 "내가 도둑같이 이르리니"(계 3:3)라고 하신 말씀, 그리고 빌라델비아 교회에 하신 "내가 속히 오리니"(계 3:11)라는 말씀들은 모두 주의 재림을 가리키는 것이 분명합니다. 그러므로 아시아 일곱 교회는 특히 종말시대의 전 세계 교회를 가리킨다고 보아야 할 것입니다.

게다가 주께서 일곱 교회에 한결같이 '이기는 자가 되라'고 권면하신 부분은 아시아 일곱 교회를 더욱 종말시대의 교회로 보게 합니다. 왜냐하면 영혼의 구원은 예수를 구주로 믿기만 하면 되지만, 육체까지의 완전한 구원은 하나님의 계명과 예수에 대한 믿음을 지킴으로써 '이기는 자'가 되어야 하기 때문입니다(참조. 계 21:7).

그러므로 아시아 일곱 교회는 전(全) 시대의 모든 교회들을 상징함과 동시에, 특히 종말시대의 전 세계 교회와 성도들의 모습을 일곱 유형으로 나누어 보여주신 것입니다. 그러면 각 교회에 주신 성령의 말씀에 대하여 고찰해 보겠습니다.

3. 아시아 일곱 교회에 주신 말씀

(1) 에베소 교회(계 2:1-7)

에베소는 카이스트로스(Caystros) 강 입구에 위치한 항구 도시로 아시아의 수도이며 소아시아 지방의 정치, 경제, 교통, 문화의 중심지였습니다. 에베소 교회는 바울 사도의 제3차 선교 여행 중에(AD 54-59년) 브리스길라와 아굴라 부부에 의해 세워졌는데, 에베소는 예루살렘과 안디옥에 이어 기독교 선교의 3대 중심지 역할을 했던 곳입니다. 예수님은 이 교회를 향하여 행위와 수고와 인내를 아시고, 또 악한 자들을 용납하지 아니한 것과 주의 이름을 위하여 견디고 게으르지 아니한 것을 아신다는 칭찬의 말씀부터 하셨습니다.

우리를 아시는 하나님! 행위와 수고와 인내를 아시고 주의 이름 때문에 당하는 핍박도 아시며, 또한 게으르지 않고 주를 섬긴 것을 다 알고 계시는 주님이심을 생각할 때 얼마나 큰 힘과 소망이 솟아납니까? 왜냐하면 우리의 땀과 눈물은 결코 헛된 일이 되지 않을 것이기 때문입니다. 아울러 예수님은 에베소 교회가 니골라당의 행위를 미워하는 것에 대하여 주님도 미워하신다고 하시면서 공감(共感)을 피력하셨습니다.

니골라당은 율법의 때가 지났으므로 율법을 지킬 필요가 없고, 육신은 어차피 악하므로 육신으로 짓는 죄에 대하여는 신경 쓸 필요가 없으며, 그리스도의 은혜로 보호받기 때문에 어느 곳에서 무슨 짓을 해도 구원을 잃지 않는다는 잘못된 주장을 폈습니다. 그런데 에베소 교회는 니골라당의 이단성을 분별하여 그들을 미워하였으니 이 교회는 진리의 말씀 위에 든든히 선 교회였습니다.

하지만 주님은 에베소 교회를 향하여 "처음 사랑을 버렸다"는 책망을 하셨습니다. 즉 예수를 구주로 영접하고 모든 죄에서 사함받아 하나님의 자녀가 됨으로써 느끼게 되었던 주님을 향한 사랑을 상실했다는 지적입니다.

예수님을 향한 사랑을 잃은 교회 생활은 어떻게 하게 됩니까? 그저 타성에 젖어 하거나 혹은 육적이고 세속적인 동기에서 하게 되지 않겠습니까? 그래서 주님은 "만일 회개하지 아니하면 내가 네게 가서 네 촛대를 그 자리에서 옮기리라"(5절)고 경고하셨습니다. 그런데 사실 이것은 대단히 두려운 경고입니다. 왜냐하면 '촛대'는 성령을 상징하므로 촛대를 옮긴다는 말은 곧 성령께서 떠나시겠다는 의미인데, 이는 곧 에베소 교회를 더 이상 교회로 인정하지 않으시겠다는 뜻이기 때문입니다.

바로 여기에서 말씀에 대한 지식보다 예수님에 대한 사랑이 얼마나 더 중요한지를 깨닫게 됩니다. 왜냐하면 에베소 교회는 이단을 분별할 정도로 말씀에 대한 지식은 소유했으나, 주님에 대한 사랑을 잃어버림으로 말미암아 버림받을 위기에 놓였기 때문입니다. 그러면 에베소 교회는 왜 첫사랑을 잃어버리게 되었을까요? 주님은 "어디서 떨어졌는지를 생각하고 회개하라"고 하셨는데 과연 어디서, 왜 떨어졌을까요?

에베소 교회가 자칭 사도라고 하는 자들의 거짓됨을 밝혀냈을 뿐 아니라 니골라당의 이단성도 드러낸 것을 보면, 명석한 두뇌와 풍부한 성경 지식을 소유한 것은 분명한데 바로 그것 때문에 교만해져서 떨어진 것이 아닌가 추정됩니다. 특히 주께서 이 교회에 "오른손에 일곱 별을 붙잡고 일곱 금 촛대 사이를 거니시는 이"로 나타나신 것을 보면, 이 교회가 교만 때문에 떨어진 것이 분명해 보입니다. 왜냐하면 이 현현(顯現)은 교회의 주인이신 예수께서 목회자들을 붙들고 계시면서 교회를 돌보신다는 의미로, 이는 에베소 교회가 목회자조차도 무시하면서 교회의 주인 행세를 하기 때문에, 그 교만을 깨닫게 하시려는 현현으로 보이기 때문입니다.

그러므로 내 영혼의 상태가 에베소 교회와 같지는 않은지 돌아보아야 합니다. 즉 주님을 사랑하는 생명력은 상실한 채, 현학자(衒學者)인 체하는 오만에 빠져 목회자를 비판하거나 정죄하고 있는 것은 아닌지 되돌아보아야 한다는 뜻입니다.

한편, 이기는 자에게는 하나님의 낙원에 있는 생명나무의 열매를 주어 먹게 하리라는 약속을 하셨는데(7절) 그 의미는 무엇일까요?

에베소 교회가 교만하여 영적 생명을 잃을 뻔했던 교회였으므로 영원한 생명의 맛이 얼마나 귀한지를 맛보게 하시려는 하나님의 배려로 보입니다. 그러므로 에베소 교회처럼 성경 지식이 풍부하여 이단을 능히 분별하고, 또한 예리한 판단으로 목회자들의 거짓됨까지 들추어낼 정도로 두뇌가 명철한 신자들은 자칫 교만해지지 않도록 경계하여야 할 것이고, 무엇보다도 주님을 향한 첫사랑을 잃지 않도록 자신의 신앙 상태를 늘 점검해야 할 것입니다.

(2) 서머나 교회(계 2:8-11)

서머나는 에베소에서 북쪽으로 약 80km 떨어진 곳에 있는 아름다운 항구 도시로 유향의 수출지이며 과학과 의술이 발달했던 도시였습니다. 그리고 이곳은 황제 숭배지였기 때문에 신앙의 박해가 많아 초대 감독이었던 폴리카르포스도 이곳에서 순교했다고 합니다.

예수님은 서머나 교회를 향하여 "내가 네 환난과 궁핍을 알거니와 실상은 네가 부요한 자니라"는 칭찬을 해주셨습니다. '환난'은 신앙의 박해로 인한 고난을 가리키고, '궁핍'은 신앙의 핍박을 받는 과정에서 물질적으로 가난해진 것을 말하는데, 주께서 그런 형편을 아신다고 하시면서 "실상은 네가 부요한 자니라"고 격려해 주셨으니 얼마나 큰 위로가 되겠습니까? 뿐만 아니라 "자칭 유대인이라 하는 자들의 비방도 알거니와 실상은 유대인이 아니요 사탄의 회당이라"고 말씀하신 것을 보면 서머나 교회는 주님의 인정과 사랑을 받는 교회이기도 했습니다.

그런데 주께서 서머나 교회를 비방하는 '자칭 유대인'이라는 자들을 '유대인이 아니요 사탄의 회당'이라고 칭하신 것에 주목해야 합니다. 왜냐하면 소위 보수 정통이라고 자처하면서 어떤 교회의 내적 참모습은 보지 못한 채 단순히 외적으로 초라한 모습만 보고 함부로 비방하는 무리가 있다면, 그들은 '사탄의 회당'이라는 주님의 책망을 피할 수 없을 것이기 때문입니다.

한편, 주님은 이 교회에 "너는 장차 받을 고난을 두려워하지 말라 볼지어다 마귀가 장차 너희 가운데에서 몇 사람을 옥에 던져 시험을 받게 하리니"(10절)라고 말씀하셨습니다. 따라서 이 말씀은 서머나 교인 중 후 3년 반 짐승 통치 시에 옥에 갇혀 고난당할 성도가 있을 것을 예고하신 말씀입니다. 왜냐하면 아시아 일곱 교회를 종말시대의 교회로 볼 때, '장차 받을 고난'은 후 3년 반에 있을 성도의 대환난을 가리키기 때문입니다.

그리고 “네가 죽도록 충성하라 그리하면 생명의 관을 네게 주리라”고 말씀하신 것은 서머나 교회에는 순교적 신앙을 요구하신 것입니다. 바로 이런 이유에서 주님은 서머나 교회에 “처음이요 마지막이며 죽었다가 살아나신 이”로 나타나신 것을 보게 됩니다. 왜냐하면 이 현현(顯現)은 서머나 교회가 주를 위해 죽으면 예수님처럼 부활함과 동시에 그리스도의 심판대 앞에서 생명의 면류관을 받게 된다는 의미의 현현이기 때문입니다.

그런데 “너희가 십 일 동안 환난을 받으리라”고 한 말씀의 의미는 무엇일까요? 그것은 박해를 받는 기간을 알려줌으로써 인내심을 갖고 순교의 때를 맞이하게 하려는 의도로 보아야 합니다. 왜냐하면 만일 핍박 받는 기간에 대하여 전혀 모른다면 언제 고통이 끝날지 모른다는 불안감 때문에 자칫 순교적 신앙이 약화될 수도 있기 때문입니다.

끝으로 “이기는 자는 둘째 사망의 해를 받지 아니하리라”고 하신 말씀은 순교의 길을 간 성도들의 구원은 확실하게 보장해 주신다는 뜻입니다. ‘둘째 사망’이란 영혼이 지옥에 던져지는 것을 의미하기 때문입니다(참조. 계 21:8).

(3) 버가모 교회(계 2:12-17)

버가모는 서머나 북쪽으로 약 100km 정도 떨어진 곳에 위치한 소아시아의 수도로서 정치와 문화의 중심지였고 황제를 숭배하는 신전을 비롯하여 주신(酒神) 제우스(Zeus), 지혜의 신 아데나(Arthena), 포도주의 신 디오니소스(Dionysos)를 섬기는 우상 숭배의 도시였습니다. 그래서 주님은 이 교회를 향하여 “네가 어디에 사는 지를 내가 아노니 거기는 사탄의 권좌가 있는 데라”(13절)고 말씀하신 것입니다.

예수님은 이 교회에 “네가 내 이름을 굳게 잡아서 내 충성된 증인 안디바가 너희 가운데 곧 사탄이 사는 곳에서 죽임을 당한 때에도 나를 믿는 믿음을 저버리지 아니하였도다”(13절)라고 칭찬하셨습니다. 안디바는 도미티아누스 치하에서 황제 숭배를 거부하다 놋으로 만든 황소 모양의 형틀 속에 들어가 산 채로 구워져 순교당했던 버가모 교회의 감독인데, 이 교회가 그러한 박해 속에서도 예수님의 이름을 굳게 붙들고 신앙을 지킨 것에 대하여 칭찬하신 것입니다.

하지만 주님은 버가모 교회에 발람의 교훈에 따라 우상의 제물을 먹으며 행음하는 자가 있다는 책망을 하셨습니다. 여기서 발람의 교훈이란 발람이 이스라엘을 멸망시키기 위해 모압 왕 발락에게 가르쳐준 계책으로, 이스라엘은 하나님이 보호하는 민족이므로 직접 멸망시킬 수는 없지만 그들로 하여금 죄를 짓도록 유혹하면 하나님의 진노를 받아 저절로 망하게 된다고 교사(敎唆)한 모략을 말합니다(참조. 민 31:16). 그런데 버가모 교회 내에도 발람의 교훈에 따라 우상의 제물을 먹고 음행하는 자가 있음을 지적하신 것입니다.

그러므로 버가모 교회는 신앙은 좋으나 말씀에 대한 지식이 부족하여 이단에 빠진 교회입니다. 그래서 주님은 “이와 같이 네게도 니골라 당의 교훈을 지키는 자들이 있도다”(계 2:15)라고 책망하신 것이요, 아울러 “회개하라 그리하지 아니하면 내가 네게 속히 가서 내 입의 검으로 그들과 싸우리라”(16절)고 회개를 촉구하신 것입니다. 주께서 이 교회에 ‘좌우에 날선 검을 가지신 이’로 나타나신 이유가 바로 이 때문으로 보아야 합니다. 왜냐하면 그 모습은 ‘심판하시는 주님’이라는 의미이기 때문입니다(참조. 계 19:15).

바로 여기에서 성도들은 성경 말씀의 중요성에 눈을 떠야 합니다. 왜냐하면 아무리 믿음이 좋아도 말씀에 대한 지식이 부족하면 이단에 빠질 위험이 있고, 또 그로 말미암아 심판을 면할 수 없기 때문입니다. 그렇기 때문에 하나님께서 "내 백성이 지식이 없으므로 망하는도다 네가 지식을 버렸으니 나도 너를 버려 내 제사장이 되지 못하게 할 것이요 네가 네 하나님의 율법을 잊었으니 나도 네 자녀들을 잊어버리리라"(호 4:6)고 말씀하신 것이라고 봅니다.

그러므로 버가모 교회는 철저히 회개한 후 하나님의 말씀으로 무장하여 주님의 재림을 준비해야 할 것입니다.

한편, "이기는 그에게는 내가 감추었던 만나를 주고 또 흰 돌을 줄 터인데 그 돌 위에 새 이름을 기록한 것이 있나니 받는 자밖에는 그 이름을 알 사람이 없느니라"(17절)고 한 말씀의 의미는 무엇일까요?

'만나'는 하늘에서 내린 양식이므로 말씀을 상징합니다. 그러므로 '감추었던 만나를 주고'는 이기는 자에게 숨겨 두었던 말씀을 더 주신다는 의미입니다. 그리고 '흰색'은 순결과 승리 및 영광을, '돌'은 예수님을 상징하므로(사 28:16; 벧전 2:6) '흰 돌'은 영광의 승리자이신 예수님을 상징합니다. 따라서 이단의 유혹을 이기고 벗어난 자들을 기념하기 위하여 거룩한 예수님을 상징하는 '흰 돌'을 선물로 주신다는 뜻입니다. 그러므로 받는 자밖에는 알 수 없다는 흰 돌 위에 기록된 새 이름은 예수님의 이름이라고 보아야 합니다. 왜냐하면 예수님의 이름 중에는 주님밖에 알 수 없는 새 이름이 있고(계 19:12), 또 예수님의 이름이 새겨져 있어야 고귀한 기념품이 될 수 있기 때문입니다.

(4) 두아디라 교회(계 2:18-29)

두아디라는 버가모에서 남동쪽으로 64km 떨어진 지점에 위치한 공업 도시로 상인 동업조합과 행상이 성행하였고, 태양신 아폴로와 아데미 신전 및 삼바다 신전도 있는 도시였습니다. 이 두아디라 교회는 자주 장사 루디아에 의하여 세워졌습니다(행 16:14). 주님은 이 교회에 "네 사업과 사랑과 믿음과 섬김과 인내를 아노니 네 나중 행위가 처음 것보다 많도다"(19절)라고 칭찬해 주셨습니다.

그러므로 두아디라 교회는 열심이 있는 훌륭한 교회입니다. 믿음과 사랑, 섬김과 인내가 있으면서 또 주의 사업도 할 뿐 아니라 '나중 행위가 처음 것보다 많도다'라는 주님의 인정까지 받은 교회이기 때문입니다. 하지만 예수님은 "네게 책망할 일이 있노라 자칭 선지자라 하는 여자 이세벨을 네가 용납함이니 그가 내 종들을 가르쳐 꾀어 행음하게 하고 우상의 제물을 먹게 하는도다"(20절)라는 책망을 하셨습니다.

이세벨은 본래 시돈의 왕 엣바알의 딸로(왕상 16:31) 북조 이스라엘 아합 왕의 왕비가 되어 바알 종교를 그곳에 들여와 분향, 예언, 음행, 춤, 몸을 상하는 의식 등으로 이스라엘의 신앙을 파괴했던 여자입니다. 그런데 두아디라 교회의 자칭 여선지자도 예언이나 음행 및 우상의 제물 등으로 신자들의 신앙을 파괴하기 때문에 이세벨로 불리게 된 것으로 보입니다.

이렇게 볼 때 두아디라 교회는 영적 분별력이 없어 이단에 빠진 교회로 보아야 합니다. 즉 버가모 교회는 말씀에 대한 지식이 부족하여 교리 면의 이단에 빠진 반면, 두아디라 교회는 영(靈) 분별력이 없어서 자칭 여선지자를 용납하는 신령한 면의 이단에 빠졌다는 뜻입니다.

그런데 주께서 "또 내가 그에게 회개할 기회를 주었으되 자기의 음행을 회개하고자 하지 아니하는도다"(21절)라고 말씀하신 것을 보면, 이세벨은 처음부터 잘못된 예언을 한 것은 아닌 듯 싶습니다. 왜냐하면 회개할 기회를 주신 것으로 보아 처음에는 성령의 은사를 받아 바른 예언을 하였는데, 중도에서 어떤 이유로 마귀의 미혹을 받은 것으로 추정되기 때문입니다. 그러면 이세벨은 중도에서 어떻게 잘못된 것일까요?

24절에서 "두아디라에 남아 있어 이 교훈을 받지 아니하고 소위 사탄의 깊은 것을 알지 못하는 너희에게 말하노니"라고 한 것으로 보아, 이세벨은 소위 '사탄의 깊은 것'을 가르치던 영지주의자였기 때문에 중도에서 잘못된 것으로 보입니다. 환언하면 영지주의자들은 육은 어차피 악하여 무슨 짓을 해도 구원과 상관없으니, 음행 같은 죄에 빠져 '사탄의 깊은 것'에 대한 신령한 지식(그노시스, γνώσις)을 얻어야 구원을 얻을 수 있다고 주장했던 초대 교회의 이단인데 이세벨이 거기에 빠짐으로 말미암아 사탄의 미혹을 받아 잘못된 예언을 하게 되었다는 뜻입니다.

오늘날에도 이런 교회와 성도들이 꽤 있습니다. 특히 신앙에 열심이 있고 기도 많이 한다는 이들에게 많이 발생할 수 있는 현상입니다. 즉 처음에는 성령의 은사를 받아 옳은 예언을 하고, 바른 환상을 보며, 정확한 음성을 듣고, 신령한 꿈을 꾸었지만 중도에서 변질됨으로 말미암아 마귀에게 틈을 주어 신령한 면의 이단에 빠지게 되었다는 의미입니다.

그래서 주님은 "볼지어다 내가 그를 침상에 던질 터이요 또 그와 더불어 간음하는 자들도 만일 그의 행위를 회개하지 아니하면 큰 환난 가운데에 던지고 또 내가 사망으로 그의 자녀들을 죽이리니"(22-23절)라는 강력한 경고를 하셨습니다. 왜냐하면 중병(重病)에 들어 침상에 던져지고, 큰 환난을 당하며, 심지어 자녀들까지 죽는 등의 재난이 계속되면, 사탄에게 속아 잘못된 예언을 하고 있는 실상(實相)을 깨닫고 회개할 수 있기 때문입니다.

그런데 성령께서 "모든 교회가 나는 사람의 뜻과 마음을 살피는 자인 줄 알지라"(23절)고 말씀하신 것을 보면, 두아디라 교회는 단순히 영적 분별력이 부족하여 이세벨의 예언에 따라 행음을 하고 우상의 제물을 먹은 것만은 아닌 것으로 보입니다. 왜냐하면 이 말씀은 이세벨의 미모에 이끌린 마음도 있어서 음행죄를 범했음을 암시하는 말씀이기 때문입니다. 바로 이런 이유로 주님은 이 교회에 "그 눈이 불꽃 같고 그 발이 빛난 주석과 같은 하나님의 아들"(18절)로 나타나신 것을 보게 됩니다. 왜냐하면 이 현현(顯現)은 사람의 마음속까지 꿰뚫어보시는 거룩한 주님이라는 뜻이기 때문입니다.

그러므로 종말의 성도들은 영 분별의 은사와 함께 거룩한 마음을 소유해야 하겠습니다. 특히 두아디라 교회처럼 믿음과 사랑이 있는 훌륭한 교회조차도 신령한 면의 이단에 빠져 음행죄를 범했다는 점에서 성결한 마음과 함께 영 분별의 은사를 반드시 소유해야 한다는 의미입니다.

그리고 두아디라 교회에서 이세벨의 교훈을 받지 아니한 자들에게 "다른 짐으로 너희에게 지울 것은 없노라 다만 너희에게 있는 것을 내가 올 때까지 굳게 잡으라"(24, 25절)고 하신 것은, 영적 분별력을 소유하여 이세벨의 예언에 미혹 받지 않는 성숙한 성도들은, 그 신앙을 주의 강림 시까지 그대로 유지하라는 당부입니다.

한편, 주께서 "이기는 자와 끝까지 내 일을 지키는 그에게 만국을 다스리는 권세를 주리니 그가 철장을 가지고 그들을 다스려 질그릇 깨뜨리는 것과 같이 하리라 나도 내 아버지께 받은 것이 그러하니라"(26, 27절)고 말씀하셨는데, 이는 이기는 자와 끝까지 주님의 일을 수행하는 자에게는 지상 천년왕국에서 예수님과 같은 왕권을 주시겠다는 약속입니다. 그래서 "내가 또 그에게 새벽별을 주리라"(계 2:28)는 말씀을 하신 것입니다. 왜냐하면 '새벽별'은 주님의 왕권을 상징하기 때문입니다(참조. 계 22:16).

그런데 버가모 교회와 두아디라 교회는 우상의 제물을 먹는 것 때문에 책망을 받았습니다. 하지만 오늘날의 교회에서는 우상의 제물을 먹어도 괜찮다는 생각을 가진 분들이 많이 있습니다. 그러므로 이 문제를 짚고 넘어가고자 합니다.

우상의 제물을 먹는 문제에 대한 고찰

바울 사도가 "우상은 세상에 아무것도 아니며……어떤 이들은 지금까지 우상에 대한 습관이 있어 우상의 제물로 알고 먹는 고로 그들의 양심이 약하여지고 더러워지느니라"(고전 8:4, 7)고 말한 것 때문에, 우상의 제물을 먹어도 된다고 생각하는 분들이 교회 내에 의외로 많습니다. 그러나 그가 그런 입장을 취한 것은 고린도 지역이 그리스 로마 신화의 영향으로 신화 속의 신을 모시는 신전이 많았고, 도시 전체가 지역 토산물을 그런 신들에게 제물로 드린 후에 시장에 내다 파는 경우도 많았는데, 그러한 풍속적인 제사 음식에 대한 견해였습니다. 즉 신화 속의 신은 가상적 존재일 뿐 실재하는 신이 아니기 때문에 그런 가공적 우상에게 풍속적, 전통적 차원에서 드린 제물은 아무것도 아니므로 먹어도 상관없다고 한 것입니다. 하지만 그는 고린도전서 10장에서 전혀 다른 견해를 이렇게 피력합니다.

> "우상의 제물은 무엇이며 우상은 무엇이냐 무릇 이방인의 제사하는 것은 귀신에게 하는 것이요 하나님께 제사하는 것이 아니니 나는 너희가 귀신과 교제하는 자 되기를 원하지 아니하노라.너희가 주의 잔과 귀신의 잔을 겸하여 마시지 못하고 주위 식탁과 귀신의 식탁에 겸하여 참여하지 못하리라 그러면 우리가 주를 노여워하시게 하겠느냐 우리가 주보다 강한 자냐"(고전 10:19-22).

즉 이방인들이 복을 받기 위해 자기들의 신에게 제사를 드린 것은 우상의 제물이므로, 만일 그 음식을 먹으면 귀신과 교제하는 자가 되기 때문에 먹지 말아야 한다고 한 것입니다. 따라서 이 경우는 실재하는 귀신에게 바친 제사 음식에 대한 견해로 보아야 합니다.

이렇게 볼 때 조상에게 제사하는 것도 단순히 전통적 풍속적 차원에서 조상을 기억하고 기념하기 위해 드리는 것은 우상 숭배라고 볼 수 없습니다. 하지만 만일 조상에게 제사를 드려야 복을 받는다는 생각에서 제사를 드리거나 혹은 조상신이 임재하여 제물을 먹는다는 생각을 하면서 제사를 드리는 것은 우상 숭배가 명백하므로, 그런 제사는 드리지도 말고, 그런 음식은 먹지도 말아야 할 것입니다.

그런데 바울 사도는 우상의 제물을 먹어도 상관없다는 말을 하면서도 "그런즉 너희의 자유가 믿음이 약한 자들에게 걸려 넘어지게 하는 것이 되지 않도록 조심하라"(고전 8:9)고 충고하였습니다. 즉 본인은 풍속적 차원의 제물로 간주하여 먹을 수는 있겠지만, 그러한 자유가 어린 신자들에게는 진짜 우상의 제물까지 먹도록 나쁜 영향을 줄 수 있으므로 삼가는 것이 좋겠다고 권고한 것입니다.

그러므로 제사 음식이 정말로 우상을 숭배한 것이냐 아니면 단순히 풍속적인 것이냐를 따지기에 앞서 "모든 것이 가하나 모든 것이 유익한 것은 아니요 모든 것이 가하나 모든 것이 덕을 세우는 것은 아니니 누구든지 자기의 유익을 구하지 말고 남의 유익을 구하라"(고전 10:23, 24)는 말씀에 따라, 제사 음식은 먹지 않는 것이 덕을 세우는 것이라고 생각합니다. 아울러 아무리 풍속적 전통적으로 드리는 제사라 할지라도 제사를 삼가는 것이 더 나을 것입니다. 왜냐하면 "악은 어떤 모양이라도 버리라"(살전 5:22)는 것이 성경의 가르침이기 때문입니다.

(5) 사데 교회(계 3:1-6)

사데는 두아디라의 남동쪽 약 48km 지점에 위치하여 헤르무스(Hermus) 강과 트몰루스(Tmolus) 산 사이 해발 약 450m 언덕에 세워진 도시로, 성채가 남쪽만을 제외하고는 모두 암벽으로 되어 있는 난공불락의 군사적 요충지였습니다. 또한 사데는 리디아의 수도로서 사금천(砂金川) 시냇물이 흘러 보석 산업이 번창하고 모직 공업과 의류 산업이 발달한 상업 도시였으며, 그로 인하여 화려함과 부유함, 사치와 음란이 만연한 도시였습니다.

예수님은 이 교회에 "내가 네 행위를 아노니 네가 살았다 하는 이름은 가졌으나 죽은 자로다"(1절)라는 책망부터 하셨습니다. 즉 사데 교회는 신자라는 이름만 가졌지 실제로는 신자답게 살지 못함으로 말미암아 영적으로는 죽은 자라는 지적을 받은 것입니다. 따라서 예수를 믿고 거듭났을지라도 신자답게 살지 못하고 세상 사람과 다름없이 산다면, 그는 영적으로 죽은 자라는 의미에서 '식물 신자'(植物信者)라고 해야 할 것입니다. 그러므로 사데 교인들은 세상의 빛과 소금이 되기는커녕 당시의 사데 사람들처럼 사치하고 음란하며 방탕한 삶을 살았던 것으로 추정됩니다.

그러면 사데 교회는 왜 하나님의 말씀대로 살지 못함으로 말미암아 '죽은 자'라는 책망을 받았을까요?

'교회'라고 칭하신 것으로 보아 일단 예수 그리스도를 믿고 하늘의 생명은 얻었으나 그들의 마음은 변화되지 못했기 때문으로 보아야 합니다. 왜냐하면 사람을 움직이는 것은 영이 아니라 혼, 곧 지정의의 인격이기 때문입니다. 그래서 "……내 하나님 앞에 네 행위의 온전한 것을 찾지 못하였나니 그러므로 네가 어떻게 받았으며 어떻게 들었는지 생각하고 지켜 회개하라……"(2, 3절)고 회개를 촉구하신 것입니다.

따라서 "만일 일깨지 아니하면 내가 도둑같이 이르리니 어느 때에 네게 이를는지 네가 알지 못하리라"(3절)고 말씀하신 것은, 만일 죽은 상태에 그대로 있다면 재림의 주님을 맞이하지 못할 수도 있다는 경고입니다. 그러나 "사데에 그 옷을 더럽히지 아니한 자 몇 명이 네게 있어 흰옷을 입고 나와 함께 다니리니 그들은 합당한 자인 연고라"(4절)고 말씀하신 것을 보면 교인 중 몇 사람은 거룩한 삶을 살았던 것으로 추정됩니다.

그러므로 "이기는 자는 이와 같이 흰옷을 입을 것이요 내가 그 이름을 생명책에서 결코 지우지 아니하고 그 이름을 내 아버지 앞과 그의 천사들 앞에서 시인하리라"(5절)고 하신 것은 세상의 유혹을 이기고 거룩하게 산 자들은 결코 구원을 잃지 아니한다는 의미입니다. 그런데 "내가 그 이름을 생명책에서 결코 지우지 아니하고"라고 하신 부분은 깊이 음미해야 될 대목입니다. 왜냐하면 만일 회개하지 아니하여 더럽힌 옷을 그대로 입고 있다면, 생명책에서 그 이름이 지워질 수도 있다는 뉘앙스의 말씀이기 때문입니다.

이렇게 볼 때, 한 번 예수를 구주로 고백하면 영원히 구원을 잃지 않는다는 교리는 얼마나 위험한 교리인지를 발견하게 됩니다. 왜냐하면 아무리 예수를 믿고 중생하였다 할지라도 만일 속사람을 변화시키지 못해 옛사람의 모습 그대로 산다면, 그는 옷을 더럽힌 사데 교인과 같아서 구원을 상실할 수도 있기 때문입니다. 그래서 히브리 기자는 "한 번 빛을 받고 하늘의 은사를 맛보고 성령에 참여한 바 되고 하나님의 선한 말씀과 내세의 능력을 맛보고도 타락한 자들은 다시 새롭게 하여 회개하게 할 수 없나니 이는 그들이 하나님의 아들을 다시 십자가에 못 박아 드러내 놓고 욕되게 함이라"(히 6:4-6)고 경고한 것이라고 봅니다.

따라서 예수를 믿고 구원받은 사람은 반드시 영적으로 성장하고 성화해야 한다는 것을 명심해야 하겠습니다. 왜냐하면 아무리 중생하여 하늘의 영원한 생명을 얻었다 할지라도 그 마음이 변화되지 못함으로써 하나님의 말씀과 뜻대로 살지 못한다면 그 사람의 구원은 결코 장담할 수 없기 때문입니다. 그래서 바울 사도는 "너희는 유혹의 욕심을 따라 썩어져가는 구습을 따르는 옛사람을 벗어버리고 오직 심령이 새롭게 되어 하나님을 따라 의와 진리의 거룩함으로 지으심을 받은 새사람을 입으라"(엡 4:22-24)고 한 것이요, 베드로는 "갓난 아이들 같이 순전하고 신령한 젖을 사모하라 이는 그로 말미암아 너희로 구원에 이르도록 자라게 하려 함이라"(벧전 2:2)고 권면한 것이라고 봅니다.

그러므로 사데 교회는 "너는 일깨어 그 남은 바 죽게 된 것을 굳건하게 하라"(2절)는 말씀에 따라 깨어 일어나 회개함과 동시에, 일곱 영과 일곱 별을 가지신 예수님, 곧 성령과 일체가 되시고 모든 목회자들을 붙들고 계신 예수님께 성령의 충만을 구하고 또 성령 충만한 목회자를 보내달라고 기도함으로써 신앙을 회복해야 할 것입니다.

(6) 빌라델비아 교회(계 3:7-13)

빌라델비아는 사데 남동쪽 약 40km에 위치한 고원 도시로 무시아, 루디아, 브루기아로 이어지는 무역로의 교차점에 위치한 동방의 관문이었고, 포도 생산지로 유명하였으며, 농업과 상업이 발달하여 경제적으로도 상당한 부를 누린 도시였습니다. 예수님은 이 교회에 "볼지어다 내가 네 앞에 열린 문을 두었으되 능히 닫을 사람이 없으리라"(8절)는 말씀부터 하셨는데, '열린 문'은 무엇을 의미할까요?

바울 사도가 "복음을 위하여 드로아에 이르매 주 안에서 문이 내게 열렸으되"(고후 2:12)라고 하였고 또 "전도할 문을 우리에게 열어 주사"(골 4:3)라고 했다는 데서 '열린 문'은 전도의 열린 문, 혹은 선교의 열린 문을 의미합니다. 그러므로 "네 앞에 열린 문을 두었으되 능히 닫을 사람이 없으리라"는 것은 빌라델비아 교회의 전도와 선교의 문은 결코 닫히는 법이 없다는 뜻입니다.

특히 주께서 이 교회에 "다윗의 열쇠를 가지신 이 곧 열면 닫을 사람이 없고 닫으면 열 사람이 없는"(7절) 분으로 나타나셨다는 점에서도 그러합니다. 왜냐하면 이는 절대 왕권을 가지신 예수께서 전도의 문을 열어놓으셨다는 뜻이기 때문입니다. 따라서 빌라델비아 교회의 전도와 선교의 문은 후 3년 반의 짐승 통치하에서도 결코 닫히는 일이 없게 될 것입니다. 그러면 이 교회는 어떻게 해서 이러한 특별한 은총을 받게 된 것일까요?

주님은 빌라델비아 교회를 향하여 "내가 네 행위를 아노니 네가 작은 능력을 가지고서도 내 말을 지키며 내 이름을 배반하지 아니하였도다"(8절)라고 칭찬하셨습니다. 그러므로 빌라델비아 교회는 성도들의 배움이나 신분 등이 변변찮음에도 불구하고, 예수님의 말씀을 지키며 주의 이름을 배반하지 않았기 때문에 그런 은총을 받은 것입니다.

그런데 예수님의 말씀이란 하나님을 사랑하고 이웃을 사랑하라는 두 큰 계명의 범주에 있는 말씀일 것이고, 주의 이름을 배반하지 않았다는 것은 예수 믿음을 지켰다는 의미입니다. 그러므로 빌라델비아 교회는 종말시대에 전파될 영원한 복음, 곧 '하나님을 온전히 사랑하고, 예수 믿음을 지켜 성령의 인도를 받으며, 이웃을 사랑하면 죽음을 보지 않고 산 채로 들림 받는다'는 말씀에 따라 열매 맺은 교회가 되었기 때문에 그러한 은총을 받은 것이라고 보아야 합니다. 그래서 주님은 "보라 사탄의 회당 곧 자칭 유대인이라고 하나 그렇지 아니하고 거짓말하는 자들 중에서 몇을 네게 주어 그들로 와서 네 발 앞에 절하게 하고 내가 너를 사랑하는 줄을 알게 하리라"(9절)는 말씀으로 이 교회를 향한 각별한 사랑을 피력하신 것입니다.

그런데 '자칭 유대인'이란 소위 정통 보수라고 자처하면서, 영원한 복음을 비난하는 교회의 어떤 무리들이라고 볼 때, 종말시대에는 시대를 분별하는 안목을 갖는 것처럼 중요한 것은 없다고 보아야 합니다. 왜냐하면 시대를 모르고 복음을 믿지 않는 무리들을 향하여 주께서 "외식하는 자여 너희가 천지의 기상은 분간할 줄 알면서 어찌

이 시대는 분간하지 못하느냐"(눅 12:56)고 책망을 하셨던 것처럼, 은혜 시대에서 종말시대로 바뀐 것을 모르고 영원한 복음을 비방한다면, 그들 역시 동일한 주님의 책망을 면할 수 없을 것이기 때문입니다.

한편, 주님은 "네가 나의 인내의 말씀을 지켰은즉 내가 또한 너를 지켜 시험의 때를 면하게 하리니 이는 장차 온 세상에 임하여 땅에 거하는 자들을 시험할 때라"(10절)고 말씀하셨습니다. 즉 빌라델비아 교회가 '인내하라'는 주님의 말씀을 지켰기 때문에, 그 교회를 후 3년 반에 있을 적그리스도의 시험으로부터 지켜 보호해 주신다는 뜻입니다. 그러니 이 교회는 얼마나 큰 복을 받은 교회입니까? 왜냐하면 짐승 통치 시에 받게 될 신자들의 환난은 역사상 전무후무(前無後無)한 일이 될 것이 분명한데(참조. 마 24:21), 그 시험의 때로부터 지켜 보호해 주신다고 하셨기 때문입니다.

그러므로 신앙생활에 있어서 하나님의 말씀을 실천하는 행위처럼 중요한 것은 없음을 다시 한 번 깨달아야 하겠습니다. 왜냐하면 사데 교회는 행위가 없어 '죽은 자'라는 진단과 함께 구원의 옷이 더럽혀져 생명록에서 그 이름이 지워질 위기에 처했지만, 빌라델비아 교회는 '인내하라'는 하나님의 말씀을 지키며 예수 이름을 배반하지 아니함으로 말미암아 이러한 놀라운 은총을 받고 있기 때문입니다. 그래서 주님은 이 교회에 "내가 속히 오리니 네가 가진 것을 굳게 잡아 아무도 네 면류관을 빼앗지 못하게 하라"(11절)는 격려를 해주신 것입니다.

한편, "이기는 자는 내 하나님 성전에 기둥이 되게 하리니 그가 결코 다시 나가지 아니하리라 내가 하나님의 이름과 하나님의 성 곧 하늘에서 내 하나님께로부터 내려오는 새 예루살렘의 이름과 나의 새 이름을 그의 위에 기록하리라"(12절)고 말씀하셨는데 이것은 무슨 뜻일까요?

"새 예루살렘의 이름과 나의 새 이름"이란 하나님의 이름인 '여호와'와 어린양의 이름인 '예수'를 가리킵니다. 새 예루살렘의 보좌는 하나님과 어린양의 보좌이므로(계 22:1, 3), 새 예루살렘의 이름은 하나님의 이름과 어린양의 이름으로 일컬어질 것이기 때문입니다. 따라서 이 말씀은 빌라델비아 교회의 이기는 자들 위에 하나님의 인을 쳐서(계 7:1-8) 그들을 천국의 기둥으로 삼으시겠다는 의미입니다. 왜냐하면 하나님의 인침을 받은 자들의 이마에는 어린양의 이름과 하나님 아버지의 이름이 써 있다고 했기 때문입니다(계 14:1).

이상의 고찰로 볼 때, 빌라델비아 교회는 말세에 가장 큰 복을 받은 교회가 아닐 수 없습니다. 열린 문의 축복과 후 3년 반의 시험의 때로부터 보호를 받는 은총 및 하나님의 인침을 받을 자들도 배출할 교회이기 때문입니다. 그런데 빌라델비아 교회가 이처럼 놀라운 복을 받는 까닭은 이 교회가 영원한 복음에 의해 열매를 맺은 교회이기 때문이 아니겠습니까?

그러므로 종말시대에는 영원한 복음을 받아들여 의롭고 거룩하며 선한 그리스도의 형상을 이루는 것만큼 중요한 것은 없음을 다시 한 번 명심해야 할 것입니다.

(7) 라오디게아 교회(계 3:14-22)

라오디게아는 빌라델비아에서 동남쪽으로 약 72km 지점, 에베소에서 동쪽으로 약 160km 지점에 위치한 교통의 요충지로 모직물과 안약 및 의학교가 있고 금융거래도 활발한 풍요로운 도시였습니다. 그러나 물 사정이 좋지 않아서 10km 떨어진 히에라볼리와 14km 정도 떨어진 골로새로부터 항상 수로(水路)로 물을 공급받았던 도시였습니다. 라오디게아 교회는 에바브라가 설립했으며(골 4:12, 13) 골로새 교회와 함께 바울 사도의 지도를 받았던 교회입니다.

주님은 사데 교회에 하셨던 것처럼 이 교회에도 책망부터 하셨습니다. 곧 "내가 네 행위를 아노니 네가 차지도 아니하고 뜨겁지도 아니하도다 네가 차든지 뜨겁든지 하기를 원하노라 네가 이같이 미지근하여 뜨겁지도 아니하고 차지도 아니하니 내 입에서 너를 토하여 버리리라"(15-16절)고 질책하신 것입니다. 따라서 이 말씀은 뜨거운 신앙을 갖든지 아니면 차라리 신앙생활을 그만두라는 의미의 냉혹한 말씀입니다. 물론 신앙생활을 그만두는 것이 주님의 본심은 아니겠지만 뜨거운 신앙을 원하시는 역설적인 표현이 아니겠습니까?

바로 이런 이유에서 예수님은 이 교회에 "아멘이시요 충성되고 참된 증인이시요 하나님의 창조의 근본이신 이"(14절)로 나타나신 것을 보게 됩니다. 즉 충성스럽게 일하시는 주님을 보여줌으로써 미지근한 라오디게아 교회가 예수님의 모습에서 얼마나 유리(遊離)되어 있는지를 깨닫게 하시려는 현현(顯現)입니다. 그러면 라오디게아 교회가 주께서 토해내 버리고 싶을 정도로 미지근한 교회가 되어 버린 원인은 어디에 있을까요?

주께서 "네가 말하기를 나는 부자라 부요하여 부족한 것이 없다 하나"(17절)라는 말씀으로 그들의 문제점을 지적하신 것을 보면, 라오디게아 교회는 물질적인 부에 대한 자만심 때문에 미지근한 교회가 된 것이 분명합니다. 하지만 부자라는 자만심은 신자의 영적 상태를 아주 비참하게 만든다는 것을 알 수 있습니다. 왜냐하면 예수께서 "네 곤고한 것과 가련한 것과 가난한 것과 눈먼 것과 벌거벗은 것을 알지 못하는도다"(계 3:17)라고 책망하셨기 때문입니다. 그러면 그 이유가 무엇일까요?

주께서 "한 사람이 두 주인을 섬기지 못할 것이니 혹 이를 미워하고 저를 사랑하거나 혹 이를 중히 여기고 저를 경히 여김이라 너희가 하나님과 재물을 겸하여 섬기지 못하느니라"(마 6:24)고 말씀하신 것처럼, 하나님과 재물은 양립(兩立)할 수 없는 세계이기 때문입니다. 즉 재물을 사랑하는 한 하나님을 사랑할 수 없기 때문에 부자라는 자만심은 신앙을 상실하게 만든다는 뜻입니다. 그렇기 때문에 주께서 "재물이 있는 자는 하나님의 나라에 들어가기가 얼마나 어려운지 낙타가 바늘귀로 들어가는 것이 부자가 하나님의 나라에 들어가는 것보다 쉬우니라"(눅 18:24, 25)는 말씀을 하신 것이라고 생각합니다.

한편, 예수님은 이 교회의 심각한 영적 상태를 치유하기 위하여 "내가 너를 권하노니 내게서 불로 연단한 금을 사서 부요하게 하고 흰옷을 사서 입어 벌거벗은 수치를 보이지 않게 하고 안약을 사서 눈에 발라 보게 하라"(18절)는 권면을 하셨습니다. 그러므로 이 말씀 속에서 라오디게아 교회를 살릴 치유책을 찾아보겠습니다.

첫째, '불로 연단한 금을 사라'고 하셨는데, 이는 순금 같은 믿음을 사라는 뜻입니다. 불로 연단한 금은 정금 같은 믿음을 가리키기 때문입니다(벧전 1:7). 순금 같은 믿음은 어떻게 살 수 있을까요? "믿음은 들음에서 나며"(롬 10:17)라고 하였으므로 일단은 예배 때마다 출석하여 하나님의 말씀을 들어야 하고, 또 성경 말씀을 묵상하여야 하며, 더 나아가 생활 속에서 부딪치는 모든 문제들을 예수님께 갖고 나아가야 합니다. 예수님을 의지하여 기도하면 주님의 은혜로 문제가 해결되고, 그러면서 자연히 신앙은 자라게 되기 때문입니다.

둘째, "흰옷을 사서 입어 벌거벗은 수치를 보이지 않게 하라"고 하셨는데, 이는 라오디게아 교회가 예수를 믿고 구원받았을 때 입었던 '흰옷'을 상실하였다는 뜻입니다. 그러면 라오디게아 교회는 어떻게 하다가 구원의 흰옷을 잃어버렸을까요?

예수께서 이 교회를 향하여 "볼지어다 내가 문 밖에 서서 두드리노니"(계 3:20)라고 말씀하신 것으로 보면, 이 교회는 예수님을 마음의 주인으로 모시지 않았기 때문에 흰옷을 상실한 것이라고 보아야 합니다. 즉 예수님을 단순히 구원자(savior)로만 믿었을 뿐 주(主, Lord)로는 영접하지 않았기 때문에 믿고 거듭났을 때 받았던 흰옷을 잃어버렸다는 의미입니다.

그러므로 예수를 믿는다고 하면서 마음 중심에 예수를 모시지 아니하고 돈이나 명예나 권력이나 어떤 이념을 마음에 두고 그것에 이끌려 산다든지, 또는 세상의 오락이나 향락 및 도박 등에 마음을 빼앗긴 채 교회 생활을 하고 있다면, 그런 신자들은 모두 라오디게아 교회처럼 토해내 버리고 싶을 정도로 메스꺼운 신자요, 구원의 흰옷을 상실한 '벌거벗은' 신자임을 깨달아야 할 것입니다.

이렇게 볼 때 믿음으로 일단 구원은 받았지만 나중에 구원을 잃어버릴 가능성이 있는 두 경우를 보게 됩니다. 하나는 마음을 변화시키지 못하고 옛사람의 모습 그대로 살아감으로 사데 교회처럼 흰옷이 더럽혀진 경우이고, 다른 하나는 예수님 대신 다른 그 무엇을 주인으로 모셔 그것에 이끌려 살아감으로 라오디게아 교회처럼 흰옷을 상실한 채 벌거벗은 자가 되는 경우입니다.

셋째, "안약을 사서 눈에 발라 보게 하라"고 하였는데, 이는 라오디게아 교회가 영적으로 소경이라는 의미입니다. 그러면 영안(靈眼)을 밝게 하는 안약은 무엇일까요? 다윗이 "여호와의 계명은 순결하여 눈을 밝게 하도다"(시 19:8)라고 노래하였으므로 하나님의 말씀입니다. 그러므로 라오디게아 교회는 성경 말씀을 읽고 묵상하여 성경적인 안목을 소유함으로써 영적인 눈을 떠야 할 것입니다.

이상과 같은 방법으로 믿음의 부자가 되고 흰옷을 사서 입으며 영의 눈을 떠 열심을 내고 회개하면(18절) "이기는 그에게는 내가 내 보좌에 함께 앉게 하여 주기를 내가 이기고 아버지 보좌에 함께 앉은 것과 같이 하리라"(21절)는 말씀처럼, 주님의 보좌에 함께 앉을 수 있는 영광을 누리게 될 것입니다.

지금까지 아시아 일곱 교회에 주신 주님의 말씀을 상고(詳考)해 보았습니다. 따라서 '예수님의 마음이 얼마나 아프실까?'를 생각해 보지 않을 수 없습니다. 왜냐하면 칭찬을 받은 교회는 단 두 교회뿐, 세 교회는 칭찬과 책망을 함께 받았고, 두 교회는 전적으로 책망만 받았기 때문입니다.

그러므로 말세의 성도들은 성령이 각 교회들에게 주신 말씀의 거울에 자신을 비춰보아야 합니다. 즉 에베소 교회처럼 진리의 말씀에는 섰으나 주님을 향한 첫사랑을 상실함으로써 버림받을 위기에 놓여 있지는 않은지, 버가모 교회처럼 믿음은 좋으나 이단적 사상에 물들어 있지는 않은지, 두아디라 교회처럼 열심과 사랑은 있으나 신령한 계시가 성령으로부터 온 것인지 사탄의 미혹인지를 분별하지 못한 채 방황하고 있지는 않은지를 직시해야 한다는 말입니다. 또한 전혀 그리스도인답게 살지 못함으로써 "살았다 하는 이름은 가졌으나 죽은 자로다"라는 진단을 받은 사데 교회와 같지는 않은지를 점검해야 하고, 더 나아가 영적으로는 비참한 상태에 있으면서 물질적 부요 때문에 신앙의 자만에 빠져 '나는 부족한 것이 없다'는 착각 속에 신앙생활을 하는 라오디게아 교회와 같지는 않은지를 깨달아야 한다는 뜻입니다.

그리고 자신의 영적 상태를 진단하였으면 철저히 회개하여 주님께서 원하시는 성도로 바로 서야 하고, 더 나아가 그리스도의 형상을 이룬 성숙하고 열매 맺은 성도가 되어야 합니다. 왜냐하면 구름 위에 앉아 계신 인자 같은 이에게 성전으로부터 나온 다른 천사가 큰 음성으로 "당신의 낫을 휘둘러 거두소서 땅의 곡식이 다 익어 거둘 때가 이르렀음이니이다"(계 14:15)라고 외친 것을 보면, 다시 오시는 예수님은 그리스도의 형상을 이룬 결실한 성도들을 데리러 오실 것이 명백하기 때문입니다. 그래서 베드로는 주의 날이 오면 하늘이 큰소리로 떠나가고 물질이 뜨거운 불에 풀어지고 땅과 그중에 있는 모든 일이 드러날 것이라고 하면서(벧후 3:10) 다음과 같은 충고를 한 것입니다.

> "이 모든 것이 이렇게 풀어지리니 너희가 어떠한 사람이 되어야 마땅하냐 거룩한 행실과 경건함으로 하나님의 날이 임하기를 바라보고 간절히 사모하라 그 날에 하늘이 불에 타서 풀어지고 물질이 뜨거운 불에 녹아지려니와 우리는 그의 약속대로 의가 있는 곳인 새 하늘과 새 땅을 바라보는도다 그러므로 사랑하는 자들아 너희가 이것을 바라보나니 주 앞에서 점도 없고 흠도 없이 평강 가운데서 나타나기를 힘쓰라"(벧후 3:11-14).

즉 단순히 '믿음'을 강조한 것이 아니요 '거룩한 행실과 경건' 및 주 앞에서 점도 없고 흠도 없어야 함을 외쳤다는 데서 재림을 목전에 두고 있는 성도들은 영원한 복음에 따라 반드시 완전한 그리스도인이 되어야 한다는 의미입니다. 왜냐하면 그것이 곧 종말의 성도들이 신랑 예수를 맞이하기 위해 아름답게 신부 단장한 모습이기 때문입니다.

제 2 장
7년 대재난

Ⅰ. 요한계시록의 조망과 천국 보좌 광경

Ⅱ. 세계 통합 국가의 주역국

Ⅲ. 일곱 인과 일곱 나팔

Ⅳ. 성도의 대환난과 하나님의 섭리

Ⅰ. 요한계시록의 조망과 천국 보좌 광경

종말에 일어날 일들의 중심에는 7년 대재난이 있습니다. '한 왕'에 의하여 세계의 많은 나라들이 7년 계약의 세계 통합 국가를 형성하게 되면 그것은 곧 7년 대재난에 돌입하는 것을 의미하기 때문입니다. 그러므로 7년 대재난이라는 주제로 요한계시록을 조망(眺望)해 본 후, 세계 통합 국가의 주역국 및 일곱 인과 일곱 나팔, 그리고 성도의 대환난과 그것을 허락하시는 하나님의 섭리에 대하여 고찰해 보겠습니다.

1. 요한계시록의 조망(계 1장)

예수님은 사도 요한에게 "네가 본 것과 지금 있는 일과 장차 될 일을 기록하라"(계 1:19)고 말씀하셨습니다. 따라서 요한계시록은 크게 네 부분으로 구성되었다고 보아야 합니다. 왜냐하면 '네가 본 것'은 2-3장의 아시아 일곱 교회를 가리키고, '지금 있는 일'은 4-5장의 천국 광경을 지칭하며, '장차 될 일'은 6장부터 22장까지의 종말에 일어날 일들을 의미하는데, 제1장은 서문이기 때문입니다.

사도 요한은 서문 첫머리에서 "예수 그리스도의 계시라 이는 하나님이 그에게 주사 반드시 속히 일어날 일들을 그 종들에게 보이시려고 그의 천사를 그 종 요한에게 보내어 알게 하신 것이라"(1절)고 운을 뗍니다. 즉 요한계시록은 종말에 일어날 일들에 관하여 예수께서 하나님께로부터 받은 것을 천사를 통해 사도 요한에게 계시하신 책이라는 뜻입니다.

그런데 요한계시록에 기록된 말씀은 '반드시 속히 일어날 일들'이라고 말한 것에 주목해야 합니다. 왜냐하면 요한계시록에 예언된 사건들은 '꼭' 일어날 뿐 아니라 '속히' 일어날 일들이라는 뜻이기 때문입니다. 그래서 마지막 장에서도 "이 말은 신실하고 참된지라 주 곧 선지자들의 영의 하나님이 그의 종들에게 반드시 속히 되어질 일을 보이시려고 그의 천사를 보내셨도다"(계 22:6)라고 말합니다. 그러면 2천 년도 훌쩍 넘어 발생할 사건들에 대하여 '속히 일어날 일들'이라고 말씀하신 이유는 무엇일까요?

"천 년이 하루"(벧후 3:8) 같으신 하나님의 입장에서 볼 때는 속히 일어날 일들일 수밖에 없고, 또 성도들의 신앙은 예수께서 곧 재림하신다는 의식을 가져야만 깨어 있어 신앙의 성장을 볼 수 있기 때문이라고 생각합니다.

사도 요한은 자기가 본 것을 다 증언하였다고 하면서 "이 예언의 말씀을 읽는 자와 듣는 자와 그 가운데 기록한 것을 지키는 자들이 복이 있나니 때가 가까움이라"(3절)고 하였는데, 이 부분은 꼭 기억해야 할 대목입니다. 왜냐하면 요한계시록의 내용은 마지막 때의 구원을 위해서는 반드시 알아야 하고 꼭 지켜야 된다는 의미이기 때문입니다.

한편, 사도 요한은 아시아 일곱 교회에 편지하면서 "이제도 계시고 전에도 계셨고 장차 오실 이와 그의 보좌 앞에 있는 일곱 영과 또 충성된 증인으로 죽은 자들 가운데서 먼저 나시고 땅의 임금들의 머리가 되신 예수 그리스도로 말미암아 은혜와 평강이 너희에게 있기를 원하노라"(계 1:4, 5)는 인사말을 합니다. 즉 성삼위 하나님의 이름으로 문안 인사를 한 것입니다.

그런데 '이제도 계시고 전에도 계셨고 장차 오실 이'는 언뜻 성자 예수님으로 오인하기 쉬운 부분입니다. '장차 오실 이'라는 부분이 재림하실 예수님을 가리키는 것처럼 보이기 때문입니다. 하지만 성부 하나님도 '장차 오실 이'십니다. 이것은 주 하나님께서 친히 "나는 알파와 오메가라 이제도 있고 전에도 있었고 장차 올 자요 전능한 자라"(8절)고 말씀하신 데서, 또 보좌 주위의 네 생물들이 "주 하나님 곧 전능하신 이여 전에도 계셨고 이제도 계시고 장차 오실 이시라"(계 4:8)고 하나님을 찬양하는 데서 여실히 확인됩니다.

그런데 문안 인사를 한 사도 요한은 "……우리를 사랑하사 그의 피로 우리 죄에서 우리를 해방하시고 그의 아버지 하나님을 위하여 우리를 나라와 제사장으로 삼으신 그에게 영광과 능력이 세세토록 있기를 원하노라"(5, 6절)고 예수님을 찬양하였습니다.

그러면 '나라와 제사장을 삼았다'는 의미는 무엇일까요?

성도는 하나님의 나라요 제사장이라는 의미

'나라를 삼았다'는 것은 하나님의 통치를 받는 천국 백성으로 삼았다는 뜻이고, '제사장을 삼았다'는 것은 하나님을 예배하는 자로 삼았다는 의미입니다. 그러므로 구원받은 성도는 '하나님의 나라'로서 주의 다스림을 받아야 한다는 의무감과 동시에 하나님께서 보호해주시는 하늘 백성이란 자긍심을 가져야 하고, 또 '제사장'으로서 항상 하나님께 예배를 드려야 한다는 사명감을 가져야 할 줄 믿습니다.

그리고 사도 요한은 또 "볼지어다 그가 구름을 타고 오시리라 각 사람의 눈이 그를 보겠고 그를 찌른 자들도 볼 것이요 땅에 있는 모든 족속이 그로 말미암아 애곡하리니 그러하리라"(계 1:7)고 하였는데, 이는 예수께서 영광중에 다시 오실 것과 온 세상이 다 알게 오신다는 것, 또한 주의 재림으로 말미암아 세상이 심판받을 것을 증언한 것입니다. 그런데 하나님은 "나는 알파와 오메가라 이제도 있고 전에도 있었고 장차 올 자요 전능한 자라"(계 1:8)고 말씀하셨습니다. 그러면 그 의미가 무엇일까요?

알파와 오메가 되시는 하나님이란?

'알파와 오메가'는 헬라 알파벳의 첫 글자와 마지막 글자이므로 하나님은 우주의 처음과 마지막이요 만물의 시작과 마침이시라는 뜻입니다. 따라서 세 가지 의미가 있다고 볼 수 있습니다.

첫째, 존재하는 모든 것들의 운명은 하나님께 달렸다는 의미입니다. 하나님께서 처음과 나중이 되신다면 만물의 창조자와 심판자가 되신다는 뜻이므로 존재하는 모든 것들의 운명은 하나님의 손에 달려 있을 수밖에 없기 때문입니다. 그래서 다윗은 "부와 귀가 주께로 말미암고……모든 사람을 크게 하심과 강하게 하심이 주의 손에 있나이다"(대상 29:12)라고 노래하였고, 한나는 "여호와는 죽이기도 하시고 살리기도 하시며……가난하게도 하시고 부하게도 하시며 낮추기도 하시고 높이기도 하시는도다"(삼상 2:6, 7)라는 기도로 생사화복을 주관하시는 하나님을 찬양합니다.

둘째, 하나님은 천국의 곡식을 심고, 가꾸시며, 거두어들이는 천국 농부시라는 뜻입니다. 이것은 천국 농사를 다 마치신 하나님께서 "이루었도다 나는 알파와 오메가요 처음과 마지막이라"(계 21:6)고 선언하신 데서 충분히 알 수 있습니다. 이렇게 볼 때 "전에도 있었고 이제도 있고 장차 올 자요"는 과거와 현재와 미래에 영원히 살아 계시는 하나님이라는 의미임과 동시에, '전에도 있었고'는 구약시대에 이스라엘을 양육하셨던 하나님을, '이제도 있고'는 신약시대와 종말시대의 성도들을 기르시는 하나님을, '장차 올 자'는 크고 흰 보좌 심판대를 주재하신 후 새 예루살렘 천국을 통치하실 하나님을 가리킨다고 보아야 할 것입니다.

셋째, 여호와만 유일하신 참 하나님이라는 뜻입니다. 이것은 하나님께서 "이스라엘의 왕인 여호와, 이스라엘의 구원자인 만군의 여호와가 이같이 말하노라 나는 처음이요 나는 마지막이라 나 외에 다른 신이 없느니라"(사 44:6)고 말씀하신 데서 입증됩니다. 그렇기 때문에 하나님은 "……나 외에 신이 있겠느냐 과연 반석은 없나니 다른 신이 있음을 내가 알지 못하노라"(사 44:8)고 하신 것이요, 또 "나는 여호와라 나 외에 다른 이가 없나니 나밖에 신이 없느니라"(사 45:5)고도 말씀하신 것입니다.

그러면 요한계시록 전체를 네 부분으로 조망해 보면서 '장차 될 일'의 전개 원리에 대하여 고찰해 보겠습니다.

(1) 요한계시록의 조망

구성	장	주 제	내 용
서문	1	머리글	집필 동기와 요한계시록의 성격
요한이 본 것	2	그리스도의 편지	에베소, 서머나, 버가모, 두아디라 교회
	3	그리스도의 편지	사데, 빌라델비아, 라오디게아 교회
지금 있는 일	4	성부 하나님	보좌와 네 생물과 24장로
	5	성자 예수님	두루마리를 취하시는 어린양
장차 될 일	6	장차 될 일의 총론	첫째 인 – 여섯째 인
	7	하나님의 인	14만 4천과 흰옷 입은 큰 무리
	8	전 3년 반 재앙	첫째 나팔 – 넷째 나팔
	9	후 3년 반 재앙	다섯째 나팔, 여섯째 나팔
	10-12	짐승 통치 대비 조치	작은 두루마리, 두 증인, 예비처
	13	두 적그리스도	열뿔, 일곱머리 짐승과 두 뿔 짐승
	14	성도의 승천과 휴거	14만 4천 승천과 성도의 휴거
	15	순교자들의 찬양	대접심판 예고와 순교자의 노래
	16	이 세상 심판	첫째 대접 – 일곱째 대접
	17-18	큰 바벨론 심판	큰 음녀의 심판
	19	재림하시는 예수	혼인 잔치와 적그리스도 체포
	20	지상 천년왕국	사탄의 유폐와 대 백보좌 심판
	21-22	영원한 천국	새 예루살렘과 그 복락

(2) 장차 될 일의 전개 원리

요한계시록의 넷째 부분인 제6장부터 22장까지는 '장차 될 일'에 대한 예언의 말씀인데, 그 전개 원리는 다음과 같습니다.

첫째, 장차 일어날 일들이 순서적으로 배열되었다는 것입니다. 즉 제6장은 장차 될 일의 총론이고, 8장은 전 3년 반에 있을 나팔 재앙, 9장은 후 3년 반의 나팔 재앙이며, 13장은 후 3년 반에 있을 짐승 통치와 성도의 대환난입니다. 그리고 제14장은 성도의 승천과 휴거, 15-16장은 이 세상 심판, 17-18장은 큰 음녀의 심판, 19장은 재림하는 그리스도이며 제20장은 지상 천년왕국, 21-22장은 영원한 천국인 새 예루살렘을 소개함으로써 장차 일어날 일들을 순서적으로 배열하신 것입니다.

둘째, 재난이나 환난 및 심판이 있기 전에 성도를 위한 어떤 조치를 취하신다는 것입니다. 예컨대, 제8-9장의 7년 대재난을 앞두고는 7장에서 그 재난에 대비하는 하나님의 인을 치셨고, 제13장의 짐승 통치를 앞두고는 10장의 작은 두루마리와 11장의 두 증인 및 12장의 예비처로 적그리스도의 통치에 대비하였으며, 제15-16장의 이 세상 심판을 앞두고는 14장에서 성도들의 승천과 휴거를 언급하심으로써 세상의 심판에 미리 대비하십니다.

셋째, 대비(對比) 표현 기법으로 이해를 돕도록 하셨다는 것입니다. 즉 제7장에서는 하나님의 인침을 받을 14만 4천과 흰옷 입은 큰 무리를 대비시킴으로써 짐승 통치 시에는 두 부류의 신자가 있을 것을 깨닫게 하셨고, 제14장에서는 익은 곡식 추수와 익은 포도 추수를 대비시킴으로써 세상 심판 시에는 들림 받을 자들과 멸망 받을 자들이 있을 것을 구분해 주셨습니다. 그리고 제19장에서는 만왕의 왕으로 재림하시는 예수님과 체포되어 유황 불못에 던짐 받을 짐승을 대비시킴으로써 참 그리스도와 거짓 그리스도를 구분해 주신 것입니다.

2. 천국 보좌 광경

밧모 섬에서 예수 그리스도를 뵈옵고 아시아 일곱 교회에 대한 계시를 받은 사도 요한은 "이리로 올라오라 이후에 마땅히 일어날 일들을 내가 네게 보이리라"(계 4:1)는 음성을 듣고 성령에 사로잡혀 천국에 오르게 됩니다. 천국에 오른 사도 요한은 보좌에 앉으신 성부 하나님과 어린양 예수님을 뵈옵고 그 내용을 제4장과 5장에 기록하였습니다. 그러면 요한이 보았던 천국 보좌의 광경에 대하여 살펴보겠습니다.

(1) 보좌에 앉으신 성부 하나님(계 4장)

① 벽옥과 홍보석 및 녹보석 무지개로 둘린 보좌

사도 요한은 보좌에 앉으신 하나님의 모습을 "벽옥과 홍보석 같고 또 무지개가 있어 보좌에 둘렸는데 그 모양이 녹보석 같더라"(3절)고 하였습니다. 벽옥은 파란빛을 띠는 보석이고, 홍보석은 붉은 빛깔의 보석이며, 녹보석은 초록빛 보석인데 요한은 그러한 세 빛깔이 어우러진 보좌를 본 것입니다. 그러면 파랗고 붉고 초록색 무지개가 둘린 보좌의 형상은 구체적으로 무엇을 가리키며, 또 그 의미는 무엇일까요?

BC 593년경 하나님께서 에스겔에게도 하늘 보좌의 광경을 보여주셨습니다. 그러므로 그가 보았던 광경 속에서 파랗고 붉고 초록색 무지개가 둘린 보좌의 의미를 찾아보겠습니다.

> "그 머리 위에 있는 궁창 위에 보좌의 형상이 있는데 그 모양이 남보석 같고 그 보좌의 형상 위에 한 형상이 있어 사람의 모양 같더라 내가 보

니 그 허리 위의 모양은 단 쇠 같아서 그 속과 주위가 불 같고 내가 보니 그 허리 이하의 모양도 불 같아서 사방으로 광채가 나며 그 사방 광채의 모양은 비 오는 날 구름에 있는 무지개 같으니 이는 여호와의 영광의 형상의 모양이라 내가 보고 엎드려 말씀하시는 이의 음성을 들으니라"(겔 1:26-28).

에스겔은 하나님께서 좌정해 계시는 보좌를 남보석이라고 하였는데 남보석은 파란빛을 띠는 보석입니다. 따라서 사도 요한이 보좌에 앉으신 이의 모양을 '벽옥 같다'고 한 것은 하나님께서 앉아 계시는 보좌에 대한 묘사였음을 알 수 있습니다. 그리고 이것은 하나님의 지존(至尊)하심을 나타낸다고 보아야 합니다.

에스겔은 또 보좌에 계신 이의 형상을 불같고 단 쇠 같다고 하였는데, 이것은 요한이 보좌의 모습을 '홍보석 같다'고 한 것에 비교 됩니다. 따라서 이는 하나님의 거룩하심을 나타냅니다. 왜냐하면 시뻘겋게 단 쇠는 불순물이 조금도 없는 완전 성결의 상징이기 때문입니다. 그래서 보좌 주위의 스랍들은 "거룩하다 거룩하다 거룩하다 만군의 여호와여 그의 영광이 온 땅에 충만하도다"(사 6:3)라는 찬양을 드리는 것이 아니겠습니까?

한편, 에스겔은 하나님의 본체로부터 사방으로 나는 광채의 모양을 비 오는 날의 무지개 같다고 하였는데, 이는 요한이 보좌에 둘린 무지개를 본 것과 일치합니다. 그런데 사도 요한이 그 무지개 색깔을 녹보석이라고 한 것을 보면 보좌로부터 나오는 광채는 세상의 무지개처럼 일곱 색깔이 아니고 초록빛인 것 같습니다. 즉 형태만 무지개일 뿐, 빛깔은 녹색이라는 뜻입니다. 그리고 그 초록빛 무지개는 하나님의 영광을 나타내주는 것이 확실합니다. 에스겔 선지자가 "이는 여호와의 영광의 형상의 모양이라"(겔 1:28)고 해석해 주었기 때문입니다.

그러므로 사도 요한이 "앉으신 이의 모양이 벽옥과 홍보석 같고 또 무지개가 있어 보좌에 둘렸는데 그 모양이 녹보석 같더라"고 한 것은 파란빛 나는 존귀한 보좌 위에 불같은 형상의 거룩하신 하나님께서 영광의 초록빛 광채를 무지개처럼 발산하시며 좌정해 계신 것에 대한 묘사입니다.

② 보좌 주위의 24장로

보좌 주위에 이십사 보좌가 있고 그 위에 스물 네 명의 장로들이 흰옷을 입고 금관을 쓰고 앉았다고 했습니다(4절). 그러면 그 24장로들은 어떤 이들일까요?

미가야 선지자는 하나님께서 아합 왕을 죽이는 문제에 대하여 보좌 좌우편에 서 있는 자들의 의견을 청취하시고 결정하였다고 하였습니다(참조. 왕상 22:20-22). 즉 하나님은 어떤 문제를 측근들과 의논하여 결정하신다는 좋은 예(例)입니다. 그렇다면 보좌 주위의 24장로들은 하나님께서 천국의 대소사(大小事)를 함께 논의하시는 대신(大臣) 같은 분들로 보아야 하지 않겠습니까?

그런데 그들은 보좌 앞에 엎드려 경배하고 또 자기들의 금관을 보좌 앞에 벗어 드리면서 "우리 주 하나님이여 영광과 존귀와 권능을 받으시는 것이 합당하오니 주께서 만물을 지으신지라 만물이 주의 뜻대로 있었고 또 지으심을 받았나이다"(계 4:11)라고 하나님을 찬양한다고 하였습니다. 따라서 24장로들의 이러한 모습은 사도 바울이 "내가 나 된 것은 하나님의 은혜로 된 것이니……내가 모든 사도보다 더 많이 수고하였으나 내가 한 것이 아니요 오직 나와 함께하신 하나님의 은혜로다"(고전 15:10)라고 고백한 것처럼, 24장로들 역시 보좌에 앉게 된 것이나 금관을 쓰게 된 모든 것들이 다 하나님의 은혜임을 인정하면서 하나님께 영광을 돌리는 아름다운 모습입니다.

③ 보좌로부터 나는 천둥 번개와 일곱 등불

사도 요한은 "보좌로부터 번개와 음성과 우렛소리가 나고 보좌 앞에 켠 등불 일곱이 있으니 이는 하나님의 일곱 영이라"(5절)고 하였습니다. 그러면 이 광경의 의미는 무엇일까요?

뇌성벽력(雷聲霹靂)은 세상을 심판하시는 하나님의 도구입니다(계 16:18). 따라서 보좌로부터 뇌성벽력이 난다는 것은 하나님은 심판하시는 분이라는 뜻입니다.

그리고 보좌 앞에 켠 "일곱 등불"(계 1:4)은 성령을 가리킵니다. '일곱 등불'을 '하나님의 일곱 영'이라고 하였는데, '일곱'은 완전수이므로 '일곱 영'이란 완전한 영인 성령을 가리키기 때문입니다. 그러므로 보좌 앞의 일곱 등불은 구원의 하나님을 나타낸다고 보아야 합니다. 왜냐하면 성령은 온 땅에 보내심을 받아(계 5:6), 지금 이 세상에서 구원의 사역을 수행하고 계시기 때문입니다. 그래서 하나님은 친히 구원의 하나님이심을 이렇게 선포하십니다.

> "……나 외에 다른 신이 없나니 나는 공의를 행하며 구원을 베푸는 하나님이라 나 외에 다른 이가 없느니라 땅의 모든 끝이여 내게로 돌이켜 구원을 받으라 나는 하나님이라 다른 이가 없느니라"(사 45:21, 22)

그러므로 보좌로부터 나는 천둥 번개와 보좌 앞의 일곱 영은, 하나님은 심판하시는 분이심과 동시에 구원하시는 하나님이라는 뜻입니다.

④ 보좌 앞의 유리바다

보좌 앞에 수정과 같은 유리바다가 있다고 하였는데(6절) 그 의미는 무엇일까요?

물은 생명을 상징합니다. 물이 있다는 것은 곧 생명체가 존재한다는 것을 의미하기 때문입니다. 따라서 보좌 앞의 유리바다는 생명의 근원이신 하나님, 곧 천지와 만물을 지으신 창조주 하나님을 나타낸다고 보아야 합니다. 그래서 하나님은 친히 "……나는 만물을 지은 여호와라 홀로 하늘을 폈으며 나와 함께한 자 없이 땅을 펼쳤고"(사 44:24)라고 하셨습니다. 또 "내가 땅을 만들고 그 위에 사람을 창조하였으며 내가 내 손으로 하늘을 펴고 하늘의 모든 군대에게 명령하였노라"(사 45:12)고 하셨으며, 더 나아가 "과연 내 손이 땅의 기초를 정하였고 내 오른손이 하늘을 폈나니 내가 그들을 부르면 그것들이 일제히 서느니라"(사 48:13)는 말씀으로 창조주이심을 스스로 밝히신 것입니다.

이처럼 하나님은 만물을 지으신 분이므로 히브리 기자는 "집마다 지은 이가 있으니 만물을 지으신 이는 하나님이시라"(히 3:4)고 하였고, 예레미야 선지자는 "여호와께서 그의 권능으로 땅을 지으셨고 그의 지혜로 세계를 세우셨고 그의 명철로 하늘을 펴셨으며"(렘 10:12)라고 하면서, "너희는 이같이 그들에게 이르기를 천지를 짓지 아니한 신들은 땅 위에서 이 하늘 아래에서 망하리라 하라"(11절)고 외친 것입니다.

바로 여기에서 "이 우주는 우연히 만들어져서 여러 진화의 단계를 거쳐 저절로 존재해 왔다"는 진화론은 얼마나 비이성적이고, 반(反)상식적이며, 비과학적인지를 지적하지 않을 수 없습니다.

진화론의 허구

우리가 사는 지구를 한 번 생각해 봅시다. 지구는 시속 10만 7천 킬로미터라는 엄청난 속도, 곧 총알보다 20배 내지는 30배나 빠른 속도로 태양 주위를 공전(公轉)하고 있습니다. 그런데 지구만이 아니요 수성, 금성, 화성, 목성, 토성, 천왕성, 해왕성, 명왕성 등의 행성들도 지구보다 조금 늦거나 더 빠른 속도로 태양 주위를 공전하고 있지 않습니까?

행성뿐입니까? 달이 지구 주위를 돌고 있는 것처럼 위성들을 거느리고 있는 행성들이 또 있어 그 위성들은 각기 행성들을 따라 또 돌고 있지 않습니까? 그러니 만일 저절로 돌아가는 우주라면 언제 행성이나 위성 중 하나가 궤도를 이탈하여 지구와 충돌할지 모르니 인간의 삶은 얼마나 불안하겠습니까? 아울러 내일에 대한 그 어떤 계획도 세울 수 없을 것입니다.

하지만 우주가 형성된 이래 수많은 세월이 흘렀지만 지금까지 한 건의 충돌사고도 없이 행성들이나 위성들이 궤도를 이탈하지 않고 질서정연하게 돌고 있다는 이 사실을 우연으로 보는 것이 이성적이겠습니까? 아니면 우주를 만드신 조물주께서 그렇게 조정하셨기 때문이라고 보는 것이 이성적이겠습니까?

뿐만 아니라 지구의 자전(自轉)으로 말미암아 낮과 밤의 교차가 생기고, 23.5도의 기울기를 가지고 태양을 공전(公轉)하고 있기 때문에 춘하추동의 사시(四時)가 운행되고 있는 것입니다. 또한 이상적인 공전속도로 인하여 태양으로부터 떨어져 나가지도 않고, 또 태양으로 빨려들어가지도 않는 것인데, 이런 현상이 저절로 되고 있다고 보는 것이 과학적인 생각이겠습니까? 아니면 우주를 창조하신 주인께서 지정지밀(至精至密)하신 설계 속에서 그렇게 창조하셨기 때문이라고 보는 것이 과학적인 사고이겠습니까?

더 나아가 공기는 약 78%의 질소와 약 21%의 산소 및 극미량의 다른 원소들로 구성되어 있습니다. 그런데 만일 질소의 비율이 더 많으면 생명은 파괴되고 등불은 꺼지게 되며, 만일 산소가 25%가 되면 자연 발화 현상이 생겨 자동차 엔진 같은 것은 폭발할 것이라는 데서 이 얼마나 이상적인 질소와 산소의 배합률입니까?

게다가 지구는 약 200km 두께의 대기층에 둘러싸여 있는데, 이

대기권은 삼겹의 보호막으로 구성되어 있어 지구를 안전하게 보호하는 생명띠의 역할을 합니다. 특히 제2보호막은 제1보호막인 대류권(對流圈, troposphere) 밖 약 10-50km 부분에 퍼져 있는 성층권(成層圈, stratosphere)인데, 그 중간 부분에 0.32cm의 두께로 형성된 오존층(ozone)이라는 신비스런 보호막이 있어 식물 성장에 필요한 가시광선(可視光線)은 통과시키지만, 생명체에 해로운 자외선은 99%를 흡수하여 지구상의 생명체를 보호하는 역할을 합니다.

이처럼 지구는 사람을 비롯한 온갖 생명체들이 안전하게 살 수 있도록 아주 정교하게 구성되어 있는데, 이러한 지구의 구조를 지혜가 뛰어난 어떤 전능자의 계획적인 설계에 의해 만들어진 작품으로 보는 것이 상식적인 생각이겠습니까? 아니면 우연히 저절로 그렇게 되었다는 것이 상식적이겠습니까?

성경은 명백히 증언합니다. "태초에 하나님이 천지를 창조하시니라"(창 1:1). 또한 "하늘을 창조하신 이 그는 하나님이시니 그가 땅을 지으시고 그것을 만드셨으며 그것을 견고하게 하시되 혼돈하게 창조하지 아니하시고 사람이 거주하게 그것을 지으셨으니"(사 45:18)라고 말씀합니다.

⑤ 보좌 가운데와 주위의 네 생물

요한은 또 보좌 가운데와 주위에 있는 네 생물을 봅니다. 그들은 사자 같고, 송아지 같고, 사람의 얼굴 같고, 날아가는 독수리 같다고 하였는데, 각각 여섯 날개씩을 가지고 "거룩하다 거룩하다 거룩하다 주 하나님 곧 전능하신 이여 전에도 계셨고 이제도 계시고 장차 오실 이시라"(8절)는 찬양을 밤낮으로 부르면서 보좌에 앉으신 하나님께 영광과 존귀와 찬송과 감사를 돌린다고 했습니다. 그러면 이 네 생물들은 무엇일까요?

에스겔은 또다시 네 생물들에 둘러싸여 우주를 운행하시는 하나님의 환상을 봅니다. 이제 그 환상 속에서 네 생물들이 무엇인지를 찾아보겠습니다.

> "……그 네 생물의 얼굴과 날개는 이러하니 날개는 다 서로 연하였으며 갈 때는 돌이키지 아니하고 일제히 앞으로 곧게 행하며 그 얼굴들의 모양은 넷의 앞은 사람의 얼굴이요 넷의 오른쪽은 사자의 얼굴이요 넷의 왼쪽은 소의 얼굴이요 넷의 뒤는 독수리의 얼굴이니 그 얼굴은 그러하며 그 날개는 들어 펴서 각기 둘씩 서로 연하였고 또 둘은 몸을 가렸으며 영이 어떤 쪽으로 가면 그 생물들도 그대로 가되 돌이키지 아니하고 일제히 앞으로 곧게 행하며 또 생물들의 모양은 타는 숯불과 횃불 모양 같은데 그 불이 생물 사이에서 오르락내리락하며 그 불은 광채가 있고 그 가운데서 번개가 나며 그 생물들은 번개 모양같이 왕래하더라"(겔 1:8-14).

에스겔이 보았던 네 생물들도 사람과 사자와 소와 독수리의 얼굴 모양을 하고 있었으므로 요한이 보았던 보좌 주위의 네 생물을 본 것입니다. 따라서 네 생물들은 하나님이 계신 곳이면 어디든지 함께 하는 생물임을 알 수 있습니다. 그러면 한시도 하나님의 곁을 떠나지 않고 보좌에 좌정해 계실 때나 우주를 운행하실 때 항상 하나님을 최측근에서 보좌(補佐)하며 함께 행동하는 이 네 생물들은 무엇일까요?

에스겔은 네 생물들을 '그룹들'(케루빔, cherubim, 겔 10:1)이라고 하였고, 이사야 선지자는 '스랍들'(세라핌, seraphim, 사 6:1-3)이라고 칭하였습니다. 그렇다면 네 생물들은 하나님의 경호 역할도 하고 비서 역할도 하는 하나님의 수호 천사로 보아야 하지 않겠습니까? 그런데 사도 요한과 이사야는 네 생물들에게 각기 여섯 날개가 있다고 한 반면 에스겔은 네 날개가 있다고 하였습니다.

그러면 이러한 차이가 난 이유는 무엇일까요? 다음의 말씀 속에 그 해답이 있어 보입니다.

"내가 그 생물들을 보니 그 생물들 곁에 있는 땅 위에는 바퀴가 있는데 그 네 얼굴을 따라 하나씩 있고 그 바퀴의 모양과 그 구조는 황옥같이 보이는데 그 넷은 똑같은 모양을 가지고 있으며 그들의 모양과 구조는 바퀴 안에 바퀴가 있는 것 같으며……그 생물들이 갈 때에 바퀴들도 그 곁에서 가고 그 생물들이 땅에서 들릴 때에 바퀴들도 들려서 영이 어떤 쪽으로 가면 생물들도 영의 가려 하는 곳으로 가고 바퀴들도 그 곁에서 들리니 이는 생물의 영이 그 바퀴들 가운데 있음이니라"(겔 1:15-20).

네 생물마다 바퀴가 하나씩 있다고 하였으니 바퀴는 넷입니다. 그런데 '생물의 영' 곧 하나님은 그 네 바퀴 가운데 계시고, 생물들이 가면 바퀴도 가고 생물들이 들리면 바퀴도 들려서 생물들과 바퀴가 똑같이 움직인다는 것을 보면, 그 바퀴는 각 생물의 여섯 날개 중 두 날개가 변형된 것이 아닌가 추정됩니다. 즉 보좌에 모셔 섰을 때는 여섯 날개를 다 사용하여 두 날개로는 얼굴을 가리고, 두 날개로는 발을 가리고, 두 날개로는 날며 하나님을 찬송하지만(사 6:1-3), 하나님께서 운행하실 때는 두 날개로는 몸을 가리고, 두 날개로는 서로 연합하여 날며, 나머지 두 날개는 바퀴 형태로 변형되어 일종의 병거(兵車) 역할을 한다는 의미입니다.

이처럼 바퀴는 두 날개가 변형된 것이기 때문에 "바퀴 안에 바퀴가 있는 것 같으며"라고 묘사한 것이요, 또 "네 그룹의 바퀴의 둘레에 다 눈이 가득하더라"(겔 10:12)고 한 것을 보게 됩니다. 왜냐하면 네 생물의 날개에 눈이 가득하였으므로(계 4:6) 날개가 변형된 바퀴에도 눈이 가득할 것이기 때문입니다(참조. 겔 1:18).

그런데 네 생물들의 모습을 사자 같고, 송아지 같고, 사람 같고, 날아가는 독수리 같도록 하신 영적 의미는 무엇일까요?

사자, 송아지, 사람, 독수리의 영적 의미

네 생물들이 하나님의 최측근 수호 천사라는 점에서 네 생물들은 하나님의 네 속성을 암시한다고 볼 수 있지 않겠습니까? 그렇다면 사자는 능력의 하나님을, 송아지는 공의의 하나님을, 사람은 사랑의 하나님을, 그리고 날아가는 독수리는 진리의 하나님을 상징한다고 보아야 합니다. 왜냐하면 사자는 백수의 왕이므로 '능력'을 상징하고, 소는 성실하므로 '의로움'을 나타내며, "내가 사람의 줄 곧 사랑의 줄로 너희를 이끌었고"(호 11:4)라는 말씀에서 알 수 있듯이 사람은 '사랑'을 상징하고, 공중에 날아가는 독수리가 먹잇감의 움직임을 포착하여 쏜살같이 내려와 낚아채는 것은 이치적인 모습이므로 날아가는 독수리는 '진리'를 상징한다고 보아야 하기 때문입니다.

그러면 네 생물의 날개에 눈이 가득하다고 한 의미는 무엇일까요?

인체의 눈이 사물을 보는 역할을 한다는 면에서 온 우주를 속속들이 보고 계시는 하나님이라는 뜻이라고 보아야 할 것입니다. 그래서 하나님은 "내가 나의 처소에서 조용히 감찰함이 쬐이는 일광(日光) 같고 가을 더위에 운무 같도다"(사 18:4)라고 말씀하신 것이요, 다윗은 "여호와의 보좌는 하늘에 있음이여 그의 눈이 인생을 통촉하시고 그의 안목이 그들을 감찰하시도다"(시 11:4)라고 노래합니다.

그런데 '눈이 안에도 있다'고 한 것은 우리의 속 중심을 보시는 하나님이라는 의미인 것 같습니다. 왜냐하면 하나님께서 "내가 보는 것은 사람과 같지 아니하니 사람은 외모를 보거니와 나 여호와는 중심을 보느니라(삼상 16:7)고 말씀하신 데서 알 수 있듯이, 하나님은 우리의 속까지도 훤히 보시는 분이기 때문입니다. 이처럼 하나님은 우리를 속속들이 꿰뚫어보시는 분이므로 이사야를 통해서는 "내가 그들의 행위와 사상을 아노라"(사 66:18)고 하신 것이요, 예레미야를 통해서는 "나는 알고 있는 자로서 증인이니라"(렘 29:23)고 하신 것이며, 에스겔을 통해서는 "너희 마음에서 일어나는 것을 내가 다 아노라"(겔 11:13)고 말씀하신 것입니다.

한편, 보좌 주위의 네 생물들은 밤낮 쉬지 않고 "거룩하다 거룩하다 거룩하다 주 하나님 곧 전능하신 이여 전에도 계셨고 이제도 계시고 장차 오실 이시라"(계 4:8)고 하면서 하나님께 영광과 존귀와 감사를 드린다고 했고, 또 이십사 장로들은 성부 하나님 앞에 엎드려 경배하면서 "우리 주 하나님이여 영광과 존귀와 권능을 받으시는 것이 합당하오니 주께서 만물을 지으신 지라"(계 4:11)고 하면서 하나님을 찬송한다고 하였습니다. 그러므로 찬양과 경배를 받으시기에 합당하신 하나님에 대하여 고찰해 보고자 합니다.

찬양과 경배를 받으시기에 합당하신 하나님

성부 하나님의 이름은 '여호와'입니다. 곧 '스스로 계시는 분'(I AM THAT I AM)이라는 뜻입니다(출 3:14). 따라서 최고의 찬양과 경배를 하나님께 드리지 않을 수 없습니다. 왜냐하면 하나님은 그 누구에 의해서도 지음 받지 않으시고 스스로 계시는 자존자(自存者)이시기 때문입니다. 그러므로 다음과 같은 하나님을 생각하게 됩니다.

첫째, 창조주 하나님이십니다. 존재하는 모든 것들은 여호와 하나님의 작품일 수밖에 없기 때문입니다. 그래서 이사야 선지자는 "너희는 눈을 높이 들어 누가 이 모든 것을 창조하였나 보라 주께서는 수효대로 만상을 이끌어 내시고 그들의 모든 이름을 부르시나니 그의 권세가 크고 그의 능력이 강하므로 하나도 빠짐이 없느니라"(사 40:26) 고 한 것이요, 바울 사도는 "이는 만물이 주에게서 나오고 주로 말미암고 주에게로 돌아감이라 그에게 영광이 세세에 있을지어다 아멘"(롬 11:36)이라고 한 것이며, 또 다음과 같은 설교를 한 것입니다.

"우주와 그 가운데 있는 만물을 지으신 하나님께서는 천지의 주재시니 손으로 지은 전에 계시지 아니하시고 또 무엇이 부족한 것처럼 사람의 손으로 섬김을 받으시는 것이 아니니 이는 만민에게 생명과 호흡과 만물을 친히 주시는 이심이라 인류의 모든 족속을 한 혈통으로 만드사 온 땅에 살게 하시고 그들의 연대를 정하시며 거주의 경계를 한정하셨으니 이는 사람으로 혹 하나님을 더듬어 찾아 발견하게 하려 하심이로되 그는 우리 각 사람에게서 멀리 계시지 아니하도다 우리가 그를 힘입어 살며 또 기동하며 존재하느니라"(행 17:24-28).

둘째, 절대자 하나님이십니다. 피조물과는 전혀 다른 초월자이시라는 뜻입니다. 이것을 하나님은 "너희가 하나님을 누구와 같다 하겠으며 무슨 형상을 그에게 비기겠느냐"(사 40:18)라고 하셨고, "너희가 나를 누구에게 비교하여 나를 그와 동등하게 하겠느냐"(사 40:25)라고 하셨으며, 또 "과연 태초로부터 나는 그이니 내 손에서 건질 자가 없도다 내가 행하리니 누가 막으리요"(사 43:13)라는 말씀도 하신 것입니다.

셋째, 거룩하신 하나님이십니다. 왜냐하면 '거룩성'에는 지극히 깨끗하다는 의미와 더불어 피조물과는 전혀 '다르다'는 의미도 있기 때문입니다. 그래서 보좌 주위의 네 생물들은 밤낮 쉬지 않고 "거룩하다 거룩하다 거룩하다 주 하나님 곧 전능하신 이여"(계 4:8)라는 찬양을 드리는 것이요, 하나님은 "나는 여호와 너희의 거룩한 이요 이스라엘의 창조자요 너희의 왕이니라"(사 43:15)는 말씀을 하신 것입니다.

신약성경은 이러한 하나님의 거룩하심을 '빛'으로 묘사합니다. 즉 사도 요한은 "하나님은 빛이시라 그에게는 어둠이 조금도 없으시다는 것이니라"(요일 1:5)고 하였고, 바울 사도는 "하나님은 복되시고 유일하신 주권자이시며 만왕의 왕이시며 만주의 주시요 오직 그에게만 죽지 아니함이 있고 가까이 가지 못할 빛에 거하시고 어떤 사람도 보지 못하였고 또 볼 수 없는 이시니 그에게 존귀와 영원한 권능을 돌릴지어다"(딤전 6:15, 16)라는 말로 빛이신 하나님을 증언합니다.

넷째, 영원하신 하나님이십니다. 스스로 계시는 분에게 죽음이라는 것이 있을 수는 없기 때문입니다. 즉 무시무종(無始無終)하신 하나님이라는 뜻입니다. 이것을 하나님은 "나는……이제도 있고 전에도 있었고 장차 올 자요"(계 1:8)라고 표현하십니다.

다섯째, 무소부지(無所不知)하시고 무소불능(無所不能)하시며 무소부재(無所不在)하신 하나님이십니다. 모르시는 것도 없고, 못하실 것도 없으시며, 아니 계신 곳이 없다는 뜻인데, 온 우주를 통치하시는 하나님으로서는 당연한 속성이 아닐 수 없습니다. 그래서 예레미야는 "주 여호와여 주께서 큰 능력과 펴신 팔로 천지를 지으셨사오니 주에게는 할 수 없는 일이 없으시니이다"(렘 32:17)라고 말한 것이요, 구약의 시인은 모르는 것이 없으시고 어디에나 계시는 하나님에 대하여 이러한 고백을 한 것입니다.

> "여호와여 주께서 나를 살펴보셨으므로 나를 아시나이다 주께서 나의 앉고 일어섬을 아시고 멀리서도 나의 생각을 밝히 아시오며 나의 모든 길과 내가 눕는 것을 살펴보셨으므로 나의 모든 행위를 익히 아시오니 여호와여 내 혀의 말을 알지 못하시는 것이 하나도 없으시니이다 주께서 나의 앞뒤를 둘러싸시고 내게 안수하셨나이다 이 지식이 내게 너무 기이하니 높아서 내가 능히 미치지 못하나이다 내가 주의 영을 떠나 어디로 가며 주의 앞에서 어디로 피하리이까 내가 하늘에 올라갈지라도 거기 계시며 스올에서 내 자리를 펼지라도 거기 계시니이다 내가 새벽 날개를 치며 바다 끝에 가서 거주할지라도 거기서도 주의 손이 나를 인도하시며 주의 오른손이 나를 붙드시리이다"(시 139:1-10).

그런데 하나님께서 구름 가운데 강림하사 모세 앞을 지나가시면서 "여호와로라 여호와로라 자비롭고 은혜롭고 노하기를 더디하고 인자와 진실이 많은 하나님이라 인자를 천 대까지 베풀며 악과 과실과 죄를 용서하리라"(출 34:6, 7)고 하시면서 당신의 이름을 선포하신 것을 보면, 하나님께서 인간들이 가장 알기를 원하시는 하나님의 속성은 '사랑'이 아닌가 싶습니다.

한편, 하나님은 "하늘은 나의 보좌요 땅은 나의 발판이니 너희가 나를 위하여 무슨 집을 지으랴"(사 66:1)고 말씀하셨습니다. 따라서 광활한 우주를 생각해 볼 때 얼마나 광대무변(廣大無邊)하신 하나님이신지 모릅니다. 그래서 이사야 선지자는 크신 하나님에 대하여 이러한 묘사를 합니다.

> "누가 손바닥으로 바닷물을 헤아렸으며 뼘으로 하늘을 쟀으며 땅의 티끌을 되에 담아 보았으며 접시저울로 산들을, 막대저울로 언덕들을 달아보았으랴 누가 여호와의 영을 지도하였으며 그의 모사가 되어 그를 가르쳤으랴……보라 그에게는 열방이 통의 한 방울 물과 같고 저울의 작은 티끌 같으며 섬들은 떠오르는 먼지 같으리니 레바논은 땔감에도 부족하겠고 그 짐승들은 번제에도 부족할 것이라 그의 앞에는 모든 열방이 아무것도 아니라 그는 그들을 없는 것같이, 빈 것같이 여기시느니라"(사 40:12-17).

손바닥으로 바닷물을 헤아리시고 뼘으로 하늘을 재시며 저울로 산들을 달아보시는 하나님, 그리고 열방을 통의 한 방울 물이나 작은 티끌처럼 여기시는 여호와는 도대체 얼마나 크신 하나님이십니까? 그래서 다윗은 "여호와는 위대하시니 크게 찬양할 것이라 그의 위대하심을 측량하지 못하리로다 대대로 주께서 행하시는 일을 크게 찬양하며 주의 능한 일을 선포하리로다"(시 145:3, 4)라는 노래로 크신 하나님을 찬송한 것입니다.

그런데 이처럼 위대하신 하나님께서 능력과 공의와 사랑과 진리로서 온 우주를 통치하시고, 역사를 주관하시며, 인생의 생사화복을 주관하시고, 천국 백성들을 양육하고 계시니 어찌 그 하나님께 찬양과 경배를 드리지 않을 수 있겠습니까? 그래서 다윗은 "왕이신 나의 하나님이여 내가 주를 높이고 영원히 주의 이름을 송축하리이다 내가 날마다 주를 송축하며 영원히 주의 이름을 송축하리이다"(시 145:1, 2)라고 하였고, 구약의 시인은 "여호와는 위대하시니 지극히 찬양할 것이요 모든 신들보다 경외할 것임이여 만국의 모든 신들은 우상이지만 여호와께서는 하늘을 지으셨음이로다 존귀와 위엄이 그의 앞에 있으며 능력과 아름다움이 그의 성소에 있도다 만국의 족속들아 영광과 권능을 여호와께 돌릴지어다 여호와께 돌릴지어다 여호와의 이름에 합당한 영광을 그에게 돌릴지어다"(시 96:4-8)라고 하나님을 찬송한 것입니다.

한편, 오랫동안 하나님과 교제하며 하나님을 깊이 경험한 예수전도단(YWAM)의 조이 도우슨(Joy Dawson) 여사는 하나님의 위대하심에 대하여 다음과 같은 아주 감동적인 묘사를 합니다.

- 최고의 권위를 가지신 분
- 흠이 없는 성품을 가지신 분
- 시간을 넘어 존재하시는 분
- 신실하심을 어기지 않으시는 분
- 비교할 수 없는 은혜를 가지신 분
- 영광의 빛 가운데 계신 분
- 이해할 수 없을 만큼 겸손하신 분
- 완전히 공의로우신 분
- 측량할 수 없는 사랑을 품으신 분
- 끝없는 자비를 베푸시는 분
- 무한한 능력을 갖고 계신 분
- 놀랍도록 매력적인 성품을 지니신 분
- 가장 아름다우신 분
- 창조력에 있어 뛰어나신 분
- 가장 흥미로우신 분
- 놀랍도록 위대하신 분
- 열심히 대단하신 분
- 두려울 만큼 거룩하신 분
- 유머의 최고봉이신 분
- 지식과 지혜가 무궁하신 분
- 생명의 원천이 되신 분
- 만물의 주인이신 분
- 찬란한 위엄을 지니신 분
- 진리를 몸소 행하시는 분

- 표현할 수 없을 만큼 친절하신 분
- 무섭도록 노하시는 분
- 신비로운 방법들을 갖고 계신 분
- 놀라운 이해력을 가지신 분
- 우리의 영혼을 사랑하시는 연인
- 우주를 다스리시는 왕
- 이의를 제기할 수 없는 주권을 갖고 계신 분
- 왕이신 하나님
- 영원한, 무너지지 않는 왕국의 통치자가 되시는 분

그러므로 우리는 생전에 여호와를 찬양하며 평생에 하나님을 찬송해야 하겠고(시 146:2), 감사함으로 여호와께 노래하며 수금으로 하나님께 찬양해야 하겠으며(시 147:7), 소고 치며 춤추어 찬양하며 현악과 통소로 찬양해야 하겠고(시 150:4), 호흡이 있는 자마다 여호와를 찬양해야 하겠습니다(시 150:6). 우리 하나님을 찬양하는 일은 선하고, 찬송하는 일은 아름답고 마땅한 일이기 때문입니다(시 147:1).

(2) 두루마리를 취하시는 어린양

사도 요한은 하나님의 오른손에 들려져 있는 한 두루마리를 봅니다. 그 두루마리는 안팎으로 쓰였고 일곱 인으로 봉한 두루마리였습니다. 그때 힘 있는 천사가 큰 음성으로 "누가 그 두루마리를 펴며 그 인을 떼기에 합당하냐"(계 5:2)라고 외쳤으나 하늘 위에나 땅 위에나 땅 아래에 능히 그 두루마리를 펴거나 보거나 할 사람이 없었습니다. 그래서 요한이 크게 울었더니 장로 중의 하나가 "울지 말라 유다 지파의 사자 다윗의 뿌리가 이겼으니 그 두루마리와 그 일곱 인을 떼시리라"(5절)고 위로합니다.

바로 그 순간 보좌와 네 생물과 장로들 사이에 서 계시던 어린양께서 나와 보좌에 앉으신 이의 오른손에서 그 두루마리를 취하시는데 그때 네 생물과 이십사 장로들은 어린양 앞에 엎드려 각각 거문고를 들고 새 노래를 불렀고(9-10절) 천군 천사들은 어린양에게 찬송과 영광을 돌렸습니다(11절).

그러면 일곱 인으로 봉한 두루마리의 의미와 하늘 위, 땅 위, 땅 아래의 의미 및 두루마리를 취하시는 어린양에게 드린 찬양에 대하여 고찰해 보겠습니다.

① 일곱 인으로 봉한 두루마리

요한계시록의 넷째 부분인 제6장부터 22장까지는 '장차 될 일'에 대한 예언이라고 하였습니다. 그런데 6장 1절에서 "내가 보니 어린양이 일곱 인 중에 하나를 떼시는데"라고 하였으므로 '일곱 인으로 봉한 두루마리'는 '장차 될 일'이 기록된 책이 분명합니다.

그러므로 종말에 일어날 일들은 우연히, 혹은 저절로 발생하는 것이 아니요 하나님의 지정지밀(至精至密)하신 계획과 예정 속에 전개되어 가는 것이 확실합니다. 그래서 하나님은 "누가 처음부터 만대를 불러내었느냐 나 여호와라 처음에도 나요 나중 있을 자에게도 내가 곧 그니라"(사 41:4)고 하셨고, 또 "내가 시초부터 종말을 알리며 아직 이루지 아니한 일을 옛적부터 보이고 이르기를 나의 뜻이 설 것이니 내가 나의 모든 기뻐하는 것을 이루리라"(사 46:10)고 말씀하신 것입니다.

② 하늘 위, 땅 위, 땅 아래의 의미

하늘 위에나 땅 위에나 땅 아래에 그 두루마리를 펼 자가 없다는 것은 일곱 인으로 봉한 그 두루마리를 펴거나 인을 뗄 자가 천국에도 없고, 지상에도 없고, 음부에도 없다는 뜻입니다. 여기서 '땅 아래'를 음부로 간주한 이유는 성경이 스올(음부)에 대하여 언급할 때마다 항상 '내려간다'는 표현을 했고(창 42:38, 44:29; 삼상 2:6; 왕상 2:6; 욥 21:13; 시 55:15; 겔 31:15; 롬 10:7), 엔돌의 신접한 여인이 사울 왕의 부탁으로 음부에 있었던 사무엘의 영을 불러 올렸을 때는 "영이 땅에서 올라 오는 것을 보았다"(삼상 28:13)고 하였으며, 모세에게 반기를 들었던 고라 무리가 산 채로 음부에 빠진 것에 대하여는 "땅이 그 입을 열어 그들과 그들의 집과 고라에게 속한 모든 사람과 그들의 재물을 삼키매 그들과 그의 모든 재물이 산 채로 스올에 빠지며 땅이 그 위에 덮이니 그들이 회중 가운데서 망하니라"(민 16:32, 33)고 기록하였기 때문입니다.

따라서 '하늘 위, 땅 위, 땅 아래'라는 말은 사람의 거처가 이 우주에 세 군데라는 의미입니다. 즉 '하늘 위'는 구원받은 영혼들의 거처인 하늘나라를, '땅 위'는 몸을 입은 사람들의 거처인 지상을, '땅 아래'는 구원받지 못한 영혼들의 거처인 음부를 지칭한다는 뜻입니다. 그러므로 땅 위에 사는 사람 중 예수를 구주로 영접하여 하늘의 영원한 생명이 있는 자는 사후 하늘로 올라갈 것입니다. 그래서 예수님은 "아들을 믿는 자에게는 영생이 있고 아들에게 순종하지 아니하는 자는 영생을 보지 못하고 도리어 하나님의 진노가 그 위에 머물러 있느니라"(요 3:36)고 말씀하신 것이요, 사도 요한은 "영접하는 자 곧 그 이름을 믿는 자들에게는 하나님의 자녀가 되는 권세를 주셨으니"(요 1:12)라고 증언한 것입니다.

③ 두루마리를 취하시는 어린양

유다 지파의 사자(獅子) 다윗의 뿌리가 이겨 두루마리를 취한다는 말은 어린양 예수께서 사망의 권세를 깨치시고 승리하심으로 말미암아 일곱 인으로 봉한 책을 뗄 수 있는 자격을 얻으셨다는 뜻입니다. 그런데 어린양에게 일곱 뿔과 일곱 눈이 있다는 의미는 무엇일까요?

'뿔'은 뿔 달린 짐승들이 머리를 쳐들고 다니면서 자기들의 권위나 힘을 과시한다는 점에서 '능력과 권세'를 상징합니다. 따라서 어린양에게 일곱 뿔이 있다는 것은 '일곱'이 완전수라는 점에서 예수님에게 완전한 능력과 권세가 있다는 의미입니다.

그리고 '일곱 눈'은 "……온 땅에 보내심을 받은 하나님의 일곱 영이더라"(계 5:6)고 하였으므로 성령을 가리킵니다. 성령을 '일곱 눈'으로 상징적 묘사를 한 이유는 성령은 완전한 지식과 지혜의 영이시기 때문입니다. 즉 '눈'은 보는 것이므로 지식과 지혜를 상징하기 때문에 성령을 '일곱 눈'으로 상징했다는 뜻입니다.

그러므로 '어린양에게 일곱 뿔과 일곱 눈이 있다'고 한 것은 예수님은 완전한 능력과 권세 및 완전한 지혜와 지식을 소유하신 하나님이라는 뜻임과 동시에 성령은 예수님의 영이라는 의미입니다.

④ 어린양에게 드린 찬송

예수께서 성부 하나님으로부터 두루마리를 취하실 때, 네 생물과 이십사 장로들은 어린양 앞에 엎드려 거문고와 향이 가득한 금대접을 가지고 다음과 같은 새 노래를 불렀습니다.

> "두루마리를 가지시고 그 인봉을 떼기에 합당하시도다 일찍이 죽임을 당하사 각 족속과 방언과 백성과 나라 가운데에서 사람들을 피로 사서 하나님께 드리시고 그들로 우리 하나님 앞에서 나라와 제사장들을 삼으셨으니 그들이 땅에서 왕 노릇하리로다"(계 5:9, 10).

예수께서 일곱 인으로 봉한 두루마리를 떼기에 합당하신 이유를, 사람들을 피로 사서 하나님께 드리시고 그들을 하나님 앞에서 나라와 제사장으로 삼았기 때문이라고 한 것입니다.

그런데 '나라와 제사장을 삼으셨다'는 것은 전술(前述)한 대로 하나님의 통치를 받는 백성을 삼음과 동시에 하나님을 예배하는 성도로 삼으셨다는 뜻입니다. 그리고 그들이 땅에서 왕 노릇한다는 것은 하나님의 다스림을 받으면서 하나님을 예배하는 자들은 세상에서 왕 같은 권세를 누리는 존귀한 자들이라는 의미입니다. 그래서 베드로는 "그러나 너희는 택하신 족속이요 왕 같은 제사장들이요 거룩한 나라요 그의 소유가 된 백성이니 이는 너희를 어두운 데서 불러내어 그의 기이한 빛에 들어가게 하신 이의 아름다운 덕을 선포하게 하려 하심이라"(벧전 2:9)고 말합니다.

한편, 보좌와 생물들과 장로들을 둘러선 수많은 천사들은 큰 음성으로 "죽임을 당하신 어린양은 능력과 부와 지혜와 힘과 존귀와 영광과 찬송을 받으시기에 합당하도다"(12절)라는 찬양을 드렸습니다. 즉 네 생물과 이십사 장로에 이어 천사들도 예수님을 찬양한 것입니다.

그러면 예수님은 어떤 분이기에 성부 하나님에게 드리는 것과 똑같은 찬양을 드린 것일까요? 성자 예수님에 대하여 고찰해 보고자 합니다.

성자 예수님에 대한 고찰

성부 하나님은 '스스로 계시는 분'이신데, 그분께서 당신을 꼭 닮으신 아들 하나님을 내셨으니 그분이 곧 성자 예수님이십니다. 그래서 예수님은 "나는 알파와 오메가요 처음과 마지막이요 시작과 마침이라"(계 22:13)는 말씀으로 하나님과 똑같은 절대자이심을 천명하신 것이요, 아울러 "이는 내가 그에게서 났고 그가 나를 보내셨음이라"(요 7:29)는 말씀으로 성부 하나님께로부터 나오신 아들이심을 또한 분명히 하신 것입니다.

그렇기 때문에 예수님은 항상 하나님을 "아버지"(요 4:23, 17:1)라고 호칭하셨고, 당신은 "아들"(요 5:20-23)이심을 누차 밝히셨으며, 더 나아가 "아버지는 나보다 크심이니라"(요 14:28)는 말씀도 하신 것입니다. 그래서 주님은 재림의 시기에 대해서도 "그러나 그날과 그때는 아무도 모르나니 하늘의 천사들도, 아들도 모르고 오직 아버지만 아시느니라"(마 24:36)는 말씀으로 성부 하나님을 높이셨습니다.

이처럼 예수님은 하나님을 꼭 닮으신 아들 하나님이시기 때문에 사도 요한은 "……아버지의 품속에 있는 독생하신 하나님이 나타내셨느니라"(요 1:18)고 하였고, 히브리 기자는 예수님을 "하나님의 영광의 광채시요 그 본체의 형상이시라"(히 1:3)고 하였으며, 바울 사도는 "그는 보이지 아니하는 하나님의 형상이시요"(골 1:15)라고 묘사한 것입니다. 하지만 예수님은 천지 만물이 창조되기 훨씬 전부터, 헤아릴 수 없는 태고(太古) 적부터 하나님께로부터 나오시어 아버지 하나님과 함께 계셨던 독생자이십니다. 이것을 지혜의 왕 솔로몬은 성령의 감동으로 이렇게 묘사합니다.

> "여호와께서 그 조화의 시작 곧 태초에 일하시기 전에 나를 가지셨으며 만세전부터, 태초부터, 땅이 생기기 전부터 내가 세움을 받았나니 아직 바다가 생기지 아니하였고 큰 샘들이 있기 전에 내가 이미 났으며 산이 세워지기 전에, 언덕이 생기기 전에 내가 이미 났으니 하나님이 아직 땅도, 들도, 세상 진토의 근원도 짓지 아니하셨을 때에라 그가 하늘을 지으시며 궁창을 해면에 두르실 때에 내가 거기 있었고 그가 위로 구름 하늘을 견고하게 하시며 샘들을 힘 있게 하시며 바다의 한계를 정하여 물이 명령을 거스르지 못하게 하시며 또 땅의 기초를 정하실 때에 내가 그 곁에 있어서 창조자가 되어 날마다 그의 기뻐하신 바가 되었으며 항상 그 앞에서 즐거워하였으며 인자들을 기뻐하였느니라"(잠 8:22-31).

그렇기 때문에 사도 요한은 "태초에 말씀이 계시니라 이 말씀이 하나님과 함께 계셨으니 이 말씀은 곧 하나님이시니라"(요 1:1)고 하였고, 예수님은 "아버지여 창세전에 내가 아버지와 함께 가졌던 영화로써 지금도 아버지와 함께 나를 영화롭게 하옵소서"(요 17:5)라고 기도하신 것입니다.

그러므로 예수께서 하나님의 아들이시라는 것과 성도들이 하나님의 아들이라는 것과는 전혀 차원이 다르다는 것을 깨달아야 합니다. 왜냐하면 예수님은 여호와 하나님으로부터 나오신 또 한 분의 전능하신 하나님이시지만, 성도들은 성삼위(聖三位)에 의해 지음 받은 피조물이기 때문입니다. 이것을 예수님은 "너희는 아래에서 났고 나는 위에서 났으며 너희는 이 세상에 속하였고 나는 이 세상에 속하지 아니하였느니라"(요 8:23)고 표현하신 것입니다.

이렇게 볼 때 부활하신 예수께서 막달라 마리아에게 "나를 붙들지 말라 내가 아직 아버지께로 올라가지 아니하였노라 너는 내 형제들에게 가서 이르되 내가 내 아버지 곧 너희 아버지, 내 하나님 곧 너의 하나님께로 올라간다 하라"(요 20:17)고 하신 것은 지극히 겸손하신 주님의 모습을 드러내신 것이라고 말하지 않을 수 없습니다.

그런데 예수님은 사람이 되셨습니다. 즉 성부 하나님과 성령 하나님은 영원히 영(靈)으로만 존재하시는데, 예수님은 몸을 입은 인간이 되신 것입니다. 이것을 사도 요한은 "말씀이 육신이 되어 우리 가운데 거하시매 우리가 그의 영광을 보니 아버지의 독생자의 영광이요 은혜와 진리가 충만하더라"(요 1:14)고 하였고, 이사야 선지자는 "이는 한 아기가 우리에게 났고 한 아들을 우리에게 주신 바 되었는데 그의 어깨에는 정사를 메었고 그의 이름은 기묘자라, 모사라, 전능하신 하나님이라, 영존하시는 아버지라, 평강의 왕이라 할 것임이라"(사 9:6)고 예언한 것입니다. 그리고 히브리 기자는 예수께서 사람이 되신 이유에 대하여 이렇게 증언합니다.

"자녀들은 혈과 육에 속하였으매 그도 또한 같은 모양으로 혈과 육을 함께 지니심은 죽음을 통하여 죽음의 세력을 잡은 자 곧 마귀를 멸하시며 또 죽기를 무서워하므로 한평생 매여 종 노릇하는 모든 자들을 놓아주려 하심이니 이는 확실히 천사들을 붙들어 주려 하심이 아니요 오직 아브라함의 자손을 붙들어 주려 하심이라 그러므로 그가 범사에 형제들과 같이 되심이 마땅하도다 이는 하나님 앞에 자비하고 신실한 대제사장이 되어 백성의 죄를 속량하려 하심이라 그가 시험을 받아 고난을 당하셨은즉 시험받는 자들을 능히 도우실 수 있느니라"(히 2:14-18).

즉 예수님은 마귀를 멸하시고 사탄에게 종 노릇하는 인류를 해방시키시려고 인간의 몸을 입으셨다는 뜻입니다. 바로 여기에서 성부 하나님께서 사람의 몸을 입고 세상 어디에 오셨다는 일부 사이비 종교들은 일고(一考)의 가치도 없는 마귀의 수작임을 발견하게 됩니다. 왜냐하면 성부 하나님께서 성자 예수님을 세상에 보내셨는데, 성부 자신께서 또다시 인간의 몸을 입고 세상에 오신다는 것은 있을 수도 없고, 있어서도 안 되는 일이기 때문입니다.

그러므로 성육신(成肉身, incarnation)하신 예수님은 완전한 하나님이시면서 완전한 인간이십니다. 이것을 AD 451년에 제정된 칼케돈 신조는 "우리 주 예수 그리스도는 신성(神性)에 있어서 완전하시고 인성(人性)에 있어서도 완전하신 참 하나님과 참 사람이시다. 이성적(二性的)인 마음과 몸을 가지셨고, 신성은 하나님과 동질이며 인성은 우리와 동질이다"고 선언한 것입니다.

이렇게 볼 때 성부 하나님은 '하늘의 하나님'[天神]이시고, 성령 하나님은 '땅의 하나님'[地神]이시며, 성자 예수님은 '인간 하나님'[人神]이라고 구분할 수 있습니다. 왜냐하면 성부 하나님은 하늘 보좌에 좌정해 계시면서 온 우주를 통치하시는 분이고, 성령 하나님은 온 땅에 보내심을 받아 대지(大地)가 생명체들을 품는 것처럼 하늘 백성들을 품고 양육하시는 분이며, 성자 예수님은 인류의 메시아와 왕이 되시려고 인간이 되신 분이기 때문입니다.

따라서 세상에 출생하는 사람 중 예수 그리스도만큼 존귀하고 위대하신 분은 있을 수 없습니다. 왜냐하면 예수님은 하나님이시면서 인간이 되신 분이기 때문입니다. 그래서 예수께서 탄생하시던 날 밤 베들레헴 인근의 목자들에게 나타난 천사는 "보라 내가 온 백성에게 미칠 큰 기쁨의 좋은 소식을 너희에게 전하노라 오늘 다윗의 동네에 너희를 위하여 구주가 나셨으니 곧 그리스도 주시니라 너희가 가서 강보에 싸여 구유에 뉘어 있는 아기를 보리니 이것이 너희에게 표적이니라"(눅 2:10-12)고 한 것이요, 홀연히 나타난 수많은 천군 천사들은 "지극히 높은 곳에서는 하나님께 영광이요 땅에서는 하나님이 기뻐하신 사람들 중에 평화로다"(눅 2:14)라는 찬송을 드린 것입니다. 그리고 동방 박사들은 별을 통해 유대인의 왕이 탄생할 것을 미리 알고 머나먼 길을 찾아와 아기 예수께 황금과 유향과 몰약의 예물을 드린 것입니다(참조. 마 2:1-11).

이처럼 예수님은 가장 위대하신 분이기 때문에 사도 요한은 예수님을 '세상의 참 빛'(요 1:9, 10)이라고 하였고, 학개 선지자는 '모든 나라의 보배'(학 2:7)라고 하였으며, 말라기 선지자는 '공의로운 해'(말 4:2)라고 칭했고, 사도 바울은 예수님을 '하나님의 비밀'이라고 하면서 "그 안에는 지혜와 지식의 모든 보화가 감추어져 있느니라"(골 2:3)고 말한 것입니다.

이렇게 볼 때 합리주의적인 이성과 과학적 잣대로 복음을 재해석하여 예수님의 선재성(先在性)과 동정녀 탄생, 대속적 죽음과 육체적 부활 승천 및 인격적인 재림 등을 모두 부인하는 자유주의 신학은 영혼을 죽이는 신학이라고 말하지 않을 수 없습니다. 왜냐하면 예수님에게서 그러한 신적인 면을 제거해 버린다면, 예수님은 더 이상 인류의 구세주가 아니요 공자나 석가처럼 단순히 사랑의 모범을 보이신 인류의 위대한 스승일 따름이기 때문입니다.

그러므로 우리는 그러한 잘못된 신학에 현혹됨이 없이 성자 예수님께도 성부 하나님과 동일한 감사와 찬송과 영광과 존귀를 드려야 하겠습니다. 그래서 하늘 위에와 땅 위에와 땅 아래와 바다 위에와 또 그 가운데 모든 피조물들이 "보좌에 앉으신 이와 어린양에게 찬송과 존귀와 영광과 능력을 세세토록 돌릴지어다"(13절)라고 두 분을 함께 찬양한 것이요, 그 찬양에 대하여 네 생물들은 아멘으로 화답했으며, 장로들은 엎드려 경배한 것입니다(14절).

한편, 수많은 천사에 대하여 "그 수가 만만이요 천천이라"(11절)고 하였습니다. 천사의 수를 '만만'과 '천천'으로 구분한 이유는 무엇일까요? 그 까닭에 대하여 고찰해 보고자 합니다.

천사의 수를 '만만'과 '천천'으로 구분한 이유

다니엘도 보좌를 둘러싼 하나님의 사자들에 대하여 "……그를 섬기는 자는 천천이요 그 앞에서 모셔선 자는 만만이며"(단 7:10)라고 하여 '천천과 만만'으로 구분하였습니다. 따라서 천사의 수에 대하여 이처럼 '만만'과 '천천'으로 구분한 이유는 하나님의 사자(使者)에 두 부류가 있음을 알리기 위한 의도로 보아야 합니다. 즉 섬기는 일을 하는 일반적인 천사와 지키고 보호하는 일을 하는 천군(天軍)이라는 뜻입니다. 이것은 시편 기자가 "그의 모든 천사여 찬양하며 모든 군대여 그를 찬양할지어다"(시 148:2)라고 노래한 데서도 뒷받침됩니다.

일반적인 일을 하는 천사들의 장(長)은 가브리엘입니다(단 8:15; 눅 1:13, 31). 그리고 이런 부류의 천사들은 하나님을 찬양하고 경배하는 일을 비롯하여 하나님의 백성들에게 좋은 소식을 전해 주고(창 18:9; 삿 13:2-24; 눅 1:13, 30; 행 27:22-25), 위험을 미리 경고해 주며(마 2:13; 행 27:10), 미래의 사건을 계시해 주기도 하고(창 22:11; 단 8:19; 행 1:10; 요한계시록), 하나님의 백성들이 해야 할 일들을 알려 주기도 하며(삿 13:3-7; 왕상 19:5-7; 마 1:20; 행 8:26; 10:3-5), 또 인도하고 보호할 뿐 아니라(창 31:11-13; 출 13:21, 22, 14:19, 23:20; 민 20:16), 구원하고 도와준다는 면에서(창 19:10, 11; 단 3:28, 6:22; 막 1:13; 눅 22:43; 행 5:19, 12:6-11) 하늘 백성들에게는 얼마나 고마운 존재들인지 모릅니다. 그래서 히브리 기자는 "모든 천사들은 섬기는 영으로서 구원받을 상속자들을 위하여 섬기라고 보내심이 아니냐"(히 1:14)라고 말합니다.

그런데 예수님께서 "삼가 이 작은 자 중의 하나도 업신여기지 말라 너희에게 말하노니 그들의 천사들이 하늘에서 하늘에 계신 내 아버지의 얼굴을 항상 뵈옵느니라"(마 18:10)고 말씀하신 것을 보면 모든 성도들에게 각기 배정된 천사들이 또 있는 것으로 보입니다(참조. 행 12:15).

한편, 천군(天軍)의 장은 미가엘입니다(유 1:9; 계 12:7, 8). 이 하늘의 군대는 사탄의 무리들과 대적하여 싸우고(계 12:7), 마귀를 체포하기도 하며(계 20:1), 공중 권세 잡은 자들에 의해 억류된 천사들을 해방시켜 주기도 하고(단 10:13), 하나님의 명에 의해 사람을 죽이기도 하며(출 12:23, 29; 대상 21:15, 16; 행 12:23), 또 하나님의 백성을 대적하는 군대를 섬멸시키는 일 등을 한다는 점에서(수 5:14, 6:2; 왕하 19:35) 하나님 나라의 간성(干城)이요 천국 백성들의 든든한 지킴이가 아닐 수 없습니다.

그러므로 천사와 천군을 세우시어 주의 백성들을 도우시고 하나님의 나라를 지키게 하시는 하나님의 은총을 잊지 말아야 하겠습니다. 아울러 천사와 천군에 대해서도 항상 고마운 마음을 가져야 할 것입니다.

이상으로 요한계시록 4-5장에 소개된 천국의 광경에 대하여 고찰해 보았습니다. 그런데 한 가지 궁금증을 느끼게 됩니다. 그것은 성령님에 관한 부분입니다. 왜냐하면 성령께는 따로 찬송과 영광과 존귀를 드리는 부분이 없기 때문입니다. 그러면 그 이유가 무엇일까요?

바울 사도는 "만일 너희 속에 하나님의 영이 거하시면 너희가 육신에 있지 아니하고 영에 있나니 누구든지 그리스도의 영이 없으면 그리스도의 사람이 아니라"(롬 8:9)고 하였습니다. 즉 성령을 하나님의 영이라고 함과 동시에(롬 8:14; 고전 2:11, 7:40, 12:3; 벧전 4:16) 또한 예수님의 영이라고도 한 것입니다(행 5:9, 16:7; 고후 3:17; 갈 4:6; 벧전 1:11).

성령께서 하나님의 영이시라는 것은 "……보좌 앞에 켠 등불 일곱이 있으니 이는 하나님의 일곱 영이라"(계 4:5)고 한 말씀 속에서, 예수님의 영이시라는 것은 "……그에게 일곱 뿔과 일곱 눈이 있으니 이 눈들은 온 땅에 보내심을 받은 하나님의 일곱 영이더라"(계 5:6)고 한 말씀에서 확인됩니다. 따라서 바로 이 때문에 성령께는 달리 영광과 찬송을 드리지 않은 것으로 보입니다. 왜냐하면 성부와 성자께 찬송과 영광과 존귀를 드릴 때 성령께도 드린 셈이 되기 때문입니다.

이렇게 볼 때 성령은 얼마나 신비스러운 분인지 모릅니다. 왜냐하면 하나님 보좌 앞의 '일곱 등불'과 어린양 예수님의 '일곱 눈'으로 계심과 동시에 구원받은 모든 신도의 속에 거하시면서 또한 성령의 세례를 받은 자들의 곁에 보혜사로서 함께 계시기 때문입니다. 그러므로 성령의 이런 모습은 인간의 이성으로는 도저히 이해할 수 없는 부분이지만, 다만 영적인 안목을 가지고 신앙으로 받아들여야 할 줄 믿습니다.

그런데 '삼위일체'의 용어에 대하여는 잘못 이해하는 이들이 꽤 있는 것 같습니다. 그러므로 이 용어를 정리해 보겠습니다.

삼위일체 하나님이란?

성부와 성자와 성령은 본질에 있어서는 하나이시고, 인격에 있어서는 삼위이시며, 성자는 성부의 뜻을(마 26:39; 요 5:30, 6:38), 성령은 성부와(롬 8:27) 성자의 뜻(요 15:26, 16:7)을 온전히 따름으로써 성삼위(聖三位)가 한 몸처럼 활동하신다는 의미입니다.

물론 "예수께서 성령에게 이끌리어 마귀에게 시험을 받으러 광야로 가사"(마 4:1)라는 표현이나 "성령이 곧 예수를 광야로 몰아내신지라"(막 1:12)는 묘사는 성자께서 성령의 뜻을 따르시는 것처럼 보이게 하는 부분입니다. 하지만 이것은 성령께서 성부 하나님의 뜻을 전하는 입장이었다고 보아야 하므로 결국 성자께서 성부 하나님의 뜻에 순종하신 것이라고 보아야 합니다. 아울러 인간의 몸을 입으신 예수님으로서 신자는 성령의 인도를 받아야 한다는 모범을 보이시기 위함이라고 볼 수도 있습니다. 따라서 성부는 제1위시고 성자는 제2위시며 성령은 제3위라는 성삼위(聖三位)의 질서에는 변함이 없다는 뜻입니다. 그리고 이것은 예수께서 "아버지와 아들과 성령의 이름으로 세례를 베풀고"(마 28:19)라고 말씀하신 데서, 또 "내가 너희에게 실상을 말하노니 내가 떠나가는 것이 너희에게 유익이라 내가 떠나가지 아니하면 보혜사가 너희에게로 오시지 아니할 것이요 가면 내가 그를 너희에게로 보내리니"(요 16:7)라고 말씀하신 데서도 충분히 입증됩니다.

한편, 성삼위의 본질이 하나인 까닭은 성부께서 성자를 내셨거니와 성령도 성부 하나님으로부터 나오신 분이기 때문입니다. 그래서 예수님은 성령에 대하여 "아버지께로부터 나오시는 진리의 성령"(요 15:26)이라는 표현을 하십니다.

그리고 인격에 있어서 삼위(三位)인 까닭은 성부와 성자와 성령은 각기 독립된 존재이기 때문입니다. 성삼위가 각기 독립된 존재라는 것은 성자 예수께서 요한에게 세례를 받으시고 요단강에서 올라오셨을 때, 성령 하나님은 비둘기처럼 예수님께 임하셨고, 성부 하나님은 하늘에서 "이는 내 사랑하는 아들이요 내 기뻐하는 자라"(마 3:16, 17)는 음성을 발하신 데서 입증됩니다. 또 어린양 예수께서 성부 하나님의 오른손으로부터 두루마리를 취하실 때(계 5:7), 성령께서는 보좌 앞의 일곱 등불로 계셨던 데서도 충분히 확인됩니다(계 4:5). 그리고 예수께서 보혜사 성령에 대하여 소개하신 다음의 부분도 성삼위는 각기 독립된 인격체임을 증명해 주는 대목입니다.

> "내가 아버지께 구하겠으니 그가 또 다른 보혜사를 너희에게 주사 영원토록 너희와 함께 있게 하리니 그는 진리의 영이라"(요 14:16, 17).

> "보혜사 곧 아버지께서 내 이름으로 보내실 성령 그가 너희에게 모든 것을 가르치고 내가 너희에게 말한 모든 것을 생각나게 하리라"(요 14:26).

한편, 한 몸처럼 활동하시는 성삼위(聖三位)에 대해서는 예수께서 "아버지와 아들과 성령의 이름으로 세례를 베풀고"(마 28:19)라고 말씀하신 데서, 또 바울 사도가 "은사는 여러 가지나 성령은 같고, 직분은 여러 가지나 주는 같으며, 또 사역은 여러 가지나 모든 것을 모든 사람 가운데서 이루시는 하나님은 같으니"라고 말한 데서 찾을 수 있습니다(고전 12:4-6). 그리고 "우리의 형상을 따라 우리의 모양대로 우리가 사람을 만들고"(창 1:26)라고 하신 말씀도 성삼위는 각기 독립된 인격체이시면서 한 몸처럼 활동하신다는 것을 보여주는 대목입니다.

왜냐하면 '우리'라는 대명사를 사용하심으로써 각기 독립된 인격체임을 보여주셨고, 또 '우리의 형상을 따라 우리의 모양대로 우리가 사람을 만들고'라고 하심으로써 한 몸처럼 활동하시는 삼위(三位)임을 보여주셨기 때문입니다. 그래서 사도 바울은 "주 예수 그리스도의 은혜와 하나님의 사랑과 성령의 교통하심이 너희 무리와 함께 있을지어다"(고후 13:13)라는 말로 축복 기도를 한 것입니다.

이상의 고찰로 볼 때, 삼위는 각기 다른 신이라는 삼신론(三神論, tritheism)은 전혀 잘못된 삼위일체이고, 성부 성자 성령은 같은 존재이면서 시대에 따라 세 형태로 나타난다는 양태론(樣態論, modalism)도 올바르지 못한 삼위일체의 이해임을 깨달아야 할 것입니다.

이렇게 볼 때 삼위일체를 이해하는 데 있어서 가장 적합한 단어는 '부부 일체'라고 보지 않을 수 없습니다. 왜냐하면 여자는 남자의 갈빗대로 만들어졌다는 데서(창 2:21, 22) 남자와 여자는 본질에 있어서는 하나이고, 하나님께서 그 하와를 아담에게 이끌어 오셨다는 점에서(22절) 남자와 여자는 각각 독립된 존재인데, 하나님께서 "이러므로 남자가 그 부모를 떠나 그의 아내와 합하여 둘이 한 몸을 이룰지로다"(창 2:24)라고 말씀하셨으므로 부부는 한 몸과 같은 존재이기 때문입니다.

환언하면 '부부일신'(夫婦一身)에서 성적(性的)인 면만 빼버린다면 삼위일체를 이해하는 데 있어서 가장 좋은 용어라는 의미입니다.

Ⅱ. 세계 통합 국가의 주역국

장차 등장할 세계 통합 국가에서 중요한 역할을 할 나라는 셋입니다. 하나는 요한계시록 13장 전반부의 '열 뿔 일곱 머리 달린 짐승'이고, 또 하나는 그 후반부의 '두 뿔 달린 짐승'이며, 다른 하나는 17-18장의 '큰 음녀'입니다. 이제 이 세 주역국들은 세계 통합 국가에서 어떤 역할을 하며, 또 어떤 나라들인지에 대하여 말씀을 연구해 보겠습니다.

1. 열 뿔과 일곱 머리 달린 짐승(계 13:1-10)

사도 요한은 뿔이 열이고 머리는 일곱인 흉측하고 괴기스러운 짐승이 바다에서 올라오는 환상을 봅니다. 그러면 이 짐승의 정체는 무엇이고, 그 짐승은 어떤 나라이며, 열 뿔과 일곱 머리는 무엇을 상징할까요?

(1) 열 뿔 일곱 머리 짐승의 정체

이 열 뿔 일곱 머리 짐승의 머리들에 신성 모독하는 이름들이 있다고 하였고(1절), 또 "짐승이 과장되고 신성 모독을 말하는 입을 받고 또 마흔두 달 일할 권세를 받으니라"(5절)고 하였습니다. 그러므로 이 열 뿔 일곱 머리 짐승은 장차 온 세상과 더불어 7년 계약의 세계 통합 국가를 건설한 후 그 치세 후반기에 하나님을 대적하고 성도를 괴롭힐 적그리스도의 나라이자 그 통치자가 분명합니다(참조. 단 7:25).

즉 영원한 복음에서 언급된 '짐승'이라는 의미입니다.

그래서 "짐승이 입을 벌려 하나님을 향하여 비방하되 그의 이름과 그의 장막 곧 하늘에 있는 자들을 비방하더라"(6절)고 한 것이요, 또 "권세를 받아 성도들과 싸워 이기게 되고 각 족속과 백성과 방언과 나라를 다스리는 권세를 받으니"(7절)라고도 한 것입니다.

그런데 "……용이 자기의 능력과 보좌와 큰 권세를 그에게 주었더라"(2절)고 하였고, 또 "용이 짐승에게 권세를 주므로 용에게 경배하며 짐승에게 경배하여 이르되 누가 이 짐승과 같으냐 누가 능히 이와 더불어 싸우리요"(4절)라고 하였으므로, 열 뿔 일곱 머리 짐승은 용, 곧 마귀로부터(계 12:9) 능력과 권세를 받아 놀라운 이적을 행하면서 사람들을 미혹하게 될 것입니다.

그리고 그 짐승에 대하여 "표범과 비슷하고 그 발은 곰의 발 같고 그 입은 사자의 입 같은데 용이 자기의 능력과 보좌와 큰 권세를 그에게 주었더라"(2절)고 한 것은, 사탄으로부터 능력과 권세를 받은 열 뿔 일곱 머리 짐승이 표범처럼 표독스럽고, 곰처럼 무자비하며, 사자처럼 포악하게 하나님의 백성들을 핍박할 것에 대한 상징적인 묘사입니다.

한편, "그의 머리 하나가 상하여 죽게 된 것 같더니 그 죽게 되었던 상처가 나으매 온 땅이 놀랍게 여겨 짐승을 따르고"(3절)라고 하였습니다. 그러므로 세계 통합 국가의 왕은 어떤 전쟁에서 큰 부상을 입을 것이지만 기적적으로 회생하게 되고, 그것을 기이하게 여긴 세상 사람들로부터 신(神)처럼 추앙받으면서 큰 인기리에 세상을 통치하게 될 것으로 보입니다.

그런데 "죽임을 당한 어린양의 생명책에 창세 이후로 이름이 기록되지 못하고 이 땅에 사는 자들은 다 그 짐승에게 경배하리라"(8절)고 하였습니다. 그러므로 하나님과 예수님을 진심으로 믿지 않는 사람들은 놀라운 기적을 행하는 열 뿔 일곱 머리 짐승에게 속아 그를 신처럼 섬기면서 그의 우상을 숭배하게 될 것입니다.

한편, "사로잡힐 자는 사로잡혀갈 것이요 칼에 죽을 자는 마땅히 칼에 죽을 것이니"(10절)라고 한 의미는 무엇일까요? '사로잡힐 자'는 주의 재림 시에 체포가 예정되어 있는 짐승과 거짓 선지자를 가리키고(계 19:20), '칼에 죽을 자'는 주의 재림 시 멸망이 예정되어 있는 짐승 무리들을 지칭합니다(11-16절). 따라서 이 말씀은 적그리스도와 그를 추종하는 무리들이 받게 될 심판에 대한 말씀입니다.

그러나 "성도들의 인내와 믿음이 여기 있느니라"(10절)고 하였습니다. 그러므로 거짓 그리스도의 유혹을 인내와 믿음으로 이겨낸 성도들에게는 주께서 재림하시어 세상을 심판하실 때 죽음을 보지 않고 산 채로 들림 받는 영광이 있게 될 것입니다.

(2) 열 뿔 일곱 머리 짐승은 어떤 나라인가?

그러면 이 열 뿔 일곱 머리 달린 짐승은 어떤 나라일까요? 이것을 알려면 다니엘이 보았던 네 짐승의 환상 중(단 7장) '작은 뿔'에 관한 부분을 연구해 보아야 합니다. 왜냐하면 그 작은 뿔이 곧 적그리스도의 나라이기 때문입니다(참조. 단 7:21, 22).

> "내가 그 뿔을 유심히 보는 중 다른 작은 뿔이 그 사이에서 나더니 첫 번째 뿔 중의 셋이 그 앞에 뿌리까지 뽑혔으며 이 작은 뿔에는 사람의 눈 같은 눈들이 있고 또 입이 있어 큰 말을 하였느니라"(단 7:8).

다니엘이 유심히 보았던 뿔은 넷째 짐승으로부터 돋았던 '열 뿔'입니다(단 7:7). 그리고 '다른 작은 뿔이 그 사이에서 났다'는 것은 앞에서 고찰해 본 대로 '작은 뿔'이 열 뿔 사이인 넷째 짐승으로부터 돋는다는 의미입니다. 따라서 작은 뿔, 곧 적그리스도의 나라는 옛 로마의 판도에서 출현할 나라입니다.

그런데 '첫 번째 뿔 중 셋이 그 앞에 뿌리까지 뽑혔으며'라고 하였으므로 작은 뿔은 군사적 강국이 틀림없습니다. 왜냐하면 이는 열 뿔 중 세 뿔이 작은 뿔에 의해 완전히 망하게 된다는 의미인데, '열 뿔'은 전술(前述)한 대로 장차 로마의 옛 판도에서 등장할 유럽 열 연합국이기 때문입니다. 환언하면, 유럽 열 연합국 중 세 나라가 작은 뿔의 공격을 받는다면 그 연합국에 속한 다른 나라들이 그 전쟁에 가세할 것은 명약관화(明若觀火)한 데도 불구하고 작은 뿔에 의해 세 나라가 완전히 패망한다는 데서 작은 뿔은 군사적으로 대단한 강국이라는 뜻입니다.

그러면 그 작은 뿔에 "사람의 눈 같은 눈들이 있고 또 입이 있어 큰 말을 하였느니라"고 한 의미는 무엇일까요?

'눈'은 보는 것이므로 작은 뿔에게 인간과 세상, 역사와 사회를 보는 안목, 곧 어떤 철학이나 사상 이념이 있다는 뜻입니다. 그리고 "또 입이 있어 큰 말을 하였느니라"고 한 것은 그 사상과 이념에 입각하여 어떤 정치 사상을 제기(提起)한다는 의미입니다. 그러므로 그 작은 뿔이 제창할 정치 이념이란 "온 세계가 하나로 통합하면 모든 나라가 전쟁과 가난이 없이 평화롭고 평등하게 잘살 수 있다"는 통합 사회주의 정치 사상으로 보아야 합니다. 왜냐하면 작은 뿔은 모든 나라를 향하여 '7년 계약의 세계 통합 국가를 이루자'고 제안할 나라이기 때문입니다.

그런데 에스겔 선지자는 장차 적그리스도 노릇을 할 세계 통합 국가의 왕을 "로스와 메섹과 두발 왕 곡"(겔 38:1-6)이라고 칭하면서 그 나라는 세계의 "북쪽 끝"(겔 38:16, 16, 39:1, 2)에 위치한다고 하였습니다. 즉 짐승의 나라는 지구 북쪽에 위치한 국가라는 의미입니다.

이상의 내용을 종합해 보면 열 뿔 일곱 머리 짐승은 옛 로마의 판도에서 출현할 나라이고, 군사적으로 강국이며, 통합 사회주의라는 정치 사상을 제기할 나라이면서 북쪽 끝에 위치한 나라입니다. 그러면 이 나라는 과연 어느 나라일까요?

러시아로 보아야 합니다. 러시아는 옛 로마 제국의 일부여서 러시아 평원 남쪽의 흑해와 아조프 해 연안의 도시들이 BC 1세기에 로마 제국의 지배하에 있었고, 러시아인의 선조인 동슬라브와 옛 소련 연방공화국의 하나였던 아르메니아공화국은 동로마 제국과 그리스 정교회의 권내에 있었기 때문입니다.

또한 러시아는 유럽 열 연합국 중 세 나라를 공격하여 정복할 수 있을 정도로 군사적 강국이고, 세계의 북쪽에 위치한 나라로서 과거에 모든 인민의 평등을 외치는 공산주의 정치 사상으로 무산자(無産者, proletariat) 계급 혁명을 일으켜 공산 사회주의 국가를 이룩했던 전력(前歷)의 나라입니다. 이 때문에 장차 러시아에서 나타날 한 인물에 의하여 통합 사회주의라는 좌파적 정치 이념이 또다시 제창된다면, 그 사상에 입각하여 세계를 향해 7년 계약의 세계 통합 국가를 건설하자고 제안할 가능성이 가장 높은 나라이기 때문입니다.

더 나아가 열 뿔 일곱 머리 짐승이 바다에서 나왔다는 대목도 그 짐승을 러시아로 보게 합니다. 왜냐하면 다니엘이 보았던 사자, 곰, 표범, 무서운 넷째 짐승도 모두 바다에서 나왔다고 하였는데(단 7:1) 그 짐승들은 각각 바벨론, 메대 바사, 헬라, 로마인 바, 그 나라들은 전부 여러 민족으로 구성된 대국(大國)이기 때문입니다. 환언하면 '바다에서 나왔다'는 말에는 여러 민족으로 형성된 큰 나라라는 뜻이 있으므로, 바다에서 나온 열 뿔 일곱 머리 짐승은 여러 민족으로 구성된 대국, 러시아라는 의미입니다.

이렇게 볼 때 과거의 소련은 똑같이 생산하고 똑같이 분배하면 지상낙원을 이룰 수 있다는 공산 사회주의 사상으로 볼셰비키 혁명을 일으켜 무력으로 세계를 지배하려 했지만, 마지막 때의 러시아는 온 세계가 하나로 통합하기만 하면 평등과 평화의 세상을 이룰 수 있다는 통합 사회주의 사상으로 다시 한 번 세상을 지배하려고 한다고 볼 수 있습니다.

그런데 작은 뿔에 대한 예언 중 "그가 또 때와 법을 고치고자 할 것이며"(단 7:25)라고 한 의미는 무엇일까요?

'때를 고친다'는 것은 장차 세계를 통치할 세계 통합 국가의 왕이 현재 사용하고 있는 서력 기원을 바꾼다는 뜻이고, '법을 고친다'는 것은 종교 자유의 법을 바꾼다는 의미로 보아야 합니다. 왜냐하면 서력 기원은 예수 탄생을 기점으로 한 것이므로 적그리스도가 그것을 바꾸려고 할 것은 불을 보듯 뻔하고, 또 세계 통합 정부가 그 최고 수반(首班)을 하나님이나 메시아처럼 강제로 섬기게 하려면 세계 통합 국가의 형성 초기에 제정될 것이 확실시되는 종교 자유의 법을 바꾸어야 하기 때문입니다.

그러면 장차 세계 통합 국가를 형성하고 적그리스도의 역할을 할 러시아를 열 뿔 일곱 머리 짐승으로 묘사한 의미는 무엇일까요?

(3) 열 뿔 일곱 머리의 의미

① 열 뿔

성경은 메대 바사의 연합국을 '두 뿔 달린 숫양'으로 묘사했고(단 8:3, 20), 헬라의 네 연합국은 '네 뿔 달린 숫염소'로 상징적인 묘사를 했으며(단 8:8, 22), 장차 옛 로마의 판도에서 등장할 유럽 열 연합국은 '열 뿔'로 묘사했습니다(단 7:7, 24). 그렇다면 성경 해석주의에 의해 이 '열 뿔'도 10개 연합국을 상징한다고 보아야 하지 않겠습니까? 그래서 그 열 뿔에 '열 왕관이 있다'고 말한 것이라고 봅니다(계 13:1).

하지만 여기의 열 뿔은 조금 성격이 다른 연합국으로 보아야 합니다. 왜냐하면 이 열 뿔에 대하여 천사는 다음과 같은 해석을 해주었기 때문입니다.

> "네가 보던 열 뿔은 열 왕이니 아직 나라를 얻지 못하였으나 다만 짐승과 더불어 임금처럼 한동안 권세를 받으리라 그들이 한뜻을 가지고 자기의 능력과 권세를 짐승에게 주더라"(계 17:12, 13).

'열 뿔'이 열 왕이기는 하지만 아직 나라를 얻지 못했다는 말은 무슨 뜻일까요? 열 연합국이 아니고 열 연방국이라는 의미로 보아야 하지 않겠습니까? 왜냐하면 연합국은 연합한 각 나라들이 주권을 갖고 있기 때문입니다. 즉 '열 뿔'은 장차 러시아가 열 연방국의 형태를 띤다는 의미로 해석해야 한다는 뜻입니다. 따라서 "다만 짐승과 더불어 임금처럼 한동안 권세를 받으리라"고 한 것은 러시아 열 연방국들이 그 최고 통치자와 함께 후 3년 반 동안 권세를 누린다는 뜻이고, "그들이 한뜻을 가지고 자기의 능력과 권세를 짐승에게 주더라"고 한 것은, 각 연방의 통치자들이 한 마음으로 열 연방국의 최고 통치자에게 충성을 바친다는 의미입니다.

독립국가연합은 '열 뿔'의 전조(前兆)

이처럼 러시아가 장차 열 연방국의 형태를 띨 것을 내다볼 때, 지난 1990년대에 들어오면서부터 소비에트 사회주의 공화국 연방(USSR)이 붕괴되고, 그 대신 느슨한 형태의 정치 공동체인 독립국가연합(CIS)를 이룬 것은 성경의 예언을 성취하기 위한 섭리 속의 사건이라고 보지 않을 수 없습니다. 즉 1991년 12월 31일 소련 15개 연방공화국 중 에스토니아, 라트비아, 리투아니아 등 발트해 연안 3국과 그루지아가 제외된 채 러시아, 우크라이나, 벨로루시, 몰도바, 카자흐스탄,

투르크메니스탄, 우즈베키스탄, 타지키스탄, 키르기스스탄, 아르메니아, 아제르바이잔 등 11개국이 독립국가연합을 이룬 것은 러시아가 '열 뿔'로 상징되는 10개 연방국을 형성하기 위한 전조(前兆)라는 뜻입니다.

물론 1993년 10월에는 그루지아도 가입함으로써 현재는 독립국가연합이 12개국이 되었습니다. 하지만 성경이 '열 뿔 달린 짐승'으로 묘사했기 때문에 장차 러시아에서 통합 사회주의라는 새로운 정치 사상을 제창할 한 인물에 의해 연방국으로 재편될 때는, 두 나라가 빠져 러시아 10개 연방국을 형성하게 될 것입니다. 그리고 그렇게 보아야 하는 이유는 성경이 "만군의 여호와께서 경영하셨은즉 누가 능히 그것을 폐하며 그의 손을 펴셨은즉 누가 능히 그것을 돌이키랴"(사 14:27)라고 증언했기 때문입니다.

② 일곱 머리

일곱 머리가 무엇을 의미하는지에 대해서는 천사가 요한에게 다음과 같이 설명해 주었습니다.

> "지혜 있는 뜻이 여기 있으니 그 일곱 머리는 여자가 앉은 일곱 산이요 또 일곱 왕이라 다섯은 망하였고 하나는 있고 다른 하나는 아직 이르지 아니하였으나 이르면 반드시 잠시 동안 이르리라 전에 있었다가 지금 없어진 짐승은 여덟째 왕이니 일곱 중에 속한 자라 그가 멸망으로 들어가리라"(계 17:9-11).

"그 일곱 머리는 여자가 앉은 일곱 산이요 또 일곱 왕이라"고 하였습니다. 여기서 '일곱 왕'은 일곱 나라를 가리키는 것이 분명한데 '일곱 산'은 무엇을 상징할까요?

하나님께서 바벨론에 대하여 "온 세계를 멸하는 멸망의 산아 보라 나는 네 원수라 나의 손을 네 위에 펴서 너를 바위에서 굴리고 너로 불탄 산이 되게 할 것이니"(렘 51:25)라고 하셨습니다. 즉 많은 나라를 패망시킨 바벨론은 '멸망의 산'으로, 하나님의 심판을 받을 바벨론은 '불탄 산'으로 상징적인 묘사를 하신 것입니다. 또한 "구원받은 자들이 시온 산에 올라와서 에서의 산을 심판하리니 나라가 여호와께 속하리라"(옵 1:21)고 하셨는데, 여기서 '시온 산'은 이스라엘을, '에서의 산'은 에돔을 가리켰습니다.

이처럼 성경이 나라를 '산'으로 상징적 표현을 한다면 성경 해석주의에 의하여 '일곱 산'도 일곱 나라로 해석해야 하지 않겠습니까? 즉 "그 일곱 머리는 여자가 앉은 일곱 산이요 또 일곱 왕이라"는 말은, 일곱 머리는 일곱 나라이면서 또한 그 일곱 국가의 왕이라는 뜻입니다. 그런데 그 일곱 머리에 대하여 "다섯은 망하였고 하나는 있고 하나는 아직 이르지 아니했다"고 한 말의 의미는 무엇일까요? '짐승'은 하나님도 모르고 이웃도 모르는 존재이므로 짐승에게 달린 일곱 머리는 하나님을 대적하고 성도를 괴롭히는 세상의 일곱 나라를 상징한다고 보아야 하지 않겠습니까?

그러므로 이미 망한 다섯 나라는 요한계시록을 집필하기 이전에 하나님을 대적하고 이스라엘을 박해했던 애굽, 앗수르, 바벨론, 메대 바사, 헬라로 보아야 하며, '하나는 있고'라고 한 것은 요한이 계시록을 집필할 당시 하나님을 대적하며 유대인을 핍박했던 로마로 간주해야 합니다. 그리고 아직 이르지 아니한 '남은 하나'는 말세에 출현할 러시아 연방국이 분명합니다.

그러면 "전에 있었다가 지금 없어진 짐승은 여덟째 왕이니 일곱 중에 속한 자라"고 한 의미는 무엇일까요? 그것은 메대 바사가 2개 연합국이어서 러시아 연방국이 국가적으로는 일곱 번째이지만 왕으로는 여덟 번째이므로 그렇게 표현한 것으로 보아야 할 것입니다.

그러므로 장차 온 세계와 더불어 7년 계약의 세계 통합 국가를 이룰 러시아를 '열 뿔 일곱 머리 짐승'으로 묘사한 이유는 장차 러시아가 열 연방국의 형태를 취하면서, 역사적으로는 애굽, 앗수르, 바벨론, 메대 바사, 헬라, 로마에 이어 일곱 번째로 하나님을 대적하고 성도를 괴롭힐 나라라는 의미입니다.

2. 두 뿔 달린 짐승(계 13:11-18)

요한계시록 13장 후반부에는 어린 양같이 두 뿔을 단 짐승이 출현합니다. 그런데 그 짐승에 대하여 "그가 먼저 나온 짐승의 모든 권세를 그 앞에서 행하고 땅과 땅에 사는 자들을 처음 짐승에게 경배하게 하니 곧 죽게 되었던 상처가 나은 자니라"(계 13:11, 12)고 하였습니다. 그러므로 '두 뿔 달린 짐승'은 열 뿔 일곱 머리 짐승의 앞잡이 노릇을 할 또 하나의 적그리스도입니다. 그래서 이 짐승에 대하여 "용처럼 말을 하더라"(계 13:11)고 한 것이요, 또 "거짓 선지자"(참조. 계 19:20)라고 칭한 것입니다.

열 뿔 일곱 머리 짐승과 두 뿔 짐승을 모두 '적그리스도'라고 칭하는 이유는 무엇일까요? 그들은 장차 형성될 세계 통합 국가에서 공히 하나님을 대적하고 성도들을 박해함으로써 그리스도의 대적자로 활동할 것이기 때문입니다. 그리고 열 뿔 일곱 머리 짐승은 '거짓 그리스도'로, 두 뿔 짐승은 '거짓 선지자'로 달리 칭하는 까닭은 전자(前者)는 후 3년 반 동안 세상을 구원할 메시아인 양 행세할 것이기 때문이고, 후자(後者)는 그 세계 통합 국가의 왕을 하나님이나 메시아인 것처럼 믿도록 거짓 예언을 하며 희한한 이적으로 사람들을 미혹할 것이기 때문입니다.

한편, 두 뿔 짐승의 능력과 권세에 대하여 "받은 바 이적"(14절)이라고 하였고, 또 "그가 권세를 받아"(15절)라고 한 것을 보면 이 두 뿔 달린 짐승도 열 뿔 일곱 머리 짐승처럼 마귀로부터 능력과 권세를 받아 하나님을 대적하고 성도를 괴롭힐 것이 분명합니다.

이처럼 열 뿔 일곱 머리 짐승이나 두 뿔 짐승이 모두 사탄으로부터 능력을 받아 하나님을 훼방하고 성도를 박해하는 적그리스도의 역할을 한다는 것을 보면, 예수님이 배제된 인간들만의 연합은 결국 사탄에게 사로잡힐 수밖에 없다고 보아야 할 것입니다. 노아 대홍수 이후 사람들이 시날 평지에 모여 바벨탑을 쌓고 있었을 때, 하나님께서 강림하시어 그들의 언어를 혼잡하게 하심으로써, 그들의 건축 기도(企圖)를 무산시켰던 까닭이 바로 이 때문으로 볼 수 있습니다(창 11:1-9). 즉 마귀의 미혹을 받아 하나님을 대적하는 큰 죄를 지을 것을 우려하셨기 때문에 언어를 혼잡하게 하시어 그들의 공사를 중지시켰다는 뜻입니다.

그러면 먼저 이 두 뿔 달린 짐승의 역할에 대하여 살펴본 다음 그 짐승은 어떤 나라인지에 대하여 고찰해 보겠습니다.

(1) 거짓 선지자의 역할

① 짐승을 위하여 우상을 만들어 경배하게 하고 성도를 박해합니다.

두 뿔 달린 짐승은 세상 백성들로 하여금 먼저 나온 열 뿔 일곱 머리 짐승을 신(神)이나 메시아처럼 섬기게 하고(12절), 그를 위하여 우상을 만들게도 하며(14절), 더 나아가 짐승의 우상에게 경배하지 아니하는 자들을 박해하고 살해할 것이라고 하였습니다(15절). 그러므로 후 3년 반 동안에는 하나님께 예배를 드릴 수 없고 말씀도 들을 수도 없는 영적 기근이 찾아오게 될 것입니다. 그래서 요엘 선지자는

"제사장들아 너희는 굵은 베로 동이고 슬피 울지어다 제단에 수종 드는 자들아 너희는 울지어다 내 하나님께 수종 드는 자들아 너희는 와서 굵은 베옷을 입고 밤이 새도록 누울지어다 이는 소제와 전제를 너희 하나님의 성전에 드리지 못함이로다"(욜 1:13)라고 탄식한 것이요, 아모스 선지자는 다음과 같은 예언을 한 것입니다.

> "주 여호와의 말씀이니라 보라 날이 이를지라 내가 기근을 땅에 보내리니 양식이 없어 주림이 아니며 물이 없어 갈함이 아니요 여호와의 말씀을 듣지 못한 기갈이라 사람이 이 바다에서 저 바다까지 북쪽에서 동쪽까지 비틀거리며 여호와의 말씀을 구하려고 돌아다녀도 얻지 못하리니 그날에 아름다운 처녀와 젊은 남자가 다 갈하여 쓰러지리라"(암 8:11-13).

'아름다운 처녀'와 '젊은 남자'는 신앙의 연조가 그다지 깊지 못한 청년 남녀 신자를 가리킵니다. 그런데 그들이 말씀을 듣지 못한 기갈로 인하여 다 쓰러지리라고 하였으니, 장차 짐승 통치하에서 하나님께 예배를 드리지 못함으로 말미암아 야기되는 영적 기근이 얼마나 극심할 것인지를 익히 짐작할 수 있지 않겠습니까?

② 큰 이적으로 사람들을 미혹합니다.

두 뿔 달린 짐승이 행할 이적에 대하여 "큰 이적을 행하되 심지어 사람들 앞에서 불이 하늘로부터 땅에 내려오게 하고"(13절)라고 하였고, 또 "그 짐승의 우상에게 생기를 주어 그 짐승의 우상으로 말하게 하고"(15절)라고 하였습니다. 그러니 얼마나 놀라운 능력입니까? 하늘에서 불을 내리게도 하고, 또 우상에게 생기를 주어 말까지 하게 한다니 말입니다.

그래서 성경은 "죽임을 당한 어린양의 생명책에 창세 이후로 이름이 기록되지 못하고 이 땅에 사는 자들은 다 그 짐승에게 경배하리라”(계 13:8)고 예언합니다. 즉 예수를 믿지 않는 사람들은 모두 짐승을 신(神)처럼 숭배하게 된다는 뜻입니다. 왜냐하면 하늘에서 불을 내리고 우상으로 하여금 말까지 하도록 한다면, 사람들은 그 기적에 놀라 세계 통합 국가의 왕을 신처럼 섬기지 않을 수 없을 것이기 때문입니다.

③ 666 짐승표를 모든 사람에게 받게 하여 짐승에게 충성을 강요합니다.

거짓 선지자의 활동에 대하여 “그가 모든 자 곧 작은 자나 큰 자나 부자나 가난한 자나 자유인이나 종들에게 그 오른손에나 이마에 표를 받게 하고 누구든지 이 표를 가진 자 외에는 매매를 못하게 하니 이 표는 곧 짐승의 이름이나 그 이름의 수라”(16-17절)고 하였습니다. 따라서 두 뿔 달린 짐승은 또 온 세계 시민으로 하여금 이마에나 오른손에 짐승표를 받게 하는 정책도 펼 것입니다. 그러면 거짓 선지자가 짐승표를 받게 하는 이유나 그 표가 없으면 매매를 못하게 하는 까닭은 무엇일까요?

짐승표는 짐승의 이름이나 그 이름의 수가 기록된 표라고 하였습니다. 따라서 그 짐승표를 이마나 오른손에 받는 것은 ‘짐승의 사람이다’라는 표시, 즉 세계 통합 국가의 왕에게 충성한다는 표시가 될 것입니다. 그런데 그 표가 없는 자는 매매를 못하게 한다고 하였으므로 짐승표 정책은 먹고 살 수밖에 없는 인간의 약점을 이용하여 예수님 대신 세계 통합 국가의 왕을 메시아처럼 믿도록 유도하기 위한 교활한 정책이 분명합니다.

한편, “지혜가 여기 있으니 총명한 자는 그 짐승의 수를 세어 보라 그것은 사람의 수니 그의 수는 육백육십육이니라”(18절)고 하였습니다. 그러면 그 의미가 무엇일까요?

666의 의미는 무엇인가?

'6'은 사람의 수(數)이자 짐승의 수입니다. 하나님께서 천지를 창조하셨을 때 여섯째 되는 날 짐승과 사람을 지으셨기 때문입니다. 또한 '6'은 마귀의 수이기도 합니다. '7'은 완전수이므로 하나님을 나타내는 수인데, 마귀는 하나님보다 한 수 모자라는 존재라는 의미에서입니다. 그러므로 짐승 이름의 숫자의 합이 '666'이 되도록 하신 것은 세계 통합 국가의 왕이 아무리 신(神)이나 메시아처럼 행세해도 그는 사람에 불과하다는 것과, 사실은 참 사람도 아니고 사람의 탈을 쓴 짐승이며 또한 마귀이므로, 그 정체를 바로 보고 지혜 있고 총명한 자는 그 짐승표 정책에 속지 말라는 암시로 풀이됩니다.

그런데 666 짐승표를 은밀히 진행되는 적그리스도의 무슨 비밀이나 되는 것처럼 오해하여 그동안 사람의 이름이나 기호, 때로는 어떤 마크 등에서 666의 비밀을 찾으려는 시도가 있었습니다. 그리고 심지어는 컴퓨터나 신용카드 혹은 바코드에까지 666의 비밀이 숨어 있다고 생각하여 그런 문명의 이기(利器)조차 기피하는 해프닝도 있었습니다. 그러나 666 짐승표는 세계 통합 정부가 모든 사람들의 이마에나 오른손에 받게 할 공개적인 정책이지 결코 은밀하게 진행되는 숨은 비밀이 아닙니다.

그러므로 '666'을 그 어디에서 찾으려는 어리석음을 버리고, 다만 그 짐승표를 거부할 수 있는 순교적 신앙을 찾아야 할 것입니다. 왜냐하면 요한계시록은 "만일 누구든지 짐승과 그의 우상에게 경배하고 이마에나 손에 표를 받으면 그도 하나님의 진노의 포도주를 마시리니……거룩한 천사들 앞과 어린양 앞에서 불과 유황으로 고난을 받으리니 그 고난의 연기가 세세토록 올라가리로라"(계 14:9-11)라고 엄중히 경고하고 있기 때문입니다.

그리고 666표를 받지 않으면 매매를 못하게 한다고 하였으므로 그 짐승표는 신용카드로 사용될 것으로 전망됩니다. 왜냐하면 만일 화폐가 통용된다면 현금이 사용되는 모든 상(商)행위의 장소에 짐승표를 받았는지의 여부를 조사하는 감시인을 두어야 하지만, 오직 짐승표 신용카드만 사용하도록 한다면 666표를 받지 않는 자는 자동적으로 매매를 할 수 없을 것이기 때문입니다.

그런데 그 666표를 이마에나 오른손에 받게 한다는 것을 보면, 마이크로 칩을 체내에 이식하는, 소위 생체 칩을 받게 한다는 의미가 아닌가 사료됩니다. 즉 현재의 베리칩(VeriChip)과 같은 전자 신용카드라는 의미입니다. 그리고 생체 칩 신용카드는 분실이나 복사의 위험성이 없고, 현금을 소지하거나 거스름돈 및 수표가 필요 없으며, 복잡한 매장에서 줄을 설 필요도 없이 매장에 들어서면 그곳에 장착된 물품 관리 시스템(RFID)에 의해 자동으로 결재된다는 점에서 매우 편리한 제도로 각광받게 될 것입니다.

한편, 종말론을 연구하는 일각(一角)에서는 666 짐승표가 세계 통합 국가의 신분증(ID)으로도 사용될 것이라고 우려합니다. 하지만 그런 염려는 할 필요가 없다고 봅니다. 왜냐하면 성경은 분명하게 "누구든지 이 표를 가진 자 외에는 매매를 못하게 하니"(계 13:17)라고 하여 경제 활동을 규제하는 데 사용될 것임을 분명히 했기 때문입니다. 환언하면, 성경이 말하는 데까지만 가야 하므로 짐승표가 국제통합 신분증(World ID)과 신용카드로 겸용될지도 모른다는 걱정은 할 필요가 없다는 뜻입니다.

(2) 거짓 선지자의 출현국

성경은 이 두 뿔 날린 짐승을 거짓 선지자라고 했기 때문에 자칫 이 짐승을 세계 통합 국가의 왕의 앞잡이 노릇을 할 어떤 종교 단체나 교계의 큰 인물로 해석하기 쉽습니다. 하지만 성경이 메대 바사의 연합국은 두 뿔 달린 숫양으로 묘사하였고, 러시아 열 연방국은 열 뿔 달린 짐승으로 상징적 묘사를 했다는 점에서 성경 해석주의에 의해 이 두 뿔 달린 짐승도 '2개 연합국' 혹은 '2개 연방국'으로 해석해야지, 배도할 종교 단체나 교계의 어떤 인물로 볼 수 없습니다.

그렇지만 이 나라의 통치자가 세계 통합 국가의 왕을 신처럼 섬기게 하고, 666표를 받게 하는 등 혹세무민(惑世誣民)하면서 거짓 선지자 노릇을 할 자라는 점에서, 두 뿔 짐승 나라 역시 교정일치(敎政一致)의 국가임은 확실합니다. 즉 어떤 국가의 통치자로서 거짓 선지자 노릇을 한다는 뜻입니다.

그런데 이 두 뿔 달린 짐승은 '땅에서 올라왔다'고 했습니다. 따라서 이 나라는 열 뿔 일곱 머리 짐승에 비하여 상대적으로 작은 나라입니다. 왜냐하면 '바다에서 올라왔다'는 것은 큰 나라를 상징했으므로 '땅에서 올라왔다'는 것은 작은 나라를 상징한다고 보아야 하기 때문입니다. 그러면 이 두 뿔 달린 짐승은 어느 나라일까요?

두 뿔 달린 짐승의 출현국에 대한 고찰

다니엘은 7장에서 '작은 뿔' 환상을 보았는데, 그는 8장에서도 '작은 뿔'의 환상을 또 봅니다(단 8:9-14). 그리고 그 작은 뿔 환상에 대하여 가브리엘 천사는 "정한 때 끝에 관한 것"(단 8:19)이라고 하면서 다음과 같은 해석을 해주었습니다.

> "이 네 나라 마지막 때에 반역자들이 가득할 즈음에 한 왕이 일어나리니 그 얼굴은 뻔뻔하며 속임수에 능하며 그 권세가 강할 것이나 자기의 힘으로 말미암은 것이 아니며 그가 장차 놀랍게 파괴 행위를 하고 자의로 행하여 강한 자들과 거룩한 백성을 멸하리라 그가 꾀를 베풀어 제 손으로 속임수를 행하고 마음에 스스로 큰 체하며……또 스스로 서서 만왕의 왕을 대적할 것이나 그가 사람의 손으로 말미암지 아니하고

깨지리라"(단 8:23-25).

마지막 때에 등장한다는 본문의 '한 왕'은 얼굴이 뻔뻔하고 속임수에 능하며 그 권세가 강할 것이나 자기 힘으로 말미암은 것이 아니라고 하였습니다. 그런데 그 한 왕이 거룩한 백성을 멸하고 또 만왕의 왕을 대적한다는 것을 보면 마귀로부터 능력을 받은 것이 확실하지 않습니까? 따라서 본문의 '한 왕', 곧 다니엘 8장의 '작은 뿔'은 거짓 그리스도의 앞잡이 노릇을 할 두 뿔 달린 짐승으로 보아야 합니다. 왜냐하면 사탄으로부터 능력을 받아 하나님을 대적하고 거룩한 백성을 멸한다는 것도 그렇지만 특히 "그가 사람의 손으로 말미암지 아니하고 깨지리라"고 했는데, 이는 거짓 선지자가 주의 재림 시에 짐승과 함께 체포되어 산 채로 유황불 못에 던져질 것을 두고 한 예언으로 보아야 하기 때문입니다(참조. 계 19:20).

이렇게 볼 때 다니엘이 7장에서 보았던 '작은 뿔'은 장차 거짓 그리스도의 역할을 할 '열 뿔 일곱 머리 짐승'을 본 것이고, 8장에서 본 '작은 뿔'은 그의 주구(走狗) 노릇을 할 거짓 선지자, 곧 '두 뿔 달린 짐승'을 본 것이 틀림없습니다. 그러면 그 작은 뿔은 어떤 나라일까요?

다니엘은 BC 553년 벨사살 왕 3년에 두 뿔 가진 숫양이 큰 세력을 떨치다가 서쪽에서부터 다가온 숫염소의 공격을 받아 그 두 뿔이 꺾이고 짓밟히는 환상을 봅니다(단 8:3-7). 그런데 이것은 메대 바사가 헬라에 의해 멸망당할 것을 본 환상이었습니다(단 8:20, 21). 그리고 그 환상에 이은 다음의 환상이 작은 뿔의 출처를 알려주는 예언입니다.

"숫염소가 스스로 강대하여 가더니 강성할 때에 그 큰 뿔이 꺾이고 그 대신에 현저한 뿔 넷이 하늘 사방을 향하여 났더라 그중 한 뿔에서 또 작은 뿔 하나가 나서 남쪽과 동쪽과 또 영화로운 땅을 향하여 심히 커지더니 그것이 하늘 군대에 미칠 만큼 커져서 그 군대와 별들 중의 몇을 땅에 떨어뜨리고 그것을 짓밟고 또 스스로 높아져서 군대의 주재를 대적하며 그에게 매일 드리는 제사를 없애 버렸고 그의 성소를 헐었으며 그의 악으로 말미암아 백성이 매일 드리는 제사가 넘긴 바 되었고 그것이 또 진리를 땅에 던지며 자의로 행하여 형통하였더라"(단 8:8-12)

"숫염소가 스스로 강대하여 가더니 강성할 때에 그 큰 뿔이 꺾이고 그 대신에 현저한 뿔 넷이 하늘 사방을 향하여 났다"는 것은 승승장구하던 헬라의 알렉산더 대왕이 갑자기 죽고 헬라가 네 장군에 의하여 네 연합국 형태로 분할 통치될 것을 본 것입니다. 그런데 "그 중 한 뿔에서 또 작은 뿔 하나가 나서"라고 하였으므로 장차 거짓 선지자 노릇을 할 '작은 뿔'은 옛 헬라의 판도에서 출현할 나라라는 뜻입니다. 따라서 다니엘 7장의 '작은 뿔'은 옛 로마의 판도에서 등장할 적그리스도인 반면, 8장의 '작은 뿔'은 옛 헬라의 판도에서 출현할 적그리스도임을 알 수 있습니다.

한편, 그 작은 뿔은 "남편과 동편과 또 영화로운 땅을 향하여 심히 커지더니"라고 하였는데 '영화로운 땅'이란 이스라엘을 가리킵니다. 그리고 옛 헬라 판도의 북쪽에는 거대한 러시아가 자리 잡고 있지 않습니까? 따라서 옛 헬라의 판도 중 북쪽으로는 러시아, 서쪽으로는 이스라엘을 두고 있으면서 남쪽과 동쪽으로 뻗어나갈 수 있는 위치에 있는 나라가 곧 두 뿔 달린 짐승이라는 의미입니다. 그러면 그 나라는 어떤 나라일까요?

이라크라고 보아야 합니다. 이라크는 옛 헬라의 판도에 속한 나라로서 북쪽에는 러시아, 서쪽에는 이스라엘을 두고 있고, 동쪽의 이란과는 오랫동안 국경 분쟁을 했으며, 1991년 걸프 전 때는 남쪽의 쿠웨이트도 침공했기 때문에 "남편과 동편과 또 영화로운 땅을 향하여 심히 커지더라"는 말씀에 가장 어울리는 나라이기 때문입니다.

그런데 이라크가 거짓 선지자의 역할을 할 즈음에는 인근의 어떤 나라와 2개 연합국이나 2개 연방국의 형태를 띠게 될 것입니다. 왜냐하면 성경이 그를 '두 뿔 달린 짐승'으로 묘사했기 때문입니다. 그리고 가장 유력한 나라는 쿠웨이트입니다. 왜냐하면 지난 걸프 전 때도 이라크가 쿠웨이트를 침공했지만 이라크는 항상 쿠웨이트를 노리고 있기 때문입니다.

한편, 작은 뿔이 거짓 선지자의 역할을 할 것에 대한 예언 중 "매일 드리는 제사와 망하게 하는 죄악에 대한 일과 성소와 백성이 내어준 바 되며 짓밟힐 일이 어느 때까지 이를꼬 하매 그가 내게 이르되 이천삼백 주야까지니 그때에 성소가 정결하게 되리라 하였느니라"(단 8:13, 14)고 한 의미는 무엇일까요? 거짓 선지자의 활동 기간은 7년 계약의 중간부터인 3년 반이므로 '천이백육십 주야'가 되어야 하는데 어떻게 해서 이천삼백 주야(6년 4개월 20일)가 된 것이냐는 의문입니다.

이천삼백 주야에 대한 고찰

"매일 드리는 제사와 망하게 하는 죄악에 대한 일"은 세계 통합 국가의 왕이 예루살렘 성전과 전 세계 교회당 꼭대기에 자기의 우상을 세워 경배하게 하면서 하나님께 드리는 예배를 금지할 것에 대한 말씀이므로 후 3년 반 동안 만의 일입니다. 하지만 "성소와 백성이 내어준 바 되며 짓밟힐 일"은 이스라엘이 침공을 받아 성전이 유린(蹂躪)되고 유대인들이 수난을 당한다는 뜻이므로 후 3년 반 동안만 아니라 전 3년 반 중에도 얼마든지 있을 수 있는 사건일 것입니다. 게다가 최후의 아마겟돈 전쟁이 일어나면 이스라엘은 짐승 무리의 공격으로 다시 한 번 성소가 훼파되고 유대인들은 환난을 당할 것을 성경은 예언하고 있습니다(계 16:12-16; 겔 38, 39장; 슥 14:1, 2). 따라서 그 모든 기간을 다 합하여 '이천삼백 주야'라고 한 것 같습니다.

그러므로 "그때에 성소가 정결하게 함을 입으리라"는 말씀은 2,300주야의 고난이 끝나야 예루살렘 성전이 비로소 거룩하게 될 것이라는 의미입니다. 그래서 이사야 선지자는 "너희는 예루살렘의 마음에 닿도록 말하며 그것에게 외치라 그 노역의 때가 끝났고 그 죄악이 사함을 받았느니라 그의 모든 죄로 말미암아 여호와의 손에서 벌을 배나 받았느니라"(사 40:2)는 예언을 한 것으로 보입니다.

3. 큰 음녀(계 17, 18장)

일곱 대접을 가진 일곱 천사 중의 하나가 사도 요한에게 와서 큰 음녀가 받을 심판을 보이겠다고 하였을 때, 성령은 요한을 데리고 광야로 가서 그 여자가 붉은 빛 짐승을 탄 모습을 보여줍니다(계 17:1-3). 그런데 그 짐승의 몸에 하나님을 모독하는 이름들이 가득하였고, 또 일곱 머리와 열 뿔이 있다고 하였으므로 그 여자가 탄 붉은 빛 짐승은 장차 등장할 러시아 열 연방국입니다.

그러므로 큰 음녀 역시 세계 통합 국가의 주역국으로 보지 않을 수 없습니다. 왜냐하면 그 여자가 붉은 빛 짐승을 올라탔다는 것은 러시아 연방국과 함께 세계 통합 국가를 경영한다는 의미이기 때문입니다.

그러면 먼저 그 음녀에 대한 정체를 밝혀보고 그녀가 열 뿔 일곱 머리 짐승을 올라탄 이유에 대하여 고찰해 보겠습니다.

(1) 큰 음녀의 정체

① 세계에 큰 영향력을 행사하는 초강대국입니다.

큰 음녀는 일단 어떤 국가입니다. 요한계시록이 큰 음녀는 '나라'임을 명시했을 뿐 아니라(계 17:17), 수많은 상품을 제조하여 세계 여러 나라와 무역하는 국가임을 명백히 밝히고 있기 때문입니다(계 18:11-13). 또한 일곱 대접을 가진 일곱 천사 중 하나가 요한에게 그 음녀를 "많은 물 위에 앉은 큰 음녀"(계 17:1)라고 묘사한 것도 큰 음녀는 '나라'임을 입증해 주는 부분입니다. 왜냐하면 성경에서 '물'은 백성들을 상징했으므로(시 18:16, 124:4; 사 8:7; 렘 47:2) 이는 곧 많은 나라의 백성 위에 앉아 있는 국가라는 의미이기 때문입니다. 그렇기 때문에 그 천사는 음녀가 앉은 '많은 물'에 대하여 "백성과 무리와 열국과 방언들이니라"(계 17:15)고 해석해 줍니다. 즉 큰 음녀는 세상 많은 나라의 백성들 위에 앉아 있다는 뜻입니다. 그러면 그 의미가 무엇일까요?

그것은 세상의 많은 나라들을 간섭하고, 그 국가들 위에 군림하며, 또 각종 영향력을 행사한다는 의미가 아니겠습니까? 그러므로 큰 음녀는 보통 국가가 아닌 세계에 큰 영향력을 행사하는 초강대국이 분명합니다. 그래서 요한계시록은 큰 음녀를 "땅의 왕들을 다스리는 큰 성"(계 17:18)이라고 하였고, "큰 바벨론"(계 17:5)이라고 하였으며, 또 "큰 성, 견고한 성 바벨론"(계 18:10)이라고 칭합니다. 즉 BC 6세기경 강력한 왕권을 가지고 세계를 지배했던 바벨론처럼, 큰 음녀 역시 강력한 권세로 세계에 큰 영향력을 행사하는 초강대국이라는 의미입니다.

② 부강한 경제 대국입니다.

큰 음녀에 대하여 "그 여자는 자주 빛과 붉은 빛 옷을 입고 금과 보석과 진주로 꾸미고 손에 금잔을 가졌다"(계 17:4)고 하였고, 또 그녀는 사치하는 나라임을 수차례 언급한 것을 보면(계 18:3, 7, 9) 큰 음녀는 부강한 경제 대국임에 틀림없습니다. 그래서 그 나라의 생산 품목에 대하여 요한계시록은 "금과 은과 보석과 진주와 세마포와 자주 옷감과 비단과 붉은 옷감이요 각종 향목과 각종 상아 그릇이요 값진 나무와 구리와 철과 대리석으로 만든 각종 그릇이요 계피와 향로와 향과 향유와 유향과 포도주와 감람유와 고운 밀가루와 밀이요 소와 양과 말과 수레와 종들"(계 18:12, 13)이라고 묘사합니다.

이처럼 큰 음녀는 수많은 제품을 생산하여 세계의 많은 국가들과 교역하는 경제 대국이기 때문에 그 여자가 심판을 받아 불에 살라질 때 그 여자로 말미암아 치부한 상인들은 "화 있도다 화 있도다 큰 성이여 세마포 옷과 자주 옷과 붉은 옷을 입고 금과 보석과 진주로 꾸민 것인데 그러한 부가 한 시간에 망하였도다"(계 18:16, 17)라고 탄식한다고 하였고, 또 모든 선장과 각처를 다니는 선객들과 선원들과 일하는 자들은 티끌을 자기 머리에 뿌리고 울며 애통하면서 "이 큰 성과 같은 성이 어디 있느냐……화 있도다 화 있도다 이 큰 성이여 바다에서 배 부리는 모든 자들이 너의 보배로운 상품으로 치부하였더니 한 시간에 망하였도다"(계 18:18, 19)라고 슬퍼한다고 성경은 예언합니다.

③ 신앙의 국가였다가 하나님을 배반할 나라입니다.

하나님은 구약시대의 이스라엘이 하나님을 섬기지 아니하고 다른 신들을 섬기는 것을 "음행한다"(참조. 렘 13:27; 겔 6:9, 16:41, 23:29; 호 9:1)고 하셨고, 또 우상 숭배에 빠진 이스라엘을 '음녀'라고 칭하셨습니다(겔 16:30, 35, 23:45; 호 4:14). 그러므로 이 여자를 '음녀'라고 칭한 이유도, 본래 이 나라는 하나님을 잘 믿는 신앙의 나라였는데 하나님을 배반하고 거짓 그리스도를 신(神)처럼 섬기며, 또 그의 우상에게 경배할 것이기 때문에 '음녀'로 불리게 된 것으로 보아야 할 것입니다.

그런데 "이 여자가 성도들의 피와 예수의 증인들의 피에 취한지라"(6절)고 하였고, 또 "선지자들과 성도들과 및 땅 위에서 죽임을 당한 모든 자의 피가 그 성 중에서 발견되었느니라"(계 18:24)고 한 것을 보면, 큰 음녀는 예수를 믿는 성도들을 핍박하여 살해할 정도로 철저하게 타락할 것으로 예상됩니다.

④ 세계 최고 국가라는 여왕의 자부심을 소유한 나라입니다.

큰 음녀는 마음속으로 "나는 여왕으로 앉은 자요 과부가 아니라 결단코 애통함을 당하지 아니하리라"(계 18:7b)고 한다고 하였습니다. 따라서 이는 마치 "내가 영영히 여주인이 되리라……나뿐이라 나 외에 다른 이가 없도다 나는 과부로 지내지도 아니하며 자녀를 잃어버리는 일도 모르리라"(사 47:8)고 하면서 큰소리쳤던 그 옛 바벨론처럼 결코 망하지 않는다는 여왕의 자부심을 가진 국가라는 의미입니다. 그러면 이 큰 음녀는 어느 나라일까요?

미합중국으로 볼 수밖에 없습니다. 미국은 세계의 수많은 나라들을 간섭하고 영향력을 행사하는 초강대국이요, 부강한 경제 대국이자 군사 대국으로 세계 최고의 국가라는 자부심과 더불어 결코 망하지 않는다는 여왕의 자존심을 가진 나라이기 때문입니다. 게다가 미국은 영국에서 건너간 청교도들에 의해 세워진 기독교 국가입니다. 그래서 성경책 위에 손을 얹고 대통령 취임 서약을 하는 나라요, 모든 화폐에 "하나님을 우리는 믿는다"(In God We trust)라는 문구를 적어 놓는 나라며, 세계 선교를 제일 많이 하는 나라입니다. 사실 미국이 짧은 역사 가운데 세계의 강대국으로 부상할 수 있었던 것은 이러한 신앙심으로 말미암아 하나님의 복을 받았기 때문이라고 보지 않을 수 없습니다.

그러나 장차 러시아 연방국이 통합 사회주의 이념에 입각한 7년 계약의 세계 통합 국가를 이루자고 제의할 때, 그에 적극적으로 동조하여 그 대통령을 세계 통합 국가의 최고 통치자로 옹립할 뿐 아니라 후 3년 반에는 그가 거짓 그리스도의 역할을 하는데도 불구하고 그를 지지하며, 그의 우상에게 경배하게 하고, 또 666 짐승표를 받는 데도 앞장설 것이기 때문에 '큰 음녀'로 불리게 된 것으로 보입니다.

그런데 큰 음녀를 미국으로 보는 것은 사실 현실적으로도 타당한 해석이 아닐 수 없습니다. 왜냐하면 미국이 세계에서 차지하고 있는 위치와 그 비중을 볼 때 미국이 동조하지 않는 세계 통합 국가란 존재할 수 없기 때문입니다.

그러므로 현재의 미국으로서는 결코 상상할 수 없는 미래의 모습입니다만, 요한계시록이 제시하고 있는 큰 음녀의 여러 조건을 충족시킬 나라는 미국밖에 없다는 데서 미국을 큰 음녀로 보지 않을 수 없습니다. 그래서 사도 요한은 "내가 그 여자를 보고 놀랍게 여기고 크게 놀랍게 여기니"(계 17:6)라고 말한 것이라고 봅니다. 왜냐하면 하나님을 잘 섬기는 신앙의 나라가, 그토록 기독교 정신이 사회 전 영역에 뿌리내려 있는 미국이 장차 짐승 통치의 시대에 하나님을 배반하고 성도들을 박해할 것이라는 것은 정말 상상하기 힘든 경악(驚愕)이기 때문입니다.

가톨릭이나 교황, 혹은 WCC가 큰 음녀인가?

한편, '음녀'라는 단어가 타락한 교회의 이미지를 풍기기 때문에 종말론을 연구하는 많은 분들은 큰 음녀를 가톨릭이나 교황, 혹은 세계교회협의회(WCC)로 해석해 왔습니다. 그러나 그렇게 해석하려면 성경적 근거가 있어야 하는데, 성경은 큰 음녀를 명백히 "나라"(계 17:17)라고 했지 어떤 종교 단체나 교계의 큰 인물로 말하지 않고 있다는 점에서 이런 해석은 성경적일 수가 없습니다.

물론 가톨릭의 경우 바티칸 공화국이라는 국가의 칭호는 있습니다. 하지만 단순히 국가라는 이름만 붙였을 뿐, 요한계시록 17장의 큰 음녀처럼 세계에 큰 영향력을 행사하거나 수많은 물품을 생산하여 무역하는 국가는 아니라는 점에서 가톨릭이나 교황을 큰 음녀로 볼 수는 없습니다. 게다가 큰 음녀는 신앙을 박해하여 사람을 죽이기까지 한다고 하였는데, 군대나 경찰 같은 공권력이 없는 가톨릭이 어떻게 사람을 체포하여 죽일 수 있겠습니까?

그런데 '큰 음녀'를 타락한 교회로 해석하는 측면에서 볼 때는 세계교회협의회를 그렇게 볼 수도 있습니다. 왜냐하면 WCC가 그동안 자유주의적이고 진보적인 노선을 걸어 영혼 구원보다는 사회 구원, 예수 그리스도의 유일성보다는 종교 다원주의 내지는 혼합주의적인 색채를 띠었기 때문입니다. 따라서 그러한 WCC의 영적 기류가 복음주의적으로 바뀌지 않는다면, 장차 세계 통합 국가의 왕이 종교 통합을 외치며 세계를 구원할 메시아인 양 행세할 때 세계교회협의회가 그에 동조할 개연성은 충분히 있다는 점에서 WCC의 타락을 예상할 수는 있습니다.

하지만 그렇다 할지라도 WCC가 큰 음녀는 아닙니다. 왜냐하면 세계교회협의회는 공권력도 없고 수많은 품목을 생산하는 기업도 없는 단순한 교회 협의체이기 때문입니다.

한편, 큰 음녀에 대하여 "큰 바벨론이라, 땅의 음녀들과 가증한 것들의 어미라"(계 17:5)고 하였습니다. 그러므로 미국 이외에 '음녀들'이 또 있다는 의미입니다. 그러면 그 음녀들은 어떤 나라들일까요?

'음녀'라고 칭하였으므로 미국처럼 기독교 국가였다가 하나님을 배반하고 짐승과 그의 우상에게 경배할 나라들이 아니겠습니까? 따라서 '땅의 음녀들'은 미국과 비슷한 노선을 걷고 있는 서구 자본주의 국가들을 가리킨다고 보아야 할 것입니다.

그러면 큰 음녀가 붉은 빛 짐승을 올라탄다는 의미와 그 이유는 무엇일까요?

(2) 큰 음녀가 붉은 빛 짐승을 올라타는 의미와 까닭

큰 음녀가 열 뿔 일곱 머리 짐승을 올라탄다는 것은 미합중국과 러시아 열 연방국이 피차 하나가 되어 함께 세계 통합 국가를 통치한다는 의미입니다. 그러면 미국은 어떻게 해서 러시아와 한통속이 될까요?

앞에서 고찰해 본 대로, 머지않아 옛 로마의 판도에서 '열 뿔'인 유럽 열 연합국이 등장하게 되면, 그 나라의 국세(國勢)는 크게 신장되면서 유로(euro)는 달러(dollar)를 위협하게 되고 미국과 유럽 열 연합국 사이엔 세계의 경제 주도권을 둘러싼 미묘한 신경전이 벌어지게 될 것입니다. 그런데 세계는 미국이 너무 오랫동안 세계의 주도권을 쥐고 있던 것에 식상해 있을 것이고, 또한 미국의 패권적 독주에 불만을 품고 있는 나라들도 적지 않을 것이기 때문에 미국보다는 유럽 연합 쪽에 힘을 더 실어주면서, 미국은 마침내 세계의 경제 주도권을 유럽 열 연합국에 내주게 될 것입니다. 그렇게 되면 미국과 유럽 연합국 사이는 벌어지게 되고, 미국은 상당한 소외감을 느끼면서 일찍부터 세계의 주도권을 잃고 오랫동안 소외를 당해온 러시아와는 동병상린(同病常鱗)의 심정으로 자연스레 가까워지게 될 것입니다.

한편, 그때쯤이면 러시아에서 한 특출한 인물이 나타나 통합 사회주의라는 새로운 정치 이념 아래 현재의 독립국가연합(CIS)을 러시아 열 연방국으로 재편하게 됩니다. 그리고 그 러시아 열 연방국은 미국과 유럽 열 연합국이 소원해진 기회를 놓치지 않고 틈타 유럽 열 연합국 중 세 나라를 전격적으로 침공, 궤멸시키면서 유럽 연합국을 와해시켜 버립니다. 이어서 그는 "유럽의 열 나라가 하나가 되니 국세가 크게 신장되는 것을 보았다. 그러니 세계가 하나가 되면 전쟁과 가난이 없이 모든 국가가 평등하게 잘살 수 있을 것이 아닌가? 그러므로 모든 나라가 7년 계약의 세계 통합 국가를 이루어 평화와 평등의 지상 낙원을 이루어보자"고 외치게 될 것입니다.

그런데 미국의 입장으로서는 그때가 세계의 주도권을 다시 잡을 수 있는 절호의 기회라고 판단하여 러시아가 제안한 세계 통합 국가에 적극 동조하면서 미국과 러시아는 한 배를 타게 되는 것이라고 추측됩니다.

그러므로 큰 음녀가 열 뿔 일곱 머리 짐승을 올라탄 것은 바벨론 느부갓네살 왕이 꾸었던 꿈의 신상(神像) 중 '쇠와 진흙으로 된 발'의 부분이 성취된 셈입니다. 왜냐하면 '쇠와 진흙의 발'은 좌익의 사회주의 나라들과 우익의 자본주의 국가들이 연합하여 세계 통합 국가를 이룰 것에 대한 꿈이기 때문입니다.

Ⅲ. 일곱 인과 일곱 나팔

요한계시록에는 일곱 인과 일곱 나팔과 일곱 대접이 나옵니다. 그런데 이것들은 장차 일어날 일들의 골격과 같아서 이것들에 대한 확실한 이해가 없이는 종말론을 제대로 해석할 수 없습니다. 왜냐하면 종말의 사건들은 이 틀 안에서 전개되기 때문입니다.

그러면 먼저 일곱 인, 일곱 나팔, 일곱 대접의 상관관계와 그 의미에 대하여 살펴본 다음 일곱 인과 일곱 나팔에 관한 말씀을 고찰해 보겠습니다.

1. 일곱 인, 일곱 나팔, 일곱 대접의 상관관계와 그 의미

(1) 일곱 인, 일곱 나팔, 일곱 대접의 상관관계

첫째 인부터 여섯째 인까지는 요한계시록 6장에 수록하였는데, 제8장에 와서 "일곱째 인을 떼실 때에 하늘이 반 시 동안쯤 고요하더니 내가 보매 하나님 앞에 일곱 천사가 서 있어 일곱 나팔을 받았더라"(1-2절)고 하였습니다. 즉 일곱째 인을 떼면서 일곱 나팔을 불기 시작한다는 의미입니다. 그러므로 일곱 인과 일곱 나팔은 시간적으로 서로 연결되어 있다고 보아야 합니다. 왜냐하면 첫째 인부터 여섯째 인까지 뗀 다음 일곱째 인을 뗄 때 첫째 나팔을 분다고 했기 때문입니다. 따라서 일곱째 인은 일곱 나팔을 연결하는 고리 역할을 함을 알 수 있습니다.

또한 첫째 나팔부터 여섯째 나팔까지는 요한계시록 8-9장에 수록

하였는데, 11장에서 일곱째 천사가 나팔을 불매 하늘에 큰 음성이 나서 "세상 나라가 우리 주와 그의 그리스도의 나라가 되어 그가 세세토록 왕 노릇하시리로다"(15절)라고 하였습니다. 즉 일곱째 천사의 나팔이 불면 세상은 심판받고 지상에 하나님의 나라가 도래한다는 의미입니다. 그런데 이 세상 심판은 일곱 대접을 부으면서 전개될 것을 요한계시록이 예언하고 있지 않습니까?(계 16장)

그러므로 일곱째 나팔은 일곱 대접을 여는 나팔로 보아야 합니다. 즉 일곱 나팔과 일곱 대접도 시간적으로 서로 연결되어 있다는 뜻이며, 일곱째 나팔 역시 첫째 대접을 연결하는 고리 역할을 하는 나팔이라는 의미입니다.

이상의 고찰과 같이 첫째 인부터 여섯째 인까지 뗀 다음 일곱째 인을 떼면서 첫째 나팔부터 여섯째 나팔까지 불게 되고, 일곱째 나팔을 불면서 첫째 대접부터 일곱째 대접까지 세상에 대접 심판이 부어지게 된다는 점에서 일곱 인과 일곱 나팔과 일곱 대접은 서로 시간적으로 연결되어 있음이 확실합니다.

(2) 일곱 인, 일곱 나팔, 일곱 대접의 의미

일곱 대접은 마지막 때에 하나님을 대적하고 성도를 괴롭힐 짐승 통치의 세상을 심판하는 대접이라고 하였습니다. 그래서 요한계시록은 그 일곱 대접을 "마지막 재앙"(계 15:1)이라고 칭합니다. 그리고 첫째 대접부터 여섯째 대접까지 땅, 바다, 강, 해, 짐승의 보좌와 유브라데 강에 쏟은 다음(계 16:2-14) 일곱째 대접을 바로 앞둔 시점에서 주께서 "보라 내가 도둑같이 오리니 누구든지 깨어 자기 옷을 지켜 벌거벗고 다니지 아니하는 자는 복이 있도다"(계 16:15)라고 말씀하셨으므로, 일곱째 대접은 예수께서 강림하시면서 세상을 멸망시키는 최후의 심판입니다.

그러므로 첫째 대접을 여는 일곱째 나팔은 7년 계약의 세계 통합 국가가 끝나면서 불게 된다고 보아야 합니다. 왜냐하면 일곱 대접은 하나님을 대적하고 성도를 괴롭힐 적그리스도의 무리들을 심판하는 마지막 재앙이기 때문입니다.

그런데 일곱 대접을 '마지막 재앙'이라고 일컬었으므로 일곱 나팔도 재앙을 일으키는 나팔로 보아야 합니다. 이것은 첫째 나팔부터 넷째 나팔까지 불었을 때 공중에 날아가는 독수리가 큰소리로 "땅에 사는 자들에게 화, 화, 화가 있으리니 이는 세 천사들이 불어야 할 나팔 소리가 남아 있음이로다"(계 8:13)라고 외친 데서도 뒷받침됩니다. 왜냐하면 첫째 나팔부터 넷째 나팔까지가 재앙의 나팔이기 때문에 다섯째, 여섯째, 일곱째 나팔도 재앙의 나팔이라는 의미에서 '남은 화'(禍)라고 칭한 것이기 때문입니다.

그리고 일곱 나팔 재앙은 일곱째 인을 뗌으로 말미암아 불기 시작한다고 하였으므로(계 8:1) 일곱째 인을 떼는 시기는 7년 계약의 세계 통합 국가가 발족하는 날이 분명합니다. 왜냐하면 그 일곱 나팔은 7년 계약의 세계 통합 국가에 내리는 재앙의 나팔이기 때문입니다.

그러므로 장차 러시아 연방국의 제창(提唱)과 미국의 전폭적인 지지하에 온 세계가 하나가 되어 세계 통합 국가를 출범시키면, 일곱째 인을 떼면서 첫째 나팔부터 여섯째 나팔까지 7년 동안 나팔 재앙이 일어나게 되고, 그 7년 대재난이 끝나면서 일곱째 나팔이 불게 되면 첫째 대접부터 일곱째 대접까지 세상 심판이 전개될 것입니다.

한편, 일곱 인에 대한 말씀을 대강 살펴보면, 첫째 인부터 넷째 인까지는 비록 상징적 표현이지만 네 말의 출현으로 말미암아 여러 가지 재난들이 일어난다는 내용이고(계 6:1-8), 다섯째 인은 성도의 대환난 시에 많은 순교자가 있다는 뜻이며(9-11절), 여섯째 인은 이 세상이 심판받을 때의 양상이 분명합니다(12-17절).

그러므로 일곱 인은 '장차 될 일'의 예고로 보아야 합니다. 왜냐하면 성도의 대환난은 후 3년 반에 있을 사건이고, 이 세상 심판은 7년 대재난이 끝난 후에 있을 사건인데, 일곱 나팔보다도 시간적으로 앞서 있는 일곱 인에서 그런 것을 언급한다는 것은, 일곱 인은 실제 상황이 아니라 그런 사건이 일어날 것에 대한 예고로 보아야 하기 때문입니다.

따라서 첫째 인부터 넷째 인까지는 전 3년 동안 네 말로 인하여 여러 가지 재앙들이 야기된다는 예고이고, 다섯째 인은 후 3년 동안 대환난으로 인하여 많은 순교자들이 있다는 예고이며, 여섯째 인은 이 세상이 심판받는다는 예고로 보아야 한다는 뜻입니다. 일곱 인에 대한 말씀이 '장차 될 일'(6-22장)의 첫 장에 나오는 이유가 바로 이 때문이라고 보아야 할 것입니다.

이상의 내용을 종합해 볼 때, 첫째 인부터 여섯째 인까지는 장차 될 일의 총론적 예고이고, 세계 통합 국가가 등장하면서 일곱째 인을 떼게 되면 첫째 나팔부터 여섯째 나팔까지 7년 동안 나팔 재앙이 일어나게 되며, 그 세계 통합 국가가 끝나면서 일곱째 나팔을 불게 되면 첫째 대접부터 일곱째 대접까지 세상을 심판하는 대접 심판이 전개된다는 것이 7인, 7나팔, 7대접의 의미입니다. 따라서 일곱 인, 일곱 나팔, 일곱 대접의 상관관계와 그 의미를 도표화하면 다음과 같게 됩니다.

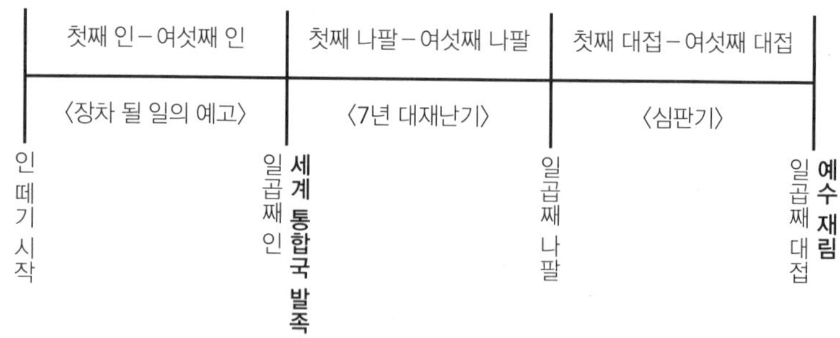

그런데 어떤 이들은 일곱 인, 일곱 나팔, 일곱 대접을 같은 내용의 상징적인 다른 표현이라고 해석합니다. 즉 똑같은 사건을 다르게 묘사한 것이라는 뜻입니다. 과연 이 주장이 옳은 것일까요?

7인, 7나팔, 7대접은 같은 내용의 다른 묘사인가?

일곱 인, 일곱 나팔, 일곱 대접은 다음과 같은 이유에서 결코 같은 내용을 다르게 묘사한 것이 아닙니다.

첫째, 앞에서 고찰해 본 대로 요한계시록의 넷째 부분인 '장차 될 일'은 사건을 순서적으로 배열하였습니다. 그런데 첫째 인부터 여섯째 인까지는 6장에 소개한 다음 일곱째 인은 8장 1절에서 소개했고, 첫째 나팔부터 여섯째 나팔까지는 8장 2절부터 9장에 수록한 다음 일곱째 나팔은 11장에 수록하였으며(15절), 첫째 대접부터 일곱째 대접까지는 16장에 수록하였습니다. 이처럼 일곱 인과 일곱 나팔과 일곱 대접을 순서적으로 각각 장을 달리하여 소개했다는 것 자체가 '7인, 7나팔, 7대접'은 서로 시간을 달리하는 다른 사건이라는 명백한 증거가 아니겠습니까?

둘째, 만일 일곱 인과 일곱 나팔과 일곱 대접이 같은 내용을 다르게 상징적으로 표현한 것이라면 각 '인과 나팔과 대접' 사이에는 분명 어떤 유사성이 있어야 할 것입니다. 그러면 우선 첫째 인과 첫째 나팔과 첫째 대접을 살펴봅시다. 첫째 인은 흰 말이 등장하여 면류관을 받고 나가서 이기고 또 이기려고 하더라는 내용이고(계 6:1, 2), 첫째 나팔은 피 섞인 우박과 불이 나서 땅과 수목의 3분의 1이 태워진다는 내용이며(계 8:7), 첫째 대접은 짐승 표를 받고 우상에게 경배하는 자들에게 독종이 난다는 내용입니다(계 16:2). 그러면 여기에 그 어떤 유사성이 있습니까? 아무리 상징적 표현이라고 해도 서로 아무런 상관이 없는 내용이라는 것은 얼마든지 분별할 수 있지 않습니까?

또 다섯째 인과 다섯째 나팔과 다섯째 대접을 살펴봅시다. 다섯째 인은 순교자들의 영혼이 하나님께 신원해 달라는 호소를 하는 내용이고(계 6:9-11), 다섯째 나팔은 황충의 재앙이며(계 9:1-12), 다섯째 대접은 짐승의 나라에 흑암의 심판이 있을 것에 대한 예언입니다(계 16:10, 11). 그러면 여기에 그 어떤 비슷한 점이 있습니까? 아무리 상징적 묘사라 할지라도 전혀 연관성이 없는 내용이라는 것은 분명하지 않습니까?

끝으로, 일곱째 인과 일곱째 나팔과 일곱째 대접을 살펴봅시다. 일곱째 대접을 쏟을 때 "번개와 음성들과 우렛소리가 있고 또 큰 지진이 있어 얼마나 큰지 사람이 땅에 있어 온 이래로 이같이 큰 지진이 없더라"(계 16:18-20)고 하였으므로, 일곱째 대접은 주께서 강림하실 때 세상을 멸망시키는 최후의 심판입니다. 따라서 만일 '7인, 7나팔, 7대접'이 같은 사건을 다르게 표현한 것이라면, 일곱째 인이나 일곱째 나팔에도 세상 심판을 암시하는 내용이 반드시 있어야 할 것입니다. 하지만 보십시오! "일곱째 인을 떼실 때에 하늘이 반 시 동안쯤 고요하더니"(계 8:1)라고 하여 오히려 '반 시 동안쯤'의 조용한 세상을 언급하고 있고, 또 일곱째 나팔은 전술(前述)한 대로 첫째 대접을 연결하는 나팔이 아닙니까? 그러니 어떻게 일곱 인과 일곱 나팔과 일곱 대접을 같은 내용의 상징적 다른 표현으로 볼 수 있겠습니까?

셋째, 일곱 인은 예수님께서 몸소 떼셨고(계 6장), 일곱 나팔은 하나님 앞에 선 일곱 천사가 일곱 나팔을 받아 불었으며(계 8:2), 일곱 대접은 네 생물 중의 하나가 맑고 빛난 세마포 옷을 입고 가슴에 금띠를 띤 일곱 천사에게 금대접 일곱을 줌으로써 세상에 붓게 하였습니다(계 15:6, 7). 이처럼 일곱 인을 떼고, 일곱 나팔을 불며, 일곱 대접을 붓는 주체가 각각 다르고 또 시행한 목적도 각기 다르다는 점에서, 일곱 인과 일곱 나팔과 일곱 대접을 동일한 사건의 상징적 다른 표현으로 보는 것은 언어도단이라 하겠습니다.

그러므로 일곱 인은 장차 될 일의 총론적 예고이고, 일곱 나팔은 7년 대재난 중에 일어날 재앙이며, 일곱 대접은 7년 계약의 세계 통합 국가가 끝나면서 짐승 무리와 이 세상을 심판하는 마지막 재앙이 확실합니다. 그러면 일곱 인에 대한 말씀을 고찰해 보겠습니다.

2. 일곱 인

'장차 될 일'의 총론적 예고인 일곱 인은 세 부분으로 구성되어 있습니다. 즉 첫째 인부터 넷째 인까지의 첫째 부분과 다섯째-여섯째 인의 둘째 부분, 그리고 첫째 나팔을 연결하는 일곱째 인의 셋째 부분입니다. 이제 이 일곱 인을 세 부분으로 나누어 고찰해 보겠습니다.

(1) 첫째 인–넷째 인

첫째 인부터 넷째 인까지는 흰 말, 붉은 말, 검은 말, 청황색 말들이 출현합니다. 그리고 이 네 말들로 말미암아 세상에 각종 재난이 일어난다는 내용입니다. 그러면 네 말은 무엇을 상징하기에 장차 일어날 재앙들의 원인이 되는 것일까요? 우선 네 말의 비밀부터 풀어 보고자 합니다.

흰 말, 붉은 말, 검은 말, 청황색 말의 비밀

난해한 상징적 표현을 정확하게 해석하는 길은 성경 다른 곳에서 그러한 상징적 표현들이 어떻게 사용되었는지를 찾는 길밖에 없습니다. 그런데 스가랴서 6장에 요한계시록의 네 말과 비슷한 네 말들이 등장합니다.

"내가 또 눈을 들어본즉 네 병거가 두 산 사이에서 나오는데 그 산은 구리 산이더라 첫째 병거는 붉은 말들이, 둘째 병거는 검은 말들이, 셋째 병거는 흰 말들이, 넷째 병거는 어룽지고 건장한 말들이 메었는지라 내가 내게 말하는 천사에게 물어 이르되 내 주여 이것들이 무엇이니이까 하니 천사가 대답하여 이르되 이는 하늘의 네 바람인데 온 세상의 주 앞에 서 있다가 나가는 것이라"(슥 6:1-5).

첫째 병거는 붉은 말들이, 둘째 병거는 검은 말들이, 셋째 병거는 흰 말들이 메었으므로 그 세 말들은 첫째 인부터 셋째 인까지 뗄 때 등장했던 말들과 일치합니다. 따라서 넷째 병거를 멘 '어룽지고 건장한 말들'이 과연 넷째 인을 뗄 때 나타났던 '청황색 말'과 같은 말인지가 관건이 됩니다.

'청황색'의 헬라어는 '클로로스'(χλωρός)로서, 이는 '창백한 색'을 뜻합니다. 그래서 영역(英譯)본들은 한결같이 '청황색 말'을 '창백한 말'로 번역합니다(pale horse, KJV, RSV, NIV).

'어룽지고'의 히브리 원어는 '바로드'(בָּרֹד)인데 이는 '우박, 싸락눈'의 의미를 가진 '바라드'(בָּרָד)에서 왔습니다. 그런데 우박이나 싸락눈은 사실 창백한 색깔을 띠지 않습니까? 그러므로 스가랴서의 '어룽진 말'은 요한계시록의 '청황색 말'과 같은 색깔의 말로 보아야 합니다. 즉 네 말의 비밀을 푸는 열쇠가 스가랴서의 네 말에 있다는 의미입니다.

그러면 흰 말, 붉은 말, 검은 말, 청황색 말은 무엇을 상징할까요? 스가랴 선지자가 천사에게 "내 주여 이것들이 무엇이니이까?"라고 물었을 때, 그 천사는 "이는 하늘의 네 바람인데 온 세상의 주 앞에 서 있다가 나가는 것이라"고 해석해 주었습니다. 그러므로 성경해석주의에 의하여 흰 말, 붉은 말, 검은 말, 청황색 말은 '하늘의 네 바람'입니다.

그러면 '하늘의 네 바람'(the four winds of heaven, RSV)은 또 무엇입니까? 이것 역시 성경 속에서만 그 해답을 찾을 수밖에 없는데, 바벨론 왕 벨사살 원년에 다니엘은 "내가 밤에 환상을 보았는데 하늘의 네 바람(the four winds of heaven, KJV, RSV, NIV)이 큰 바다로 몰려 불더니 큰 짐승 넷이 바다에서 나왔는데 그 모양이 각각 다르더라"(단 7:2, 3)고 하였습니다. 그런데 그 네 짐승은 사자, 곰, 표범, 무서운 넷째 짐승이었고 그것들은 곧 바벨론, 메대 바사, 헬라, 로마임을 살펴보지 않았습니까? 따라서 하늘의 네 바람이란 나라를 일으키는 네 바람이라는 뜻입니다.

그러면 나라를 일으키는 바람은 무엇입니까? 그것은 정치 사상입니다. 왜냐하면 국가라는 것이 그냥 세워지는 것이 아니라 어떤 정치 이념 위에 세워지기 때문입니다.

그러므로 첫째 인을 뗐을 때 나타났던 흰 말은 흰 정치 사상, 둘째 인을 뗐을 때 출현했던 붉은 말은 붉은 정치 이념, 셋째 인의 검은 말은 검은 정치 사상, 넷째 인을 뗐을 때 나타났던 청황색 말은 창백한 정치 이념이라고 풀이해야 합니다. 그리고 그 네 말들에 대하여 "온 세상의 주 앞에 서 있다가 나가는 것이라"고 한 것은 그 네 정치 사상들이 하나님의 계획과 섭리 속에 세상에 출현하게 된다는 의미입니다.

그러면 첫째 인부터 넷째 인까지의 말씀을 연구해 보면서, 네 말은 구체적으로 어떤 정치 사상을 뜻하는지를 살펴보겠습니다.

① 첫째 인(흰 말)

"내가 보매 어린양이 일곱 인 중의 하나를 떼시는데 그때에 내가 들으니 네 생물 중의 하나가 우렛소리 같이 말하되 오라 하기로 이에 내가 보니 흰 말이 있는데 그 탄 자가 활을 가졌고 면류관을 받고 나가서 이기고 또 이기려고 하더라"(계 6:1, 2).

어린양 예수께서 첫째 인을 뗄 때 네 생물 중의 하나가 우렛소리처럼 '오라'고 말하니 흰 말이 나타났습니다. 그러면 흰 말은 어떤 정치 이념을 상징할까요?

'흰색'은 '순결, 승리, 영광' 등을 상징한다는 점에서 하늘나라를 상징하는 색깔입니다. 그래서 성경은 하나님과 예수님께서 흰 머리털에 흰옷을 입고 계신다고 하였고(단 7:9; 계 1:14), 천사들의 옷도 모두 흰옷이라고 하였으며(마 28:3; 막 16:5; 요 20:12; 행 1:10), 보좌 주위의 24 장로들을 비롯하여(계 4:4) 모든 성도들도 흰옷을 입고 있음을 증언합니다(계 7:9, 19:8). 또한 하나님께서 장차 재판장으로 앉으실 보좌도 "크고 흰 보좌"(계 20:11)라고 칭합니다. 그러므로 '흰 말'은 하나님 나라의 정치 사상으로 보아야 합니다.

그러면 하나님 나라의 정치 이념은 무엇이라고 일컬어야 할까요? 하나님께서 통치하신다는 의미로 신정주의(神政主義)라고 할 수도 있고, 하나님께서 주권을 갖고 계신다는 뜻으로 신주주의(神主主義)나 천주주의(天主主義)라고 칭할 수도 있겠지만, 본서에서는 '예수주의'라고 칭하였습니다. 왜냐하면 지상에 임할 하나님의 나라는 예수님께서 왕이 되시어 통치하실 나라이기 때문입니다. 그러면 예수주의란 어떤 정치 사상일까요?

'예수님께서 국가의 주인이 되시고, 모든 권력이 예수님으로부터 나오며, 예수님의 뜻대로 나라를 다스리면 행복한 국가가 된다'는 정치 사상이라고 간략하게 정의할 수 있습니다. 따라서 '흰 말을 탄 자'는 예수수의 국가나 그 나라의 통치자를 가리킵니다. 그렇기 때문에 흰 말을 탄 자가 면류관(스테파노스, στέφανος)을 받았다고 한 것을 보게 됩니다. 왜냐하면 면류관은 하나님께 충성한 자들에게 주시는 영광의 상급이기 때문입니다(참조. 계 2:10; 딤후 4:7, 8).

그러면 흰 말을 탄자가 활을 가졌다는 뜻은 무엇일까요? 이것은 하나님 나라의 통치자가 활을 가진 것이므로 이스라엘의 왕이 활을 가진 의미를 성경 속에서 찾아야 하지 않겠습니까? 그런데 북조 이스라엘 요아스 왕은 엘리사 선지자의 지시에 의해 활과 화살을 취하여 동쪽 창을 열고 쏜 적이 있습니다. 그때 엘리사는 "이는 여호와를 위한 구원의 화살 곧 아람에 대한 구원의 화살이니 왕이 아람 사람을 멸절하도록 아벡에서 치리이다"(왕하 13:14-17)라고 예언하였습니다. 그러므로 흰 말을 탄 자가 활을 가졌다는 것도 하나님의 구원의 화살을 가진 것으로 풀이해야 합니다. 즉 예수주의 국가는 하나님께서 구원해 주시는 나라, 곧 하나님께서 함께하시고 지켜 보호해 주시는 나라라는 의미입니다.

이렇게 볼 때 흰 말을 탄 자는 세계 최강국이 될 것이라고 보지 않을 수 없습니다. 왜냐하면 하나님께서 함께하시고 지켜 보호해 주시는 나라만큼 강한 나라는 세상에 있을 수 없기 때문입니다. 이것은 또 흰 말을 탄 자에 대하여 "이기고 또 이기려고 하더라"고 한 말씀 속에서도 뒷받침됩니다. 왜냐하면 '이기고'의 헬라어 '니콘'(νικῶν)은 '니카오'(νικάω, 정복하다)의 현재 능동태 분사로서 계속해서 승리하는 것을 뜻하기 때문입니다. 즉 "이기고 또 이기려고 하더라"는 말은 전쟁할 때마다 승리하고 모든 전쟁에서 승리한다는 의미이므로 '흰 말을 탄 자'는 세계 최강국이라는 뜻입니다.

이상과 같이 첫째 인에 대하여 해석해 볼 때, '흰 말을 탄 자'는 느부갓네살 왕의 꿈의 신상을 쳐서 부서뜨렸던 '손대지 아니한 돌'이라고 보지 않을 수 없습니다. 왜냐하면 그 돌에 대하여 다니엘은 다음과 같은 해석을 해주었기 때문입니다.

> "이 여러 왕들의 시대에 하늘의 하나님이 한 나라를 세우시리니 이것은 영원히 망하지도 아니할 것이요 그 국권이 다른 백성에게로 돌아가지도 아니할 것이요 도리어 이 모든 나라를 쳐서 멸망시키고 영원히 설 것이라"(단 2:44).

'이 여러 왕들의 시대'란 철과 진흙으로 된 발의 시대, 곧 사회주의 국가들과 자본주의 국가들이 연합하여 세계 통합 국가를 이룬 시대입니다. 그런데 '손대지 아니한 돌'은 하나님이 세우실 한 나라라고 하였고, 또 그 나라는 영원히 망하지도 아니하고 도리어 모든 나라를 쳐서 멸하고 영원히 설 것이라고 하였으므로, 이 '손대지 아니한 돌'은 첫째 인을 뗄 때 등장했던 '흰 말을 탄 자'가 확실하지 않겠습니까?

흰 말을 탄 자는 적그리스도인가?

한편, 종말론을 연구하는 많은 분들은 흰 말을 탄 자를 적그리스도라고 해석합니다. 이유인즉 요한계시록 19장에서 백마를 타고 재림하시는 예수님은 많은 관(디아데마타, διαδήματα)을 쓰셨는데, 본문의 '흰 말을 탄 자'는 면류관(스테파노스)를 받았고, 재림하시는 주님은 검을 가지셨는데 흰 말을 탄 자는 활을 가졌다는 데서 예수님과 비슷한 것 같으면서도 아니므로 '흰 말을 탄 자'는 적그리스도라는 주장입니다. 특히 그가 화살 없는 활을 가진 것은 남을 기만하려는 의도이므로 흰 말을 탄 자는 적그리스도라고 강변합니다.

그러나 재림하시는 예수께서 많은 왕관들을 쓰신 것은 만왕의 왕이심을 나타내주는 것이기 때문에 당연하고, '흰 말을 탄 자'가 면류관을 받은 것은 예수주의 국가의 통치자가 하나님께 충성한다는 의미이므로 또한 마땅합니다.

그리고 백마를 타고 강림하시는 예수님의 입에서 "예리한 검이 나온다"(계 19:15)는 것은 세상을 심판하시는 주님이란 뜻이고, 흰 말을 탄 자가 '활을 가졌다'는 것은 앞에서 살펴본 대로 하나님의 능력이 함께하는 나라라는 의미이므로 또한 이상할 것이 없습니다. 그런데 '흰 말을 탄 자'가 화살 없는 활을 가졌기 때문에 남을 기만하려는 모습이므로 적그리스도라는 주장은 터무니없는 상상의 비약입니다. 왜냐하면 본문에 '화살 없는 활을 가졌다'는 내용도 없거니와 일반적으로 화살은 전통(箭筒) 속에 넣어 두기 때문입니다.

뿐만 아니라 만일 '흰 말을 탄 자'를 적그리스도로 본다면, 적그리스도에게 면류관이 주어지고 적그리스도는 전쟁할 때마다 승리하는 세계 최강국으로서, 최종 승리가 그에게 돌아간다는 의미로 귀결되기 때문에 절대 있을 수 없는 해석입니다.

그런데 흰 말을 탄 자를 적그리스도로 해석하는 이들은 붉은 말은 전쟁, 검은 말은 기근, 청황색 말은 사망으로 해석합니다. 따라서 이런 유의 해석은 자체 모순을 안고 있음을 지적하지 않을 수 없습니다. 왜냐하면 흰 말에 대해서는 적그리스도, 곧 '사람'으로 해석하면서 다른 말에 대해서는 '재앙'으로 해석하기 때문입니다. 즉 흰 말과 다른 말들을 해석하는 기준과 잣대가 서로 다르기 때문에 그 자체가 모순이라는 의미입니다.

② 둘째 인(붉은 말)

> "둘째 인을 떼실 때에 내가 들으니 둘째 생물이 말하되 오라 하니 이에 다른 붉은 말이 나오더라 그 탄 자가 허락을 받아 땅에서 화평을 제하여 버리며 서로 죽이게 하고 또 큰 칼을 받았더라"(계 6:3, 4).

둘째 인을 뗄 때에는 붉은 말이 나왔는데 이것은 어떤 정치 사상일까요? 우선 공산주의가 떠오릅니다. 공산 사상을 붉은 사상으로,

공산국가를 적색 국가로 불렀기 때문입니다. 하지만 공산주의의 종주국이었던 소련의 몰락과 동구권의 퇴락 이후 공산주의는 역사에서 급격히 퇴조하고 있으므로, 공산주의가 말세에 다시 한 번 세계의 정치계에 바람을 일으킨다고 볼 수 없습니다. 그러면 붉은 말은 어떤 정치 사상으로 보아야 할까요?

성경은 붉은 색을 '피'를 상징하는 데 사용합니다(참조. 사 63:2). 그러므로 '붉은 말'은 피와 연관이 있는 정치 사상입니다. 그런데 '피 주의'(主義)란 피를 중심으로 모이는 혈연주의이니 곧 민족주의가 아니겠습니까? 사실 소비에트연방공화국(USSR)이 무너지면서 두드러지게 나타난 것은 민족주의였습니다. 따라서 민족주의가 마지막 때에 세계를 풍미하는 또 하나의 정치 사상으로 자리매김한다는 의미입니다. 그리고 이처럼 붉은 말이 민족주의를 상징한다는 것은 스가랴의 예언 속에서도 암시되어 있습니다.

> "건장한 말은 나가서 땅에 두루 다니고자 하니 그가 이르되 너희는 여기서 나가서 땅에 두루 다니라 하더라 하매 곧 땅에 두루 다니더라"(슥 6:7).

여기의 '건장한 말'은 붉은 말을 가리킵니다. 왜냐하면 바로 앞 절에서 검은 말과 흰 말과 어룽진 말에 대해서는 언급했지만 붉은 말에 대해서는 언급하지 않았기 때문입니다. 그런데 '붉은 말이 땅에 두루 다닌다'는 의미는 그 정치 사상이 어느 지역에 편중되어 있지 않고 온 세계에 골고루 퍼진다는 의미가 아닙니까? 그러므로 붉은 말은 민족주의가 분명합니다. 왜냐하면 자본주의 국가들이나 사회주의 나라들은 대체로 블록을 형성하고 있는 데 비해 민족주의는 그 성격상 블록을 형성할 수 없어 전 세계에 골고루 퍼져 있는 정치 사상이기 때문입니다.

그러면 그 붉은 말이 "허락을 받아 땅에서 화평을 제하여 버리며 서로 죽이게 하고"라는 의미는 무엇일까요? 민족주의는 자칫 제 민족만 위하는 집단 이기주의로 전락함으로써 타 민족과의 마찰을 피할 수 없고, 그로 말미암아 민족 간에 전쟁이 일어나 세상의 평화가 깨지고 많은 사람이 죽게 될 것이기 때문에 "땅에서 화평을 제하여 버리며 서로 죽이게 하고"라고 한 것 같습니다. 따라서 "큰 칼을 받았더라"는 것은 전쟁을 위하여 민족주의 국가들이 큰 무장을 한다는 의미로 풀이됩니다.

③ 셋째 인(검은 말)

"셋째 인을 떼실 때에 내가 들으니 셋째 생물이 말하되 오라 하기로 내가 보니 검은 말이 나오는데 그 탄 자가 손에 저울을 가졌더라 내가 네 생물 사이로부터 나는 듯한 음성을 들으니 이르되 한 데나리온에 밀 한 되요 한 데나리온에 보리 석되로다 또 감람유와 포도주는 해치지 말라 하더라"(계 6:5, 6).

검은 말은 어떤 정치 이념일까요? 일단 검은 말은 돈이나 경제와 관계있는 정치 사상입니다. 왜냐하면 검은 말을 탄 자가 '손에 저울을 가졌다'고 하였고, 또 "한 데나리온에 밀 한 되요 한 데나리온에 보리 석 되로다"라는 음성이 네 생물 사이에서 들렸기 때문입니다. 그리고 이것은 주께서 "한 사람이 두 주인을 섬기지 못할 것이니…… 너희가 하나님과 재물을 겸하여 섬기지 못하느니라"(마 6:24)고 하신 말씀 속에서도 뒷받침됩니다. 왜냐하면 성경에서 '흰색'은 하나님을 상징하였으므로 그 대칭인 '검은색'은 재물을 상징하기 때문입니다.

그러므로 검은 말은 돈 주의, 재물주의이니, 곧 돈이 돈을 버는 자본주의입니다. 따라서 검은 말을 탄 자가 손에 저울을 가졌다는 것은 자본주의 국가의 장사꾼 같은 이해타산성을 나타냅니다. 그리고 "한 데나리온에 밀 한 되요 한 데나리온에 보리 석 되로다"라는 음성이 난 것도 검은 말을 탄 자는 자본주의 국가임을 확인해 주는 부분입니다. 왜냐하면 한 데나리온은 노동자의 하루 품삯인데, 노동자들이 하루 종일 일해도 밀 한 되나 보리 석 되밖에 살 수 없다는 것은 자본주의 국가 내에서 노동자들이 아주 낮은 보수를 받는다는 의미이기 때문입니다. 그런데 "감람유와 포도주는 해치지 말라"는 음성이 네 생물 사이에서 난 의미는 무엇일까요?

감람유는 성령을 상징하고(슥 4:11-14) 포도주는 예수님의 보혈을 상징하므로(마 26:28) '감람유와 포도주'는 기독교를 가리킵니다. 따라서 교회를 박해하지 말라는 음성을 하나님께서 자본주의 나라들에게 발하신 것으로 보아야 합니다. 그러면 왜 그런 명령을 하셨을까요?

교회들은 대체로 자본주의 국가 내에 많이 산재해 있는데, 성경은 장차 자본주의 나라들이 '음녀'들이 될 것을 예언하고 있기 때문인 것 같습니다. 즉 자본주의 국가들이 기독교인들을 박해할 것을 우려하시어 "감람유와 포도주를 해치 말라"는 명령을 하셨다는 의미입니다.

④ 넷째 인(청황색 말)

> "넷째 인을 떼실 때에 내가 넷째 생물의 음성을 들으니 말하되 오라 하기로 내가 보매 청황색 말이 나오는데 그 탄 자의 이름은 사망이니 음부가 그 뒤를 따르더라 그들이 땅 사분의 일의 권세를 얻어 검과 흉년과 사망과 땅의 짐승들로써 죽이더라"(계 6:7, 8).

청황색은 앞에서 고찰해 본 것같이 '창백한 색'입니다. 그런데 창백한 색은 죽음의 색이므로(pale green like a corpse, NLT) 청황색 말은 죽음의 정치 사상입니다. 그러면 종말시대에 출현할 죽음의 정치 사상은 무엇일까요?

통합 사회주의입니다. 곧 '세상 모든 나라가 하나로 통합하면 전쟁과 가난이 없는 평화와 평등의 지상 낙원을 이룰 수 있다'는 달콤한 좌파적 정치 이념입니다. 그렇기 때문에 청황색 말을 탄 자의 이름은 사망이고 "음부가 그 뒤를 따르더라"고 한 것입니다. 즉 '사망'이라는 이름의 청황색 말을 탄 자는 거짓 그리스도요, '음부'라는 이름으로 그 뒤를 따르는 자는 거짓 선지자라는 의미입니다. 바로 이런 이유에서 "저희가 땅 사분의 일의 권세를 얻어"라고 하여 사망과 음부를 '저희'(they)로 받은 것입니다. 왜냐하면 열 뿔 일곱 머리 짐승인 러시아 열 연방국과 두 뿔 달린 짐승인 이라크 연방국을 합치면 세계의 4분의 1 정도는 되기 때문입니다. 그러면 통합 사회주의가 죽음의 정치 사상이 되는 이유는 무엇일까요?

통합 사회주의는 세계가 진정으로 평화와 평등의 세상이 되려면 모든 것이 하나로 통합되어야 한다고 외치면서 모든 민족, 종교, 문화, 사상, 전통, 풍속 등에 똑같은 가치를 부여하여 서로를 인정하고 하나로 통합해야 한다고 목소리를 높일 것입니다. 그런데 문제는 종교의 통합입니다. 왜냐하면 기독교는 유일한 구원의 종교, 생명의 종교이므로 만일 기독교를 타 종교와 혼합하여 하나로 만든다면 결국 영혼을 죽이는 일이 되기 때문입니다. 그렇기 때문에 통합 사회주의는 죽음의 정치 사상입니다.

바로 여기에서 세계 통합 국가의 왕이 왜 유독 기독교인을 박해하는지 그 이유를 깨닫게 됩니다. 왜냐하면 타 종교인들은 세계 통합 국가의 정체를 모르기 때문에 '모든 종교가 하나가 되면 평화의 세상을 이루게 된다'는 감언이설에 현혹되어 세계 통합 정부의 혼합 종교 정책에 부응할 것이지만, 진실한 기독교인들은 거짓 그리스도의 흉계를 알기에 그 정책을 따르지 않을 것이기 때문입니다. 이렇게 볼 때 과거의 공산 사회주의는 유물론 사상으로 기독교를 탄압하여 영혼을 죽였는데, 앞으로 출현할 통합 사회주의는 종교 통합이라는 미명 아래 기독교의 유일성을 희석시키는 방법으로 영혼을 죽인다고 볼 수 있습니다. 따라서 공산 사회주의나 통합 사회주의의 배후에는 사탄이 도사리고 있음이 틀림없습니다.

그러면 "검과 흉년과 사망과 땅의 짐승들로써 죽이더라"는 말은 무슨 뜻일까요? 이것은 통합 사회주의 사상 위에 세워지게 될 세계 통합 국가로 말미암아 전쟁과(검) 기근과(흉년) 지진이(사망) 발생하여 수많은 사람들이 죽는다는 의미입니다. 여기서 검을 전쟁으로, 흉년은 기근, 사망은 지진의 재앙으로 해석한 이유는 앞으로 살펴보겠지만 7년 대재난 중에 발생할 재앙들이 바로 그런 것들이기 때문입니다. 그러면 "땅의 짐승들로써 죽이더라"고 한 말씀의 의미는 무엇일까요?

하나님께서 이사야 선지자를 통해 "내가 동쪽에서 사나운 날짐승을 부르며(사 46:11)라고 말씀하셨을 때의 '사나운 날짐승'은 바벨론 군대를 상징했습니다. 또 에스겔을 통해 예언하신 '사나운 짐승'(겔 14:15)도 바벨론 군대를 가리켰습니다. 그래서 "내가 나의 네 가지 중한 벌 곧 칼과 기근과 사나운 짐승과 전염병을 예루살렘에 함께 내려 사람과 짐승을 그 중에서 끊으리니"(겔 14:21)라고 말씀하신 것입니다. 그러므로 요한계시록의 '땅의 짐승들'도 성경 해석주의에 의해 세계 통합 정부의 경찰이나 군대를 가리킨다고 보아야 합니다. 즉 성도들을 핍박하고 괴롭힐 적그리스도의 끄나풀들을 '땅의 짐승들'로 상징적 묘사를 했다는 뜻입니다.

한편, 천사는 스가랴 선지자에게 다음과 같은 말을 들려주었습니다. 이제 그 의미를 살펴보면서 네 말에 대한 말씀을 마무리하려 합니다.

> "검은 말은 북쪽 땅으로 나가고 흰 말은 그 뒤를 따르고 어룽진 말은 남쪽 땅으로 나가고……그가 내게 외쳐 말하여 이르되 북쪽으로 나간 자들이 북쪽에서 내 영을 쉬게 하였느니라"(슥 6:6, 8).

'북쪽 땅'은 거대한 러시아 열 연방국이 자리 잡고 있는 적그리스도 지역입니다. 따라서 "어룽진 말은 남쪽 땅으로 나가고"라는 말은 러시아의 통합 사회주의가 남쪽 지역으로 퍼져나갈 것에 대한 환상입니다. 그리고 검은 말이 북쪽 땅으로 나간다는 것은 자본주의가 통합 사회주의와 야합한다는 의미입니다. 곧 큰 음녀가 열 뿔 일곱 머리 짐승을 올라탈 것에 대한 환상입니다. 그런데 북쪽으로 나간 자들이 북쪽에서 하나님의 영을 쉬게 하였다는 의미는 무엇일까요?

북쪽으로 나간 자들은 검은 말과 흰 말입니다. 따라서 검은 말의 자본주의와 흰 말의 예수주의가 하나님의 영을 쉬게 하였다는 뜻입니다. 그런데 검은 말의 경우는 앞으로 나팔 재앙을 살펴보면 알겠지만, 자본주의 국가들이 사회주의 국가들을 공격하면서 큰 전쟁이 벌어질 것이기 때문에 그렇게 표현한 것으로 보입니다. 하지만 흰 말의 경우는 예수주의가 청황색 말의 통합 사회주의를 심판할 것이기 때문에 하나님의 영을 쉬게 한 것이라고 보아야 할 것입니다. 이것은 예수주의 나라인 '손 대지 아니한 돌'이 통합 사회주의 사상에 의해 세워질 세계 통합 국가, 곧 쇠와 진흙으로 된 발을 쳐서 부서뜨릴 것을 성경이 예언하고 있다는 데서도 충분히 뒷받침됩니다(참조. 단 2:41-45).

이상으로 첫째 인부터 넷째 인까지의 말씀에 대하여 고찰해 보았습니다. 그러므로 종말시대에는 러시아 연방국의 대통령이 통합 사회주의 사상에 입각한 7년 계약의 세계 통합 국가를 이루자고 제창할 때, 미국을 비롯한 자본주의 국가들과 민족주의 국가들이 대거 호응하여 세계 통합 국가를 수립할 것입니다. 하지만 붉은 말의 민족주의 나라들로 인하여 민족 간의 전쟁이 발발하고, 검은 말의 자본주의 국가들로 말미암아 노사(勞使) 간의 충돌과 교회 탄압이 일어나며, 청황색 말의 통합 사회주의 나라들로 인하여 국가 간 전쟁을 비롯하여 기근과 지진 및 신앙의 대박해가 발생할 것입니다. 그리하여 그 세계 통합 국가는 평화의 낙원을 이루기는커녕 황폐한 사탄의 국가로 전락하였다가, 종국에는 흰 말의 예수주의 나라에 의하여 멸망한다는 것이 첫째 인부터 넷째 인까지의 내용입니다.

(2) 다섯째 인-여섯째 인

① 다섯째 인

> "다섯째 인을 떼실 때에 내가 보니 하나님의 말씀과 그들이 가진 증거로 말미암아 죽임을 당한 영혼들이 제단 아래 있어 큰소리로 불러 이르되 거룩하고 참되신 대주재여 땅에 거하는 자들을 심판하여 우리 피를 갚아주지 아니하시기를 어느 때까지 하시려 하나이까 하니 각각 그들에게 흰 두루마기를 주시며 이르시되 아직 잠시 동안 쉬되 그들의 동무 종들과 형제들도 자기처럼 죽임을 당하여 그 수가 차기까지 하라 하시더라"(계 6:9-11).

다섯째 인을 뗄 때는 순교당한 영혼들이 하늘 제단 아래서 자신들의 피를 신원해 달라는 호소를 합니다. 그런데 "하나님의 말씀과 그들이 가진 증거로 말미암아 죽임을 당한 영혼들"이라고 하였으므로, 그들은 구약시대와 신약시대에 하나님의 말씀을 지키려다 순교했거나 예수님을 증거하다가 죽임을 당한 영혼들입니다. 그리고 그들이 "거룩하고 참되신 대주재여 땅에 거하는 자들을 심판하여 우리 피를 갚아 주시지 아니하시기를 어느 때까지 하시려 하나이까"라는 호소를 한다는 것을 보면, 하나님께서 세상을 심판하시는 이유 중의 하나는 순교당한 영혼들의 피의 호소 때문임을 알 수 있습니다.

그런데 하나님께서 그들에게 흰 두루마기를 주시면서 "아직 잠시 동안 쉬되 그들의 동무 종들과 형제들도 자기처럼 죽임을 당하여 그 수가 차기까지 하라"고 하셨습니다. 그러므로 다섯째 인은 장차 후 3년 반에 있을 짐승 통치 시에 수많은 성도들이 순교당할 것을 예고한 인입니다. 그러나 "그 수가 차기까지 하라"고 말씀하셨으므로 순교자의 수는 한정되어 있다고 보아야 합니다.

한편, 피의 호소를 하는 순교자들에게 흰 두루마기를 입혀주신다는 것은 그들에게 영원한 천국을 약속하면서 그들을 위로하시는 모습입니다. 왜냐하면 "자기 두루마기를 빠는 자들은 복이 있으니 이는 그들이 생명나무에 나아가며 문들을 통하여 성에 들어갈 권세를 받으려 함이로다"(계 22:14)라는 말씀에서 알 수 있듯이 '흰 두루마기'는 영원한 천국에 들어갈 권세를 의미하기 때문입니다.

② 여섯째 인

> "내가 보니 여섯째 인을 떼실 때에 큰 지진이 나며 해가 검은 털로 짠 상복같이 검어지고 달은 온통 피같이 되며 하늘의 별들이 무화과나무가 대풍에 흔들려 설익은 열매가 땅에 떨어지는 것같이 땅에 떨어지며 하늘은 두루마리가 말리는 것같이 떠나가고 각 산과 섬이 제자리에서 옮겨지매 땅의 임금들과 왕족들과 장군들과 부자들과 강한 자들과 모든 종과 자유인이 굴과 산들의 바위틈에 숨어 산들과 바위에게 말하되 우리 위에 떨어져 보좌에 앉으신 이의 얼굴에서와 어린양의 진노에서 우리를 가리라 그들의 진노의 큰 날이 이르렀으니 누가 능히 서리요 하더라"(계 6:12-17).

여섯째 인은 이 세상의 심판을 예고한 인입니다. 그런데 '큰 지진이 나며'라고 하였으므로, 이 세상 심판은 대지진으로부터 비롯된다는 뜻입니다. 그래서 여섯째 인의 실제 상황인 일곱째 대접에서도

"……큰 지진이 있어 어찌 큰지 사람이 땅에 있어온 이래로 이같이 큰 지진이 없었더라"(계 16:18)고 한 것이요, 이사야 선지자는 "땅이 깨지고 깨지며 땅이 갈라지고 갈라지며 땅이 흔들리고 흔들리며 땅이 취한 자같이 비틀비틀하며 원두막같이 흔들리며 그 위의 죄악이 중하므로 떨어져서 다시는 일어나지 못하리라"(사 24:19, 20)고 예언한 것입니다.

한편 "해가 검은 털로 짠 상복같이 검어지고"라고 한 것은 해가 빛을 잃고 캄캄해질 것에 대한 묘사입니다. 그리고 "달은 온통 피같이 되며"는 달빛도 어두워질 것에 대한 표현이고, "하늘의 별들이 무화과나무가 대풍에 흔들려 설익은 열매가 떨어지는 것같이 땅에 떨어지며"라고 한 것은, 별빛조차 없는 칠흑같은 밤이 될 것에 대한 상징적 묘사입니다.

이처럼 세상이 심판받는 마지막 날에는 해와 달과 별들이 전혀 빛을 비추지 않는 캄캄한 세상이 될 것이기 때문에, 요엘 선지자는 "해와 달이 캄캄하며 별들이 그 빛을 거두도다"(욜 3:15)라고 하였고, 스가랴 선지자는 "그 날에는 빛이 없겠고 광명한 것들이 떠날 것이라"(슥 14:6)고 하였으며, 이사야 선지자는 "보라 여호와의 날 곧 잔혹히 분냄과 맹렬히 노하는 날이 이르러 땅을 황폐하게 하며 그중에서 죄인들을 멸하리니 하늘의 별들과 별 무리가 그 빛을 내지 아니하며 해가 돋아도 어두우며 달이 그 빛을 비추지 아니할 것이로다"(사 13:9, 10)라고 예언한 것입니다.

그런데 하늘이 두루마리가 말리는 것같이 떠나간다는 것은 최후의 심판날에 있을 엄청난 천둥 번개에 대한 묘사로 보아야 합니다. 왜냐하면 천둥과 번개가 쉴 새 없이 몰아치면 하늘이 떠나가는 듯한 느낌을 받기 때문입니다. 그래서 이사야 선지자는 "하늘의 만상이 사라지고 하늘들이 두루마리같이 말리되 그 만상의 쇠잔함이 포도나무 잎이 마름 같고 무화과나무 잎이 마름 같으리라"(사 34:4)고 예언합니다.

그러니 얼마나 무서운 공포가 사람들을 엄습하겠습니까? 햇빛도 달빛도 별빛도 없는 칠흑같은 세상에 천둥과 번개는 쉴 새 없이 몰아치는데, 엄청난 큰 지진으로 인하여 땅은 갈라지고 쓰나미는 몰려오면서 수많은 사람들이 비참한 죽음을 맞이할 것이니 말입니다. 그래서 땅의 왕들을 비롯한 온갖 계층의 사람들은 굴과 바위틈에 숨어 산들과 바위에게 이르기를 "우리 위에 떨어져 보좌에 앉으신 이의 얼굴에서와 그 어린양의 진노에서 우리를 가리라 그들의 진노의 큰 날이 이르렀으니 누가 능히 서리요"(계 6:16, 17)라고 외친다는 것이 아닙니까?

여섯째 인의 예고처럼 이 세상은 그렇게 망할 것입니다. 세계가 하나가 되기만 하면 평등과 평화의 세상을 이룰 줄 착각했던 어리석은 세상! 세계통합국가의 최고 통치자를 신(神)처럼 섬겨 그의 우상에게 경배하게 하고, 또 메시아처럼 믿도록 666 짐승표를 강요했던 간교한 세상! 신앙의 지조를 지키는 성도들을 무자비하게 박해하고 살해했던 포악한 세상! 그 짐승 통치의 세상은 하나님의 진노를 받아 그렇게 망하게 되고, 그리스도의 강림으로 말미암아 정의와 평화가 가득한 새로운 세상이 전개될 것입니다.

(3) 일곱째 인

일곱째 인은 어떤 사건의 예고가 아니라 나팔 재앙을 여는 인입니다. 그러므로 일곱째 인을 뗌으로써 전개될 일곱 나팔 재앙에 대하여 말씀을 고찰해 보겠습니다.

3. 일곱 나팔 재앙

일곱 나팔 재앙은 7년 대재난 중에 일어날 여섯 나팔과 7년 대재난이 끝나면서 불게 될 일곱째 나팔로 구성됩니다. 그러면 먼저 나팔 재앙의 성격에 대하여 살펴본 다음 나팔을 부는 시기와 그 내용에 대하여 살펴보겠습니다.

(1) 나팔 재앙의 성격

일곱 나팔 재앙이 어떤 성격을 띠고 있는지에 대해서는 다음의 말씀을 통해 알 수 있습니다.

> "내가 보매 하나님 앞에 일곱 천사가 서 있어 일곱 나팔을 받았더라 또 다른 천사가 와서 제단 곁에 서서 금향로를 가지고 많은 향을 받았으니 이는 모든 성도의 기도와 합하여 보좌 앞 금 제단에 드리고자 함이라 향연이 성도의 기도와 함께 천사의 손으로부터 하나님 앞으로 올라가는지라 천사가 향로를 가지고 제단의 불을 담아다가 땅에 쏟으매 우레와 음성과 번개와 지진이 나더라"(계 8:2-5).

일곱 나팔을 받은 천사들은 하나님 앞에 서 있는데, 다른 천사가 금향로에 담긴 향을 성도의 기도와 함께 가지고 하나님 앞으로 올라갔더니, 천사가 향로에 제단의 불을 담아다가 땅에 쏟으면서 음성과 번개와 지진이 나더라고 하였습니다. 그러므로 일곱 나팔 재앙은 성도의 기도에 의하여 하나님께서 세상에 내리는 재앙이라는 의미입니다.

그러면 성도들은 어떠한 기도를 드리기에 하나님께서 그 기도를 들으시고 세상에 나팔 재앙을 일으키실까요? 아마도 다음과 같은 기도가 아닐까 추측됩니다.

> "하나님 아버지! 이 세상은 모든 국가들이 하나로 통합하기만 하면 평

화와 평등의 좋은 세상을 이룰 줄 착각하고 있습니다. 하지만 우리는 예수 그리스도께서 강림하시어 세상을 다스리지 않는 이상 지상에 참된 평화는 있을 수 없음을 믿습니다. 그러니 통합 사회주의는 허구이며 세계 통합 국가의 왕이 아무리 놀라운 기적을 행하며 메시아처럼 행세해도 그 유혹에 넘어가지 않도록 도우소서"

그러므로 나팔 재앙은 통합 사회주의가 위장된 평화 사상임을 세상으로 깨닫게 함과 동시에, 성도들로 하여금 거짓 그리스도의 시험과 거짓 선지자의 미혹에 넘어가지 않도록 하기 위해 내리시는 재앙입니다. 그런데 성도의 기도가 금향로에 담긴 많은 향과 함께 하나님 보좌 앞으로 올라간다고 하였으므로 우선 그 의미를 고찰해 보겠습니다.

기도가 향연이 되어 보좌로 올라간다는 의미

일단 하나님께서 성도의 기도를 매우 귀하게 여기신다는 뜻입니다. 왜냐하면 향연으로 화(化)한 기도가 금향로에 담겨져 천사들에 의해 하나님께 올라간다고 했기 때문입니다. 아울러 하나님께서 기뻐하시는 기도만 하나님께 상달된다는 의미입니다. 왜냐하면 기도가 향기로운 향연이 되어 금향로에 담겨져 보좌로 올라간다고 하였으므로, 하나님께서 흠향(歆饗)하실 수 없는 기도는 악취가 나서 보좌로 올라갈 수 없다고 보아야 하기 때문입니다. 그러면 향기로운 향연이 되어 하나님께 올라가는 기도, 곧 하나님께서 기쁘게 받으시는 기도는 어떤 기도라고 보아야 할까요?

구약시대에 성전에서 항상 피워 올려 드렸던 분향은 기도를 상징했습니다. 그래서 다윗은 "나의 기도가 주의 앞에 분향함과 같이 되며 나의 손드는 것이 저녁 제사같이 되게 하소서"(시 141:2)라고 노래한 것입니다. 그러므로 향품을 만드는 규례 속에서 하나님께서 기뻐 받으시는 기도는 무엇인지를 찾아보고자 합니다.

> "여호와께서 모세에게 이르시되 너는 소합향과 나감향과 풍자향의 향품을 가져다가 그 향품을 유향에 섞되 각기 같은 분량으로 하고 그것으로 향을 만들되 향 만드는 법대로 만들고 그것에 소금을 쳐서 성결하게 하고 그 향 얼마를 곱게 찧어 내가 너와 만날 회막 안 증거궤 앞에 두라 이 향은 너희에게 지극히 거룩하니라"(출 30:34-36).

향품은 소합향과 나감향과 풍자향과 유향을 소금에 섞어서 만들었습니다. 그러면 이러한 재료들이 상징하는 영적 의미는 무엇일까요?

● **소합향** : 소합향은 팔레스타인이나 인도에서 나는 나무의 진액에서 채취한 향으로 치료제로 사용되었습니다. 따라서 하나님은 치료하시는 하나님, 곧 문제를 해결해 주시는 분이라는 믿음을 가지고 드리는 기도가 하나님이 흠향하시는 소합향의 기도라는 의미입니다.

여리고 성의 맹인 거지 바디매오는 예수께서 지나가신다는 소리를 듣자 "다윗의 자손 예수여 나를 불쌍히 여기소서"(막 10:47)라고 외칩니다. 그때 많은 사람들이 그를 꾸짖으며 잠잠하라고 제지했지만, 그는 더욱 소리 지르며 예수님을 찾음으로써 마침내 주님의 부름을 받아 눈을 뜨게 되었는데, 바로 그러한 기도가 소합향의 기도입니다. 그래서 주님은 "네 믿음이 너를 구원하였느니라"(막 10:52)고 그를 격려해 주신 것입니다.

이처럼 하나님은 믿음의 기도를 흠향하시기 때문에, 히브리 기자는 "믿음이 없이는 하나님을 기쁘시게 하지 못하나니 하나님께 나아가는 자는 반드시 그가 계신 것과 또한 그가 자기를 찾는 자들에게

상 주시는 이심을 믿어야 할지니라"(히 11:6)고 하였고, 야고보 선생은 "오직 믿음으로 구하고 조금도 의심하지 말라 의심하는 자는 마치 바람에 밀려 요동하는 바다 물결 같으니 이런 사람은 무엇이든지 주께 얻기를 생각하지 말라"(약 1:6, 7)고 한 것입니다. 그리고 예수님은 "내가 진실로 너희에게 이르노니 누구든지 이 산더러 들리어 바다에 던져지라 하며 그 말하는 것이 이루어질 줄 믿고 마음에 의심하지 아니하면 그대로 되리라 그러므로 내가 너희에게 말하노니 무엇이든지 기도하고 구하는 것은 받은 줄로 믿으라 그리하면 너희에게 그대로 되리라"(막 11:23, 24)는 말씀으로 소합향 같은 믿음의 기도만이 응답될 수 있음을 가르치셨습니다.

● **나감향** : 나감향은 지중해나 홍해 연안에서 서식하는 연체동물의 껍질을 빻아서 만든 동물성 향입니다. 그런데 '껍질을 빻는다'는 것은 자아(ego)를 깨뜨린다는 영적 의미가 있다고 볼 수 있지 않겠습니까? 그러므로 나감향의 기도란 "나는 아무것도 할 수 없고 오직 주만 바라봅니다"라는 기도, 곧 자아가 철저하게 깨어진 겸손한 기도를 상징합니다.

남조 유다의 여호사밧 왕은 모압과 암몬과 마온 사람들이 연합군을 형성하여 침공하였을 때, 온 백성에게 금식 기도를 선포한 뒤 "우리 하나님이여 그들을 징벌하지 아니하시나이까 우리를 치러 오는 이 큰 무리를 우리가 대적할 능력이 없고 어떻게 할 줄도 알지 못하옵고 오직 주만 바라보나이다"(대하 20:12)라는 기도를 드림으로써 대승을 거두었는데(대하 20:15-23), 이는 그가 나감향의 겸손한 기도를 드렸기 때문이었습니다.

예수께서 바리새인의 교만한 기도는 상달되지 못했지만, 감히 눈을 들어 하늘을 쳐다보지도 못하고 가슴을 치면서 "하나님이여 불쌍히 여기소서 나는 죄인이로소이다"(눅 18:13)라고 울먹인 세리의 겸손한 기도는 응답되었다는 이야기를 해주신 것도 같은 맥락입니다. 그러므로 자아가 완전히 깨진 나감향의 겸손한 기도를 드림으로써 하나님께서 가납(嘉納)하시는 기도를 드려야 하겠습니다.

● **풍자향** : 풍자향은 아라비아산 관목의 수지(樹脂)로 만든 향인데 해충을 퇴치하는 데 사용되었습니다. 특히 성막이 광야에 세워지는 경우가 많았기 때문에 뱀을 비롯한 해충들의 침입을 막으려고 풍자향을 피웠습니다. 따라서 기도를 훼방하는 흑암의 세력을 물리치는 기도가 풍자향의 기도입니다. 즉 사탄이 가져다주는 잡념이나 졸음을 물리치도록 온 마음을 다하여 간절히 드리는 기도가 풍자향의 기도라는 뜻입니다.

예수님은 겟세마네 동산에서 힘쓰고 애쓰시며 땀이 핏방울같이 되도록 간절한 기도를 드리셨고(눅 22:44), 떡 세 덩이를 구하는 친구의 이야기를 통해서는 "비록 벗 됨으로 인하여서는 일어나서 주지 아니할지라도 그 간청함을 인하여 일어나 그 요구대로 주리라"(눅 11:8)는 말씀으로 기도는 간절해야 함을 가르치셨습니다.

그러므로 비록 작은 소리로 기도하거나 묵상 기도를 드릴지라도 기도는 간절하게 해야 합니다. 왜냐하면 맥없이 드리는 조용한 기도는 마귀의 훼방으로 말미암아 잡념에 휘말리거나 졸음에 사로잡혀 횡설수설하기 십상팔구(十常八九)이기 때문입니다. 그래서 하나님은 "너희는 내게 부르짖으며 내게 와서 기도하면 내가 너희들의 기도를 들을 것이요 너희가 온 마음으로 나를 구하면 나를 찾을 것이요 나를 만나리라"(렘 29:12, 13)고 하신 것이요, 또 "너는 내게 부르짖으라 내가 네게 응답하겠고 네가 알지 못하는 크고 은밀한 일을 네게 보이리라"(렘 33:3)는 말씀도 하신 것입니다. 왜냐하면 부르짖는 간절한 기도만이 마귀의 세력을 물리침으로써 기도 줄을 붙잡을 수 있는 풍자향의 기도이기 때문입니다.

● **유향** : 유향은 유향나무에서 채취한 향인데 해독제로 쓰였습니다. 그러면 영적으로 볼 때 신앙의 독은 무엇일까요?

불평입니다. 이것은 출애굽했던 이스라엘이 40년 동안 광야 길을 걸으면서 하나님과 모세를 가장 괴롭혔던 것이 그들의 불평과 원망이었다는 데서 익히 증명됩니다. 따라서 유향은 감사의 기도를 상징합니다. 불평의 독을 해소시킬 수 있는 유일한 해독제는 감사하는 마음이기 때문입니다. 그래서 소제(素祭)에는 반드시 유향을 첨가하도록 하신 것이요(레 6:15) 하나님은 "감사로 제사를 드리는 자가 나를 영화롭게 하나니"(시 50:23)라고 말씀하신 것입니다.

다윗은 밧세바와의 사이에서 난 아기가 병들자 일주일 동안이나 금식하고 철야했습니다. 하지만 아기는 끝내 숨지고 말았습니다. 그러자 그는 기도의 자리에서 일어나 몸을 씻고 기름을 바르고 의복을 갈아입고 여호와의 전에 들어가서 경배하였는데(삼하 12:15-20) 바로 그러한 모습이 유향의 기도입니다.

그러므로 만일 하나님께 불평과 원망을 쏟아내면서 기도를 드린다면 결코 상달될 수 없음을 알아야 합니다. 왜냐하면 그런 기도는 악취가 나서 금향로에 담을 수 없기 때문입니다. 그래서 바울 사도는 "너희 구할 것을 감사함으로 하나님께 아뢰라"(빌 4:6)고 권면합니다.

● **소금** : 소금은 방부제로 사용되었으므로 진실하고 깨끗한 기도를 상징합니다. 따라서 위선적이고 탐욕스런 기도는 냄새가 나서 금향로에 담을 수 없을 것입니다. 그래서 다윗은 "여호와께서는 자기에게 간구하는 모든 자, 곧 진실하게 간구하는 모든 자에게 가까이

하시는도다”(시 145:18)라고 하였고, 시편 기자는 “내가 나의 마음에 죄악을 품었더라면 주께서 듣지 아니하시리라”(시 66:18)고 하였으며, 야고보 선생은 “구하여도 받지 못함은 정욕으로 쓰려고 잘못 구하기 때문이라”(약 4:3)고 일갈(一喝)한 것입니다. 그리고 예수님은 “또 너희는 기도할 때에 외식하는 자와 같이 하지 말라 그들은 사람에게 보이려고 회당과 큰 거리 어귀에 서서 기도하기를 좋아하느니라”(마 6:5)는 말씀으로 위선적인 기도를 극히 경계하셨습니다.

그러므로 소금을 친 것처럼 진실하고 깨끗한 기도를 드림으로써 하나님께서 기쁘게 받으시는 기도를 드려야 할 것입니다.

이상으로 금향로에 담겨져 보좌 앞으로 올라가는 기도는 어떤 기도인가를 살펴보았습니다. 그런데 기도는 얼마나 귀한 것이지 모릅니다. 미천한 인생이 지존(至尊)하신 하나님을 어느 때나 만나 독대하며 대화를 나누는 것이 기도이기 때문입니다. 그러므로 하나님께서 흠향하시는 기도를 항상 드림으로써 하나님 아버지와 깊은 교제를 나눔과 동시에, 또한 수많은 응답으로 삶을 아름답게 수(繡)놓아야 하겠습니다.

(2) 일곱 나팔을 부는 시기

“일곱째 인을 떼실 때에 하늘이 반 시간쯤 고요하더니 내가 보니 하나님 앞에 일곱 천사가 서 있어 일곱 나팔을 받았더라”(계 8:1, 2)고 하였습니다. 즉 세계 통합 국가가 형성되고 반 시간(half an hour, KJV, RSV, NIV)쯤 후에 나팔 재앙이 일어난다는 뜻입니다. 그러면 그 ‘반 시간’은 어느 정도의 기간을 가리킬까요?

성경은 장차 짐승 통치 시에 성도가 겪게 될 박해의 기간에 대하여 “한 때와 두 때와 반 때”(단 7:25c)라고 하였습니다. 그런데 한 때는 일 년을 가리키므로(단 11:13) '한 때, 두 때, 반 때'(a time, times, half a time, RSV, NIV)는 일 년, 이 년, 반 년, 도합 3년 반을 의미합니다. 이처럼 '반 때'가 반 년을 상징했다면 '반 시간'도 반 년으로 보아야 하지 않겠습니까? 왜냐하면 '반 때'(half a time)나 '반 시간'(half an hour)은 동일한 시간의 길이를 가리킨다고 보아야 하기 때문입니다.

그러므로 "일곱째 인을 떼실 때에 하늘이 반 시간쯤 고요하더니 내가 보니 하나님 앞에 일곱 천사가 서 있어 일곱 나팔을 받았더라"는 말씀은, 세계 통합 국가가 발족한 후 약 6개월 동안은 재앙의 나팔이 없이 조용히 지내다가 그 반 년이 지나면서부터 나팔이 불려지면서 재난이 발생한다는 의미입니다.

그런데 첫째 나팔부터 넷째 나팔까지 불었을 때 공중에 날아가는 독수리가 큰소리로 "땅에 사는 자들에게 화, 화, 화가 있으리니 이는 세 천사들이 불어야 할 나팔소리가 남아 있음이로다"(계 8:13)라고 외쳤으므로 첫째부터 넷째 나팔까지의 재앙보다 다섯째, 여섯째, 일곱째 나팔 재앙은 더 혹독하다고 보아야 합니다.

그러면 더 무서운 재앙을 내리시는 이유가 무엇이겠습니까? 시대가 더 악하기 때문이 아니겠습니까? 그러면 장차 형성될 7년 계약의 세계 통합 국가에서 더 악한 시대는 언제일까요? 전반기일까요? 후반기일까요?

후 3년 반입니다. 왜냐하면 전 3년 반은 온 세계가 하나가 되기만 하면 평화의 세상이 될 줄 착각하는 인본주의 세상이지만, 후 3년 반은 세계 통합 국가의 왕이 거짓 그리스도의 역할을 하면서 하나님을 대적하고 성도를 괴롭히는 짐승 통치의 시대이기 때문입니다. 그러므로 첫째 나팔부터 넷째 나팔까지는 전 3년 반에 불고, 다섯째 여섯째 나팔은 후 3년 반에 불며, 일곱째 나팔은 후 3년 반이 끝나면서 불게 될 것입니다. 따라서 일곱 나팔 부는 시기를 도표화하면 다음과 같이 됩니다.

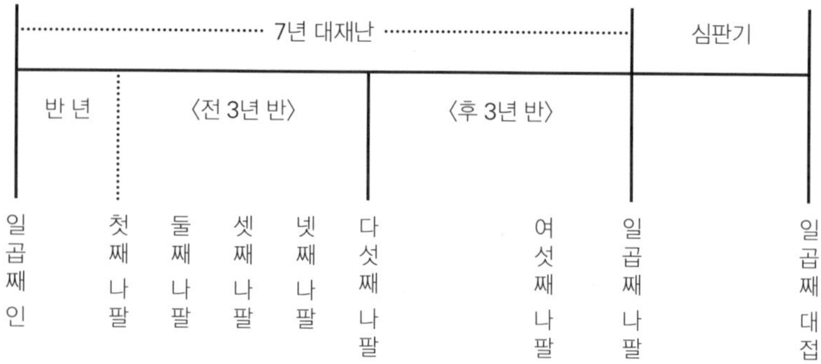

이 도표에서 다섯째 나팔을 후 3년 반이 시작됨과 동시에 분다고 표기한 이유는, 그 나팔 재앙은 세계 통합 국가의 왕이 거짓 그리스도의 역할을 할 것이기 때문에 내리시는 재앙으로 보았기 때문입니다. 즉 세계 통합국의 통치자가 자칭 하나님이요 메시아라고 하면서 하나님께 대한 예배를 금하고 자기의 우상을 세워 그것을 경배하게 하며 또 666 짐승표도 받게 할 것이기 때문에 내리시는 재난이라는 의미입니다.

그러면 일곱 나팔 재앙을 전 3년 반과 후 3년 반으로 나누어 말씀을 고찰해 보겠습니다.

(3) 전 3년 반의 재앙(첫째 나팔–넷째 나팔)

전술(前述)한 것처럼 첫째 나팔부터 넷째 나팔까지는 전 3년 반에 발생하는 재난입니다. 그런데 이 네 나팔은 상징적으로 묘사되어 있어서 그것들이 어떤 재앙을 의미하는지를 밝혀내기란 결코 용이한 일이 아닙니다. 하지만 네 나팔 재앙과 짝을 이루는 말씀을 찾으면 의외로 쉽게 그 의미를 발견할 수 있는데 네 나팔 재앙과 짝이 되는 말씀은 예수님의 감람산 종말론 강론 중 다음의 이 부분입니다.

> “난리와 난리 소문을 듣겠으나 너희는 삼가 두려워하지 말라 이런 일이 있어야 하되 아직 끝은 아니니라 민족이 민족을 나라가 나라를 대적하여 일어나겠고 곳곳에 기근과 지진이 있으리니 이 모든 것은 재난의 시작이니라”(마 24:6-8).

“재난의 시작이니라”는 말씀은 곧 7년 대재난 중 전 3년 반의 재난이라는 의미입니다. 따라서 “민족이 민족을 나라가 나라를 대적하여 일어나겠고 곳곳에 기근과 지진이 있으리니”라고 하신 대목이 곧 전 3년 반에 있을 네 나팔 재앙에 대한 말씀입니다. 이렇게 볼 때 감람산 강론에서는 사실 그대로 말씀하신 것이고 요한계시록에서는 상징적 표현을 하신 것입니다.

그러므로 첫째 나팔은 민족 간의 전쟁에 대한 재난이고, 둘째 나팔은 국가 간의 전쟁에 대한 재난이며, 셋째 나팔은 기근의 재앙, 그리고 넷째 나팔은 지진의 재앙입니다. 그러면 이러한 재앙들이 계시록에서 어떻게 상징적으로 묘사되었는지를 살펴보겠습니다.

① 첫째 나팔 - 민족 간 전쟁

> “첫째 천사가 나팔을 부니 피 섞인 우박과 불이 나와서 땅에 쏟아지매 땅의 삼분의 일이 타버리고 수목의 삼분의 일도 타버리고 각종 푸른 풀도 타버렸더라”(계 8:7).

첫째 나팔 재앙은 민족끼리 싸우는 전쟁이므로 ‘피 섞인 우박과 불’은 전쟁에 사용되는 각종 포탄을 상징합니다. 그런데 그것이 땅에 쏟아져 땅과 수목(樹木)과 푸른 풀의 3분의 1이 타버렸다고 하였으므로 세계 3분의 1 도처(到處)에서 발생하는 민족 간의 전쟁으로 인하여 사람이 죽고 자연이 파괴된다는 의미입니다. 그리고 여기서 ‘수목’을 사람으로 보아야 하는 이유는 성경은 사람을 주로 ‘나무’로 상징하기 때문입니다(참조. 사 5:7; 단 4:11; 슥 11:2; 눅 23:31).

한편, 이 전쟁을 '땅'의 전쟁으로 묘사한 까닭은 규모가 크지 않은 민족 간 전쟁을 나타내기 위한 의도로 보아야 합니다. 왜냐하면 성경은 작은 것은 '땅'으로, 큰 것은 '바다'로 상징적 묘사를 하기 때문입니다. 그렇기 때문에 좀 더 규모가 큰 국가 간의 전쟁인 둘째 나팔은 다음과 같이 '바다'의 전쟁으로 묘사합니다.

② 둘째 나팔 - 국가 간 전쟁

> "둘째 천사가 나팔을 부니 불붙는 큰 산과 같은 것이 바다에 던져지매 바다의 삼분의 일이 피가 되고 바다 가운데 생명 가진 피조물들의 삼분의 일이 죽고 배들의 삼분의 일들이 깨지더라"(계 8:8, 9).

둘째 나팔 재앙은 '나라가 나라를 대적하여 일어나는' 국가 간의 전쟁이라고 하였습니다. 따라서 '불붙는 큰 산'은 미사일 같은 대형 포탄을 가리킨다고 보아야 합니다. 그리고 그것이 바다에 던져져 바다의 3분의 1이 피가 된다는 것은, 단순히 바다에 발사된다는 의미라기보다는 전쟁 당사국 전체에, 곧 땅이건 바다건 공중이건 발사되어 큰 피해를 입힌다는 의미입니다.

따라서 "바다 가운데 생명 가진 피조물들의 삼분의 일이 죽고 배들의 삼분의 일이 깨지더라"는 말씀도 단순한 해전(海戰)에 의한 피해를 말하려는 것이 아니라, 육해공 전반에 걸쳐서 입게 될 생명체들의 피해 및 전차, 야포, 전투기, 전함 및 각종 군수 물자 등의 피해에 대한 묘사입니다.

③ 셋째 나팔 - 기근

"셋째 천사가 나팔을 부니 횃불 같이 타는 큰 별이 하늘에서 떨어져 강들의 삼분의 일과 여러 물샘에 떨어지니 이 별 이름은 쓴 쑥이라 물의 삼분의 일이 쓴 쑥이 되매 그 물이 쓴 물이 되므로 많은 사람이 죽더라"(계 8:10,11).

셋째 나팔은 기근의 재앙이라고 하였습니다. 그러므로 '횃불같이 타는 큰 별'은 하나님께서 강들과 물샘들을 오염시키기 위해 일으키신 특수한 별로 보아야 합니다. 왜냐하면 그 별의 이름은 '쓴 쑥'이라고 하였는데 '쑥'은 헬라어 '앞신도스'(ΑΨιvδος)로서 근동(近東)의 사막에서 자라는 아주 쓴 물풀이기 때문입니다. 따라서 '쓴 쑥'이라는 이름을 가진 횃불같이 타는 큰 별이 세분화되어, 세계 3분의 1 지역의 강들과 물샘들에 떨어짐으로 말미암아 식수(食水)도 없고 농업 용수도 없어 기근이 찾아오게 된다는 의미입니다. 그래서 "물의 삼분의 일이 쓴 쑥이 되매 그 물이 쓴 물이 되므로 많은 사람이 죽더라"고 한 것입니다.

그러므로 일반적으로는 비가 오지 않기 때문에 기근이 찾아오는 법인데, 셋째 나팔로 발생하는 기근은 강물이나 물샘들이 쓴 쑥에 의해 오염되어 야기되는 매우 이색적인 기근입니다.

④ 넷째 나팔 - 지진

"넷째 천사가 나팔을 부니 해 삼분의 일과 달 삼분의 일과 별들의 삼분의 일이 타격을 받아 그 삼분의 일이 어두워지니 낮 삼분의 일은 비추임이 없고 밤도 그러하더라"(계 8:12).

넷째 나팔은 지진의 재앙이라고 하였습니다. 그러면 지진을 왜 해와 달과 별이 어두워지는 것으로 상징적 묘사를 했을까요? 지진이 일어나 땅속에 매몰되면 햇빛도 달빛도 별빛도 볼 수 없는 암흑 천지가 되기 때문이 아니겠습니까? 그런데 해, 달, 별들의 3분의 1이 타격을 받는다고 했으므로 세계 3분의 1 지역에서 지진이 발생한다는 의미입니다.

한편, 누가는 전 3년 반의 재난에 대하여 "민족이 민족을 나라가 나라를 대적하여 일어나겠고 곳곳에 큰 지진과 기근과 전염병이 있겠고……"(눅 21:10, 11)라고 하여 기근과 지진의 순서를 바꾸었고 또 전염병을 추가하였습니다. 누가가 전염병을 추가한 것은 그가 의사였기 때문으로 보아야 합니다. 즉 전쟁과 기근과 지진이 발생하면 자연히 전염병도 따라올 줄 알고 전염병을 덧붙였다는 뜻입니다. 하지만 기근과 지진의 순서를 바꾼 것은 전 3년 반의 재앙은 순서 없이 발생한다는 것을 암시하기 위함으로 보아야 합니다. 그러므로 전 3년 반에 일어날 재난의 특성과 그 의미에 대하여 고찰해 보겠습니다.

전 3년 반의 재난의 특성과 그 의미

민족이 민족끼리 싸우고 나라가 나라끼리 싸우며 곳곳에 기근과 지진이 발생하는 첫째 나팔부터 넷째 나팔까지의 재난은 순차적으로 발생했다가 사라지는 것이 아니라, 전 3년 반 동안 그러한 재앙들이 서로 뒤섞이어 세계 3분의 1 도처에서 마구 발생한다는 의미로 해석해야 합니다. 왜냐하면 일곱 인과 일곱 나팔은 그 구조나 전개가 똑같아서 첫째부터 넷째까지의 첫 번째 부분은 뒤섞여서 발생한다는 의미가 있고, 다섯째-여섯째의 두 번째 부분은 순차적인 의미가 있으며, 일곱째의 마지막 부분은 그다음을 연결하는 고리 역할을 하기 때문입니다.

다시 말하면 첫째 인부터 넷째 인까지는 네 말로 상징되는 네 정치 사상들이 서로 뒤섞이어 세상을 풍미한다는 의미이므로, 첫째 나팔부터 넷째 나팔까지의 재앙도 전 3년 반 동안 그러한 재난들이 뒤

섞여서 마구 발생한다는 의미로 해석해야 한다는 뜻입니다.

그러므로 세계가 하나의 국가를 이루기만 한다면 전쟁과 기근은 사라져 모든 나라들이 평화롭고 평등하게 잘살 수 있으리라는 장밋빛 꿈은 이렇듯 허무하게 사라져버리고 말 것입니다. 그리고 세계는 민족이 민족을, 나라가 나라를 대적하여 일어나는 크고 작은 전쟁과 기근 및 지진, 그리고 그로 말미암아 야기되는 괴질(怪疾)로 인하여 몹시 괴로운 세상이 될 것입니다. 그 결과 통합 사회주의는 허구이며, 세계 통합 국가의 왕은 거짓 그리스도이고, 하나님 없는 일치와 예수님이 배제된 인간들만의 연합은 아무런 평화를 가져다 줄 수 없음을 세상은 점점 깨닫게 될 것입니다.

(4) 후 3년 반의 재앙(다섯째, 여섯째 나팔)

전 3년 반의 재앙이 끝났을 때 공중에 날아가는 독수리는 큰소리로 "땅에 사는 자들에게 화, 화, 화가 있으리니 이는 세 천사들이 불어야 할 나팔소리가 남아 있음이로다"(계 8:13)라고 외쳤습니다. 따라서 다섯째 나팔은 첫째 화, 여섯째 나팔은 둘째 화, 그리고 7년 대재난이 끝나면서 있게 될 일곱째 나팔은 셋째 화입니다.

그리고 남은 세 나팔들에 대하여 특별히 '화'라고 칭한 이유는, 그 재앙들은 이전의 나팔 재앙보다 더 혹독할 뿐 아니라, 단순히 3분의 1 지역이 아닌 전 세계적인 재앙일 것이기 때문으로 보아야 할 것입니다. 그러면 후 3년 반에 있을 나팔 재앙에 대하여 고찰해 보겠습니다.

① 다섯째 나팔

"다섯째 천사가 나팔을 불매 내가 보니 하늘에서 땅에 떨어진 별 하나가 있는데 그가 무저갱의 열쇠를 받았더라 그가 무저갱을 여니 그 구멍에서 큰 화덕의 연기 같은 연기가 올라오매 해와 공기가 그 구멍의 연기로 말미암아 어두워지며 또 황충이 연기 가운데로부터 땅 위에 나오매 그들이 땅에 있는 전갈의 권세와 같은 권세를 받았더라 그들에게 이르시되 땅의 풀이나 푸른 것이나 각종 수목은 해하지 말고 오직 이마에 하나님의 인침을 받지 아니한 사람들만 해하라 하시더라 그러나 그들을 죽이지는 못하게 하시고 다섯 달 동안 괴롭게만 하게 하시는데 그 괴롭게 함은 전갈이 사람을 쏠 때에 괴롭게 함과 같더라 그날에는 사람들이 죽기를 구하여도 죽지 못하고 죽고 싶으나 죽음이 그들을 피하리로다"(계 9:1-6).

'하늘에서 떨어진 별'은 일견(一見) 타락한 천사로 보이게 합니다. 그러나 그가 무저갱의 열쇠를 받았다고 했으므로 타락한 천사로 볼 수 없습니다. 왜냐하면 무저갱은 사탄이나 귀신들(계 20:1-3; 눅 8:31), 또는 범죄한 천사들을(벧후 2:4) 가둔 영계(靈界)의 감옥(監獄)인데, 그곳에 갇혀 있어야 할 타락한 천사에게 무저갱의 열쇠를 맡긴다는 것은 있을 수 없기 때문입니다.

그러므로 '하늘에서 떨어진 별'은 '하늘에서 내려온 천사'로 해석해야 합니다. 그리고 '하늘에서 떨어졌다'는 표현을 한 이유는 주어를 '별'로 상징적 표현을 했기 때문입니다. 환언하면 '하늘에서 내려온 별'이라고 할 수 없기 때문에 '하늘에서 떨어진 별'이라는 표현을 했다는 뜻입니다.

그리고 그 천사가 무저갱을 여니 그 구멍으로부터 큰 화덕의 연기 같은 연기가 올라와 그 연기로 말미암아 해와 공기가 어두워지면서 그 연기 속에서 황충이 나왔다고 했는데, '황충'은 헬라어 '아크리데스'(ἀκρίδες)로 메뚜기입니다(locusts, KJV, RSV, NIV, NLT). 그런데 이 황충은 전갈처럼 꼬리에 쏘는 살이 있다고 했고, 또 땅의 푸른 것들은 해하지 말고 하나님의 인 맞지 아니한 사람들만 해하라는 명령을 받았으며, 더욱이 사자 같은 이빨을 갖고 있다는 점에서(계 9:8) 이 메뚜기는 보통 메뚜기가 아니라 하나님께서 적그리스도가 통치하는 세상에 재앙을 내리려고 발생하게 하신 특수한 메뚜기로 보아야 할 것입니다.

다시 말하면 후 3년 반의 시작과 함께 세계 통합 국가 왕이 자칭 하나님이요 메시아라고 하면서 하나님께 드리는 예배를 금지시키고 자기의 우상을 만들어 하나님처럼 경배하라고 할 것이기 때문에 "네가 정말 하나님이고 세상을 구원할 메시아라면 왜 네가 통치하는 세상에 이상한 메뚜기가 들끓느냐"라는 조롱의 의미가 담긴 재앙이라는 뜻입니다.

그러므로 7년 계약의 중간이 되었을 때, 세계 통합 국가의 최고 통치자가 예루살렘 성전을 비롯한 온 세계 교회당의 꼭대기에 자기의 우상을 세우고 그 우상을 경배하게 하며, 또 666 짐승표를 이마에나 오른손에 받으라는 명령을 내리면, 다섯째 나팔이 불면서 수많은 메뚜기 떼가 땅속으로부터 올라와 떼를 지어 사방을 날아다니며 사자의 이빨 같은 이빨로 사람들을 물어뜯고, 또 전갈과 같은 꼬리의 살로 사람을 쏘는 황충의 재앙이 5개월 동안 창궐하게 될 것입니다.

그런데 "그날에는 사람들이 죽기를 구하여도 죽지 못하고 죽고 싶으나 죽음이 그들을 피하리로다"(계 9:6)라고 한 것을 보면, 황충으로 인한 고통은 차라리 죽고 싶을 정도로 클 것 같습니다. 하지만 마음대로 죽을 수도 없는 고통이 다섯 달 동안이나 계속됩니다. 그리고 그 황충의 떼를 지휘하는 왕 메뚜기에 대하여 "무저갱의 사자라 히브리어로는 그 이름이 아바돈이요 헬라어로는 그 이름이 아볼루온이더라"(계 9:11)고 한 대목도 황충의 재앙의 혹독함을 시사해 주는 부분입니다. 왜냐하면 '아바돈'(אבדון)이나 '아볼루온'(Απολλύων)에는 '파괴자'라는 의미가 있기 때문입니다.

한편, 이처럼 무서운 메뚜기 재앙이 종말시대에 있을 것에 대해서

BC 9세기경 요엘 선지자는 다음과 같이 이미 예언한 바 있습니다.

> "그의 모양은 말 같고 그 달리는 것은 기병 같으며 그들이 산꼭대기에서 뛰는 소리는 병거 소리와도 같고 불꽃이 검불을 사르는 소리와도 같으며 강한 군사가 줄을 벌이고 싸우는 것 같으니 그 앞에서 백성들이 질리고 무리의 낯빛이 하얘졌도다 그들이 용사같이 달리며 무사같이 성을 기어오르며 각기 자기의 길로 나아가되 그 줄을 이탈하지 아니하며 피차에 부딪치지 아니하고 각기 자기의 길로 나아가며 무기를 돌파하고 나가나 상하지 아니하며 성 중에 뛰어들어가며 성 위에 달리며 집에 기어오르며 도둑같이 창으로 들어가니 그 앞에서 땅이 진동하며 하늘이 떨며 해와 달이 캄캄하며 별들이 빛을 거두도다 여호와께서 그의 군대 앞에서 소리를 지르시고 그의 진영은 심히 크고 그의 명령을 행하는 자는 강하니 여호와의 날이 크고 심히 두렵도다 당할 자가 누구이랴"(욜 2:4-11).

"그의 모양은 말 같고 달리는 것은 기병 같으며"는 메뚜기의 얼굴 모양은 말처럼 길고 그 뛰는 모습도 기병과 같다는 뜻이며, "그들의 뛰는 소리는 병거 소리와도 같고 불꽃이 검불을 사르는 소리와도 같으며"는 수많은 메뚜기 떼들이 뛸 때 내는 요란한 소리에 대한 묘사입니다. 그리고 "그 앞에서 땅이 진동하며 하늘이 떨며 해와 달이 캄캄하며 별들이 그 빛을 거두도다"라고 한 것은 메뚜기 떼의 폭은 약 300m, 길이는 약 6km에 이르기 때문에 그 떼가 지나가면서 내는 엄청난 소리와 메뚜기 떼가 하늘을 가리어 땅을 캄캄하게 하는 현상에 대한 표현입니다. 또한 "여호와께서 그의 군대 앞에서 소리를 지르시고 그의 진영은 심히 크고 그의 명령을 행하는 자는 강하니"라고 한 것은 전능하신 하나님의 계획에 따라 메뚜기 재앙이 진행된다는 의미입니다.

그런데 이 황충의 재앙을 실제 메뚜기에 의한 재앙으로 보지 않고, 적그리스도의 군대나 경찰들에 의해 성도들이 후 3년 반 동안 겪게 될 환난으로 해석하는 이들이 있습니다. 이에 이 문제를 짚고 넘어가고자 합니다.

황충의 재앙은 성도의 대환난을 상징하는가?

어떤 이들은 황충의 재앙을 상징적으로 영해(靈解)하여 '무저갱에서 올라오는 연기'를 거짓 그리스도의 사상이나 배교 사상으로 풀이하고, 그 연기로 말미암아 해와 공기가 어두워지는 것은 기독교의 진리가 어두워지는 것으로 해석하며, 그 연기 가운데에서 나오는 황충은 적그리스도에게 충성하는 끄나풀들로 풀이합니다. 따라서 황충의 재앙이란 짐승 무리에 의해 신자들이 겪게 될 대환난이고, 아울러 5개월은 후 3년 반을 상징한다고 주장합니다. 과연 이 해석이 옳은 것일까요? 다음과 같은 이유에서 오류입니다.

첫째, 앞에서 고찰해 본 것과 같이 나팔 재앙은 성도의 기도에 의해 세계 통합 국가에 내리는 재앙입니다. 그런데 황충의 재앙을 성도의 환난으로 보았기 때문에 잘못입니다.

둘째, 5개월을 3년 반의 상징으로 보려면 성경적 근거가 있어야 하는데, 성경에는 그런 식의 해석이 전혀 없기 때문입니다. 더욱이 메뚜기의 실제 활동 기간이 4월부터 9월까지 약 5개월이라는 점에서도 '다섯 달'은 문자적으로 보아야 합니다.

셋째, 황충의 재난은 사람을 괴롭히기는 해도 죽이지는 못한다고 하였습니다. 그러나 적그리스도의 무리에 의해 겪게 될 성도의 환난 중에는 많은 순교자가 있을 것을 성경이 예언하고 있지 않습니까?(계 6:11) 그러므로 황충의 재난을 성도의 대환난으로 보는 것은 전혀 비성경적입니다.

넷째, 황충들에게 "땅의 풀이나 푸른 것이나 각종 수목은 해하지 말고 오직 이마에 하나님의 인 맞지 아니한 사람들만 해하라"고 말한 것 자체가 황충들은 실제 메뚜기라는 의미이기 때문입니다. 왜냐하면 황충을 만일 적그리스도의 군대로 본다면, 결국은 사람인데 "땅의 풀이나 푸른 것이나 수목은 해하지 말라"는 말을 사람에게 할 수는 없기 때문입니다. 그리고 황충에 대한 다음의 묘사를 보아도 황충이 실제 메뚜기라는 것에는 의심의 여지가 없습니다.

> "황충들의 모양은 전쟁을 위하여 준비한 말들 같고 그 머리에 금 같은 관 비슷한 것을 썼으며 그 얼굴은 사람의 얼굴 같고 또 여자의 머리털 같은 머리털이 있고 그 이빨은 사자의 이빨 같으며 또 철 호심경 같은 호심경이 있고 그 날개들의 소리는 병거와 많은 말들이 전쟁터로 달려 들어가는 소리 같으며 또 전갈과 같은 꼬리와 쏘는 살이 있어 그 꼬리에는 다섯 달 동안 사람들을 해하는 권세가 있더라"(계 9:7-10).

황충의 모양에 대하여 "전쟁을 위하여 준비한 말들 같다"고 한 것은 수많은 메뚜기들이 앉아 있는 모습이 마치 출전하려고 도열해 있는 기마대처럼 보인다는 뜻입니다. 그런데 굳이 황충의 모습을 말에 비유한 이유는 무엇일까요? 메뚜기의 긴 얼굴이 말의 긴 얼굴을 연상시키기 때문이 아니겠습니까?

또한 "머리에 금 같은 관 비슷한 것을 썼으며"는 메뚜기 머리 부분의 누런 빛 테두리에 대한 묘사이고, "얼굴이 사람의 얼굴 같고"라는 것은 메뚜기의 얼굴에 사람처럼 이목구비가 있다는 뜻이며, "여자의 머리털 같은 머리털이 있다"는 것은 머리 부분의 긴 더듬이를 두고 한 표현으로 보아야 합니다. 그리고 "철 호심경(護心鏡) 같은 호심경이 있다"는 것은 메뚜기 앞가슴의 당당한 모습이 고대 전사(戰士)들의 철 흉갑을 연상시키기 때문이며, "그 날개들의 소리는 병거와 많은 말들이 전쟁터로 달려 들어가는 소리 같으며"라고 한 것은 엄청나게 많은 메뚜기 떼가 지나가면서 내는 크고 두려운 소리에 대한 묘사로 보아야 할 것입니다.

그러므로 다섯째 나팔은 적그리스도의 병사들에 의하여 겪게 될 성도들의 대환난이 아니라, 후 3년 반이 시작되면서 5개월 동안 전개될 실제 메뚜기 재앙이 분명합니다.

한편, 황충의 해를 받을 자들에 대하여 "오직 이마에 하나님의 인 맞지 아니한 사람들"이라고 하였습니다. 그러면 그 의미가 무엇일까요?

인 맞지 아니한 자들만 황충의 해를 받는다는 의미

하나님의 인에 대해서는 다음 장에서 자세히 살펴볼 것이지만, 간단히 말한다면 완전히 열매 맺은 성도들의 이마에 하나님의 도장을 찍어 7년 대재난의 온갖 재난과 환난에서 성도들을 절대 보호하는 인(印)을 말합니다. 그러므로 "오직 이마에 하나님의 인 맞지 아니한 사람들만 해하라"는 말씀은, 불신자들은 물론이지만 일반 신자 중에도 하나님의 인침을 받지 못한 자들은 황충의 재난을 겪게 하신다는 의미입니다.

그러면 그 까닭이 무엇일까요? 나팔 재앙은 본래 성도들의 기도에 의하여 적그리스도가 통치하는 세계 통합 국가에 내리는 재앙이므로 불신자들만이 그 대상인데, 어떻게 해서 하나님의 인침을 받지 못한 신자들이 황충의 재난을 받느냐는 의문입니다.

제1장에서 종말시대는 천국의 곡식을 여물게 할 마지막 천국 농사철이라고 하였고, 그것을 위하여 영원한 복음이 전파된다고 하였습니다. 그러므로 하나님의 인 맞은 자들은 영원한 복음에 따라 완전한 열매를 맺었기 때문에 하나님의 인침을 받았다고 보아야 합니다. 그러면 하나님의 인침을 받지 못한 신자들은 어떤 이들이겠습니까? 영원한 복음을 무시한 채 오직 복음이 전부라고만 여기는 자들이 아니겠습니까? 그런데 후 3년 반이 시작되었는데도 불구하고 여전히

영원한 복음을 받아들이지 않는다면, 놀라운 능력을 행하는 거짓 그리스도에게 속아 그의 우상에게 절하며 666 짐승표를 받음으로써 영혼이 망할 우려가 있기 때문에, 사랑의 하나님께서 그들을 경성시켜 거짓 선지자의 꾐에 넘어가지 않도록 하시려고 황충의 재난만큼은 받게 하시는 것이 아닌가 판단됩니다.

다시 말하면 하나님의 인침을 받지 못한 자들은 황충의 재난으로 말미암아 말할 수 없는 고통을 받지만, 인(印) 맞은 자들은 전혀 해를 받지 않고 있는 모습을 똑똑히 목도(目睹)하게 함으로써 늦게나마 그 영원한 복음이 진리임을 깨닫게 하며 거짓 그리스도의 미혹에 넘어가지 않게 하시려고 황충의 재난만큼은 받게 하신다는 의미입니다.

더욱이 그때쯤이면 세계 통합 정부의 앞잡이 노릇을 하는 어용(御用) 목사들이 많이 나타나 "세계 통합 국가의 왕을 섬기거나 그의 우상에게 경배하는 것은 국가 원수(元首)를 존경하는 하나의 의식(儀式)일 뿐 우상 숭배가 아니며, 또 짐승 표를 받는 것도 국민으로서 국가 시책에 동참하는 것일 뿐 그리스도를 배반하는 행위가 아니다. 뿐만 아니라 예수를 믿음으로 한 번 받은 구원은 결코 상실되는 것이 아니므로 '짐승과 그의 우상에게 경배하거나 짐승 표를 받으면 유황 불못에 떨어진다'는 영원한 복음은 이단이다"라고 하면서 택함 받은 신자라도 넘어뜨리려 할 것이기 때문에, 그들의 유혹에 넘어가지 않게 하시려고 황충의 재난만은 받게 하신다고 볼 수 있습니다.

이처럼 황충의 재난에는 인(印) 맞지 못한 신자들을 깨우치는 목적도 있기 때문에 다른 나팔 재앙과는 달리 죽음이 없도록 조치하신 것으로 보입니다.

② 여섯째 나팔

"여섯째 천사가 나팔을 불매 내가 들으니 하나님 앞 금단 네 뿔에서 한 음성이 나서 나팔 가진 여섯째 천사에게 말하기를 큰 강 유브라데에 결박한 네 천사를 놓아주라 하매 네 천사가 놓였으니 그들은 그 년, 월, 일, 시에 이르러 사람 삼분의 일을 죽이기로 준비된 자들이더라 마병대의 수는 이만만이니 내가 그들의 수를 들었노라 이 같은 환상 가운데 그 말들과 그 위의 탄 자들을 보니 불빛과 자주 빛과 유황빛 호심경이 있고 또 말들의 머리는 사자 머리 같고 그 입에서는 불과 연기와 유황이 나오더라 이 세 재앙 곧 자기들의 입에서 나오는 불과 연기와 유황으로 말미암아 사람 삼분의 일이 죽임을 당하더라 이 말들의 힘은 입과 꼬리에 있으니 꼬리는 뱀 같고 또 꼬리에 머리가 있어 이것으로 해하더라"(계 9:13-19).

"유브라데에 결박한 네 천사"는 무엇을 상징할까요? 그 네 천사에 대하여 "그 년, 월, 일, 시에 이르러 사람 삼분의 일을 죽이기로 준비된 자들이더라 마병대의 수는 이만만이니"라고 하였으므로, '네 천사'는 일단 네 나라를 상징합니다. 왜냐하면 군대를 동원하여 전쟁을 일으킬 수 있는 일은 국가만이 할 수 있기 때문입니다.

따라서 "유브라데에 결박한 네 천사를 놓아주라 하매 네 천사가 놓였으니"라고 한 것은, 전쟁을 일으키지 못하도록 하나님에 의해 묶여 있던 네 나라가 그 결박이 풀리면서 하나님께서 계획하신 년, 월, 일, 시에 이르러 중동지역에서 큰 전쟁을 일으킨다는 의미입니다. 그런데 동원되는 군대의 수가 이만만, 곧 2억이나 되고 그 전쟁으로 인하여 세계 인구의 3분의 1이나 되는 많은 사람들이 죽는다는 것을 보면, 그 전쟁은 네 당사국들만의 전쟁이 아닌 세계 대전으로 번진다고 보아야 할 것입니다. 그렇기 때문에 여섯째 나팔을 '둘째 화'라고 칭한 것이라고 봅니다.

그러므로 여섯째 나팔은 중동 지역에서 발발할 제3차 세계 대전입니다. 그래서 이어지는 말씀은 한결같이 전쟁에 관한 묘사뿐임을 보게 됩니다. 즉 "말들과 그 탄 자들"이란 전차나 장갑차 등 기계화된 무기와 그것을 탄 병사들을 가리키고, "불빛과 자주 빛과 유황빛 호심경이 있고"라고 한 것은, 그들이 붉은 색과 자주색과 노란색 방탄조끼를 입고 출전한다는 의미입니다. 왜냐하면 '호심경'은 옛 전사들의 가슴을 보호하는 흉갑을 가리키므로 오늘날에는 방탄조끼 같은 것인데, '불빛'은 불같은 붉은 색이고(fiery red, NIV), '유황빛'은 유황처럼 노란색(yellow as sulfur, NIV)이기 때문입니다.

그리고 "말들의 머리가 사자 같다"는 것은 사자가 백수(百獸)의 왕이라는 데서 전차 등 기계화된 무기들의 무서운 파괴력을 암시하고, "입에서는 불과 연기와 유황이 나오더라"고 한 것은 그러한 무기로 핵폭탄을 발사한다는 의미입니다. 왜냐하면 '불과 연기와 유황'을 '세 재앙'이라고 하였으므로 이는 핵폭탄이 터질 때 발생하는 '열(熱)과 버섯구름과 낙진(落塵)'을 가리킨다고 보아야 하기 때문입니다. 바로 이런 이유에서 성경은 "이 세 재앙 곧 자기들의 입에서 나오는 불과 연기와 유황으로 말미암아 사람 삼분의 일이 죽임을 당하더라"고 말합니다. 왜냐하면 핵전쟁이 아니고서는 세계 인구의 3분의 1이나 되는 많은 사람들이 죽임을 당할 수 없기 때문입니다. 그런데 "이 말들의 힘은 입과 꼬리에 있으니 꼬리는 뱀 같고 또 꼬리에 머리가 있어 이것으로 해하더라"(계 9:19)고 한 의미는 무엇일까요?

'말'은 전차 등 기계화 무기를 가리키므로 장차 제3차 세계대전에 사용될 전차는 앞부분뿐 아니라 뒷부분에도 포가 있다는 뜻이고, "또 꼬리에 머리가 있어 이것으로 해하더라"는 것은 뒷부분의 포에는 컴퓨터 장치가 되어 있어 그것으로 적에게 큰 타격을 입힌다는 의미로 보입니다. 그러므로 제3차 세계대전은 핵무기와 더불어 각종 첨단 과학 무기가 총동원되는 전자전(電子戰)이 될 것입니다.

그러면 유브라데에 결박된 네 천사, 곧 제3차 세계대전을 일으킬 네 당사국들은 어떤 나라들일까요? 그것과 함께 대전(大戰)의 발발과 경과 및 전쟁의 결과에 대하여 말씀을 고찰해 보겠습니다.

㉠ **전쟁의 네 당사국** : 요한계시록은 "열 뿔과 짐승은 음녀를 미워하여 망하게 하고"(계 17:16)라고 하였습니다. 그러므로 유브라데에 결박된 네 천사 중 두 천사는 일단 러시아 열 연방국과 미합중국입니다. 그리고 이들은 각기 좌익의 사회주의 국가들과 우익의 자본주의 국가들을 대표하는 두 종주국이므로 동조 세력들이 자연히 가세하면서 세계 대전으로 비화(飛火)하게 될 것입니다. 그러면 나머지 두 천사는 어느 나라를 가리킬까요?

이라크와 영국으로 보아야 합니다. 왜냐하면 이라크 연방국은 '두 뿔 달린 짐승'으로 열 뿔 일곱 머리 짐승인 러시아 연방국과는 혈맹 관계에 있는 나라이고, 영국은 미국의 전통적 우방국으로서 제1, 2차 세계대전을 비롯하여 지난 걸프 전과 이라크 전 및 아프카니스탄 전쟁에도 함께했으므로 이 전쟁에도 함께한다고 보아야 하기 때문입니다. 이로 볼 때 불원간 영국은 EU에서 탈퇴할 것이 예상됩니다.

그러므로 유브라데에 결박된 네 천사는 미국, 영국, 러시아, 이라크입니다. 하지만 일단 결박에서 풀려나 전쟁이 발발되면 러·이라크 측에는 중국을 비롯한 사회주의 성향의 국가들이 대거 가세하고, 미·영국 측에는 독일과 프랑스를 비롯한 서구 자본주의 국가들이 거의 참전하면서 세계 대전으로 확산될 것입니다. 따라서 전쟁이 없는 세상을 꿈꾸며 자본주의 국가들과 사회주의 나라들이 한 지붕 아래 살림을 차렸지만, 결국 이렇게 좌익과 우익의 싸움으로 인간들만의 연합은 완전히 깨지고 마는 것입니다.

㉡ **전쟁의 발발(勃發) 및 경과** : 제3차 세계대전에 관한 말씀은 성경 어디에서 찾을 수 있을까요? 다니엘 11장에는 헬라 제국에서 일어

날 북방왕과 남방왕 사이의 대하(大河) 전쟁에 관한 예언이 수록되어 있습니다. 즉 남방 왕인 애굽의 프톨레미(Ptolemy) 왕조와 북방 왕인 수리아의 셀류커스(Seleucus) 왕조 사이의 여러 대에 걸친 전쟁은 5절에서 19절까지 수록되어 있고, 21절부터 35절까지는 예루살렘 성전 모독으로 유명한 안티오커스 에피파네스 4세(Antiochus Epiphanes Ⅳ, BC 175-163년)와 마카비(Maccabaeus) 가(家)의 혁명 전쟁에 대한 내용이 예언되어 있습니다.

그런데 다니엘 11장에서 "그 왕은 자기 마음대로 행하며 스스로 높여 모든 신보다 크다 하며 비상한 말로 신들의 신을 대적하며…… 그가 모든 것보다 스스로 크다 하고……무릇 그를 안다 하는 자에게는 영광을 더하여 여러 백성을 다스리게도 하며 그에게서 뇌물을 받고 땅을 나눠주기도 하리라"(36-39절)고 하였으므로, 이 부분은 세계 통합 국가의 왕에 대한 예언으로 보지 않을 수 없습니다. 따라서 이어지는 다음의 말씀은 마지막 때에 중동 지역에서 발발할 제3차 세계대전에 대한 예언입니다.

> "마지막 때에 남방 왕이 그와 힘을 겨룰 것이나 북방 왕이 병거와 마병과 많은 배로 회오리바람처럼 그에게로 마주 와서 그 여러 나라에 침공하여 물이 넘침같이 지나갈 것이요 그가 또 영화로운 땅에 들어갈 것이요 많은 나라를 패망하게 할 것이나 오직 에돔과 모압과 암몬 자손의 지도자들은 그의 손에서 벗어나리라 그가 여러 나라들에 손을 펴리니 애굽 땅도 면하지 못할 것이니 그가 권세로 애굽의 금은과 모든 보물을 차지할 것이요 리비아 사람과 구스 사람이 그의 시종이 되리라 그러나 동북에서부터 소문이 이르러 그를 번민하게 하므로 그가 분노하여 나가서 수많은 무리를 다 죽이며 멸망시키고자 할 것이요 그가 장막 궁전을 바다와 영화롭고 거룩한 산 사이에 세울 것이나 그의 종말이 이르리니 도와줄 자가 없으리라"(단 11:40-45).

이 부분을 제3차 세계대전에 대한 예언으로 간주해야 하는 이유는, 천사가 다니엘에게 헬라 제국에서 일어날 큰 전쟁에 관한 환상을 보여줄 때, "이제 내가 말일에 네 백성의 당할 일을 네게 깨닫게 하려 왔노라 이 이상은 오랜 후의 일이니라"(단 10:14)는 설명과 함께 11장의 환상을 보여주었는데 특히 본문은 '마지막 때'에라는 말과 함께 여러 나라가 연루된 큰 전쟁에 관하여 언급하고 있기 때문입니다. 이로 볼 때, 11장 앞부분의 북방 왕과 남방 왕은 수리아와 애굽을 가리키고 있지만, 40절부터의 북방 왕과 남방 왕은 러시아와 미국을 지칭한다고 보아야 할 것입니다.

그런데 "남방 왕이 그와 힘을 겨룰 것이나"는 남방 왕이 그를 '찌를 것이나'(push at, KJV), 혹은 '공격할 것이나'(attack, RSV)라는 뜻입니다. '겨룰 것이나'의 히브리어 '나가흐'(נָגַח)는 뿔 같은 것으로 '찌르다, 받다'라는 의미이기 때문입니다. 그러므로 제3차 세계대전은 남방 왕인 미국 측의 선제공격으로 시작될 것입니다. 하지만 "북방 왕이 병거와 마병과 많은 배로 회리바람처럼 그에게로 마주 와서 그 여러 나라에 침공하여 물이 넘침같이 지나갈 것이요"라고 하였으므로 러시아 연방국 측의 즉각적인 대반격을 받고 밀리게 됩니다.

그리고 "또 영화로운 나라에 들어갈 것이요"라고 했으므로, 북방 왕의 군대는 이스라엘도 침공하여 예루살렘을 유린할 것이고, "많은 나라를 패망하게 할 것이나 오직 에돔과 모압과 암몬 족속의 지도자들은 그의 손에서 벗어나리라"고 하였으므로, 미국 측에 속했던 여러 나라들은 멸망할 것이지만 요르단의 왕족들은 무사하다는 의미로 보입니다. 왜냐하면 '에돔, 모압, 암몬'은 오늘날 요르단 지역을 가리키기 때문입니다. 또한 "애굽 땅도 면하지 못할 것이니……리비아 사람과 구스 사람이 그의 시종이 되리라"고 하였으므로 북방 왕의 군대는 아프리카까지 진격하여 이집트와 리비아 및 에티오피아까지 점령하게 될 것입니다.

㉢ **전쟁의 결과** : 성경은 “열 뿔과 짐승은 음녀를 미워하여 망하게 하고 벌거벗게 하고 그의 살을 먹고 불로 아주 사르리라 이는 하나님이 자기 뜻대로 할 마음을 그들에게 주사 한 뜻을 이루게 하시고 그들의 나라를 그 짐승에게 주게 하시되 하나님의 말씀이 응하기까지 하심이라”(계 17:16, 17)고 하였습니다. 그러므로 미국은 러시아에 패배하여 본토까지 점령당하고 나라의 주권까지 빼앗기게 될 것입니다. 그리고 북방 왕 측의 승리는 세계 통합 국가의 왕을 신처럼 더욱 섬기는 우상 숭배로 이어질 수밖에 없기 때문에, 요한계시록은 “이 재앙에 죽지 않고 남은 사람들은 그 손으로 행한 일을 회개하지 아니하고 오히려 여러 귀신과 또는 보거나 듣거나 다니거나 하지 못하는 금, 은, 동과 목석의 우상에게 절하고 또 그 살인과 복술과 음행과 도둑질을 회개하지 아니하더라“(계 9:20, 21)고 예언한 것입니다.

그러면 미국을 비롯한 자본주의 국가들이 러시아를 비롯한 사회주의 국가들에게 패하는 원인은 어디 있을까요? 다음의 말씀에 의하면 음행과 사치 때문으로 보입니다.

> “그 음행의 진노의 포도주로 말미암아 만국이 무너졌으며 또 땅의 왕들이 그와 더불어 음행하였으며 땅의 상인들도 그 사치의 세력으로 치부하였도다”(계 18:3).

여기서 ‘음행’이란 하나님을 섬기지 아니하고 우상을 숭배하는 영적 간음을 의미함과 동시에 실제적인 성적 타락을 뜻하기도 합니다. 왜냐하면 구약시대의 이스라엘이 우상 숭배로써 영적 음행에 빠지게 되면 반드시 육체적인 음행도 동반했기 때문입니다(참고. 민 25장). 그리고 ‘진노의 포도주’란 하나님의 심판을 가리키는 상징적 표현입니다(렘 25:15-18). 그러므로 ‘음행의 포도주’란 세계 통합 국가의 왕을 신처럼 섬기고 그의 우상을 경배하는 영적 간음과 더불어 실제로 저지르게 될 성적 타락 때문에 하나님의 심판을 받을 것을 두고 한 상징적 묘사입니다(계 14:9-10).

따라서 큰 음녀는 물론, 그 여자의 영향을 받은 다른 많은 나라들도 세계 통합 국가의 왕을 신처럼 섬기며 그의 우상에게 경배할 것을 두고 '땅의 임금들도 그와 더불어 음행하였고'라고 하였고, 또 그로 말미암아 하나님의 심판을 받을 것이기 때문에 '그 음행의 진노의 포도주로 말미암아 만국이 무너졌으며'라고 묘사한 것입니다.

그리고 '사치'는 재물 사랑과 세상 사랑의 극치로 하나님과 원수된 모습이기 때문에 패망의 이유로 언급된 것 같습니다. 그래서 하나님은 소돔이 멸망당한 이유에 대하여 이런 말씀을 하셨습니다.

> "네 아우 소돔의 죄악은 이러하니 그와 그의 딸들에게 교만함과 음식물의 풍족함과 태평함이 있음이여 또 그가 가난하고 궁핍한 자를 도와주지 아니하며 거만하여 가증한 일을 내 앞에서 행하였음이라 그러므로 내가 보고 곧 그들을 없이 하였느니라"(겔 16:49, 50).

즉 물질의 풍요로 인하여 교만할 뿐 아니라 가난한 자들은 도와주지 않으면서 가증한 음행을 범했기 때문에 심판하셨다는 것입니다. 따라서 하나님께서 소돔을 멸하셨던 것과 같은 동일한 잣대로 큰 음녀를 심판하시는 것이라고 볼 수 있습니다.

그러므로 제1, 2차 세계대전을 거치면서 세계의 초강대국으로 부상하여 세계 위에 군림해 왔던 미국은, 장차 통합 사회주의라는 거짓 정치이념에 속아 러시아와 야합하여 세계 통합 국가의 주역이 되었다가 하나님을 배반하고 성도를 박해하며, 또 물질적 풍요로 인한 사치와 음란에 빠짐으로 말미암아 역사의 뒤안길로 사라지게 될 것입니다.

내 백성아, 거기서 나오라!

그런데 사도 요한은 하늘로부터 "……내 백성아 거기서 나와 그의 죄에 참여하지 말고 그가 받을 재앙들을 받지 말라"(계 18:4)는 다른 음성을 듣습니다. 즉 하나님께서 미국에 거주하고 있는 하늘 백성들을 구원하기 위하여 음성을 들려주신 것입니다. 미국에는 수많은 주의 백성들이 살고 있기 때문입니다.

그러므로 미국에 거주하는 하나님의 백성들은 하늘의 음성에 귀 기울여야 할 것입니다. 곧 미국에서 나오라는 주의 음성입니다. 왜냐하면 미국에 계속 거주하다가는 함께 망할 수밖에 없기 때문입니다. 그리고 어디로 갈 것인가에 대해서는 성령께서 친히 인도해 주실 것입니다. 하나님은 이스라엘을 구름기둥과 불기둥으로 인도하시면서 친히 장막 칠 곳을 찾으셨던 분이고(신 1:33), 또 이사야 선지자를 통해서는 "……나는 네게 유익하도록 가르치고 너를 마땅히 행할 길로 인도하는 네 하나님 여호와라"(사 48:17)고 말씀하셨기 때문입니다.

(5) 일곱째 나팔

일곱째 나팔은 한 이레의 언약이 끝나면서 불게 되는 나팔로 대접 심판을 여는 나팔입니다. 그러므로 세상의 심판을 다룬 제5장에서 상세히 살펴보게 될 것입니다

Ⅳ. 성도의 대환난과 하나님의 섭리

7년 대재난의 후 3년 반 동안 짐승 통치하에서 성도들이 당할 환난은 구체적으로 어떤 것일까요? 성도들이 당할 환난의 내용과 그 환난을 허락하시는 하나님의 섭리에 대하여 생각해 보고자 합니다.

1. 성도가 당할 환난

(1) 체포, 구금, 고문 및 미움을 받음

장차 세계 통합 국가의 왕이 그 집권 후반기에 자칭 하나님이요 메시아라고 하면서, 자기의 우상을 세워 경배하게 하고 또 666 짐승표도 받게 할 때, 영원한 복음을 믿고 짐승과 그의 우상을 섬기지 않으며 짐승표도 거부하는 참 성도들은 세계 정부의 당국자들로부터 체포, 구금, 고문 등의 박해를 받음과 동시에 주변 사람들부터도 큰 미움을 받게 될 것입니다.

이러한 현상에 대하여 주님은 "그때에 사람들이 너희를 환난에 넘겨주겠으며 너희를 죽이리니 너희가 내 이름 때문에 모든 민족에게 미움을 받으리라 그때에 많은 사람이 실족하게 되어 서로 잡아주고 서로 미워하겠으며"(마 24:9, 10)라고 하셨고, 또 "너희는 스스로 조심하라 사람들이 너희를 공회에 넘겨주겠고 회당에서 매질하겠으며 나로 말미암아 너희가 권력자들과 임금들 앞에 서리니 이는 그들에게 증거가 되게 하려 함이라"(막 13:9)고 말씀하셨습니다.

그런데 가족이나 친지들조차도 세계 통합 국가의 왕의 우상에게 절하지 아니하고 짐승표를 거부하는 신앙을 이해하지 못하고 무정부주의자나 광신자로 여겨 세계 통합 정부 당국에 밀고하는 일까지 벌어지게 될 것입니다. 그래서 주님은 "형제가 형제를 아비가 자식을 죽는 데에 내주며 자식들이 부모를 대적하여 죽게 하리라 또 너희가 내 이름으로 말미암아 모든 사람에게 미움을 받을 것이나 끝까지 견디는 자는 구원을 받으리라"(막 13:12, 13)고 하신 것이요, 또 다음과 같은 말씀도 하신 것입니다.

> "이 모든 일 전에 내 이름으로 말미암아 너희에게 손을 대어 박해하며 회당과 옥에 넘겨주며 임금들과 집권자들 앞에 끌어가려니와 이 일이 도리어 너희에게 증거가 되리라……심지어 부모와 형제와 친척과 벗이 너희를 넘겨주어 너희 중에 몇을 죽이게 하겠고 또 너희가 내 이름으로 말미암아 모든 사람에게 미움을 받을 것이나"(눅 21:12-13, 16-17).

그러므로 후 3년 반의 짐승 통치 시대에는 기족이나 친구, 일가나 친척도 믿을 수 없는 삭막한 시대가 될 것입니다. 그래서 미가 선지자는 "너희는 이웃을 믿지 말며 친구를 의지하지 말며 네 품에 누운 여인에게라도 네 입의 문을 지킬지어다 아들이 아버지를 멸시하며 딸이 어머니를 대적하며 며느리가 시어머니를 대적하리니 사람의 원수가 곧 자기의 집안 사람이리로다"(미 7:5, 6)라고 예언한 것입니다.

(2) 의식주 문제와 사회생활에 큰 고통을 당함

666 짐승표를 받지 아니하는 성도들은 매매를 할 수 없기 때문에 의식주 문제를 비롯하여 사회생활에 큰 불편과 고통을 당하게 될 것입니다. 그러나 하나님께서 광야 40년 동안 이스라엘 백성들을 만나와 메추라기로 먹이셨고, 또 아합 왕 시절의 가뭄 때에는 엘리야를 까마귀와 사르밧 과부를 통해 먹이셨듯이, 하나님께서 당신의 백성

들을 기적적으로 먹이시고 입히실 줄 믿고 극심한 시련의 때를 신앙으로 잘 견뎌야 할 줄 믿습니다.

한편, 당국에 체포되어 끌려가 세계 통합 국가의 왕이나 그의 우상에게 절하지 아니하고, 또 666 짐승표를 받지 않는 이유에 대하여 취조를 받을 때 어떻게 답변할지에 대해서는 조금도 염려할 필요가 없습니다. 왜냐하면 주께서 "너희를 넘겨줄 때에 어떻게 또는 무엇을 말할까 염려하지 말라 그때에 너희에게 할 말을 주시리니 말하는 이는 너희가 아니요 너희 속에서 말씀하시는 이 곧 너희 아버지의 성령이시니라"(마 10:19, 20)고 하셨으며, 또 "그러므로 너희는 변명할 것을 미리 궁리하지 않도록 명심하라 내가 너희의 모든 대적이 능히 대항하거나 변박할 수 없는 구변과 지혜를 너희에게 주리라"(눅 21:14, 15)고 말씀하셨기 때문입니다.

(3) 죽임을 당함

요한계시록은 다섯째 인을 통해 순교자가 상당히 있을 것을 예고하였고, 또 거짓 선지자의 활동에 대하여 "짐승의 우상에게 경배하지 아니하는 자는 몇이든지 다 죽이게 하리라"(계 13:15)고 하였습니다. 그러므로 세계 통합 국가의 왕을 섬기지 않고 그의 우상에게 경배하지 않으며 짐승표를 거부하는 참 신자들은 죽임을 당하게 됩니다. 하지만 순교로서 하나님께 영광을 돌리도록 예정되어 있는 이들만 죽임을 당하게 되고, 나머지 성도들은 죽임을 당하는 일이 없다고 보아야 할 것입니다. 왜냐하면 마지막 때의 구원은 육체까지의 완전한 구원이므로, 영원한 복음에 따라 하나님의 계명과 예수님에 대한 믿음을 지키려는 자는 하나님께서 그 생명을 지켜주실 것이기 때문입니다.

이상 살펴본 것같이 후 3년 반 동안 성도들이 당할 환난은 상당히 클 것입니다. 하지만 예수님께서 환난의 날수를 감해 주신다고 하셨고(마 24:22), 또 바울 사도는 "사람이 감당할 시험밖에는 너희에게 당한 것이 없나니 오직 하나님은 미쁘사 너희가 감당하지 못할 시험 당함을 허락하지 아니하시고 시험 당할 즈음에 또한 피할 길을 내사 너희로 능히 감당하게 하시느니라"(고전 10:13)고 하였으므로 이러한 말씀에 소망을 가지고 시련의 때를 잘 견뎌야 할 것입니다.

그렇지만 진실한 믿음과 충성된 마음만 있다면 짐승의 시험과 거짓 선지자의 유혹을 능히 이길 수 있다고 확신합니다. 왜냐하면 성경은 "그들이 어린양과 더불어 싸우려니와 어린양은 만주의 주시요 만왕의 왕이시므로 그들을 이기실 터이요 또 그와 함께 있는 자들 곧 부르심을 받고 택하심을 받은 진실한 자들도 이기리로다"(계 17:14)라고 했기 때문입니다. 그러면 하나님께서 당신의 백성들에게 이러한 환난을 허락하시는 까닭은 무엇일까요?

2. 성도 대환난의 섭리

(1) 성도의 결실을 위함입니다.

제1장에서 고찰해 본 대로 하나님은 세상이라는 밭에 천국 곡식을 심어 가꾸시는 천국 농부십니다. 그런데 주의 강림이 임박한 마지막 추수 때인데도 불구하고, 여전히 "예수를 믿으면 구원받는다"는 복음의 환상에만 사로잡혀 하나님의 계명과 예수에 대한 믿음을 지킬 것을 요구하는 영원한 복음을 무시한 채 재림의 주를 맞이할 준비를 하지 않는 신자들이 있다면, 그들을 위하여 어떤 특단의 조치를 취하여야 하지 않겠습니까?

바로 이런 이유에서 후 3년 반의 환난의 때를 섭리하셨다고 보아야 합니다. 마치 불순물이 섞인 금이나 은을 용광로에 넣어 순금이나 순은으로 만들듯이, 불같은 시련 속에서 정결한 그리스도의 신부로 만드신다는 뜻입니다.

하나님은 이처럼 고난 속에서 당신의 백성들을 연단시키는 분이기 때문에 바울 사도는 "우리가 환난 중에도 즐거워하나니 이는 환난은 인내를, 인내는 연단을, 연단은 소망을 이루는 줄 앎이라"(롬 5:3, 4)고 한 것이요, 솔로몬은 "도가니는 은을, 풀무는 금을 연단하거니와 여호와는 마음을 연단하시느니라"(잠 17:3)고 말한 것입니다.

그러므로 짐승과 그의 우상에게 경배하라는 시험을 통해서는 하나님을 온전히 사랑하는 의로운 열매를 맺게 하시고, 짐승표를 받으라는 미혹을 통해서는 예수 믿음을 지켜 성령의 인도를 받는 거룩한 형상을 이루게 하시며, 사람들의 배신이나 미움을 받는 고통을 통해서는 이웃을 사랑하는 선한 열매를 맺게 하시려는 것이라고 볼 수 있습니다.

(2) 예수님을 정치적 메시아로 믿고 주의 재림을 위해 기도하게 하기 위함입니다.

초림의 예수님은 개인 영혼을 구원하는 메시아로 오셨지만, 장차 재림하실 예수님은 하나님의 나라를 건설하실 정치적 메시아로 오십니다. 그런데 대부분의 교회는 예수님을 개인의 구주로만 믿고 사후에 천국 갈 것만 생각하고 있을 뿐, 왕권을 가지고 오시는 예수, 곧 세상을 통치하기 위해 만왕의 왕으로 오시는 예수님에 대한 의식은 별로 없습니다. 그렇기 때문에 하나님께서 정권 차원의 박해를 받게 하시어 하나님 나라의 필요성을 절감하게 함으로써, 정치적 메시아로 오시는 예수님의 강림을 간절히 고대하게 하시려는 것입니다. 왜냐하면 하나님은 원하지 않는 것을 주시는 분이 아니기 때문입니다

(참조. 마 20:31, 33; 요 5:1-9).

뿐만 아니라 하나님은 기도를 통해서만 역사하시는 분입니다(참조. 출 17:8-13; 약 4:2; 마 7:7, 8). 그러므로 주의 강림이나 지상 천년왕국도 성도들의 기도 없이는 이루어질 수 없습니다. 그런데 만일 신자들이 후 3년 반의 고난을 통하여 주의 재림이나 지상의 하나님 나라에 대한 필요성을 절실히 느끼지 않는다면 과연 누가, 또 얼마나 주의 강림과 지상 천년왕국을 위하여 기도하겠습니까? 바로 이런 이유에서 성도 대환난의 때를 섭리하셨다고 볼 수 있습니다.

(3) 가라지를 가려내어 심판하기 위함입니다.

예수님은 씨 뿌리는 비유에서 "둘 다 추수 때까지 함께 자라게 두라 추수 때에 내가 추수꾼들에게 말하기를 가라지는 먼저 거두어 불사르게 단으로 묶고 곡식은 모아 내 곳간에 넣으라 하리라……그런즉 가라지를 거두어 불에 사르는 것같이 세상 끝에도 그러하리라"(마 13:30, 40)고 말씀하셨습니다. 그러므로 마지막 때는 가라지를 모아 불사르기 위하여 그것들을 단으로 묶는 일도 하실 때입니다. 그런데 사도 바울은 악한 자를 출현시키는 이유에 대하여 이런 말을 하였습니다.

> "악한 자의 나타남은 사탄의 활동을 따라 모든 능력과 표적과 거짓 기적과 불의의 모든 속임으로 멸망하는 자들에게 있으리니 이는 그들이 진리의 사랑을 받지 아니하여 구원함을 받지 못함이라 이러므로 하나님이 미혹의 역사를 그들에게 보내사 거짓 것을 믿게 하심은 진리를 믿지 않고 불의를 좋아하는 모든 자들로 하여금 심판을 받게 하려 하심이라"(살후 2:9-12).

즉 능력과 기적을 행하는 악한 자를 출현시키는 목적은 진리를 믿지 않고 불의를 좋아하는 모든 자들로 미혹을 받아 심판을 받게 하기 위함이라고 한 것입니다. 그렇다면 결국 멸망받을 가라지들을 묶어 불사르기 위해 거짓 그리스도와 거짓 선지자를 등장시키는 것이라고 볼 수 있지 않겠습니까? 즉 사탄이 뿌린 가라지를 거두어 심판하시려고 짐승 통치라는 시험의 때를 섭리하셨다는 뜻입니다.

그러므로 한 이레 언약기의 후반기는 예수께서 뿌리신 좋은 씨와 마귀가 뿌린 가라지가 분류되는 시기가 될 것입니다. 즉 짐승과 그의 우상에게 경배하지 아니하고 짐승표도 받지 않는 자들은 천국의 좋은 씨이고, 세계 통합 국가의 왕을 신(神)처럼 섬겨 그의 우상에게 경배하고 666표를 받는 사람들은 가라지라는 의미입니다.

제 3 장
7년 대재난에 대비한 조치

Ⅰ. 하나님의 인

Ⅱ. 작은 두루마리

Ⅲ. 두 증인

Ⅳ. 예비처

Ⅰ. 하나님의 인

마지막 때는 세계 통합 국가의 등장으로 말미암아 7년 대재난이란 큰 고난의 때가 있고, 특히 후 3년 반 동안에는 성도의 대환난이 있기 때문에 하나님께서는 당신의 백성을 위하여 특단의 대비책을 마련해 놓으십니다. 하나님께서 마련하신 대비책에는 요한계시록 7장의 하나님의 인을 비롯하여 10장의 작은 두루마리, 11장의 두 증인, 12장의 예비처가 있습니다.

하나님의 인은 7년 대재난에 대한 대비책이기 때문에 나팔 재앙을 담고 있는 8-9장에 앞서 7장에 수록하였고, 작은 두루마리, 두 증인, 예비처는 후 3년 반에 있을 짐승통치에 대한 대비책이므로 적그리스도의 활동을 담고 있는 13장에 앞서 수록하였습니다. 그러면 먼저 하나님의 인에 대하여 고찰해 보겠습니다.

1. 하나님의 인이란 무엇인가?

> "이 일 후에 내가 네 천사가 땅 네 모퉁이에 선 것을 보니 땅의 사방의 바람을 붙잡아 바람으로 하여금 땅에나 바다에나 각종 나무에 불지 못하게 하더라 또 보매 다른 천사가 살아 계신 하나님의 인을 가지고 해 돋는 데로부터 올라와서 땅과 바다를 해롭게 할 권세를 얻은 네 천사를 향하여 큰 소리로 외쳐 이르되 우리가 우리 하나님의 종들의 이마에 인치기까지 땅이나 바다나 나무나 해하지 말라 하더라 내가 인침을 받은 자의 수를 들으니 이스라엘 자손의 각 지파 중에서 인침을 받은 자들이 십사만 사천이니 유다 지파 중에 인침을 받은 자가 일만 이천이요 르우벤 지파 중에 일만 이천이요 갓 지파 중에 일만 이천이요……

요셉 지파 중에 일만 이천이요 베냐민 지파 중에 인침을 받은 자가 일만 이천이라"(계 7:1-8).

'이 일 후에'란 일곱 인 중 여섯째 인까지를 뗀 다음이라는 뜻입니다. 그때 사도 요한은 땅 네 모퉁이에 선 네 천사가 사방의 바람을 붙잡아 그 바람으로 하여금 땅에나 바다에나 각종 나무에 불지 못하게 하는 환상을 봅니다. 그러므로 이미 일곱째 인을 뗌으로 말미암아 7년 대재난에 돌입했지만, 그 재난의 바람이 불지 못하도록 네 천사가 땅 네 모퉁이에 서서 사방의 바람을 붙잡고 있다는 의미입니다.

그러면 왜 재난의 바람이 불지 못하도록 조치하신 걸까요? 이어지는 말씀을 보면, 다른 천사가 살아 계신 하나님의 인을 가지고 해 돋는 데로부터 올라와서 땅과 바다를 해롭게 할 권세를 얻은 네 천사를 향하여 "우리가 우리 하나님의 종들의 이마에 인치기까지 땅이나 바다나 나무나 해하지 말라"고 큰소리로 외쳤습니다. 그러므로 하나님의 인치는 역사(役事)를 위해 재난의 바람이 불지 못하도록 조치한 것임을 알 수 있습니다. 따라서 '땅과 바다를 해롭게 할 네 천사'란 곧 첫째 나팔부터 넷째 나팔까지 재앙의 나팔을 불 네 천사를 가리킨 것이라고 보아야 합니다. 그러면 재난의 바람이 불지 못하도록 천사가 사방의 바람을 붙잡고 있는 기간은 얼마나 될까요?

"일곱째 인을 떼실 때에 하늘이 반 시간쯤 고요하더니 내가 보매 하나님 앞에 일곱 천사가 서 있어 일곱 나팔을 받았더라"(계 8:1, 2)고 하였으므로 세계 통합 정부가 발족한 후 약 6개월 동안입니다. 왜냐하면 일곱째 인을 뗄 때는 세계 통합 국가가 출범할 때인데 '반 시간'은 앞에서 고찰해 본 대로 '반 년'을 가리키기 때문입니다. 따라서 세계 통합 국가가 건설되고 약 반 년 동안은 아무런 재난이 일어나지 못하도록 조치하시면서 하나님의 인치는 역사를 펼치시는 것입니다.

한편, 그러한 반 년 동안의 평화에 대하여 세계 통합 정부의 당국

자들은 세상이 하나가 되었기 때문에 인류 평화의 시대가 도래한 것이라고 반색하며 자화자찬할 것입니다. 하지만 그것은 큰 착각으로 사실은 하나님께서 당신의 종들의 이마에 인을 치시려고 재난의 바람을 잠시 유보시킨 것뿐입니다.

그러면 하나님의 인은 무엇일까요? 하나님의 인은 하나님의 도장입니다. 그래서 하나님의 인 맞은 자들의 이마에 하나님의 이름과 예수님의 이름이 써 있다고 한 것입니다(계 14:1). 그런데 도장을 찍는 데는 소유권의 의미와 어떤 것을 보증한다는 의미가 있지 않습니까? 그러므로 하나님의 인 맞은 자들은 하나님의 소유, 예수님의 것이라는 의미와 함께 어떤 것을 보증받은 자라는 의미인데, 이마에 표시를 하는 것은 무엇을 보증한다는 뜻이 있을까요? 다음의 말씀이 그 해답을 줍니다.

> "여호와께서 이르시되 너는 예루살렘 성읍 중에 순행하여 그 가운데에서 행하는 모든 가증한 일로 말미암아 탄식하며 우는 자의 이마에 표를 그리라 하시고 그들에 대하여 내 귀에 이르시되 너희는 그를 따라 성읍 중에 다니며 불쌍히 여기지 말며 긍휼히 여기지 말고 쳐서 늙은 자와 젊은 자와 처녀와 어린이와 여자를 다 죽이되 이마에 표 있는 자에게는 가까이하지 말라 내 성소에서 시작할지니라 하시매 그들이 성전 앞에 있는 늙은 자들부터 시작하더라"(겔 9:4-6).

하나님께서 우상 숭배에 빠진 이스라엘을 심판하려고 하셨을 때 그 가증한 일을 탄식하며 우는 자의 이마에는 표시를 하시어 그들의 생명을 보호하신다는 말씀입니다. 따라서 성경 해석주의에 의해 이마에 하나님의 인을 치는 것도 그들의 생명을 절대 보호하신다는 의미로 해석해야 합니다.

그러므로 하나님의 인침을 받을 14만 4천은 7년 대재난의 온갖 재앙이나 환난은 물론, 그 어떤 질병이나 사고 및 죽음으로부터 절대 보호를 받게 될 것입니다. 이것은 다섯째 나팔로 야기될 황충의 재난에 대하여 요한계시록이 "땅의 풀이나 푸른 것이나 각종 수목은 해하지 말고 오직 이마에 하나님의 인침을 받지 아니한 사람들만 해하라"(계 9:4)고 말한 데서도 입증됩니다. 바로 이런 이유에서 예수님은 "너희 머리털 하나도 상치 아니하리라"(눅 21:18)고 하신 것이요, 또 "이러므로 너희는 장차 올 이 모든 일을 능히 피하고 인자 앞에 서도록 항상 기도하며 깨어 있으라"(눅 21:36)는 말씀도 하신 것입니다. 따라서 하나님의 인 맞은 자들에게는 다음과 같은 예언이 응하게 될 것입니다.

> "……너는 두려워하지 말라 내가 너를 구속하였고 내가 너를 지명하여 불렀나니 너는 내 것이라 네가 물 가운데로 지날 때에 내가 너와 함께 할 것이라 강을 건널 때에 물이 너를 침몰하지 못할 것이며 네가 불 가운데로 지날 때에 타지도 아니할 것이요 불꽃이 너를 사르지도 못하리니 대저 나는 여호와 네 하나님이요 이스라엘의 거룩한 이요 네 구원자임이라……"(사 43:1-3).

그런데 예수님은 친히 "인자는 하나님 아버지께서 인치신 자니라"(요 6:27)고 말씀하셨습니다. 즉 예수님은 이미 하나님의 인침을 받으신 분임을 밝히신 것입니다. 그러므로 예수님은 하나님의 소유로서 그 어떤 질병이나 사고, 재난이나 죽음으로부터 절대 보호를 받는 분이셨습니다. 그래서 예수님을 살해하려는 수차례의 위기에서 기적적으로 벗어나셨던 것이라고 생각합니다(참조. 눅 4:28-30; 요 8:59, 10:39). 이처럼 예수님은 그 생명을 절대 보장 받는 하나님의 인 맞은 분이었음을 생각해 볼 때, "이를 내게서 빼앗는 자가 있는 것이 아니라 내가 스스로 버리노라"(요 10:18)고 하시면서, 인류의 구원을 위해 스스로 목숨을 내놓으신 십자가의 죽음은 참으로 위대한 희생이라고 말하지 않을 수 없습니다.

그러므로 하나님의 인침을 받은 자들은 예수님의 분량에까지 자란 이들, 곧 완전히 결실하여 그리스도의 형상을 이룬 '작은 예수들'입니다. 그래서 그들을 '처음 익은 열매'(계 14:4)라고 칭한 것이며, 하나님의 것이요 예수님의 소유라는 의미의 도장을 이마에 찍어 그들의 생명을 절대 보호하시는 것입니다.

그런데 하나님의 인에 대해서는 오해하는 부분들이 많이 있습니다. 그러므로 그런 오해들에 대하여 짚고 넘어가겠습니다.

2. 하나님의 인(印)에 대한 오해들

하나님의 인에 대한 오해에는 하나님의 인을 성령의 인과 동일시하는 오해와 인침 받을 대상자에 대한 오해 및 14만 4천이라는 수(數)에 대한 오해가 있습니다. 이제 관련된 말씀을 상고함으로써 하나님의 인에 대한 올바른 인식을 갖게 하고자 합니다.

(1) 성령의 인과 동일시하는 오해

성령의 인은 "……우리에게 기름을 부으신 이는 하나님이시니 그가 또한 우리에게 인치시고 보증으로 우리 마음에 성령을 주셨느니라"(고후 1:21, 22)고 하신 말씀과 "그 안에서 너희도 진리의 말씀 곧 너희의 구원의 복음을 듣고 그 안에서 또한 믿어 약속의 성령으로 인치심을 받았으니"(엡 1:13, 14)라고 하신 말씀에서 유래했습니다. 즉 예수를 믿고 거듭난 사람의 속에 내주하시는 성령에 대한 묘사입니다. 그러므로 성령의 인은 영혼 구원을 보증하는 인이며, 성령의 인은 복음이 전파되었을 때부터 시작하여 지금도, 그리고 앞으로도 예수를 구주로 영접하는 자에게는 언제든지 인치는 역사가 계속됩니다.

그러나 하나님의 인은 완성된 성도의 이마에 하나님의 도장을 찍어 성도의 몸이 하나님과 예수님의 소유임을 증명하면서 질병이나 사고, 재난이나 죽음으로부터 절대 보호하는 인을 말합니다. 즉 이미 예수를 믿고 중생하여 성령의 인침을 받은 자가 영원한 복음에 따라 완전히 결실했기 때문에, 육체의 구원까지 보장하신다는 의미에서 이마에 찍어주시는 도장이라는 뜻입니다. 또한 장차 세계통합 국가가 발족하고 약 반 년 동안만 있게 될 한시적 인이기도 합니다. 그러므로 하나님의 인을 성령의 인과 동일시하는 오류에서 벗어나야 할 것입니다.

(2) 인 맞을 대상자에 대한 오해

① 인 맞을 대상자는 목회자라는 오해

요한계시록이 인 맞을 대상자에 대하여 "우리가 우리 하나님의 종들의 아마에 인치기까지"(계 7:3)라고 말한 것 때문에 하나님의 인침 받을 대상자는 목회자일 뿐, 일반 신자들과는 상관없는 것이라고 생각하여 하나님의 인에 대해 무관심한 이들이 있습니다. 물론 교계에서는 일반적으로 '하나님의 종'이라는 용어를 목회자들을 가리키는 데 사용합니다. 하지만 요한계시록에서도 '하나님의 종'이란 용어를 그렇게 사용하는지를 검토해 보아야 할 것입니다.

요한계시록은 서두에서 "예수 그리스도의 계시라 이는 하나님이 그에게 주사 반드시 속히 일어날 일들을 그 종들에게 보이시려고 그 천사를 그 종 요한에게 보내어 알게 하신 것이라"(1:1)고 말합니다. 여기서 "그 종들에게 보이시려고 천사를 그 종 요한에게 보내셨다"는 말씀은 성도들에게 보이시려고 사도 요한에게 천사를 보내셨다는 뜻입니다. 따라서 성경은 일반 신자들이나 목회자들을 모두 '종'이라고 칭함을 알 수 있습니다. 이것은 또 사도 요한이 보좌로부터 나는 음성을 들었던 말씀 속에서도 확인됩니다.

> "하나님의 종들 곧 그를 경외하는 너희들아 작은 자나 큰 자나 다 우리 하나님께 찬송하라"(계 19:5).

하나님을 경외하는 자들을 '하나님의 종들'이라고 칭하면서 그들은 모두 하나님을 찬송해야 한다는 하늘의 음성입니다. 그런데 하나님을 경외하는 것은 목회자들만이 합니까? 일반 신도들도 경외하지 않습니까? 그러므로 성경은 목회자나 일반 성도 모두를 '하나님의 종'이라고 일컫는 것을 알 수 있습니다. 따라서 하나님의 인 맞을 대상자는 목회자만이 아니요 예수를 믿는 모든 신자가 그 대상입니다.

② 유대인이 대상자라는 오해

성경은 "내가 인침을 받은 자의 수를 들으니 이스라엘 자손의 각 지파 중에서 인침을 받은 자들이 십사만 사천이니"(계 7:4)라고 하면서, 이스라엘 열두 지파에서 각각 일만 이천 명씩 인 맞은 자들을 소개하고 있기 때문에, 하나님의 인 맞을 대상자는 유대인뿐이라고 생각하기 쉽습니다. 그러나 하나님의 인에는 하나님의 이름뿐 아니요 예수님의 이름도 새겨져 있었고(계 14:1), 또 하나님의 인침을 받은 자들에 대하여 "어린양이 어디로 인도하든지 따라가는 자며 사람 가운데서 속량함을 받아 하나님과 어린양에게 속한 자들"(계 14:4)이라고 하였으므로, 하나님의 인침을 받을 '이스라엘 자손'을 유대인으로 볼 수 없습니다. 왜냐하면 '어린양'은 예수님을 가리키고 '속량' 역시 예수님을 믿지 않으면 불가능한데, 유대인들은 현재 예수님을 그리스도로 인정하지 않은 채 여전히 다른 메시아를 기다리고 있기 때문입니다.

뿐만 아니라 하나님의 인침을 받은 열두 지파를 유심히 살펴보면 단 지파가 빠졌습니다. 따라서 이것 역시 요한계시록 7장의 '이스라엘 자손'은 유대인을 가리키는 것이 아님을 뒷받침해 주는 부분입니다. 그러면 하나님의 인침을 받을 '이스라엘 자손'은 누구를 가리킬까요?

본래 '이스라엘'이라는 이름은 "하나님과 및 사람들과 겨루어 이겼다"(창 32:28)는 뜻으로, 하나님을 사랑하고 이웃을 사랑하는 하나님의 백성에게 붙여지는 영광의 칭호입니다. 그러므로 예수를 믿는 성도들도 또 하나의 이스라엘, 곧 영적 이스라엘로 간주해야 합니다. 왜냐하면 성도들은 하나님을 사랑하고 이웃 사랑의 계명도 지키려는 자들이기 때문입니다. 바로 이런 이유에서 사도 바울은 "무릇 표면적 유대인이 유대인이 아니요……오직 이면적 유대인이 유대인이며"(롬 2:28, 29)라고 하였고, 또 "그런즉 믿음으로 말미암은 자들은 아브라함의 자손인 줄 알지어다"(갈 3:7)라는 말을 하였으며, 더 나아가 "너희가 그리스도의 것이면 곧 아브라함의 자손이요 약속대로 유업을 이을 자니라"(갈 3:29)고 한 것입니다.

(3) 14만 4천이라는 수에 대한 오해

14만 4천이라는 숫자는 땅의 수 '4'에 하늘의 수 '3'을 곱한 입체적 완전수 '12'에다 이스라엘 열두 지파의 '12'를 곱한 '144'에 만수(滿數)인 '10'의 세제곱 '1,000'을 곱한 수, 곧 '12×12×1,000'이라는 데서 14만 4천은 예수를 믿고 구원받은 자의 총수를 상징한다고 풀이하는 분들이 의외로 많습니다. 하지만 이런 유의 풀이가 얼마나 피상적인 해석인지는 하나님의 인에 관한 말씀을 조금만 주의 깊게 살펴보아도 금방 알 수 있습니다. 왜냐하면 성경은 "이스라엘 자손의 각 지파 중에서 인침을 받은 자들이 십사만 사천이니"(계 7:4)라고 하였는데, 이는 이스라엘 전부가 인침을 받는다는 뜻이 아니요 그 일부가 되는

14만 4천 명만 인침을 받는다는 뜻이 너무나 명백하기 때문입니다.

또한 "유다 지파 중에 인 맞은 자가 일만 이천이요 르우벤 지파 중에 일만 이천이요 시므온 지파 중에 일만 이천이요……베냐민 지파 중에 인 맞은 자가 일만 이천이라"(계 7:5-8)고 한 말씀도 유다 지파로부터 시작하여 베냐민 지파까지 각 지파 중에서 1만 2천 명씩만 인침 받는다는 의미가 명명백백하므로, '14만 4천'을 구원받은 자의 총수로 보는 것은 언어도단입니다.

뿐만 아니라 하나님의 인 맞은 자들을 "처음 익은 열매"(계 14:4)라고 칭한 부분도 14만 4천은 구원받은 자들의 총수가 아님을 확실히 해주는 부분입니다. 왜냐하면 그 말은 '나중 익을 열매'도 있음을 시사하는 표현이기 때문입니다.

그런데 무엇보다도 14만 4천이 구원받은 자들의 총수가 아닌 것은, 하나님의 인 맞을 자들을 소개한 다음에 이어서 나오는 "흰옷 입은 큰 무리들"에 대한 말씀 때문입니다.

이제 그 말씀을 고찰해 보면서, 14만 4천은 결코 구원받은 총수가 아님을 보다 명확하게 하려 합니다.

흰옷 입은 큰 무리에 대한 고찰

"이 일 후에 내가 보니 각 나라와 족속과 백성과 방언에서 아무도 능히 셀 수 없는 큰 무리가 나와 흰옷을 입고 손에 종려가지를 들고 보좌 앞과 어린양 앞에 서서 큰소리로 외쳐 이르되 구원하심이 보좌에 앉으신 우리 하나님과 어린양에게 있도다 하니……장로 중 하나가 응답하여 나에게 이르되 이 흰옷 입은 자들이 누구며 또 어디서 왔느냐 내가 말하기를 내 주여 당신이 아시나이다 하니 그가 나에게 이르되 이는 큰 환난에서 나오는 자들인데 어린양의 피에 그 옷을 씻어 희게 하였느니라 그러므로 그들이 하나님의 보좌 앞에 있고 또 그의 성전에서 밤낮 하나님을 섬기매 보좌에 앉으신 이가 그들에게 장막을 치시리니 그들이 다시는 주리지도 아니하며 목마르지도 아니하고 해나 아무 뜨거운 기운에 상하지도 아니하리니 이는 보좌 가운데에 계신 어린양이 그들의 목자가 되사 생명수 샘으로 인도하시고 하나님께서 그들의 눈에서 모든 눈물을 씻어주실 것임이니라"(계 7:9-17).

'이 일 후'란 하나님의 인치는 역사(役事)를 마친 후라는 뜻입니다. 그런데 사도 요한은 각 나라와 족속과 백성과 방언에서 아무도 능히 셀 수 없는 큰 무리가 흰옷을 입고 종려가지를 들고 보좌 앞과 어린양 앞에 서서 큰소리로 "구원하심이 보좌에 앉으신 우리 하나님과 어린양에게 있도다"라고 외치는 장면을 봅니다. 따라서 이들은 14만 4천과는 다른 별개의 무리들이 분명합니다. 왜냐하면 '이 일 후'라는 말씀도 그렇지만 하나님의 인 맞은 자들에 대해서는 '십사만 사천'이라고 숫자를 명시한 반면, 이들에 대해서는 "아무도 능히 셀 수 없는 큰 무리"라고 했기 때문입니다.

더 나아가 그 '흰옷 입은 큰 무리'에 대하여 24장로 중의 하나가 사도 요한에게 "이 흰옷 입은 자들이 누구며 또 어디서 왔느냐"고 물었을 때, 요한이 "내 주여 당신이 아시나이다"라고 하자, 그가 "이는 큰 환난에서 나오는 자들인데 어린양의 피에 그 옷을 씻어 희게 하였느니라"(계 7:14b)"고 말한 부분은, 이들이 14만 4천과는 다른 무리임을 결정적으로 입증해 주는 대목입니다. 왜냐하면 그 "흰옷 입은 큰 무리"들에 대하여 "큰 환난에서 나오는 자들"이라고 한 것은 그들이 후 3년 반에 있을 대환난을 통해 혹독한 시련을 겪을 것이라는 뜻이기 때문입니다.

그렇기 때문에 "그들이 다시는 주리지도 아니하며 목마르지도 아니하고 해나 아무 뜨거운 기운에 상하지도 아니하리니……그들의 눈에서 모든 눈물을 씻어주실 것임이니라"고 말씀하십니다. 즉 흰옷 입은 무리들이 짐승 통치하에서 주리고 목마르며 몸이 상하는 등의 혹독한 고문을 받을 것이기 때문에 그들을 위로하는 말씀입니다.

이렇게 볼 때 요한계시록 7장 전반부에서 하나님의 인침을 받을 십사만 사천에 대하여 소개한 다음, 그 후반부에서 아무도 능히 셀 수 없는 흰옷 입은 큰 무리에 대하여 언급하신 까닭은, 장차 7년 대재난 중에 두 부류의 성도들이 있을 것을 깨닫게 하기 위한 주님의 의도로 보지 않을 수 없습니다. 즉 영원한 복음에 따라 그리스도의 형상을 이루었기 때문에, 그 어떤 재난이나 환난으로부터 절대 보호를 받을 '14만 4천'과, 미처 결실하지 못함으로써 하나님의 인침을 받지 못하고 후 3년 반의 혹독한 고초를 겪을 "흰옷 입은 큰 무리"가 있을 것을 깨우쳐 주시기 위한 말씀이라는 의미입니다.

그러므로 '14만 4천'은 단순히 '많은 수'라고 해석할 필요가 없다고 봅니다. 즉 문자 그대로 보아야 한다는 뜻입니다. 왜냐하면 영적 이스라엘 열두 지파의 이름을 매거(枚擧)하면서, 각 지파에서 1만 2천 명씩만 인침을 받는다고 명시했기 때문입니다. 더욱이 숫자는 다른 숫자의 상징으로 사용될 수 없다는 면에서도 오직 14만 4천 명만 하나님의 인침을 받는다고 보아야 할 것입니다.

3. 인치는 역사(役事)는 해 돋는 곳으로부터

한편, 다른 천사는 하나님의 인을 가지고 해 돋는 데로부터 올라와서 인치는 역사(役事)를 행한다고 하였습니다. 그러면 '해 돋는 데'라는 의미를 어떻게 해석해야 할까요?

구약의 시인은 "전능하신 자 하나님 여호와께서 말씀하사 해 돋는 데서부터 지는 데까지 세상을 부르셨도다"(시 50:1)라고 하였고, 또 "해 돋는 데서부터 해 지는 데까지 세상을 부르셨도다"(시113:3)라고 노래하였습니다. 즉 성경은 '해 돋는 데'라는 표현을 문자적으로 사용하고 있다는 증거입니다. 또 이것은 "만군의 여호와가 이르노라 해 뜨는 곳에서부터 해 지는 곳까지의 이방 민족 중에서 내 이름이 크게 될 것이라"(말 1:11)고 한 말씀 속에서도 뒷받침됩니다.

그러므로 하나님의 인치는 역사는 해 뜨는 동방으로부터 시작될 것입니다. 물론 인침을 받을 대상자들은 전 세계에서 그리스도의 형상을 온전히 이룬 완성된 성도들이지만 그 시작은 해 돋는 동방으로부터라는 의미입니다.

4. 하나님의 인 맞은 자들의 능력과 권세

예수께서 놀라운 능력과 권세로 많은 이적을 행하실 수 있었던 이유는 주께서 성부 하나님과 일체가 되셨기 때문이었습니다(요 10:30). 그래서 예수님은 빌립에게 "내가 아버지 안에 거하고 아버지는 내 안에 계신 것을 네가 믿지 아니하느냐 내가 너희에게 이르는 말은 스스로 하는 것이 아니라 아버지께서 내 안에 계셔서 그의 일을 하는 것이라"(요 14:10)고 말씀하신 것입니다. 그런데 주님은 또 이런 말씀을 하셨습니다.

> "내가 진실로 진실로 너희에게 이르노니 나를 믿는 자는 내가 하는 일을 그도 할 것이요 또한 그보다 큰 일도 하리니 이는 내가 아버지께로 감이라"(요 14:12).

즉 예수를 믿는 자는 예수께서 하셨던 일, 곧 병을 고치고 귀신을 쫓아내며, 오병이어의 기적을 일으키고, 죽은 자를 살리셨던 것 같은 기적을 행할 뿐 아니라 그보다 더 큰 능력까지 행할 수 있다는 말씀입니다. 그런데 이 말씀은 "내가 아버지 안에 거하고 아버지께서 내 안에 계심을 믿으라"(11절)고 하시면서 주신 말씀이기 때문에, 단순히 성령의 세례를 받아 은사 차원에서 행할 수 있는 능력을 말씀하신 것이라고 볼 수 없습니다. 즉 그리스도의 형상을 온전히 이루어 주님과 일체가 된 성도에게 임할 능력을 염두에 두신 말씀이라는 의미입니다(요 17:21, 23).

그러므로 하나님의 인침을 받을 14만 4천인들에게는 예수님과 같은 능력과 권세가 주어지게 될 것입니다. 왜냐하면 그들은 그리스도의 형상을 이루어 주님과 일체가 된 자들이기 때문입니다. 바로 이런 자들을 내다보시고 주님은 "제자가 그 선생보다 높지 못하나 무릇 온전하게 된 자는 그 선생과 같으리라"(눅 6:40)는 말씀을 하셨다고 볼 수 있습니다.

그러면 하나님의 인침을 받은 자들이 생명의 절대 보호를 받음과 동시에 예수님과 같은 능력과 권세까지 행할 수 있는 이유는 무엇일까요?

그들은 그리스도의 형상을 온전히 이룸으로 말미암아 영에 거하시는 성령께서 그들에게 나타나실 수 있기 때문입니다. 바로 이런 현상을 두고 주께서 "나의 계명을 지키는 자라야 나를 사랑하는 자니 나를 사랑하는 자는 내 아버지께 사랑을 받을 것이요 나도 그를 사랑하여 그에게 나를 나타내리라"(요 14:21)는 말씀을 하신 것입니다. 즉 사랑의 계명을 지키는 자는 완전히 결실한 자이기 때문에 내주하시는 성령께서 그에게 나타나심으로 말미암아 신적인 능력을 행하도록 하신다는 의미입니다.

타락하기 전의 아담은 모든 가축과 공중의 새와 들의 모든 짐승에게 이름을 지어줄 수 있을 정도로 지혜로웠는데(창 2:19, 20), 이는 완전한 인간이었던 그에게 속에 거하시는 하나님의 영이 나타나셨기 때문이었다고 보지 않을 수 없습니다. 즉 성령께서 지혜를 주심으로 말미암아 온갖 동물들의 이름을 지어줄 수 있었다는 뜻입니다. 같은 맥락에서 완전하게 되어 주님과 하나가 된 하나님의 인 맞은 자들에게도 속에 계시는 성령께서 나타나심으로 말미암아 예수님과 같은 능력을 행하게 된다는 뜻입니다.

한편, 예수님은 "너희가 내 안에 거하고 내 말이 너희 안에 거하면 무엇이든지 원하는 대로 구하라 그리하면 이루리라"(요 15:7)고 하셨고, 또 "너희가 나를 택한 것이 아니요 내가 너희를 택하여 세웠나니 이는 너희로 가서 열매를 맺게 하고 또 너희 열매가 항상 있게 하여 내 이름으로 아버지께 무엇을 구하든지 다 받게 하려 함이라"(요 15:16)는 말씀을 하셨습니다. 즉 결실하여 완전하게 된 성도에게는 기도한 대로 응답 받는 은총이 주어지게 된다는 의미입니다. 그러므로 하나님의 인침을 받은 자들에게는 기도하는 대로 응답받는 은혜도 주어지게 될 것입니다.

5. 하나님의 인 맞은 14만 4천의 승천

> "또 내가 보니 보라 어린양이 시온 산에 섰고 그와 함께 십사만 사천이 섰는데 그들의 이마에는 어린양의 이름과 그 아버지의 이름을 쓴 것이 있더라 내가 하늘에서 나는 소리를 들으니 많은 물소리와도 같고 큰 우렛소리와도 같은데 내가 들은 소리는 거문고 타는 자들이 그 거문고 타는 것 같더라 그들이 보좌 앞과 네 생물과 장로들 앞에서 새 노래를 부르니 땅에서 속량함을 받은 십사만 사천밖에는 능히 이 노래를 배울 자가 없더라"(계 14:1-3).

이 장면은 하나님의 인침을 받은 14만 4천이 하늘의 시온 산에서(참조. 히 12:22) 어린양 예수님과 함께 서 있고, 또 그들이 하늘의 거문고 반주에 맞추어 보좌 앞과 네 생물과 24장로들 앞에서 아무라도 능히 배울 수 없는 새 찬양을 부르는 모습입니다. 그러면 어떻게 해서 14만 4천이 주님과 함께 천국의 시온 산에 서 있고 또 보좌와 네 생물과 24장로들 앞에서 새 노래를 부르고 있는 것일까요?

이것은 그들이 하늘로 승천했기 때문이라고 볼 수밖에 없습니다. 즉 그들은 그리스도의 형상을 이룬 완성된 성도이기 때문에 죽음을 극복하고 에녹이나 엘리야처럼 하늘로 승천한다는 뜻입니다. 그러면 그들의 승천은 언제쯤으로 보아야 할까요?

14만 4천의 승천 시기는 후 3년 반이 끝나는 무렵, 곧 일곱째 나팔을 불 때라고 보아야 합니다. 왜냐하면 다음 장에서 알 수 있듯이 그들에게는 '작은 두루마리'를 전파할 파수꾼의 사명이 주어지는데, 그 사명이 끝나는 때가 7년 계약의 세계 통합 국가가 끝나는 때이기 때문입니다.

그러므로 하나님의 인 맞은 자들은 하늘나라에서 특별한 위치에 있는 자들로 보아야 합니다. 왜냐하면 그들은 일반 성도의 휴거에 앞서 하늘로 승천해 올라갈 뿐 아니라, 아무도 능히 배울 수 없는 새 노래를 보좌와 네 생물과 이십사 장로들 앞에서 부른다고 하였기 때문입니다(계 14:3). 그래서 하나님의 인 맞은 자들이 하나님의 성전에서 기둥 역할을 할 것을 주께서 약속하신 것으로 보입니다(참조. 계 3:12).

그러면 과연 누가 하나님의 인침을 받을 수 있을까요? 인 맞을 자격자에 관한 말씀을 고찰해 보겠습니다.

6. 하나님의 인침을 받을 자격자

요한계시록은 하나님의 인침을 받을 자격자에 대하여 다음과 같이 증언합니다.

> "이 사람들은 여자와 더불어 더럽히지 아니하고 순결한 자라 어린양이 어디로 인도하든지 따라가는 자며 사람 가운데에서 속량함을 받아 처음 익은 열매로 하나님과 어린양에게 속한 자들이니 그 입에 거짓말이 없고 흠이 없는 자들이더라"(계 14:4, 5).

하나님의 인침을 받은 자들에 대하여 "사람 가운데서 속량함을 받아 처음 익은 열매로 하나님과 어린양에게 속한 자들이니"라고 하였습니다. 그러므로 하나님의 인 맞을 자격자는 예수를 믿고 거듭나 영적 성장을 계속한 후 마침내 그리스도의 형상을 이룸으로써 완전히 결실한 자들입니다.

그런데 그 열매의 모습을 세 가지로 규정하였습니다. 첫째는, 여자와 더불어 더럽히지 아니하고 순결한 자이고 둘째는, 어린양이 어디로 인도하든지 따라가는 자이며 셋째는, 그 입에 거짓말이 없고 흠이 없는 자들입니다. 이제 이 말씀들의 의미를 상고해 보면서 하나님의 인침을 받을 수 있는 자격은 무엇인지 찾아보겠습니다.

(1) 여자로 더불어 더럽히지 아니하고 순결한 자

이 말씀은 문자적으로 볼 수 없습니다. 왜냐하면 그렇게 보는 경우 하나님의 인 맞을 자는 독신주의 남자만이거나, 혹은 아내에 대하여 순결을 지킨 남편만이라는 의미가 되기 때문입니다. 그러면 어떻게 해석해야 될까요?

성경은 세상 나라들을 '여자'로 상징적 표현을 하였습니다. 즉 바벨론에 대해서는 "멸망할 딸 바벨론"(시 137:8)이라고 하였고, 두로에 대해서는 "딸 다시스"(사 23:10) 혹은 "잊어버린 바 되었던 너 음녀"(사 23:16)라고 한 것입니다. 그리고 애굽에 대해서는 "가만히 앉은 라합"(사

30:7) 또는 "처녀 딸 애굽"(렘 46:11)이라고 상징적 묘사를 하였습니다.

그러므로 "여자로 더불어 더럽히지 아니한 자"란 세상과 더불어 더럽히지 아니한 자, 곧 세상을 의지하거나 사랑하지 않는 자를 의미합니다. 그리고 '순결'이란 아내가 남편을 향하여 사랑의 정조를 지키는 것을 뜻하므로, "여자로 더불어 더럽히지 아니하고 순결한 자"란 세상을 사랑하지 아니하고 하나님만 사랑하는 자, 곧 신앙의 정조를 지켜 하나님을 온전히 사랑하는 자를 말합니다. 이렇게 볼 때 영원한 복음의 첫째 조건인 "하나님을 온전히 사랑하여 의로운 형상을 이루는 것"을 "여자와 더불어 더럽히지 아니하고 순결한 자"로 달리 표현한 것으로 보아야 합니다.

그러면 하나님을 온전히 사랑하는 것은 무엇이고, 또 그러한 사랑은 어떻게 할 수 있을까요?

① 온전한 하나님 사랑

어떤 서기관이 예수님께 나아와 모든 계명 중에 첫째가 무엇이냐고 질문했을 때, 주님은 "네 마음을 다하고 목숨을 다하고 뜻을 다하고 힘을 다하여 주 너의 하나님을 사랑하라"(막 12:30)고 답변해 주셨습니다. 그러므로 '마음과 목숨과 뜻과 힘'의 의미를 살펴봄으로써 하나님을 온전히 사랑하는 것은 무엇인지를 찾아보겠습니다.

ⓐ **마음을 다한 사랑** : '마음'은 '카르디아스'(καρδίας)로 심장을 가리킵니다. 그러므로 '마음을 다한 사랑'이란 하나님을 사랑하되 가슴으로 정을 느끼며 온 마음을 다하여 사랑하는 것을 말합니다. 그러면 이러한 마음을 다한 사랑은 어떻게 할 수 있을까요?

일단 살아 계신 하나님을 만나는 경험을 해야 합니다. 즉 은혜를 받아야 한다는 뜻입니다. 왜냐하면 하나님의 은혜를 체험하지 못하면 하나님을 향하여 정을 느끼는 사랑은 할 수 없기 때문입니다. 그러므로 죄를 회개하여 사유(赦宥)의 기쁨을 맛보든지, 기도의 응답을 경험하든지, 성령의 세례를 받아 성령의 충만과 은사를 체험하든지, 혹은 말씀에 순종함으로써 육신의 복을 받는 경험을 하든지 등, 살아 계신 하나님과 인격적인 만남이 있어야 한다는 뜻입니다.

따라서 만일 이러한 경험이 없다면 교회 생활을 아무리 오래 하고 직분을 받았어도, 또는 아무리 신학 지식이 해박하여 학위를 소지했다 할지라도 하나님을 마음으로 사랑한다고 볼 수 없습니다. 왜냐하면 하나님을 향한 가슴으로 느껴지는 정이 없으면, 하나님을 마음으로 사랑하는 것이 아니기 때문입니다.

ⓑ **목숨을 다한 사랑** : '목숨'은 '푸쉬케스'(ψυχῆς)로서 곧 혼(soul)입니다. '혼'은 지성과 감정과 의지의 인격으로 곧 '자아'입니다. 그러므로 '목숨을 다한 사랑'이란 자신을 드려 사랑한다는 뜻이므로, 이는 곧 하나님의 말씀에 절대 순복하는 것을 의미합니다. 또한 자아 중의 자아는 '의지'라는 점에서도 그렇습니다. 왜냐하면 '자신을 드린다'는 것은 곧 '의지를 드린다'는 것이므로 이는 결국 명령에 복종하는 것을 뜻하기 때문입니다.

겟세마네 동산의 주님은 "내 아버지여 만일 할 만하시거든 이 잔을 내게서 지나가게 하옵소서"(마 26:39)라는 기도를 드리면서도 "그러나 나의 원대로 마시옵고 아버지의 원대로 하옵소서"(39절)라고 하셨고, 또 하나님의 뜻이 인류를 위하여 죽는 것임을 확인하신 후에는 흔쾌히 십자가를 지시기 위해 하산하셨는데, 바로 이러한 모습이 목숨을 다한 하나님 사랑입니다. 그래서 예수님은 "누구든지 나를 따라오려거든 자기를 부인하고 자기 십자가를 지고 나를 따를 것이니라"(마 16:24)고 말씀하신 것입니다.

ⓒ **뜻을 다한 사랑** : '뜻'은 '디아노이아스'(διανοίας)로 지적 능력, 생각하는 힘을 의미합니다. 따라서 '뜻을 다하여 사랑하라'는 것은 하나님에 대한 지식을 가지고 사랑하라는 의미입니다.

하나님은 "내 백성이 지식이 없으므로 망하는도다"(호 4:6)라고 하셨고, 또 "백성이 지각이 없으므로 그들을 지으신 이가 불쌍히 여기지 아니하시며 그들을 조성하신 이가 은혜를 베풀지 아니하시리라"(사 27:11)는 말씀도 하셨습니다. 그래서 호세아 선지자를 통해서는 "나는 인애를 원하고 제사를 원하지 아니하며 번제보다 하나님을 아는 것을 원하노라"(호 6:6)고 말씀하신 것이요, 예레미야를 통해서는 다음과 같은 말씀도 하신 것입니다.

> "여호와께서 이와 같이 말씀하시되 지혜로운 자는 그의 지혜를 자랑하지 말라 용사는 그의 용맹을 자랑하지 말라 부자는 그의 부함을 자랑하지 말라 자랑하는 자는 이것으로 자랑할지니 곧 명철하여 나를 아는 것과 나 여호와는 사랑과 정의와 공의를 땅에 행하는 자인 줄 깨닫는 것이라 나는 이 일을 기뻐하노라 여호와의 말씀이니라"(렘 9:23, 24).

그러므로 "우리가 여호와를 알자 힘써 여호와를 알자 그의 나타나심은 새벽 빛같이 어김없나니 비와 같이 땅을 적시는 늦은 비와 같이 우리에게 임하시리라"(호 6:3)는 말씀에 따라 성경 말씀을 읽고 진리를 배우며 익힘으로써 하나님에 대한 지식을 가지고 하나님을 사랑해야 하겠습니다.

ⓓ **힘을 다한 사랑** : '힘'은 헬라어 '이스퀴오스'(ἰσχύοσ)로서 히브리어로는 '므옷'(מְאֹד)인데, 이는 경제적인 힘을 의미합니다. 그래서 "만일 그의 힘(므옷)이 어린 양을 바치는 데에 미치지 못하면, 그가 지은 죄를 속죄하기 위하여 산비둘기 두 마리나 집비둘기 새끼 두 마리를

여호와께로 가져가되"(레 5:7)라고 말씀하신 것입니다. 따라서 "힘을 다하여 사랑하라"는 것은 헌물을 드려 하나님을 사랑하라는 의미입니다.

십일조에는 재물의 주인이 하나님이라는 신앙 고백의 의미가 있고, 첫 열매는 하나님을 제일 사랑한다는 뜻이 내포되어 있으며, 감사헌금은 모든 것이 하나님의 은혜임을 고백하는 의미가 있습니다. 그러므로 십일조나 첫 열매 및 감사 헌금을 드리지 않는 자는 힘을 다하여 하나님을 사랑하는 자라고 볼 수 없습니다.

헌물을 드림으로써 '힘을 다하여' 하나님을 사랑하면 심는 대로 거두게 하시는 하나님 나라의 원리에 의해(갈 6:7) 물질의 복을 받게 되는데, 그 대표적인 인물이 솔로몬입니다. 그가 기브온 산당에서 일천번제를 드렸을 때, 하나님께서 그의 꿈에 나타나시어 "내가 네게 무엇을 줄꼬 너는 구하라"(왕상 3:5)고 하셨고, 그가 백성을 위해 올바른 재판을 할 지혜를 구하자 지혜는 물론 부귀와 영화도 주셨기 때문입니다(왕상 3:6-13).

그런데 '일천 번제'에 대해서는 오해가 없어야 하겠습니다. 왜냐하면 그 뜻이 '일천 번'(one thousand times) 제사를 드렸다는 의미가 아니라 '일천 마리 번제물'(a thousand burnt offerings)을 한꺼번에 드렸다는 뜻이기 때문입니다. 그래서 이 부분의 병행구인 역대하에서는 "솔로몬이 회중과 더불어 나아가서 여호와 앞 곧 회막 앞에 있는 놋 제단에 솔로몬이 이르러 그 위에 천 마리 희생으로 번제를 드렸더라"(대하 1:6)고 명시한 것입니다. 다시 말하면 번제물은 조석(朝夕)으로 숫양 한 마리씩 드렸고(민 2:3, 4), 안식일에는 두 마리를(9절) 초하루에는 숫양 일곱 마리를 드렸는데(11절), 솔로몬은 일천 마리나 되는 번제물을 한꺼번에 드림으로써 하나님을 크게 감동시켰기 때문에 복을 받았다는 의미입니다.

이상으로 하나님을 온전히 사랑하는 것은 무엇인지에 대하여 고찰해 보았습니다. 그러면 이러한 사랑은 어떻게 할 수 있을까요? 하나님을 온전히 사랑하는 길에 대하여 고찰해 보고자 합니다.

② 하나님을 온전히 사랑하는 길

십계명 중 첫째부터 넷째까지의 계명은 하나님을 사랑하는 길을 보여주는 계명입니다. 또한 출애굽했던 이스라엘이 광야 40년을 지나 가나안 땅에 하나님의 나라를 건설했던 이스라엘의 구속사는 중생한 영혼이 성장 성화의 여러 과정을 거쳐 완전에 이르는 것의 모형입니다. 그러므로 십계명 중 대신(對神) 계명과 이스라엘의 여정 속에서 하나님을 온전히 사랑하는 길은 무엇인지를 모색해 보겠습니다.

ⓐ 하나님 외에는 다른 신을 두지 말라(출 20:3)
–오직 하나님만 섬기라.

"나 외에 다른 신을 네게 두지 말라"는 제1계명은 오직 하나님만 섬기라는 계명입니다. 하나님은 왜 오직 여호와 하나님만 섬기라는 계명을 주셨을까요?

하나님은 하늘을 창조하여 펴시고 땅과 그 소산을 내시며 땅 위의 백성에게 호흡을 주시며 땅에 행하는 자에게 영혼을 주시는 분이기 때문입니다(사 42:5). 그러면 구체적으로 어떻게 하는 것이 다른 신을 두지 않고 오직 하나님만 섬기는 것이 될까요?

첫째, 오직 여호와에게만 예배를 드리는 것이 하나님만 섬기는 것이 됩니다. 그러므로 상천하지(上天下地)에 여호와 외에는 다른 신이 없는 줄 알고 그 어떤 경우, 그 어떤 상황 속에서도 오직 하나님께만 예배를 드림으로써 제1계명을 지켜야 하겠습니다.

둘째, 오직 하나님만 의지해야 합니다. 왜냐하면 다른 신을 찾거나 점쟁이 혹은 무당의 도움을 받으려 한다든지 또는 돈, 권력, 사람, 자기 지혜 등 다른 그 무엇을 의지하는 것은 '다른 신을 두는 죄'가 되기 때문입니다. 그래서 하나님은 "접신한 자와 박수무당을 음란하게 따르는 자에게는 내가 진노하여 그를 그의 백성 중에서 끊으리니"(레 20:6)라고 말씀하신 것이요, 또 "도움을 구하러 애굽으로 내려가는 자들은 화 있을진저 그들은 말을 의지하며 병거의 많음과 마병의 심히 강함을 의지하고 이스라엘의 거룩하신 이를 앙모하지 아니하며 여호와를 구하지 아니하나니 여호와께서도 지혜로우신즉 재앙을 내리실 것이라……"(사 31:1-2)고 말씀하신 것입니다.

그러므로 "네 길을 여호와께 맡기라 그를 의지하면 그가 이루시고 네 의를 빛같이 나타내시며 네 공의를 정오의 빛같이 하시리로다"(시 37:5, 6)라는 말씀을 기억하고, 마음을 다하여 여호와를 신뢰하고 범사에 하나님을 의지함으로써 제1계명을 지켜야 하겠습니다(잠 3:5, 6).

셋째, 하나님을 제일 사랑하고 가장 귀중히 여기는 것이 하나님만 섬기는 것이 됩니다. 왜냐하면 만일 하나님보다 더 사랑하는 것이나 더 귀중히 여기는 것이 있다면 제1계명을 지키는 것이라고 볼 수 없기 때문입니다. 이스라엘의 초대 왕 사울이 망했던 이유는 하나님보다 자기를 더 사랑했기 때문이었습니다. 이것은 그가 탈영하는 군사들을 막아보려고 자신이 직접 제사를 드리는 월권을 행하면서까지 하나님을 이용한 데서 익히 증명됩니다(삼상 13:8-14).

그러나 다윗은 압살롬의 난을 피해 도피하면서도 법궤를 예루살렘으로 도로 메어가라고 명함으로써 하나님을 전혀 이용하지 않았습니다(삼하 15:25,26). 다시 말하면 백성들의 인심을 얻는 데 언약궤의 향배가 결정적인 역할을 하는데도 불구하고 다윗은 법궤를 자기 편으로 끌어들이지 않음으로써 자신보다 하나님을 더 존중히 여기는 모습을 보였기 때문에 하늘의 복을 받았다는 의미입니다.

우리는 왜 하나님을 우리 자신보다도 더 사랑하고 귀중히 여겨야 할까요? 주께서 "너희에게는 머리털까지 다 세신 바 되었나니 두려워하지 말라 너희는 많은 참새보다 귀하니라"(마 10:30, 31)고 말씀하신 것처럼, 하나님은 우리 자신보다 우리를 더 잘 아시고 귀히 여기시는 분이기 때문입니다. 그래서 하나님은 "배에서 태어남으로부터 내게 안겼고 태에서 남으로부터 내게 업힌 너희여 너희가 노년에 이르기까지 내가 그리 하겠고 백발이 되기까지 내가 너희를 품을 것이라 내가 지었은즉 내가 업을 것이요 내가 품고 구하여 내리라"(사 46:3, 4)고 말씀하신 것입니다. 또한 스바냐 선지자는 "너의 하나님 여호와가 너의 가운데 계시니 그는 구원을 베푸실 전능자시라 그가 너로 말미암아 기쁨을 이기지 못하시며 너를 잠잠히 사랑하시며 너로 말미암아 즐거이 부르며 기뻐하시리라"(습 3:17)고 말한 것입니다.

그러므로 "……네 하나님 여호와는 질투하시는 하나님인즉 나를 미워하는 자의 죄를 갚되 아버지로부터 아들에게로 삼사 대까지 이르게 하거니와 나를 사랑하고 내 계명을 지키는 자에게는 천 대까지 은혜를 베푸느니라"(출 20:5, 6)는 말씀을 가슴 깊이 새겨 하나님만 제일 사랑하고 가장 귀중히 여김으로써 제1계명을 지켜야 하겠습니다.

ⓑ 자기를 위하여 우상을 만들어 섬기지 말라(출 20:4)

–그 어떤 우상이라도 만들거나 섬기지 말라.

하나님은 "너를 위하여 새긴 우상을 만들지 말고 또 위로 하늘에 있는 것이나 아래로 땅에 있는 것이나 땅 아래 물속에 있는 것의 어떤 형상도 만들지 말며 그것들에게 절하지 말며 그것들을 섬기지 말라"는 제2계명을 주셨습니다. 그러므로 다른 신의 우상을 만들거나 섬기지 않아야 함은 물론, 자기를 위하여 하나님을 상징하는 그 어떤 상(像)도 만들지 말라는 것이 이 계명의 취지입니다.

하나님께서 아론의 금송아지에 대하여 대노(大怒)하셨던 까닭이나(출 32장), 북조 이스라엘의 초대 왕 여로보암이 벧엘과 단에 금송아지를 만들어 세운 것에 대하여 크게 진노하셨던 이유가 바로 이 때문이었습니다(왕상 12:25-30). 즉 그들이 다른 신을 섬기려고 했던 것은 아니고 하나님을 섬긴다는 의도에서 금송아지 상을 만들었던 것이지만 자신들을 위하여 우상을 만들었기 때문에 몹시 노하신 것입니다. 하나님은 왜 당신의 백성들이 하나님의 상을 만들어 섬기는 것도 용납하지 않으실까요?

하나님은 그 어떤 형상으로도 나타낼 수 없는 절대자시며, 그 어떤 형상 안에 갇힐 수 없는 초월자이시기 때문입니다. 뿐만 아니라 하나님의 우상을 만들어 섬기면 자기가 하나님을 마음대로 할 수 있다는 자기중심적 신앙과 잘못된 신관(神觀)을 가질 수밖에 없기 때문이기도 합니다. 그래서 모세는 "여호와께서 호렙 산 불길 중에서 너희에게 말씀하시던 날에 너희가 어떤 형상도 보지 못하였은즉 너희는 깊이 삼가라 그리하여 스스로 부패하여 자기를 위하여 어떤 형상대로든지 우상을 새겨 만들지 말라"(신 4:15, 16)고 충고한 것입니다.

한편, 몸을 지켜주고 행운을 가져다준다고 생각되는 어떤 상(像)이나 부적 같은 것을 몸에 지니는 것도 제2계명을 범하는 죄가 됨을 알아야 합니다.

더 나아가 하나님을 상징하는 어떤 물건에 신비한 능력이 있을 것이라고 생각하여 그것을 의지하는 것도 우상 숭배죄가 됩니다. 엘리 제사장 시절 블레셋에 패했던 이스라엘은 법궤를 전장(戰場)에 들여와 그것을 의지하여 승리하려다가 더 큰 패배를 초래했는데(삼상 4:2-11), 까닭인즉 중심으로는 하나님을 의지하지 않은 채 단순히 하나님 임재의 상징인 언약궤를 의지함으로써 일종의 우상 숭배죄를 범했기 때문이었습니다.

그러므로 십자가 형상이 나를 지켜줄 것이라는 생각에서 십자가 목걸이를 목에 건다든지, 성경책이 나를 보호해 줄 것이라는 생각에 머리맡에 두고 잠을 자는 행위, 그리고 웅장하고 화려한 예배당일수록 하나님이 임재해 계시고 또 은혜를 더 베풀어 주실 것이라는 생각에, 크고 편의 시설이 잘된 교회당만 찾는 것도 일종의 우상 숭배죄를 범하는 어리석음임을 깨달아야 할 것입니다.

ⓒ 여호와의 이름을 망령되게 부르지 말라(출 20:7)
–하나님의 이름을 헛되이 함부로 사용하지 말라.

'이름'에는 존재의 성격이 담겨져 있습니다. 그런데 하나님의 이름은 "여호와"(출 3:16; 호 12:5)입니다. 곧 '스스로 계시는 분'이라는 뜻입니다. 따라서 인간이 드릴 수 있는 최대의 영광과 찬송을 마땅히 하나님께 드려야 합니다.

그런데 '망령되게'의 히브리어 '라샤웨'(אושל)는 '무익하게', '헛되게', '함부로'라는 뜻입니다. 따라서 하나님의 이름을 망령되이 일컫는 죄에는 다음의 세 가지가 있다고 볼 수 있습니다.

첫째, 아무 진정성이 없이 하나님의 이름을 맹목적으로 사용하는 경우입니다. 다윗이 사울에게 쫓기며 산과 들과 동굴 등지에서 도피 생활을 하던 시절, 십 사람들이 사울 왕을 찾아와 다윗의 거처를 밀고한 적이 있습니다. 그때 사울은 "너희가 나를 긍휼히 여겼으니 여호와께 복 받기를 원하노라"(삼상 23:21)고 하였는데, 바로 그것이 하나님의 이름을 망령되이 일컬은 죄였습니다. 왜냐하면 그는 아무런 진정성이 없이 하나님의 이름만 맹목적으로 사용한 것이기 때문입니다. 그래서 수님은 "도무지 맹세하지 말지니 하늘로도 하지 말라 이는 하나님의 보좌임이요 땅으로도 하지 말라 이는 하나님의 발등상임이요"(마 5:34, 35)라고 말씀하신 것입니다. 왜냐하면 인간은 그 연약성 때문에 맹세를 지킨다는 보장을 할 수 없고, 또 인간은 주인이 아니므로 맹세할 자격도 없는데 하나님의 이름으로 맹세하는 것은, 하나님의 이름을 헛되이 맹목적으로 사용하는 것이기 때문입니다.

둘째, 하나님의 이름을 거짓되이 사용하는 경우입니다. 즉 하나님께서 말씀하신 적이 없는데 하나님의 이름을 자의로 도용하여 사용하는 것도 하나님의 이름을 망령되이 일컫는 죄라는 뜻입니다. 히스기야 왕 시절 앗수르 왕이 보낸 장군 랍사게는 예루살렘을 포위하고 "내가 어찌 여호와의 뜻이 아니고야 이제 이곳을 멸하려 올라왔겠느냐 여호와께서 전에 내게 이르시기를 이 땅으로 올라와서 쳐서 멸하라 하였느니라"(왕하 18:25)고 말했는데, 바로 이것이 하나님의 이름을 망령되이 일컫는 죄였습니다. 왜냐하면 하나님께서 그런 말씀을 하실 리가 없는데, 그는 하나님의 이름을 함부로 도용했기 때문입니다.

셋째, 하나님의 이름을 욕되게 하는 언사나 그 이름에 누를 끼치는 불경스러운 말을 하는 경우입니다. 이것은 하나님께서 "너희가 말로 여호와를 괴롭게 하고도 이르기를 우리가 어떻게 여호와를 괴롭혀 드렸나이까 하는도다 이는 너희가 말하기를 모든 악을 행하는 자는 여호와의 눈에 좋게 보이며 그에게 기쁨이 된다 하며 또 말하기를 정의의 하나님이 어디 계시냐 함이니라"(말 2:17)고 말씀하신 데서 확인됩니다. 왜냐하면 "악을 행하는 자는 여호와의 눈에 좋게 보이며 그에게 기쁨이 된다"는 패역한 말이나 "정의의 하나님이 어디 계시냐"는 조롱은 하나님의 거룩한 이름을 욕되게 하는 악한 언사이기 때문입니다. 그래서 하나님은 말라기 선지자를 통해 이런 말씀을 하십니다.

> "여호와가 이르노라 너희가 완악한 말로 나를 대적하고도 이르기를 우리가 무슨 말로 주를 대적하였나이까 하는도다 이는 너희가 말하기를

하나님을 섬기는 것이 헛되니 만군의 여호와 앞에서 그 명령을 지키며 슬프게 행하는 것이 무엇이 유익하리요 지금 우리는 교만한 자가 복되다 하며 악을 행하는 자가 번성하며 하나님을 시험하는 자가 화를 면한다 하노라 함이라"(말 3:13-15).

"하나님을 섬기는 것이 헛되니 여호와 앞에서 그 명령을 지키는 것이 무엇이 유익하리요"라는 완악한 말이나, "교만한 자가 복되고 악을 행하는 자가 번성하며 하나님을 시험하는 자가 화를 면한다"는 왜곡된 말을 들으실 때 하나님의 심정이 얼마나 참담하시겠습니까? 그러므로 신성을 모독하는 발언은 여호와의 이름을 망령되이 일컫는 죄임을 깨달아야 하겠습니다.

ⓓ 안식일을 기억하여 거룩하게 지키라(출 20:8)

–하나님의 날을 범하지 말라.

하나님은 "엿새 동안은 힘써 네 모든 일을 행할 것이나 일곱째 날은 네 하나님 여호와의 안식일인즉 너나 네 아들이나 네 딸이나 네 남종이나 네 여종이나 네 가축이나 네 문안에 머무는 객이라도 아무 일도 하지 말라 이는 엿새 동안에 나 여호와가 하늘과 땅과 바다와 그 가운데 모든 것을 만들고 일곱째 날에 쉬었음이라 그러므로 나 여호와가 안식일을 복되게 하여 그날을 거룩하게 하였느니라"(출 20:9-11)는 제4계명을 선포하셨습니다.

그러므로 안식일 계명은 하나님께서 엿새 동안 세상을 창조하시고 일곱째 날에 쉬셨던 것처럼, 하나님의 백성들도 엿새 동안은 일하고 이레째 되는 날은 쉬라는 계명으로 하나님께서 누리는 안식을 하나님의 백성들도 누리도록 배려하신 계명입니다. 그런데 하나님은 안식일을 지켜야 할 이유에 대하여 이렇게 말씀하셨습니다.

"너희는 나의 안식일을 지키라 이는 나와 너희 사이에 너희 대대의 표징이니 나는 너희를 거룩하게 하는 여호와인 줄 너희가 알게 함이라 너희는 안식일을 지킬지니 이는 너희에게 거룩한 날이 됨이라 그 날을 더럽히는 자는 모두 죽일지며 그날에 일하는 자는 모두 그 백성 중에서 그 생명이 끊어지리라 엿새 동안은 일할 것이나 일곱째 날은 큰 안식일이니 여호와께 거룩한 것이라 안식일에 일하는 자는 누구든지 반드시 죽일지니라 이같이 이스라엘 자손이 안식일을 지켜서 그것으로 대대로 영원한 언약을 삼을 것이니 이는 나와 이스라엘 자손 사이에 영원한 표징이며 여호와가 엿새 동안에 천지를 창조하고 일곱째 날에 일을 마치고 쉬었음이라"(출 31:13-17).

즉 안식일을 지켜야 하나님의 백성이라는 표징이 되고 또한 거룩하게 될 수 있다는 말씀입니다. 그러므로 신앙생활에 있어서 안식일을 지키는 것처럼 중요한 것은 없음을 깨달아야 합니다. 왜냐하면 안식일을 지키는 것은 시간의 주인, 곧 생명의 주인이 하나님이시라는 신앙 고백의 의미가 있을 뿐 아니라 안식일을 지켜야만 하나님의 백성이라는 표징이 되어 하나님께서 함께하시는 은혜를 받을 수 있고, 또 한 주간 동안 세상에서 살면서 죄로 물든 영혼의 때를 씻고 거룩하게 될 수 있기 때문입니다.

한편, '거룩하게 지키라'는 말씀 중 '거룩하게'의 히브리어 '카다쉬'(קָדַשׁ)에는 '구별되게'라는 의미가 있습니다. 즉 안식일은 평일과는 다른 모습으로 구별되게 보내야 한다는 뜻입니다. 그러면 안식일을 성별(聖別)되게 지키는 것이란 어떻게 지키는 것을 의미할까요? 다음의 말씀 속에서 찾을 수 있습니다.

"만일 안식일에 네 발을 금하여 내 성일에 오락을 행하지 아니하고 안식일을 일컬어 즐거운 날이라 여호와의 성일을 존귀한 날이라 하여 이를 존귀하게 여기고 네 길로 행하지 아니하며 네 오락을 구하지 아니하며 사사로운 말을 하지 아니하면 네가 여호와의 앞에서 즐거움을 얻을

> 것이라 내가 너를 땅의 높은 곳에 올리고 네 조상 야곱의 기업으로 기르리라 여호와의 입의 말씀이니라"(사 58:13,14).

이 말씀이 가르쳐 주고 있는 거룩하게 안식일을 준수하는 길은 다음의 세 가지입니다.

첫째, 안식일을 여호와의 성일(聖日)로 존귀하게 여겨야 합니다. 따라서 생업을 쉼은 물론, 반드시 하나님께 나아가 예배를 드려야 합니다. 왜냐하면 여호와의 날을 존귀하게 여긴다고 하면서 하나님께 나아가 예배를 드리지 않는다면 그 날을 존귀하게 여기는 것이 아니기 때문입니다.

둘째, 안식일을 즐거운 날로 여겨 기쁘게 보내야 합니다. 하나님의 날을 기뻐하는 것은 곧 하나님을 사랑하는 증거이기 때문입니다. 그래서 느헤미야는 대속죄일에 수문 앞 광장에 모여 에스라의 설교를 듣고 울던 백성들에게 "이날은 우리 주의 성일이니 근심하지 말라 여호와로 인하여 기뻐하는 것이 너희의 힘이니라"(느 8:10)고 말한 것입니다.

셋째, 발을 금하여 오락을 행하지 말아야 합니다. 즉 안식일에는 육체를 즐기기 위한 취미 생활은 삼가고 그 대신 예배를 비롯하여 하나님 나라를 위해 선한 일을 하는 것이 안식일을 거룩하게 지키는 것이라는 의미입니다.

끝으로 하나님은 안식일을 거룩하게 지키는 자에게 세 가지 복을 약속하셨습니다. 즉 "네가 여호와의 앞에서 즐거움을 얻을 것이라 내가 너를 땅의 높은 곳에 올리고 네 조상 야곱의 기업으로 기르리라"고 말씀하신 것입니다. 그러므로 안식일을 거룩하게 지키면 마음이 기뻐지는 복을 받게 되고, '땅의 높은 곳에 올린다'고 하셨으니 명예나 지위를 얻는 복을 받게 되며, 더 나아가 '야곱의 기업으로 기르리라'고 하셨으므로 하는 일마다 형통하고 잘되는 복을 받게 될 것입니다.

이상의 고찰로 볼 때 율법시대가 지났으니 안식일은 지키지 않아도 된다는 주장은 이단입니다. 왜냐하면 아무리 예수님을 믿고 거듭났다 할지라도 안식일을 지키지 아니하면 하나님의 백성이라고 말할 수 없고 또 영혼의 성장을 꾀할 수도 없기 때문입니다.

아울러 안식일은 주일(主日)이 아니라 토요일이라고 주장하는 사람은 '초등 학문'으로 돌아가려는 어리석은 자입니다(갈 4:9-11). 왜 그럴까요?

바울 사도가 "그러므로 먹고 마시는 것과 절기나 초하루나 안식일을 이유로 누구든지 너희를 비판하지 못하게 하라 이것들은 장래 일의 그림자이나 몸은 그리스도의 것이니라"(골 2:16, 17)고 말한 것처럼, 구약시대의 안식일은 '장래 일의 그림자'일 뿐 참 안식일이 아니기 때문입니다. 그러면 '참 안식일'은 언제일까요?

예수께서 안식 후 첫날 부활하셨고, 제자들은 그때부터 일요일을 '주의 날'(the Lord's day)이라고 불렀으며, 성령을 부어 주셨던 날도 주일(主日)이었고, 사도 요한이 종말에 일어날 일들에 관한 계시를 받은 날도 '주의 날'이었으므로 참 안식일은 안식 후 첫 날인 일요일, 곧 주일입니다. 다시 말하면 참 안식일의 그림자인 구약시대의 토요 안식일은 신약시대에 와서 주일(主日) 안식일로 바뀌었다는 의미입니다.

ⓔ 양의 피를 문설주와 안방에 바르라(출 12:7)

–회개하고 예수 그리스도를 믿으라.

이스라엘이 애굽을 탈출했던 밤은 죽음의 사자가 애굽 전역의 모든 장자와 생축의 첫 새끼를 죽이는 밤이었습니다. 그러나 이스라엘 집만은 양의 피를 문 인방과 좌우 설주에 바름으로써 죽음의 사자가 그냥 지나갔고 그로 말미암아 유월절 절기가 생겨났습니다. 그러므로 이 사건은 십자가의 피를 통해서만 구원을 받을 수 있다는 의미입니다. 유월절에 희생된 어린 양은 어린양 되시는 예수님을 상징하기 때문입니다. 그런데 예수를 구주로 영접하려면 회개가 선행되어야 하므로(막 1:15; 행 2:38) 이 사건의 의미를 "회개하고 예수 그리스도를 믿으라"고 한 것입니다.

회개하고 예수를 믿어 구원받는 것은 하나님을 사랑하는 자로 성장하는 데 있어서 근간이 됩니다. 예수를 구주로 믿지 아니하면 거듭날 수 없을 뿐 아니라 독생자라도 아끼지 아니하시고 내어주신 하나님의 사랑을 느낄 수 없기 때문입니다. 그래서 사도 바울은 "우리가 아직 죄인 되었을 때에 그리스도께서 우리를 위하여 죽으심으로 하나님께서 우리에 대한 자기의 사랑을 확증하셨느니라"(롬 5:8)고 말한 것입니다. 그러면 여기서 회개를 올바르게 하는 방법에 대해서 생각해 보겠습니다.

회개를 올바르게 하는 법

● 깨달음 : 우선 죄를 깨달아야 합니다. 죄를 범했는지를 알지 못하면 회개 자체가 불가능하기 때문입니다. 다윗이 간음죄와 살인죄를 저지르고도 깨닫지 못했을 때 하나님께서 나단 선지자를 보내 부자와 가난한 사람의 이야기를 해주신 이유가 바로 여기에 있었습니다(삼하 12:1-15). 그래서 하나님은 "만일 평민의 한 사람이 여호와의 계명 중 하나라도 부지중에 범하여 허물이 있었는데 그가 범한 죄를 누가 그에게 깨우쳐 주면"(레 4:27, 28) 속죄의 제사를 드리라고 말씀하신 것입니다.

● 자백 : 죄를 고백해야 합니다. 이것은 속죄제의 규례에서 "이

중 하나에 허물이 있을 때에는 아무 일에 잘못하였노라 자복하고"(레 5:5)라고 말씀하신 데서 충분히 확인됩니다. 그래서 사도 요한은 "만일 우리가 우리 죄를 자백하면 그는 미쁘시고 의로우사 우리 죄를 사하시며 우리를 모든 불의에서 깨끗하게 하실 것이요"(요일 1:9)라고 말한 것입니다.

● **애통** : 죄를 슬퍼해야 합니다. 이것은 하나님께서 요엘 선지자를 통해 "너희는 이제라도 금식하고 울며 애통하고……너희는 옷을 찢지 말고 마음을 찢고 하나님 여호와께로 돌아올지어다"(욜 2:12, 13)라고 말씀하신 데서 입증됩니다. 베드로와 가룟 유다의 차이가 여기에 있다고 볼 수 있습니다. 즉 둘 다 예수님을 배신했지만 베드로는 죄를 깨닫고 통곡함으로써 제자의 지위를 회복했고, 가룟 유다는 단순히 뉘우쳤을 뿐 회개의 눈물은 전혀 흘리지 않은 채 자살했기 때문에 영영 버림받았다는 의미입니다.

● **회심**(回心) : 끝으로 다시는 죄를 범하지 않겠다는 결심을 해야 합니다. 회개의 헬라어 '메타노에오'(μετανέω)는 마음을 바꾸는 것이기 때문입니다. 그래서 사무엘은 온 이스라엘 족속에게 "만일 너희가 전심으로 여호와께 돌아오려거든 이방 신들과 아스다롯을 너희 중에서 제거하고 너희 마음을 여호와께로 향하여 그만을 섬기라"(삼상 7:3)고 외친 것입니다.

이상의 고찰로 볼 때 회개란 지적(知的)으로는 죄를 깨닫고, 입술로는 죄를 고백하며, 정적(情的)으로는 죄를 슬퍼하고, 의지적으로는 죄에서 떠나 바르게 살려는 결단이라고 말할 수 있습니다.

ⓕ **홍해를 건넘**(출 14:21-31)

—신앙의 박해를 두려워 말고, 세례를 받으며, 세속적 자아를 죽이라.

애굽 왕 바로가 군대를 이끌고 이스라엘을 추격해 왔다는 것은 예수를 믿고 구원받은 신자들을 사탄이 사람들을 통해 박해한다는 뜻입니다. 하지만 하나님께서 홍해를 가르시는 기적으로 진퇴유곡(進退維谷)에 처했던 이스라엘을 구원해 주셨던 것처럼, 그 어떤 핍박 속에서도 건지실 줄 믿고 신앙의 박해를 두려워하지 말라는 것이 홍해를 건넌 영적 의미입니다.

한편, 바울 사도는 "형제들아 나는 너희가 알지 못하기를 원하지 아니하노니 우리 조상들이 다 구름 아래에 있고 바다 가운데로 지나며 모세에게 속하여 다 구름과 바다에서 세례를 받고"(고전 10:1, 2)라고 하였습니다. 즉 이스라엘이 홍해를 건넜던 것을 수세(受洗)의 상징으로 해석한 것입니다. 따라서 홍해를 건넜던 사건에는 세례를 받아야 한다는 의미도 분명히 있습니다.

세례는 보이지 아니하는 내적 믿음을 외적, 혹은 공적으로 드러내는 것이기 때문에 받을 수 있는 여건이 된다면 반드시 받아야 구원이 완성된다고 볼 수 있습니다. 그래서 예수님은 "믿고 세례를 받는 사람은 구원을 받을 것이요"(막 16:16)라고 말씀하신 것입니다.

그런데 사도 바울은 세례란 "주와 함께 죽는 것"(롬 6:3-11)이라고 하였습니다. 즉 물속에 몸을 담그는 침례를 '자아가 죽는 것'의 상징으로 본 것입니다. 따라서 홍해를 건넌 사건에는 세상을 사랑하는 세속적 자아가 죽어야 한다는 의미도 있다고 보아야 합니다. 세상을 사랑하는 자아가 죽지 아니하면 하나님을 사랑하는 열매를 맺을 수 없기 때문입니다.

ⓖ **마라의 쓴물**(출 15:22-26)

—건강은 하나님께 달렸으니 계명을 지키고, 혹시 병들었으면 치료의 하나님을 의지하라.

홍해를 건넌 이스라엘은 수르 광야를 지나면서 물이 없어 몹시 목마른 상태에 있었습니다. 그런데 3일 만에 겨우 얻은 물은 도저히 써서 먹을 수 없었습니다. 이에 백성들은 모세를 원망했고 모세는 하나님께 기도했는데, 하나님은 한 나무를 지시하시면서 그 나뭇가지를 물에 던지라고 하셨습니다. 모세가 말씀대로 나뭇가지를 던지자 물이 달아져 해갈하는 기적이 나타났습니다.

그때 하나님은 "너희가 너희 하나님 나 여호와의 말을 들어 순종하고 내가 보기에 의를 행하며 내 계명에 귀를 기울이며 내 모든 규례를 지키면 내가 애굽 사람에게 내린 모든 질병 중 하나도 너희에게 내리지 아니하리니 나는 너희를 치료하는 여호와임이니라"(26절) 고 말씀하셨습니다. 즉 말씀에 순종하고 계명을 지키면 하나님께서 건강을 지켜주신다는 것과 또한 하나님은 질병을 치료하는 분이심을 선언하신 것입니다.

그러므로 건강이 하나님께 달린 줄 믿고 하나님의 계명과 법도를 지켜야 할 것이며, 아울러 병들었으면 치료의 하나님을 의지해야 합니다. 그래서 야고보 선생은 "너희 중에 병든 자가 있느냐 그는 교회의 장로들을 청할 것이요 그들은 주의 이름으로 기름을 바르며 그를 위하여 기도할지니라 믿음의 기도는 병든 자를 구원하리니 주께서 그를 일으키시리라 혹시 죄를 범하였을지라도 사하심을 받으리라 그러므로 너희 죄를 서로 고백하며 병이 낫기를 위하여 서로 기도하라 의인의 간구는 역사하는 힘이 크니라"(약 5:14-16)고 권고한 것입니다.

예수께서 겪으신 십자가의 수난은 영혼의 죄만 위함이 아니요 육신의 질병도 위함이었습니다. 그래서 이사야 선지자는 "그가 징계를 받음으로 우리는 평화를 누리고 그가 채찍에 맞음으로 우리는 나음을 받았도다"(사 53:5)라고 한 것이요, 마태는 "우리의 연약한 것을 친히 담당하시고 병을 짊어지셨도다"(마 8:17)라고 주님을 찬양한 것입니다. 그러므로 무슨 병에 걸렸든지 예수님께 그 병을 갖고 나아가야 합니다. 질병에서 치유되면 하나님께 영광이 될 뿐 아니라 신앙은 성장하고 하나님을 향한 사랑은 증진되기 때문입니다.

그러나 병들었을 때 하나님을 찾아야 한다는 말이 약이나 의사를 무시하라는 의미는 물론 아닙니다. 먼저 하나님께 질병의 문제를 아뢰어야 한다는 뜻입니다. 그리고 성령의 인도를 받아 얼마든지 약을 쓸 수 있고 또 병원을 찾을 수도 있습니다. 다만 우선순위를 하나님께 두어야 한다는 것입니다. 왜냐하면 약이나 병원을 먼저 찾는 것은 하나님을 의지하지 않는 불신앙일 뿐 아니라, 질병을 통해 믿음을 키우시려는 하나님의 뜻을 무산시키는 어리석음이기 때문입니다. 그래서 성경은 "아사가 왕이 된 지 삼십구 년에 그의 발이 병들어 매우 위독했으나 병이 있을 때에 그가 여호와께 구하지 아니하고 의원들에게 구하였더라"(대하 16:12)고 기록함으로써, 그가 하나님을 찾지 아니하고 의사를 찾은 아쉬움을 피력한 것입니다.

그러므로 그 어떤 약보다도 강한 치유력을 소유하신 하나님께, 또 그 어떤 의사보다도 명의이신 예수님께 모든 질병을 가지고 나아가 고침 받음으로써 하나님을 향한 사랑을 증진시켜야 하겠습니다.

ⓗ 만나와 메추라기(출 16:1-20)

–의식주 문제를 하나님께 맡기라.

이스라엘 백성은 애굽에서 갖고 나왔던 양식이 다 떨어지자 또다시 모세를 원망하기 시작했습니다. 그때 하나님은 "보라 내가 너희를 위하여 하늘에서 양식을 비같이 내리리니 백성이 나가서 일용할 것을 날마다 거둘 것이라"(출 16:4)고 말씀하셨습니다. 그리고 하나님은 말씀하신 대로 아침에는 만나를, 저녁에는 메추라기를 보내 백성들을 먹여 살리셨습니다. 따라서 이 사건은 먹고사는 문제를 하나님께 맡기라는 교훈입니다.

신자라고 하면서 의식주 문제를 염려하면 신앙은 성장할 수 없고 아울러 하나님을 향한 사랑도 자랄 수 없습니다. 그래서 예수님은 "공중의 새를 보라 심지도 않고 거두지도 않고 창고에 모아들이지도 아니하되 너희 하늘 아버지께서 기르시나니 너희는 이것들보다 귀하지 아니하냐……오늘 있다가 내일 아궁이에 던져지는 들풀도 하나님이 이렇게 입히시거든 하물며 너희일까 보냐 믿음이 적은 자들아 그러므로 염려하여 이르기를 무엇을 먹을까 무엇을 마실까 무엇을 입을까 하지 말라 이는 다 이방인들이 구하는 것이라 너희 하늘 아버지께서 이 모든 것이 너희에게 있어야 할 줄을 아시느니라"(마 6:26-32)고 교훈하신 것입니다.

의식주 문제를 하나님께 맡길 수 있는 근거는 하나님은 우리의 아버지이시기 때문입니다. 즉 세상 부모도 자식을 먹여 살리는데, 하물며 하늘 아버지께서 당신의 자녀들을 먹이시고 입히시지 않겠느냐는 의미입니다.

ⓘ **반석에서 솟은 생수**(출 17:1-6)

–하나님을 시험하지 말고, 참 기쁨을 주시는 예수님으로 만족하라.

이스라엘이 신 광야를 출발하여 르비딤에 장막을 쳤을 때 마실 물이 떨어졌습니다. 그때 백성들은 모세와 다투면서 물을 달라고 하였고, 모세는 하나님의 지시대로 호렙 산의 반석을 지팡이로 내리쳐 물을 솟아나게 함으로써 백성과 가축들을 모두 해갈시켰습니다. 그러면 이 사건의 의미는 무엇일까요?

성경은 "그곳 이름을 맛사(시험하다)라 또는 므리바(다툼)라 불렀으니 이는 이스라엘 자손이 다투었음이요 또는 그들이 여호와를 시험하여 이르기를 여호와께서 우리 중에 계신가 안 계신가 하였음이더라"(출 17:7)고 기록하였습니다. 그러므로 일단 하나님을 시험하지 말라는 것이 이 사건의 교훈입니다(신 6:16). 하나님을 시험하는 것은 하나님을 향한 신앙과 사랑을 훼손시키는 행위이기 때문입니다.

한편, 백성들이 반석에서 솟아난 생수를 마신 것에 대하여 바울 사도는 "다 같은 신령한 음료를 마셨으니 이는 그들을 따르는 신령한 반석으로부터 마셨으매 그 반석은 곧 그리스도라"(고전 10:4)고 하였습니다. 곧 '반석'을 예수님으로 영해(靈解)한 것입니다. 따라서 반석에서 물이 솟아나 갈증을 해소한 것은 기쁨의 근원이신 예수님을 통해 삶의 기갈을 해소하라는 영적인 교훈도 있습니다. 그래서 예수님은 "누구든지 목마르거든 내게로 와서 마시라 나를 믿는 자는 성경에 이름과 같이 그 배에서 생수의 강이 흘러나오리라"(요 7:37, 38)고 우리를 초청하신 것입니다.

사람은 먹고살 만하면 인생을 즐길 오락거리, 향락거리들을 찾습니다. 하지만 세상의 기쁨은 찰나적이요 더욱 갈증만 유발시키는 바닷물 같은 것이며 나중에는 공허감만 밀려오는 허망한 기쁨입니다. 그래서 황금, 여자, 권력, 명예 등 세상적인 즐거움을 모두 만끽했던 솔로몬은 "헛되고 헛되며 헛되고 헛되니 모든 것이 헛되도다"(전 1:2)라는 말로 세상 기쁨의 허망함을 토로한 것입니다.

뿐만 아니라 세상 재미에 마음을 빼앗기면 신앙은 퇴보되고, 하나님을 향한 사랑은 시들어집니다. 그래서 바울 사도는 "향락을 좋아하는 자는 살았으나 죽었느니라"(딤전 5:6)고 한 것이요, 야고보 선생은 "간음한 여인들아 세상과 벗된 것이 하나님과 원수 됨을 알지 못하느냐 그런즉 누구든지 세상과 벗이 되고자 하는 자는 스스로 하나님과 원수 되는 것이니라"(약 4:4)고 경고한 것입니다.

그러므로 세상에 있는 그 어떤 것으로 기쁨거리를 삼지 말고 오직 주님과 교제하는 것을 최고의 행복으로 여기는 가운데 하나님을 향한 사랑을 키워가야 하겠습니다.

ⓙ **아말렉을 물리침**(출 17:8-16)

—하나님은 승리하게 하시는 하나님이시다. 위기가 닥칠 때마다 기도하라.

이스라엘이 르비딤에 머물렀을 때 아말렉이 공격해 왔습니다. 그 때 모세는 여호수아로 하여금 백성을 데리고 나가 싸우게 하고, 자신은 지팡이를 잡고 아론과 훌을 대동하여 산꼭대기에 올라가 기도했습니다. 그런데 모세의 손이 올라가면 이스라엘이 이기고 손이 내려오면 지는 것을 발견한 아론과 훌은, 모세를 반석 위에 앉힌 뒤 양쪽에서 손을 들어 올려 저녁때까지 내려오지 않게 함으로써 이스라엘에 큰 승리를 안겨주었습니다. 이에 모세는 제단을 쌓고 그 이름을 '여호와 닛시'라고 칭하였는데, 이는 '여호와는 나의 깃발'이라는 뜻입니다. 곧 하나님은 우리에게 승리를 주시는 분이라는 의미입니다.

우리의 삶에는 때때로 위기가 찾아옵니다. 아말렉이 이스라엘을 공격했듯이 마귀가 하늘 백성들을 해치려 하기 때문입니다. 하지만 염려할 것 없습니다. 우리에게는 승리를 주시는 하나님이 계시기 때문입니다. 그래서 하나님은 "환난날에 나를 부르라 내가 너를 건지리니 네가 나를 영화롭게 하리로다"(시 50:15)라고 말씀하신 것입니다.

그런데 이 사건에서 꼭 기억해야 할 두 가지가 있습니다. 하나는 하나님은 반드시 기도를 통해서만 역사하신다는 것이요, 다른 하나는 사탄을 대적하는 기도는 완전히 물러갈 때까지 지속적으로 해야 한다는 것입니다. 손을 들 때만 이기게 하시는 하나님은 기도해야만 도우시는 하나님이라는 의미요, 모세가 아론과 훌의 도움을 받아 저녁때까지 손을 들고 있음으로써 승리했다는 것은 지속적인 기도만이 사탄의 공세를 물리칠 수 있다는 뜻이기 때문입니다.

이처럼 하나님은 기도를 통해서만 역사하시는 하나님이기 때문에, 예수님은 "구하라 그리하면 너희에게 주실 것이요 찾으라 그리하면 찾아낼 것이요 문을 두드리라 그리하면 너희에게 열릴 것이니 구하는 이마다 받을 것이요 찾는 이는 찾아낼 것이요 두드리는 이에게는 열릴 것이니라"(마 7:7, 8)고 말씀하신 것이요, 야고보 선생은 "너희가 얻지 못함은 구하지 아니하기 때문이요"(약 4:2)라고 권면한 것입니다. 그리고 흑암의 세력을 물리치는 기도를 지속적으로 해야 하는 이유는 그런 기도는 일종의 전투이기 때문입니다. 즉 피곤하다고 기도를 멈추거나 바쁘다고 기도를 멈춘다면, 사탄의 공격에 패배할 수밖에 없으므로 사탄을 대적하는 기도는 지속적으로 해야 합니다.

ⓚ 장신구를 제거하라(출 33:4-6)

—사람보다 하나님을 의식하며 신앙생활을 하라.

아론의 금송아지 사건 이후 하나님은 "나는 너희와 함께 올라가지 아니하리니 너희는 목이 곧은 백성인즉 내가 길에서 너희를 진멸할까 염려함이니라"(출 33:3)고 말씀하셨습니다. 이에 백성들은 마음이 슬퍼서 몸단장을 하지 않았는데, 그때 하나님은 "너희는 장신구를 떼어내라 그리하면 내가 너희에게 어떻게 할 것인지 정하겠노라"(5절)고 말씀하셨습니다. 아마도 하나님께서는 백성들의 귀걸이, 코걸이, 목걸이, 팔찌, 손목거리 등의 장신구를 못마땅하게 여기셨지만 거론할 기회를 찾지 못하셨다가, 그들이 장신구를 떼어낸 계기에 그런 말씀을 하신 것 같습니다.

사람이 장신구로써 외모를 꾸미는 이유는 무엇일까요? 사람들에게 잘 보이려고, 사람들의 고임과 사랑을 받으려는 목적에서가 아닙니까? 그러므로 이 사건은 사람보다는 하나님을 의식하며 신앙생활을 하라는 교훈입니다. 왜냐하면 사람을 의식하는 신앙생활은 예수님 당시의 서기관이나 바리새인처럼 외식(外飾)하는 신자, 허울뿐인 껍데기 신자가 될 수밖에 없기 때문입니다. 이것은 예수께서 외식하는 서기관들과 바리새인들을 힐책하신 다음의 말씀 가운데서 잘 드러납니다.

> "화 있을진저 외식하는 서기관들과 바리새인들이여 잔과 대접의 겉은 깨끗이 하되 그 안에는 탐욕과 방탕으로 가득하도다 눈먼 바리새인이여 너는 먼저 안을 깨끗이 하라 그리하면 겉도 깨끗하리라 화 있을진저 외식하는 서기관들과 바리새인들이여 회칠한 무덤 같으니 겉으로는 아름답게 보이나 그 안에는 죽은 사람의 뼈와 모든 더러운 것이 가득하도다 이와 같이 너희도 겉으로는 사람에게 옳게 보이되 안으로는 외식과 불법이 가득하도다"(마 23:25-28).

따라서 참된 신앙은 언제나 하나님을 의식하는 가운데 있음을 깨달아야 합니다. 즉 '사람이 나를 어떻게 볼까?'가 아니라 '하나님께서 나를 어떻게 보실까?', '사람이 나를 어떻게 평가할까?'가 아니라 '주께서 나를 어떻게 판단하실까?'를 생각하며 신앙생활을 해야 한다는 뜻입니다. 그렇기 때문에 예수님은 "사람에게 보이려고 그들 앞에서 너희 의를 행하지 않도록 주의하라 그리하지 아니하면 하늘에 계신 너희 아버지께 상을 얻지 못하느니라"(마 6:1)고 말씀하신 것이요, 또 구제는 오른손이 하는 것을 왼손이 모르게 하고(마 6:3), 기도는 골방에 들어가 은밀한 중에 보시는 하나님께 하며(마 6:6), 금식도 사람에게 보이려고 하지 말고 하나님만 의식하며 해야 됨을 가르치신 것입니다(마 6:16-18).

그러나 현대는 너무나 외모를 중시하는 세상인 것 같습니다. 성형

외과가 가장 성행하고 몸매를 위한 것이라면 무엇이든지 하는 세태가 이를 잘 대변해 줍니다. 하지만 '화무십일홍'(花無十日紅)이라는 말처럼 외적 아름다움은 잠깐뿐입니다. 진실한 미(美), 그리고 언제까지나 향기가 가시지 않는 아름다움은 내면의 미요, 속사람의 아름다움입니다. 그래서 베드로는 "너희의 단장은 머리를 꾸미고 금을 차고 아름다운 옷을 입는 외모로 하지 말고 오직 마음에 숨은 사람을 온유하고 안정한 심령의 썩지 아니할 것으로 하라 이는 하나님 앞에 값진 것이니라"(벧전 3:3, 4)고 권면한 것입니다. 그러므로 겉보다는 속을 아름답게 꾸밈으로써 영적 성숙을 꾀해야 하겠습니다.

① **성막을 세움**(출 36-40장)

–하나님께 날마다 예배드리고, 하나님을 항상 앙망하라.

하나님께서 모세에게 성막을 만들라고 명하셨습니다. 이에 모세는 백성들로부터 건축에 필요한 모든 재료들을 헌납받아 하나님께서 보여주신 식양대로 성막을 만들어 세웠습니다. 성막은 하나님의 임재의 상징인 법궤를 모신 곳으로 제사장들이 날마다 제사를 드려야 했던 곳입니다. 따라서 성막을 만들게 하신 첫 번째 이유는 하나님께 예배를 드리기 위함이 분명합니다.

예배는 하나님을 만나는 것이요 말씀을 듣는 것이며 그로 인하여 예배자가 거룩해지는 것이기 때문에(참조. 출 29:42, 43), 하나님을 향한 사랑을 증진시키는 매우 좋은 수단이 됩니다. 하지만 모든 예배가 하나님께 상달된다고 볼 수 없습니다. 왜냐하면 제사장을 "하나님의 음식을 드리는 자"(레 21:8, 21)라고 칭한 것을 보면, 예배는 하나님께 올려드리는 일종의 음식이므로(민 28:2) 정성이 담기지 않는 예배는 받으실 리 없기 때문입니다. 그래서 하나님은 가인의 제사를 받지 않으셨던 것이고(창 4:4, 5), 제사를 멸시했던 엘리 가정의 죄는 제물로나 예물로나 영원히 속죄함을 받지 못하리라고 말씀하신 것입니다(삼상 3:14). 그리고 말라기 선지자를 통해서는 다음과 같은 말씀도 하셨습니다.

> "내 이름을 멸시하는 제사장들아 나 만군의 여호와가 너희에게 이르기를 아들은 그 아버지를, 종은 그 주인을 공경하나니 내가 아버지일진대 나를 공경함이 어디 있느냐 내가 주인일진대 나를 두려워함이 어디 있느냐……이는 너희가 여호와의 식탁은 경멸히 여길 것이라 말하기 때문이라 만군의 여호와가 이르노라 너희가 눈먼 희생 제물을 바치는 것이 어찌 악하지 아니하며 저는 것, 병든 것을 드리는 것이 어찌 악하지 아니하냐 이제 그것을 너희 총독에게 드려보라 그가 너를 기뻐하겠으며 너를 받아 주겠느냐……만군의 여호와가 이르노라 너희가 내 제단 위에 헛되이 불사르지 못하게 하기 위하여 너희 중에 성전 문을 닫을 자가 있었으면 좋겠도다 내가 너희를 기뻐하지 아니하며 너희가 손으로 드리는 것도 받지 아니하리라"(말 1:6-10).

헛된 제사를 드리지 못하게 하기 위해 차라리 성전 문을 닫을 자가 있었으면 좋겠다는 말씀을 통해 하나님은 얼마나 진실한 예배를 원하시는지를 익히 알 수 있는 것이 아닙니까? 예수께서 "아버지께 참되게 예배하는 자들은 영과 진리로 예배할 때가 오나니 곧 이 때라 아버지께서는 자기에게 이렇게 예배하는 자들을 찾으시느니라"(요 4:23, 24)고 말씀하신 이유가 바로 여기에 있다고 봅니다.

그러면 하나님께서 기뻐 받으시는 "영과 진리로 드리는 예배"란 어떤 예배일까요?

영과 진리로 드리는 예배란?

● 영으로 드리는 예배 : '영으로 드리는 예배'란 세 가지 의미가 있다고 볼 수 있습니다.

첫째, '영'은 생명이요 하나님의 보좌가 있다는 점에서 하나님만 의식하며 온 마음을 다하여 정성껏 드리는 예배가 영으로 드리는 예배입니다. 바로 여기에서 요즘 유행하는 '열린 예배'의 문제점을 지적하지 않을 수 없습니다. 왜냐하면 예배는 하나님 중심이어야 하는데, 열린 예배는 신도를 고객으로 보고 고객 위주의 예배를 드리려고 강단도 공연장의 무대처럼 바꾸기 때문입니다. 물론 불신자들을 교회로 이끌겠다는 의도는 좋으나 다른 방법으로 이끌어야지, 불신자들의 입맛에 맞는 예배로 끌어들이려는 것은 잘못입니다. 왜냐하면 예배는 하나님께 드리는 것이므로 철저히 하나님 중심이 되어야만 하나님께 상달되어 하나님의 은혜와 임재를 기대할 수 있기 때문입니다.

둘째, '영으로 드리는 예배'란 성령에 충만하여 드리는 예배를 의미합니다. 즉 성령에 사로잡혀 찬양하고 기도하며 말씀을 듣고, 또 성령에 충만하여 말씀을 전하는 예배가 영으로 드리는 예배라는 뜻입니다. 그래서 바울 사도는 "너희가 모일 때에 각각 찬송시도 있으며 가르치는 말씀도 있으며 방언도 있으며 통역함도 있나니 모든 것을 덕을 세우기 위하여 하라"(고전 14:26)고 권면한 것입니다.

이렇게 볼 때 열린 예배의 연장선상에 있는 현대 기독교 음악(CCM)도 여간 조심하지 않으면 안 됩니다. 왜냐하면 그러한 음악 중 특히 록(rock and roll) 음악은, 마음을 하나님께로 향하도록 하기보다는 자극적이고 반복적인 비트와 고음으로 사람을 흥분시켜 성적 욕망을 촉발시키는 경향도 있기 때문입니다.

찬송을 부를 때 손을 들 수도 있고, 몸을 흔들 수도 있으며, 눈물을 흘릴 수도 있고, 춤을 출 수도 있습니다. 하지만 마음에서 우러나서 하든지 아니면 성령의 감동하심으로 해야 합니다. 단순히 자극적인 음악 때문에 하면 안 됩니다. 왜냐하면 그런 찬양에는 성령의 임재가 있을 수 없고 오히려 사탄을 불러들일 수도 있기 때문입니다.

셋째, '영으로 드리는 예배'란 이웃과 화목한 상태에서 드리는 예배를 뜻합니다. 이것은 주께서 "그러므로 예물을 제단에 드리다가 거기서 네 형제에게 원망 들을 만한 일이 있는 것이 생각나거든 예물을 제단 앞에 두고 먼저 가서 그 형제와 화목하고 그 후에 와서 제물을 드리라"(마 5:23, 24)고 하신 말씀에서 확인됩니다. 그래서 하나님은 말라기 선지자를 통해 이렇게 말씀하셨습니다.

> "너희가 이런 일도 행하나니 곧 눈물과 울음과 탄식으로 여호와의 제단을 가리게 하는도다 그러므로 여호와께서 다시는 너희의 봉헌물을 돌아보지 아니하시며 그것을 너희 손에서 기꺼이 받지도 아니하거늘 너희는 이르기를 어찌 됨이니이까 하는도다 이는 너와 네가 어려서 맞이한 아내 사이에 여호와께서 증인이 되시기 때문이라 그는 네 짝이요 너와 서약한 아내로되 네가 그에게 거짓을 행하였도다"(말 2:13, 14).

즉 아내에게 거짓을 행하여 아내로 하여금 눈물을 흘리게 하고 탄식하게 하는 이의 제사는 받지 않으신다고 하신 것입니다. 바로 여기에서 오늘날 교회의 분쟁으로 말미암아 서로 갈라져 상대방을 고소하고 비난 비방하는 가운데 드리는 예배는 상달될 수 없음을 깨닫게 됩니다. 왜냐하면 하나님께서 받으시는 영적 예배란 이웃과 좋은 관계를 맺고 화평한 가운데 드리는 예배이기 때문입니다. 그래서 히브리 기자는 "모든 사람과 더불어 화평함과 거룩함을 따르라 이것이 없이는 아무도 주를 보지 못하리라"(히 12:14)고 권면한 것입니다.

● **진리로 드리는 예배** : '진리로 드리는 예배'란 하나님에 대한 지식을 가지고 드리는 예배를 말합니다. 즉 하나님이 어떤 분이신지 알고 예배를 드려야 한다는 뜻입니다. 하지만 예수님 당시의 서기관들이나 바리새인들은 진리가 무엇인지 모른 채 신앙생활을 하였습니다. 그래서 예수님은 "화 있을진저 외식하는 서기관과 바리새인들이

여 너희가 박하와 회향과 근채의 십일조는 드리되 율법의 더 중한 바 정의와 긍휼과 믿음은 버렸도다 그러나 이것도 행하고 저것도 버리지 말아야 할 것이니라 맹인된 인도자여 하루살이는 걸러내고 낙타는 삼키는도다"(마 23:23)라고 책망하신 것이요, 또 이러한 말씀도 하신 것입니다.

> "화 있을진저 눈 먼 인도자여 너희가 말하되 누구든지 성전으로 맹세하면 아무 일 없거니와 성전의 금으로 맹세하면 지킬지라 하는도다 어리석은 맹인들이여 어느 것이 크냐 그 금이냐 그 금을 거룩하게 하는 성전이냐"(마 23:16, 17).

그러므로 하나님이 어떤 분이신지를 제대로 알고 예배를 드림으로써, 하나님께서 흠향하시는 진리의 예배를 드려야 할 것입니다.

한편, 이스라엘이 진을 치고 머물 때는 성막을 가운데 두고 각 지파들이 동서남북에 포진하였고, 진을 허물고 길을 떠날 때는 성막을 중앙에 두고 행진하였습니다. 즉 백성들로 하여금 성막을 최대한 가까이에서 볼 수 있도록 조치하신 것입니다. 따라서 성막을 만드신 두 번째 이유는 하나님을 항상 앙망하라는 의미도 있다고 보아야 합니다.

하나님을 앙망하면 어떤 유익을 얻게 될까요? "오직 여호와를 앙망하는 자는 새 힘을 얻으리니 독수리가 날개 치며 올라감 같을 것이요"(사 40:31)라는 말씀처럼 새 힘을 얻을 수 있고, "내 눈이 항상 여호와를 바라봄은 내 발을 그물에서 벗어나게 하실 것임이로다"(시 25:15)라는 시(詩)처럼 위험에서 벗어나게도 되며, "주의 영광을 보매 저와 같은 형상으로 화하여"(고후 3:18b)라는 말씀과 같이 그리스도의 형상을 점점 닮아가게 됩니다.

그러므로 하나님께 나아가서는 영과 진리의 예배를 드리고 삶 속에서 발생하는 사건들은 오직 여호와만을 앙망하는 가운데 하나님을 향한 사랑을 증진시켜 나가야 하겠습니다.

ⓜ **가데스바네아의 열두 정탐꾼**(민 13, 14장)

–영적, 신앙적 안목을 소유하여 긍정적이고 적극적인 사람이 되라.

이스라엘은 광야 길을 걸은 지 약 2년쯤 되었을 때, 가나안 접경 지역인 가데스바네아에 도착합니다. 그때 모세는 이스라엘 각 지파에서 대표 한 명씩을 차출하여 그 열두 명으로 가나안 땅을 정탐하게 했습니다. 그렇지만 40일간의 정탐을 마치고 돌아온 정탐꾼들의 보고는 사뭇 달랐습니다. 여호수아와 갈렙은 능히 이길 수 있으니 곧 올라가서 취하자는 긍정적인 보고를 한 반면, 나머지 열 명은 가나안 거민은 강하고 성읍들은 견고하기 때문에 절대 쫓아낼 수 없다는 부정적인 보고를 한 것입니다.

그런데 백성들은 부정적 보고에만 귀를 기울여 밤새도록 울면서 모세와 하나님을 원망하다가 다른 지도자를 세우고 애굽으로 되돌아가려고 했습니다. 이에 몹시 노하신 하나님은 그 열 정탐꾼을 재앙으로 죽이셨고, 그에 동조했던 나머지 백성들은 그 행진을 광야로 되돌려 38년간이나 광야를 맴돌게 하시다가 모두 죽이셨습니다.

그러면 같은 현장을 동일한 기간에 똑같이 보았으면서, 여호수아와 갈렙은 긍정적인 보고를 한 반면, 나머지 열 명은 부정적인 보고를 한 이유는 무엇일까요?

여호수아와 갈렙은 가나안 땅을 영적이고 신앙적인 눈으로 보았고 다른 사람들은 육적이고 세상적인 안목으로 보았기 때문입니다. 즉 영적, 신앙적인 안목은 말씀과 성령의 프리즘을 통해 보기 때문에 어떤 상황에서도 '할 수 있다'는 긍정적인 생각을 하게 되지만, 육적, 세상적인 안목은 이성적이고 과학적인 판단만 하게 됨으로 말미암아 계산상 여의치 않으면 '할 수 없다'는 부정적인 판단을 하게 된다는 의미입니다.

그러므로 육적이고 세상적인 안목은 어두운 심안(心眼)이며, 영적이고 신앙적인 안목은 밝은 마음의 눈입니다. 그래서 주님은 "네 몸의 등불은 눈이라 네 눈이 성하면 온몸이 밝을 것이요 만일 나쁘면 네 몸도 어두우리라 그러므로 네 속에 있는 빛이 어둡지 아니한가 보라"(눅 11:34, 35)고 충고하신 것입니다.

바로 여기에서 현대 자유주의 신학이 미궁으로 빠진 원인을 발견하게 됩니다. 즉 성경을 영적이고 신앙적인 안목으로 보지 못하고 육적이고 세상적인 안목으로 보았기 때문에, 기적과 이사들을 믿음으로 받아들이지 못하고 이성적, 과학적으로만 판단하는 우를 범했다는 의미입니다.

한편, 열 정탐꾼의 말만 믿고 하나님과 모세를 원망했던 무리들에 대하여 하나님께서 "나를 원망하는 이 악한 회중에게 내가 어느 때까지 참으랴 이스라엘 자손이 나를 원망하는 바 그 원망하는 말을 들었노라 그들에게 이르기를 여호와의 말씀에 내 삶을 두고 맹세하노라 너희 말이 내 귀에 들린 대로 내가 너희에게 행하리니 너희 시체가 이 광야에 엎드러질 것이라 너희 중에서 이십 세 이상으로서 계수된 자 곧 나를 원망한 자 전부가 여분네의 아들 갈렙과 눈의 아들 여호수아 외에는 내가 맹세하여 너희에게 살게 하리라 한 땅에 결단코 들어가지 못하리라"(민 14:27-30)고 말씀하셨습니다. 즉 하나님은 우리의 말을 들으시고 그대로 시행하시는 분이라는 의미입니다.

그러므로 우리의 입술에 재갈을 물려야 하겠습니다. 즉 어둡고 부정적이며 절망적인 언어는 삼가고 밝고 긍정적이며 희망 찬 언어만 발해야 한다는 의미입니다. 왜냐하면 하나님은 우리의 말을 들으시고 그대로 이루게 하시는 분이기 때문입니다. 그래서 지혜의 왕 솔로몬은 말합니다.

> "사람은 입에서 나오는 열매로 말미암아 배부르게 되나니 곧 그의 입술에서 나는 것으로 말미암아 만족하게 되느니라 죽고 사는 것이 혀의 힘에 달렸나니 혀를 쓰기 좋아하는 자는 혀의 열매를 먹으리라"(잠 18:20, 21).

그러므로 "생명을 사랑하고 좋은 날 보기를 원하는 자는 혀를 금하고 악한 말을 그치며"(벧전 3:10)라고 한 베드로의 충고에 따라, 우리의 언어를 항상 은혜 가운데서 소금으로 맛을 냄과 같이 덕스럽게 해야 하겠습니다(골 4:6). 세상에 금도 있고 진주도 많거니와 지혜로운 입술이 가장 귀한 보배이기 때문입니다(잠 20:15).

ⓝ 디베라의 불 사건과 불뱀 사건(민 11:1-3, 21:4-9)

–하나님에 대하여 그 어떤 불평이나 원망을 하지 말라.

이스라엘 백성들이 하나님께서 들으시기에 악한 말로 하나님을 원망하자 하나님은 불로 진 끝을 사르셨습니다. 이에 백성들은 모세에게 부르짖었고 모세는 하나님께 기도함으로써 불을 꺼주셨는데, 그로 인하여 그곳을 "디베라"(민 11:1-3)로 칭하게 되었습니다. 곧 '불이 붙었다'는 뜻입니다.

또한 백성들이 호르 산에서 출발하여 에돔 땅을 우회하려다가 길이 험하자 "어찌하여 우리를 애굽에서 인도하여 내어 이 광야에서 죽게 하는가 이곳에는 먹을 것도 없고 물도 없도다 우리 마음이 이 하찮은 음식을 싫어하노라"(민 21:5)고 하면서 또 불평하였는데, 하나님께서 이번에는 불뱀들을 보내 물게 하심으로 많은 백성들이 죽어갔습니다. 다급해진 백성들은 또 모세에게 달려와 잘못했다고 하면서 뱀을 떠나게 해달라는 기도를 부탁합니다. 모세의 기도를 들으신 하나님은 구리로 뱀을 만들어 장대에 높이 달고 그것을 쳐다보도록 하셨는데, 그 놋뱀을 쳐다보는 자마다 치유되는 기적이 일어났습니다.

그러므로 위의 두 사건은 하나님에 대하여 그 어떤 이유에서라도 불평하거나 원망하지 말라는 교훈입니다. 그런데 두 경우 모두 하나님께서 무서운 징벌을 내리신 것을 보면 성도들의 불평과 원망을 주께서 얼마나 싫어하시는지를 알 수 있습니다. 그러면 이스라엘 백성들이 하나님에 대하여 불평하고 원망한 이유는 무엇 때문이었을까요?

그들이 출애굽했던 목적이 오로지 육신의 복락과 평안을 얻는 것이었기 때문입니다. 즉 하나님이 함께하시는 임마누엘의 복이 목적이 아니라 세상적인 행복이 목적이다 보니, 구름기둥과 불기둥 가운데서 인도하시는 하나님의 은총을 받으면서도 하나님을 원망했다는 뜻입니다. 그러나 모세의 신앙은 달랐습니다.

이것은 하나님께서 아론의 금송아지 사건 때문에 너무 노하시어 당신은 가지 않겠으니 백성들끼리 가나안으로 올라가라고 하셨을 때(출 33:1-3), 모세는 "주께서 친히 가지 아니하시려거든 우리를 이곳에서 올려보내지 마옵소서 나와 주의 백성이 주의 목전에 은총을 입은 줄을 무엇으로 알리이까 주께서 우리와 함께 행하심으로 나와 주의 백성을 천하 만민 중에 구별하심이 아니니이까"(출 33:15, 16)라고 기도한 데서 입증됩니다. 즉 모세는 육신적 안락이 목적이 아니라 하나님께서 함께하시는 임마누엘이 목적이었기 때문에 그런 기도를 드렸다는 뜻입니다.

그러므로 우리의 신앙의 목표가 하나님 자체가 되지 않고 세상의 부, 명예, 권세, 성공, 건강, 형통이 목적이 되면, 하나님에 대하여 불평하고 원망할 수밖에 없다는 것을 깨달아야 합니다. 그래서 사도 바울은 이렇게 고백합니다.

> "그러나 무엇이든지 내게 유익하던 것을 내가 그리스도를 위하여 다 해로 여길 뿐더러 또한 모든 것을 해로 여김은 내 주 그리스도 예수를 아는 지식이 가장 고상하기 때문이라 내가 그를 위하여 모든 것을 잃어버리고 배설물로 여김은 그리스도를 얻고 그 안에서 발견되려 함이니……"(빌 3:7-9).

그러므로 세상의 그 무엇보다도 오직 하나님과 예수님만을 추구하는 가운데 어떤 상황 가운데서도 아무런 불평 없이 하나님을 섬기는 성숙한 성도가 되어야 하겠습니다.

◎ 비느하스의 살인 사건(민 25:6-15)

-하나님을 위하여 질투하기까지 하나님을 사랑하라.

싯딤의 음행 사건으로 염병이 돌아 많은 사람이 죽어갈 때, 시므리라는 한 족장이 고스비라는 미디안 여인을 데리고 장막에 들어가 모세와 온 회중이 보는 앞에서 음행하는 일이 또 벌어졌습니다. 그때 비느하스는 그의 막사에 들어가 음행하는 남녀를 한꺼번에 창으로 찔러 죽였고, 그로 말미암아 염병이 그치게 되었습니다.

그때 하나님은 "제사장 아론의 손자 엘르아살의 아들 비느하스가 내 질투심으로 질투하여 이스라엘 자손 중에서 내 노를 돌이켜서 나의 질투심으로 그들을 소멸하지 않게 하였도다 그러므로 말하라 내가 그에게 내 평화의 언약을 주리니 그와 그의 후손에게 영원한 제사장 직분의 언약이라 그가 그의 하나님을 위하여 질투하여 이스라엘 자손을 속죄하였음이니라"(민 25:11-13)고 칭찬하셨습니다. 물론 단순한 안목으로만 본다면 비느하스는 살인죄를 저지른 것입니다. 하지만 하나님은 오히려 그를 칭찬하시면서 그와 더불어 영원한 평화의 언약을 맺으셨는데, 이유인즉 그는 하나님을 위해 질투하기까지 하나님을 사랑했기 때문입니다.

예수님께서 예루살렘 성전 안에서 양과 소를 팔고 환전하는 상인들을 보시고는 노끈으로 채찍을 만들어 양과 소를 내쫓으시고 환전상을 뒤엎으시면서 "기록된 바 내 집은 기도하는 집이라 일컬음을 받으리라 하였거늘 너희는 강도의 소굴을 만드는도다"(마 21:13)라고 크게 노하셨던 것도 같은 맥락입니다. 즉 하나님의 마음이 얼마나 아프실까를 익히 헤아리시어 하나님을 위해 질투하는 심정으로 성전을 청결히 하신 것입니다.

그러므로 예수님이나 비느하스처럼 하나님을 위해 질투하기까지 하나님을 사랑하면 그리스도의 의로운 형상을 이루게 되면서 넉넉히 하나님의 인침을 받게 될 것입니다.

(2) 어린양이 어디로 인도하든지 따라가는 자

어린양은 예수님을 가리키므로 "어린양이 어디로 인도하든지 따라가는 자"란 예수님을 구주로 믿고 주님을 사랑하여 성령의 인도를 받는 자를 말합니다. 따라서 영원한 복음의 둘째 조건인 '예수 믿음을 지켜 성령의 인도를 받는 것'을 이렇게 달리 표현한 것입니다. 그러면 어떻게 해야 '어린양이 어디로 인도하든지 따라가는 자'가 됨으로써 하나님의 인침을 받을 수 있을까요?

출애굽했던 이스라엘이 겪었던 광야 길의 사건들 속에서와 주님의 교훈 중에서 어린양이 어디로 인도하든지 따라가는 자로 성장할 수 있는 길을 찾아보겠습니다.

① 예수님의 인도를 온전히 받는 길

ⓐ 초태생 규례(출 13:2)

–구원받은 자는 거룩히 구별된 하나님의 것이다. 삶의 주권

을 예수님께 드려라.

애굽을 탈출한 이스라엘에게 하나님은 “이스라엘 자손 중에서 사람이나 짐승을 막론하고 태에서 처음 난 모든 것은 다 거룩히 구별하여 내게 돌리라 이는 내 것이니라”(출 13:2)는 초태생(初胎生) 규례를 주셨습니다. 즉 하나님께서 처음으로 난 것들의 생명을 구원해 주셨으니, 그것들은 하나님의 것이라고 하신 것입니다.

같은 맥락에서 예수 그리스도의 피로 구원받은 사람들은 거룩히 구별된 하나님의 것이요, 예수님의 소유입니다. 그래서 바울 사도는 “……너희는 너희 자신의 것이 아니라 값으로 산 것이 되었으니 그런즉 너희 몸으로 하나님께 영광을 돌리라”(고전 6:19, 20)고 말한 것입니다. 그러므로 성도는 그리스도의 보배로운 피로 사신 바 된 하나님의 것이요 예수님의 소유라는 인식하에 삶의 모든 주권을 예수님께 드리면 어린양이 어디로 인도하든지 따라가기 위한 첫걸음을 내딛는 것이 될 것입니다.

ⓑ **구름기둥과 불기둥**(출 13:21, 22)

–하나님께서 인도하시고 보호하시니 앞길과 신변을 하나님께 맡기라.

하나님은 이스라엘이 가야 할 길을 낮에는 구름기둥으로, 밤에는 불기둥으로 인도하셨습니다. 낮에는 햇볕이 너무 뜨겁기 때문이었고 밤에는 어둡고 춥기 때문이었습니다. 또 불기둥은 애굽 군대의 추격을 막아주는 역할도 했습니다(출 14:19, 20). 그러므로 거듭난 신자는 예수님께서 그의 삶을 인도하시고 보호하실 줄 믿고, 그의 앞길과 신변을 주님께 맡기라는 것이 구름기둥과 불기둥의 의미입니다.

하나님께서 당신과 이스라엘과의 관계를 목자와 양의 관계로 설정하셨고(시 80:1, 100:3), 예수께서도 성도들을 양으로 간주하시어 “내가 온 것은 양으로 생명을 얻게 하고 더 풍성히 얻게 하려는 것이라……나는 선한 목자라 나는 내 양을 알고 양도 나를 아는 것이 아버지께서 나를 아시고 내가 아버지를 아는 것 같으니 나는 양을 위하여 목숨을 버리노라"(요 10:10, 14, 15)고 말씀하신 이유가 바로 여기 있습니다. 즉 목자가 양을 인도하고 보호하는 것처럼, 선한 목자 되신 예수께서 신자의 앞길을 인도하시고 보호하실 줄 믿고, 주님을 의지하여 험한 인생을 걱정하지 말고 살아가라는 교훈입니다. 그래서 베드로는 "너희가 전에는 양과 같이 길을 잃었더니 이제는 너희 영혼의 목자와 감독 되신 이에게 돌아왔느니라"(벧전 2:25)고 말한 것입니다.

그러므로 목자장이신 예수님께 앞길과 신변을 맡기고 범사에 주님을 의지하여 그 인도를 따르면, 어린양이 어디로 인도하든지 따라가는 자로 결실하게 될 것입니다.

ⓒ 시내 산에 강림하여 율법을 주신 하나님(출 19:16-25)
–성령의 세례를 받으라.

이스라엘이 출애굽한 지 50일쯤 되었을 때, 하나님께서 시내 산에 강림하시어 십계명을 비롯한 율법을 주셨습니다. 그런데 오순절 날 성령께서 마가의 다락방에 강림하신 것도 예수께서 유월절 어린양으로 죽임을 당하신 지 50일째가 되는 날이었습니다. 그러므로 하나님의 시내 산 강림은 오순절 날 임하셨던 보혜사 성령의 예표였습니다. 따라서 시내 산 강림에는 '성령의 세례를 받으라'는 의미가 있습니다. 그리고 이러한 성령의 세례에 대해서는 하나님께서 일찍이 요엘 선지자를 통해 다음과 같이 말씀하신 바 있습니다.

"그 후에 내가 내 영을 만민에게 부어 주리니 너희 자녀들이 장래 일을 말할 것이며 너희 늙은이는 꿈을 꾸며 너희 젊은이는 이상을 볼 것이며 그때에 내가 또 내 영을 남종과 여종에게 부어 줄 것이며"(욜 2:28, 29).

이렇게 볼 때 오순절 날 성령께서 강림하시어 불세례를 베푸신 것은 성도들로 하여금 성령에 충만하여 오직 보혜사의 인도를 받아 살도록 하기 위함이라고 보아야 합니다. 즉 구약시대에는 율법이 삶의 강령이었지만 신약시대에는 보혜사가 삶의 강령이라는 의미입니다. 그래서 바울 사도는 "너희가 만일 성령의 인도하시는 바가 되면 율법 아래에 있지 아니하리라"(갈 5:18)고 말합니다.

그러므로 성령의 세례는 어린양이 어디로 인도하든지 따라가는 자로 성장하는 데 있어서 결정적인 역할을 합니다. 왜냐하면 성령께서는 우리를 모든 진리 가운데로 인도하실 뿐 아니라(요 16:13), 성령의 세례는 속사람을 성결하게 하여 성령의 인도를 따르는 신령한 자로 변화시키기 때문입니다. 성령의 세례를 '성결의 은혜'라고 칭하는 이유가 바로 이 때문이며, 성결 운동과 오순절 성령 운동을 거의 동일시하는 까닭도 바로 여기 있다고 볼 수 있습니다.

한편, 교회의 일각에서는 예수를 믿을 때 이미 성령을 받았으므로 더 이상 받을 성령이 없다고 주장하는 이들이 있습니다. 하지만 예수를 믿을 때 받는 성령과 성령의 세례를 받을 때 임하는 성령은 다릅니다. 그러므로 이 문제를 짚고 넘어가고자 합니다.

믿을 때 임하는 성령과 성령 세례와의 차이

예수를 믿을 때 임하시는 성령은 내주하는 성령이십니다. 곧 영(靈)에 거하시는 성령을 말합니다. 그리고 내주하시는 성령은 신자의 영원한 생명이 되시고 또 영혼 구원의 보증이 되십니다. 그런데 예수님은 이미 예수를 믿고 거듭난 제자들에게 고별 설교에서 보혜사 성령에 대하여 소개하셨고(요 14:16-17, 20, 15:26, 16:7-13), 부활하셨을 때는 "성령을 받으라"(요 20:22)고 하셨으며, 승천하시기 직전에는 "예루살렘을 떠나지 말고 내게서 들은 바 아버지께서 약속하신 것을 기다리라 요한은 물로 세례를 베풀었으나 너희는 몇 날이 못 되어 성령으로 세례를 받으리라"(행 1:4, 5)고 말씀하셨습니다.

그러므로 예수를 믿을 때 임하는 성령과 성령의 세례로 받는 성령은 별개입니다. 전자는 속에 내주하시는 성령이요, 후자는 충만하게 하시고 함께하시는 성령입니다. 그래서 예수님은 "내가 아버지께 구하겠으니 그가 또 다른 보혜사를 너희에게 주사 영원토록 너희와 함께 있게 하리니"(요 14:16)라는 말씀으로, 성령의 세례를 받을 때 임하는 성령은 곁에서 '함께하시는 성령'임을 분명히 하신 것입니다(참조. 요 14:7). 물론 같은 한 성령이지만 역사하시는 양태가 다르다는 뜻입니다.

성령의 세례를 받을 때 임하는 성령을 '보혜사'라고 칭하는 까닭이 바로 여기 있습니다. 왜냐하면 '보혜사'는 헬라어 '파라클레토스'(παρακλητος)로서 '곁에서(파라) 돕기 위해 보냄을 받은 자'(클레토스)라는 뜻이기 때문입니다. 그래서 영어 성경들은 '보혜사'를 '위로자'(comforter, KJV), '상담자'(counselor, RSV, NIV), 혹은 '돕는 자'(helper, TEV)로 번역합니다.

성령의 세례를 받게 되면 보혜사께서 예수님이 구주이심을 증언하시기 때문에(요 15:26) 구원의 확신은 더 견고해지고, 성령께서 우리가 하나님의 자녀가 된 것을 증언하시기 때문에 천국의 소망은 더 분명해지며(롬 8:16), 성령께서 주시는 여러 가지 은사로 말미암아 능력 있는 신앙생활을 하게 됩니다(고전 12:4-11). 더 나아가 성령께서 말씀을 생각나게 해주시고(요 14:26), 죄를 깨닫게 해주시며(요 16:8), 장래 일을 알려주시면서 진리 가운데로 인도하시기 때문에(요 16:13) 성령의 세례를 받게 되면 신앙은 크게 성장하면서 어린양이 어디로 인도하든지 따라가는 자로 성장하는 데 큰 도움을 얻게 됩니다.

그러므로 "술 취하지 말라 이는 방탕한 것이니 오직 성령의 충만을 받으라"(엡 5:18)는 말씀에 따라 성령의 세례를 받아 성령으로 충만한 생활을 하는 가운데 어린양이 어디로 인도하든지 따라가는 자로 성장해야 하겠습니다.

ⓓ **나답과 아비후의 죽음**(레 10:1-7)

–혈육보다 하나님을 더 사랑하라.

아론의 두 아들 나답과 아비후는 하나님께서 명하시지 않은 다른 불로 분향을 하다가 하나님께로부터 나온 불에 즉사했습니다. 그때 모세는 아론과 남은 두 아들들에게 "너희는 머리를 풀거나 옷을 찢지 말라 그리하여 너희가 죽음을 면하고 여호와의 진노가 온 회중에게 미침을 면하게 하라"(6절)고 충고하였습니다. 왜냐하면 그런 행동은 하나님보다 혈육을 더 중히 여기는 모습이어서 하나님의 진노를 또 살까 두려웠기 때문입니다. 그러므로 이 사건은 혈육보다 하나님을 더 사랑해야 한다는 교훈입니다. 왜냐하면 만일 하나님보다 혈육을 더 사랑한다면 하나님의 뜻을 온전히 따를 수 없기 때문입니다.

예수께서 "내가 세상에 화평을 주러 온 줄로 생각하지 말라 화평이 아니요 검을 주러 왔노라 내가 온 것은 사람이 그 아버지와, 딸이 어머니와, 며느리가 시어머니와 불화하게 하려 함이니 사람의 원수가 자기 집안 식구리라"(마 10:34-36)는 말씀을 하신 이유가 바로 여기에 있습니다. 즉 한 가정에 복음이 들어가면 믿는 자와 믿지 않는 자 사이에 예수님의 뜻을 따르는 문제로 말미암아 불화가 일어날 수밖에 없음을 내다보신 말씀이었다는 뜻입니다. 특히 이런 현상은 장차 세계 통합 국가의 후반기에 기독교인이 있는 가정마다 발생하게 될 것입니다. 왜냐하면 세계 통합 국가의 왕이 세운 우상에게 절하는 문제와 666 짐승표를 받는 문제로 가족 간에 심각한 의견 대립이 있을 것이기 때문입니다.

그러므로 어린양이 어디로 인도하든지 따라가는 자로 성장하려면 불신 가족과의 마찰도 불사(不辭)해야 한다는 것을 명심해야 합니다. 왜냐하면 주께서 "아버지나 어머니를 나보다 더 사랑하는 자는 내게 합당하지 아니하고 아들이나 딸을 나보다 더 사랑하는 자도 내게 합당하지 아니하며"(마 10:37)라고 말씀하신 것처럼, 만일 주님보다 혈육을 더 중히 여겨 그 뜻을 따른다면, 어린양이 어디로 인도하든지 따라가는 자가 될 수 없어 결국 완전에 이룰 수 없기 때문입니다. 그렇기 때문에 주님은 부친을 장사한 후 주를 따르겠다는 사람에게는 "죽은 자들로 자기의 죽은 자들을 장사하게 하고 너는 가서 하나님의 나라를 전파하라"(눅 9:60)고 하셨고, 가족을 작별한 다음에 주를 따르겠다는 사람에게는 "손에 쟁기를 잡고 뒤를 돌아보는 자는 하나님의 나라에 합당하지 아니하니라"(눅 9:62)는 말씀을 하신 것입니다.

사실 부모 형제 처자의 육친(六親)은 세상에서 가장 귀한 관계입니다. 그런데 그 친족보다도 하나님을 더 귀하게 여겨 그들과의 불화를 감내하면서까지 주님의 뜻을 따라야 하는 까닭은 무엇일까요?

혈육은 육신을 입고 사는 동안만의 일시적 관계이지만, 하나님과 예수님은 우리와 영원한 관계에 있는 분들이기 때문입니다.

ⓔ **싯딤의 음행 사건**(민 25:1-5)

−음행하지 말라.

이스라엘이 싯딤에 머무는 동안 이스라엘 백성들은 모압 여인들과 음행하기 시작했습니다. 그리고 그 여인들이 바알브올에게 제사드릴 때 그 백성들을 청하므로 이스라엘도 우상 앞에서 음식을 먹고 절하는 사건이 일어났습니다. 따라서 음행이 우상 숭배죄로 진행된 것입니다.

'바알브올'이란 '브올 지역의 바알'이라는 뜻입니다. 그런데 바알은 생산과 다산(多産)의 신으로 간주되었기 때문에 바알에게 헌신하는 의미에서 또 풍성한 생산을 기원하는 의미에서 난잡한 혼음이 바알 숭배자들의 의무였습니다. 그렇기 때문에 하나님은 크게 노하시어 백성의 두령들을 잡아 교수형에 처하셨고 바알브올에게 속한 자들은 모두 죽이신 것입니다.

그러므로 이 사건의 의미는 명백합니다. 음행하지 말라는 교훈입니다. 왜냐하면 음행은 관계한 사람에게 마음을 빼앗김으로써 하나님의 뜻을 따르지 못하게 만들기 때문입니다. 이것은 삼손이 들릴라와의 음행에 빠지자 나실인의 비밀을 누설한 데서, 또 솔로몬이 이방 여인들을 취함으로써 우상 숭배에 빠진 데서 충분히 입증됩니다. 그래서 성경은 "음행과 묵은 포도주와 새 포도주가 마음을 빼앗느니라"(호 4:11)고 말합니다.

그러나 성적 유혹처럼 달콤한 것은 없기 때문에 음란의 시험을 이기기란 결코 용이한 것이 아닙니다. 그렇지만 그 달콤함이란 칼에 묻은 꿀을 맛보는 것과 같아서 결국에는 혀를 베게 된다는 것을 깨달아야 합니다. 그래서 사도 바울은 "하나님의 뜻은 이것이니 너희의 거룩함이라 곧 음란을 버리고 각각 거룩함과 존귀함으로 자기의 아내 대할 줄 알고, 하나님을 모르는 이방인과 같이 색욕을 따르지 말고 이 일에 분수를 넘어서 형제를 해하지 말라……"(살전 4:4-6)고 충고한 것입니다.

ⓕ 자기 십자가를 지고 주님을 따르라
–목숨을 버리면서까지 주님의 뒤를 따르라.

예수님은 제자들에게 예루살렘에 올라가면 체포되어 고난을 받고 죽임을 당할 것을 말씀하셨습니다(마 16:21). 그때 베드로는 그런 일이 결코 주께 미치지 않을 것이라고 하였습니다만, 예수님은 "사탄아 내 뒤로 물러가라 너는 나를 넘어지게 하는 자로다"(23절)라는 책망을 하시면서 이러한 말씀을 하셨습니다.

> "누구든지 나를 따라오려거든 자기를 부인하고 자기 십자가를 지고 나를 따를 것이니라 누구든지 제 목숨을 구원하고자 하면 잃을 것이요 누구든지 나를 위하여 제 목숨을 잃으면 찾으리라"(마 16:24, 25).

즉 예수님의 뒤를 따르는 제자가 되려면 자기를 부인할 뿐 아니라 십자가를 지는 희생을 감내하면서까지 주님의 뜻을 따라야 한다고 하신 것입니다. 하지만 당시의 제자들은 자신들의 뜻을 내려놓을 줄 몰랐고, 목숨을 버리면서까지 주님의 뒤를 따를 줄도 몰랐습니다. 그래서 베드로는 죽음이 두려워 예수님을 모른다고 세 번이나 부인했고 다른 제자들도 목숨이 아까워 다 도망쳤습니다. 그러므로 자기를 부인하고 십자가를 지며 주님의 뒤를 따르는 것은 어린양이 어디로 인도하든지 따라가는 자로 결실하는 데 있어서 마지막 관문이라고 말할 수 있습니다.

성도가 십자가를 지는 희생을 감내하면서까지 주님의 뜻을 따라야 하는 이유는 무엇일까요? 일단은 주께서 먼저 우리를 위해 십자가를 지셨으므로 우리도 주님을 위해 십자가를 져야 하지만, 또한 십자가를 지는 희생은 주변의 많은 이들에게 유익을 주기 때문입니다. 그래서 주님은 "내가 진실로 진실로 너희에게 이르노니 한 알의 밀이 땅에 떨어져 죽지 아니하면 한 알 그대로 있고 죽으면 많은 열매를 맺느니라"(요 12:24)고 말씀하신 것입니다.

그러므로 자기를 부인하고 십자가를 지기까지 주의 뒤를 따르면 어린양이 어디로 인도하든지 따라가는 자로 결심하게 되면서 넉넉히 하나님의 인침을 받게 될 것입니다.

그런데 주님의 뒤를 어디든지 따라가는 자가 되려면 성령의 계시를 분별해야 합니다. 왜냐하면 예수님은 성령을 통해 당신의 뜻을 보이시며 주의 백성들을 인도하시기 때문입니다. 그러므로 성령께서 주님의 뜻을 계시하시는 수단과 방편들에 대해 고찰해 보겠습니다.

② 성령께서 예수님의 뜻을 계시하시는 수단과 방편들

ⓐ **생각** : 예수께서 "보혜사 곧 아버지께서 내 이름으로 보내실 성령 그가 너희에게 모든 것을 가르치시고 내가 너희에게 말한 모든 것을 생각나게 하시리라"(요 14:26)고 말씀하셨습니다. 따라서 성령은 생각을 통해 예수님의 뜻을 계시하시며 인도하십니다. 그러므로 간절히 기도하는 중에 떠오르는 생각들은 성령의 계시로 볼 수 있습니다. 물론 생각 중에는 자신으로부터 나는 생각도 있고 마귀가 주는 생각도 있습니다. 하지만 분별이 가능합니다. 자신으로부터 나는 생각은 논리적인 것 같으면서도 아무런 감동이 없고, 마귀가 주는 생각은 일관성이 없으면서 왠지 불안하지만, 성령께서 주시는 생각에는 기쁨과 평안이 깃들기 때문입니다. 그래서 바울 사도는 "영의 생각은 생명과 평안이니라"(롬 8:6)고 말한 것입니다.

ⓑ **마음의 감동이나 소원** : 바울 사도가 3차 전도 여행을 마치고 예루살렘으로 올라가려 했을 때 많은 성도들은 만류했습니다. 그가 체포되어 어려움을 겪을 것을 성령께서 알려주셨기 때문입니다. 하지만 그는 "보라 이제 나는 성령에 매여 예루살렘으로 가는데 거기서 무슨 일을 당할는지 알지 못하노라 오직 성령이 각 성에서 내게

증언하여 결박과 환난이 나를 기다린다 하시나 내가 달려갈 길과 주 예수께 받은 사명 곧 하나님의 은혜의 복음을 증언하는 일을 마치려 함에는 나의 생명조차 조금도 귀한 것으로 여기지 아니하노라"(행 20:22-24)고 하면서 올라갔는데 이는 성령께서 바울의 마음에 강력한 감동을 주셨기 때문입니다.

한편, 성령은 우리 마음에 간절한 소원을 주심으로써 인도하기도 하십니다. 그래서 사도 바울은 "너희 안에서 행하시는 이는 하나님이시니 자기의 기쁘신 뜻을 위하여 너희에게 소원을 두고 행하게 하시나니"(빌 2:13)라고 말한 것입니다. 그러므로 교회나 선교 등 어떤 가치 있는 일을 위하여 마음에 강력한 소원이 우러난다면 성령의 계시로 보아야 합니다.

ⓒ **사람이나 사건 및 환경** : 성령께서는 주변 사람이나 사건 및 환경을 통해 하나님의 뜻을 계시하시면서 인도하십니다. 이삭이 하나님의 복을 받아 거부(巨富)가 되었을 때, 그랄 왕 아비멜렉이 그곳을 떠나라고 한 것이나(창 26:16), 그가 그랄 골짜기에 우물을 팠을 때 그랄 목자들이 두 번씩이나 자기들의 것이라고 우겼던 것은(창 26:19-21), 사람을 통해 하나님의 뜻을 보이신 예(例)였습니다. 또한 발람이 발락이 보낸 신하들을 따라갔을 때 나귀가 일으켰던 이상한 행동들은 사건을 통해 하나님의 뜻을 보이신 예였습니다(민 22:23-30). 그리고 바벨론 포로 생활에서 돌아온 유대인들이 성전 건축을 중단하자 종자를 많이 뿌릴지라도 수입이 적었고, 먹을지라도 배부르지 않았으며, 입어도 따뜻하지 아니했던 사건들은 환경을 통해 하나님의 뜻을 보이신 예였습니다(학 1:4-6).

그러므로 어린양이 어디로 인도하든지 따라가려는 자는 삶의 현장에서 발생하는 작은 일에도 주님의 뜻이 있지는 않은가 예리하게 살펴야 합니다. 왜냐하면 참새 한 마리가 땅에 떨어지는 것도 하나님 허락 없이는 안 되는 것처럼(마 10:29) 성도들의 주변에서 일어나는 사건들에는 하나님의 뜻을 알리시려는 영적 의미가 숨어 있기 때문입니다.

ⓓ **성경이나 찬송** : 성경을 읽는 중 특별히 어떤 구절이 평소와는 다른 큰 감동으로 다가올 때, 혹은 기도 중에 성경을 펴고 싶은 마음이 들어 성경을 폈는데 어느 부분에 가서 눈동자가 멈추게 될 때, 그것은 성경 말씀을 통한 주님의 계시로 보아야 합니다. 또한 어떤 문제를 놓고 기도하는 중 계속 떠오르는 성경 구절이나 찬송가 가사가 있다면, 그것도 성경이나 찬송가를 통해 들려주시는 주님의 계시로 볼 수 있습니다.

ⓔ **꿈이나 환상, 음성이나 대화** : 요셉은 마리아의 잉태가 성령으로 된 것임을 꿈을 통해 알게 되었고(마 1:18-25), 헤롯이 아기 예수를 찾아 죽이려 한다는 것도 꿈으로 계시를 받아 애굽으로 도피했으며(마 2:13-15), 또 꿈에 지시를 받아 이스라엘로 돌아와 갈릴리 나사렛에 거주하였습니다(마 2:19-21). 이처럼 성령은 꿈을 통해 주님의 뜻을 보이시면서 인도하십니다.

그리고 백부장 고넬료는 환상 중에 주님의 음성을 듣고 욥바에 머물러 있던 베드로를 초청했고(행 10:1-8), 베드로 역시 환상과 음성을 통해 주님의 뜻을 깨닫고 그의 초청에 응하였는데(행 10:9-23), 이는 성령께서 환상과 음성을 통해 주님의 뜻을 보이신다는 예였습니다.

그러나 이 '꿈과 환상과 음성'은 마귀가 속이는 경우도 있으므로 각별히 주의해야 합니다(참조. 고후 11:14; 요일 4:1). 마귀는 틈만 있으면 성도들을 미혹하려고 노리고 있기 때문입니다. 그러므로 신령한 은

사를 받은 자들은 무엇보다도 영 분별의 은사를 구하여야 함을 잊지 말아야 할 것입니다.

한편, 하나님은 아브라함과 대화를 나누셨고(창 18:23-32), 모세와도 대화하셨으며(출 3:1-4:17), 사무엘과도 대화를 나누셨고(삼상 3:10-14, 16:1-3), 다윗과도 대화를 나누셨습니다(삼하 2:1, 2, 5:17-25). 따라서 성령님과의 대화도 주께서 당신의 뜻을 계시하시는 한 수단이 됩니다.

(3) 입술에 거짓말이 없고 흠이 없는 자

'거짓말'은 나의 유익을 위하여 남을 속이는 악이고, '흠'이란 시기, 질투, 미움, 불평, 원망, 혈기, 분노, 비난, 아집, 교만, 음란, 다툼 등의 인간의 허물들을 가리킵니다. 그러므로 '입술에 거짓말이 없고 흠이 없는 자'란 온전히 성결하여 이웃을 사랑하는 자를 말합니다. 따라서 영원한 복음의 셋째 조건인 '이웃을 사랑하여 선한 형상을 이루는 것'을 이렇게 달리 표현한 것으로 볼 수 있습니다.

그러면 이러한 성결한 사랑을 어떻게 할 수 있을까요? 일단 사랑이 무엇인지를 알아야 사랑을 실천할 수 있으므로, 먼저 성경이 말하는 사랑에 대하여 살펴본 후 성결한 이웃 사랑의 길에 대해 말씀을 연구해 보겠습니다.

① 성경이 말하는 사랑

ⓐ **사랑은 이웃에게 악을 행하지 않는 것입니다** : 사도 바울은 "사랑은 이웃에게 악을 행하지 아니하나니 그러므로 사랑은 율법의 완성이니라"(롬 13:10)고 하였습니다. 그러므로 사랑이란 그 어떤 이유에서라도 이웃에게 악을 행하지 않는 것을 의미합니다. 즉 아무리 억울하고 속상한 일을 당했다 할지라도 그 어떤 보복적 언사나 행동을

하지 않는 것이 사랑이라는 뜻입니다. 그래서 베드로는 "악을 악으로, 욕을 욕으로 갚지 말고 도리어 복을 빌라 이를 위하여 너희가 부르심을 받았으니 이는 복을 이어받게 하심이라"(벧전 3:9)고 말합니다.

ⓑ **사랑은 이해하고 용서하는 것입니다** : 예수님은 현장에서 간음하다 잡힌 여인을 돌로 치려는 무리들에게 "너희 중에 죄 없는 자가 먼저 돌로 치라"(요 8:7)고 말씀하셨습니다. 즉 죄인일지라도 이해하고 용서해 주는 것이 사랑임을 가르치신 것입니다. 그래서 주님은 십자가의 고통 중에서도 조롱하는 무리들을 위하여 "아버지 저들을 사하여 주옵소서 자기들이 하는 것을 알지 못함이니이다"(눅 23:34)라는 기도를 드리신 것이요, 바울 사도는 "누가 누구에게 불만이 있거든 서로 용납하여 피차 용서하되 주께서 너희를 용서하신 것같이 너희도 그리하라"(골 3:13)고 권면한 것입니다.

ⓒ **사랑은 불우한 이웃을 불쌍히 여겨 돌보는 것입니다** : 예수님은 선한 사마리아인의 비유를 통해 사랑은 불행당한 이웃을 긍휼히 여겨 돌보는 것임을 가르치셨습니다(눅 10:30-37). 그래서 히브리 기자는 "자기도 함께 갇힌 것같이 갇힌 자를 생각하고 자기도 몸을 가졌은즉 학대받는 자를 생각하라"(히 13:2)고 하였고, 사도 요한은 "누가 이 세상 재물을 가지고 형제의 궁핍함을 보고도 도와줄 마음을 막으면 하나님의 사랑이 어찌 그 속에 거할까 보냐 자녀들아 우리가 말과 혀로만 사랑하지 말고 오직 행함과 진실함으로 하자"(요일 3:17, 18)라고 권면한 것입니다.

하나님은 곡식을 베다가 단 하나를 떨어뜨리면 그 단을 줍지 말고 나그네와 고아와 과부를 위하여 그냥 남겨두라고 하셨고(신 24:19), 감람나무나 포도나무를 떤 다음에도 그리 하라고 하셨으며(20-21절), 곡물을 벨 때에도 다 베지 말고 가난한 자들과 거류민을 위하여 밭모퉁이를 남겨두라고 명령하셨습니다(레 23:22). 그러므로 주변의 가난하고 병들고 외롭고 소외당한 자들을 못 본 체하지 말고 반드시 도움의 손길을 내밀어서 사랑을 실천해야 하겠습니다. 궁핍한 사람을 불쌍히 여기는 자는 주를 공경하는 자요(잠 14:31), 가난한 자를 불쌍히 여겨 적선하는 것은 하나님께 꾸어드리는 것이 되기 때문입니다(잠 19:17).

ⓓ **사랑은 이웃을 존중히 여겨 섬기는 것입니다** : 예수님은 "앉아서 먹는 자가 크냐 섬기는 자가 크냐 앉아 먹는 자가 아니냐 그러나 나는 섬기는 자로 너희 중에 있노라"(눅 22:27)는 말씀으로 사랑은 겸손하여 이웃을 섬기는 것임을 가르치셨습니다. 하지만 예수님의 제자들이 누가 더 크냐는 문제로 서로 다투었듯이, 사람들은 자기가 더 크다는 교만한 마음을 나름대로 갖고 있기 때문에 이웃을 존중히 여기는 사랑은 찾아보기 힘듭니다. 그래서 바울 사도는 "오직 겸손한 마음으로 각각 자기보다 남을 낫게 여기고"(빌 2:3)라고 권면한 것입니다.

그런데 예수님은 지극히 작은 자에게 한 것이 곧 예수님께 한 것이라고 하셨습니다(마 25:40). 그래서 "이 지극히 작은 자에게 하지 아니한 것이 곧 내게 하지 아니한 것이니라"(마 25:45)고 말씀하신 것입니다.

그러므로 "또 누구든지 내 이름으로 이런 어린 아이 하나를 영접하면 곧 나를 영접함이니"(마 18:5)라고 하신 주님의 말씀을 기억하고 이웃을 존중히 여겨 섬기는 가운데 사랑의 성도로 성장해야 하겠습니다.

ⓔ **사랑은 자신을 희생하여 남을 살리는 것입니다** : 예수님은

"인자의 온 것은 섬김을 받으려 함이 아니요 도리어 섬기려 하고 자기 목숨을 많은 사람의 대속물로 주려 함이라"(마20:28)고 말씀하셨습니다. 따라서 사랑의 최고봉은 자신을 희생하여 남을 살리는 것입니다. 그래서 주님은 "너희 원수를 사랑하며 너희를 미워하는 자를 선대하며 너희를 저주하는 자를 위하여 축복하며 너희를 모욕하는 자를 위하여 기도하라"(눅 6:27)고 하셨고, 또 "너의 이 뺨을 치는 자에게 저 뺨도 돌려대며 네 겉옷을 빼앗는 자에게 속옷도 거절하지 말라 네게 구하는 자에게 주며 네 것을 가져가는 자에게 다시 달라 하지 말며"(눅 6:29, 30)라는 말씀도 하신 것입니다.

하지만 자기를 사랑하지 않는 사람은 하나도 없기 때문에 자신을 희생하여 남을 사랑하기란 결코 쉬운 일이 아닙니다. 그러므로 십자가를 지신 주님의 희생정신을 본받음으로써 이러한 사랑을 실천해야 하겠습니다.

이상으로 성경이 말하는 사랑에 대하여 정리해 보았습니다. 그러면 어떻게 해야 이러한 사랑의 성도가 될 수 있을까요? 십계명의 대인 계명과 출애굽했던 이스라엘의 광야 여정 속에서 사랑의 성도가 될 수 있는 길을 찾아보겠습니다.

② 사랑의 성도가 되는 길

ⓐ 네 부모를 공경하라(출 20:12)

–네 부모에게 효도하라.

하나님은 인류에 대한 첫 번째 계명으로 부모를 공경하라는 계명을 주셨습니다. 그러므로 부모를 공경하지 않는 자는 이웃을 사랑할 기본이 되어 있지 않은 자라고 볼 수밖에 없습니다. 부모님의 희생과 헌신으로 말미암아 존재하는 자가 그 은공에 보답할 줄 모른다면 그가 이웃을 사랑한다는 것은 위선일 수밖에 없기 때문입니다. 그러면 부모를 공경한다는 의미는 무엇일까요? 다음의 세 가지입니다.

첫째, 부모를 존중히 여기는 것입니다. '공경하라'의 히브리어 '카베드'(כָּבֵד)에는 본래 '존중히 대하라'는 의미이기 때문입니다. 그런데 '카베드'는 주로 하나님을 존경하는 데 사용된 단어였다는 점에서(삼상 2:30; 시 22:23; 잠 3:9; 사 24:15) 하나님을 존중히 대하듯이 부모님을 존경해야 한다는 뜻이기도 합니다.

부모님을 하나님처럼 존중히 여겨야 하는 까닭은 무엇일까요? 부모는 생명의 전달자이자 양육자로서 부모님의 헌신적인 사랑은 보이지 아니하는 하나님이 볼 수 있게 나타난 것이기 때문입니다. 그래서 하나님은 부모를 때리는 자와(출 21:15) 저주하는 자는 반드시 죽이라고 명하셨고(출 21:17; 레 20:9), 부모를 경홀히 여기는 자는 저주를 받을 것이라고 하셨습니다(신 27:16). 그리고 지혜의 왕 솔로몬은 "아비를 구박하고 어미를 쫓아내는 자는 부끄러움을 끼치며 능욕을 부르는 자식이니라"(잠 19:26)고 하면서 "너를 낳은 아비에게 청종하고 네 늙은 어미를 경히 여기지 말라"(잠 23:22)고 훈계한 것입니다.

둘째, 부모님께 순종하는 것입니다. 존중히 여긴다고 하면서 불순종하는 것은 진정한 존경이 아니기 때문입니다. 그래서 바울 사도는 "자녀들아 주 안에서 너희 부모에게 순종하라 이것이 옳으니라 네 아버지와 어머니를 공경하라 이것이 약속이 있는 첫 계명이니 이로써 네가 잘 되고 땅에서 장수하리라"(엡 6:1-3)고 한 것입니다.

예수님은 가나 혼인 잔치에서 포도주가 떨어졌을 때 비록 일하실 때는 되지 않았지만 어머니의 요청에 순종하여 물로 포도주를 만드는 기적을 행하셨습니다. 그러므로 주님의 이러한 모습을 본받아 부모님의 말씀에 순종해야 하겠습니다.

셋째, 부모를 부양(扶養)해 드리는 것입니다. 이미 노인이 되어 버린 부모님은 경제적 능력을 상실했다는 면에서 사회적 약자이기 때문입니다. 그래서 예수님은 십자가의 고통 중에라도 사랑하는 제자 요한에게 모친 마리아의 후사를 부탁하심으로써 부모 공경의 본을 보여주셨습니다(요 19:26, 27).

사사시대에 엘리멜렉이라는 베들레헴 사람은 흉년이 들자 부인 나오미와 두 아들을 데리고 모압 지방에 가서 우거합니다. 그러나 불행하게도 일찍 죽고 맙니다. 이에 나오미는 두 아들 말론과 기룐을 위해 모압 여인 오르바와 룻을 며느리로 맞아들였는데, 두 아들마저 모두 죽으면서 그 가정에는 세 과부들만 남게 됩니다(룻 1:1-5). 이에 나오미는 베들레헴 본 고향으로 돌아가면서 두 자부(子婦)로 하여금 각기 친정으로 돌아가라고 권합니다.

하지만 룻은 "내게 어머니를 떠나며 어머니를 따르지 말고 돌아가라 강권하지 마옵소서 어머니께서 가는 곳에 나도 가고 어머니께서 머무는 곳에서 나도 머물겠나이다 어머니의 백성이 나의 백성이 되고 어머니의 하나님이 나의 하나님이 되시리니 어머니께서 죽으시는 곳에서 나도 죽어 거기 묻힐 것이라 만일 내가 죽는 일 외에 어머니를 떠나면 여호와께서 내게 벌을 내리시고 또 내리시기를 원하나이다"(룻 1:16, 17)라고 하면서 시어머니를 좇아 유다 베들레헴까지 와서 부양하였습니다. 참으로 만고에 길이 남을 부모 공경의 모범이 아닐 수 없습니다. 그 결과 룻은 다윗의 증조모가 되는 복을 받았고, 이방 여인으로서 예수님의 족보에 들어오는 영광을 얻게 됩니다(룻 4:17-22).

한편, 하나님은 "너는 센머리 앞에서 일어서고 노인의 얼굴을 공경하며 네 하나님을 경외하라"(레 19:32)고 말씀하셨습니다. 즉 어르신도 부모처럼 공경해야 한다는 뜻입니다. 그러므로 부모님을 비롯하여 연로하신 어르신도 부모님처럼 공경하면 이웃을 사랑하는 자로 성장하게 되면서 하나님의 약속대로 장수의 복과 범사에 잘 되는 복을 받게 될 것입니다(참조. 신 5:16; 엡 6:2, 3).

ⓑ 살인하지 말라(출 20:13)

−사람의 생명을 귀중히 여기라.

인간의 생명은 하나님께로부터 왔고(레 17:11) 사람은 하나님의 형상대로 지음을 받았기 때문에 인간의 생명처럼 귀한 것은 없습니다. 그래서 하나님은 '살인하지 말라'는 제6계명을 주셨습니다.

하나님은 이 계명의 중요성을 주지(周知)시키려고 "다른 사람의 피를 흘리면 그 사람의 피도 흘릴 것이니 이는 하나님이 자기 형상대로 사람을 지으셨음이니라"(창 9:6)고 말씀하셨고, 또 "너희는 너희가 거주하는 땅을 더럽히지 말라 피는 땅을 더럽히나니 피 흘림을 받은 땅은 그 피를 흘리게 한 자의 피가 아니면 속함을 받을 수 없느니라"(민 35:33)는 말씀도 하셨습니다. 그러면 피로 말미암아 땅이 더러워진다는 의미는 무엇일까요?

가인이 아벨을 살해하였을 때 하나님은 가인에게 "땅이 그 입을 벌려 네 손에서 네 아우의 피를 받았은즉 네가 땅에서 저주를 받으리니 네가 밭을 갈아도 땅이 다시는 그 효력을 네게 주지 아니할 것이요"(창 4:11, 12)라고 말씀하셨습니다. 그러므로 '땅이 더러워진다'는 것은 땅이 저주를 받음으로써 농산물을 내지 못하고 기근이 찾아온다는 의미입니다.

그러므로 그 어떤 경우와 무슨 이유에서라도 사람을 죽이면 안 된다는 것을 명심해야 하겠습니다. 왜냐하면 살인한 자는 자기의 목숨을 반드시 내놓아야 하고, 혹시 목숨을 부지한다 하여도 저주받은 땅은 농산물을 내지 못함으로써 기근과 가난을 면할 수 없기 때문입니다.

한편, 예수님은 산상수훈에서 "옛사람에게 말한 바 살인하지 말라 누구든지 살인하면 심판을 받게 되리라 하였다는 것을 너희가 들었으나 나는 너희에게 이르노니 형제에게 노하는 자마다 심판을 받게 되고 형제에게 대하여 라가라 하는 자는 공회에 잡혀가게 되고 미련한 자라 하는 자는 지옥 불에 들어가게 되리라"(마 5:21, 22)고 말씀하셨습니다. 즉 형제에게 노를 발하고, '라가', 곧 '돌대가리'나 '바보'라고 욕설을 퍼부으며, '미련한 놈'이라고 하면서 면박을 주는 것도 또 하나의 살인죄라는 의미입니다.

그러면 그 까닭이 무엇일까요? "칼에 묻은 피와 욕하는 입술에 묻은 침은 같다"라는 격언처럼 폭언과 욕설은 당사자의 마음에 큰 상처를 주어 살아갈 용기조차 잃고 죽고 싶은 심정이 될 수 있기 때문이라고 봅니다. 그래서 주님은 어린이 하나라도 실족(失足)시키면 차라리 연자 맷돌을 목에 달고 깊은 바다에 빠뜨려지는 것이 낫다는 말씀까지 하신 것입니다(마 18:6).

한편, 사도 요한은 "그 형제를 미워하는 자마다 살인하는 자니 살인하는 자마다 영생이 그 속에 거하지 아니하는 것을 너희가 아는 바라"(요일 3:15)고 하였는데, 이는 미움도 또 하나의 살인죄라는 의미입니다. 사람이 미워지면 보기 싫어져 괴롭히게 되고 전제 군주시대의 왕이라면 당장 죽일 것이라는 데서 미움을 살인죄로 간주하는 것은 매우 타당해 보입니다. 그러므로 마음속에 미움이 생겼다면 신속하게 회개해야 합니다. 왜냐하면 그 미움이 마음의 평화를 깨뜨리고, 인간관계를 망가뜨리며, 인체의 면역 체계를 약화시켜 질병을 야기할 수도 있고, 더 나아가 살인 귀신까지 불러들일 수 있기 때문입니다.

그리고 낙태 또한 제6계명을 범하는 살인죄로 보아야 합니다. 왜냐하면 예수님을 임신 중이던 마리아가 사가랴의 집을 방문하여 엘리사벳을 문안하였을 때 엘리사벳의 복중에 있던 아기가 뛰놀았다고 성경이 증언하고 있는 것을 보면 태아도 사람이 분명하기 때문입니다(눅 1:39-41). 물론 부정한 관계 속에서의 출산은 오히려 짐이 될 수도 있습니다. 하지만 "부모의 실수로 태어난 아이는 있어도 하나님의 계획 밖에서 태어난 아이는 없다"는 격언처럼, 그런 출산에도 하나님의 섭리가 있을 수 있음을 믿고 낙태죄를 범하지 말아야 할 것입니다.

더 나아가, 자살 역시 살인죄로 보아야 합니다. 사람의 생명은 하나님께로부터 받은 것이므로 사람이 스스로 목숨을 끊을 권리는 없기 때문입니다. 더욱이 자살은 생명이라는 고귀한 선물을 주신 하나님께 그 선물을 내팽개치는 행위라는 점에서도 절대 삼가야 합니다.

그러므로 그 어떤 이유에서라도 사람을 죽이지 말아야 함은 물론, 정신적 살인으로 볼 수 있는 포악한 독설과 업신여기는 언사 및 마음속의 미움도 철저히 회개할 뿐 아니라 낙태와 자살도 하지 아니함으로써 제6계명을 지켜야 하겠습니다.

ⓒ 간음하지 말라(출 20:14)

-배우자에 대한 순결을 지키고, 가정을 귀중히 여기라.

구약성경이 말하고 있는 간음이란 남자가 다른 사람의 아내와 성관계를 갖거나(레 18:20, 20:10; 신 22:22), 남자가 다른 사람의 약혼녀와 성관계를 맺는 경우(신 22:23-27) 및 결혼한 여자가 남편이 아닌 다른 남자와 성적 관계를 맺는 것을 의미합니다(호 4:13; 겔 16:22).

그러므로 제7계명은 배우자에 대한 순결을 지키고 가정의 파괴를 막기 위한 계명입니다. 그래서 히브리 기자는 "모든 사람은 결혼을 귀히 여기고 침소를 더럽히지 않게 하라 음행하는 자들과 간음하는 자들을 하나님이 심판하시리라"(히 13:4)고 경고한 것이요, 지혜의 왕 솔로몬은 "여인과 간음하는 자는 무지한 자라 이것을 행하는 자는 자기의 영혼을 망하게 하며 상함과 능욕을 받고 부끄러움을 씻을 수 없게 되나니 남편이 투기로 분노하여 원수 갚는 날에 용서하지 아니하고 어떤 보상도 받지 아니하며 많은 선물을 줄지라도 듣지 아니하리라"(잠 6:32-35)고 충고한 것입니다.

그런데 음란이 만연된 요즈음의 세태는 간음죄를 가볍게 보는 이들이 너무 많고, 심지어는 죄로 여기지 않는 경향까지 있음을 보게 됩니다. 하지만 간음죄는 그 피해의 파장이 그 어느 죄보다도 크고 무서운 죄임을 깨달아야 합니다. 왜냐하면 간음은 부부간의 행복을 빼앗아 감은 물론, 그로 말미암아 낙태죄로 이어지거나 이혼으로 이어질 수도 있으며, 또 불륜 관계에서 출산한 자녀들과 이혼한 자녀들이 받을 수밖에 없는 상처와 아픔은 당사자는 말할 것도 없고 가정과 사회에 큰 문제가 될 수 있기 때문입니다.

그래서 하나님은 간음죄를 지은 자를 돌에 맞아 죽게 하거나(신 22:24) 불에 태워 죽이도록 하셨고(창 38:24; 레 20:14, 21:9), 또 가나안 족속을 쫓아내시는 이유도 그들의 근친상간과 동성애 및 수간(獸姦) 때문이라고 하시면서(레 18:6-23) "너희가 전에 있던 그 땅 주민이 이 모든 가증한 일을 행하였고 그 땅도 더러워졌느니라 너희도 더럽히면 그 땅이 너희가 있기 전 주민을 토함같이 너희를 토할까 하노라 이 가증한 모든 일을 행하는 자는 그 백성 중에서 끊어지리라"(레 18:27-29)고 말씀하신 것입니다.

그러므로 땅을 더럽히는 죄에는 살인죄뿐 아니요 간음죄도 있음을 알 수 있는데, 간음죄로 말미암아 땅이 더럽혀진다는 의미는 무엇일까요?

하나님께서 가나안 족속들의 음행 때문에 그 땅이 더러워졌다는 말씀을 하셨을 때, "너희도 더럽히면 그 땅이 너희가 있기 전 주민을 토함같이 너희를 토할까 하노라"고 말씀하셨고, 또 "이 가증한 모든 일을 행하는 자는 그 백성 중에서 끊어지리라"고 말씀하신 것으로 보아 질병으로 말미암아 죽게 된다는 의미가 아닌가 사료됩니다. 음행이 만연한 곳에는 무서운 성병(性病)을 비롯하여 에이즈(AIDS)가 창궐하는 이유가 바로 이 때문으로 볼 수 있습니다.

한편, 예수님은 산상수훈에서 "또 간음하지 말라 하였다는 것을 너희가 들었으나 나는 너희에게 이르노니 음욕을 품고 여자를 보는 자마다 마음에 이미 간음하였느니라"(마 5:27, 28)고 말씀하셨습니다. 즉 마음에 음욕을 품고 여자를 보는 것조차도 이미 간음죄로 간주하신 것입니다. 더 나아가 주님은 "누구든지 음행한 이유 없이 아내를 버리면 이는 그로 간음하게 함이요 또 누구든지 버림받은 여자에게 장가드는 자도 간음함이니라"(마 5:32)는 말씀도 하셨는데, 이는 부정한 행위를 저지르지 않았는데도 이혼하는 것이나, 또 그런 여자에게 장가드는 것도 일종의 간음죄라는 의미입니다. 이처럼 이혼도 유사 간음죄이기 때문에 하나님께서 "나는 이혼하는 것과 옷으로 학대를 가리우는 자를 미워하노라"(말 2:16)는 말씀을 하신 것 같습니다.

그러므로 간음죄를 범하지 않음은 물론, 마음의 음욕도 철저히 회개하며, 또 준(準) 간음죄라고 볼 수 있는 이혼도 하지 않음으로써 제7계명을 지켜야 하겠습니다.

ⓓ 도둑질하지 말라(출 20:15)

–이웃의 재산이나 사람은 물론, 명예나 지위, 인기나 권리 등도 훔치지 말라.

"도둑질하지 말라"는 제8계명은 일단 이웃의 재산을 훔치지 말라는 계명입니다. 따라서 이웃의 재산을 보호하려는 목적과 함께 정당한 방법으로 부(富)를 얻도록 하시려고 이 계명을 주신 것입니다. 바로 이런 이유에서 이 계명을 범하는 경우는 배상으로 그 죗값을 치르도록 조치하셨습니다. 즉 물건을 도둑질했으면 본 물건에 5분의 1을 더하여 되돌려주도록 하셨고(레 6:2-5), 소를 도둑질하여 잡거나 팔았으면 다섯 배로, 양은 네 배로 갚도록 하셨으며(출 22:1), 이웃이 맡긴 물건을 도둑질하거나 착취하는 경우에도 그 본래 물건에 5분의 1을 더하여 돌려보내라는 규례를 주신 것입니다(레 6:2-5).

그러므로 불의한 방법으로 재산을 증식하려는 것은 오히려 재산을 잃는 길임을 각성시키시려고 이러한 배상의 율례를 세우셨다고 볼 수 있습니다. 하지만 사람을 도둑질하는 경우는 배상이 아닌 사형으로 다스리셨습니다. 즉 "사람을 납치한 자가 그 사람을 팔았든지 자기 수하에 두었든지 그를 반드시 죽일지니라"(출 21:16)고 하셨고, 또 "사람이 자기 형제 곧 이스라엘 자손 중 한 사람을 유인하여 종으로 삼거나 판 것이 발견되면 그 유인한 자를 죽일지니 이같이 하여 너희 중에서 악을 제할지니라"(신 24:7)고 명하신 것입니다. 따라서 도둑질 중 사람을 훔치는 죄를 가장 크게 여기신 것인데, 가족의 일원을 잃어버린 한 가정의 슬픔과 아픔을 생각하면 지당한 조치가 아닐 수 없습니다.

그런데 압살롬이 역심(逆心)을 품고 송사 문제로 왕을 찾아오는 사람들을 은밀히 중간에서 가로챈 행위에 대하여, 성경이 "이스라엘 무리 중에 왕께 재판을 청하러 오는 자들마다 압살롬의 행함이 이와 같아서 이스라엘 사람의 마음을 압살롬이 훔치니라"(삼하 15:6)고 기록한 것을 보면, 사람의 마음을 도둑질하여 이웃의 명예나 지위, 인기나 권리 등에 피해를 입히는 행위도 제8계명을 범하는 죄로 간주해야 한다고 봅니다.

한편, 하나님은 면제년의 규례를 주시면서 다음과 같은 말씀을 하셨습니다.

> "네 하나님 여호와께서 네게 주신 땅 어느 성읍에서든지 가난한 형제가 너와 함께 거주하거든 그 가난한 형제에게 네 마음을 완악하게 하지 말며 네 손을 움켜쥐지 말고 반드시 네 손을 그에게 펴서 그에게 필요한 대로 쓸 것을 넉넉히 꾸어주라……이로 말미암아 네 하나님 여호와께서 네가 하는 모든 일과 네 손이 닿은 모든 일에 네게 복을 주시리라 땅에는 언제든지 가난한 자가 그치지 아니하겠으므로 내가 네게 명령하여 이르노니 너는 반드시 네 땅 안에 네 형제 중 곤란한 자와 궁핍한 자에게 네 손을 펼지니라"(신 15:7-11).

즉 가난한 자를 긍휼히 여겨 그가 요구하는 것을 넉넉히 꾸어주라는 것과, 또한 주변의 궁핍한 자에게도 반드시 구제의 손을 펴라는 율례입니다. 따라서 나눔이 없이 혼자 움켜쥐는 삶 역시 도둑질을 범하는 죄와 같다고 보아야 합니다. 왜냐하면 이웃에게 돌아갈 몫을 자기가 가로채는 셈이기 때문입니다.

더 나아가 하나님은 "너는 뇌물을 받지 말라 뇌물은 밝은 자의 눈을 어둡게 하고 의로운 자의 말을 굽게 하느니라"(신 23:8)고 하셨고, 또 "너는 네 주머니에 두 종류의 저울 추 곧 큰 것과 작은 것을 넣지 말며 네 집에 두 종류의 되 곧 큰 것과 작은 것을 두지 말 것이요 오직 온전하고 공정한 저울추를 두며 온전하고 공정한 되를 둘 것이니라"(신 25:13-15)고 명령하셨습니다. 즉 불의한 방법으로 부를 축적하는 것도 일종의 도둑질임을 일깨워주신 것입니다.

이렇게 볼 때 땀 흘리지 아니하고 부당한 이를 추구하는 일체의 행위도 제8계명을 어기는 죄로 간주해야 한다고 봅니다. 즉 사기로 남의 재산을 가로채는 것은 물론, 과도한 폭리를 취하거나 고리(高利)로 사채놀이를 하는 것, 또는 부동산 투기나 세금 포탈 등도 또 하나의 도둑질이라는 의미입니다.

끝으로 하나님은 "네 형제의 소나 양이 길 잃은 것을 보거든 못 본 체하지 말고 너는 반드시 그것을 끌어다가 네 형제에게 돌릴 것이요……나귀라도 그리하고 의복이라도 그리하고 형제가 잃어버린 어떤 것이든지 네가 얻거든 다 그리하고 못 본 체하지 말 것이며”(신 22:1-3)라고 말씀하셨습니다. 즉 분실물을 착복하는 행위도 또 하나의 도둑질임을 일깨워 주신 것입니다.

그러므로 이웃의 재산과 사람을 비롯하여 명예, 인기, 권리, 지위 등을 훔치지 않음은 물론, 불의한 수단으로 부를 축적하지 않을 뿐 아니라, 주변의 불쌍한 자를 돌보고, 이웃의 분실물조차도 반드시 간수하였다가 주인에게 돌려줌으로써 제8계명을 지켜야 하겠습니다.

ⓔ 네 이웃에 대하여 거짓 증거하지 말라(출 20:16)

–거짓말로 이웃에게 피해를 입히지 말라.

일단 이 계명은 법정에서 거짓 증언하지 말라는 계명입니다. 따라서 거짓 증언으로 말미암아 억울한 피해를 당하는 일이 없도록 하시려고 이 계명을 주신 것입니다. 그리고 하나님은 “사람의 모든 악에 관하여 또한 모든 죄에 관하여는 한 증인으로만 정할 것이 아니요 두 증인의 입으로나 또는 세 증인의 입으로 그 사건을 확정할 것이며”(신 19:15)라는 말씀도 하셨는데, 이는 혹시 한 사람의 잘못된 증언으로 말미암아 입을 수 있는 피해를 미연에 방지하기 위해 주신 규례입니다.

거짓 증언으로 말미암아 피해를 입은 성경의 대표적인 인물로 예수님과(마 26:59, 60) 스데반 집사(행 6:13) 외에 나봇을 꼽을 수 있습니다. 아합 왕이 나봇의 포도원을 탐내어 교환을 요구했지만 거절당하자 간교한 왕후 이세벨이 거짓 증언자를 세워 나봇을 죽이고 그 포도원을 빼앗도록 한 것입니다(왕상 21:1-16). 그 간악한 모습을 하늘에서 다 내려다보고 계셨던 하나님은 엘리야를 아합에게 보내 이런 말씀을 하셨습니다.

> "네가 죽이고 또 빼앗았느냐……개들이 나봇의 피를 핥은 곳에서 개들이 네 피 곧 네 몸의 피도 핥으리라……개들이 이스르엘 성읍 곁에서 이세벨을 먹을지라 아합에게 속한 자로서 성읍에서 죽은 자는 개들이 먹고 들에서 죽은 자는 공중의 새가 먹으리라"(왕상 21:19-24).

즉 거짓 증언자를 세워 나봇을 죽이고 그의 포도원을 빼앗은 아합 부부의 죄를 철저하게 응징하신 것입니다. 그러므로 거짓 증언을 하거나 거짓 증언자를 세워 억울하게 남을 해치는 죄악은 결코 범하지 말아야 할 것입니다.

한편, 하나님은 "너희는 이웃과 더불어 진리를 말하며 너희 성문에서 진실하고 화평한 재판을 베풀고 마음에 서로 해하기를 도모하지 말며 거짓 맹세를 좋아하지 말라 이 모든 일은 내가 미워하는 것이니라"(슥 8:16, 17)고 말씀하셨습니다. 즉 법정 밖일지라도 거짓말을 하지 말고 진실하게 살아야 함을 교훈하신 것입니다. 그래서 다윗은 "거짓을 행하는 자는 내 집 안에 거주하지 못하며 거짓말하는 자는 내 목전에 서지 못하리로다"(시 101:7)라고 하였고, 요한계시록은 거짓말하는 자는 결코 천국에 들어가지 못한다고 하였으며(계 21:27), 또 "거짓을 좋아하며 지어내는 자는 다 성 밖에 있으리라"(계 22:15)고도 한 것입니다.

그러므로 거짓 증언을 하지 않음은 물론, 언제나 진실하고 정직한 말만 함으로써 사랑을 실천하는 성도가 되어야 하겠습니다.

ⓕ 네 이웃의 집을 탐내지 말라(출 20:17)

–탐심은 모든 죄의 원인이다. 온갖 탐욕을 버리라.

하나님은 끝으로 "네 이웃의 집을 탐내지 말라 네 이웃의 아내나 그의 남종이나 여종이나 그의 소나 나귀나 무릇 네 이웃의 소유를 탐내지 말라"는 제10계명을 주셨습니다. 하나님께서 이 계명을 주신 이유는 "욕심이 잉태한즉 죄를 낳고"(약 1:15)라는 말씀처럼 탐심은 모든 죄의 원인이 되기 때문입니다. 따라서 제1계명부터 제9계명까지는 외적 행위를 규제하신 반면, 제10계명은 내적 마음을 규제하는 계율을 주신 것입니다.

이처럼 탐심은 모든 죄의 원인이 되기 때문에 바울 사도는 "부하려 하는 자들은 시험과 올무와 여러 가지 어리석고 해로운 욕심에 떨어지나니 곧 사람으로 파멸과 멸망에 빠지게 하는 것이라 돈을 사랑함이 일만 악의 뿌리가 되나니 이것을 탐내는 자들은 미혹을 받아 믿음에서 떠나 많은 근심으로써 자기를 찔렀도다"(딤전 6:9, 10)라고 말한 것이요, 또 "탐심은 우상 숭배니라"(골 3:5)고 말한 것입니다. 즉 탐욕은 하나님 외에 다른 신을 섬기는 것과 같은 죄악이라는 의미입니다.

그러므로 탐심을 품게 되면 공연히 불만과 불평이 솟아나오고, 마음에는 기쁨이 사라지며 자연히 비애(悲哀)가 깃들게 됩니다. 그래서 모세의 인도를 받아 광야 길을 걷던 이스라엘 백성들이 탐심을 품게 되자 "누가 우리에게 고기를 주어 먹게 하랴 우리가 애굽에 있을 때에는 값없이 생선과 오이와 참외와 부추와 파와 마늘들을 먹은 것이 생각나거늘 이제는 우리의 기력이 다하여 이 만나 외에는 보이는 것이 아무것도 없도다"(민 11:4-6)라고 불평하면서 각기 장막에서 울었던 것입니다.

그러므로 "삼가 모든 탐심을 물리치라 사람의 생명이 그 소유의 넉넉한 데 있지 아니하니라"(눅 12:15)는 주님의 말씀에 따라 온갖 종류의 탐욕, 곧 물욕, 명예욕, 권세욕, 지위욕, 오락욕, 향락욕 등에서 떠나야 하겠습니다. 그러면 어떻게 해야 탐욕을 극복할 수 있을까요?

자족(自足)하는 신앙을 소유하면 이길 수 있다고 생각합니다. 이것은 바울 사도가 "어떠한 형편에서든지 나는 자족하기를 배웠나니 나는 비천에 처할 줄도 알고 풍부에 처할 줄도 알아 모든 일 곧 배부름과 배고픔과 풍부와 궁핍에도 처할 줄 아는 일체의 비결을 배웠노라"(빌 4:11, 12)고 말한 데서 확인됩니다. 그러면 성도는 어떻게 스스로 만족하는 신앙을 소유할 수 있을까요?

현재의 내 처지와 형편은 나의 영적 성장을 위하여 하나님께서 주신 최선이라고 믿으면 됩니다. 성도가 처한 현재의 형편과 처지를 하나님께서 주신 최선이라고 믿어야 하는 이유는, 바울 사도가 육체의 가시를 없애 달라는 기도를 세 번이나 하였어도 그때마다 주께서 "내 은혜가 네게 족하도다 이는 내 능력이 약한 데서 온전하여짐이라"(고후 12:9)고 말씀하셨기 때문입니다.

그러므로 "그러나 자족하는 마음이 있으면 경건은 큰 이익이 되느니라 우리가 세상에 아무것도 가지고 온 것이 없으매 또한 아무것도 가지고 가지 못하리니 우리가 먹을 것과 입을 것이 있은즉 족한 줄로 알 것이니라"(딤전 6:6-8)는 말씀에 따라, 자족(自足)의 신앙을 소유함으로써 제10계명을 지켜야 하겠습니다.

ⓖ 나병(癩病)이 든 미리암(민 12장)

－하나님이 세우신 종이나 이웃을 비방하거나 비판하지 말라.

모세가 구스 여인을 취함으로 말미암아 미리암과 아론이 모세를 비방했습니다. 아마 모세의 부인 십보라가 죽었기 때문에 모세가 재혼한 것으로 보입니다. 그때 하나님은 그 3인을 장막 밖으로 불러내신 다음 모세가 얼마나 충성된 종인가를 말씀하시면서 미리암과 아론을 호되게 꾸짖으셨습니다. 그 결과 미리암은 나병이 들었고, 이스라엘의 행진은 일주일이나 지연되었습니다. 따라서 이 비방은 미리암이 주동했고 아론이 동조했다고 보아야 합니다. 왜냐하면 미리암의 이름이 먼저 거론되었을 뿐 아니라, 아론은 꾸지람만 들었지만 미리암은 책망과 함께 나병이 드는 형벌까지 받았기 때문입니다.

미리암과 아론은 왜 모세를 비난했을까요? 일단 모세가 동족이 아닌 이족과 결혼했기 때문으로 볼 수 있습니다. 그러나 그들이 "여호와께서 모세와만 말씀하셨느냐 우리와도 말씀하지 아니하셨느냐"(민 12:2)라고 투덜댄 것을 보면 모세를 향한 시기심도 작용했던 것으로 보입니다.

그러므로 이 사건은 하나님께서 세우신 종을 비방하거나 비판하지 말라는 교훈입니다. 특히 하나님께서 미리암과 아론에게 직접 나타나시어 질책하셨다는 데서, 하나님은 당신이 세우신 종을 비방하고 비판하는 것을 몹시 싫어하심을 알 수 있습니다. 그러면 그 까닭이 무엇일까요?

하나님께서 세우신 종을 비방하고 비판하는 것은 그를 세우신 배후의 하나님을 비방하고 비판하는 것이 되기 때문입니다. 그래서 사도 바울은 "남의 하인을 비판하는 너는 누구냐 그가 서 있는 것이나 넘어지는 것이 자기 주인에게 있으매 그가 세움을 받으리니 이는 그를 세우시는 권능이 주께 있음이라"(롬 14:4)고 충고한 것입니다.

그렇기 때문에 하나님은 혹시 당신의 종에게 실수가 있을지라도 비방 대신 그 허물을 덮어주면 매우 기뻐하시면서 축복하십니다. 이것은 노아의 허물을 보지도 않고 덮어주었던 셈과 야벳은 축복받았지만, 허물을 덮어주지 않고 발설했던 함은 저주를 받았던 데서 익히 증명됩니다(창 9:20-27). 그런데 예수님은 산상수훈에서 비판에 대하여 이렇게 교훈하셨습니다.

> "비판을 받지 아니하려거든 비판하지 말라 너희가 비판하는 그 비판으로 너희가 비판을 받을 것이요 너희가 헤아리는 그 헤아림으로 너희가 헤아림을 받을 것이니라 어찌하여 형제의 눈 속에 있는 티는 보고 네 눈 속에 있는 들보는 깨닫지 못하느냐 보라 네 눈 속에 들보가 있는데

어찌하여 형제에게 말하기를 나로 네 눈 속에 있는 티를 빼게 하라고 할 수 있겠느냐 외식하는 자여 먼저 네 눈 속에서 들보를 빼어라 그 후에야 밝히 보고 형제의 눈 속에서 티를 빼리라"(마 7:1-5).

즉 이웃을 비판하지 말라는 가르침입니다. 따라서 하나님의 종은 물론이거니와 이웃에 대한 비방이나 비판도 삼가는 것이 하늘 백성의 도리임을 깨달아야 합니다. 예수님은 왜 남을 비판하지 말라는 가르침을 주셨을까요?

일단은 비방 자체가 사랑이 아니기 때문입니다. 곧 비판은 상대방의 형편과 처지를 전혀 고려하지 않는 일방적 매도이므로 금하셨다는 뜻입니다. 그리고 "너희가 비판하는 그 비판으로 너희가 비판을 받을 것이요"라고 말씀하신 것처럼 비판을 하면 비판을 도로 받게 되고, 또한 눈 속에 들보가 있는 상태에서 남을 비판하는 것은 부정확하기 때문에 금하신 것으로 보아야 합니다.

그런데 무엇보다도 비판하지 말아야 하는 이유는 비판할 자격이 우리에게는 없기 때문입니다. 이것을 야고보 선생은 이렇게 말합니다.

"형제들아 서로 비방하지 말라 형제를 비방하는 자나 형제를 판단하는 자는 곧 율법을 비방하고 율법을 판단하는 것이라 네가 만일 율법을 판단하면 율법의 준행자가 아니요 율법의 재판관이로다 입법자와 재판관은 오직 한 분이시니 능히 구원하기도 하시며 멸하기도 하시느니라 너는 누구이기에 이웃을 판단하느냐"(약 4:11, 12).

즉 비판은 입법자나 재판장이신 하나님이 하실 일이지 사람이 할 일은 아니라는 따끔한 충고입니다. 그러므로 하나님의 종은 물론, 이웃에 대한 비방이나 비판도 삼감으로써 사랑의 성도로 결실해야 하겠습니다.

ⓗ 고라 무리의 반역과 아론의 싹 난 지팡이(민 16, 17장)

–하나님께서 세우신 권위에 도전하지 말고, 시기와 질투심을 버리라.

고라와 다단과 아비람과 온이 당을 짓고 회중 족장 250인과 더불어 모세에게 반기를 들었습니다. 크게 노하신 하나님은 고라 무리를 그 가솔들과 함께 산 채로 음부에 빠뜨려 죽이셨고, 250인의 족장들은 여호와께로부터 나오는 불에 살라져 모두 죽임을 당했습니다.

고라는 모세의 친사촌으로 성막 일을 보는 레위 지파였고, 다단과 아비람과 온은 장자 르우벤 지파였기 때문에, 그들은 모세와 아론이 백성의 지도자가 된 것에 시기심을 품고 있었다가 반역을 도모한 것입니다(참조. 시 106:16-18). 그러므로 이 사건은 하나님께서 세우신 지도자에게 도전하지 말라는 교훈입니다.

하나님은 이 교육을 확실히 하시려고 열두 지파로 하여금 지팡이 하나씩 갖고 오게 하신 다음, 유독 아론의 지팡이에만 움이 돋고 순이 나고 꽃이 피고 살구 열매가 맺히는 기적을 행하셨습니다. 즉 하나님께서 백성의 지도자로 세운 사람은 모세와 아론임을 깨닫게 하시어 더 이상 그 권위에 도전하지 못하도록 하시려고 특별한 이적을 행하신 것입니다.

하나님께서는 가정과 교회, 사회나 국가의 질서를 위해 지도자(leader)를 세우셨습니다. 따라서 하나님께서 세우신 지도자를 거역하는 것은, 하나님의 권위에 도전하는 어리석은 행위임을 깨달아야 합니다. 바로 이런 이유에서 모세는 고라 무리의 반역을 "여호와를 멸시한 것"(민 16:30)으로 규정합니다.

물론 권위주위는 잘못입니다. 하지만 하나님께서 세우신 지도자의 권위는 존중되어야 합니다. 즉 가정에서는 부모의 권위가, 학교에서는 스승의 권위, 교회에서는 목회자의 권위가 존중되어야 하고, 나라에서는 통치자의 권위가 존중되어야 한다는 뜻입니다. 왜냐하면 지도자의 권위가 실종된 단체나 사회는 무질서와 혼란에 빠짐으로 말미암아 무너질 수밖에 없기 때문입니다.

뿐만 아니라 하나님께서 세우신 지도자를 존중하는 것은 곧 하나님을 존중히 여기는 것이라는 점에서도 그렇습니다. 그래서 예수님은 제자들을 파송하시면서 "너희를 영접하는 것은 곧 나를 영접함이요 나를 영접하는 것은 나 보내신 이를 영접함이니라"(마 10:40)고 말씀하신 것이요, 하나님은 이스라엘 백성에게 이런 말씀을 하신 것입니다.

> "내가 사자를 네 앞서 보내어 길에서 너를 보호하여 너를 내가 예비한 곳에 이르게 하리니 너희는 삼가 그의 목소리를 청종하고 그를 노엽게 하지 말라 그가 너희의 허물을 용서하지 아니할 것은 내 이름이 그에게 있음이니라 네가 그의 목소리를 잘 청종하고 내 모든 말대로 행하면 내가 네 원수에게 원수가 되고 네 대적에게 대적이 되리라"(출 23:20-22).

그렇기 때문에 바울 사도는 "가르침을 받는 자는 말씀을 가르치는 자와 모든 좋은 것을 함께하라"(갈 6:6)고 하였고, 히브리 기자는 "너희를 인도하는 자들에게 순종하고 복종하라 그들은 너희 영혼을 위하여 경성하기를 자신들이 청산할 자인 것같이 하느니라 그들로 하여금 즐거움으로 이것을 하게 하고 근심으로 하게 하지 말라 그렇지 않으면 너희에게 유익이 없느니라"(히 13:17)고 권고한 것입니다. 그러므로 하나님께서 세우신 종을 대적하지 않음은 물론, 예수님을 섬기는 것 같은 자세로 섬겨야 할 것입니다. 갈라디아 교회가 사도 바울을 천사처럼 또는 예수처럼 영접했던 것같이 말입니다(갈 4:14).

한편, 고라 무리가 반역을 일으킨 원인은 그들의 시기심 때문이었다는 데서, 이 사건에는 시기와 질투심을 버리라는 교훈도 있다고 보아야 합니다. 시기심은 마음을 지옥으로 만들고, 뼈를 썩게 하며(잠

14:30), 가인이나 사울, 고라 무리에게서 보듯이 인생을 망치게 하기 때문입니다. 그러므로 시기심이나 질투심을 극복하지 않고는 행복한 인생을 살 수도 없고, 이웃을 사랑할 수도 없어 결코 완전에 이를 수 없습니다. 그러면 시기 질투심은 어떻게 극복할 수 있을까요?

자기의 사명을 발견하여 자신의 존재 가치를 깨달으면 시기심을 이길 수 있다고 생각합니다. 왜냐하면 '나'라는 존재의 가치를 깨달으면 남을 부러워할 필요가 없고 남처럼 되려고 할 필요도 없기 때문입니다. 이 부분에 있어서는 세례 요한이 좋은 귀감이 됩니다. 왜냐하면 그의 제자들이 그를 찾아와 "랍비여 선생님과 함께 요단강 저편에 있던 이 곧 선생님이 증언하시던 이가 세례를 베풀매 사람이 다 그에게로 가더이다"(요 3:26)라는 불평을 토로했을 때 그는 이러한 말을 하였기 때문입니다.

> "만일 하늘에서 주신 바 아니면 사람이 아무것도 받을 수 없느니라 내가 말한 바 나는 그리스도가 아니요 그 앞에 보내심을 받은 자라고 한 것을 증언할 자는 너희니라 신부를 취하는 자는 신랑이나 서서 신부의 음성을 듣는 친구가 크게 기뻐하나니 나는 이러한 기쁨이 충만하였노라 그는 흥하여야 하겠고 나는 쇠하여야 하리라"(요 3:27-30).

이 얼마나 자신의 가치와 사명을 깨달음으로써 시기심을 극복한 아름다운 발언입니까? 따라서 만일 고라 무리들이 자기들의 사명을 자각하고 존재의 가치를 깨달았다면 시기심을 극복함은 물론, 반역이라는 엄청난 죄를 범하지 않았을 것이라는 데서 매우 유감스런 사건이었습니다.

ⓘ **므리바 물 사건**(민 20:2-13)

—교만하면 성낼 수밖에 없다. 겸손하여 온유한 자가 되라.

이스라엘 회중이 신 광야 가데스에 머물렀을 때에 또다시 물이 떨어졌습니다. 이에 백성들은 모세와 아론에게 대들었고 모세와 아론은 회막문에 엎드렸는데, 하나님은 모세에게 지팡이를 손에 잡고 아론과 회중을 모은 다음 반석에게 명하여 물을 내라고 하셨습니다. 하지만 모세는 온 백성이 보는 앞에서 지팡이로 반석을 두 번이나 내리쳤습니다.

하나님은 모세의 불순종에도 불구하고 백성과 짐승들의 목마름을 고려하시어 물이 솟아나게 하셨습니다. 하지만 모세와 아론에게 "너희가 나를 믿지 아니하고 이스라엘 자손의 목전에서 내 거룩함을 나타내지 아니한 고로 너희는 이 회중을 내가 그들에게 준 땅으로 인도하여 들이지 못하리라"(12절)고 선언하셨습니다. 그러므로 이 사건으로 인하여 모세와 아론은 그토록 고대하던 가나안 땅에 들어가지 못하게 된 것입니다. 그러면 모세는 왜 하나님의 명령에 불순종함으로써 젖과 꿀이 흐르는 땅에 들어가지 못하는 비운을 맛보게 된 것일까요?

그가 "반역한 너희여 들으라 우리가 너희를 위하여 이 반석에서 물을 내랴"(10절)고 하면서 반석을 두 번이나 내리쳤던 것을 보면 교만 때문으로 보아야 합니다. 즉 교만 때문에 화가 나서 '우리 같은 사람이 너희를 위하여 반석에서 물을 내야 하겠느냐'는 뉘앙스가 담긴 말을 한 것이요, 교만 때문에 신앙이 떨어져 반석에게 명하여 물을 내지 못하고 이전 방식대로 반석을 쳐서 물을 낸 것입니다.

그러므로 므리바 물 사건은 교만하지 말고 겸손하라는 교훈입니다. 교만은 성을 낼 수밖에 없어 사랑의 사람이 되지 못하게 하지만, 겸손은 온유한 자가 되게 함으로써 사랑의 열매를 맺게 하기 때문입니다. 그렇기 때문에 야고보는 하나님께서 교만한 자를 물리치신다고 하였고(약 4:6), 베드로는 교만한 자를 대적하신다고 하였으며(벧전

5:5), 솔로몬은 하나님께서 교만한 자를 미워하시고 싫어하신다고 하면서(잠 6:17) "교만은 패망의 선봉이요 거만한 마음은 넘어짐의 앞잡이니라"(잠 16:18)고 말한 것입니다. 그렇지만 하나님은 겸손한 자와 함께하시며 은혜를 베푸시는데, 이것을 이사야 선지자는 이렇게 말합니다.

> "지극히 존귀하며 영원히 거하시며 거룩하다 이름 하는 이가 이와 같이 말씀하시되 내가 높고 거룩한 곳에 있으며 또한 통회하고 마음이 겸손한 자와 함께 있나니 이는 겸손한 자의 영을 소생시키며 통회하는 자의 마음을 소생시키려 함이라"(사 57:15).

즉 하나님은 높고 거룩한 곳에 계실 뿐 아니라 또한 마음이 겸손한 자와 함께하시어 그를 소생시킨다고 하신 것입니다. 그러니 겸손이야말로 하나님의 은혜를 받을 수 있는 마음, 곧 하나님께서 임재하실 수 있는 가장 적합한 심리 상태가 아니겠습니까? 뿐만 아니라 교만은 신앙에도 손상을 주면서 사랑의 사람이 되지 못하게 하지만, 겸손은 사랑의 사람이 되게 함은 물론 신앙에도 큰 유익을 준다는 면에서 겸손은 가장 아름다운 그리스도의 형상이요 성도가 이루어야 가장 높은 경지의 덕목이 분명합니다.

지금까지 의롭고 거룩하며 선한 그리스도의 형상을 이룸으로써 하나님의 인침을 받을 수 있는 로드맵(road map)에 대하여 고찰해 보았습니다.

그런데 문제는 사랑이 잘 실천되지 않는다는 데 있습니다. 즉 하나님을 사랑하는 의의 열매는 앞에서 살펴본 대로 열다섯 단계를 거치면서 맺을 수 있고, 성령의 인도를 받는 거룩한 열매는 여섯 단계를 거치면서 맺을 수 있지만, 이웃을 사랑하는 선한 열매는 위에 언급한 아홉 단계를 거친다 하여도 제대로 맺을 수 없다는 의미입니다.

그러면 그 이유가 무엇일까요? 왜 성결한 사랑은 실천이 잘 안 되느냐는 의문입니다. 그 근본 원인을 깨달은 사도 바울은 다음과 같이 탄식하였습니다.

> "내가 행하는 것을 내가 알지 못하노니 곧 내가 원하는 것은 행하지 아니하고 도리어 미워하는 그것을 행함이라 만일 내가 원하지 아니하는 그것을 행하면 내가 이로써 율법이 선한 것을 시인하노니 이제는 그것을 행하는 자가 내가 아니요 내 속에 거하는 죄니라 내 속 곧 내 육신에 선한 것이 거하지 아니하는 줄을 아노니 원함은 내게 있으나 선을 행하는 것은 없노라 내가 원하는 바 선은 행하지 아니하고 도리어 원하지 아니하는 바 악을 행하는도다 만일 내가 원하지 아니하는 그것을 하면 이를 행하는 자는 내가 아니요 내 속에 거하는 죄니라 그러므로 내가 한 법을 깨달았노니 곧 선을 행하기 원하는 나에게 악이 함께 있는 것이로다 내 속사람으로는 하나님의 법을 즐거워하되 내 지체 속에서 한 다른 법이 내 마음의 법과 싸워 내 지체 속에 있는 죄의 법으로 나를 사로잡는 것을 보는도다 오호라 나는 곤고한 사람이로다 이 사망의 몸에서 누가 나를 건져내랴"(롬 7:15-24).

즉 바울의 본심은 하나님의 법을 즐거워하며 선을 행하는 것인데, 그 소원대로 선하게 살지 못하는 원인이 그의 육체에 '죄'가 거하기 때문임을 발견하고 장탄식(長歎息)을 한 것입니다.

그런데 바울은 지체(肢體)에 거하는 '죄'를 어떤 인격체로 묘사하였습니다. 즉 "내 속 곧 내 육신에 선한 것이 거하지 아니하는 줄을 아노니"(18절)라고 하였고, "만일 내가 원하지 아니하는 그것을 하면 이를 행하는 자는 내가 아니요 내 속에 거하는 죄니라"(20절)고도 하였으며, 그는 또 이러한 말도 하였습니다.

> "우리가 육신에 있을 때에는 율법으로 말미암는 죄의 정욕이 우리 지체 중에 역사하여 우리로 사망을 위하여 열매를 맺게 하였더니"(롬

7:5)

여기서 '정욕'은 헬라어 '헤도네'(ἡδονή)로 '기쁨, 즐거움'이라는 뜻입니다. 따라서 '죄의 정욕'이란 죄를 기뻐하고 즐기는 것을 말합니다. 그런데 "육신에 있을 때는 죄의 정욕이 우리 지체 중에 역사하여"라고 하였으므로, 사람이 몸을 입고 사는 동안에는 죄를 기뻐하고 즐기는 어떤 생명체가 몸속에서 활동한다고 한 것입니다.

그런데 야고보 선생도 같은 견해를 피력했습니다. 즉 "너희 중에 싸움이 어디로부터 다툼이 어디로부터 나느냐 너희 지체 중에서 싸우는 정욕('헤도네')으로부터 나는 것이 아니냐"(약 4:1)라고 말함으로써, 그 역시 싸우고 다투는 원인은 신자의 육체에 싸움을 즐기는 것이 거하기 때문이라고 한 것입니다.

그러면 죄를 기뻐하고 싸움을 즐기는 생명체는 무엇입니까? 모든 악은 마귀로부터 나온다는 이치로 볼 때 악하고 더러운 영이라고 보아야 하지 않겠습니까?

다시 말하면 속사람은 겸손하기를 원하는데 자꾸만 교만한 마음이 드는 것은 육체에 교만의 영이 깃들어 역사하기 때문이고, 마음의 소원은 거룩하기를 원하는데 자꾸만 음란죄를 짓게 되는 것은 지체의 음란 마귀에게 사로잡히기 때문이며, 속 중심은 온유를 원하는데 노와 분이 자꾸만 치밀어 오르는 것은 혈기의 영에게 사로잡히기 때문이고, 본심은 용서하기를 원하지만 원하지 않는 복수심이 자꾸만 솟아나는 것은 지체에 잠복해 있는 보복의 영이나 원한(怨恨) 귀신이 그 사람을 사로잡기 때문이라는 의미입니다.

더 나아가 마음속의 미움과 시기를 회개하며 결코 미워하거나 시기하지 않겠다고 다짐하였으나, 얼마의 시간이 흐르면 또다시 미움과 시기 질투심이 올라오고, 거짓말하지 않고 정직한 사람이 되겠다고 회개하며 다짐하였어도 다시 거짓말을 하게 되며, 절대로 다투지 않겠다고 굳게 다짐하였어도 시간이 흐르고 사건이 발생하면 또다시 남과 싸우고 있는 자신을 발견하게 되는 이유도, 지체에 숨어 있는 악령들이 여건이 성숙되면 또다시 고개를 들기 때문이라고 보아야 할 것입니다.

그렇지만 사도 바울은 "그러므로 이제 그리스도 예수 안에 있는 자에게는 결코 정죄함이 없나니 이는 그리스도 예수 안에 있는 생명의 성령의 법이 죄와 사망의 법에서 너를 해방하였음이라"(롬 8:1, 2)고 하였습니다. 즉 예수를 믿고 중생하여 주님을 섬기고 있는 자에게는 지체(肢體)에 거하는 죄 때문에 구원이 상실되는 것은 아니라고 한 것입니다. 따라서 대부분의 성도들은 바로 이 구절 때문에 위안을 삼으며 내재하는 죄를 그대로 둔 채 신앙생활을 하는 것을 보게 됩니다.

하지만 종말시대의 성도들은 지체에 거하는 악의 뿌리조차도 그대로 둘 수 없습니다. 왜냐하면 그것을 그대로 두고는 성결한 이웃 사랑을 실천할 수 없어 완전에 이를 수 없고, 그 결과 하나님의 인침을 받을 수 없을 뿐 아니라, 주께서 강림하실 때 산 채로 들림 받을 수도 없기 때문입니다.

그런데 이처럼 지체에 거하는 죄의 정욕 때문에 선한 열매를 맺지 못한다는 것은 예수님의 씨 뿌리는 비유 속에서도 발견됩니다.

씨 뿌리는 비유 속에 나타난 죄의 정욕

"들으라 씨를 뿌리는 자가 뿌리러 나가서 뿌릴새 더러는 길가에 떨어지매 새들이 와서 먹어버렸고 더러는 흙이 얇은 돌밭에 떨어지매 흙이 깊지 아니하므로 곧 싹이 나오나 해가 돋은 후에 타서 뿌리가 없으므로 말랐고 더러는 가시떨기에 떨어지매 가시가 자라 기운을 막음으로 결실하지 못하였고 더러는 좋은 땅에 떨어지매 자라 무성하여 결실하였으니 삼십 배나 육십 배나 백 배가 되었느니라"(막 4:3-8).

이 비유 속에서 '씨'는 하나님의 말씀을 가리키고(막 4:14), '밭'은 인간의 마음을 상징합니다. 그런데 길바닥 같은 마음은 말씀을 전혀 받아들이지 않는 마음이라는 점에서(15절) 세속애(世俗愛)로 가득한 마음입니다. 마음이 세상 사랑으로 가득 차 있으면 하나님이나 내세, 혹은 진리 등에는 전혀 무관심하게 되기 때문입니다.

돌밭 같은 마음은 말씀으로 인하여 환난이나 박해가 발생할 때 믿음을 지키지 못하고 넘어지는 마음이라는 점에서(17절) 이기적이고 교만한 마음입니다. 자기만 사랑하는 마음은 피해를 볼 것 같으면 뒤로 물러가는 마음이요, 자기가 주인 노릇을 하려는 교만한 마음은 말씀에 전적으로 헌신하지 못하는 마음이기 때문입니다.

그런데 가시밭 같은 마음은 "세상의 염려와 재물의 유혹과 기타 욕심이 들어와 말씀을 막아 결실하지 못하게 되는"(19절) 마음이라고 하였습니다. 따라서 가시밭 같은 마음은 육체에 거하는 죄의 정욕 때문에 결실하지 못하는 마음이라고 보아야 합니다. 왜냐하면 "염려와 유혹과 욕심이 들어와 말씀을 막았다"고 하였으므로, 그 '염려와 유혹과 욕심'은 마음에 침투한 어떤 세력이 틀림없기 때문입니다. 뿐만 아니라 '가시'는 생명체라는 점에서도 그렇습니다. 즉 지체에 거하는 악하고 더러운 영이 주는 '염려와 유혹과 욕심' 때문에 열매를 맺지 못하는 마음이 곧 가시밭이라는 의미입니다. 그래서 바울 사도 역시 육체에 거하는 사탄의 사자를 '가시'로 일컬은 것을 보게 됩니다(고후 12:7).

그러므로 예수님도 씨 뿌리는 비유를 통해 사람이 하나님의 말씀대로 온전히 살지 못하는 원인, 특히 이웃을 사랑하지 못하는 원인은 지체에 악하고 더러운 영이 거하기 때문임을 밝히신 것입니다.

예수께서 졸음을 이기지 못했던 세 제자들에게 "마음은 원이로되 육신이 약하도다"(마 26:41)라고 말씀하셨던 이유도 같은 맥락으로 보아야 합니다. 즉 제자들의 마음 중심은 주님과 함께 깨어 있어 기도하는 것이었지만, 그들의 육체에 거하는 마귀 때문에 졸음을 이길 수 없음을 보시고 측은히 여기신 말씀이었다는 뜻입니다.

그렇지만 멀쩡하게 보이는 사람의 몸에 마귀들이 거하고 있다는 말에는 납득이 가기는커녕 오히려 불쾌하기까지 할 것입니다. 왜냐하면 일반적으로는 정신 이상자에게나 악령이 들어 있다고 생각하기 때문입니다. 하지만 성경은 정신 이상자의 속에만 사탄이 들어가 있는 것이 아니라 말을 못하고(마 9:33), 앞을 못 보며(마 12:22), 간질을 하고(막 9:17-22), 꼬부라져 몸을 조금도 펴지 못하는 원인도 그 육체 속에 귀신이 들어가 있기 때문임을 말하고 있습니다(눅 13:11). 또한 세겜 사람들이 아비멜렉을 배반한 것이나(삿 9:23) 사울이 다윗을 죽이려고 했던 것도 그들 속에 악령이 들어갔기 때문임을 증언하고 있습니다(삼상 18:10, 22).

더 나아가 가룟 유다가 예수님을 팔아넘기고(요 13:27) 아나니아 부부가 성령을 속인 것도 그들 속에 사탄이 들어갔기 때문임을(행 5:3) 분명하게 밝히고 있다는 점에서 광인(狂人)에게는 물론, 지체 장애자의 몸에나 정상인의 육체에도 악령이나 귀신이 들어 있음을 인정해야 할 것입니다.

이렇게 볼 때 평소에는 점잖고 말이 없는 사람이 술에 취하기만 하면 폭력적이 되거나 지저분한 수다를 수없이 떠는 것도 그 사람 속에 잠복해 있는 마귀가 술에 취해 이성이 마비된 틈을 타서 그 사람을 사로잡기 때문이라고 할 수 있습니다. 아울러 사람이 늙을수록 아픈 데가 많이 나타나는 것이나 노인 치매 현상도 세포가 젊고 싱싱했을 때 활동하지 못했던 악령들이 세포가 죽고 노쇠해지는 틈을 타서 그 어른을 사로잡기 때문으로 보아야 할 것입니다.

그러므로 이상(異常) 성격을 비롯하여 괴벽(怪癖), 도벽, 상습폭행, 상습 소매치기, 변태 성욕, 폭음 폭식을 하는 것이나 온갖 종류의 중독 현상, 곧 술 중독, 담배 중독, 마약 중독, 스포츠 중독, 인터넷 중독, 영화 중독, 도박 중독, 쇼핑 중독, 오락 중독, 섹스 중독, 게임 중독, 일 중독 등의 원인도 지체에 그러한 귀신들이 잠복해 있다가 때때로 그 사람을 사로잡기 때문이 분명합니다.

그런데 문제는 육체에 거하는 죄의 정욕은 성령의 세례를 받아 성령으로 충만하게 되어도 완전히 떠나지 않는다는 데 있습니다. 물론 성령으로 충만해지는 순간은 성도의 마음이 거룩해지고 또 기쁨과 하늘의 소망으로 가득 찹니다. 바로 이런 현상 때문에 성령의 세례를 성결의 은혜라고 일컫는 것이요, 또 성령의 세례를 받으면 유전적으로 받은 죄성과 악성(惡性)이 사라진다고 말하는 것입니다. 그러나 사실은 그러한 죄성과 악성이 일시적으로 사라질 뿐, 그 뿌리가 되는 악하고 더러운 영까지 완전히 떠나는 것은 아닙니다.

다시 말하면 성령의 충만으로 말미암아 지체에 거하는 악령이 움츠러들어 활동하지 못하기 때문일 뿐, 사실 그 마귀는 여전히 육체에 잠복해 있기 때문에 성령에 충만했던 순간이 지나가고 여건만 성숙되면, 지체(肢體)의 마귀가 슬며시 고개를 들면서 사라진 것과 같았던 죄성과 악성들은 또다시 활기를 띠기 시작한다는 의미입니다. 따라서 성령의 세례는 하나님을 사랑하는 의의 열매와 성령의 인도를 받는 거룩한 열매를 맺는 데는 충분한 역할을 하지만, 온전히 성결하여 사랑의 선한 열매를 맺는 데는 미흡하다고 보지 않을 수 없습니다.

바로 여기에서 지체(肢體)에 거하는 죄의 정욕을 몰아내는 은혜, 곧 '육체 성화의 은혜'라고 칭할 수도 있고 '지체 성화의 은혜'라고도 일컬을 수 있는 은혜의 필요성을 절감하게 됩니다. 즉 성결한 이웃 사랑으로 그리스도의 선한 형상까지 이루어 완전에 이르려면 지체에 잠복해 있는 마귀를 뽑아내는 은혜를 받아야 한다는 의미입니다.

그런데 감사한 것은 하나님께서 에스겔 선지자를 통해 이러한 지체 성화의 은혜가 있을 것을 이미 약속하셨다는 것입니다.

육체 성화의 은혜를 약속하신 하나님!

하나님은 에스겔을 통해 "내가 그들에게 한마음을 주고 그 속에 새 영을 주며 그 몸에서 돌 같은 마음을 제거하고 살처럼 부드러운 마음을 주어 내 율례를 따르며 내 규례를 지켜 행하게 하리니 그들은 내 백성이 되고 나는 그들의 하나님이 되리라"(겔 11:19, 20)고 말씀하셨습니다. 또 "새 영을 너희 속에 두고 새 마음을 너희에게 주되 너희 육신에서 굳은 마음을 제거하고 부드러운 마음을 줄 것이며 또 내 영을 너희 속에 두어 너희로 내 율례를 행하게 하리니 너희가 내 규례를 지켜 행할지라"(겔 36:26, 27)는 약속을 하셨습니다. 그런데 "그 몸에서 돌 같은 마음을 제거하고"라는 말씀이나 "너희 육신에서 굳은 마음을 제거하고"라는 말씀은, 마음을 돌처럼 굳게 만드는 육체의 악하고 더러운 영들을 뽑아주신다는 의미가 아닙니까?

그러므로 하나님은 지체 성화의 은혜가 있을 것을 이미 약속하신 것입니다. 그리고 위의 말씀은 "내가 너희를 여러 나라 가운데서 인도하여 내고 여러 민족 가운데서 모아 데리고 고국 땅에 돌아가서 맑은 물을 너희에게 뿌려서 너희로 정결하게 하되"(겔 36:24, 25)라고 하시면서 주신 것이므로, 육체 성화의 은혜는 종말시대에 주실 은혜가 분명합니다. 그런데 이 은혜는 초막절 은혜라고 보지 않을 수 없습니다.

육체 성화의 은혜는 초막절 은혜!

구약시대에 이스라엘이 반드시 지켜야했던 삼대 절기는 유월절(무교절)과 오순절(맥추절)과 초막절(장막절)이었습니다(출 23:14-17, 34:18-24). 그런데 유월절은 영을 거듭나게 하는 중생의 은혜를 상징하고, 오순절은 혼(魂)을 거룩하게 하는 보혜사 성령의 은혜를 상징하지 않습니까? 그러므로 초막절은 지체(肢體)에 거하는 죄의 정욕을 뽑아내는 육체 성화의 은혜를 상징한다고 보아야 합니다. 왜냐하면 초막절은 연종(年終)의 절기이므로 육체까지 거룩하게 하는 완전한 은혜를 상징하기 때문입니다. 이렇게 볼 때 하나님을 사랑하게 하는 은혜는 유월절 은혜이고, 성령의 인도를 받게 하는 은혜는 오순절 은혜이지만, 성결한 이웃 사랑을 가능하게 하는 은혜는 초막절 은혜라고 말할 수 있습니다.

그러므로 유월절 은혜로 인하여 길바닥 같은 마음이 갈아엎어지고, 오순절 성령의 은혜로 말미암아 돌밭 같은 마음이 뒤집어엎어지며, 초막절 육체 성화의 은혜로써 가시밭 같은 마음이 옥토로 변화되면서 30배, 60배, 100배의 열매를 맺게 되는 것이라고 볼 수 있습니다.

이렇게 볼 때, 주께서 말씀하신 열 처녀 비유에서 '등'은 영원한 복음을 가리키고, '기름'은 초막절 은혜를 상징한다고 보아야 합니다. 왜냐하면 기름 없이 등불을 밝힐 수 없는 것처럼 지체에 거하는 악의 뿌리를 뽑아내는 은혜가 없이는 성결한 이웃 사랑을 실천할 수 없기 때문입니다.

지체 성화의 은혜는 마음의 할례

한편, 육체 성화의 은혜는 '마음의 할례'라고 말할 수 있습니다. 왜냐하면 하나님께서 "너희 묵은 땅을 갈고 가시덤불에 파종하지 말라 유다인과 예루살렘 주민들아 너희는 스스로 할례를 행하여 너희 마음 가죽을 베고 나 여호와께 속하라"(렘 4:3)고 말씀하신 것처럼, 마음의 할례는 영적 마음을 덮고 있는 육적 마음을 베어내는 것이기 때문입니다. 환언하면 육신의 할례가 성기를 덮고 있는 포피를 잘라내는 것인 것처럼, 육체 성화의 은혜란 영성(靈性)을 덮고 있는 육성(肉性)을 베어내는 '마음의 할례'라는 의미입니다. 이런 면에서 바울 사도는 "표면적 육신의 할례가 할례가 아니니라……할례는 마음에 할지니"(롬 2:28, 29)라는 말을 한 것이라고 봅니다.

그러면 육체에 거하는 죄의 정욕, 곧 악하고 더러운 영들은 어떻게 해서 들어오게 된 것일까요? 그것은 사람의 육체가 타락했기 때문이 아니겠습니까? 그러므로 인간이 육체까지 타락하게 된 내력에 대하여 좀 더 살펴본 다음, 육체 성화의 은혜를 받는 길에 대하여 고찰해 보겠습니다.

③ 육체가 타락하게 된 내력(來歷)

성경은 "사람이 땅 위에 번성하기 시작할 때에 그들에게서 딸들이 나니 하나님의 아들들이 사람의 딸들의 아름다움을 보고 자기들이 좋아하는 모든 여자를 아내로 삼는지라 여호와께서 이르시되 나의 영이 영원히 사람과 함께하지 아니하리니 이는 그들이 육신이 됨이라 그러나 그들의 날은 백 이십년이 되리라"(창 6:1-3)고 하였습니다. 따라서 바로 이 대목이 인간이 육체까지 타락하게 된 내력을 보여주는 부분입니다. 여기서 '육신'은 곧 '타락한 육체'(바사르, בָּשָׂר)를 가리키기 때문입니다.

다시 말하면, 인간이 비록 선악과를 먹고 영적으로 타락했어도 사람은 영과 육으로 구성된 이원적(二元的) 존재이기 때문에 육신은 여전히 거룩하여 근(近) 천 년을 살 수 있었습니다. 그런데 하나님의 아들들이 이웃을 배려하지 못하고 자기들만 좋다면 된다는 식의 이기적인 결혼을 함으로 말미암아 하나님의 영이 그들의 몸에서 완전히 떠나시면서 인간은 육체까지 타락하게 되었고 그 결과 수명이 120년으로 제한되었다는 뜻입니다. 그러므로 영적 타락은 하나님의 말씀에 불순종함으로써 찾아왔지만, 육적 타락은 자기만 아는 이기적 마음, 곧 이웃을 사랑하지 못함으로 말미암아 찾아온 것을 알 수 있습니다.

그런데 하나님의 아들들이 육적으로 타락한 이후 가장 크게 대두되었던 문제는, 사람들의 마음이 갑자기 포악해져 세상에 죄악이 가득하게 되었다는 것입니다. 이것을 성경은 "그때에 온 땅이 하나님 앞에 부패하여 포악함이 땅에 가득한지라 하나님이 보신즉 땅이 부패하였으니 이는 땅에서 모든 혈육 있는 자의 행위가 부패함이었더라"(창 6:11, 12)고 기록합니다. 그러면 사람의 마음이 갑자가 포악해진 원인은 어디에 있다고 보아야 할까요?

그것은 하나님의 영이 사람의 몸으로부터 떠나심으로 말미암아 그 타락한 육체에 악하고 더러운 영들이 깃들게 되었기 때문으로 보지 않을 수 없습니다. 마치 아담의 범죄로 인하여 하나님의 영이 아담의 영으로부터 떠나시자마자 사탄이 아담의 영을 종으로 삼아버렸던 것같이 말입니다. 하지만 당시에는 하나님의 율법이 없었고 또한 국가도 형성되지 않아 죄를 규제하고 다스리는 그 어떤 장치도 없었기 때문에, 육체에 깃들게 된 악하고 더러운 영들이 주는 마음을 그대로 자행함으로써 "죄악이 세상에 가득하였고"(창 6:5), "혈육 있는 자의 포악함이 땅에 가득하여"(창 6:13), 마침내 하나님께서는 당시의 세상을 홍수로 심판하실 수밖에 없었던 것입니다(참조. 창 7장).

자신에 대한 바른 정체성을 갖자!

그러므로 성도들은 자신에 대하여 바른 정체성을 가져야 합니다.

즉 '자아'라는 혼(魂)을 중심으로 안쪽의 영에는 하나님을 사랑하고 이웃을 사랑하라는 하나님의 법이 새겨져 있고, 또 성령께서 내주해 계시지만, 바깥쪽의 타락한 육체에는 각종 악의 원인이 되는 악하고 더러운 영들이 거하고 있다는 자기 정체성입니다. 환언하면 영에는 의롭고 선하며 거룩한 영성이 있지만, 육체에는 불의하고 악하며 더러운 육성(肉性), 곧 짐승의 성품이 있다는 의미입니다.

사람이 《지킬 박사와 하이드》라는 소설처럼 어느 때는 천사같이 착하다가도 갑자기 짐승처럼 악해지는 이유가 바로 이러한 인간의 양면성 때문이 분명합니다. 즉 '나'라는 혼이 영성으로 채워지면 천사처럼 선하고 거룩하게 되지만, 육성으로 채워지면 짐승처럼 악하고 더럽게 된다는 의미입니다. 아울러 성령으로 충만할 때는 마음에 신앙과 사랑이 가득했다가도 성령이 소멸되면 또다시 불신앙이나 악이 솟아오르는 것도, 성령에 충만해 있을 때 움츠리고 눌려 있던 지체의 악하고 더러운 영들이 활동을 재개하기 때문으로 보아야 합니다.

이렇게 볼 때 '자아'(self)라고 하는 지정의(知情意)의 혼(魂)은 일종의 그릇인 셈입니다. 즉 하나님의 말씀과 영성으로 채워지면 하늘에 속한 신령하고 복된 사람이 되는 것이요, 세속적인 더러운 것과 육성(肉性)으로 채워지면 짐승과 같은 악하고 저주스러운 존재가 된다는 뜻입니다. 그리고 말씀과 영성으로 채워진 '영적인 나'는 그리스도의 형상을 닮은 '영원한 참 나'이지만, 세속적인 것과 육성으로 채워진 '육적인 자아'는 짐승과 같은 자아요 '일시적인 자아'입니다.

하지만 성장 과정에 있는 신자로서는 그 혼이 완전히 영성으로 채워진 자도 없고 온전히 육성으로 채워진 자도 없습니다. 영성과 육성을 어느 정도씩 혼의 그릇에 담고 있습니다. 그리고 그것들은 서로 대적합니다. 그래서 바울 사도는 "육체의 소욕은 성령을 거스르고 성령은 육체를 거스르나니 이 둘이 서로 대적함으로 너희가 원하는 것을 하지 못하게 하려 함이니라"(갈 5:17)고 말한 것입니다. 그리고 영성을 더 많이 채운 성도는 '영에 속한 신령한 성도'요, 육성을 더 많이 채운 신자는 '육신에 속한 어린 신자'이기 때문에 바울 사도는 이러한 말을 한 것입니다.

> "형제들아 내가 신령한 자들을 대함과 같이 너희에게 말할 수 없어서 육신에 속한 자 곧 그리스도 안에서 어린아이들을 대함과 같이 하노라 내가 너희를 젖으로 먹이고 밥으로 아니하였노니 이는 너희가 감당하지 못하였음이거니와 지금도 못하리라 너희는 아직도 육신에 속한 자로다 너희 가운데 시기와 분쟁이 있으니 어찌 육신에 속하여 사람에 따라 행함이 아니리요"(고전 3:1-3).

즉 여전히 시기와 분쟁 가운데 있는 신자를 '그리스도 안에서 어린아이'라고 하면서 그들을 '육신에 속한 자'라고 하였으니 이는 곧 육체에 거하는 죄의 정욕 아래에 있는 신자, 곧 영성보다는 육성(肉性)을 더 많이 채운 신자가 아니겠습니까?

그런데 사도 바울은 "육에 속한 사람은 하나님의 성령의 일들을 받지 아니하나니 이는 그것들이 그에게는 어리석게 보임이요, 또 그는 그것들을 알 수도 없나니 그러한 것들은 영적으로 분별되기 때문이라 신령한 자는 모든 것을 판단하나 자기는 아무에게도 판단을 받지 아니하느니라"(고전 2:14, 15)고 하였습니다. 또 "육신의 생각은 사망이요 영의 생각은 생명과 평안이니라 육신의 생각은 하나님과 원수가 되나니 이는 하나님의 법에 굴복하지 아니할 뿐 아니라 할 수도 없음이라 육신에 있는 자들은 하나님을 기쁘시게 할 수 없느니라"(롬 8:6-8)고 하였습니다.

그러므로 육신에 속한 어린 신자는 영에 속한 신령한 성도가 되기 위해 최선을 다해야 할 것입니다만, 영에 속한 성숙한 성도가 되는 길은 결코 쉬운 길이 아닙니다. 왜냐하면 말씀, 기도, 예배, 교회

생활 및 전도 등으로 영혼의 성장과 성화를 꾀함과 동시에 몸속에서 역사하는 마귀를 이기지 아니하면 영성을 이룰 수 없기 때문입니다. 그래서 지체에 거하는 악의 뿌리를 뽑아내는 육체 성화의 은혜를 받아야 한다고 한 것입니다.

그러면 이러한 지체 성화의 은혜는 어떻게 받을 수 있을까요? 초막절 은혜이자 마음의 할례인 육체 성화의 은혜를 받는 길에 대하여 고찰해 보겠습니다.

④ 육체 성화의 은혜를 받는 길

모세의 인도를 받아 출애굽했던 이스라엘이 40년 광야 길을 지나 가나안 땅에 하나님 나라를 건설했던 이스라엘의 구속사는, 신약의 성도들이 예수 그리스도를 통해 구원받아 성장 성화의 여러 과정을 거쳐 완성에 이르는 것의 모형이라고 하였습니다. 그러므로 출애굽한 것은 영의 구원을 상징하고, 광야 길에서 겪었던 여러 사건들은 혼의 성장 성화를 가리킵니다. 그리고 요단강을 건너 가나안 족속을 몰아내고 그곳에 신정 통치국(神政統治國)을 세웠던 것은, 육체에 거하는 죄의 정욕들을 몰아내고 완전에 이르는 것의 예표로 보아야 합니다.

따라서 가나안 일곱 족속은 지체에 거하는 악하고 더러운 영들의 모형이요 그림자로 보지 않을 수 없습니다. 그렇기 때문에 가나안 족속들과는 그 어떤 계약도 맺지 말고 전부 진멸하라고 명령하셨던 것이며(민 33:51-53; 신 7:1-5), 또 "너희가 만일 돌아서서 너희 중에 남아 있는 이 민족들을 가까이 하여 더불어 혼인하며 서로 왕래하면 확실히 알라 너희의 하나님 여호와께서 이 민족들을 너희 목전에서 다시는 쫓아내지 아니하시리니 그들이 너희에게 올무가 되며 덫이 되며 너희의 눈에 가시가 되어서 너희가 마침내 너희의 하나님 여호와께서 너희에게 주신 이 아름다운 땅에서 멸하리라"(수 23:12-13)는 말씀도 하신 것입니다.

그런데 참으로 기묘한 것은 가나안 족속이 헷 족속, 기르가스 족속, 아모리 족속, 가나안 족속, 브리스 족속, 히위 족속, 여부스 족속 등 일곱 족속이었던 것처럼(신 7:1) 사람의 마음에도 공작, 개구리, 호랑이, 뱀, 염소, 돼지, 거북이 같은 일곱 짐승으로 상징되는 악이 존재한다는 것입니다.

- 공작 : 교만, 오만, 자랑, 과시, 뽐냄, 사치, 허영의 영.
- 개구리 : 불평, 수군댐, 원망, 험담, 비방, 조롱의 영.
- 호랑이 : 혈기, 분노, 잔인, 포악, 성냄, 사나움의 영.
- 뱀 : 거짓, 교활, 간교, 보복, 원한, 미움, 간음, 시기, 질투의 영.
- 염소 : 성급, 조급, 고집, 반항, 음란, 반역의 영.
- 돼지 : 욕심, 탐심, 인색, 더러움의 영.
- 거북이 : 게으름, 나태, 비굴, 무책임, 불성실, 음흉의 영.

그런데 모든 악은 마귀로부터 나온다는 진리로 볼 때, 이러한 마음의 악들은 사실 육체에 그러한 짐승들로 상징되는 마귀가 거하기 때문이 아니겠습니까? 즉 지체에 공작, 개구리, 호랑이, 뱀, 염소, 돼지, 거북이 같은 악령들이 거하기 때문에 그로 말미암아 각종 악하고 더러운 마음이 속에서 우러난다는 의미입니다.

바로 여기에서 오늘날의 교회가 하나님을 사랑하는 의로운 열매와 성령의 인도를 받는 거룩한 열매는 맺으면서도 사랑의 선한 열매는 맺지 못하는 까닭을 발견하게 됩니다. 즉 신약시대의 교회는 홍해를 건너 광야 생활을 하는 것과 같은 여정의 단계에 있을 뿐, 아직 요단강을 건너 가나안 족속을 몰아내는 것과 같은 단계에는 이르지 못했기 때문이라는 뜻입니다. 그러므로 지체의 마귀들을 몰아내는 육체 성화의 은혜를 받는 것은 여호수아의 인도를 받아 가나안 족속들을 몰아내는 것과 같은 마지막 단계에 와 있는 것이라고 말할 수 있습니다.

그러면 이스라엘이 요단강을 건너 여리고를 비롯한 여러 성들을 함락시켰던 방법 속에서 지체 성화의 은혜를 받는 길을 모색해 보겠습니다.

제1단계, 요단강 도하(渡河)

－완전에 이르겠다는 비전과 믿음을 가지고 이기적 자아를 죽이라.

요단강을 기적적으로 건넜던 제2세들의 마음속에는, 가나안 족속을 몰아내고 그곳에 하나님의 나라를 건설하겠다는 꿈과 그렇게 할 수 있다는 믿음이 있었을 것입니다. 그러므로 육체 성화의 은혜를 받으려면, 지체에 거하는 죄의 정욕을 몰아내고 완전에 이르겠다는 비전과 그렇게 될 수 있다는 믿음을 가져야 합니다. 따라서 '몸을 입은 인간이 어떻게 완전할 수 있단 말인가? 예수께서 강림하실 때나 가능한 것이지 현세에서는 불가능하다'고 생각한다면, 이는 가데스바네아에서 부정적 보고를 했던 열 정탐꾼과 같아서 육체 성화의 은혜를 받을 수도, 완전에 이를 수도 없을 것입니다.

한편, 이스라엘이 요단강을 건넌 데는 '이기심을 죽이라'는 의미도 있다고 보아야 합니다. 왜냐하면 바울 사도는 이스라엘이 홍해를 건넌 사건을 세례를 받은 것으로 영해(靈解)하였는데(고전 10:1, 2), 세례란 '주와 함께 죽는 것'을 의미하기 때문입니다(롬 6:3-7). 다시 말하면 홍해를 건넌 것은 하나님을 사랑하는 의로운 형상과 성령의 인도를 받는 거룩한 형상을 이루기 위해 세속적 자아와 교만한 자아가 죽는 것을 상징하지만 요단강을 건너는 것은 이웃을 사랑하는 선한 형상을 이루기 위해 이기적 자아의 죽음을 상징한다는 의미입니다. 자기만 사랑하는 이기적 자아가 죽지 아니하면 이웃을 온전히 사랑할 수 없기 때문입니다. 왜 그럴까요? 자기만 사랑하는 이기심과 이웃을 사랑하는 이타심은 양립할 수 없는 마음이기도 하지만 무엇보다도 이기심은 마귀를 붙들고 있는 마음이기 때문입니다.

이기심은 마귀를 붙드는 마음이다!

남은 전혀 배려하지 않은 채 자기만 알고 자기만 사랑하는 이기심은 마귀를 붙들고 있는 마음입니다. 왜냐하면 모든 어둠의 세력들, 곧 사탄, 마귀, 악령, 귀신들은 하나님도, 이웃도 모르고 오직 자기들만 알고 자신들만 사랑하는 존재들인데, 영계의 법칙은 유유상종의 법칙이기 때문입니다. 즉 어둠의 영들은 모두 이기심을 가진 존재들이므로 이기심이 있는 자를 좋아하고 그에게 붙어 떠나지 않으려고 하기 때문에 이기심은 마귀를 붙드는 마음이라는 것입니다. 그렇기 때문에 이기심으로부터 모든 악이 나오는 것을 보게 됩니다. 즉 교만, 허영, 불평, 비방, 시기, 분노, 혈기, 반항, 거짓, 복수, 나태 등의 악들은 자기만 사랑하는 이기심의 산물이라는 뜻입니다. 그러므로 육체 성화의 은혜를 입어 예수님의 선한 형상을 이루고자 하는 자는 반드시 이기적 자아를 죽여야 한다는 것을 명심해야 할 것입니다.

제2단계, 법궤를 메고 나팔을 불며 여리고 성을 일주일 동안 돔
–마음의 악을 발견하고 선하게 살겠다는 다짐을 하면서 그 악을 온전히 대적하라.

이스라엘 백성들은 하나님의 명령에 따라 제사장들은 언약궤를 메고, 일곱 제사장들은 일곱 양각 나팔을 불며 앞뒤에 무장한 군사들의 호위를 받으면서, 여리고 성을 하루 한 번씩 엿새 동안 돌았고 이레째 되는 날은 일곱 바퀴를 돌았습니다(수 6:1-15). 그런데 여리고 성을 도는 것은 성이 무너지기를 바라는 시위이므로, 이는 마음의 악을 발견하고 그 악을 쫓아내려는 의지를 갖는 것으로 보아야 합니다. 왜냐하면 하나님께서 가나안 족속들을 모두 몰아내라고 명령하셨다는 점에서 가나안의 여러 성읍들은 지체에 거하는 각종 악들을 상징하기 때문입니다.

그러므로 먼저 자신의 악을 발견해야 합니다. 즉 자기가 얼마나 교만하고, 음란하고, 포악하고, 거짓되며, 시기심과 탐욕이 많고, 또 게으름과 허영이 많은 존재인 줄을 깨달은 후 그런 악을 쫓아내야겠다는 강한 의지를 가져야 한다는 뜻입니다.

자신의 악은 어떻게 알 수 있을까요? 말씀의 거울에 자신을 비추어보면 알 수 있고, 영적 실상을 보여 달라고 기도하면 성령께서 마음의 악을 깨닫게 해주십니다. 따라서 육체 성화의 은혜를 받으려는 자는 남을 알려고 하기에 앞서 자기 자신을 알려고 해야 합니다. 다른 사람의 잡초를 제거하는 데 시간을 허비하는 사람은 자기의 잡초를 제거할 시간이 없기 때문입니다.

그러면 법궤를 메고 나팔을 불며 여리고 성을 돌았다는 것에는 어떤 영적 의미가 있을까요? 법궤는 하나님의 말씀을 상징하고 나팔 소리는 여리고 주민들에게 공포심을 주었을 것이므로, 말씀대로 선하게 살겠다는 다짐을 하면서 마음의 악을 대적하고 증오하는 것이라고 보아야 하지 않겠습니까? 그런데 일곱 나팔을 불면서 돌았고, 또 여리고 성을 일주일 동안이나 돌았으며, 마지막 날에는 일곱 바퀴나 돌았다는 데서 마음의 악을 온전히 미워하고 철저히 대적해야 한다는 의미가 있다고 보아야 합니다. 왜냐하면 악의 배후에는 악령이 있는데 만일 그 악을 좋아하거나 즐긴다면 그 배후의 마귀는 절대 나가지 않기 때문입니다. 예컨대, 폭력과 사치를 즐기고 거짓과 음란을 좋아해서는 그 원인이 되는 폭력의 영이나 허영 마귀, 거짓의 영이나 음란 귀신을 결코 몰아낼 수 없으므로, 폭력과 사치와 거짓과 음란을 온전히 증오하고 철저히 대적해야 한다는 의미입니다.

그러므로 마음에 불평의 악을 발견했으면 감사하며 살겠다는 다짐을 함과 동시에 불평과 원망을 철저히 대적해야 하고, 게으름의 악을 발견했으면 근면하게 살겠다는 다짐을 하면서 나태심을 온전히 미워해야 하며, 절도의 악이 있음을 발견했으면 도둑질을 안 하겠다는 결심을 하면서 도둑질을 온전히 증오하고 철저히 대적해야 한다는 의미입니다.

제3단계, 큰소리로 외침
–지체의 마귀를 몰아내 달라고 기도하라.

마지막 날 성을 일곱 번 다 돈 다음에는 제사장들이 나팔을 부는 것을 신호로 온 백성이 크게 소리 질러 외침으로써 성벽이 허물어져 내렸습니다(수 6:20). 그런데 소리를 지르는 것은 기도를 상징한다고 볼 수 있지 않겠습니까? 그러므로 마지막으로는 지체의 마귀를 몰아내달라고 부르짖어 기도해야 합니다. 즉 "하나님, 주님의 계명대로 살고자 하오니 지체의 탐심 마귀를 몰아내 주시옵소서", "예수님, 말씀대로 살기를 바라니 육체에 거하는 음란 마귀를 쫓아내 주시옵소서"라는 기도를 드려야 한다는 의미입니다. 하나님은 기도를 통해서만 역사하시는 분이기 때문입니다.

이상과 같이 완전에 이르겠다는 비전과 믿음을 가지고 이기심을 죽이며, 마음의 악을 발견하여 선하게 살 것을 다짐하면서 지체의 악을 온전히 대적하고, 또 육체에 거하는 마귀를 몰아내 달라고 기도하면 육체 성화의 은혜가 임하게 됩니다.

그런데 이 초막절 은혜는 몸에 어떤 현상을 수반합니다. 즉 거품이 많은 침이 상당 기간 나오기도 하고, 두통, 오한, 발열, 몸살 등이 있다가 가래, 재채기, 기침, 하품, 구토, 어지러움 및 거품 많은 소변 등이 나오기도 하며, 때로는 배가 사르르 아프다가 가스나 대변 혹은 설사 등이 나오기도 하고, 악령이 거하는 부위가 아프거나 무겁고 때로는 가렵기도 합니다. 그리고 어떤 때는 수일 동안 앓아눕는 경우도 있으며, 그 외에도 여러 가지 현상이 일어날 수 있습니다. 하지만 조금도 걱정할 필요는 없습니다. 마귀의 집이 허물어지면서 발생하는 좋은 현상이기 때문입니다.

제4단계, 지체의 마귀가 준동(蠢動)할 때는 그 부위를 안찰(按擦)하라.

이스라엘을 대적하는 여리고 외의 성읍들은 이스라엘이 그들과 직접 전투하여 그 성들을 무너뜨리고 그 땅을 차지하였습니다. 이와 마찬가지로 지체에 잠복해 있는 악하고 더러운 영들은 종종 대적하는 현상을 일으키는데 그때는 그 부위를 안찰하면 좋은 효과를 얻을 수 있습니다.

다시 말하면 지체에 거하는 악하고 더러운 영은 때때로 거하는 부위(部位)를 가렵게 하거나 무겁게 하고 또는 경련을 일으키는 등 이상한 통증을 일으키는데, 그때는 그 부분을 손으로 두드리거나 누르면서 수차례 압박하면 악령의 집을 허물어뜨리는 효과를 얻을 수 있다는 뜻입니다.

그런데 육체 성화의 은혜를 받는 데 지장을 초래하는 것들이 있습니다. 그러므로 이 부분에 대하여 고찰해 보겠습니다.

⑤ 육체 성화의 은혜에 지장을 주는 것들

율법과 복음이 서로 상충되는 문제를 논의하기 위해 소집되었던 예루살렘 공회에서 성령과 사도들은 다음의 사항에 합의하였습니다.

> "성령과 우리는 이 요긴한 것들 외에 아무 짐도 너희에게 지우지 아니하는 것이 옳은 줄 알았노니 우상의 제물과 피와 목매어 죽인 것과 음행을 멀리할지니라……"(행 15:28, 29).

즉 구약시대의 할례나 여러 절기들(골 2:16, 17) 및 부정한 음식(딤전 4:4, 5) 등의 규례는 신약시대에 오면서 지키지 않아도 되지만, 위에 언급한 사항만은 신약시대에도 지켜야 한다고 성령과 사도들이 합의한 것입니다. 그러나 오늘날의 교회는 위의 사항들조차 제대로 지키지 않는 것을 보게 됩니다. 하지만 육체 성화의 은혜를 받아 완전에 이르려는 성도들은 위의 말씀까지 지키는 것이 유익합니다. 왜냐하면 위에 언급한 "우상의 제물과 피와 목매어 죽은 것과 음행"들은 지체 성화의 은혜를 받는 데 지장을 주는 것들이기 때문입니다. 그러면 어떤 면에서 지장을 초래할까요?

● **우상의 제물** : 바울 사도는 우상에게 제사한 음식을 먹으면 귀신과 교제하는 자가 된다고 하였습니다(고전 10:19-21). 따라서 우상의 제물을 먹으면 지체에 거하는 마귀의 세력이 강화될 것이 아니겠습니까? 그러므로 초막절 은혜를 받아 그리스도의 형상을 온전히 이루려는 자는 우상의 제물을 먹지 말아야 할 것입니다.

● **피나 목매어 죽인 것** : 짐승의 피는 동물성 식품을 허락하신 노아시대부터 금하셨고(창 9:4, 5) 구약시대에도 금하셨는데(신 12:23-25) 신약시대에도 또 금하신 것입니다. 그러면 하나님께서는 왜 그토록 짐승의 피를 먹지 말라고 하셨을까요?

마음에서 우러나는 악들은 모두 짐승의 성질들입니다. 왜냐하면 짐승과 같은 영들이 타락한 육체에 거하면서 악한 충동을 일으키기 때문입니다. 그런데 "피는 곧 생명"(창 9:4; 레 17:14; 신 12:23)이므로 피를 먹게 되면 지체에 거하는 악하고 더러운 영들의 세력이 강화되기 때문에 금하신 것이 아닌가 판단됩니다. 따라서 목매어 죽인 것을 금한 것도 같은 이유로 보아야 합니다. 왜냐하면 목매어 죽인 짐승의 고기를 먹으면 결국 피를 먹는 셈이 되기 때문입니다. 그러므로 마음의 할례를 받아 성결한 사랑의 열매를 맺고자 하는 자는 동물의 피를 필히 삼가야 할 것입니다.

● 음행 : 여러 죄 중에 유독 음행을 언급한 이유는 음행죄는 다른 죄와 달리 몸을 더럽히는 죄이기 때문입니다. 그래서 바울 사도는 "음행을 피하라 사람이 범하는 죄마다 몸 밖에 있거니와 음행하는 자는 자기 몸에게 죄를 범하느니라"(고전 6:15, 18)고 말한 것입니다. 따라서 음행은 육체를 더럽혀 지체에 거하는 악령의 세력을 강화시키기 때문에 금하신 것으로 보아야 합니다. 그러나 온 세상에 가득한 것은 음란입니다. 이는 간교한 마귀가 세상 끝은 추수 때임을 잘 알고 성도들의 완성을 훼방하기 위한 술책이 틀림없습니다. 따라서 지체 성화의 은혜를 받아 그리스도의 형상을 온전히 이루려는 자는 무엇보다도 음행을 멀리하여 자신의 몸을 거룩하게 보존해야 할 것입니다.

● 악하고 더러운 말 : 예수님의 제자들이 손을 씻지 않고 음식을 먹은 것으로 인하여 바리새인들이 예수님께 와서 왜 당신의 제자들은 장로들의 전통을 지키지 않느냐고 따졌습니다. 그때 주님은 "입으로 들어가는 것이 사람을 더럽게 하는 것이 아니라 입에서 나오는 그것이 사람을 더럽게 하느니라"(마 14:11)고 하시면서 이러한 말씀을

하셨습니다.

> "입에서 나오는 것들은 마음에서 나오나니 이것이야말로 사람을 더럽게 하는 것이니라 마음에서 나오는 것은 악한 생각과 살인과 간음과 음란과 도둑질과 거짓 증언과 비방이니 이런 것들이 사람을 더럽게 하는 것이요 씻지 않은 손으로 먹는 것은 사람을 더럽게 하지 못하느니라"(마 15:18-20).

즉 사람의 입에서 나오는 욕이나 비방, 상스러운 말이나 음담패설 등의 악하고 더러운 말들이 그 사람을 더럽힌다고 하신 것입니다. 그러므로 초막절 은혜를 받아 완전에 이르려는 성도는 삼가 말을 조심하여 은혜롭고 덕스러운 말만 해야 합니다. 왜냐하면 포악하고 더러우며 거짓되고 상스러운 말들은 그 사람을 더럽혀 지체(肢體) 성화의 은혜를 받는 데 지장을 주기 때문입니다. 그래서 사도 바울은 "너희 말을 항상 은혜 가운데서 소금으로 맛을 냄과 같이 하라"(골 4:6)고 권면합니다.

● **음주, 흡연, 마약** : 술 취한 자의 언행이 평상시와 다르고 때로는 정신이상자와 같은 행동을 보이는 이유는, 지체에 거하는 마귀가 술에 취해 이성이 마비된 틈을 타서 그 사람을 사로잡기 때문입니다. 또한 담배 연기 속에는 니코틴, 타르, 다이옥신, 일산화탄소, 청산가리 등 수십 종의 발암물질과 수백 종의 독성 화학물질이 들어 있습니다. 따라서 흡연은 건강을 해치는 주범입니다만 영적으로도 몸을 더럽힙니다. 왜냐하면 귀신 중에는 담배 연기를 좋아하는 귀신도 있어 흡연은 악령의 세력을 강화함과 동시에 귀신을 몸으로 불러들이는 역할도 하기 때문입니다. 그리고 마약은 사람의 정신을 혼미하게 함으로써 지체의 마귀에게 그 사람을 사로잡을 기회를 줍니다. 그러므로 육체 성화의 은혜를 받으려는 자는 반드시 술과 담배와 마약

을 금해야 한다는 것을 잊지 말아야 하겠습니다.

이상으로 지체 성화의 은혜를 받는 길과 그 은혜를 받는 데 지장을 주는 것들에 대하여 고찰해 보았습니다. 그런데 이 은혜는 얼마나 귀한지 모릅니다. 미움의 영이 나가면 미움이 느껴지지 않고, 보복 귀신이 나가면 복수심이 우러나지 않으며, 음란 마귀가 나가면 음란한 마음이 전혀 들지 않기 때문입니다. 물론 음란 마귀가 나갔는데도 불구하고 아직 음란한 마음이 남아 있는 것은 다른 음란의 영이 또 거하고 있기 때문입니다. 거라사 지방의 귀신 들린 자에게서 알 수 있듯이, 같은 부류의 귀신들이 수없이 많이 침입할 수 있기 때문입니다.

수많은 귀신들이 사람의 몸에 침입할 수 있는 이유는 인체의 각 세포마다 악령들이 거주할 수 있기 때문입니다. 다시 말하면 물질은 분자(分子)로, 분자는 원자(原子)로, 원자는 원자핵과 전자(電子)로 구성되어 있는데, 원자 내부에 있는 전자는 원자의 100분의 1에 불과하여 원자에는 '텅 빈' 공간이 있기 때문에, 그 공간에 어둠의 영들이 거주할 수 있다는 의미입니다. 그래서 전직(前職) 원자과학 교수이자 《원자는 하나님의 말씀을 전하고 반향한다》(The Atom Speaks and Echoes the Word of God)의 저자인 리 체스넛(Lee Chesnut)은 이 빈 공간에 성령이 아니면 사탄의 영이 가득 찰 수 있다고 말한 것입니다.

그리고 사람의 마음이 괴로운 것이나 질병과 사고 등의 각종 재난이 발생하는 원인도 육체에 깃들어 있는 악령들 때문인 경우가 많은데, 그러한 마귀들이 나감으로 인하여 마음에는 평화가 깃들고, 몸은 더 건강해지며, 삶은 더욱 평안해진다는 점에서 초막절 은혜는 이 세상으로부터 천국을 경험하게 하는 너무나 좋은 은혜입니다. 그러나 그 무엇보다도 이 은혜가 귀한 까닭은 성결한 사랑을 가능하게 하여 그리스도의 인격과 성품을 이루게 함으로써 하나님의 인침을 받게 해준다는 데 있습니다.

Ⅱ. 작은 두루마리

사도 요한은 요한계시록 10장에서 힘센 다른 천사가 구름을 입고 하늘에서 내려오는 환상을 봅니다. 그런데 그 천사의 머리 위에는 무지개가 있고 얼굴은 해 같으며 발은 불기둥 같은데, 그 손에 작은 두루마리를 펴들고 오른발은 바다를 밟고 왼발은 땅을 밟고 서서 사자의 부르짖는 것같이 큰소리로 외쳤다고 했습니다(1-3절).

그러면 이 천사는 누구일까요? 머리 위에 무지개가 있고, 얼굴은 해 같으며, 발은 불기둥 같은데 구름을 입고 하늘에서 내려왔다면 예수님으로 보아야 하지 않겠습니까? 왜냐하면 요한계시록 1장에서 요한이 보았던 주님의 모습도 바로 그 모습이지만(계 1:15, 16), 구름은 우주를 여행하시는 예수님의 교통수단이며(참조. 단 7:13; 시 104:3; 행 1:9; 계 1:7), 성경은 예수님을 곧잘 '사자'(獅子)로 상징하기 때문입니다(참조. 계 5:5; 창 49:9). 특히 '머리 위의 무지개'는 보좌 주위의 무지개를 연상시켜 주님의 영광을 나타낸다는 면에서도 그렇습니다.

뿐만 아니라 그 천사가 바다와 땅을 밟고 서서 사자가 부르짖는 것같이 큰소리로 외칠 때 "일곱 우레가 그 소리를 내어 말하더라"(계 10:3)고 한 부분은 이 천사를 더욱 예수님으로 보게 합니다. 왜냐하면 주께서 2천 년 전 이스라엘 땅에 오시어 하나님의 영광을 위하여 기도하셨을 때도, "내가 이미 영광스럽게 하였고 또다시 영광스럽게 하리라"(요 12:28)는 하늘의 음성을 곁에 섰던 무리들은 천둥 소리가 난 것처럼 들었기 때문입니다(29절). 즉 예수님의 기도에 대한 하늘의 응답은 주위 사람들에게 우레처럼 들린다는 점에서 바다와 땅을 밟고 서서 사자처럼 기도한 그 천사는 예수님이라는 의미입니다.

그러면 직접 예수님이라고 하지 않고 왜 "힘센 다른 천사"라고 했을까요? 만일 예수님께서 내려오신다고 했다면, 이 부분을 재림하시는 주님으로 오인할 수도 있기 때문이 아니겠습니까?

그렇다면 힘센 다른 천사가 손에 펴 놓인 작은 두루마리를 들고 바다와 땅을 밟고 서서 기도한 내용, 곧 예수님께서 온 세계를 위해 기도하신 내용은 무엇일까요?

그것은 온 세계에 퍼져 있는 교회의 성도들과 세상 사람들이 작은 두루마리의 말씀을 받아들여 최후의 심판에서 구원받기 위해 기도하신 것이라고 보아야 합니다. 왜냐하면 그 천사는 천지 만물을 창조하신 하나님을 가리켜 오른손을 들고 "……지체하지 아니하리니 일곱째 천사가 소리 내는 날 그의 나팔을 불려고 할 때에 하나님이 그의 종 선지자들에게 전하신 복음과 같이 하나님의 그 비밀이 이루어지리라"(계 10:6, 7)고 맹세하였는데, 일곱째 천사의 나팔은 곧 세상을 심판하는 나팔이기 때문입니다.

이처럼 작은 두루마리는 마지막 때에 구원 받을 수 있는 기쁜 소식이기 때문에, 그 힘센 천사는 사도 요한에게 그것을 먹게 한 다음 "네가 많은 백성과 나라와 방언과 임금에게 다시 예언하여야 하리라"(계 10:11)고 명령한 것이라고 봅니다. 즉 예수께서 사도 요한으로 상징되는 말세의 사명자들에게 온 세계에 나가 작은 두루마리의 말씀을 전파하도록 사명을 주셨다는 뜻입니다.

그러므로 일곱째 나팔을 불려고 할 때에 하나님께서 그의 종 선지자들에게 전하신 '복음'이란 마지막 때의 기쁜 소식인 영원한 복음을 가리키고, '하나님의 비밀'이란 일곱째 나팔로 말미암아 세상에 붓게 될 '일곱 대접'을 지칭한 것이라고 보아야 할 것입니다.

그렇기 때문에 예수님은 사도 요한에게 작은 두루마리를 먹게 한 다음, 온 세계에 나아가 그 말씀을 전파하라는 사명을 주신 것이라고 생각합니다. 왜냐하면 작은 두루마리의 내용은 '짐승과 그의 우상에게 경배하지 말고 하나님만 섬기며, 짐승표를 받지 말고 예수 믿음을 지키며 이웃을 사랑하면, 주께서 강림하시어 세상을 심판하실 때 산 채로 들림 받아 천국에 들어간다'는 영원한 복음이기 때문입니다.

그러면 작은 두루마리를 먹는다는 것은 무슨 뜻이고, 그것이 입에서는 달았지만 배에서는 쓰게 되었다는 의미는 무엇이며, 또 요한으로 상징되는 작은 두루마리를 전파할 사명자들은 누구인지에 대하여 고찰해 보겠습니다.

1. 작은 두루마리를 먹는다는 의미

BC 593년경 하나님은 에스겔에게 손안의 두루마리를 먹으라고 하신 적이 있습니다(겔 2:8-3:3). 즉 에스겔에게도 작은 두루마리를 먹으라고 하신 것입니다. '손안의 두루마리'는 작을 수밖에 없기 때문입니다. 그런데 에스겔이 그 작은 두루마리를 먹었을 때 하나님은 "인자야 이스라엘 족속에게 가서 내 말로 그들에게 고하라"(겔 3:4)고 하셨고, 또 "인자야 내게 네게 이를 모든 말을 너는 마음으로 받으며 귀로 듣고 사로잡힌 네 민족에게로 가서 그들이 듣든지 아니 듣든지 그들에게 고하여 이르기를 주 여호와의 말씀이 이러하시다 하라"(겔 3:10, 11)고 명령하셨습니다.

그러므로 성경 해석주의에 의해 '작은 두루마리를 먹는다'는 것도, 거기에 기록된 내용을 완전히 이해한 다음 세상에 나아가 그들이 듣든지 아니 듣든지 그 내용을 전하라는 의미입니다.

2. 입에는 달지만 배에서는 쓴 작은 두루마리

그런데 사도 요한이 먹었던 작은 두루마리는 그의 입에서 꿀같이 달았다고 하였습니다. 그러면 왜 달았을까요? 마지막 때의 기쁜 소식이란 신랑 예수께서 신부 성도들을 데리러 오신다는 소식이요 또 죽음을 보지 않고 산 채로 들림 받는다는 소식이기 때문에 입에서 달았던 것이 아니겠습니까?

그러면 배에서는 왜 쓰게 되었을까요? 하나님께서 에스겔에게 손 안의 두루마리를 먹고 가서 전하라고 하셨을 때, 그의 입에서도 꿀처럼 달았습니다만 하나님은 이러한 말씀을 하셨습니다.

> "그러나 이스라엘 족속은 이마가 굳고 마음이 굳어 네 말을 듣고자 아니하리니 이는 내 말을 듣고자 아니함이니라"(겔 3:7).

즉 하나님께서 주신 작은 두루마리의 말씀을 에스겔이 전하여도 그들의 마음이 교만하고 완악하여 잘 듣지 아니할 것이라고 하신 것입니다. 그러니 전하는 자의 마음이 얼마나 씁쓸하겠습니까? 이와 마찬가지로 요한으로 상징되는 말세의 사명자들이 작은 두루마리의 말씀을 전하여도, 교회나 세상은 잘 받아들이지 아니할 뿐 아니라 오히려 비웃고 배척하며 또 세계 정부의 당국자들에게 고발하여 박해를 받게 할 것이기 때문에, 배에서 쓰게 된 것이라고 보아야 할 것입니다.

하지만 작은 두루마리를 먹은 종말의 사명자들은 두려워하지 말고 담대하게 영원한 복음을 전해야 합니다. 곧 "듣든지 아니 듣든지 고하라"고 한 말씀처럼 어떤 비방이나 박해를 무릅쓰고라도 반드시 전해야 한다는 뜻입니다. 왜냐하면 에스겔을 이스라엘의 파수꾼으로 세우셨던 것처럼(겔 3:17), 작은 두루마리를 먹은 자들에게도 말세의 교회와 세상을 깨우칠 파수꾼의 사명을 주셨기 때문입니다. 그래서 하나님은 에스겔에게 "인자야 너는 비록 가시와 찔레와 함께 있으며 전갈 가운데에 거주할지라도 그들을 두려워하지 말고 그들의 말을 두려워하지 말지어다 그들은 패역한 족속이라도 그 말을 두려워하지 말며 그 얼굴을 무서워하지 말지어다 그들은 심히 패역한 자라 그들이 듣든지 아니 듣든지 너는 내 말로 고할지어다"(겔 2:6, 7)라고 말씀하신 것입니다.

그리고 파수꾼의 사명이 얼마나 중요한지는 다음의 말씀으로 익히 알 수 있습니다.

> "인자야 내가 너를 이스라엘 족속의 파수꾼으로 세웠으니 너는 내 입의 말을 듣고 나를 대신하여 그들을 깨우치라 가령 내가 악인에게 말하기를 너는 꼭 죽으리라 할 때에 네가 깨우치지 아니하거나 말로 악인에게 일러서 그의 악한 길을 떠나 생명을 구원하게 하지 아니하면 그 악인은 그의 죄악 중에서 죽으려니와 내가 그의 피값을 네 손에서 찾을 것이고 네가 악인을 깨우치되 그가 그의 악한 마음과 악한 행위에서 돌이키지 아니하면 그는 그의 죄악 중에서 죽으려니와 너는 네 생명을 보존하리라"(겔 3:17-19).

즉 만일 파수꾼이 사명을 등한히 함으로 말미암아 구원의 말씀을 듣지 못하고 죽는 사람이 있다면, 그 사람의 피값을 파수꾼에게서 찾으시겠다고 하신 것입니다. 그러니 파수꾼의 사명은 얼마나 중차대한 것이겠습니까?

그러면 작은 두루마리를 먹고 온 세계에 나아가 영원한 복음을 전파할 파수꾼들, 곧 사도 요한으로 상징되는 말세의 사명자들은 누구일까요?

3. 작은 두루마리를 전파할 말세 사명자들에 대한 고찰

장차 세계 통합 국가의 왕은 그 치세 후반기에 자칭 신이요 메시아라고 하면서 자기의 우상을 세워 그것을 경배하게 하고 또 짐승표도 받게 할 것입니다. 그때 "세계 통합 국가의 왕이나 그의 우상에게 경배하지 말고 짐승표도 받지 말며 이웃 사랑의 계명을 지키십시오. 그래야만 주께서 재림하시어 세상을 심판하실 때 죽음을 보지 않고 산 채로 들림 받을 수 있습니다. 그러나 만일 세계 통합 국가의 왕이나 그의 우상에게 절하고 666표를 받는다면 예수께서 강림하실 때 영원한 유황 불못의 심판에 처해질 것입니다"라고 외친다면, 그는 당장 체포되어 고문을 받거나 유배 혹은 죽임을 당하게 될 것입니다.

그렇게 되면 전파하는 사람만 수없이 희생당하게 되고 짐승 통치하의 사람들을 구원할 작은 두루마리의 말씀은 제대로 전파될 수 없는 것이 아니겠습니까? 그러면 과연 누가 서슬 퍼런 세계 통합 정부에 맞서 작은 두루마리의 내용을 전파할 수 있을까요?

하나님의 인침을 받을 자 외에는 할 수 없는 일이라고 생각합니다. 왜냐하면 그들은 그 어떤 재난이나 환난, 사고나 죽음으로부터 절대 보호를 받는 자들이기 때문입니다. 더욱이 그들은 하나님의 능력으로 여러 가지 이적을 행하면서 작은 두루마리의 비밀을 전파할 수 있기 때문에, 선교의 효과를 극대화할 수 있다는 면에서도 가장 적합한 자들로 보지 않을 수 없습니다. 즉 하나님께서 하나님의 인침을 받을 자들의 생명을 절대 보호하시면서 능력과 권세까지 주시는 이유는, 그들로 하여금 작은 두루마리의 비밀을 전하기 위함이라는 뜻입니다.

그러므로 세계 정부 당국자들은 작은 두루마리의 내용을 전하는 하나님의 인 맞은 자들을 아무리 체포하려고 해도 할 수 없을 것이고, 혹시 체포 구금했다 하여도 베드로처럼 감쪽같이 출옥할 것이며, 또 별별 수단을 다 동원하여 죽이려고 해도 죽일 수 없고, 때로는 전도자 빌립처럼 홀연히 사라지는 희한한 일들도 도처에서 벌어지게 될 것입니다(행 8:39, 40).

Ⅲ. 두 증인

요한계시록 11장에는 두 감람나무라고도 일컬어지는 두 증인이 등장합니다. 이들은 누구이며, 또 무엇을 위한 대비책일까요?

1. 두 증인은 누구이며 무엇을 위한 대비책인가?

"또 내게 지팡이 같은 갈대를 주며 말하기를 일어나서 하나님의 성전과 제단과 그 안에서 경배하는 자들을 측량하되 성전 바깥마당은 측량하지 말고 그냥 두라 이것은 이방인에게 주었은즉 그들이 거룩한 성을 마흔두 달 동안 짓밟으리라 내가 나의 두 증인에게 권세를 주리니 그들이 굵은 베옷을 입고 천이백육십 일을 예언하리라 그들은 이 땅의 주 앞에 서 있는 두 감람나무와 두 촛대니 만일 누구든지 그들을 해하고자 하면 그들의 입에서 불이 나와서 그들의 원수를 삼켜버릴 것이요 누구든지 그들을 해하고자 하면 반드시 그와 같이 죽임을 당하리라 그들이 권능을 가지고 하늘을 닫아 그 예언을 하는 날 동안 비가 오지 못하게 하고 또 권능을 가지고 물을 피로 변하게 하고 아무 때든지 원하는 대로 여러 가지 재앙으로 땅을 치리로다"(계 11:1-6).

예수님은 사도 요한에게 지팡이 같은 갈대를 주시며 하나님의 성전과 제단과 그 안에서 경배하는 자들을 측량하되 성전 바깥마당은 측량하지 말라고 하셨습니다. 그런데 본문 속의 '성전'은 헬라어 '나오스'(ναός)로서 구약시대의 성전 중 바깥뜰을 제외한 성소를 가리키고, '제단'은 '뒤시아스테리온'(θυσιαστήριον)으로서 성막뜰에 있던 번제단을 가리킵니다. 따라서 여기의 '성전'은 장차 예루살렘에 세워지게 될 유대인의 성전입니다.

그러므로 지금은 예루살렘에 유대교 성전이 없지만 세계 통합 국가가 발족하면 유대교 성전이 세워진다고 보아야 합니다. 왜냐하면 현재는 옛 솔로몬의 성전 터에 회교의 황금 모스크 사원이 세워져 있어 이스라엘이 성전을 건축하지 못하고 있지만, 세계 통합 국가는 모든 종교가 하나로 통합해야만 평화의 세상을 이룰 수 있다는 통합 사회주의 사상의 토대 위에 세워질 것이므로, 세계 통합 국가의 중재하에 유대인들의 성전이 원만하게 세워질 것으로 전망되기 때문입니다.

그러면 "성전과 제단과 그 안에서 경배하는 자들은 측량하되 성전 바깥마당은 측량하지 말고 그냥 두라"고 한 말의 의미는 무엇일까요? 이것을 정확하게 알기 위하여 먼저 '측량'이 상징하는 의미를 찾아보고자 합니다.

측량이 상징하는 의미

BC 520년경 스가랴 선지자는 한 사람이 측량줄을 손에 잡고 예루살렘을 측량하러 가는 환상을 봅니다(슥 2:1, 2). 그런데 다른 천사가 그 사람에게 "예루살렘은 그 가운데 사람과 가축이 많으므로 성곽 없는 성읍이 될 것이라 하라 여호와의 말씀에 내가 불로 둘러싼 성곽이 되며 그 가운데에서 영광이 되리라"(슥 2:4, 5)고 하였습니다.

즉 당시는 예루살렘이 바벨론에 멸망당하여 황폐한 성읍이지만 장차는 하나님께서 예루살렘을 불로 둘러싼 성곽처럼 보호하신다고 하신 것입니다. 이처럼 예루살렘을 측량하러 가는 자에게 하나님께서 친히 이런 말씀을 하셨다면, '측량'에는 하나님께서 지켜 보호해 주신다는 의미가 있다고 보아야 하지 않겠습니까? 이것은 또 예레미야 선지자의 예언 속에서도 뒷받침됩니다.

"보라, 날이 이르리니 이 성은 하나넬 망대로부터 모퉁이에 이르기까지 여호와를 위하여 건축될 것이라 여호와의 말씀이니라 측량줄이 곧게 가렙 언덕 밑에 이르고 고아로 돌아 시체와 재의 모든 골짜기와 기드론 시내에 이르는 모든 고지 곧 동쪽 마문의 모퉁이에 이르기까지 여호와의 거룩한 곳이니라 영원히 다시는 뽑거나 전복하지 못할 것이니라"(렘 31:38-40).

보십시오! 측량줄이 이르는 곳마다 거룩하게 되어 영원히 뽑거나 전복하지 못한다고 하였으니 '측량'에는 하나님께서 지켜 보호하신다는 의미가 있는 것이 아닙니까? 그렇기 때문에 영원한 천국 새 예루살렘을 천사가 금 갈대를 가지고 '측량'했고(계 21:15-17), 또 장차 '여호와 삼마'로 불리어질 예루살렘도 삼 줄과 장대로 '측량'한 것이라고 봅니다(겔 40-48장).

그러므로 "성전과 제단과 그 안에서 경배하는 자들을 측량하되 성전 바깥마당은 측량하지 말고 그냥 두라"는 말씀은 성전 안에서 경배하는 자들은 지켜 보호해 주시고, 성전 바깥마당은 보호해 주지 않는다는 뜻입니다. 그런데 '성전 바깥마당'은 성전 안에서 경배하는 자들에 대칭되는 말이므로 '성전 밖 신자'라는 의미가 아니겠습니까? 그리고 이처럼 유대교인 중에 '성전 밖 신자'가 있다는 것은 다음의 말씀 속에서 확인됩니다.

"여호와께서 말씀하시되 너희의 무수한 제물이 내게 무엇이 유익하뇨 나는 숫양의 번제와 살진 짐승의 기름에 배불렀고 나는 수송아지나 어린 양이나 숫염소의 피를 기뻐하지 아니하노라 너희가 내 앞에 보이러 오니 그것을 누가 너희에게 요구하였느냐 내 마당만 밟을 뿐이니라"(사 1:11, 12).

즉 성전에 나오기는 하지만 진실한 마음으로 경배하지 않고 단순히 보이려고만 나오는 자들을 향하여 "내 마당만 밟을 뿐이니라"고 하였으니, 바로 이들이 '성전 밖 신자'가 아니겠습니까? 그러므로 "성전 바깥마당은 측량하지 말고 그냥 두라 이것을 이방인에게 주었은즉 그들이 거룩한 성을 마흔두 달 동안 짓밟으리라"(계 11:3)고 하신 것은, 신앙이 없고 불경건한 '성전 밖 신자들'은 적그리스도에게 내어주어, 후 3년 반 동안 큰 환난을 겪게 하신다는 의미입니다.

그런데 "내가 나의 두 증인에게 권세를 주리니 그들이 굵은 베옷을 입고 천이백육십 일을 예언하리라"(4절)고 하였습니다. 그러므로 두 증인은 후 3년 반 동안 짐승 통치하에 처해질 유대인들을 위해 작은 두루마리의 말씀을 전파할 사명자입니다. 그러나 "굵은 베옷을 입고 예언한다"고 하였으므로, 두 증인은 배척과 박해를 받음으로 말미암아 슬픔과 비탄 가운데서 하나님의 말씀을 전파하게 될 것입니다. 그러면 두 증인을 "이 땅의 주 앞에 서 있는 두 감람나무와 두 촛대"(4절)라고 한 의미는 무엇일까요?

두 감람나무와 두 촛대의 의미

BC 520년경 스가랴 선지자는 순금 등잔대와 그 좌우에서 금 기름을 흘려내는 두 감람나무의 환상을 봅니다(슥 4:1-3). 그때 그가 천사에게 "금 기름을 흘리는 두 금관 옆에 있는 이 감람나무 두 가지는 무슨 뜻이니이까"(12절)라고 물었더니, "이는 기름 부음 받은 자 둘이니 온 세상의 주 앞에 서 있는 자니라"(14절)고 대답해 줍니다. 따라서 '두 감람나무'는 '기름 부음을 받은 자 둘'이라는 뜻입니다. 그러면 구약시대에 하나님께로부터 기름 부음을 받고 이스라엘을 밝히는 두 촛대 역할을 했던 자들은 누구였습니까?

제사장과 선지자였습니다. 제사장은 율법과 제사로, 선지자는 하나님께로부터 직접 받은 말씀으로 이스라엘을 밝히는 등불 역할을 했습니다. 그러므로 두 증인을 두 감람나무와 두 촛대라고 한 것은, 그들이 율법을 대표했던 모세와 선지자를 대표했던 엘리야처럼, 능력과 권세로 후 3년 반 동안 짐승 통치하에서 시험을 당하는 유대인들에게 하나님의 말씀을 전파할 하나님의 종이라는 뜻입니다.

2. 두 증인의 활약

(1) 예수님의 메시아 되심과 다시 오심을 전파함

두 증인은 세계 통합 국가의 왕이 그리스도가 아니요 유대인들이 2천 년 전에 배척하여 죽였던 예수님이 참 메시아라는 것과, 예수께서 불원간 재림하실 것이니 짐승과 그의 우상에게 경배하거나 666 짐승표를 받지 말고 예수님을 구주로 영접하라고 외칠 것입니다. 두 증인을 '두 감람나무와 두 촛대'라고 하여 율법과 선지자를 대표하는 모세와 엘리야 같은 종으로 묘사한 이유도, 예수를 증언하기 위한 것으로 보아야 합니다. 왜냐하면 예수님은 율법을 완전하게 하고 선지자들의 예언을 성취하기 위해 2천 년 전 유대 땅에 오셨던 메시아이기 때문입니다. 하지만 두 증인들이 상당한 저항에 부딪치고 또 박해를 받을 것은, "그들이 굵은 베옷을 입고 천이백육십 일을 예언하더라"고 한 말씀에서 익히 짐작할 수 있습니다.

(2) 불로 원수를 소멸함

그런데 이처럼 두 증인이 작은 두루마리의 말씀을 전한다면 세계 정부 당국자들이 가만히 있겠습니까? 당장 잡아들여 죽이려고 할 것이 아닙니까? 그래서 성경은 "만일 누구든지 그들을 해하고자 하면 그들의 입에서 불이 나와서 그들의 원수를 삼켜버릴 것이요 누구든지 그들을 해하고자 하면 반드시 그와 같이 죽임을 당하리라"(5절)고 예언합니다. 즉 두 증인에게 불을 토하는 능력을 주시어 그들을 해치고자 하는 자들로부터 보호하시면서 작은 두루마리의 비밀을 전파하게 하신다는 뜻입니다. 그러므로 두 증인은 하나님의 인침을 받은 자는 아님을 알 수 있습니다. 그래서 불을 토하는 특별한 능력을 주시어 사명을 감당하도록 하시는 것입니다.

(3) 3년 반 동안 비 오지 않게 하고 여러 가지 재앙으로 땅을 침

두 증인의 활약에 대하여 "그들이 권능을 가지고 하늘을 닫아 그 예언을 하는 날 동안 비가 오지 못하게 하고 또 권능을 가지고 물을 피로 변하게 하고 아무 때든지 원하는 대로 여러 가지 재앙으로 땅을 치리로다"(6절)라고 하였습니다. 따라서 두 증인은 그 옛날 엘리야와 모세가 행했던 것과 같은 비슷한 기적을 행하면서 예수의 참 메시아 되심과 작은 두루마리의 비밀을 전파하게 될 것입니다.

그러므로 아합 왕 시절 바알과 아세라 신을 섬기던 북조 이스라엘에 엘리야가 3년 6개월 동안 비오지 않게 하면서 여호와를 섬기도록 촉구했던 것처럼, 두 증인은 세계 통합 국가의 왕을 메시아처럼 경배하는 어리석은 세상에 3년 반 동안 비 오지 않게 하면서 예수님이 참 메시아 되심을 전파할 것입니다. 아울러 모세가 애굽 땅에 여러 가지 재앙을 내리면서 바로 왕에게 이스라엘의 출애굽을 요구했던 것처럼, 두 증인도 여러 가지 재앙으로 땅을 치면서 세계 통합 국가의 왕에게 신앙의 자유를 요구하게 될 것입니다. 따라서 두 증인이 비록 이스라엘에서 활동할 것이지만, 그 예언의 파급 효과는 전 세계적이 될 것입니다.

이렇게 볼 때, 후 3년 반 동안에는 황충의 재난과 제3차 세계 대전의 피해만 있는 것이 아니라 3년 6개월 동안 비가 안 오는 극심한 가뭄과 더불어 하수(河水)가 피가 되고, 개구리, 이, 파리들이 들끓으며, 악질과 독종의 피부병도 발생하고, 때로는 뇌성벽력(雷聲霹靂)을 동반한 우박이나 캄캄한 흑암의 재앙도 일어날 수 있는 매우 고통스런 시대가 될 것입니다.

3. 두 증인의 죽음과 부활 승천

(1) 세계 통합 국가의 왕의 공격을 받고 죽임을 당함

7절에서 "그들이 그 증언을 마칠 때에 무저갱으로부터 올라오는 짐승이 그들과 더불어 전쟁을 일으켜 그들을 이기고 그들을 죽일 터인즉"이라고 하였는데, "무저갱으로부터 올라오는 짐승"은 열 뿔·일곱 머리 짐승인 세계 통합 국가의 왕을 가리킵니다(계 17:8). 즉 거짓 그리스도가 두 증인을 공격하여 싸움이 벌어지는 것입니다. 아마도 두 증인을 체포하려는 자마다 그들의 입에서 나오는 불에 죽임을 당하기 때문에 세계 통합 국가의 통치자가 직접 나서는 것으로 볼 수 있습니다.

따라서 '전쟁'으로 번역된 헬라어 '폴레모스'(πόλεμος)는 '싸움'(fighting, 약 4:1, KJV, RSV, NIV)이 더 적절한 번역입니다. 왜냐하면 이 다툼은 국가 간의 전쟁이 아니고 개인 간의 다툼이기 때문입니다. 그리고 그 싸움은 세인(世人)의 지대한 관심을 끌 것이 틀림없습니다. 왜냐하면 거짓 그리스도인 세계 통합 국가의 왕은 놀라운 기적을 행하는 능력자인데, 두 증인도 이적을 행하는 권능자이기 때문입니다. 하지만 그들의 큰 기대와는 달리 싸움은 싱겁게 끝나고 맙니다. 거짓 그리스도의 일방적 승리요 두 증인의 패배로 말입니다. 아울러 두 증인은 죽임을 당하게 됩니다. 그 결과 어리석은 세상 사람들은 "역시 세계 통합 국가의 통치자가 진짜 하나님이고 메시아구나!" 하면서 그를 신처럼 섬기며, 그의 우상에게 경배하는 일에 더욱 몰입하게 될 것입니다.

이상의 여러 정황으로 볼 때, 후 3년 반 동안 세계 통합 국가의 왕은 그 거처를 주로 이스라엘에 둘 것으로 예상됩니다. 왜냐하면 이스라엘에서 활동하게 될 두 증인은 그 왕에게 가서 신앙의 자유를 요구한다고 하였고, 세계 통합 국가의 왕은 두 증인을 공격한다고 하였으며, 또 바울 사도는 거짓 그리스도가 하나님의 성전에 앉아 자기를 하나님이라고 내세울 것이라고 말했기 때문입니다(살후 2:4).

바로 이런 이유로, 다니엘 선지자는 세계 통합 국가의 왕의 거처에 대하여 "그가 장막 궁전을 바다와 영화롭고 거룩한 산 사이에 세울 것이나"(단 11:45)라고 예언한 것 같습니다. 즉 텐트와 같은 임시 궁전을 지중해와 예루살렘 사이에 세운다는 뜻인데, 그 지역은 곧 이스라엘이기 때문입니다.

그런데 이것은 충분히 예상되는 부분입니다. 왜냐하면 세계 통합 국가의 왕이 유대인들이 그토록 고대하던 메시아인 양 행세하려면 그 궁전을 이스라엘에 두어야 하기 때문입니다. 즉 거짓 그리스도의 본궁은 크렘린(Kremlin)이지만, 임시 장막 궁전은 이스라엘에 둘 것이라는 의미입니다. 따라서 러시아 연방국의 대통령은 그 혈통이 유대인일 것이라고 추정할 수 있습니다.

(2) 3일간 시체를 큰 성 길에 방치함

한편 "그들의 시체가 큰 성 길에 있으리니 그 성은 영적으로 하면 소돔이라고도 하고 애굽이라고도 하니 곧 그들의 주께서 십자가에 못 박히신 곳이라 백성들과 족속과 방언과 나라 중에서 사람들이 그 시체를 사흘 반 동안을 보며 무덤에 장사하지 못하게 하리로다"(8-9절)라고 하였습니다. 즉 두 증인의 시체를 사흘 반 동안 큰 성 길에 방치해 놓은 채, 사람들로 하여금 그 시체를 구경하도록 한다는 것입니다. 그러면 그들의 시체가 방치된 '큰 성'은 어디를 가리킬까요?

그 '큰 성'에 대하여 "그들의 주께서 십자가에 못 박히신 곳이라"고 하였으므로 예루살렘입니다. 그래서 예수님은 예루살렘을 '큰 성'이라고 칭하셨고(마 5:35), 또 "선지자가 예루살렘 밖에서는 죽는 법이 없느니라"(눅 13:33)는 말씀도 하신 것입니다. 그런데 그 예루살렘에 대하여 "영적으로 하면 소돔이라고도 하고 애굽이라고도 하니"라고 한 의미는 무엇일까요?

'소돔'은 음란으로 인하여 심판을 받았던 도시요, '애굽'은 하나님을 대적하고 이스라엘을 괴롭혔던 나라였으므로 장차 후 3년 반 동안 이스라엘은 세계 통합 국가의 왕을 메시아처럼 경배하는 영적 간음과 더불어 신앙의 절개를 지키려는 성도들을 박해할 정도로 크게 타락한다는 의미로 풀이됩니다. 그러면 왜 백성들과 족속과 방언과 나라 중에서 사람들이 두 증인의 시체를 매장하지 못하게 하면서 그 시체를 사흘 반 동안이나 구경하도록 하는 것일까요?

요한계시록은 "이 두 선지자가 땅에 거하는 자들을 괴롭게 한 고로 땅에 사는 자들이 그들의 죽음을 즐거워하고 기뻐하여 서로 예물을 보내리라 하더라"(10절)고 하였습니다. 따라서 두 증인이 일으킨 재앙으로 인하여 받은 고통을 복수하려는 의도에서 두 증인의 시체를 매장하지 못하게 하는 것이라고 볼 수 있습니다.

(3) 두 증인의 부활 승천

그런데 참으로 놀라운 일이 벌어집니다. 성경은 "삼 일 반 후에 하나님께로부터 생기가 그들 속에 들어가매 그들이 발로 일어서니"(11절)라고 한 것입니다. 곧 죽임을 당해 사흘 반 동안이나 길거리에 방치되었던 두 증인들의 시체에, 하나님으로부터 생기가 들어가면서 그들이 다시 살아난다는 것입니다. 예수께서 3일 만에 부활하셨던 것처럼 말입니다.

그러니 세상 백성들은 얼마나 두려워하겠습니까? 두 증인의 죽음을 기뻐하며 선물까지 주고받았고, 또 그들의 시체를 모독하기 위해 그 시체를 매장하지도 못하게 했는데 그들이 다시 살아났으니 말입니다. 하지만 "하늘로부터 큰 음성이 있어 이리로 올라오라 함을 그들이 듣고 구름을 타고 하늘로 올라가니 그들의 원수들도 구경하더라"(12절)고 하였습니다. 즉 두 증인은 복수하지 아니하고 원수들이 보는 가운데서 구름을 타고 하늘로 승천해 올라간다는 것입니다. 2천 년 전의 예수님처럼 말입니다. 그러므로 두 증인의 부활 승천은 그들이 전했던 작은 두루마리의 말씀이 진리임을 증명해 줌과 동시에, 그들이야말로 진정한 승자임을 웅변적으로 보여주는 장면이 아닐 수 없습니다.

이렇게 볼 때, 두 증인의 승천 시기는 7년 대재난이 끝나는 때, 곧 일곱째 나팔을 불 무렵이라고 보아야 합니다. 따라서 두 증인의 부활 승천 시기와 14만 4천의 승천 시기는 거의 같게 될 것입니다.

한편, "그때에 큰 지진이 나서 성 십분의 일이 무너지고 지진에 죽은 사람이 칠천이라 그 남은 자들이 두려워하여 영광을 하늘의 하나님께 돌리더라"(13절)고 하였는데, 그 의미는 무엇일까요?

비록 두 증인은 보복하지 않고 그냥 승천했지만 하나님께서 대신 그들의 죄악을 징벌하신다는 의미와 더불어 두 증인이 전했던 작은 두루마리의 비밀이 참 진리임을 다시 한 번 일깨워주는 사건으로 볼 수 있습니다. 그리고 "그 남은 자들은 두려워하여 영광을 하늘의 하나님께 돌리더라"고 하였으므로 지진으로부터 죽음을 면한 사람들은 회개하고 주께로 돌아온다는 의미로 풀이됩니다.

Ⅳ. 예비처

후 3년 반에 있을 성도의 대환난에 대비한 마지막 조치는 요한계시록 12장의 "해를 옷 입고 발 아래는 달이 있고 머리엔 열두 별의 관을 쓴 여자"를 위한 예비처입니다. 그러면 해를 옷 입은 이 여자는 누구이며, 그녀가 낳을 사내아이는 무엇을 상징하는지를 살펴본 다음, 그 여자를 박해하는 하늘의 붉은 용과 그 여자가 도피할 예비처에 대하여 말씀을 고찰해 보겠습니다.

1. 해를 옷 입고 발 아래 달이 있고 열두 별의 관을 쓴 여자

> "하늘에 큰 이적이 보이니 해를 옷 입은 한 여자가 있는데 그 발 아래에는 달이 있고 그 머리에는 열두 별의 관을 썼더라 이 여자가 아이를 배어 해산하게 되매 아파서 애를 쓰며 부르짖더라……용이 해산하려는 여자 앞에서 그가 해산하면 그 아이를 삼키고자 하더니 여자가 아들을 낳으니 이는 장차 철장으로 만국을 다스릴 남자라 그 아이를 하나님 앞과 그 보좌 앞으로 올려가더라 그 여자가 광야로 도망하매 거기서 천이백육십 일 동안 그를 양육하기 위하여 하나님께서 예비하신 곳이 있더라"(계 12:1-6).

해를 옷 입은 여자가 썼다는 '열두 별의 관'은 '열두 별의 면류관'으로 번역하는 것이 더 적절했습니다. 왜냐하면 '관'은 헬라어 '스테파노스'(στέφανος)로서, 이는 하나님께 충성한 자들에게 씌워주시는 면류관이자(참조. 빌 4:1; 살전 2:19; 딤후 4:8) '이긴 자'(계 2:7, 11, 17, 26, 3:5, 12, 21, 21:7)에게 주시는 영광의 월계관이기 때문입니다. 그러면 해를 옷 입고 발 아래에는 달이 있고 열두 별의 면류관을 쓴 여자는 누구일까요?

일견(一見) 율법 위에 서서 열두 지파로 형성된 팔레스타인의 이스라엘을 연상하게 합니다. 왜냐하면 '열두 별의 관'은 열두 지파를 상징하는 것 같고, '달'은 율법을 가리키는 것으로 보이며, 여자가 낳은 아들에 대하여는 "장차 철장으로 만국을 다스릴 남자"라고 했는데, 이는 예수님을 가리키는 바 이스라엘이 예수님을 배출했기 때문입니다. 따라서 하늘의 붉은 용이 그 여자가 해산하는 아기를 삼키려 한다는 것은 예수 탄생 시 헤롯 왕이 아기 예수를 죽이려고 했던 것으로 해석되고, "그 아이를 하나님 앞과 그 보좌 앞으로 올려가더라"는 부분은 자연히 예수님의 부활 승천에 대한 사건으로 풀이하게 됩니다.

그러나 이상의 그럴듯한 해석에도 불구하고 "해를 옷 입고 그 발 아래 달이 있고 열두 별의 관을 쓴 여자"를 팔레스타인의 이스라엘로 볼 수 없습니다. 왜냐하면 요한계시록 6장부터는 '장차 될 일'에 대한 예언인데, 12장에 와서 새삼스럽게 과거지사인 예수님의 탄생과 헤롯 왕의 흉계 및 주님의 부활 승천에 대한 내용을 수록할 리가 없기 때문입니다.

뿐만 아니라 그 여자의 남은 자손에 대하여 "하나님의 계명을 지키며 예수의 증거를 가진 자"(17절)라고 한 부분은 이 여자를 결코 이스라엘로 볼 수 없게 합니다. 왜냐하면 현재의 유대인들은 모세의 율법만 붙들고 있기 때문에 '하나님의 계명을 지키는 자'이기는 하지만 '예수의 증거를 가진 자'는 아니기 때문입니다. 그러면 "해를 옷 입고 그 발 아래에는 달이 있으며 열두 별의 관을 쓴 여자"는 누구를 상징한 것일까요?

일단 이 여자는 예수를 그리스도로 고백하는 교회입니다. 왜냐하면 그 남은 자손에 대하여 "하나님의 계명을 지키며 예수의 증거를 가진 자"라고 했기 때문입니다. 그리고 특히 종말시대의 교회입니다. "그 여자가 광야로 도망하매 거기서 천이백육십 일 동안 그를 양육하기 위하여 하나님께서 예비하신 곳이 있더라"는 말씀 중의 '천이백육십 일'이나 "그 여자가 큰 독수리의 날개를 받아 광야 자기 곳으로 날아가 거기서 그 뱀의 낯을 피하여 한 때와 두 때와 반 때를 양육 받으매"라는 말씀 중의 '한 때, 두 때, 반 때'는 모두 7년 대재난 중 후 3년 반을 가리키기 때문입니다.

그러면 해를 옷 입고 달을 딛고 열두 별의 면류관을 쓴 이 여자는 종말시대의 어떤 교회일까요?

'해를 옷 입었다'는 것은 하나님의 은혜를 온몸에 입었다는 뜻입니다. 왜냐하면 "여호와 하나님은 해요 방패시라 여호와께서 은혜와 영화를 주시며"(시 84:11)라는 시에서 알 수 있듯이, '해'는 하나님의 은혜를 상징하는데 '해로 옷을 입었다'면 하나님의 은혜를 전신에 입었다는 의미이기 때문입니다. 그러므로 이 교회는 종말시대에 하나님의 큰 은혜를 받은 교회입니다. 그래서 이 여자를 양육하기 위한 예비처가 있다고 한 것이요(계 12:6), 또 용이 여자를 박해할 때 그 여자가 큰 독수리의 두 날개를 받아 광야로 날아가 한 때와 두 때와 반 때를 양육 받는다고도 한 것입니다(계 12:14).

그러면 '달'은 무엇을 상징할까요? "주의 말씀은 내 발에 등이요 내 길에 빛이니이다"(시 119:105)라고 하였고, 또 "대저 명령은 등불이요 법은 빛이요"(잠 6:23)라고 하였으므로 '달'은 하나님의 말씀을 상징합니다. 그런데 이 교회는 종말시대의 교회이므로 이 여자의 발 아래 달이 있다는 것은 이 교회가 영원한 복음을 비롯하여 성도를 완전하게 할 진리 위에 선 교회라는 뜻이 아니겠습니까?

그런데 이 여자가 '열두 별의 관'(a crown of twelve stars)을 썼다고 한 의미는 무엇일까요?

일단 '별'은 형제를 상징합니다. 요셉이 해와 달과 열한 별이 자기에게 절하는 꿈을 꾸었을 때, 그의 부친 야곱은 '해와 달'을 부모로, '열한 별'은 요셉의 열한 형제로 해석해 주었기 때문입니다(창 37:9, 10). 따라서 '열두 별'은 열두 형제를 가리킵니다. 그리고 '관'은 하나님께 충성하고 이기는 자에게 씌워주시는 승리의 면류관이므로, '열두 별의 관'이란 열두 지파로 형성된 영적 이스라엘을 상징한다고 보아야 합니다. 그런데 영적 이스라엘 열두 지파에서 각각 일만 이천 명씩 하나님의 인침을 받는다고 예언하였으므로 이 교회는 하나님의 인침을 받을 14만 4천을 배출할 종말시대의 교회로 보아야 할 것입니다.

이상의 고찰을 종합해 볼 때 '해를 옷 입고 그 발아래 달이 있고 열두 별의 관을 쓴 여자'는 「하나님의 큰 은혜를 입고, 성도를 완전하게 할 진리 위에 서서, 영적 이스라엘 열두 지파로 형성된 종말시대의 교회」입니다. 그런데 이 교회는 하나님의 인침을 받을 완전한 그리스도인을 배출할 교회이므로 '해를 입은 여자'는 또 「하나님의 큰 은혜를 입고, 성도를 완전하게 할 진리 위에 서서, 그리스도의 신부 단장을 할 종말시대의 교회」라고 말할 수 있습니다.

한편, 아시아 일곱 교회 중 영원한 복음에 따라 열매를 맺을 교회는 빌라델비아 교회라고 하였습니다(계 3:7-13). 그리고 그 교회는 후 3년 반 동안에도 선교의 문이 닫히지 아니하는 열린 문의 보장을 받으며, 짐승 통치로부터 보호를 받고 또 하나님의 인 맞을 자들도 배출할 교회라고 하였습니다. 그렇다면 이 "해를 옷 입고 달을 딛고 열두 별의 관을 쓴 여자"를 그 빌라델비아 교회로 보아야 하지 않겠습니까?

그러므로 종말시대에는 하나님의 큰 은혜를 입고 성도를 완전하게 진리 위에 서서 영적 이스라엘 열두 지파로 형성된 교회 빌라델비아 교회가 출현하게 될 것입니다. 그러면 해를 옷 입은 여자가 낳을 사내아이는 무엇을 상징할까요?

2. 해를 옷 입은 여자가 낳을 사내아이에 대한 고찰

해를 옷 입은 여자가 낳을 사내아이에 대하여 '장차 철장으로 만국을 다스릴 남자'라고 하였습니다. 따라서 일단 그 사내아이는 재림하시어 세상을 통치하실 예수님을 가리킵니다. 왜냐하면 백마를 타시고 재림하시는 예수님에 대하여 성경은 "만국을 치겠고 친히 그들을 철장으로 다스리며"(계 19:15)라고 했기 때문입니다.

그렇지만 '해를 옷 입은 여자', 곧 하나님의 큰 은혜를 받고 성도를 완전하게 할 진리 위에 서서 영적 이스라엘 열두 지파로 형성된 빌라델비아 교회가 장차 철장으로 만국을 다스리실 예수를 낳는다는 것은 문자적으로 볼 수는 없지 않습니까? 왜냐하면 교회가 재림 예수를 낳는다는 것은 있을 수 없기 때문입니다. 그러면 어떻게 해석해야 할까요?

예수께서 직접 다스리시는 것이나 예수님의 통치 이념으로 다스리는 것은 결국 같은 것이므로 해를 옷 입은 여자가 '만국을 다스릴 남자를 낳는다'는 것은 성도를 완전하게 할 빌라델비아 교회가 예수님의 통치 이념인 예수주의를 낳는다는 뜻으로 해석해야 한다고 생각합니다. 이처럼 '장차 만국을 다스릴 예수'를 예수님의 통치 사상으로 볼 수 있다는 것은 다음의 말씀에서도 찾을 수 있습니다.

> "내가 여호와의 명령을 전하노라 여호와께서 내게 이르시되 너는 내 아들이라 오늘 내가 너를 낳았도다 내게 구하라 내가 이방 나라를 네 유업으로 주리니 네 소유가 땅 끝까지 이르리로다 네가 철장으로 그들을 깨뜨림이여 질그릇같이 부수리라 하시도다 그런즉 군왕들아 너희는 지혜를 얻으며 세상의 재판관들아 너희는 교훈을 받을지어다 여호와를 경외함으로 섬기고 떨며 즐거워할지어다 그의 아들에게 입 맞추라 그렇지 아니하면 진노하심으로 너희가 길에서 망하리니 그의 진노가 급하심이라 여호와께 피하는 모든 사람은 다 복이 있도다"(시 2:7-12).

하나님께서 "너는 내 아들이라 오늘 내가 너를 낳았도다"라고 하셨는데, 여기서 '아들'은 문맥상 장차 재림하시어 만국을 다스리실 예수님을 가리킵니다. 왜냐하면 그 아들에게 이방 나라를 유업으로 주겠다고 하셨고, 또 "네가 철장으로 그들을 깨뜨림이여 질그릇같이 부수리라"고 하셨기 때문입니다.

그런데 그 다시 오시는 예수님을 향하여 "너는 내 아들이라 오늘 내가 너를 낳았도다"라고 하신 것을 문자적으로 볼 수는 없지 않습니까? 왜냐하면 육신으로 볼 때는 약 2천 년 전에 나셨고 영으로 볼 때는 헤아릴 수 없는 만세 전에 하나님으로부터 나오신 분인데, '오늘 너를 낳았도다'라고는 말할 수 없기 때문입니다. 따라서 '오늘 너를 낳았도다'는 것은 예수님의 통치 이념인 예수주의를 배출했다는 뜻으로 해석해야 한다는 의미입니다.

그러므로 "네가 철장으로 그들을 깨뜨림이여 질그릇같이 부수리라"는 것은 예수주의 정치 사상으로 세상을 다스린다는 뜻입니다. 또한 세상의 왕들에게 지혜를 얻으라고 촉구하면서 "그의 아들에게 입맞추라 그렇지 아니하면 진노하심으로 너희가 길에서 망하리니"라고 한 것은, 세상의 왕들이 만일 예수주의 정치 이념을 받아들이지 아니하면, 주께서 재림하실 때 심판을 피할 수 없다는 의미입니다.

그러면 "이 여자가 아이를 배어 해산하게 되매 아파서 애를 쓰며 부르짖더라"는 뜻은 무엇일까요? 그것은 예수주의 정치 사상을 배출하려 할 때, 교회 내에 있을 어떤 진통으로 보아야 합니다. 왜냐하면 성도 중에는 정교 분리(政敎分離)의 사상을 가진 이들이 꽤 있기 때문에, 성도를 완전하게 할 진리에 선 종말시대의 교회라 할지라도 예수주의 정치 이념을 배출한다면, 어느 정도의 분란은 불가피할 것입니다.

한편 "그 아이를 하나님 앞과 그 보좌 앞으로 올려가더라"고 한 부분은 어떻게 해석해야 할까요?

하나님께 드리는 제사는 향기가 되어(창 8:21; 출 29:18, 25, 41; 레 1:13, 2:2, 3:5, 6:21, 23:13) 하나님께 올라가고(계 8:4), 성도들의 기도 역시 향연(香煙)이 되어 하나님께 올라간다고 하였으므로(계 5:8) '하나님께 올라간다'는 말에는 하나님께서 기쁘게 받으신다는 의미가 있지 않겠습니까? 그러므로 "그 아이를 하나님 앞과 그 보좌 앞으로 올려가더라"는 말씀은 하나님께서 예수주의를 기쁘게 받으신다는 의미로 해석해야 할 것입니다.

그런데 하늘의 붉은 용은 해를 옷 입은 여자가 아이를 해산하면 그 아이를 삼키려고 한다고 했습니다. 즉 성도를 완전하게 할 은혜와 진리로서 그리스도의 형상을 이루게 할 종말시대의 교회가 예수주의 정치 이념을 낳으면, 사탄은 그 예수주의 사상을 없애 버리려고 한다는 뜻입니다. 그러면 그 까닭이 무엇일까요?

'붉은 말'의 민족주의와 '검은 말'의 자본주의는 '청황색 말'인 통합 사회주의에 미혹되어 세계 통합 국가를 형성하는 데 동참할 것이지만 '흰 말'의 예수주의만은 미혹받지 아니할 뿐 아니라 그 통합 사회주의 사상의 거짓됨을 드러내어 그 사상에 속고 있는 세상을 구원할 참된 정치 이념이기 때문이라고 판단됩니다.

3. 여자를 박해하는 하늘의 큰 붉은 용

> "하늘에 또 다른 이적이 보이니 보라 한 큰 붉은 용이 있어 머리가 일곱이요 뿔이 열이라 그 여러 머리에 일곱 왕관이 있는데 그 꼬리가 하늘의 별 삼분의 일을 끌어다가 땅에 던지더라……하늘에 전쟁이 있으니 미가엘과 그의 사자들이 용과 더불어 싸울새 용과 그의 사자들도 싸우나 이기지 못하여 다시 하늘에서 그들이 있을 곳을 얻지 못한지라

큰 용이 내쫓기니 옛 뱀 곧 마귀라고도 하고 사탄이라고도 하며 온 천하를 꾀는 자라 그가 땅으로 내쫓기니 그의 사자들도 그와 함께 내쫓기니라 내가 들으니 하늘에 큰 음성이 있어 이르되 이제 우리 하나님의 구원과 능력과 나라와 또 그의 그리스도의 권세가 나타났으니 우리 형제들을 참소하던 자 곧 우리 하나님 앞에서 밤낮 참소하던 자가 쫓겨났고……그러므로 하늘과 그 가운데 거하는 자들은 즐거워하라 그러나 땅과 바다는 화 있을진저 이는 마귀가 자기의 때가 얼마 남지 않은 줄을 알므로 크게 분 내어 너희에게 내려갔음이라 하더라 용이 자기가 땅으로 내쫓긴 것을 보고 남자를 낳은 여자를 박해하는지라"(계 12:3-13).

(1) 일곱 머리 열 뿔 달린 하늘의 큰 붉은 용

일곱 머리 열 뿔 달린 붉은 용에 대하여 "옛 뱀 곧 마귀라고도 하고 사탄이라고 하며 온 천하를 꾀는 자"라고 하였습니다. 그러므로 사탄은 현재 공중에서 일곱 머리와 열 뿔을 단 붉은 용의 형상을 하고 있다는 뜻입니다. 그러면 마귀가 그렇게 흉측한 모습을 하고 있는 영적 의미는 무엇일까요?

'일곱'은 완전수입니다. 따라서 사탄이 일곱 머리에 일곱 왕관을 쓰고 있다는 것은 마귀의 완전한 교만성을 상징함과 동시에 사탄은 온 세상을 통치하는 임금이라는 의미로 해석해야 합니다(참고. 요 12:31, 14:30, 16:11).

그리고 용에게 '열 뿔'이 있다는 것은 사탄에게 많은 능력과 권세가 있다는 뜻입니다. '뿔'은 능력과 권세를 상징하고 '열'은 만수(滿數)이므로 '많다'는 의미이기 때문입니다. 따라서 이 모습만 보아도 사탄은 예수님의 상대가 될 수 없는 존재임이 드러납니다. 왜냐하면 예수님에게는 '일곱 뿔'이 있다고 하였으므로(계 5:6) 완전한 능력을 소유하신 분인데 용에게는 '열 뿔'이 있다고 하였기 때문입니다.

그러면 마귀가 큰 붉은 용의 형상을 하고 있는 것은 무슨 의미로 보아야 할까요? 일단 '큰 붉은 용'의 모습은 몹시 무서운 형상이므로 사탄의 포악성을 나타낸다고 보아야 합니다. 그리고 용은 곧 '옛 뱀'인데, 성경이 하나님께서 지으신 들짐승 중에 뱀이 가장 간교하다고 하였으므로(창 3:1), '붉은 용'은 마귀의 교활성을 나타냅니다.

그러므로 사탄이 일곱 머리 열 뿔 달린 큰 붉은 용의 모습을 하고 있으면서 일곱 머리에 왕관을 쓰고 있다는 것은, 마귀는 많은 능력을 가진 세상의 임금으로서 지극히 포악하고 극도로 교만하며 완전히 간교한 존재라는 의미입니다.

한편 "그 꼬리가 하늘 별 삼분의 일을 끌어다가 땅에 던지더라"고 한 의미는 무엇일까요? 이사야 선지자는 '꼬리'를 거짓말을 가르치는 선지자라고 하였습니다(사 9:15). 따라서 짐승의 앞잡이 노릇을 할 거짓 선지자를 비롯하여 세계 통합 정부에 아부할 사이비 어용 목회자들을 '용의 꼬리'로 보아야 합니다. 그리고 '별'은 주의 종들을 포함한 모든 성도들을 가리킵니다(참조. 계 1:20; 창 37:9, 10; 단 12:3).

그러므로 "그 꼬리가 하늘 별 삼분의 일을 끌어다가 땅에 던지더라"는 것은, 장차 7년 대재난의 후반기에 있을 성도의 대환난기에 용의 꼬리인 거짓 선지자나 사이비 목회자들에 의하여, 3분의 1이나 되는 많은 목회자들과 신도들이 미혹을 받아 짐승과 그의 우상에게 경배하고 짐승표를 받음으로써 타락한다는 의미입니다. 바로 이런 타락을 내다보셨기에 주님은 종말론 강론에서 이러한 말씀을 하신 것입니다.

> "그때에 많은 사람이 실족하게 되어 서로 잡아주고 서로 미워하겠으며 거짓 선지자가 많이 일어나 많은 사람을 미혹하겠으며 불법이 성하므로 많은 사람의 사랑이 식어지리라"(마 24:10-12).

예수께서 종말론 강론을 시작하실 때 "너희가 사람의 미혹을 받지 않도록 주의하라 많은 사람이 내 이름으로 와서 이르되 나는 그리스도라 하여 많은 사람을 미혹하리라"(마 24:4, 5)는 말씀부터 하신 이유가 바로 이 때문입니다. 즉 주님의 입장으로서는 신자들이 거짓 그리스도에 의해 시험을 받아 타락하는 것만큼 중대한 문제는 없기 때문에 적그리스도의 미혹을 경계하라는 말씀부터 하셨다는 뜻입니다.

그러나 유대교인들 중에는 더 많은 타락이 예상됩니다. 왜냐하면 하나님께서 스가랴 선지자를 통해 다음과 같은 말씀을 하셨기 때문입니다.

> "여호와가 말하노라 이 온 땅에서 삼분의 이는 멸망하고 삼분의 일은 거기 남으리니 내가 그 삼분의 일을 불 가운데 던져 은같이 연단하며 금같이 시험할 것이라 그들이 내 이름을 부르리니 내가 들을 것이며 나는 말하기를 이는 내 백성이라 할 것이요 그들은 말하기를 여호와는 내 하나님이시라 하리라"(슥 13:8, 9).

본문의 '온 땅'은 이스라엘을 가리킵니다. 스가랴 13장 전체가 유대인들에 대한 예언이기 때문입니다. 그런데 3분의 2는 멸망하고 3분의 1만 남아 불같은 시련 속에서 순금과 순은이 되도록 연단하신다고 하였으니 유대교인 중 3분의 2는 타락할 것을 시사하신 예언입니다.

그러므로 종말시대의 성도들은 마지막 때의 구원의 도리인 영원한 복음을 굳게 붙들고, 짐승과 그의 우상에게 경배하지 아니할 뿐 아니라 666표를 받으라는 유혹에도 결코 넘어가지 말아야 하겠습니다. 왜냐하면 짐승과 그의 우상에게 절하고 짐승표를 받으면 영원한 유황 불못의 형벌을 면할 수 없기 때문입니다(계 14:9-11).

하지만 너무 걱정할 필요는 없습니다. 부르심을 받고 택하심을 받은 진실한 자들에게는 시험을 이길 수 있는 힘이 주어질 것이기 때문입니다(계 17:14). 또한 이것은 하나님께서 "보라 내가 명령하여 이스라엘 족속을 만국 중에 체질하기를 체로 체질함같이 하려니와 그 한 알갱이도 땅에 떨어지지 아니하리라"(암 9:9)고 한 말씀에서 충분히 가질 수 있는 믿음입니다. 왜냐하면 이 말씀은 택하신 하늘 백성에게 불같은 시련은 있지만 타락은 없다는 의미이기 때문입니다.

(2) 여자를 박해하는 붉은 용

그런데 그 붉은 용은 미가엘과의 전쟁에서 패하여 그의 사자들과 함께 땅으로 내쫓긴다고 했습니다. 사탄은 뱀으로 화신(化身)하여 에덴동산에 찾아와 아담과 하와를 타락시킨 후, 용으로 변신 승천하여 공중에 올라 자기의 왕국을 건설하고 세상을 통치하면서, 하나님 보좌에까지 올라가 하나님의 백성들을 밤낮으로 참소하는 사악한 존재입니다. 그런데 마침내 천사장 미가엘에게 패하여 이처럼 땅으로 내쫓기는 것입니다.

그런데 여기서 사탄을 '하나님 앞에서 밤낮 참소하던 자'로 묘사한 말에 주목해야 합니다. 왜냐하면 이 말은 마귀가 보좌 앞에서 성도들의 죄를 밤낮으로 고자질한다는 뜻이기 때문입니다. 하지만 염려할 필요는 없습니다. 우리에게는 성도를 변호해 주시는 대언자가 계시기 때문입니다. 그래서 사도 요한은 "만일 누가 죄를 범하여도 아버지 앞에서 우리에게 대언자가 있으니 곧 의로우신 예수 그리스도시라"(요일 1:2)고 증언한 것입니다.

그렇지만 가능한 한 죄를 짓지 말아야 함은 물론입니다. 왜냐하면 사탄이 성도들의 죄를 낱낱이 고자질할 때 사탄은 즐겁겠지만, 하나님께서는 매우 곤혹스러우실 것이기 때문입니다. 그래서 하나님은 "네 죄 짐으로 나를 수고롭게 하며 네 죄악으로 나를 괴롭게 하였느니라"(사 43:24)는 말씀을 하신 것 같습니다.

이처럼 사탄은 보좌 앞에서 성도들의 죄를 밤낮 참소하는 것으로 즐거움을 삼는 존재인데, 하늘에서 내쫓긴다는 것이니 얼마나 분노가 치밀어 오르겠습니까? 그래서 성경은 "땅과 바다는 화 있을진저 이는 마귀가 자기의 때가 얼마 남지 않은 줄을 알므로 크게 분 내어 너희에게 내려갔음이라"고 말합니다.

이렇게 볼 때 큰 용이 땅으로 내쫓기는 시점은 7년 대재난의 중간기라고 보아야 합니다. 왜냐하면 마귀가 자기의 때가 얼마 안 남은 것을 알고 크게 분 내어 지상으로 내려왔다면, 하나님의 백성들을 박해할 것이 분명한데, 마귀가 세계 통합 국가의 왕을 배후에서 조종하여 하나님을 대적하고 성도를 괴롭힐 때가 바로 그때이기 때문입니다. 그래서 요한계시록은 "용이 자기가 땅으로 내쫓긴 것을 보고 남자를 낳은 여자를 박해하는지라 그 여자가 큰 독수리의 두 날개를 받아 광야 자기 곳으로 날아가 거기서 그 뱀의 낯을 피하여 한 때와 두 때와 반 때를 양육 받으매"(계 12:13, 14)라고 예언함으로써, 여자가 박해를 피해 도망가는 시기를 3년 반 동안이라고 명시한 것입니다.

그런데 일반 교회를 박해한다고 하지 않고 남자를 낳은 여자, 곧 예수주의 정치 사상을 배출할 '해를 옷 입은 여자'를 박해한다는 말씀에 주목해야 합니다. 왜냐하면 이 말씀은 짐승 통치 시에 교회 차원에서 핍박을 받는 교회는, 오직 하나님의 큰 은혜를 입고 성도를 완전하게 할 진리 위에 서서 영적 이스라엘 열두 지파로 형성된 빌라델비아 교회뿐이라는 의미이기 때문입니다.

그러면 그 이유가 무엇이겠습니까? 성도를 완전하게 할 은혜와 진리로서 그리스도의 형상을 이루게 할 종말시대의 교회는, 짐승의 우상에게 경배하거나 666표를 받는 것을 철저히 경계하는 영원한 복음 위에 서 있는 교회요, 또 통합 사회주의 사상을 무너뜨릴 예수주의 정치 사상을 낳을 교회이기 때문이 아니겠습니까?

한편, '박해한다'는 것은 헬라어 '에디옥센'(ἐδίωξεν)으로 '뒤쫓다, 추격하다'는 뜻입니다. 그래서 영어 성경도 "그 여자를 추격했다"(he pursued the woman, RSV, NIV)라고 번역했고, 표준새번역과 공동번역도 '쫓아갔습니다'로 번역했습니다. 즉 예수주의 정치 이념을 낳은 빌라델비아 교회의 성도들을 체포하려고 적그리스도가 추격한다는 뜻입니다. 바로 여기에서 '해를 옷 입은 여자'를 천이백육십 일, 곧 3년 반 동안 예비처로 도피시키는 이유를 발견하게 됩니다. 만일 도피시키지 않으면 짐승의 포악성으로 볼 때, 체포하여 모두 몰살시킬 것이기 때문입니다. 그러면 '해를 옷 입은 여자'가 도피할 예비처는 어디일까요?

4. 예비처는 어디인가?

> "용이 자기가 땅으로 내쫓긴 것을 보고 남자를 낳은 여자를 박해하는지라 그 여자가 큰 독수리의 두 날개를 받아 광야 자기 곳으로 날아가 거기서 그 뱀의 낯을 피하여 한 때와 두 때와 반 때를 양육받으매 여자의 뒤에서 뱀이 그 입으로 물을 강같이 토하여 여자를 물에 떠내려가게 하되 땅이 여자를 도와 그 입을 벌려 용의 입에서 토한 강물을 삼키니 용이 여자에게 분노하여 돌아가서 그 여자의 남은 자손 곧 하나님의 계명을 지키며 예수의 증거를 가진 자들로 싸우려고 바다 모래 위에 서 있더라"(계 12:13-17).

여자가 도피할 예비처는 '광야'로 상징되는 곳이고, 3년 반 동안 양육받을 수 있는 곳이며, 또 뱀이 토한 강물을 삼킬 수 있는 곳입니다. 이제 이런 말씀들의 의미를 고찰해 보면서 해를 옷 입은 여자가 도피할 예비처는 어디인가를 찾아보겠습니다.

(1) 광야로 상징되는 곳입니다.

용이 해를 옷 입은 여자를 추격하므로 하나님께서 그 여자에게 큰 독수리의 두 날개를 주시어 그녀를 '한 때, 두 때, 반 때' 곧 3년 반 동안 광야로 도피시킨다고 하였습니다. 그러면 '광야'는 어디를 가리킬까요? 예수님은 후 3년 반에 있을 유대인들의 도피에 대하여 다음과 같은 말씀을 하셨습니다.

> "그러므로 너희가 선지자 다니엘이 말한 바 멸망의 가증한 것이 거룩한 곳에 선 것을 보거든 (읽는 자는 깨달을진저) 그때에 유대에 있는 자들은 산으로 도망할지어다 지붕에 있는 자들은 집안에 있는 물건을 가지러 내려가지 말며 밭에 있는 자들은 겉옷을 가지러 뒤로 돌이키지 말지어다 그날에는 아이 밴 자들과 젖먹이는 자들에게 화가 있으리로다 너희가 도망하는 일이 겨울에나 안식일에 되지 않도록 기도하라" (마 24:15-20).

이 말씀은 유대인을 대상으로 한 말씀입니다. 다니엘 선지서를 갖고 있고, 평평한 지붕을 소유하고 있으며, 안식일에 아무 노동도 하지 않은 민족은 유대인이기 때문입니다. 그런데 예수님은 "멸망의 가증한 것이 거룩한 곳에 선 것을 보거든 유대에 있는 자들은 산으로 도망할지어다"라고 말씀하셨습니다. 즉 세계 통합 국가의 왕이 자기의 우상을 성전 꼭대기에 세우면 '유대에 있는 자들'은 산으로 도망가라고 하신 것입니다.

그러므로 '해를 옷 입은 여자'가 도피할 예비처에 대하여는 '광야'라고 하신 것을, '유대에 있는 자들'의 도피처에 대해서는 '산'이라고 하신 것입니다. 그런데 '해를 옷 입은 여자'나 '유대에 있는 자들'은 모두 적그리스도의 통치를 피하여 도피하는 것이 아닙니까? 따라서 '광야'나 '산'은 동일한 피난처를 달리 표현한 것으로 보아야 합니다. 아울러 광야나 산은 사람이 살 수 없는 황량한 곳이라는 공통점이 있고, 또 같은 산맥이면서 높고 뾰족한 곳은 '산'으로, 낮고 평평한 곳은 '광야'로 칭한다는 점에서도 그렇게 보아야 합니다.

그러면 '산'은 무엇을 상징할까요? 성경에서 '산'은 나라를 상징했습니다(렘 51:25; 옵 1:21; 계 17:9). 따라서 '산으로 도망하라'는 것은 곧 '나라로 도망하라'는 의미입니다. 즉 예비처는 어떤 국가라는 뜻입니다.

한편 '해를 옷 입은 여자'가 큰 독수리의 두 날개를 받아 날아갔다는 의미는 무엇일까요? 하나님께서 바로의 군대의 추격으로부터 이스라엘을 무사히 광야로 인도하셨던 것에 대하여 "내가 어떻게 독수리 날개로 너희를 업어 내게로 인도하였음을 너희가 보았느니라"(출 19:4)고 말씀하셨습니다. 그러므로 하나님께서 빌라델비아 교회의 성도들을 예비처로 안전하게 옮기실 것에 대한 묘사로 보아야 합니다.

그런데 예비처로 도피할 때의 상황은 매우 급박할 것으로 보입니다. 왜냐하면 예수께서 유대에 있는 자들은 산으로 도망하라고 하셨을 때 "지붕 위에 있는 자는 집안에 있는 물건을 가지러 내려가지 말며 밭에 있는 자는 겉옷을 가지러 뒤로 돌이키지 말라"(17-18절)고 하셨기 때문입니다. 그러므로 "큰 독수리의 두 날개를 받아 날아갔다"는 말속에는 신속하게 예비처로 옮기신다는 의미도 있다고 보아야 할 것입니다.

(2) 3년 반 동안 도피한 자들을 먹여 살릴 수 있는 곳입니다.

해를 옷 입은 여자가 광야로 날아가 "한 때와 두 때와 반 때를 양육 받으매"라고 했는데, '양육'은 헬라어 '트레포우'(τρέφω)로서 먹여 살리는 것을 의미합니다(nourished, KJV, RSV). 그래서 표준새번역과 공동번역은 공히 '먹여 살리시려고'라고 번역하였습니다. 물론 신앙적 양육은 필수적이겠지만 먹여 살리는 것이 우선되어야 하므로 그렇게 말씀하신 것 같습니다. 이처럼 도피한 주님의 백성들을 3년 6개월 동안이나 먹여 살려야 한다는 면에서도 예비처는 어떤 나라이어야 하지 않겠습니까?

(3) 짐승 군대의 공격을 물리칠 수 있는 곳입니다.

한편 '해를 입은 여자'가 광야로 도망갔을 때 "여자의 뒤에서 뱀이 그 입으로 물을 강같이 토하여 여자를 물에 떠내려가게 하려 하되 땅이 여자를 도와 그 입을 벌려 용의 입에서 토한 강물을 삼키니"라고 하였습니다. 그러면 뱀이 그 입으로 물을 강같이 토하여 여자를 물에 떠내려가게 한다는 의미는 무엇일까요?

성경은 앗수르 왕의 군대가 다메섹과 사마리아를 공격하는 것에 대하여 "……열방이 충돌하였으되 큰물이 몰려옴같이 그들도 충돌하였도다 열방이 충돌하기를 많은 물이 몰려옴과 같이 하나……"(사 17:12, 13)라고 표현하였고, 북방 왕이 남방 왕을 공격하는 것에 대해서는 "심히 많은 군대를 모아서 물이 넘침같이 나아올 것이며"(단 11:10)라고 묘사하였습니다. 즉 성경은 군대의 공격을 '물이 몰려옴'으로 상징적 표현을 한다는 뜻입니다.

그런데 '뱀'은 세계 통합 국가의 최고 통치자를 가리키지 않습니까? 그러므로 "뱀이 그 입으로 물을 강같이 토하여 여자를 떠내려가게 하려 한다"는 것은, 적그리스도의 군대가 예비처로 도피한 빌라델비아 교회의 성도들을 몰살시키려고 공격한다는 의미입니다. 하지만 "땅이 여자를 도와 용의 입에서 토한 강물을 삼킨다"고 하였으므로 침공하는 짐승의 군대를 예비처의 나라가 섬멸시킨다는 뜻입니다. 여기의 '땅'은 예비처의 나라를 가리키기 때문입니다.

그러므로 예비처의 나라는 대단한 강국이 아닐 수 없습니다. 왜냐하면 세계 최강인 러시아 연방국의 군대를 섬멸시킨다는 의미이기 때문입니다. 따라서 예비처는 첫째 인을 뗄 때 등장한 '흰 말을 탄 자'로 볼 수밖에 없습니다. 왜냐하면 짐승 군대를 물리칠 수 있도록 강한 나라는 하나님께서 함께하시는 예수주의 국가 외에는 없기 때문입니다. 즉 예비처는 하나님께서 마지막 때에 세우실 "손대지 아니한 돌의 나라"(단 2:44)라는 의미입니다.

이렇게 볼 때 일곱 머리 열 뿔 달린 짐승에 대한 예언 중 "그의 머리 하나가 상하여 죽게 된 것 같더니"(계 13:3)라고 한 부분은, 바로 이 때의 대패(大敗)를 두고 한 예언으로 보아야 합니다. 즉 세계 통합 국가의 통치자가 친히 러시아 연방국의 군대를 이끌고 침공하였다가 패배함과 동시에, 자기도 치명적인 부상을 입을 것을 두고 "그의 머리 하나가 상하여 죽게 된 것 같더니"라고 했다는 뜻입니다. 그런데 "그 죽게 되었던 상처가 나으매 온 땅이 놀랍게 여겨 짐승을 따르고"(계 13:3)라고 하였으므로, 세계 통합 국가의 왕은 기적적으로 치유되면서 오히려 신(神)처럼 추앙받는 희한한 일이 전개될 것입니다.

한편 "땅이 여자를 도와 강물을 삼킨다"는 의미를 지진으로 말미암아 짐승의 군대가 망한다는 의미로 해석하는 이들이 있습니다만, 잘못된 해석입니다. 왜냐하면 일단 지진은 예비처의 나라에 큰 피해를 줄 수밖에 없고 또한 만일 지진에 의해 짐승 군대가 패한 것이라면 거짓 그리스도의 보복성이나 포악성으로 볼 때, 또다시 군대를 일으켜 침공하지 않을 리 없기 때문입니다.

하지만 성경은 "용이 여자에게 분노하여 돌아가서 그 여자의 남은 자손 곧 하나님의 계명을 지키며 예수의 증거를 가진 자들과 싸우려고 바다 모래 위에 서 있더라"(계 12:17)고 하였으므로 지진이 아님은 확실합니다. 왜냐하면 이는 세계 통합 국가의 왕이 몹시 분개하기는 하지만 더 이상 침공하지는 못하고, 해를 옷 입은 여자의 남은 자손들과 싸우려고 바다 모래 위에 서 있다는 의미이기 때문입니다.

그러면 "용이 여자에게 분노하여 돌아가서 그 여자의 남은 자손 곧 하나님의 계명을 지키며 예수의 증거를 가진 자들과 더불어 싸우려고 바다 모래 위에 서 있더라"고 한 말씀의 의미는 무엇일까요?

"그 여자의 남은 자손"은 보다 정확하게 말하면 "그 여자의 자손의 남은 자들"(the rest of her offspring, RSV)입니다. 따라서 그 빌라델비아 교회의 성도 중 예비처로 도피하지 아니하고 세계 각지에 남아 있는 성도들이라는 뜻입니다. 그러면 그들은 누구이겠습니까? 성도를 완전하게 할 은혜와 진리로서 그리스도의 형상을 이루게 할 종말시대의 교회 중, 예비처로 도망가지 아니하고 남아 있는 이들은 누구냐는 것입니다.

하나님의 인침을 받을 14만 4천인입니다. 왜냐하면 그들은 어떤 상황 가운데서도 생명의 절대 보호를 받을 자들이므로 도피할 필요가 없고, 또 작은 두루마리를 먹고 나가서 영원한 복음을 전파할 사명자들이기 때문에 도망가서는 안 되기 때문입니다. 그래서 그들에 대하여 "하나님의 계명을 지키며 예수의 증거를 가진 자"라고 부연한 것이라고 봅니다.

더욱이 용이 "하나님의 계명을 지키며 예수의 증거를 가진 자들과 더불어 싸우려고 모래 위에 서 있더라"고 한 부분은, 그 여자의 남은 자손들이 하나님의 인침을 받을 자들임을 보다 확실하게 해주는 대목입니다. 왜냐하면 '싸우려고'의 헬라어 '폴레모스'(πόλεμος)는 무저갱로부터 올라오는 짐승이 두 증인과 전쟁을 일으킨다고 했을 때 사용된 단어로(계 11:7), 이는 대등한 세력 간의 싸움을 의미하기 때문입니다. 환언하면 당장 제압할 수 있는 상대라면 굳이 싸우려고 할 필요가 없는데, "싸우려고 서 있더라"는 것은 상대가 하나님의 능력이 함께하는 인침 받은 자이기 때문이라는 의미입니다.

그런데 여자가 도망갈 '광야'를 어떤 비밀 요새로 해석하는 이들이 있으므로 끝으로 이 문제를 짚고 넘어가겠습니다.

예비처는 어떤 비밀 요새인가?

어떤 이들은 예비처가 땅속 동굴이나 혹은 어떤 깊은 골짜기의 비밀 요새라고 주장합니다. 하지만 3년 반 동안이나 도망쳐 온 빌라델비아 교회 성도들을 먹여 살려야 하고, 또 짐승 군대의 공격을 격퇴해야 한다는 점에서 이런 주장은 용인될 수 없습니다. 더욱이 첨단과학 무기는 수십 미터 땅속 깊은 곳에 있는 요새라도 찾아내어 폭탄 공격을 할 수 있다는 면에서도 비밀 요새란 존재할 수 없다고 봅니다.

하나님께서는 이처럼 거짓 피난처를 말하는 자들이 있을 것을 내다보시고, 이사야 선지자를 통해 "우박이 거짓의 피난처를 소탕하며 물이 그 숨는 곳에 넘칠 것인즉 너희가 사망과 더불어 세운 언약이 폐하며 스올과 더불어 맺은 맹약이 서지 못하며 넘치는 재앙이 밀려올 때에 너희가 그것에게 밟힘을 당할 것이라"(사 28:17, 18)고 이미 말씀하셨습니다. 즉 사람들이 피난처라고 믿고 숨어 있는 곳을 우박과 폭우로써 소탕해 버리신다는 뜻입니다.

그러므로 종말의 성도들은 어떤 특정 지역에 피난처가 있다는 말에 속지 말고, 영원한 복음을 믿고 초막절 은혜를 입어 그리스도의 형상을 온전히 이루어야겠다는 비전과 믿음을 가져야 할 것입니다. 왜냐하면 그 길만이 빌라델비아 교회에 속한 셈이 되어 하나님의 인침을 받거나 혹은 예비처로 도피하는 은총을 입을 수 있기 때문입니다. 그러면 예비처로 도피할 '유대에 있는 자들'에 대해서 고찰해 보겠습니다.

5. 예비처로 도피할 '유대에 있는 자들'에 대한 고찰

요한계시록 11장에서 "하나님의 성전과 제단과 그 안에서 경배하는 자들은 측량하되"(1절)라고 하신 것은 유대교인 중 경건하고 성숙한 신자들은 하나님께서 지켜 보호해 주신다는 의미라고 하였습니다. 따라서 그들도 예비처로 도피하여 후 3년 반 동안 보호받게 됩니다. 그런데 유대인들의 도피에 대하여는 주께서 "그때에 유대에 있는 자들은 산으로 도망할지어다"(마 24:16)라고 말씀하셨습니다. 그러므로 요한계시록 11장의 "성전 안에서 경배하는 자들"은 곧 '유대에 있는 자들'인 셈입니다. 그러면 '유대에 있는 자들'이란 누구를 가리킬까요?

예수님 당시 사마리아는 이방인의 대명사처럼 여겨졌습니다. 왜냐하면 북조 이스라엘이 BC 721년 앗수르에 망한 이후, 사마리아 지역에 앗수르인들이 이주해 와 살면서 사마리아는 혈통적으로 혼혈이 되었고, 신앙적으로는 변질되었기 때문입니다. 그러나 남조 유다는 비록 BC 586년 바벨론에 망해 포로로 붙잡혀 갔지만, 3차에 걸친 귀환을 통해 혈통의 순결성과 신앙의 순수성을 유지, 보존하였습니다. 그래서 '유대'라는 말은 혈통과 신앙 면에서 정통 이스라엘로 간주되었던 용어입니다. 그러므로 '유대에 있는 자'란 정통 여호와 신앙을 소유하는 진실한 유대교인, 즉 경건하고 성숙한 유대교인으로 보아야 하며 주님은 그러한 신자들을 예비처로 도피시켜 보호하시려고 "유대에 있는 자들은 산으로 도망할지어다"라고 말씀하신 것입니다.

한편, 주님은 "그날에는 아이 밴 자들과 젖먹이는 자들에게 화가 있으리라"(마 24:19)고 말씀하셨습니다. 따라서 아이 밴 자들과 젖 먹이는 자들은 예비처로 도망가지 못하고 짐승 통치하에서 환난을 겪게 된다는 의미입니다. 그러므로 이들은 요한계시록 11장에서 언급된 '성전 밖 신자'인 셈입니다. 그러면 왜 불경건한 성전 밖 신자들을 '아이 밴 자들과 젖 먹이는 자들'로 묘사한 것일까요?

하나님께서 선시사들을 통해 종말에 일어날 사건들을 미리 알려주시는 이유는, 말씀에 의해 시대를 분별하고 재난과 환난의 때를 미리 대비하도록 하기 위함입니다. 그러므로 세계 통합 국가가 형성되어 이미 7년 대재난에 돌입했을 때는, 주의 재림과 세상 종말의 임박함을 느껴 결혼이나 자녀 출산에 대해서도 신중을 기하지 않으면 안 될 때입니다. 왜냐하면 후 3년 반의 혹독한 환난 중에서는 태아나 젖먹이가 큰 짐이 될 수밖에 없고, 또한 적그리스도의 무리가 어린 자녀들을 이용하여 짐승의 우상에게 절하게 하거나 666 짐승표를 받게 할 교활한 술책을 쓸 수도 있기 때문입니다. 뿐만 아니라 성도가 휴거될 때 만일 뒤에 남겨두어야 할 영아(嬰兒)가 있다면, 얼마나 안타까운 일이겠습니까?

그래서 사도 바울은 다음과 같은 권면을 합니다.

> "처녀에 대하여는 내가 주께 받은 계명이 없으되 주의 자비하심을 받아서 충성스러운 자가 된 내가 의견을 말하노니 내 생각에는 이것이 좋으니 곧 임박한 환난으로 말미암아 사람이 그냥 지내는 것이 좋으니라 ……형제들아 내가 이 말을 하노니 그때가 단축하여진 고로 이후부터 아내 있는 자들은 없는 자같이 하며……세상 물건을 쓰는 자들은 다 쓰지 못하는 것같이 하라 이 세상의 외형은 지나감이니라"(고전 7:25-31).

본문 속의 '임박한 환난'은 후 3년 반의 짐승 통치를 가리킵니다. 왜냐하면 '때가 단축해졌다'는 것은 주님의 감람산 강론에서 "환란의 날수를 감해 주신다"(마 24:22)는 말씀을 염두에 둔 것이요, 또 "이 세상의 외형은 지나감이라"는 것도 이 세상 심판에 대한 표현이 분명하기 때문입니다. 그래서 바울은 처녀들에 대하여 결혼하지 않는 것이 좋다는 견해를 피력한 것입니다.

그런데 후 3년 반이 시작되는 시점까지도 임신한 상태에 있거나 젖먹이는 유아를 거느리고 있다면, 그는 성도의 환난과 휴거를 전혀 준비하지 않고 있는 믿음이 없고 불경건한 신자라는 증거가 아니겠습니까? 그러므로 "유대에 있는 자들", 곧 경건하고 성숙한 유대교인들은 예비처로 도피시켜 보호하시는 것이고, "아이 밴 자들과 젖먹이는 자들", 곧 신앙이 없고 불경건한 신자들은 짐승 통치하에 두어 환난 속에서 성장, 성화시키려는 것이라고 볼 수 있습니다.

이처럼 유대교인 중에 환난을 피하여 도피할 자들도 있고 남아서 환난을 겪을 자들도 있기 때문에, 요엘 선지자는 "누구든지 여호와의 이름을 부르는 자는 구원을 얻으리니 이는 나 여호와의 말대로 시온 산과 예루살렘에서 피할 자가 있을 것이요 남은 자 중에 나 여호와의 부름을 받을 자가 있을 것임이니라"(욜 2:32)고 예언한 것입니다.

한편, 누가가 말하고 있는 "유대에 있는 자들"은 마태와 마가가 말하고 있는 "유대에 있는 자들"과 다릅니다. 그러므로 이 부분에 대해서도 짚고 넘어 가겠습니다.

누가가 언급한 '유대에 있는 자들'에 대한 고찰

> "너희가 예루살렘이 군대들에게 에워싸이는 것을 보거든 그 멸망이 가까운 줄을 알라 그때에 유대에 있는 자들은 산으로 도망갈 것이며 성내에 있는 자들은 나갈 것이며 촌에 있는 자들은 그리로 들어가지 말지어다 이날들은 기록된 모든 것을 이루는 징벌의 날이니라 그날에는 아이 밴 자들과 젖먹이는 자들에게 화가 있으리니 이는 땅에 큰 환난과 이 백성에게 진노가 있겠음이라 그들이 칼날에 죽임을 당하며 모든 이방에 사로잡혀가겠고 예루살렘은 이방인의 때가 차기까지 이방인들에게 밟히리라"(눅 21:20-24).

마태는 멸망의 가증한 것이 거룩한 곳에 선 것을 보거든(마가는 "서지 못할 곳에 선 것을 보거든", 막 13:14) "그때에 유대에 있는 자들은 산으로 도망할지어다"(마 24:16; 막 13:14)라고 하였는데, 누가는 "예루살렘이 군대들에게 에워싸이는 것을 보거든……그때에 유대에 있는 자들은 산으로 도망갈 것이며"라고 하였습니다. 그러므로 마태와 마가는 7년 대재난의 중간기에 있을 경건한 유대교인들의 도피를 염두에 두고 "유대에 있는 자들은 산으로 도망할지어다"라고 한 반면, 누가는 AD 66-70년에 있을 유대-로마 전쟁에서 유대 지역에 거주하고 있는 자들의 도피를 위하여 "너희가 예루살렘이 이방인들에게 에워싸이는 것을 보거든 그 멸망이 가까운 줄 알라"고 하면서, "그때에 유대에 있는 자들은 산으로 도망할지어다"라고 말한 것입니다.

따라서 누가가 언급한 '유대에 있는 자들'은 문자적인 셈입니다. 이렇게 볼 때, 예수님은 감람산 강론에서 주의 재림과 세상 종말에 대해서만 언급하신 것이 아니라 불과 약 40년 후에 있을 예루살렘의 멸망에 대한 말씀도 곁들이신 것을 알 수 있습니다.

그런데 누가의 이 예언은 얼마 안 가서 성취되었습니다. 즉 유세비우스(Eusebius)의 기록에 의하면 AD 66년 로마 군대가 예루살렘을 공략하기 시작했을 때, 주님의 이 말씀, 곧 "그때에 유대에 있는 자들은 산으로 도망갈 것이며 성내에 있는 자들은 나갈 것이며 촌에 있는 자들은 그리로 들어가지 말지어다"라는 말씀을 기억했던 기독교인들은 요단강 건너편 페래아(Peraea) 지방의 펠라(Pella) 계곡으로 도망쳐 생명을 보존했지만, 하나님의 성전이 있는 예루살렘 성은 점령당하지 않을 것이라고 믿고 예루살렘으로 몰려들었던 유대인들은 큰 능욕을 당했다는 것입니다. 이것은 고대 사가 요세푸스가 당시 110만 명이나 되는 유대인들이 학살당했고, 9만 7천 명이 포로로 끌려갔다고 증언한 데서도 뒷받침됩니다.

한편, 누가가 말하고 있는 '이방인의 때'는 무엇을 의미할까요? '이방인의 때'란 유대인들이 하나님께서 보내 주신 메시아를 배척하고 살해한 죄로 말미암아, 하나님께서 예루살렘 성읍과 성전이 짓밟히도록 이방인에게 내어주는 기간을 말합니다. 따라서 이스라엘로서는 범한 죄의 값을 치름으로써 예루살렘과 성전이 정결해지는 기간이라고 볼 수 있습니다. 그러므로 1차 이방인의 때는 예루살렘이 로마 장군 티투스(Titus)에 의하여 멸망당한 AD 70년부터 이스라엘이 독립했던 1948년 5월 14일까지로 보아야 하고, 2차 이방인의 때는 종말에 있을 7년 대재난과 최후의 아마겟돈 전쟁을 거치면서 예루살렘 성읍과 성전이 또다시 짓밟힘을 당하게 될 다니엘 8장의 2,300주야로 보아야 할 것입니다(참조. 단 8:13, 14).

제 4 장
하나님이 세우시는 한 나라

Ⅰ. 하나님 나라의 용어에 대한 고찰

Ⅱ. 하나님이 세우실 한 나라의 성경적 근거

Ⅲ. 한 나라를 세우시는 목적 및 세워지는 곳

Ⅳ. 예수주의 사상과 하나님 나라의 전망

Ⅰ. 하나님 나라의 용어에 대한 고찰

첫째 인을 뗄 때 등장한 "흰 말을 탄 자"는 종말시대에 하나님께서 세우실 예수주의 나라라고 하였고, 그 하나님 나라는 곧 느부갓네살 왕이 꿈에 보았던 "손대지 아니한 돌"(단 2:34, 35)이라고 하였습니다. 그러므로 본 장에서는 "하나님이 세우시는 한 나라"라는 제목으로 먼저 하나님 나라의 용어에 대하여 정리해 보고, 하나님께서 한 나라를 세우시는 성경적 근거를 더 찾아본 후, 한 나라를 세우시는 목적과 세우시는 곳, 그리고 하나님 나라의 정치 이념인 예수주의와 하나님께서 세우실 한 나라의 전망에 대하여 말씀을 연구해 보겠습니다.

그러면 '하나님 나라'라는 용어는 성경에서 어떻게 사용되었을까요?

1. 현재적 의미의 하나님 나라 –심령 천국, 교회 천국

예수께서 외치셨던 첫마디는 "때가 찼고 하나님 나라가 가까웠으니 회개하고 복음을 믿으라"(막 1:15)였습니다. 따라서 이 말씀 속의 하나님 나라는 복음을 통해 이루어지는 하나님 나라를 가리켰습니다. 또한 "내가 하나님의 성령을 힘입어 귀신을 쫓아내는 것이면 하나님의 나라가 이미 너희에게 임하였느니라"(마 12:28)는 말씀도 하셨는데, 이는 예수님의 사역으로 말미암아 이루어지는 하나님 나라를 의미합니다. 그러므로 복음을 비롯하여 예수님의 사역(병 고치심, 귀신을 축출하심, 죽은 자를 살리심 등)으로 성취되는 하나님 나라는 현재적 의미의 하나님 나라입니다. '지금, 여기에서'(now and here) 이루어질 수 있는 하나님 나라이기 때문입니다.

한편, 바리새인들이 예수께 와서 하나님 나라가 어느 때에 임하느냐고 물었을 때, 주님은 "하나님의 나라는 볼 수 있게 임하는 것이 아니요 또 여기 있다 저기 있다고도 못하리니 하나님의 나라는 너희 안에 있느니라"(눅 17:20, 21)고 대답해 주셨습니다. 그런데 '너희 안에'의 헬라어 '엔토스 휘몬'(ἐντός ὑμων)은 일단 '너희 마음에'라는 뜻입니다. 따라서 성도의 마음속에 이루어지는 하나님의 나라, 곧 심령 천국이 복음과 주의 사역으로 인하여 이루어지는 현재적 하나님 나라라는 뜻입니다.

그런데 가시적이고 공간적인 천국이 분명히 있는데도 불구하고, 예수께서 바리새인들의 질문에 신자의 마음에 이루어지는 하나님의 나라를 언급하신 이유는, 바리새인들이 심령 천국은 도외시한 채 외적인 천국만을 기대했기 때문입니다. 즉 먼저 마음에 천국을 이루지 아니하면 밖의 천국은 얻을 수 없는 것인데, 그들은 심령 천국은 외면한 채 눈에 보이는 외적인 천국만을 원했기 때문이라는 뜻입니다. 그래서 주님은 "하나님의 나라는 여기 있다 저기 있다고도 못하리니 하나님의 나라는 너희 안에 있느니라"는 말씀을 하신 것입니다.

더 나아가 '엔토스'는 복수 명사와 함께 사용되면 '가운데' 혹은 '무리 중에'라는 의미가 됩니다. 따라서 "하나님 나라는 너희 안에 있느니라"는 말씀은 '너희 가운데(among) 있다' 혹은 '너희 무리 중에 있다'는 뜻이므로 곧 교회를 가리킵니다. 즉 교회 천국 역시 복음과 주의 사역으로 말미암아 이루어지는 하나님의 나라라는 의미입니다.

그런데 심령 천국이나 교회 천국은 완전한 하나님의 나라는 아닙니다. 왜냐하면 국가라면 국민, 영토, 주권의 3요소가 구비되어야 하는데, 심령 천국이나 교회 천국에는 하나님의 주권과 백성만 있을 뿐 영토는 없기 때문입니다. 그러므로 모세의 인도를 받아 출애굽하여 광야 길을 걸었던 이스라엘을 심령 천국이나 교회 천국의 모형으로 볼 수 있습니다. 즉 하나님의 주권적 통치와 그 다스림을 받는 백성만 있는 미완성 하나님 나라라는 의미입니다.

2. 종말론적 의미의 하나님 나라 –예수주의 나라, 지상 천년왕국

바벨론 왕 느부갓네살의 꿈에서 신상을 부서뜨린 손대지 아니한 돌은 마지막 때에 '하나님께서 세우시는 한 나라'라고 하였고(단 2:44), 또 그것은 첫째 인을 뗄 때 등장한 흰 말을 탄 자, 곧 '예수주의 하나님 나라'라고 하였습니다. 그리고 예수께서 감람산 강론 중 "이와 같이 너희가 이런 일이 나는 것을 보거든 하나님의 나라가 가까운 줄을 알라"(눅 21:31)고 하신 말씀 속의 '하나님 나라'나, "내가 이제부터 하나님 나라가 임할 때까지 포도나무에서 난 것을 다시 마시지 아니하리라"(눅 22:18)고 하신 말씀 중의 '하나님 나라'는 지상 천년왕국을 가리켰습니다.

그러므로 종말시대에 하나님께서 세우실 예수주의 나라와 주께서 재림하시어 건설하실 지상 천년왕국은 종말론적 의미의 하나님 나라입니다. 이 세상 종말을 전후해서 지상에 세워질 하나님의 나라이기 때문입니다.

종말론적 의미의 하나님 나라는 현재적 의미의 하나님 나라에 비하여 그 통치 형태가 다릅니다. 심령 천국이나 교회 천국은 신앙 양심에 의한 통치요 성령의 다스림인 영적 통치이지만, 예수주의 나라와 지상 천년왕국은 국가 권력에 의한 통치이기 때문입니다. 그래서 예수주의에 의한 통치를 "철장으로 그들을 깨뜨림이여 질그릇같이 부수리라"(시 2:9)고 묘사한 것이요, 지상 천년왕국에서 있을 주님의 통치에 대해서도 "철장으로 다스린다"(계 2:27, 19:15)는 표현을 한 것입니다.

따라서 종말론적 의미의 하나님 나라는 구조상으로 완전한 하나님 나라입니다. 국민, 영토, 주권의 3요소가 구비된 하나님 나라이기 때문입니다. 그러므로 예수께서 "나라가 임하시오며 뜻이 하늘에서 이루어진 것같이 땅에서도 이루어지이다"(마 6:10)라는 기도를 가르쳐 주신 것은, 지상에 이루어질 예수주의 나라와 지상 천년왕국을 위해 기도하라는 가르침이었다고 볼 수 있습니다.

이렇게 볼 때 현재적 의미의 하나님 나라, 곧 심령 천국과 교회 천국은 필연적으로 지상에 임할 종말론적 의미의 하나님 나라로 진행될 수밖에 없는 것이 아니겠습니까? 그렇기 때문에 주께서 다음과 같은 비유의 말씀을 하신 것으로 보입니다.

> "또 비유를 들어 이르시되 천국은 마치 사람이 자기 밭에 갖다 심은 겨자씨 한 알 같으니 이는 모든 씨보다 작은 것이로되 자란 후에는 풀보다 커서 나무가 되매 공중의 새들이 와서 그 가지에 깃들이느니라"(마 13:31-32).

"겨자씨 한 알"은 복음을 가리킵니다. 작지만 생명력이 있기 때문입니다. 그런데 그것이 자란 후에는 풀보다 커서 나무가 되매 "공중의 새들이 와서 그 가지에 깃들인다"는 것은 복음으로 세워진 교회가 점점 성장, 발전하여 마침내 지상에 임할 하나님 나라, 곧 예수주의 하나님 나라와 지상 천년왕국을 이룬다는 의미로 해석해야 합니다. 왜냐하면 앗수르가 세계를 제패했던 것을 성경은 공중의 모든 새가 큰 가지에 깃들이는 것으로 상징적인 표현을 하였고(겔 31:6), 바벨론의 느부갓네살 왕이 세계를 통치했던 것에 대해서도 세상 중앙에 선 큰 나무에 공중의 새들이 와서 깃들이는 것으로 묘사했으므로(단 4:10-12), 본문의 "공중의 새들이 와서 그 가지에 깃들이는 것"도 지상에 세워질 하나님 나라로 보아야 하기 때문입니다.

그러므로 종말시대의 성도들은 영원한 천국을 사모함과 동시에 지상에 세워질 예수주의 나라와 천년왕국에 대한 비전도 가져야 할 것입니다.

3. 미래적 의미의 하나님 나라 –영원한 천국

예수께서 "나더러 주여 주여 하는 자마다 다 천국에 들어갈 것이 아니요 다만 하늘에 계신 내 아버지의 뜻대로 행하는 자라야 들어가리라"(마 7:21)고 하신 말씀 속의 '천국'이나, "낙타가 바늘귀로 들어가는 것이 부자가 하나님의 나라에 들어가는 것보다 쉬우니라"(마 19:24)고 하신 말씀 속의 '하나님 나라', 그리고 "만일 네 눈이 너를 범죄하게 하거든 빼버리라 한 눈으로 하나님 나라에 들어가는 것이 두 눈을 가지고 지옥에 던져지는 것보다 나으니라"(막 9:47)는 말씀 속의 '하나님의 나라'는 모두 영원한 천국을 염두에 두신 말씀이었습니다. 따라서 이러한 하나님 나라는 미래적 의미의 하나님 나라로 모든 성도들의 영원한 본향인 새 예루살렘 천국을 가리킵니다.

그런데 이 영원한 천국은 구조상으로는 물론, 내적으로도 그리스도의 형상을 온전히 이룬 자만이 들어갈 수 있는 완전한 하나님 나라입니다. 즉 하나님을 사랑하는 의로운 형상과 예수님(성령)의 인도를 받는 거룩한 형상 및 이웃을 사랑하는 선한 형상을 이룬 자들만이 들어갈 수 있는 완전한 하나님 나라라는 뜻입니다.

이상의 고찰과 같이 '하나님 나라'라는 용어는 성경에서 세 가지 용도로 사용되었습니다. 그러면 하나님께서 종말시대에 세우실 하나님 나라에 대한 성경적 근거를 더 찾아보겠습니다.

Ⅱ. 하나님이 세우시는 한 나라의 성경적 근거

1. 이스라엘을 시기 나게 할 한 이방 민족

하나님은 모세를 통해 이스라엘의 앞날에 대하여 말씀하시던 중 이러한 말씀을 하셨습니다.

> "그들이 하나님이 아닌 것으로 내 질투를 일으키며 허무한 것으로 내 신노를 일으켰으니 나도 백성이 아닌 자로 그들에게 시기가 나게 하며 어리석은 민족으로 그들의 분노를 일으키리로다"(신 32:21).

'백성이 아닌 자'란 이스라엘 이외의 백성이라는 말인데, 단수 '로암'(אלעַם, not a people, KJV, NIV)으로 되어 있으므로 이스라엘 이외의 한 백성이라는 뜻입니다. 또한 '어리석은 민족' 역시 '고이 나발'(גּוֹי נָבָל, a foolish nation, KJV)이므로 한 어리석은 민족이라는 의미입니다. 그러므로 이 말씀은 이스라엘이 우상 숭배로써 하나님의 질투와 진노를 일으켰기 때문에, 하나님도 한 어리석은 이방 민족을 세워 이스라엘의 질투와 분노를 일으키시겠다는 말씀입니다.

그런데 바울 사도는 이 부분을 복음으로써 이스라엘을 시기 나게 한다는 뜻으로 해석하였습니다(롬 10:19). 하지만 한 나라를 일으켜 이스라엘을 시기 나게 하신다는 말씀으로 풀이해야 합니다. 왜냐하면 복음은 한 민족만이 아닌 세계 모든 민족에게 전파되었는데, 본문 속의 "백성이 되지 않은 자"나 "어리석은 민족"은 단수로 되어 있어서 한 백성이나 한 민족을 가리키기 때문입니다. 그리고 이것은 이사야의 예언을 통해서도 뒷받침됩니다.

> "나는 나를 구하지 아니하던 자에게 물음을 받았으며 나를 찾지 아니하던 자에게 찾아냄이 되었으며 내 이름을 부르지 아니하던 나라에 내가 여기 있노라 내가 여기 있노라 하였노라"(사 65:1).

여기의 "내 이름을 부르지 아니하던 나라"도 "내 이름을 부르지 아니하던 한 나라"(a nation, KJV, RSV, NIV)입니다. 그러므로 과거에는 하나님을 모르던 한 나라가 하나님을 구하고 하나님을 찾기 때문에 하나님께서 그 한 나라에 "내가 여기 있노라 내가 여기 있노라"고 하면서 은혜를 베푸신다는 뜻입니다. 따라서 바로 이 예언이 한 이방 나라를 세워 이스라엘의 시기와 분노를 유발시키겠다고 하신 모세의 예언과 짝이 되는 말씀으로 보아야 합니다. 왜냐하면 하나님께서 한 이방 나라에 "내가 여기 있노라 내가 여기 있노라"고 하시면서 국가적 차원의 은혜를 베푸신다면 이스라엘은 크게 시기를 느끼지 않을 수 없을 것이기 때문입니다.

2. 포도원 비유 속의 열매를 생산할 한 나라

예수님은 포도원을 농부들에게 세로 주고 타국에 간 어떤 포도원 주인의 이야기를 해주셨습니다(마 21:33-39). 즉 타국에 간 포도원 주인은 열매를 거둘 때가 되어 소출을 얻으려고 종들을 보냈는데, 그 농부들은 열매를 보내기는커녕 종들을 때리고 돌로 치며 심지어 죽이기까지 했다는 것입니다. 그래서 다른 종들을 보냈는데 그들마저 또 그렇게 박해하므로, 마지막으로 아들은 존대할 줄 알고 보냈더니, 그 아들마저 포도원 밖으로 내쫓아 죽였다는 이야기였습니다. 그때 주님은 "그러면 포도원 주인이 올 때에 그 농부들을 어떻게 하겠느냐"(40절)라는 질문을 하셨는데, 그들은 "그 악한 자들을 진멸하고 포도원은 제때에 열매를 바칠 만한 다른 농부들에게 세로 줄지니이다"(41절)라고 대답하였습니다. 하지만 예수님은 그 말에 대한 답변은 유보하신 채 이러한 말씀을 하셨습니다.

> "너희가 성경에 건축자들이 버린 돌이 모퉁이의 머릿돌이 되었나니 이것은 주로 말미암아 된 것이요 우리 눈에 기이하도다 함을 읽어 본 일이 없느냐 그러므로 내가 너희에게 이르노니 하나님의 나라를 너희는 빼앗기고 그 나라의 열매 맺는 백성이 받으리라"(마 21:42, 43).

본문의 '백성'은 원형이 '에뜨노스'(ἔθνος)로서 이스라엘 이외의 이방 백성을 뜻하는 단어입니다. 그런데 단수 '에뜨네이'(ἔθνει)로 되어 있으므로 "한 이방 민족"(a nation, KJV, RSV), 혹은 "한 이방 백성"(a people, NIV)이라는 뜻입니다. 그러므로 "하나님의 나라를 너희는 빼앗기고 그 나라의 열매 맺는 백성이 받으리라"는 것은 '하나님의 나라를 이스라엘은 빼앗기고 열매를 생산해 낼 한 이방 민족이 받을 것이다'라는 의미입니다.

이처럼 하나님께서 이스라엘로부터 하나님 나라의 영광을 빼앗아서 열매를 생산해 낼 다른 한 이방 민족에게 주신다면, 바로 그 나라가 하나님께서 마지막 때에 세우신다는 한 나라가 아니겠습니까? 그러면 하나님께서 종말시대에 한 나라를 세우시는 목적은 무엇이고, 또 그 나라는 어디에 세워지게 될까요?

Ⅲ. 한 나라를 세우시는 목적 및 세워지는 곳

1. 하나님께서 한 나라를 세우시는 목적

(1) 하나님 나라의 모델로 삼기 위함입니다.

온 세계가 7년 계약의 세계 통합 국가를 이루게 되면, 사람들은 통합 사회주의가 세상에 평화를 가져다줄 정치 사상인 양 착각하고 큰 기대를 하게 될 것입니다. 하지만 통합 사회주의가 아니요 예수주의가 세상에 평화를 가져다줄 참된 정치 사상임을 세상에 알리시려고 예수주의 하나님 나라를 세우십니다. 즉 하나님 나라의 역할 모델(role model)로 삼으신다는 뜻입니다.

그러므로 하나님께서 마지막 때에 세우실 예수주의 하나님 나라는 짐승 통치를 받지 않음은 물론, 그 어떤 재난도 없이 참된 평화와 행복을 누리는 지상 낙원이 될 것입니다.

(2) 이스라엘을 구원하고, 정치적 메시아의 길을 닦기 위해 세우십니다.

복음 전파가 가장 어려운 곳은 유감스럽게도 복음의 진원지인 이스라엘입니다. 그 이유는 이스라엘의 메시아관은 정치적이어서, 영혼을 구원하기 위해 오셨던 초림 예수님을 메시아로 인정하지 않은 채, 여전히 국가 차원에서 이스라엘을 구원할 정치적 메시아를 기다리고 있기 때문입니다. 유대인들이 장차 등장할 세계 통합 국가의 왕을 그들이 고대하던 메시아로 오인하는 실수를 범하는 까닭도 바로 여기 있다고 볼 수 있습니다.

그러므로 이스라엘에 복음을 전하는 길은 개인이나 교회 차원에서는 거의 효과가 없고, 어떤 나라가 예수님을 통해 이스라엘이 시기를 느낄 정도로 큰 구원과 복을 받은 후에 예수를 전파해야, 비로소 선교의 효과를 볼 수 있는 것이 아니겠습니까? 바로 이런 이유로 마지막 때에 하나님께서 예수주의 나라를 세우시고, 그 나라에 "내가 여기 있노라 내가 여기 있노라"는 은혜를 베푸시어 이스라엘로 시기를 느끼게 하면서, 예수께서 정치적 메시아로 오신다는 영원한 복음을 전파하시는 것이라고 생각합니다.

그러므로 하나님께서 세우실 한 나라는 재림하시는 주의 길을 닦는 역할을 하게 될 것입니다. 마치 2천 년 전 세례 요한이 초림의 주의 길을 닦았던 것처럼 말입니다. 환언하면 세례 요한은 개인 영혼을 구원하는 메시아의 길을 닦았고, 예수주의 나라는 지상에 평화를 가져올 왕이신 메시아의 길을 닦는다는 의미입니다.

(3) 예비처의 역할 및 세계 심판에 동참시키시려고 세우십니다.

하나님께서 세우시는 한 나라는, 후 3년 반의 짐승 통치로부터 "해를 옷 입은 여자"와 "유대에 있는 자들"을 도피시키는 예비처의 역할을 한다고 하였습니다. 따라서 그들을 보호하고 양육하기 위해 예수주의 한 나라를 세우십니다. 또한 예수께서 재림하시면서 세상을 심판하실 때, 그 심판에 동참시키시려고 한 나라를 세우십니다. 느부갓네살 왕의 꿈에서 "손대지 아니한 돌"이 철과 진흙으로 된 신상의 발을 쳐서 부셔버린다는 것은, 그 돌의 나라가 세상 나라를 심판한다는 의미이기 때문입니다.

그러면 예수주의 하나님 나라는 어디에 세워지게 될까요?

2. 예수주의 하나님의 나라가 세워지는 곳

(1) 지리적으로는 동북방, 땅 모퉁이, 해 뜨는 곳에 세워집니다.

① 동방

다음의 말씀에 의하면 예수주의 하나님 나라는 동방에 세워지게 될 것입니다.

> "누가 동방에서 사람을 일깨워서 공의로 그를 불러 자기 발 앞에 이르게 하였느냐 열국을 그의 앞에 넘겨주며 그가 왕들을 다스리게 하되 그들이 그의 칼에 티끌 같게, 그의 활에 불리는 초개 같게 하매 그가 그들을 좇아가서 그의 발로 가보지 못한 길을 안전히 지났나니 이 일을 누가 행하였느냐 누가 이루었느냐 누가 처음부터 만대를 불러내었느냐 나 여호와라 처음에도 나요 나중 있을 자에게도 내가 곧 그니라"(사 41:2-4).

"누가 동방에서 사람을 일깨워서 공의로 그를 불러"는 "누가 동방에서 그 의로운 사람을 일으켰느냐"(Who raised up the righteous man from the east, KJV)는 뜻입니다. 그런데 "열국을 그의 앞에 넘겨주며 그가 왕들을 다스리게 하되 그의 칼에 티끌 같게, 그의 활에 초개 같게 하매"라고 하였으므로, 그 동방에서 일으킨 의인으로 하여금 세계를 쳐서 굴복시킨다는 의미입니다. 그런데 "이 일을 누가 행하였느냐 누가 이루었느냐 누가 처음부터 만대를 불러내었느냐 나 여호와라 처음에도 나요 나중 있을 자에게도 내가 곧 그니라"고 말씀하셨으므로, 하나님께서 동방의 의인을 세워 세계를 치실 일은 만세전에 계획하셨다가 종말시대에 이루신다는 의미입니다.

그러므로 본문의 '동방의 의인'은 하나님께서 종말에 세우신다는 예수주의 나라로 보아야 합니다. 왜냐하면 하나님께서 마지막 때에 세우실 “손대지 아니한 돌의 나라”로 하여금 세상을 심판하실 것을 분명히 말씀하셨기 때문입니다(단 2:44, 45).

한편, 이 ‘동방의 의인’을 대부분의 성경학자들은 바사 왕 고레스로 해석합니다. 페르시아 제국은 이스라엘로부터 동쪽에 위치해 있고, 또 그 왕이 많은 나라들을 정복했을 뿐 아니라 유대인들을 해방시켜 본국으로 귀환시켰다는 이유에서입니다. 그러나 고레스에 관한 다음의 예언을 보면 그를 결코 ‘동방의 의인’으로 볼 수 없습니다.

> “여호와께서 그의 기름 부음을 받은 고레스에게 이같이 말씀하시되 내가 그의 오른손을 붙들고 그 앞에 열국을 항복하게 하며 내가 왕들의 허리를 풀어 그 앞에 문들을 열고 성문들이 닫히지 못하게 하리라…… 내가 나의 종 야곱, 내가 택한 자 이스라엘 곧 너를 위하여 네 이름을 불러 너는 나를 알지 못하였을지라도 네게 칭호를 주었노라 나는 여호와라 나 외에 다른 이가 없나니 나밖에 신이 없느니라 너는 나를 알지 못하였을지라도 나는 네 띠를 동일 것이요 해 뜨는 곳에서든지 지는 곳에서든지 나밖에 다른 이가 없는 줄을 알게 하리라 나는 여호와라 다른 이가 없느니라”(사 45:1-6).

보십시오! 고레스는 하나님을 전혀 알지 못하는 자였지만, 하나님께서 그를 이스라엘을 해방시키는 도구로 사용하기 위해 그에게 하나님을 알게 하셨고 또 칭호도 주셨다는 의미가 아닙니까? 그러니 어찌 고레스를 동방의 의인으로 볼 수 있겠습니까? ‘의인’이란 하나님을 알고 섬기며 하나님의 뜻을 준행하는 자를 가리키는데, 그는 하나님을 전혀 몰랐던 자이니 말입니다. 더욱이 ‘동방의 의인’은 창세 초에 계획하셨다가 종말시대에 하나님께서 사용하실 인물임을 시사하셨는데, 고레스는 BC 6세기의 인물이라는 점에서도 그를 동방의 의인으로 볼 수 없습니다. 그러므로 하나님께서 세우실 한 나라는 동방에 세워지게 됩니다.

② 땅 끝, 땅 모퉁이

"그러나 나의 종 너 이스라엘아 내가 택한 야곱아 나의 벗 아브라함의 자손아 내가 땅 끝에서부터 너를 붙들며 땅 모퉁이에서부터 너를 부르고 네게 이르기를 너는 나의 종이라 내가 너를 택하고 싫어버리지 아니하였다 하였노라 두려워하지 말라 내가 너와 함께함이니라 놀라지 말라 나는 네 하나님이 됨이니라 내가 너를 굳세게 하리라 참으로 너를 도와주리라 참으로 나의 의로운 오른손으로 너를 붙들리라……이는 나 여호와 너의 하나님이 네 오른손을 붙들고 네게 이르기를 두려워하지 말라 내가 너를 도우리라 할 것임이니라 버러지 같은 너 야곱아, 너희 이스라엘 사람들아 두려워하지 말라 나 여호와가 말하노니 내가 너를 도울 것이라 네 구속자는 이스라엘의 거룩한 이이니라 보라 내가 너를 이가 날카로운 새 타작기로 삼으리니 네가 산들을 쳐서 부스러기를 만들 것이며 작은 산들을 겨같이 만들것이라 네가 그들을 까부른즉 바람이 그들을 날리겠고 회오리바람이 그들을 흩어버릴 것이로되 너는 여호와로 말미암아 즐거워하겠고 이스라엘의 거룩한 이로 말미암아 자랑하리라"(사 41:8-16).

본문 속의 '이스라엘, 야곱, 아브라함의 자손'을 유대인으로 볼 수 없습니다. 왜냐하면 그들을 '땅 끝, 땅 모퉁이'에서 불렀다고 했는데, 유대인의 조상인 아브라함의 경우 갈대아 우르에서 불러내셨으므로 '땅 끝, 땅 모퉁이'가 아니요, 유대 민족의 경우 애굽에서 불러내셨으므로 또한 '땅 끝, 땅 모퉁이'가 아니기 때문입니다. 게다가 성경은 이스라엘을 "세상 중앙에 거주하는 백성"이라고 칭한다는 데서도(겔 38:12) 팔레스타인의 이스라엘은 땅 끝, 땅 모퉁이에 거주하는 백성이 아닙니다.

더욱이 "내가 너를 택하고 싫어버리지 아니하였다"라는 부분은 이를 더욱 확실하게 해줍니다. 왜냐하면 이스라엘은 출애굽하여 광야 생활을 할 때부터 하나님의 싫어버림을 당하기 시작하여(민 14:34) 사사시대와 왕정시대에도 싫어버림을 당한 적이 많았고, 결국 북조 이스라엘은 앗수르에, 남조 유다는 바벨론에 멸망함으로써 하나님의 싫어버림을 당했기 때문입니다. 그러면 본문 속의 '이스라엘, 야곱, 아브라함의 자손'은 누구를 가리킨 것일까요?

일단 이들은 하나님의 은총을 크게 받을 자들입니다. 그들에게 "두려워하지 말라 내가 너와 함께함이니라 놀라지 말라 나는 네 하나님이 됨이니라 내가 너를 굳세게 하리라 참으로 너를 도와주리라 참으로 나의 의로운 오른손으로 너를 붙들리라"(10절)고 하였기 때문입니다. 더 나아가 세계를 칠 강국입니다. "내가 너를 이가 날카로운 새 타작기로 삼으리니 네가 산들을 쳐서 부스러기를 만들 것이며 작은 산들을 겨같이 만들 것이라 네가 그들을 까부른즉 바람이 그들을 날리겠고 회오리바람이 그들을 흩어버릴 것이로되"(15-16절)라고 했는데, 여기서 '산들'은 나라들을, '작은 산들'은 작은 나라들을 가리킵니다(참조. 렘 52:25; 옵 1:21).

이상의 고찰로 볼 때, 본문 속의 '이스라엘, 야곱, 아브라함의 자손'은 종말시대에 세우실 예수주의 하나님 나라로밖에 볼 수 없습니다. 왜냐하면 그 나라는 하나님의 은혜를 크게 입을 나라요 또 세계를 칠 강국이기 때문입니다. 그러므로 하나님께서 세우실 한 나라는 지리적으로 볼 때 '땅 끝, 땅 모퉁이'에 세워지게 됩니다.

③ 북방, 해 돋는 곳

"내가 한 사람을 일으켜 북방에서 오게 하며 내 이름을 부르는 자를 해 돋는 곳에서 오게 하였나니 그가 이르러 고관들을 석회같이, 토기장이의 진흙을 밟음같이 하리니 누가 처음부터 이 일을 알게 하여 우리가 알았느냐 누가 이전부터 알게 하여 우리가 옳다고 말하게 하였느냐 알게 한 자도 없고 들려주는 자도 없고 너희 말을 듣는 자도 없도다 내가 비로소 시온에게 너희는 이제 그들을 보라 하였노라 내가 기쁜 소식

전할 자를 예루살렘에 주리라"(사 41:25-27).

하나님께서 한 사람을 일으켜 북방에서 오게 하고, 하나님의 이름을 부르는 자를 해 돋는 곳에서 오게 하여 고관들을 석회같이 진흙을 밟음같이 한다고 하였는데, 여기서 '고관'은 히브리어 '세가나임'(סְגָנִים)으로 앗수르나 바벨론 같은 거대한 국가에 소속된 각 지역 나라들의 '통치자들'(rulers, RSV, NIV / princes, KJV)을 가리킵니다. 그러므로 북방, 해 돋는 곳에서 오게 한다는 '한 사람'도 하나님께서 마지막 때에 세우실 '한 나라'로 보아야 합니다. 왜냐하면 "내가 기쁜 소식 전할 자를 예루살렘에 주리라"고 한 것을 보면, 이 예언은 마지막 때에 성취될 말씀이 분명한데, 그가 고관들을 진흙을 밟음같이 한다는 것은 곧 '손대지 아니한 돌의 나라'가 세계를 칠 것에 대한 예언으로 보아야 하기 때문입니다.

더욱이 "내가 비로소 시온에게 너희는 이제 그들을 보라 하였노라"고 한 부분은 하나님께서 북방, 해 돋는 곳으로부터 오게 할 사람을 더욱 예수주의 나라로 보게 합니다. 왜냐하면 "너희는 이제 그들을 보라"는 말씀은, 이스라엘로 하여금 하나님께서 세우실 한 나라가 하나님의 복을 얼마나 받았는지를 똑똑히 보라는 말씀으로, 이는 이스라엘의 시기와 분노를 유발시키기 위한 말씀으로 보지 않을 수 없기 때문입니다.

이렇게 볼 때 "내가 기쁜 소식 전할 자를 예루살렘에 주리라"고 한 것은, 후 3년 반 동안 유대인들에게 영원한 복음을 전파할 두 증인을 가리킨 것으로 보아야 합니다. 그러므로 예수주의 하나님 나라는 북방, 해 돋는 곳에 세워지게 될 것입니다.

(2) 역사적으로는 곤고하고 가난한 한 민족 위에 세워집니다.

예수께서 강림하시어 세상을 심판하실 때, 여호와의 이름을 의지하기 때문에 심판에서 제외시켜 남겨두실 나라가 있을 것에 대하여, 하나님은 스바냐 선지자를 통해 이렇게 말씀하셨습니다.

> "내가 곤고하고 가난한 백성을 네 가운데에 남겨 두리니 그들이 여호와의 이름을 의탁하여 보호를 받을지라"(습 3:12).

이 세상이 심판받을 때 하나님의 이름을 의탁하기 때문에 하나님께서 유일하게 보호하시는 백성이라면, 세상을 심판하는 데 동참할 "손대지 아니한 돌의 나라"로 볼 수밖에 없지 않겠습니까? 그런데 '곤고하고'에 해당하는 히브리어 '아니'(עָנִי)는 '괴로움을 당하다'는 의미의 '아나'(עָנָה)에서 유래하였고, '백성'은 단수 '암'(עַם)으로 되어 있습니다. 그래서 흠정역(KJV)은 이 부분을 "괴롭힘을 당하고, 가난한 한 백성"(an afflicted and poor people)이라고 번역합니다. 그러므로 하나님께서 마지막 때에 세우실 예수주의 나라는 역사적으로 괴롭힘을 많이 당했고, 또 가난했던 한 민족 위에 세워지게 될 것입니다.

(3) 민족성으로는 지혜가 부족한 민족 위에 세워집니다.

하나님께서 모세를 통해 이스라엘을 시기 나게 할 한 이방 민족을 일으키겠다고 하셨을 때, "어리석은 민족으로 그들의 분을 일으키리로다"라고 말씀하셨습니다. 그런데 '어리석은'에 해당하는 히브리어 '나발'(נָבָל)은 지혜가 부족하다는 뜻입니다. 즉 머리가 나쁘다는 의미가 아니라 슬기가 부족하다는 뜻입니다. 그러므로 민족성으로 볼 때는 지혜가 부족한 백성, 좀 미련하고 어리석은 한 민족 위에 하나님의 나라를 세우신다는 의미입니다.

그러면 하나님께서 역사적으로는 곤고하고 가난하며, 또 민족적으로는 어리석은 백성 위에 당신의 나라를 세우시는 까닭은 무엇일까요? 바울 사도가 "그러나 하나님께서 세상의 미련한 것들을 택하사 지혜 있는 자들을 부끄럽게 하려 하시고 세상의 약한 것들을 택하사 강한 것들을 부끄럽게 하려 하시며 하나님께서 세상의 천한 것들과 멸시받는 것들과 없는 것들을 택하사 있는 것들을 폐하려 하시나니"(고전 1:27-29)라고 말한 것처럼, 약하고 미련한 백성을 사용하시어 강하고 지혜롭다고 여기는 교만한 나라들을 부끄럽게 하려 하심이라고 볼 수 있습니다.

(4) 신앙적으로는 예수를 잘 믿는 민족 위에 세워집니다.

예수께서 포도원 농부의 비유를 말씀하셨을 때, "그러므로 내가 너희에게 이르노니 하나님의 나라를 너희는 빼앗기고 그 나라의 열매 맺는 백성이 받으리라"(마 21:43)고 말씀하셨습니다. 즉 이스라엘은 하나님 나라로서의 지위를 상실하고 열매 맺는 백성이 하나님의 나라를 받게 된다는 의미입니다.

그런데 여기서 "열매 맺는 백성"이란 예수를 잘 믿는 신앙의 열매를 맺는 백성을 가리킵니다. 왜냐하면 이 말씀은 "너희가 성경에 건축자들이 버린 돌이 모퉁이의 머릿돌이 되었나니 이것은 주로 말미암아 된 것이요 우리 눈에 기이하도다 함을 읽어 본 일이 없느냐"(마 21:42)라고 하시면서 주신 말씀이기 때문입니다. 환언하면 "건축자들이 버린 돌"이란 이스라엘의 종교 지도자들이 버린 예수님을 지칭하기 때문에, 본문 속의 "열매 맺는 백성"이란 기독교 신앙의 열매를 맺은 백성을 지칭한다는 뜻입니다.

이상으로 하나님께서 세우실 한 나라의 지리적, 역사적, 민족적, 신앙적 조건들에 대하여 고찰해 보았습니다. 그러면 이러한 여러 조건들을 충족시킬 나라는 과연 어느 나라일까요?

한국의 소망

세계의 동북방, 해 돋는 곳에 위치한 나라에는 한국과 일본과 중국이 있습니다. 하지만 '땅 끝, 땅 모퉁이'에 해당되는 국가는 한국밖에 없습니다. 중국은 대국(大國)이므로 '땅 모퉁이'로 볼 수 없고, 일본은 섬나라이므로 '땅 끝'이 아니기 때문입니다.

아울러 한(韓)민족은 역사적으로 수많은 괴롭힘을 당했던 '곤고하고 가난한' 백성입니다. 삼국시대 이래 중국 대륙인 수, 당, 원, 명, 청 등에 의해 수없는 짓밟힘과 괴롭힘을 당해 왔을 뿐 아니라, 근세에는 일본 제국주의에 의해 36년 동안이나 형용할 수 없는 질곡의 세월을 보냈기 때문입니다. 또한 북한 주민은 지금도 여전히 공산주의 치하에서 자유를 유린당한 채 극심한 억압과 가난의 고통을 겪고 있기도 합니다.

게다가 한민족은 결코 지혜로운 민족이 아닙니다. 두뇌는 세계에서 가장 우수하다고 볼 수 있지만 국가를 경영하고 삶을 영위하는 슬기는 아주 없어 보이기 때문입니다. 이것은 이조(李朝) 말엽 열강의 틈바구니에서 조정이 친일파, 친청파, 친로파로 갈려 싸움질만 하다가 나라를 일본에 빼앗겼다는 데서, 그리고 이데올로기의 희생양이 되어 남북으로 분단된 것도 가슴 아픈데, 6·25 동족상잔을 비롯하여 지금도 휴전선을 맞대고 여전히 총부리를 겨누고 있는 세계 유일의 분단국이라는 데서 여실히 입증됩니다.

뿐만 아니라 북한은 근대 민주주의 국가에서 유래를 찾아볼 수 없는 3대 세습 국가요, 백성은 굶주리는데도 핵 실험을 강행하고 로켓을 시험 발사한다는 점에서 참으로 몽매한 민족이 아닐 수 없습니다.

그러면 남한은 어떻습니까? 도박 공화국이라는 오명을 비롯하여 자동차 사고율, 음주율, 흡연율, 이혼율, 성형 수술율, 자살률, 성범죄율, 낙태율, 저출산율, 양주 소비율, 명품 구매율, 심지어 항생제 남용

률까지 항상 최상위에 랭크되는 나라가 아닙니까? 더욱이 투표 때만 되면 동서로 표심이 갈라지는 국가이며, 여당과 야당은 한 치의 양보도 없이 '너 죽고 나 죽자'는 식의 치열한 싸움을 벌이는 나라라는 데서 한 민족은 정녕 슬기롭지 못한 민족임이 분명하다 하겠습니다.

하지만 참으로 탁월한 부분이 있습니다. 그것은 예수를 아주 잘 믿는 신앙의 민족이라는 것입니다. 남북이 분단되기 전에는 평양이 동방의 예루살렘으로 불릴 정도로 신앙의 열기가 뜨거웠었고, 현재 남한은 기독교 역사상 그 유래를 찾아볼 수 없는 대부흥을 이루었다고 전 세계 교회가 인정하고 있습니다. 뿐만 아니라 순교의 피를 가장 많이 흘린 나라요, 세계에서 유일하게 새벽 기도를 하는 국가, 또한 인구 비례로 볼 때 세계 선교를 가장 많이 하는 나라라는 점에서 예수를 잘 믿는 신앙의 민족임에는 틀림없습니다.

제2차 세계대전 이후 독립한 140개국 중에서 한국이 가장 괄목할 만한 성장과 발전을 이룩하여 경제협력개발기구(OECD) 개발원조위원회(DAC)의 회원국이 된 것이나 세계에서 일곱 번째로 '20-50'클럽(소득 2만 달러, 인구 5천만)에 들게 된 것은, 이러한 기독교 신앙으로 말미암아 하나님의 복을 받았기 때문이 분명합니다.

더 나아가 한민족은 평화를 사랑하는 민족입니다. 단군의 건국이념이 홍익인간(弘益人間)이었다는 것이나 고래(古來)로부터 흰옷을 좋아하는 백의민족이라는 것이 평화를 사랑하는 선한 민족이라는 증거이며, 5천 년 역사 가운데 외침(外侵)은 900여 번이나 받았으면서도 한 번도 다른 나라를 침공해 본 적이 없었던 역사가 이를 잘 증명해 줍니다. 그러므로 하나님께서 마지막 때에 동북방, 해 뜨는 곳, 땅 끝, 땅 모퉁이에 예수주의 하나님 나라를 세우신다면 한국에 세우신다고 보아야 하지 않겠습니까?

이렇게 볼 때, 제2차 세계대전의 종식과 더불어 어이없이 찾아왔던 남북 분단의 비극, 곧 전범국(戰犯國)이었던 일본 대신 오히려 피해자인 한국이 남북으로 나누어진 데는 하나님의 큰 섭리가 있다고 보지 않을 수 없습니다. 즉 한(韓)민족은 남(南)의 자본주의도 아니고 북의 사회주의도 아닌 예수주의로 통일하여 하나님 나라를 이루라는 역사적 사명을 받은 나라이기 때문에, 이처럼 남북 분단의 십자가를 지게 되었다는 뜻입니다.

따라서 하나님의 큰 은혜를 입고 성도를 완전하게 할 진리 위에 서서 영적 이스라엘 열두 지파로 형성될 "해를 옷 입은 여자", 곧 빌라델비아 교회는 한국으로부터 세워지게 될 것입니다. 왜냐하면 그 '해를 입은 여자'가 하나님 나라의 정치 이념인 예수주의를 낳는다고 했기 때문입니다.

그러므로 영혼을 구원하는 복음은 이스라엘로부터 시작되었지만 육체까지 구원하는 영원한 복음은 한국으로부터 시작될 것이며, 성령의 인도를 받게 하는 오순절 성령의 은혜는 아시아 서쪽 끝으로부터 시작되었지만, 성결한 이웃 사랑의 열매를 맺게 하는 초막절 은혜는 아시아 동쪽 끝으로부터 시작될 것입니다. 아울러 헬라 철학의 텃밭으로부터 싹을 틔우기 시작하여 서구에서 꽃을 피운 기독교 신학은 이제 한국에서 그 열매를 맺게 될 것입니다. 즉 기독교를 완전하게 할 신학은 한국에서 출현하게 될 것이라는 의미입니다.

바로 이런 이유에서 이사야 선지자는 "그러므로 너희가 동방에서 여호와를 영화롭게 하며"(사 24:15)라고 하였고, 또 "땅 끝에서 노래하는 소리가 우리에게 들리기를 의로우신 자에게 영광을 돌리세 하도다"(사 24:16)라는 예언을 한 것이라고 봅니다.

이렇게 볼 때 "그 여자가 큰 독수리의 두 날개를 받아 광야 자기 곳으로 날아가 거기서 그 뱀의 낯을 피하여 한 때와 두 때와 반 때를 양육받으매"(계 12:14)라고 한 예언 중 "광야 자기 곳으로 날아가"라는 표현은, '광야'가 해를 옷 입은 여자를 배출할 예비처의 나라이기 때문에 나온 묘사로 보아야 할 것입니다.

Ⅳ. 예수주의 사상과 하나님 나라의 전망

1. 예수주의란 어떤 정치 사상인가?

(1) 예수께서 나라의 구원자가 되신다는 사상입니다.

예수주의는 예수께서 개인의 구원자가 되시듯 국가의 구원자도 되신다는 정치 이념입니다. 즉 예수주의는 개인 영혼을 구원하는 도리를 국가에 적용한 기독교 원리주의입니다. 그러므로 예수주의 국가는 가장 안전한 국가가 될 수밖에 없습니다. 왜냐하면 예수께서 국가의 산성과 보루(堡壘)가 되실 것이기 때문입니다. 따라서 "나 여호와는 포도원지기가 됨이여 때때로 물을 주며 밤낮으로 간수하여 아무든지 이를 해치지 못하게 하리로다"(사 27:3)라는 말씀이 예수주의 국가에 응하게 될 것입니다. 즉 하나님께서 예수주의 국가의 불담이 되시어 그 나라를 눈동자같이 지키신다는 의미입니다(참조. 신 32:10; 슥 2:8).

그런데 '종교가 정치에 간여할 수 있는가?' '교회와 국가는 상호 간섭하지 말아야 하는 것이 아닌가?'라는 정교 분리(政敎分離)의 생각을 가질 수 있습니다. 그러므로 차제에 종교와 정치, 교회와 국가의 관계에 대한 성경적 관점을 밝혀보겠습니다.

종교와 정치, 교회와 국가의 관계에 대한 성경적 고찰

구약시대의 이스라엘은 두 단계를 거쳐 가나안 땅에 하나님의 나라를 세웠습니다. 하나는 모세의 인도를 받아 출애굽하여 광야 40

년 길을 걸은 것이고, 다른 하나는 여호수아의 인도를 받아 가나안 정복 전쟁을 거쳐 그곳에 하나님 나라를 세운 것입니다. 그런데 출애굽 당시 20세 이상이었던 사람들 중 가나안에 들어간 사람은 여호수아와 갈렙 단 두 사람뿐, 전부가 제2세들이었다는 점에서 이스라엘의 구속사를 두 단계로 나누는 것은 매우 의미 있는 구분이라고 보지 않을 수 없습니다. 즉 이스라엘이 출애굽하여 광야 길을 걸었던 것은 복음으로써 사람을 구원하여 교회를 통해 양육하는 것의 모형이고, 요단강을 건너 가나안 족속을 몰아내고 그곳에 신정 통치국(神政統治國)을 세웠던 것은 영원한 복음과 초막절 은혜로 성도들을 완전하게 하여 하나님 나라를 세우는 것의 예표라는 의미입니다.

그러므로 신약시대, 곧 복음이 전파되는 동안에는 정교 분리의 사상을 가지는 것이 옳다고 보아야 합니다. 왜냐하면 모세의 인도를 받았던 제1세들의 최우선 가치가 출애굽에 있었던 것처럼, 신약시대의 핵심 가치도 영혼을 구원하는 데 있기 때문입니다. 그렇기 때문에 예수님은 로마 정권의 불의함을 다 아시면서도 결코 그 정권에 대항하지 아니하시고 "가이사의 것은 가이사에게, 하나님의 것은 하나님께 바치라"(마 22:21)고 말씀하신 것이요, 사도 바울은 "각 사람은 위에 있는 권세들에게 복종하라 권세는 하나님으로부터 나지 않음이 없나니 모든 권세는 다 하나님께서 정하신 바라 그러므로 권세를 거스르는 자는 하나님의 명을 거스름이니 심판을 자취하리라"(롬 13:1, 2)고 권면한 것입니다.

그러나 예수주의 하나님 나라와 지상 천년왕국을 목전에 두고 있는 종말시대의 교회는 정교 일치(政教一致)의 사상을 가져야 합니다. 왜냐하면 여호수아의 인도를 받아 요단강을 건넜던 제2세들의 최대 과제는 가나안 족속들을 몰아내고 그 땅에 신정 통치국(神政統治國)을 세우는 것이었듯이, 종말시대의 교회도 성도로 하여금 그리스도의 형상을 이루게 하여 예수주의 나라와 지상 천년왕국을 세우는 것이 최대의 과제이기 때문입니다.

더욱이 지상에 이루어질 하나님의 나라는 영혼을 다스리는 종교와 육을 다스리는 정치가 하나가 되어야 한다는 점에서도 그렇습니다. 환언하면 신약시대에는 영혼은 교회(종교)의 영향 아래 있고 육신은 세상 정치의 영향 아래 있는 이중 구조이지만, 예수주의 나라와 지상 천년왕국에서는 육신의 삶도 영혼을 다스리는 원리에 의해 다스려져야 한다는 면에서 종교와 정치는 하나가 되어야 한다는 의미입니다. 그리고 이러한 정교 일치는 사실 성숙한 성도의 입장에서는 너무나 절실한 것이기도 합니다. 왜냐하면 영혼은 하나님께 속해 있고 육신은 하나님의 뜻을 모르는 세상 정치에 속헤 있는 이중 구조의 현실이 너무나 괴롭기 때문입니다.

(2) 국가의 주인이 예수님이고 모든 권력이 예수님으로부터 나온다는 사상입니다.

민주주의는 나라의 주인이 국민이고 모든 권력이 국민으로부터 나온다는 사상이지만, 예수주의는 나라의 주인이 예수님과 하나님이고 모든 권력도 하나님과 예수님으로부터 나온다는 정치 사상입니다.

하나님은 천지 만물을 창조하신 우주의 주인이시므로 모든 국가의 주인도 하나님이십니다. 그래서 구약의 시인은 "나라는 여호와의 것이요 여호와는 모든 나라의 주재심이로다"(시 22:28)라고 노래한 것이요, 하나님은 "나는 내 큰 능력과 나의 쳐든 팔로 땅과 지상에 있는 사람과 짐승들을 만들고 내가 보기에 옳은 사람에게 그것을 주었노라 이제 내가 이 모든 땅을 내 종 바벨론의 왕 느부갓네살의 손에 주고 또 들짐승들을 그에게 주어서 섬기게 하였나니"(렘 27:5, 6)라고 말씀하신 것입니다. 그런데 바벨론 왕은 그 하나님의 말씀에 다음과 같이 화답하였습니다.

> "내가 지극히 높으신 이에게 감사하며 영생하시는 이를 찬양하고 경배하였나니 그 권세는 영원한 권세요 그 나라는 대대에 이르리로다 땅의 모든 사람을 없는 것같이 여기시며 하늘의 군대에게든지 땅의 사람에게든지 그는 자기 뜻대로 행하시나니 그의 손을 금하든지 혹시 이르기를 네가 무엇을 하느냐고 할 자가 아무도 없도다"(단 4:34, 35).

느부갓네살 왕이 이처럼 하나님의 주권을 찬양한 이유는, 바벨론 왕국을 자기의 능력과 권세로 세웠다고 교만을 떨다가 하나님의 진노로 7년 동안이나 금수(禽獸)처럼 살았지만, 그가 하늘을 우러름으로써 다시 총명을 되찾고 왕의 지위를 회복했기 때문입니다(단 4:31-34). 이처럼 하나님은 모든 나라의 주재이시기 때문에 다니엘은 벨사살 왕에게 이런 충고를 했던 것입니다.

> "왕이여 지극히 높으신 하나님이 왕의 부친 느부갓네살에게 나라와 큰 권세와 영광과 위엄을 주셨고 그에게 큰 권세를 주셨으므로……그가 마음이 높아지며 뜻이 완악하여 교만을 행하므로 그의 왕위가 폐한 바 되며 그의 영광을 빼앗기고 사람 중에서 쫓겨나서 그의 마음이 들짐승과 같았고……지극히 높으신 하나님이 사람 나라를 다스리시며 자기의 뜻대로 누구든지 그 자리에 세우시는 줄을 알기에 이르렀나이다 벨사살 왕이여 왕은 그의 아들이 되어서 이것을 다 알고도 아직도 마음을 낮추지 아니하고 도리어 자신을 하늘의 주재보다 높이며……또 보지도 듣지도 알지도 못하는 금, 은, 구리, 쇠와 나무, 돌로 만든 신상들을 찬양하고 도리어 왕의 호흡을 주장하시고 왕의 모든 길을 작정하시는 하나님께는 영광을 돌리지 아니한지라 이러므로 그의 앞에서 이 손가락이 나와서 이 글을 기록하였나이다"(단 5:18-24).

그러므로 하나님께서 세상 모든 나라의 주인이심은 명백합니다. 그런데 다니엘은 하나님께서 예수님에게 세상의 왕권을 부여하시는 환상을 다음과 같이 보았습니다.

> "내가 또 밤 환상 중에 보니 인자 같은 이가 하늘 구름을 타고 와서 옛적부터 항상 계신 이에게 나아가 그 앞으로 인도되매 그에게 권세와 영광과 나라를 주고 모든 백성과 나라들과 다른 언어를 말하는 모든 자들이 그를 섬기게 하였으니 그의 권세는 소멸되지 아니하는 영원한 권세요 그의 나라는 멸망하지 아니할 것이니라"(단 7:13, 14).

그러므로 세상 나라의 왕은 예수님이십니다. 온 세계의 주인이신 하나님께서 나라의 통치권을 예수님에게 주셨기 때문입니다. 그래서 가브리엘 천사는 마리아에게 "보라 네가 잉태하여 아들을 낳으리니 그 이름을 예수라 하라 그가 큰 자가 되고 지극히 높으신 이의 아들이라 일컬어질 것이요 주 하나님께서 그 조상 다윗의 왕위를 그에게 주시리니 영원히 야곱의 집을 왕으로 다스리실 것이며 그 나라가 무궁하리라"(눅 1:31-33)고 예언한 것이요, 빌라도 총독이 예수님에게 "네가 왕이냐"고 질문했을 때는 "네 말과 같이 내가 왕이니라 내가 이를 위하여 태어났으며 이를 위하여 세상에 왔나니"(요 18:37)라고 답변하신 것입니다.

그러므로 예수주의는 나라의 주인이 하나님과 예수님이고 모든 권력이 예수님과 하나님으로부터 나온다는 성경적 정치 이념입니다. 그런데 기독교인 중에는 민주주의가 하나님으로부터 나온 정치 사상인 줄로 착각하는 이들이 많습니다. 그러므로 차제에 민주주의와 예수주의에 대하여 비교해 보겠습니다.

민주주의와 예수주의에 대한 비교

상당수의 기독교인들은 민주주의를 하나님께로부터 나온 정치 사상으로 오해하여 민주주의를 신봉하고, 위하여 기도하며, 때로는 민주주의를 위하여 투쟁까지 하는 것을 보게 됩니다. 물론 근대 민주주의의 형성과 발전에 프로테스탄트 개혁주의 사상이 큰 영향을 끼쳤고, 교회의 성장과 함께 민주주의가 성장했으며, 또 선교와 함께 민주주의가 전파된 것도 사실입니다. 그러나 민주주의 정치 혁명과 개신 교회가 함께 갔던 것은, 시민 민주 혁명이 목표로 했던 것과 종교 개혁자들이 목표로 했던 방향이 비슷했기 때문이었지, 민주주의가 성경에서 나왔기 때문은 아니었습니다.

다시 말하면 중세 국왕의 절대 권력으로부터의 정치적 자유와 "만인은 법 앞에 평등하다"는 외침이 중세 교황의 절대권으로부터의 자유와 '만인 제사직'을 외쳤던 종교개혁 사상과 맞아떨어졌기 때문에 그 궤를 같이한 것일 뿐, 민주주의가 성경에서 나온 사상은 아니라는 의미입니다.

민주주의의 뿌리는 고대 그리스의 직접 민주주의(direct democracy)에 있고, 그 사상적 기초는 17, 18세기의 자연법 사상에 있습니다. 즉 고대 그리스의 도시 국가들에서는 "이성을 가진 인간이 자연이 부여한 이성에 따라 살면 곧 현인이 되고 신이 된다"는 스토아 철학의 영향으로 이성을 지닌 인간을 중시하여 '인민에 의한 통치'(demos kratia, 여기서 'democracy'라는 용어 발생)를 주장한 것이 민주주의 뿌리이고, 17-18세기에 토머스 홉스, 존 로크, 장 자크 루소 등 자연법 사상가들이 외쳤던 "모든 사람은 스스로를 지배할 수 있는 자연권을 가지고 있다", "모든 인간은 나면서부터 자연 앞에 자유롭고 평등하며 독립된 존재다"라는 자연법 사상이 근대 민주주의의 사상적 기초가 되었다는 뜻입니다.

또한 근대 시민혁명이 중세 절대 왕정을 무너뜨리고 민주 공화정부를 세울 때의 수단과 방법도 결코 성경적이 아니었습니다. 왜냐하면 1789년 프랑스에서 있었던 '가진 자'(부르주아, bourgeois) 중심의 자본주의 시민혁명 때에도 폭력이 수단이 되었거니와, 1917년 러시아에서 있었던 '못 가진 자'(프롤레타리아, proletariat) 중심의 공산주의 혁명 때도 소름끼치는 폭력이 난무하여 수많은 생명이 희생당했기 때문입니다. 그래서 민주주의는 "인민의 피를 먹고 자란다"는 말도 생겨났지만, 이런 민주주의 국가를 이루었던 수단과 방법을 보아도 민주주의가 하나님으로부터 나온 사상이 아님은 명백합니다.

그리고 민주주의 국가에서는 백성이 주인이므로 시위나 파업이 없을 수 없고, 노사(勞使) 간, 계층 간, 지역 간, 세대 간 갈등으로 평안한 날이 별로 없습니다. 왜냐하면 각계각층의 사람들이 저마다 주인으로서의 제 목소리를 내고자 하기 때문입니다. 더 나아가 통치자들이 백성의 뜻을 거스르거나 자유와 인권을 유린할 때, 국민들이 들고 일어나 정부 시책에 반대하고 투쟁하며 때로는 혁명으로 그 정부를 전복시키는 것을 마땅히 여기고 있습니다. 왜냐하면 인간이 타고날 때부터 받은 권리는 사회 계약으로 구성된 국가보다 위에 있다는 자연법 사상의 기초 위에 민주 공화국이 서 있기 때문입니다.

그러나 예수주의 나라에서는 민주주의 국가에서 발생하는 갈등과 혼란이 결코 있을 수 없습니다. 왜냐하면 모든 계층의 백성이 예수님을 왕으로 섬겨 오직 주님의 뜻만 따르려고 하기 때문입니다. 그러므로 말세의 성도들은 민주주의의 정체를 바로 보아야 합니다. 곧 성경적이지도 않고 하나님께로부터 나오지도 않은 민주주의를 신봉할 것이 아니라, 하나님께로부터 나온 예수주의 사상을 소유하여 하나님 나라의 비전을 가지고 그 나라의 도래를 위하여 기도해야 한다는 뜻입니다.

(3) 예수님의 뜻대로 나라를 다스리면 정의와 평화, 번영과 복지의 행복한 국가가 된다는 사상입니다.

예수주의는 예수님을 국가의 주인으로 모시고 정치, 경제, 사회, 문화, 교육, 국방의 제반 영역에서 예수님의 뜻을 구현하면 정의와 평화, 번영과 복지의 행복한 지상 낙원을 이루게 된다는 정치사상입니다. 그래서 구약의 시인은 "여호와를 자기 하나님으로 삼은 나라 곧 하나님의 기업으로 선택된 백성은 복이 있도다"(시 33:12)라고 했고, 또 "이러한 백성은 복이 있나니 여호와를 자기 하나님으로 삼는 백성은 복이 있도다"(시 144:15)라고 노래한 것입니다. 그러므로 예수주의 국가의 헌법과 제반 법률은 성경 속에서 나오게 될 것이고, 그 이외의 미비한 부분들은 성령의 가르침에 따라 제정될 것입니다.

따라서 예수주의 국가에서는 자본주의 사회의 치명적 폐해라고 할 수 있는 부동산 투기라든지, 돈이 돈을 버는 불로소득이 결코 발붙이지 못할 것입니다. 왜냐하면 하나님께서 토지는 하나님의 것이니 영영히 팔지 말라고 하셨고(레 25:23), 또 동족에게서는 절대 이자를 받지 말라고 명령하셨기 때문입니다(출 22:25; 레 25:35-37). 또한 창기와 미동(美童)을 비롯한 음란 퇴폐 사업이나 도박류의 사행성 사업도 결코 용인되지 않을 것입니다. 예수주의 나라는 거룩한 나라요 노력한 만큼 받게 되는 정의의 사회이기 때문입니다.

더 나아가 예수님은 사랑이 풍성하시므로 백성을 위하는 정책만 펴실 것이고, 의로우시므로 정의로운 경제 정책을 세우실 것이며, 지혜로우시므로 지역 간, 계층 간, 세대 간, 아무 갈등도 없는 정치를 펼치실 것입니다. 뿐만 아니라 예수님은 능력의 원천이시므로 외침(外侵)으로부터 나라를 안전하게 보호하심은 물론, 천재지변이나 그 어떤 돌발 사태도 없도록 가호(加護)하심과 동시에 시기에 따라 적절한 비를 내려주실 것입니다(레 26:4; 신 11:14, 28:12). 그 결과 농업을 비롯한 각종 산업이 흥왕하여 예수주의 나라는 평화롭고 행복한 부국(富國)을 이룰 것입니다.

(4) 열매 맺은 성도만이 국가의 주요 공직자가 되어야 한다는 사상입니다.

아무리 헌법과 법률이 성경적이고 또 성령으로부터 나왔다 할지라도 법을 운용하는 공직자들이 불의하면 정의와 평화 및 복지의 나라를 이룰 수 없습니다. 그러므로 예수주의는 결실한 성도만이 나라의 주요 공직자가 되어야 한다는 사상입니다. 그래서 하나님은 "네 백성이 다 의롭게 되어 영원히 땅을 차지하리니 그들은 내가 심은 가지요 내가 손으로 만든 것으로서 나의 영광을 나타낼 것인즉 그 작은 자가 천 명을 이루겠고 그 약한 자가 강국을 이룰 것이라 때가 되면 나 여호와가 속히 이루리라"(사 60:21, 22)고 말씀하신 것입니다.

이렇게 볼 때 하나님의 인침을 받은 14만 4천에 의해 예수주의 하나님 나라가 세워지게 된다고 보지 않을 수 없습니다. 왜냐하면 그들은 완전히 결실하여 그리스도의 형상을 이룬 자들이므로 주님의 뜻을 분별하여 그 뜻대로 나라를 통치할 수 있기 때문입니다. 물론 그들의 사명은 후 3년 반 동안 세계 각지로 파송받아 작은 두루마리의 비밀을 전파하는 것이지만, 그 이전에 먼저 예수주의 하나님 나라를 건설하는 사명도 수행하게 될 것이라는 의미입니다.

그러므로 예수주의 국가의 공직 사회는 가장 청렴결백한 공직 사회가 될 것이며, 그로 말미암아 정의와 공평이 강물같이 흐르는 국가가 될 것입니다.

이상으로 예수주의 정치 사상은 무엇인지에 대하여 간략하게 살펴보았습니다. 따라서 인류에게 진정한 평화와 행복을 가져다줄 정치이념은 예수주의밖에 없다고 보아야 합니다. 왜냐하면 민족주의는 집단 이기주의로 말미암아 인류의 평화가 깨질 수밖에 없고, 자본주의는 인간의 탐욕으로 인하여 부익부(富益富) 빈익빈(貧益貧)의 양극화 현상을 막을 수 없으며, 공산 사회주의는 이미 역사의 심판을 받았고, 장차 등장할 통합 사회주의는 모든 것이 하나가 되면 행복할 것이라는 달콤한 슬로건으로 온 세계가 호응할 것이지만, 결국 사탄에게 사로잡힘으로 말미암아 지상에 저주와 파멸을 가져올 정치 사상이기 때문입니다.

2. **하나님이 세우시는 한 나라의 전망**

그러면 언제쯤 동북방, 해 돋는 곳, 땅 끝, 땅 모퉁이의 나라인 한국에 예수주의 나라가 탄생할까요? 예수주의 국가의 건설 시기와 한국의 통일 전망에 대해 말씀을 고찰해 보겠습니다.

(1) 예수주의 하나님 나라의 건설 시기

느부갓네살 왕의 꿈에 등장하는 "손대지 아니한 돌"에 대하여 다니엘은 "이 여러 왕들의 시대에 하늘의 하나님이 한 나라를 세우시리니"(단 2:44)라고 하였습니다. 그런데 "이 여러 왕들의 시대"란 쇠와 진흙으로 형성된 발의 시대, 곧 사회주의 국가들과 자본주의 나라들이 연합한 시대를 가리키므로 7년 계약으로 형성된 세계 통합 국가의 시대에 하나님께서 예수주의 나라를 세우십니다. 그런데 하나님께서 세우실 한 나라는 "해를 옷 입은 여자"와 "유대에 있는 자들"의 예비처 역할을 한다고 하였으므로, 한 이레 언약기의 전반부에 세워지게 될 것이 자명합니다. 그러면 전 3년 반의 어느 때쯤 예수주의 하나님 나라가 세워지게 될까요?

하나님의 인치는 역사는 세계 통합 국가가 발족하고 약 6개월 동안에 걸쳐 있을 것이라고 하였습니다. 그러므로 세계 통합 국가가 발족하고 약 반 년쯤 후에 동북방, 해 뜨는 곳, 땅 끝, 땅 모퉁이에 예수주의 하나님 나라가 세워지게 됩니다. 따라서 세계 도처에서 하나님의 인침을 받게 될 14만 4천은 한국에 집결하여 하나님의 나라를 건설하고 약 3년에 걸쳐 국가의 기틀을 잘 다진 다음, 성령의 인도를 받아 세계 각지로 나가 작은 두루마리의 비밀인 영원한 복음을 전파하게 될 것입니다.

(2) 한국의 통일 전망

장차 러시아 연방국의 제창과 미국의 전폭적인 지지 아래 세계 많은 나라들이 7년 계약의 세계 통합 국가를 이루게 되면, 남북한도 분단된 상태에서 그 계약에 동참하게 될 것입니다. 그때까지도 남북 통일이 어려울 것으로 보는 이유는, 남한과 북한의 정치 사상적 골이 너무 깊을 뿐 아니라 주변 강대국들이 한국의 통일을 원하지 않기 때문입니다. 그러나 세계 통합 정부가 발족하고 해 돋는 곳인 한국으로부터 하나님의 인치는 역사가 시작되면, 하나님의 인침을 받은 14만 4천에 의해 일단 남한에 예수주의 나라가 세워지게 됩니다.

그렇게 되면 예수주의 한국은, 세계에 진정한 평화를 가져올 참된 정치 이념은 통합 사회주의가 아니고 예수주의임을 만천하에 천명하면서 세계 통합 국가를 탈퇴하게 될 것입니다. 그러면 세계 통합 정부는 남한이 계약을 위반했다는 명분을 내세워 군사적 조취를 취할 것인데, 일단 북한을 조종하여 공격하도록 할 것입니다. 하지만 예수주의 한국은 북한의 공격을 통일의 기회로 삼아 반격하여 북한 정권을 무너뜨리고 마침내 한반도를 통일하게 됩니다.

그러면 곧이어 중국이 공격해 올 것입니다. 중국은 역사적으로 항상 한국을 노려왔던 나라였으므로, 내심 그 기회를 틈타 한국을 삼키려는 흉계를 품고 말입니다. 하지만 하나님의 능력이 함께하는 예수주의 한국은 중국의 공격도 물리칠 뿐 아니라, 어쩌면 그 기회를 옛 고구려의 영토를 회복하는 계기로 삼게 될지도 모릅니다.

한편, 후 3년 반이 시작되면 러시아 연방국의 군대는 예비처로 도피해 온 빌라델비아 교회의 성도와 경건한 유대교인들을 쓸어버릴 목적으로 한국을 침공해 옵니다. 그러나 예수주의 한국은 러시아 연방국의 군대도 섬멸시킴은 물론, 혹시 하나님의 뜻이 계신다면 옛 발해의 영토였던 연해주 지역까지도 되찾을 수 있을 것입니다.

그러면 예수주의 한국이 북진 통일을 이룰 뿐 아니라 중국과 러시아의 공세까지 물리치고 고구려와 발해의 옛 영토까지 회복할지도 모른다는 비전은 성경 어디를 근거로 가질 수 있을까요?

일단 첫째 인을 뗄 때 등장했던 흰 말에 관한 예언 중 "이기고 또 이기려고 하더라"는 말씀에서 가질 수 있습니다. 왜냐하면 앞에서 밝힌 것같이 이 말씀은 모든 전쟁에서 승리하는 것을 뜻하기 때문입니다. 즉 북한의 공세를 격퇴시킬 뿐 아니라 중국의 공격도 물리치고 계속 북, 서진(西進)하다가 러시아의 공격까지 일축(一蹴)할 것을 두고 "이기고 또 이기려고 하더라"고 했다는 의미입니다. 또한 세계 통합 국가의 통치자에 대한 다니엘의 예언 중 "그러나 동북에서부터 소문이 이르러 그로 번민하게 하므로"(단 11:44)라는 부분도 한 민족의 옛 영토 회복에 대한 꿈을 갖게 하는 대목입니다. 왜냐하면 이스라엘의 임시 장막 궁전에 거하게 될 세계 통합 국가의 왕이 동북으로부터 오는 소문 때문에 번민한다면 동북방, 해 뜨는 곳에 세워질 예수주의 한국이 세계 통합 국가에서 탈퇴하여 북진 통일을 이룰 뿐 아니라, 중국의 공격도 물리치면서 계속 그 영토를 확장한다는 소문으로 인한 것으로 볼 수 있기 때문입니다. 그렇기 때문에 그가 친히 러시아 연방국의 군대를 이끌고 예비처인 한국을 공격하다가 큰 낭패를 당한다는 것이 아닙니까?

그런데 북한이나 중국은 핵무기를 보유한 군사적 강국이고 러시아 연방국은 유럽 열 연합국을 와해시킬 정도로 세계 최강국입니다. 그러면 어떻게 예수주의 한국이 미국의 도움을 전혀 기대할 수 없는 상황에서 그러한 강국들을 모두 물리치고 승리할 수 있을까요? 예수주의 하나님 나라가 세계 최강국이 될 수 있는 이유에 대해 고찰해 보고자 합니다.

예수주의 한국이 세계 최강국이 될 수 있는 까닭

하나님께서는 이스라엘에게 "네가 나가서 적군과 싸우려 할 때에 말과 병거와 백성이 너보다 많음을 볼지라도 그들을 두려워하지 말라 애굽 땅에서 너를 인도하여 내신 네 하나님 여호와께서 너와 함께하시느니라"(신 20:1)고 말씀하셨습니다. 즉 이스라엘은 하나님이 함께하는 군대이기 때문에 군대의 숫자나 무기 같은 것은 아무 문제가 안 된다는 의미입니다. 그래서 하나님은 새 집을 짓고 낙성식을 행하지 못한 자나, 포도원을 만들고 수확하지 못한 자 및 여자와 약혼하고 결혼하지 못한 자, 심지어 두려워서 마음이 허약한 자까지도 전쟁에 나가지 말고 집으로 돌아가라는 전쟁 규례를 선포하셨습니다(신 20:5-8).

다윗은 이러한 믿음, 곧 하나님은 할례받은 이스라엘의 하나님이라는 믿음을 소유하여 블레셋의 거인 골리앗을 물맷돌 하나로 쓰러뜨렸고 또 모든 전쟁에서 승리하였습니다. 그런데 이는 "다윗이 어디로 가든지 여호와께서 이기게 하시니라"(삼하 8:6, 14; 대상 18:6, 13)는 말씀처럼 하나님께서 신앙의 왕 다윗과 함께하셨기 때문이었습니다.

이처럼 하나님은 이스라엘의 수호신이 되시어 그들이 치렀던 수많은 전쟁을 승리로 이끄셨는데, 하나님께서 이스라엘을 도우셨던 사례들을 살펴보면 흥미롭기 짝이 없습니다. 즉 애굽 군대가 홍해를 건너던 이스라엘의 턱밑까지 쫓아왔을 때는 그들의 병거 바퀴를 벗겨지게 하면서 추격의 속도를 늦추게 하신 후 이스라엘이 홍해를 완전히 벗어나자 물을 다시 합류시킴으로써 그들을 모두 수장(水葬)시키셨습니다(출 14:15-28).

그리고 사무엘 선지자 때는 블레셋 군대를 뇌성벽력으로 물리치셨으며(삼상 7:10, 11), 모압과 암몬과 세일산 거민들이 연합하여 남조 유다를 침공했을 때는 여호사밧 왕의 기도를 들으시고 복병을 두어 그들을 혼란하게 하심으로써 자기들끼리 싸우다 모두 전멸하도록 하셨습니다(대하 20장).

또한 엘리사 시대에는 하나님께서 아람 군대의 군사 기밀을 모두 엘리사에게 알려주시어 그들의 군사작전이 하나도 성공하지 못하게 하셨고(왕하 6:8-12), 그들이 엘리사를 체포하러 왔을 때는 하늘의 군대로 엘리사를 보호하시다가(왕하 6:17) 군사들의 눈을 모두 멀게 하셨습니다(왕하 6:18-23). 그리고 사마리아 성이 아람 군대에 포위되어 풍전등화의 위기에 처했을 때는 아람 군대로 하여금 헛소리를 듣게 하심으로써 모두 혼비백산하여 도망가게도 하셨습니다(왕하 7:6, 7).

그런데 하나님은 이스라엘을 위하여 참으로 놀라운 일을 하신 적이 있습니다. 즉 가나안 정복 전쟁 당시 예루살렘 왕을 비롯한 아모리 족속의 다섯 왕들이 공격해 왔을 때입니다. 그때 여호수아는 그들을 전멸시킬 시간을 벌기 위해 하나님께 기도한 후 “태양아 너는 기브온 위에 머무르라 달아 너도 아얄론 골짜기에서 그리할지어다”(수 10:12)라고 외쳤는데, 하나님께서 그 기도에 응답하심으로 태양이 머물고 달이 멈추기를 백성이 그 대적에게 원수를 다 갚기까지 하신 것입니다(수 10:13).

그렇기 때문에 지혜의 왕 솔로몬은 “싸울 날을 위하여 마병을 예비하거니와 이김은 여호와께 있느니라”(잠 21:31)고 말한 것이요, 이사야 선지자는 그 누구도 하나님께서 함께하시는 이스라엘을 이길 수 없음을 이렇게 예언한 것입니다.

> "너희 민족들아 함성을 질러보아라 그러나 끝내 패망하리라 너희 먼 나라 백성들아 들을지니라 너희 허리를 동이라 그러나 끝내 패망하리라 너희 허리에 띠를 띠라 그러나 끝내 패망하리라 너희는 함께 계획하라 그러나 끝내 이루지 못하리라 말을 해보아라 끝내 시행되지 못하리라 이는 하나님이 우리와 함께 계심이니라"(사 8:9, 10),

그러므로 하나님께서 함께하시기만 하면 첩자나 정보를 수집하는 첨단 장비가 없어도 적의 기밀을 다 알아낼 수 있고, 또한 성령께서 주시는 지혜로 최고의 전략과 전술을 수립할 수 있으며, 전투에서 결정적 역할을 하는 기후까지도 조절할 수 있을 뿐 아니라, 심지어 적의 무기를 무용지물로 만들 수 있고 정신을 혼란하게도 하여 자중지란(自中之亂)으로 패망하게도 할 수 있는 것이니, 예수주의 한국이 세계 최강국이 될 수 있는 이치를 믿어야 할 것입니다.

예수주의만이 살길입니다!

그러므로 예수주의만이 살길이요, 정의와 평화, 복지와 행복의 길임을 믿어야 합니다. 특히 대한민국은 예수주의로 하나가 되지 못하면 자칫 나라가 좌초될 수도 있다는 자각을 해야 합니다. 왜냐하면 다른 나라들은 국체(國體)가 자본주의일지라도 사회주의적 정책을 가미하고, 사회주의일지라도 자본주의 시장 경제를 도입함으로써 국가의 발전을 도모하고 있는데, 유독 한국만은 그 좌우 사상 때문에 허리가 동강 잘려 반세기가 넘도록 서로 대립하며 골육상잔(骨肉相殘)까지 벌였으면서도, 유위부족(猶爲不足)하여 지금도 여전히 남한은 보수 우익과 진보 좌익으로 갈라져 사사건건 싸움만 벌이고 있기 때문입니다.

더욱이 일본이 독도를 자기 땅이라고 우기는 것이나 중국이 백두산을 자기네 것으로 간주하면서 동북 공정으로 한국의 옛 역사를 지운 것을 보면, 그들은 한국에 대한 야욕을 여전히 버리지 못하고 있음이 틀림없는데도 불구하고 국론이 양분되어 있다는 데서 큰 위기의식을 갖지 않을 수 없습니다.

자본주의나 사회주의는 기차의 두 레일처럼 영원한 평행선입니다. 전자는 가진 자 중심이요, 후자는 못 가진 자 중심이며, 우파는 개인 자유를 우선시하고 좌파는 사회 평등을 우선시함으로써 사회적 대립과 갈등을 피할 길 없는 상반된 정치 이념이기 때문입니다. 따라서 개혁적 보수나 합리적 진보라는 것도 좌우간의 간극(間隙)을 완화시키려는 고육지책의 용어일 뿐, 진정한 해결책은 되지 못합니다.

인류는 오랫동안 봉건 군주 체제하에서 살았지만 일반 백성들은 행복하지 못했습니다. 왕족과 귀족들에게만 부와 권력이 집중되었을 뿐, 평민들은 언제나 들러리 신세였기 때문입니다. 이에 산업혁명으로 부를 축적하여 세력을 얻게 된 중산층, 곧 소위 '가진 자'(부르주아)들이 혁명으로 왕정 제도를 뒤엎고 자본주의 민주 공화국을 세웠습니다. 하지만 이번엔 가난한 노동자와 농민들이 문제가 되었습니다. 그래서 '못 가진 자'(프롤레타리아)들이 중심이 된 볼셰비키(bolsheviki) 혁명을 또 일으켜 공산 사회주의 국가를 세웠습니다.

그러나 그 역시 행복을 가져다주지 못하는 정치 사상임은 역사가 증명해 주었습니다. 그리고 머지않아 모든 것이 하나로 통합하기만 하면 행복한 세상을 이룰 수 있다는 통합 사회주의가 등장하여 세계 통합 국가를 이룰 것이지만, 성경은 오히려 그로 말미암아 세상이 황폐해질 것을 예언합니다.

그러므로 인류의 희망은 예수주의일 수밖에 없습니다. 특출한 왕이 다스려도 안 되고, 가진 자나 못 가진 자 중심의 체제로도 행복은 요원하며, 모든 것이 하나가 되어도 평화의 세상을 만들 수 없다면 이제 남은 것은 예수께서 통치하시는 방법밖에 없기 때문입니다. 이렇게 볼 때 세상의 정치사는 어쩌면 진정한 행복을 가져다줄 정치사상은 예수주의밖에 없다는 것을 증명해 주기 위한 역사라고 해도 과언이 아닐 것입니다. 예수님을 나라의 주인으로 모셔 온 백성이 그 뜻을 따르면, 사회 모든 분야에 정의와 평화가 깃들면서 각계각층의 사람들이 진정한 만족을 누릴 수 있는 행복한 부국(富國)을 이룰 것이기 때문입니다.

“동해물과 백두산이 마르고 닳도록 하나님(원문 그대로임)이 보우하사 우리나라 만세!”라는 애국가는 결코 우연이 아닙니다. 한민족이 살길은 오직 예수주의밖에 없음을 깨닫게 하시려는 섭리 속의 가사가 분명합니다. 그러므로 한민족은 천지의 주재이신 하나님께서 마지막 때에 예수주의만이 참된 행복의 길임을 보여주는 모델로 삼으시려고 한국을 택하셨음을 믿고, 온 백성이 예수를 구주로 영접하여 하나님 아버지께로 돌아와 좌우 이념 대립을 어서 속히 종식시키고, 예수주의 정치 사상으로 하나가 되어야 할 것입니다. 그렇게 될 때, 대한민국은 인류 행복의 길을 밝히는 동방의 빛이 될 것입니다.

제 5 장
그리스도의 재림과 성도의 휴거

Ⅰ. 이 세상 심판

Ⅱ. 그리스도의 재림

Ⅲ. 성도의 부활과 휴거

Ⅳ. 혼인 잔치와 그리스도의 심판대

Ⅰ. 이 세상 심판

사도 요한은 계시록 15장에서 일곱 천사가 일곱 재앙을 가진 크고 이상한 다른 이적을 봅니다. 그런데 그 일곱 재앙에 대하여 "곧 마지막 재앙이라 하나님의 진노가 이것으로 마치리로다"(1절)라고 하였고, 그 일곱 재앙은 네 생물 중의 하나가 일곱 천사에게 하나님의 진노를 가득히 담은 금 대접 일곱을 준 것이므로, 이 세상 심판은 일곱 대접을 땅에 쏟음으로써 전개됩니다. 그래서 하늘의 성전으로부터 그 일곱 천사에게 "너희는 가서 하나님의 진노의 일곱 대접을 땅에 쏟으라"(계 16:1)는 큰 음성을 발하자, 일곱 천사가 대접을 쏟으면서 세상 심판이 전개되는 것입니다(계 16:3-21).

그런데 "하나님의 영광과 능력으로 말미암아 성전에 연기가 가득 차매 일곱 천사의 일곱 재앙이 마치기까지는 성전에 능히 들어갈 자가 없더라"(계 15:8)고 한 의미는 무엇일까요?

일곱 대접 심판은 매우 혹독할 것을 암시함과 동시에, 그 심판이 진행되는 중에는 그 누구도 하나님을 알현할 수 없다는 의미이므로, 장차 전개될 일곱 대접 심판은 절대로 변개함이 없이 예정대로 시행된다는 의미로 해석됩니다.

그러면 첫째 대접부터 다섯째 대접까지의 심판을 살펴보고, 여섯째 대접인 아마겟돈 전쟁에 대하여 알아본 후, 최후의 심판인 일곱째 대접에 대하여 고찰해 보겠습니다.

1. 첫째 대접부터 다섯째 대접까지의 심판(계 16:2-11)

(1) 첫째 대접 심판 –땅에 쏟음

첫째 천사가 대접을 땅에 쏟으니 "짐승의 표를 받은 사람들과 그 우상에게 경배하는 자들에게 악하고 독한 종기가 나더라"(2절)고 하였습니다. 따라서 무서운 독종(毒腫)이 세계 통합 국가의 왕을 신처럼 숭배하여 그의 우상에게 경배하고 메시아처럼 섬겨 666 짐승표를 받은 자들에게 발생하는 것입니다.

땅은 얼마나 고마운 삶의 터전입니까? 대지는 오곡백과로 먹을 거리를 제공해 주고, 춘하추동의 변화는 계절의 아름다움과 삶의 활력을 주니 말입니다. 그런데 땅을 주신 창조주 하나님을 섬기지 않고 거짓 그리스도를 숭배한 죄에 대한 심판으로 땅에 상응하는 육체에 무서운 독종이 나게 하시는 것으로 볼 수 있습니다.

(2) 둘째 대접 심판 –바다에 쏟음

둘째 천사는 대접을 바다에 부었는데 "바다가 곧 죽은 자의 피같이 되니 바다 가운데 모든 생물이 죽더라"(3절)고 하였습니다. 바다는 또 얼마나 귀한 삶의 터전입니까? 수많은 물고기들과 해초들은 풍요로운 식탁을 제공해 주고, 드넓게 펼쳐진 푸른 바다와 아스라한 수평선은 웅지(雄志)를 품게 해주니 말입니다. 그런데 그 귀한 바다를 주신 하나님을 경배하지 않고 거짓 그리스도를 섬긴 데 대한 심판으로, 짐승 무리들이 사는 지역의 바다를 피로 변하게 하시어 모든 해산물들을 죽이시는 것입니다.

(3) 셋째 대접 심판 –강과 물 근원에 쏟음

셋째 천사는 그 대접을 강과 물 근원에 쏟았는데 모든 강과 샘물들이 피로 변한다고 했습니다. 인간은 물이 없으면 하루라도 살 수 없는 존재인데, 모든 강과 물 근원들이 피로 변하였으니 어떻게 되겠습니까? 수도꼭지를 틀어도 피요, 우물물을 길어도 피며, 시냇물을 마시려 해도 핏물이요, 옹달샘 물을 먹으려 해도 핏물일 것이니, 세탁은 커녕 음식을 준비할 수도 없고, 심지어 마실 물조차 없을 것이 아닙니까? 그런데 물을 차지한 천사가 "거룩하신 이여 이렇게 심판하시니 의로우시도다 그들이 성도들과 선지자들의 피를 흘렸으므로 그들에게 피를 마시게 하신 것이 합당하니이다"(5-6절)라고 말한 것을 보면, 타는 목을 축이려고 핏물이라도 마시는 참상이 셋째 대접으로 말미암아 전개될 것으로 보입니다.

(4) 넷째 대접 심판 –해에 쏟음

넷째 천사는 대접을 해에 쏟았는데, 해가 권세를 받아 불로 사람을 태운다고 했습니다(8절). 햇볕은 또 얼마나 고마운 것입니까? 그 온기로 인하여 동물과 사람은 생명을 부지하고, 그 열기로 말미암아 식물은 꽃을 피우고 열매를 맺으며, 그 광채 때문에 삼라만상의 아름다움을 볼 수 있으니 말입니다. 그러나 그 태양을 주신 하나님께는 감사하지 않으면서 세계 통합 국가의 왕을 신처럼 섬긴 데 대한 심판으로 햇빛을 강렬하게 하시어 그 불로 사람을 태우시는 것입니다.

첫째 대접으로 인하여 피부에 난 독종 때문에 상당한 고통을 받고 있을 것인데, 뜨거운 햇볕에 피부가 또 태워진다고 하니 얼마나 괴롭겠습니까? 그런데 그들이 "이 재앙들을 행하는 권세를 가지신 하나님의 이름을 비방하며 또 회개하지 아니하고 주께 영광을 돌리지 아니하더라"(9절)고 한 것을 보면, 그들은 양심이 화인 맞은 자들이고(딤전 4:2) 이성 없는 짐승들(벧후 2:12)이 분명해 보입니다.

한편, 피부에 독종이 발생하고, 바다와 강과 물 근원이 피로 변하며, 해가 사람을 태우는 일련의 저주들은 짐승과 그의 우상에게 경배하고 짐승표를 받은 사람들에게만 임할 뿐, 영원한 복음에 따라 하나님의 계명과 예수 믿음을 지키는 자들에게는 그 어떤 피해도 없게 될 것입니다. 그러므로 옛 모세 시절 바로 왕의 애굽에는 무서운 재앙들이 있었지만, 이스라엘이 거주했던 고센 땅만은 평온했던 것과 같은 기적이 재현될 것입니다.

(5) 다섯째 대접 심판 -짐승의 왕좌에 쏟음

다섯째 대접은 짐승의 왕좌에 쏟았는데 그 나라가 갑자기 어두워진다고 했습니다(10절). 세계 통합 국가의 최고 통치자가 되었다고 교만하여 하나님처럼, 메시아처럼 행세하던 러시아 열 연방국의 나라에 흑암의 저주를 내리시는 것입니다.

인생에게 있어서 밤은 축복입니다. 밤이 있어 안식을 얻고 하루의 피로를 풀며 내일을 준비할 수 있기 때문입니다. 그렇지만 아침이 오면 태양이 떠야 그 밤이 축복이 되는 것이지 아침이 되어도 태양이 뜨지 않고 밤이 계속된다면 얼마나 답답하고 무서우며 또 괴롭겠습니까? 특히 흑암 속에서는 아픈 곳이 더 아프게 느껴지는 법이 아닙니까? 그래서 사람들이 아파서 자기 혀를 깨물기까지 한다는 것인데, 아마 생지옥 같은 비극이 짐승과 그를 추종하는 무리에게 임하게 될 것 같습니다. 그러므로 밤을 주신 하나님을 예배하지 않은 것에 대한 심판의 의미와 더불어, 신처럼 행세했던 러시아 연방국의 통치자에게 "네가 세상을 구원할 메시아이고 하나님이라면 한번 이 어둠을 거두어 보라"는 조롱의 의미도 담긴 흑암의 저주로 볼 수 있습니다.

이상으로 첫째 대접 심판부터 다섯째 대접 심판까지 살펴보았는데, 이러한 심판에 대해서는 주께서 감람산 강론에서 다음과 같이 이미 말씀하신 바 있습니다.

"일월성신에는 징조가 있겠고 땅에서는 민족들이 바다와 파도의 성난 소리로 인하여 혼란한 중에 곤고하리라 사람들이 세상에 임할 일을 생각하고 무서워하므로 기절하리니 이는 하늘의 권능들이 흔들리겠음이라"(눅 21:25, 26).

사람들이 세상에 임할 일을 생각하고 무서워하므로 기절할 것이라는 대목에서 대접 심판의 혹독함을 익히 짐작할 수 있습니다. 그런데 지상에서는 이와 같은 무서운 심판이 펼쳐질 때, 천상에서는 짐승과 그의 우상과 그의 이름의 수를 이기고 벗어난 이들이 유리 바닷가에 서서 하나님의 거문고를 가지고 모세의 노래와 어린양의 노래를 다음과 같이 부른다고 하였습니다.

"주 하나님 곧 전능하신 이시여 하시는 일이 크고 놀라우시도다 만국의 왕이시여 주의 길이 의롭고 참되시도다 주여 누가 주의 이름을 두려워하지 아니하며 영화롭게 하지 아니하오리까 오직 주만 거룩하시니이다 주의 의로우신 일이 나타났으매 만국이 와서 주께 경배하리이다"(계 15:3, 4).

그러므로 이들은 짐승통치 하에서 신앙의 지조를 지키다가 죽임을 당한 순교자들의 영혼이 분명합니다. 그런데 이 얼마나 극명한 대조입니까? 짐승과 그의 우상에게 경배하고 666표를 받은 사람들은 지상에서 처절한 고통을 겪고 있는데, 이들은 천상의 유리 바닷에서 이처럼 즐겁게 찬송을 부르고 있다니 말입니다! 따라서 짐승 통치하에 처한 신자들은 세계 통합 국가의 왕과 그의 우상에게 경배하라는 시험 및 666 짐승표를 받으라는 유혹을 끝까지 참고 견뎌야 할 것입니다. 시험을 끝까지 참고 견디면 주께서 강림하실 때 산 채로 들림받게 되고, 혹시 순교 당한다 할지라도 영혼은 낙원에 올라가서 이처럼 주님을 찬양하다가 주의 재림 시에 부활할 것이기 때문입니다.

2. 여섯째 대접 심판 — 아마겟돈 전쟁

"또 여섯째 천사가 그 대접을 큰 강 유브라데에 쏟으매 강물이 말라서 동방에서 오는 왕들의 길이 예비되었더라 또 내가 보매 개구리 같은 세 더러운 영이 용의 입과 짐승의 입과 거짓 선지자의 입에서 나오니 그들은 귀신의 영이라 이적을 행하여 온 천하 왕들에게 가서 하나님 곧 전능하신 이의 큰 날에 전쟁을 위하여 그들을 모으더라……세 영이 히브리어로 아마겟돈이라 하는 곳으로 왕들을 모으더라"(계 16:12-14, 16).

여섯째 대접은 유브라데 강에 쏟았는데 "강물이 말라서 동방에서 오는 왕들의 길이 예비되더라"고 하였습니다. 여기서 '동방에서 오는 왕들'은 동방 해 뜨는 곳에서 오는 예수주의 하나님 나라의 군대를 가리킵니다. 그러면 하나님 나라의 군대를 '왕들'로 일컫는 이유는 무엇일까요?

하나님 나라의 백성은 세상에서 왕 같은 존재들이기 때문입니다(참조. 계 5:10; 벧전 2:9). 그리고 '대접'은 짐승 무리에 대한 심판이므로 아마겟돈 전쟁을 일으킨 짐승 군대를 응징하시려고, 유브라데 강물을 말려 하나님 나라의 군대가 오는 길을 여는 것입니다. 그러면 왜 세 더러운 영이 용의 입과 짐승의 입과 거짓 선지자의 입에서 나와 왕들을 아마겟돈으로 모으는 것일까요?

'아마겟돈'(하르마게돈, Ἁρμαγεδών)은 '므깃도의 언덕'(the Mount of Megiddo)이라는 뜻인데 '므깃도'는 이스라엘 북부에 위치한 이스르엘 평원의 언덕을 가리킵니다. 그러므로 아마겟돈 전쟁은 적그리스도의 무리들이 이스라엘을 공격하기 위해 일으키는 전쟁입니다. 즉 첫째 대접부터 다섯째 대접까지 당한 말할 수 없는 고통을 복수하는 의미에서, 하나님의 나라인 이스라엘을 쓸어 버리려고 공격하는 것입니다. 따라서 짐승과 거짓 선지자는 마귀가 주는 계략으로 수많은 나라들을 찾아다니며, 아마겟돈 전쟁에 참여하도록 왕들을 선동할 것입니다.

그런데 하나님께서 "내가 뜻을 정하고 나의 분노와 모든 진노를 쏟으려고 여러 나라를 소집하며 왕국들을 모으리라 온 땅이 나의 질투의 불에 소멸되리라"(습 3:8)고 하셨고, 또 "민족들은 일어나서 여호사밧 골짜기로 올라올지어다 내가 거기에 앉아서 사면의 민족을 다 심판하리로다"(욜 3:12)라고 말씀하신 것을 보면, 하나님께서는 짐승 무리들이 이스라엘을 멸하려고 아마겟돈으로 모이는 기회를 오히려 그들을 심판하는 계기로 삼으시는 것 같습니다. 이렇게 볼 때 사탄은 결국 하나님의 이용물밖에는 되지 못한다고 보아야 할 것입니다.

한편, 마지막 때에 있을 이러한 아마겟돈 전쟁에 대해서는 하나님께서 일찍이 에스겔 선지자를 통해 다음과 같이 말씀하셨습니다.

> "인자야 너는 마곡 땅에 있는 로스와 메섹과 두발 왕 곧 곡에게로 얼굴을 향하여 그에게 예언하여 이르기를 주 여호와께서 이같이 말씀하시기를 로스와 메섹과 두발 왕 곡아 내가 너를 대적하여 너를 돌이켜 갈고리로 네 아가리를 꿰고 너와 말과 기마병 곧 네 온 군대를 끌어내되 완전한 갑옷을 입고 큰 방패와 작은 방패를 가지며 칼을 잡은 큰 무리와……여러 날 후 곧 말년에 네가 명령을 받고 그 땅 곧 오래 황폐하였던 이스라엘 산에 이르리니 그 땅 백성은 칼을 벗어나서 여러 나라에서 모여 들어오며 이방에서 나와 다 평안히 거주하는 중이라 네가 올라오되 너와 네 모든 떼와 너와 함께한 많은 백성이 광풍같이 이르고 구름같이 땅을 덮으리라"(겔 38:2-9).

본문에 등장하는 "로스와 메섹과 두발 왕 곡"은 러시아 열 연방국의 통치자를 가리킵니다. 그래서 "네가 네 고국 땅 북쪽 끝에서 많은 백성 곧 다 말을 탄 큰 무리와 능한 군대와 함께 오되 구름이 땅을 덮음같이 내 백성 이스라엘을 치러 오리라 곡아 끝 날에 내가 너를 이끌어다가 내 땅을 치게 하리니 이는 내가 너로 말미암아 이방 사람의 눈앞에서 내 거룩함을 나타내어 그들이 다 나를 알게 하려 함이라"(겔 38:15, 16)고 말씀하신 것입니다.

그런데 "로스와 메섹과 두발 왕 곡"은 영역본처럼 "메섹과 두발의 대왕 곡"(the chief prince of Meshech and Tubal. KJV, RSV, NIV)이라고 번역해야 했습니다. 왜냐하면 '로스'는 히브리어 '로쉬'(רֹאשׁ)로 어떤 지명(地名)을 가리키는 것이 아니라 '우두머리, 정상, 두령'의 뜻이기 때문입니다. 따라서 '곡'은 러시아 열 연방국의 최고 통치자를 지칭하고, '메섹과 두발'은 열 연방국을 가리킨다고 보아야 합니다.

그러면 에스겔 38-39장에 예언되어 있는 아마겟돈 전쟁에 관한 말씀 속에서 전쟁 당사국과 전쟁의 경과 및 결과에 대하여 살펴보겠습니다.

(1) 전쟁 당사국

① 전쟁 도발국

일단 열 뿔 일곱 머리 짐승인 러시아 연방국과 두 뿔 짐승인 이라크 연방국이 아마겟돈 전쟁을 일으킬 주역국입니다. 그리고 그들의 사주를 받고 전쟁에 동참할 나라들에 대해서는 다음의 말씀 속에 예언되어 있습니다.

> "……로스와 메섹과 두발 왕 곡아 내가 너를 대적하여……너와 말과 기마병 곧 네 온 군대를 끌어내되……그들과 함께 한 방패와 투구를 갖춘 바사와 구스와 붓과 고멜과 그 모든 떼와 북쪽 끝의 도갈마 족속과 그 모든 떼 곧 많은 백성의 무리를 너와 함께 끌어내리라 너는 스스로 예비하되 너와 네게 모인 무리들이 다 스스로 예비하고 너는 그들의 우두머리가 될지어다"(겔 38:3-7).

짐승의 입과 거짓 선지자의 입에서 나오는 개구리 같은 영의 선동을 받고 전쟁에 동참할 나라로는 '바사와 구스와 붓'이 거론됐는데 '바사'는 이란, '구스'는 에티오피아, '붓'은 리비아를 가리키므로 중동에서는 이란이, 아프리카에서는 에티오피아와 리비아가 참전하게 될 것입니다. 그리고 "고멜과 그 모든 떼"라고 했는데, 고멜은 야벳의 아들로(창 10:2) 흑해와 카스피 해 유역에 살다가 북쪽의 스구디아 족에 의해 추방당해 BC 8세기 말경 코카사스 산맥을 넘어 소아시아 땅으로 들어왔다는 기록과, BC 7세기경에는 갑바도기아에 정착하고 살았다는 기록이 있으므로 '고멜과 그 모든 떼'는 지금의 터키 동부 지역을 가리킵니다. 또한 "북쪽 끝의 도갈마 족속과 그 모든 떼"라고 했는데, 유대인 역사가 요세푸스에 의하면 도갈마는 말 생산으로 유명한 브루기아인이라고 했으므로 터키의 서부 지역입니다. 그러므로 터키도 아마겟돈 전쟁에 참가하게 될 것입니다.

② 대응국

다음의 말씀에 의하면 이스라엘과 예수주의 한국입니다.

"보라 내가 예루살렘으로 그 사면 모든 민족에게 취하게 하는 잔이 되게 할 것이라 예루살렘이 에워싸일 때에 유다에까지 이르리라 그 날에는 내가 예루살렘을 모든 민족에게 무거운 돌이 되게 하리니 그것을 드는 모든 자는 크게 상할 것이라 천하 만국이 그것을 치려고 모이리라 여호와가 말하노라 그날에 내가 모든 말을 쳐서 놀라게 하며 그 탄 자를 쳐서 미치게 하되 유다 족속은 내가 돌보고 모든 민족의 말을 쳐서 눈이 멀게 하리니 유다의 우두머리들이 마음속에 이르기를 예루살렘 주민이 그들의 하나님 만군의 여호와로 말미암아 힘을 얻었다 할지라 그날에 내가 유다 지도자들을 나무 가운데 화로 같게 하며 곡식단 사이에 횃불 같게 하리니 그들이 그 좌우에 에워싼 모든 민족들을 불사를 것이요 예루살렘 사람들은 다시 그 본 곳 예루살렘에 살게 되리라 여호와가 먼저 유다 장막을 구원하리니 이는 다윗의 집의 영광과 예루살렘 주민의 영광이 유다보다 더하지 못하게 하려 함이니라 그날에 여호와가 예루살렘 주민을 보호하리니 그중에 약한 자가 그날에는 다윗 같겠고 다윗의 족속은 하나님 같고 무리 앞에 있는 여호와의 사자 같을 것이라 예루살렘을 치러 오는 이방 나라들을 그날에 내가 멸하기를 힘쓰리라"(슥 12:2-9).

본문은 아마겟돈 전쟁에 관한 예언입니다. 천하 만국이 예루살렘을 치러 온다는 것도 그렇지만 "내가 예루살렘으로 그 사면 모든 민족에게 취하게 하는 잔이 될 것이라"는 말씀이나, "그날에는 내가 예루살렘을 모든 민족에게 무거운 돌이 되게 할 것이라"는 말씀은 이스라엘을 치러 오는 무리들을 하나님께서 심판하실 것에 대한 상징적 표현이기 때문입니다.

그런데 "예루살렘이 에워싸일 때에 유다에까지 이르리라"고 한 부분은, 이스라엘이 짐승 군대의 공격을 받을 때 동방의 예수주의 한국도 공격받는다는 의미로 해석해야 합니다. 왜냐하면 예수주의 한국도 하나님 나라이기 때문에 적그리스도의 무리가 공격할 것은 불을 보듯 뻔하지만, 무엇보다도 만일 본문 속의 '유다'를 이스라엘로 본다면, '예루살렘'도 이스라엘을 가리키므로 "예루살렘이 에워싸일 때에 유다에까지 이르리라"는 것은 말이 성립되지 않기 때문입니다.

그러므로 본문 속의 '예루살렘'은 이스라엘을, '유다'는 예수주의 한국을 지칭한다고 해석해야 합니다. 그래서 "유다의 우두머리들이 그 마음속에 이르기를 예루살렘 주민이 그들의 하나님 만군의 여호와로 말미암아 힘을 얻었다 할지라"(5절)고 함으로써 '유다'와 '예루살렘'은 별개의 나라인 것처럼 묘사한 것입니다. 그런데 위 본문 중 다음의 말씀은 '유다'가 예수주의 한국임을 결정적으로 입증해 주는 부분입니다.

> "여호와가 먼저 유다 장막을 구원하리니 이는 다윗의 집의 영광과 예루살렘 주민의 영광이 유다보다 더하지 못하게 하려 함이니라"(슥 12:7).

하나님께서 먼저 유다 장막을 구원하신다고 하셨고, 또 다윗의 집의 영광과 예루살렘 주민의 영광이 유다보다 더하지 못하게 한다고 하셨으므로, 본문 속의 '유다'와 '예루살렘 주민'은 별개의 나라가 명백하지 않습니까? 그런데 이어지는 10절에서 "내가 다윗의 집과 예루살렘 주민에게 은총과 간구하는 심령을 부어 주리니 그들이 그 찌른 바 그를 바라보고 그를 위하여 애통하기를 독자를 위하여 애통하듯 하며"라고 하였으므로, '다윗의 집과 예루살렘 주민'은 이스라엘을 가리키고 '유다'는 예수주의 한국을 지칭한다는 뜻입니다.

그러므로 "유다 족속은 내가 돌보고"(4절)라고 하신 것은 짐승 군대의 침공으로부터 예수주의 한국을 지켜 보호해 주신다는 뜻입니다. 또 "그날에 내가 유다 지도자들을 나무 가운데에 화로 같게 하며 곡식단 사이에 횃불 같게 하리니 그들이 그 좌우에 에워싼 모든 민족들을 불사를 것이요"(6절)라고 하신 것은, 하나님께서 예수주의 한국 군대와 함께하심으로 말미암아 승리하도록 도우신다는 의미입니다.

그런데 "다윗의 집의 영광과 예루살렘 주민의 영광이 유다보다 더하지 못하게 하려 함이라"고 하여 이스라엘보다 한국의 위상을 더 높이신 까닭은 무엇일까요?

율법 위에 세워진 하나님 나라보다 예수주의 사상 위에 건설된 하나님의 나라는 더 영광스러워야 하기 때문이라고 생각합니다. 바로 이런 이유에서 하나님은 예수주의 한국을 먼저 구원하시고 그 예수주의 군대로 하여금 위기에 처한 이스라엘을 돕도록 중동 지역으로 파병하시는 것이라고 판단됩니다.

(2) 전쟁의 경과

① 예루살렘의 일시적 함락

BC 487년경 스가랴 선지자에게 주신 아래의 말씀은 아마겟돈 전쟁 초기에 이스라엘이 짐승 군대에게 잠시 점령당할 것에 대한 예언입니다.

> "여호와의 날이 이르리라 그 날에 네 재물이 약탈되어 네 가운데에서 나누이리라 내가 이방 나라들을 모아 예루살렘과 싸우게 하리니 성읍이 함락되며 가옥이 약탈되며 부녀가 욕을 보며 성읍 백성이 절반이나 사로잡혀 가려니와 남은 백성은 성읍에서 끊어지지 아니하리라"(슥 14:1, 2).

"내가 이방 나라들을 모아 예루살렘과 싸우게 하리니"라고 하였으므로 최후의 아마겟돈 전쟁에 관한 상황입니다. 그런데 "성읍이 함락되며 가옥이 약탈되며 부녀가 욕을 보며 성읍 백성이 절반이나 사로잡힌다"고 하였으므로, 전쟁 초기에는 이스라엘이 패하여 예루살렘은 짐승 군대에게 점령당하고 유대인들은 또다시 포로로 붙잡혀 가는 수모를 겪게 됩니다.

② 이스라엘의 파병 요청과 예수주의국의 파병

큰 위기에 몰린 이스라엘은 하나님께서 동방에 세우신 예수주의 한국에 파병 요청을 하게 되는데, 다음의 말씀이 그것에 대한 예언입니다.

> "보라 네가 알지 못하는 나라를 네가 부를 것이며 너를 알지 못하는 나라가 네게 달려올 것은 여호와 네 하나님 곧 이스라엘의 거룩하신 이로 말미암음이니라 이는 그가 너를 영화롭게 하였느니라"(사 55:5).

"네가 알지 못하는 나라를 네가 부를 것이며"는 이사야를 통해 말씀하실 당시 이스라엘이 전혀 알지 못했던 나라를 부른다는 뜻이고, "너를 알지 못하는 나라가 네게 달려올 것"도 이스라엘을 알지 못했던 나라가 장차 이스라엘의 부름에 응하여 달려간다는 뜻입니다. 그리고 "그가 너를 영화롭게 하였느니라"는 말은 이스라엘의 부름에 응하여 달려간 나라 때문에 이스라엘이 위기를 모면하게 된다는 의미입니다. 그런데 "여호와 네 하나님 곧 이스라엘의 거룩하신 이로 말미암음이니라"고 한 것은, 이스라엘이 파병 요청을 하는 것이나 예수주의 한국이 그에 호응하는 일련의 사건들은 모두 하나님께로부터 비롯된다는 뜻입니다.

그러므로 동방의 예수주의 한국은 전쟁 초기에 짐승 군대의 침공을 즉각 물리치고 이처럼 이스라엘을 돕기 위해 중동 지역으로 파병하게 될 것입니다. 그래서 "여섯째 천사가 그 대접을 큰 강 유브라데에 쏟으매 강물이 말라서 동방에서 오는 왕들의 길이 예비되더라"(계 16:12)고 한 것입니다. 이렇게 볼 때 하나님께서 에스겔 선지자를 통하여 "내가 내 모든 산 중에서 그를 칠 칼을 부르리니"(겔 38:21)라고 하신 것이나, 요엘 선지자가 "여호와여 주의 용사들로 그리로 내려오게 하옵소서"(욜 3:11)라고 한 예언은 모두 예수주의 한국이 이스라엘을 돕기 위해 파병할 것을 두고 한 말씀으로 보아야 할 것입니다.

③ 메시아를 찾는 이스라엘의 기도

민족 멸살(滅殺)의 위기를 맞게 된 이스라엘은 예수주의 한국에 도움만 요청하는 것이 아니라, 두 증인이 외쳤던 영원한 복음을 기억하고 민족이 살길은 예수님의 강림을 구하는 길밖에 없다는 판단 아래 주의 재림을 간절히 구하는 기도를 드리게 될 것입니다. 이사야를 통해 예언된 다음의 기도가 바로 그 기도로 보입니다.

"주여 하늘에서 굽어 살피시며 주의 거룩하고 영화로운 처소에서 보옵소서……주의 거룩한 백성이 땅을 차지한 지 오래지 아니하여서 우리의 원수가 주의 성소를 유린하였사오니 우리는 주의 다스리심을 받지 못하는 자 같으며 주의 이름으로 일컬음을 받지 못하는 자같이 되었나이다 원하건대 주는 하늘을 가르고 강림하시고 주 앞에서 산들이 진동하기를 불이 섶을 사르며 불이 물을 끓임 같게 하사 주의 원수들이 주의 이름을 알게 하시며 이방 나라들도 주 앞에서 떨게 하옵소서"(사 63:15-64:2).

(4) 전쟁의 결과

이스라엘의 기도를 들으신 주님은 중심이 뜨거우셔서 강림하시면서 짐승 무리들을 진멸하시는데, 이것을 스가랴 선지자는 "그때에 여호와께서 나가사 그 이방 나라들을 치시되 이왕의 전쟁 날에 싸운 것같이 하시리라"(슥 14:3)고 하였고, 요엘 선지자는 다음과 같이 예언하였습니다.

"그때에 여호와께서 자기의 땅을 극진히 사랑하시어 그의 백성을 불쌍히 여기실 것이라 여호와께서 그들에게 응답하여 이르시기를 내가 너희에게 곡식과 새 포도주와 기름을 주리니 너희가 이로 말미암아 흡족하리라 내가 다시는 너희가 나라들 가운데에서 욕을 당하지 않게 할 것이라 내가 북쪽 군대를 너희에게서 멀리 떠나게 하여 메마르고 적막한 땅으로 쫓아내리니 그 앞의 부대는 동해로, 그 뒤의 부대는 서해로 들어갈 것이라 상한 냄새가 일어나고 악취가 오르리니 이는 큰 일을 행하였음이니라 하시리라"(욜 2:18-20).

본문 속의 '동해'는 갈릴리 바다와 사해 및 요단강을, '서해'는 지중해를 가리킵니다. 예수님은 이처럼 이스라엘의 기도로 말미암아 강림하시면서 위기에 몰린 이스라엘을 구원하실 것이기 때문에 2천 년 전 마지막으로 예루살렘에 입성하셨을 때, "내가 너희에게 이르노니 이제부터 너희는 찬송하리로다 주의 이름으로 오시는 이여 할 때까지 나를 보지 못하리라"(마 23:39)고 말씀하셨던 것입니다.

한편, 재림하시는 예수님은 짐승 무리만 심판하시는 것이 아니라 온 세상을 멸하십니다. 그래서 일곱째 대접을 바로 앞에 두고 "보라 내가 도둑같이 오리니 누구든지 깨어 자기 옷을 지켜 벌거벗고 다니지 아니하며 자기의 부끄러움을 보이지 아니하는 자가 복이 있도다"(계 16:15)라고 말씀하신 것입니다.

그러면 짐승 무리에 대한 심판과 아울러 이 세상의 심판인 일곱째 대접에 대하여 살펴보도록 하겠습니다.

3. 일곱째 대접 – 짐승 무리와 이 세상의 심판

(1) 짐승 무리의 심판

① 짐승 군대의 궤멸

짐승과 그의 군대의 패멸(敗滅)에 대하여는 하나님께서 에스겔을 통해 "네 활을 쳐서 네 왼손에서 떨어뜨리고 네 화살을 네 오른손에서 떨어뜨리리니 너와 네 모든 무리와 너와 함께 있는 백성이 다 이스라엘 산 위에 엎드러지리라"(겔 39:3, 4)고 말씀하셨습니다. 그런데 그들의 병기와 군 장비를 태우는 데는 무려 7년이 걸리고(겔 39:9, 10), 시체를 장사하는 데는 일곱 달이나 걸린다고 한 것을 보면 헤아릴 수 없이 많은 적그리스도의 무리들이 죽임을 당하게 될 것으로 보입니다(겔 39:11, 12).

그리고 하나님께서 "인자야 너는 각종 새와 들의 각종 짐승에게 이르기를 너희는 모여 오라 내가 너희를 위한 잔치 곧 이스라엘 산 위에 예비한 잔치로 너희는 사방에서 모여 살을 먹으며 피를 마실지어다"(겔 39:17)라고 하신 것은 온갖 새와 짐승들을 이용하여 시체들을 처리하시기 위한 말씀입니다.

② 이스라엘의 민족적 대회개

예수님께서 강림하시면서 짐승 군대를 물리치고 이스라엘을 구원하면, 유대인들은 비로소 예수님이 진정한 메시아였음을 깨닫고 거국적인 회개를 하게 됩니다. 이것을 스가랴 선지자는 이렇게 예언합니다.

> "그날에 예루살렘에 큰 애통이 있으리니 므깃도 골짜기 하다드림몬에 있던 애통과 같을 것이라 온 땅 각 족속이 따로 애통하되 다윗의 족속들이 따로 하고 그들의 아내들이 따로 하고 나단의 족속이 따로 하고 그들의 아내들이 따로 하며 레위의 족속들이 따로 하고 그들의 아내들이 따로 하며 시므이 족속들이 따로 하고 그들의 아내들이 따로 하며 모든 남은 족속이 따로 하고 그들의 아내들이 따로 하리로다 그날에 죄와 더러움을 씻는 샘이 다윗의 족속과 예루살렘 거민들을 위하여 열리리라"(슥 12:11-13:1).

이처럼 예수께서 강림하시는 날은 멸망의 위기에 몰렸던 이스라엘이 구원받는 날임과 동시에, 또한 온 유대인들이 눈물로 회개하면서 예수께로 돌아오는 날이 될 것입니다.

③ 짐승과 거짓 선지자의 체포

아마겟돈 전쟁을 일으켰던 짐승과 거짓 선지자는 체포되어 산 채로 유황 불못에 던져지게 되는데, 요한계시록은 그것을 이렇게 예언합니다.

> "또 내가 보매 그 짐승과 땅의 임금들과 그들의 군대들이 모여 그 말 탄

자와 그의 군대와 더불어 전쟁을 일으키다가 짐승이 잡히고 그 앞에서 표적을 행하던 거짓 선지자도 잡혔으니 이는 짐승의 표를 받고 그의 우상에게 경배하던 자들을 표적으로 미혹하던 자라 이 둘이 산 채로 유황불 붙는 못에 던져지고 그 나머지는 말 탄 자의 입으로부터 나오는 검에 죽으매 모든 새가 그들의 살로 배불리더라"(계 19:19-21).

일반적으로는 먼저 육체가 죽임을 당하고 유황 불못에는 최후의 심판을 거쳐 나중에 들어가게 되는데, 짐승과 거짓 선지자의 경우는 예수께서 강림하실 때 그들을 체포하여 산 채로 유황 불못에 던져 버린다고 하신 것입니다. 따라서 그들의 죄악이 얼마나 크며 또 하나님께서 그들에 대하여 얼마나 진노하시는지를 똑똑히 보여주는 장면이 아닐 수 없습니다. 그리고 "그 나머지는 말 탄 자의 입으로부터 나오는 검에 죽으매"라고 하였으므로 남은 적그리스도의 무리들은 예수님의 심판을 받아 죽임을 당하게 됩니다. 그런데 그 참상이 얼마나 극심할 것인지에 대해서는 다음의 예언으로 익히 짐작할 수 있습니다.

"예루살렘을 친 모든 백성에게 여호와께서 내리실 재앙은 이러하니 곧 섰을 때에 그들의 살이 썩으며 그들의 눈동자가 눈구멍 속에서 썩으며 그들의 혀가 입 속에서 썩을 것이요 그날에 여호와께서 그들을 크게 요란하게 하시리니 피차 손으로 붙잡으며 피차 손을 들어 칠 것이며"(슥 14:12, 13).

이 얼마나 무서운 저주입니까? 살이 썩고, 눈이 눈구멍 속에서 썩으며, 혀가 입 속에서 썩는다니 말입니다. 예수님의 심판은 이토록 무섭고 철저하기 때문에 하나님은 "여호와의 진노가 내 마음의 뜻하는 바를 행하여 이루기까지는 그치지 아니하나니 너희가 끝 날에 그것을 완전히 깨달으리라"(렘 23:20)고 말씀하신 것입니다.

이상으로 아마겟돈 전쟁을 일으켰던 짐승 무리들에 대한 심판을 살펴보았습니다. 그러면 나머지 사람들에 대한 심판에 대하여 고찰해 보겠습니다.

(2) 이 세상의 심판

> "일곱째 천사가 그 대접을 공중에 쏟으매 큰 음성이 성전에서 보좌로부터 나서 이르되 되었다 하시니 번개와 음성들과 우렛소리가 있고 또 큰 지진이 있어 얼마나 큰지 사람이 땅에 있어 온 이래로 이같이 큰 지진이 없었더라 큰 성이 세 갈래로 갈라지고 만국의 성들도 무너지니 큰 성 바벨론이 하나님 앞에 기억하신 바 되어 그의 맹렬한 진노의 포도주 잔을 받으매 각 섬도 없어지고 산악도 간 데 없더라 또 무게가 한 달란트나 되는 큰 우박이 하늘로부터 사람들에게 내리매 사람들이 그 우박의 재앙 때문에 하나님을 비방하니 그 재앙이 심히 큼이러라"(계 16:17-21).

일곱째 대접은 공중에 쏟았으므로 남아 있는 전 세계 거민에 대한 최후의 심판입니다. 특히 "큰 성 바벨론이 하나님 앞에 기억하신 바 되어 그의 맹렬한 포도주 잔을 받으매"라고 한 것은 큰 음녀인 미국이 받게 될 심판을 언급하신 것입니다. 그래서 큰 권세를 가진 다른 천사는 힘찬 음성으로 "무너졌도다 무너졌도다 큰 성 바벨론이여 귀신의 처소와 각종 더러운 영이 모이는 곳과 각종 더럽고 가증한 새들이 모이는 곳이 되었도다"(계 18:2)라고 외친 것이요, 사도 요한은 또 하늘로부터 "그러므로 하루 동안에 그 재앙들이 이르리니 곧 사망과 애통함과 흉년이라 그가 또한 불에 살라지리니 그를 심판하시는 주 하나님은 강하신 자이심이라"(계 18:8)는 다른 음성을 들은 것입니다. 그리고 한 힘 센 천사는 큰 맷돌 같은 돌을 들어 바다에 던지면서 큰 음녀가 받을 심판을 다음과 같이 묘사하였습니다.

"큰 성 바벨론이 이같이 비참하게 던져져 결코 다시 보이지 아니하리로다 또 거문고 타는 자와 풍류하는 자와 퉁소 부는 자와 나팔 부는 자들의 소리가 결코 다시 네 안에서 들리지 아니하고 어떠한 세공업자든지 결코 다시 네 안에서 보이지 아니하고 또 맷돌 소리가 결코 다시 네 안에서 들리지 아니하고 등불 빛이 결코 다시 네 안에서 비치지 아니하고 신랑과 신부의 음성이 결코 다시 네 안에서 들리지 아니하리로다 너의 상인들은 땅의 왕족들이라 네 복술로 말미암아 만국이 미혹되었도다"(계 18:21-23).

그러면 일곱째 대접과 이 세상 멸망의 예고였던 여섯째 인, 그리고 에스겔서에 예언된 아마겟돈 전쟁의 결과를 종합하여, 심판의 양상과 심판의 대상자에 대하여 정리해 보겠습니다.

① 심판의 양상

심판의 양상은 총 여섯 가지입니다. 캄캄한 흑암, 뇌성벽력, 대지진, 폭우, 큰 우박덩이, 그리고 유황불 비입니다. 캄캄한 흑암에 대해서는 여섯째 인에서 "해가 검은 털로 짠 상복같이 검어지고 달은 온통 피같이 되며 하늘의 별들이 무화과나무가 대풍에 흔들려 설익은 열매가 떨어지는 것같이 땅에 떨어지매"(계 6:12, 13)라고 예고하였습니다. 그리고 뇌성벽력이 몰아칠 것에 대해서는 일곱째 대접에서 "번개와 음성들과 우렛소리가 있고"(계 16:18)라고 하였으며, 대지진에 대해서는 "또 큰 지진이 있어 얼마나 큰지 사람이 땅에 있어 온 이래로 이같이 큰 지진이 없었더라 큰 성이 세 갈래로 갈라지고 만국의 성들도 무너지니……각 섬도 없어지고 산악도 간 데 없더라"(계 16:18-20)고 하였습니다.

그러면 도대체 진도(震度)가 얼마나 되는 강진입니까? 섬도 사라지고 산악도 간 데 없는 대지진이라니 말입니다! 그리고 폭우와 큰 우박덩이와 유황불 비에 대해서는 에스겔 선지자가 "쏟아지는 폭우와 큰 우박덩이와 불과 유황으로 그와 그 모든 무리와 그와 함께 있는 많은 백성에게 비를 내리듯 하리라"(겔 38:22)고 예언하였습니다.

한편, 큰 우박덩이의 무게는 한 달란트라고 하였는데 '한 달란트'는 시대에 따라 조금씩 달랐어도 약 30kg 내지는 50kg입니다. 따라서 가속도를 고려해 본다면, 하늘에서 내려오는 큰 우박덩이는 예리한 칼처럼 사람이나 짐승을 쪼개버릴 것입니다. 따라서 "여호와께서 불과 칼로 모든 혈육에게 심판을 베푸신즉 여호와께 죽임 당할 자가 많으리니"(사 66:16)라고 한 말씀 중의 '칼'은 바로 이 큰 우박덩이를 가리키는 것이 아닌가 사료됩니다.

그러므로 이 세상 최후의 날은 엄청난 대지진으로 말미암아 모든 건물들이 무너지면서 무수한 사람들이 매몰되거나 부상을 입을 것이고, 칠흑의 어둠을 더듬으며 무너진 잔해 사이로 기어 나오는 자는 벼락에 맞거나 큰 우박덩이에 맞아 죽을 것이며, 여전히 목숨이 붙어 있는 자가 있다면 유황불 비에 타 죽거나 폭우 혹은 쓰나미에 휩쓸려 갈 것입니다. 따라서 하나님의 심판을 피할 자는 한 사람도 없을 것인데, 이러한 심판의 양상에 대하여 이사야 선지자는 이렇게 예언합니다.

> "땅의 주민아 두려움과 함정과 올무가 네게 이르렀나니 두려운 소리로 말미암아 도망하는 자는 함정에 빠지겠고 함정 속에서 올라오는 자는 올무에 걸리리니 이는 위에 있는 문이 열리고 땅의 기초가 진동함이라"(사 24:17, 18).

'두려움'은 천둥과 번개가 몰아치는 '두려운 소리'를 가리키고, 그 두려운 소리 때문에 도망가다 빠진다는 '함정'은 지진으로 땅이 갈라진 틈이며, 함정에서 겨우 올라오는 자가 걸린다는 '올무'는 벼락, 큰 우박덩이, 폭우, 유황불 비를 가리킵니다. 그리고 '위에 있는 문이 열리고'는 무섭게 쏟아 붓는 폭우에 대한 묘사이고, '땅의 기초가 진동함이라'는 것은 엄청난 강진에 대한 표현입니다. 그러므로 하나님의 심판에서 벗어날 자는 그 아무도 없을 것인데, 이것을 아모스 선지자는 다음과 같이 예언합니다.

> "내가 보니 주께서 제단 곁에 서서 이르시되 기둥머리를 쳐서 문지방이 움직이게 하며 그것으로 부서져서 무리의 머리에 떨어지게 하라 내가 그 남은 자를 칼로 죽이리니 그중에서 한 사람도 도망하지 못하며 그중에서 한 사람도 피하지 못하리라 그들이 파고 스올에 들어갈지라도 내 손이 거기서 붙잡아 낼 것이요 하늘로 올라갈지라도 내가 거기서 붙잡아 내릴 것이며 갈멜 산 꼭대기에 숨을지라도 내가 거기에서 찾아낼 것이요 내 눈을 피하여 바다 밑에 숨을지라도 내가 거기서 뱀을 명령하여 물게 할 것이요 그 원수 앞에 사로잡혀 갈지라도 내가 거기에서 칼을 명령하여 죽이게 할 것이라 내가 그들에게 주목하여 화를 내리고 복을 내리지 아니하리라 하시니라"(암 9:1-4).

하나님께서 짐승과 그의 우상에게 경배하고 짐승표를 받은 사람들을 이처럼 철저하게 심판하시는 까닭은 무엇일까요? 이사야 선지자가 "땅이 또한 그 주민 아래서 더럽게 되었으니 이는 그들이 율법을 범하며 율례를 어기며 영원한 언약을 깨뜨렸음이라"(사 24:5)고 말한 것처럼, 세상이 하나님 대신 짐승과 그의 우상을 섬겼고, 666표를 받아 그리스도를 배반했으며, 신앙의 절개를 지키려는 자들을 살해했기 때문입니다. 그래서 그는 이어서 "그러므로 저주가 땅을 삼켰고 그 중에 사는 자들이 정죄함을 당하였고 땅의 주민이 불타서 남은 자가 적도다"(6절)라고 예언한 것입니다.

이렇게 볼 때, 그들은 악의 열매를 맺었기 때문에 심판을 받는 것이라고 보지 않을 수 없습니다. 그래서 요한계시록은 최후 심판의 양상을 익은 포도송이를 포도주 틀에 던져 짓밟는 것으로 이렇게 묘사합니다.

> "또 불을 다스리는 다른 천사가 제단으로부터 나와 예리한 낫 가진 자를 향하여 큰 음성으로 불러 이르되 네 예리한 낫을 휘둘러 땅의 포도송이를 거두라 그 포도가 익었느니라 하더라 천사가 낫을 땅에 휘둘러 땅의 포도를 거두어 하나님의 진노의 큰 포도주 틀에 던지매 성 밖에서 그 틀이 밟히니 틀에서 피가 나서 말굴레에까지 닿았고 천육백 스다디온에 퍼졌더라"(계 14:18-20).

땅의 익은 포도를 거두어 진노의 큰 포도주 틀에 던지매 "틀에서 피가 나서 말굴레까지 닿았고 천육백 스다디온에 퍼졌더라"고 하였는데 이는 죽임을 당한 사람들의 피가 말굴레 높이로(as high as a horse's bridle) 약 320km(1스다디온은 약 200m) 정도나 되는 긴 강을 이룬다는 의미입니다. 그러니 얼마나 많은 사람들의 피가 흘려지는 것입니까? 그래서 하나님은 최후 심판날의 참상에 대하여 "그날은 분노의 날이요 환난과 고통의 날이요 황폐와 패망의 날이요 캄캄하고 어두운 날이요 구름과 흑암의 날이요……내가 사람에게 고난을 내려 맹인같이 행하게 하리니 이는 그들이 나 여호와께 범죄하였음이라 또 그들의 피는 쏟아져서 티끌같이 되며 그들의 살은 분토같이 될지라……이 온 땅이 여호와의 질투의 불에 삼켜지리니 이는 여호와가 이 땅 모든 주민을 멸절하되 놀랍게 멸절할 것임이니라"(습 1:15-18)고 말씀하신 것입니다.

그러므로 하나님의 심판은 아주 공의로운 심판이라고 말하지 않을 수 없습니다. 죄악이 응징되어야 한다는 것은 만고불변의 진리이기 때문입니다. 그래서 물을 차지한 천사는 "전에도 계셨고 지금도 계신 거룩하신 이여 이렇게 심판하시니 의로우시도다"(계 16:5)라고 하였고, 하늘의 허다한 무리는 큰 음성으로 "그의 심판은 참되고 의로운지라 음행으로 땅을 더럽게 한 큰 음녀를 심판하사 자기 종들의 피를 그 음녀의 손에 갚으셨도다"(계 19:2)라고 하나님의 공의로우심을 찬양한 것입니다.

한편, 한 천사가 태양 안에 서서 공중에 나는 모든 새를 향하여 큰 음성으로 "와서 하나님의 큰 잔치에 모여 왕들의 살과 장군들의 살과 장사들의 살과 말들과 그것을 탄 자들의 살과 자유인들이나 종들이나 작은 자나 큰 자나 모든 자의 살을 먹으라"(계 19:17, 18)고 외친 것은 수많은 시체들을 처리하기 위해 모든 새들을 총동원하는 모습입니다.

② 심판의 대상자

성경은 "만일 누구든지 짐승과 그의 우상에게 경배하고 이마에나 손에 표를 받으면……거룩한 천사들 앞과 어린양 앞에서 불과 유황으로 고난을 받으리니 그 고난의 연기가 세세토록 올라가리로다"(계 14:9-11)라고 하였습니다. 그러므로 세계 통합 정부의 수반(首班)을 신처럼 섬겨 그의 우상에게 경배하고 메시아로 믿어 666 짐승표를 이마에나 오른손에 받은 자들은 모두 죽임을 당하게 됩니다. 그리고 짐승 통치하에 들지 않은 사람들의 경우는 다음과 같은 사람들이 심판을 받게 됩니다.

> "또 지붕에서 하늘의 뭇 별에게 경배하는 자들과 경배하며 여호와께 맹세하면서 말감을 가리켜 맹세하는 자들과 여호와를 배반하고 따르지 아니하는 자들과 여호와를 찾지도 아니하고 구하지도 아니한 자들을 멸절하리라"(습 1:5, 6).

"지붕에서 하늘의 뭇 별에게 경배하는 자들"은 우상 숭배자들이고, "여호와께 맹세하면서 말감을 가리켜 맹세하는 자들"은 하나님과 우상을 겸하여 섬기는 자들입니다. 이처럼 양다리를 걸친 자들이 심판받는 이유는, 그런 신앙은 참 믿음이 아닌 기복적(祈福的)이고 자기중심적인 신앙이기 때문입니다. 또한 "여호와를 배반하고 따르지 아니하는 자"와 "여호와를 찾지도 아니하고 구하지도 아니한 자"들이 거론되었는데, 이들이 심판받는다는 것은 너무나 당연합니다. 하나님을 배반하거나 하나님을 무시하는 것은 큰 죄이기 때문입니다.

그런데 사람이 하나님을 찾지도 않고 구하지도 않는 이유는 무엇일까요? 재물이 풍부하여 먹고살 걱정이 없기 때문이 아니겠습니까? 하지만 "그들의 은과 금이 여호와의 분노의 날에 능히 그들을 건지지 못할 것이며"(습 1:18)라는 말씀처럼 재물은 심판의 날에 아무 쓸모가 없게 됩니다. 그래서 하나님은 "그 은을 거리에 던지며 그 금을 오물같이 여기리니 이는 여호와 내가 진노를 내리는 날에 그들의 은과 금이 능히 그들을 건지지 못하며 능히 그 심령을 족하게 하거나 그 창자를 채우지 못하고 오직 죄악의 걸림돌이 됨이로다"(겔 7:19)라고 말씀하신 것입니다.

이상으로 심판 받을 대상자들에 대하여 살펴보았습니다. 따라서 그들은 한마디로 '악하고 교만한 자들'입니다. 왜냐하면 우상을 숭배하거나 하나님을 배반하는 것은 '악'이고, 하나님을 찾지도 아니하고 구하지도 아니하는 것은 '교만'이기 때문입니다. 하나님께서 말라기를 통해 "보라 용광로 불 같은 날이 이르리니 교만한 자와 악을 행하는 자는 다 지푸라기 같을 것이라"(말 4:1)고 말씀하신 이유가 바로 이 때문이라고 볼 수 있습니다.

Ⅱ. 그리스도의 재림

1. 재림의 시기

재림의 시기에 대하여는 예수께서 "그러나 그날과 그때는 아무도 모르나니 하늘의 천사들도 아들도 모르고 오직 아버지만 아시느니라"(마 24:36)고 말씀하셨기 때문에 재림의 정확한 '그날과 그 시간'(that day and that hour)은 아무도 알 수 없습니다. 하지만 언제쯤 오실 것인가에 대한 예상은 가능합니다. 아모스 선지자가 "주 여호와께서는 자기의 비밀을 그 종 선지자들에게 보이지 아니하시고는 결코 행하심이 없으시리라"(암 3:7)고 말씀하신 것처럼, 성경은 재림의 대체적인 시기에 대하여 분명히 밝히고 있기 때문입니다. 그래서 사도 바울은 "형제들아 너희는 어두움에 있지 아니하매 그 날이 도둑같이 너희에게 임하지 못하리니 너희는 다 빛의 아들이요 낮의 아들이라"(살전 5:4, 5)고 말한 것입니다.

그러면 예수님은 언제쯤 강림하실까요? 이것에 대해서는 주께서 종말론 강론에서 이렇게 말씀하셨습니다.

> "그날 환난 후에 즉시 해가 어두워지며 달이 빛을 내지 아니하며 별들이 하늘에서 떨어지며 하늘의 권능들이 흔들리리라 그때에 인자의 징조가 하늘에서 보이겠고 그때에 땅의 모든 족속들이 통곡하며 그들이 인자가 구름을 타고 능력과 큰 영광으로 오는 것을 보리라"(마 24:29, 30).

"그날 환난 후"는 후 3년 반의 성도의 대환난 후를 가리킵니다. 그리고 "해가 어두워지며 달이 빛을 내지 아니하며 별들이 하늘에서 떨어지며 하늘의 권능들이 흔들리리라"는 것은 일곱째 대접으로 세상이 최후의 심판을 받을 때의 상황입니다. 그런데 "그때에 인자의 징조가 하늘에서 보이겠고……인자가 구름을 타고 능력과 큰 영광으로 오는 것을 보리라"고 하셨으므로 예수님은 후 3년 반 성도의 대환난 후, 마지막 일곱째 대접으로 세상을 완전히 심판하시면서 강림하십니다(계 16:15). 이것을 바울 사도는 이렇게 말합니다.

> "주께서 호령과 천사장의 소리와 하나님의 나팔소리로 친히 하늘로부터 강림하시리니……"(살전 4:16).

'주의 호령'은 일곱째 대접을 쏟을 때 보좌로부터 나오는 '되었다' 하는 큰소리고(계 16:17, 18), '천사장의 소리'란 최후의 심판날에 큰 성 바벨론의 무너짐을 알리는 천사장의 외침이며(계 18:2), '하나님의 나팔'은 주의 재림 시에 살아남은 성도들을 사방에서 모을 '큰 나팔'을 가리킵니다(마 24:31). 그러므로 사도 바울도 주님의 말씀과 똑같이 이 세상이 일곱째 대접으로 최후의 심판을 받는 날에 주께서 강림하실 것을 증언한 것입니다.

그러면 세상을 심판하는 그 일곱째 대접은 언제쯤 붓게 될까요? 다니엘의 예언 속에서 찾을 수 있습니다.

> "매일 드리는 제사를 폐하며 멸망하게 할 가증한 것을 세울 때부터 천이백구십 일을 지날 것이요 기다려서 천삼백삼십오 일까지 이르는 그 사람은 복이 있으리라"(단 12:11, 12).

"매일 드리는 제사를 폐하며 멸망할 가증한 것을 세울 때"는 7년 대재난의 중간 시점입니다. 그런데 그때로부터 1,290일이 지난다는 것은 후 3년 반을 지나고 30일이 더 지난다는 뜻입니다. 그리고 "기다려서 1,335일까지 이르는 그 사람은 복이 있으리라"고 하였는데, 여기서 말하는 '복'(에쉐르, אֶשֶׁר)은 하나님 나라의 복을 지칭할 때 사용된 단어입니다(참조. 시 33:12, 144:15). 따라서 7년 대재난이 끝나고 30일을 지난 후 45일 째가 되는 날부터는 지상 천년왕국이 시작된다는 의미이므로 마지막 일곱째 대접은 바로 그 45일 어간에 붓게 됩니다.

이렇게 볼 때, 후 3년 반이 끝난 후부터 30일 동안은 첫째 대접부터 다섯째 대접까지 심판을 쏟아 붓는 기간이고, 30일 째가 되는 날은 여섯째 대접으로 말미암아 아마겟돈 전쟁이 발발하는 시기로 보아야 합니다. 왜냐하면 예수님은 아마겟돈 전쟁의 위기에 처한 이스라엘을 구원하시기 위해 강림하시기 때문입니다. 그러므로 일곱째 대접으로 있게 될 재림의 시기를 도표화한다면 다음과 같게 됩니다.

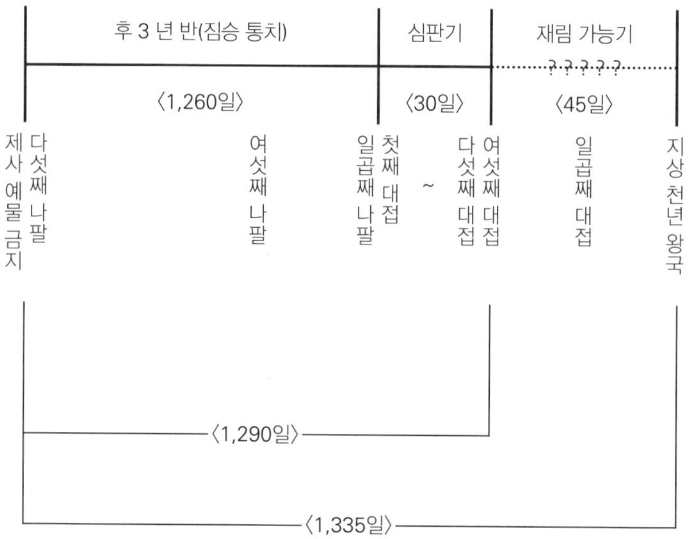

물론 그 '45일' 중 어느 날 어느 시에 예수께서 강림하실지에 대해서는 하늘의 천사도 모르고, 예수님도 모르시며, 오직 성부 하나님만 아십니다(마 24:36). 하지만 예수님을 향한 이스라엘의 태도를 보면

짐작은 가능합니다. 왜냐하면 예수께서 예루살렘의 멸망을 내다보시고 탄식하시면서(마 23:37, 38) 이러한 말씀을 하셨기 때문입니다.

> "내가 너희에게 이르노니 이제부터 너희는 찬송하리로다 주의 이름으로 오시는 이여 할 때까지 나를 보지 못하리라"(마 23:39).

이 말씀은 유대인들이 예수를 죽음에 넘겨줌으로 말미암아 더 이상 주를 보지 못할 것이지만, 그들이 예수님을 메시아로 인정하고 "찬송하리로다 주의 이름으로 오시는 이여"라고 하면서 주의 강림을 간절히 원하면 예수님을 다시 볼 수 있다는 뜻으로, 재림의 시기가 유대인들의 태도에 달려 있음을 시사하신 말씀이었습니다. 그래서 호세야 선지자를 통해서도 "그들이 그 죄를 뉘우치고 내 얼굴을 구하기까지 내가 내 곳으로 돌아가리라 그들이 고난 받을 때에 나를 간절히 구하리라"(호 5:15)고 말씀하신 것입니다. 따라서 이스라엘이 아마겟돈 전쟁의 위기에서 예수님을 참 메시아로 인정하고 주님을 빨리 찾으면 빨리 오실 것이고 늦게 찾으면 늦게 오실 수밖에 없기 때문에 재림 시기의 결정적 열쇠는 유대인들이 쥐고 있는 셈입니다. 하지만 하나님께서 예정하신 그 '45일 어간'은 넘지 않게 될 것입니다.

한편, 스가랴 선지자는 "여호와의 아시는 한 날이 있으리니 낮도 아니요 밤도 아니라 어두워 갈 때에 빛이 있으리로다"(슥 14:7)라고 하였습니다. 그러므로 재림하시는 시간대는 이스라엘을 기준으로 볼 때 낮도 아니고 밤도 아닌 어두워갈 즈음이라고 추정할 수 있습니다.

2. 재림의 장소

사도 바울이 "주께서 호령과 천사장의 소리와 하나님의 나팔로 친히 하늘로부터 강림하시리니……우리 살아남은 자들도 그들과 함께 구름 속으로 끌어올려 공중에서 주를 영접하게 하시리니"(살전 4:16, 17)라고 말했으므로 예수님은 공중에 강림하십니다. 그리고 여기의 '공중'은 헬라어 '아에르'(ἀήρ)로서 지구의 대기권을 가리킵니다.

예수께서 대기권 공중에 오시는 이유는 온 세계 거민이 다 보고 알게 하기 위해서입니다. 그래서 주님은 "번개가 동편에서 나서 서편까지 번쩍임같이 인자의 임함도 그러하리라"(마 24:27)고 하셨고, 사도 요한은 "볼지어다 그가 구름을 타고 오시리라 각 사람의 눈이 그를 보겠고 그를 찌른 자들도 볼 것이요 땅에 있는 모든 족속이 그로 말미암아 애곡하리니 그러하리라"(계 1:7)고 말한 것입니다.

한편, 예수님은 이스라엘의 감람산에도 잠시 발을 디디십니다. 이유인즉 승천하실 때의 약속, 곧 "너희 가운데서 하늘로 올려지신 이 예수는 하늘로 가심을 본 그대로 오시리라"(행 1:11)고 하신 말씀을 성취하기 위해서입니다. 이처럼 예수님은 공중에 오시면서 이스라엘의 감람산에도 발을 딛기 때문에, 스가랴 선지자는 "그때에 여호와께서 나가사 그 이방 나라들을 치시되 이왕의 전쟁 날에 싸운 것같이 하시리라"(슥 14:3)는 말로 공중에 강림하시면서 세상을 심판하시는 주님에 대하여 언급한 다음, 곧이어 "그날에 그의 발이 예루살렘 앞 곧 동쪽 감람산에 서실 것이요 감람산은 그 한가운데가 동서로 갈라져 매우 큰 골짜기가 되어서 산 절반은 북으로 절반은 남으로 옮기고 그 산 골짜기는 아셀까지 이를지라"(4-5절)고 예언한 것입니다.

그러나 이 '감람산에 서심'을 지상 천년왕국을 건설하기 위한 것으로 오해하면 안 됩니다. 왜냐하면 이 감람산에 서심은 승천하실 때의 약속을 이루고, 또 위기에 처한 이스라엘을 구원하기 위한 임시 강림이기 때문입니다. 지상 천년왕국은 세상을 완전히 심판하시고 세상을 새롭게 하신 후에 건설하십니다. 그래서 "기다려서 1,335일까지 이른 그 사람은 복이 있으리라"고 하신 것입니다. 이로 볼 때 재림의 본 장소는 공중입니다.

3. 재림의 양태

(1) 백마와 구름을 타고 오십니다.

사도 요한은 "또 내가 하늘이 열린 것을 보니 보라 백마와 그것을 탄 자가 있으니 그 이름은 충신과 진실이라 그가 공의로 심판하며 싸우더라"(계 19:11)고 하였습니다. 그러므로 예수님은 백마를 타고 오십니다. 아울러 주께서 "그때에 인자의 징조가 하늘에서 보이겠고 그 때에 땅의 모든 족속들이 통곡하며 그들이 인자가 구름을 타고 능력과 큰 영광으로 오는 것을 보리라"(마 24:30)고 하셨으므로 예수님은 또한 구름을 타고 오십니다(막 13:26; 눅 21:27). 예수께서 구름 위에서 백마를 타고 오신다는 의미는 무엇일까요?

'백마'는 승리를, '구름'은 영광을 상징하므로 예수님은 승리하신 왕으로 영광중에 재림하신다는 뜻입니다. 그러므로 초림의 예수님은 가난한 목수 가정에 초라하게 오셨지만, 재림하실 주님은 이처럼 금의환향하는 개선장군처럼 큰 영광중에 오십니다.

한편, 예수께서 구름을 타고 오신다는 것을 상징으로 해석하여 재림주가 사람의 몸을 입고 세상에 이미 왔다고 주장하는 이들이 있습니다. 하지만 그들은 전부 이단입니다. 왜냐하면 예수께서 친히 "인자가 권능의 우편에 앉은 것과 하늘 구름을 타고 오는 것을 너희가 보리라"(마 26:64b)고 분명히 말씀하셨고, 또 주께서 구름을 타고 승천하시는 모습을 쳐다보고 있던 제자들에게 곁에 섰던 흰옷 입은 두 천사는 "갈릴리 사람들아 어찌하여 서서 하늘을 쳐다보느냐 너희 가운데서 하늘로 올려지신 이 예수는 하늘로 가심을 본 그대로 오시리라"(행 1:11)고 명백히 말했기 때문입니다. 다시 말하면 예수께서 구름을 타고 승천하신 것과 똑같이 구름을 타고 재림하실 것을 예수님은 물론, 천사들도 증언하였다는 데서 '구름 타고 오시는 것'을 상징으로 해석하여 재림주가 어디에 이미 와 있다는 주장은 모두가 사탄의 미혹이라는 의미입니다.

(2) 천군 천사를 대동하고 오십니다.

예수께서 백마를 타시고 강림하시는 광경에 대하여 요한계시록은 "하늘에 있는 군대들이 희고 깨끗한 세마포 옷을 입고 백마를 타고 그를 따르더라"(계 19:14)고 하였고, 주께서는 "인자가 아버지의 영광으로 그 천사들과 함께 오리니"(마 16:27)라고 말씀하셨습니다. 그러므로 예수님은 천군과 천사들을 대동하고 오십니다.

(3) 성도들과 함께 오십니다.

사도 바울은 "우리 주 예수께서 그의 모든 성도들과 함께 강림하실 때에"(살전 3:13b)라고 하였고, 또 "우리가 예수의 죽었다가 다시 사심을 믿을진대 이와 같이 예수 안에서 자는 자들도 하나님이 저와 함께 데리고 오시리라"(살전 4:14)고 하였습니다. 그러므로 예수를 믿다가 잠들어 낙원에 가 있는 모든 성도들도 주님과 함께 강림하게 됩니다. 그러므로 예수님의 재림은 참으로 대장관일 것입니다. 수많은 천군 천사를 대동하시고 무수한 성도들과 함께 구름 위에서 백마를 타고 강림하실 것이기 때문입니다.

따라서 예수님의 강림은 온 세상을 깜짝 놀라게 할 대사건이 될 것입니다. 왜냐하면 2천 년 전 갈보리 십자가 위에서 흉악한 죄인처럼 처참하게 돌아가셨던 분이 만왕의 왕으로 큰 영광 가운데 강림하실 것이기 때문입니다. 그래서 하나님은 "보라 내 종이 형통하리니 받들어 높이 들려서 지극히 존귀하게 되리라 전에는 그의 모양이 타인보다 상하였고 그의 모습이 사람들보다 상하였으므로 많은 사람이 그에 대하여 놀랐거니와 그가 나라들을 놀라게 할 것이며 왕들은 그로 말미암아 그들의 입을 봉하리니"(사 52:13-15)라고 말씀하신 것입니다.

Ⅲ. 성도의 부활과 휴거

1. 성도의 부활

예수께서 "나를 보내신 이의 뜻은 내게 주신 자 중에 내가 하나도 잃어버리지 아니하고 마지막 날에 다시 살리는 이것이니라 내 아버지의 뜻은 아들을 보고 믿는 자마다 영생을 얻는 이것이니 마지막 날에 내가 이를 다시 살리리라"(요 6:39, 40)고 말씀하셨습니다. 그러므로 예수께서 강림하시면서 세상을 심판하시는 날에 주 안에서 죽은 성도들은 모두 부활하게 됩니다. 이것을 바울 사도는 "보라 내가 너희에게 비밀을 말하노니 우리가 다 잠잘 것이 아니요 마지막 나팔에 순식간에 홀연히 다 변화되리니 나팔 소리가 나매 죽은 자들이 썩지 아니할 것으로 다시 살고"(고전 15:51-53)라고 말한 것입니다.

그러면 낙원에 있는 성도들이 부활할 수 있는 근거는 무엇일까요? 성도의 속에는 영원한 생명이신 성령이 내주하시기 때문입니다. 이것을 바울 사도는 "예수를 죽은 자 가운데서 살리신 이의 영이 너희 안에 거하시면 그리스도 예수를 죽은 자 가운데서 살리신 이가 너희 안에 거하시는 그의 영으로 말미암아 너희 죽을 몸도 살리시리라"(롬 8:11)고 말한 것입니다.

한편, 이사야 선지자는 "주의 죽은 자들은 살아나고 그들의 시체들은 일어나리이다 티끌에 누운 자들아 너희는 깨어 노래하라 주의 이슬은 빛난 이슬이니 땅이 죽은 자들을 내놓으리로다"(사 26:19)라고 예언하였습니다. 그러므로 구약시대의 성도들도 함께 부활하게 될 것입니다.

한편, 주님의 부활에 대하여 회의를 품는 자가 있었던 고린도 교회를 향하여 사도 바울은 "그리스도께서 죽은 자 가운데서 다시 살아나셨다 전파되었거늘 너희 중에서 어떤 사람들은 어찌하여 죽은 자 가운데서 부활이 없다 하느냐"(고전 15:12)라고 힐책하면서 다음과 같이 주님의 부활을 확고하게 증언하였습니다.

> "만일 죽은 자의 부활이 없으면 그리스도도 다시 살아나지 못하셨으리라 그리스도께서 만일 다시 살아나지 못하셨으면 우리가 전파하는 것도 헛것이요 또 너희 믿음도 헛것이며 또 우리가 하나님의 거짓 증인으로 발견되리니 우리가 하나님이 그리스도를 다시 살리셨다고 증언하였음이라 만일 죽은 자가 다시 살아나는 일이 없으면 하나님이 그리스도를 다시 살리지 아니하셨으리라……그리스도께서 다시 살아나신 일이 없으면 너희의 믿음도 헛되고 너희가 여전히 죄 가운데 있을 것이요 또한 그리스도 안에서 잠자는 자도 망하였으리니 만일 그리스도 안에서 우리가 바라는 것이 다만 이 세상의 삶뿐이면 모든 사람 가운데 우리가 더욱 불쌍한 자이리라"(고전 15:13-19).

그러므로 주 안에서 잠자고 있는 성도들이 주께서 강림하실 때 모두 부활하게 된다는 것은 의심의 여지가 없습니다. 그러면 부활의 의의와 부활체 및 각기 다른 부활체의 영광에 대하여, 그리고 순교자의 부활과 불신자의 부활에 대하여 말씀을 고찰해 보겠습니다.

(1) 부활의 의의

성도 부활의 첫 번째 의의는, 신자가 성장의 모든 과정을 다 끝내고 마침내 완성되었다는 뜻입니다. 이렇게 볼 때 낙원에서도 영혼을 성장 완성시키는 시스템이 다 마련되어 있다고 보아야 합니다. 왜냐하면 낙원에 오른 신도들은 믿음으로써 대신(對神) 관계만 이룬 어린 성도들이 대부분인데, 그들에게 부활의 몸을 입혀 주신다는 것을 보면 그들의 영혼이 완성되었다는 증거이기 때문입니다.

부활의 두 번째 의의는, 이제 신랑 예수님과 결혼할 수 있게 되었다는 것입니다. 즉 세상에서도 성인이 되면 혼인할 수 있는 것처럼 완성되었다는 징표로 부활의 몸을 입었으므로 이제 주님과 결혼할 수 있게 되었다는 뜻입니다. 바로 이런 이유에서 예수께서 강림하시어 세상을 심판하신 후 혼인 잔치를 배설(排設)하시는 것이라고 생각합니다.

부활의 세 번째 의의는, 드디어 새 예루살렘 천국에 입성할 수 있게 되었다는 것입니다. 새 예루살렘은 "새 하늘과 새 땅"(계 21:1)으로 몸을 입어야만 들어갈 수 있는 완전한 천국이기 때문입니다.

(2) 부활체

부활체는 영과는 달리 뼈와 살이 있는 구체적인 몸입니다. 그래서 의심의 눈초리로 부활하신 주님을 바라보던 제자들을 향하여 예수님은 "어찌하여 두려워하며 어찌하여 마음에 의심이 일어나느냐 내 손과 발을 보고 나인 줄 알라 또 나를 만져보라 영은 살과 뼈가 없으되 너희 보는 바와 같이 나는 있느니라"(눅 24:38, 39)고 말씀하신 것이요, 또 구운 생선 한 토막을 받아 잡수셨던 것입니다(눅 21:41-43). 그런데 부활하신 주께서 문이 닫힌 방에 홀연히 나타났다 홀연히 사라지셨고, 그 몸으로 구름을 타시고 머나먼 천국으로 오르셨으며, 머지않아 그 몸으로 천군 천사들과 함께 구름을 타고 다시 오실 것을 생각해 보면, 부활체는 이 세상에는 전혀 볼 수 없는 초물질(超物質)이라고 보아야 할 것입니다.

더 나아가 부활체는 먹을 수도 있지만 안 먹을 수도 있고, 먹는다 해도 배설(排泄)이 없으며, 죽음은 물론 질병이나 장애, 노쇠 혹은 피곤조차 있을 수 없는 신령한 몸, 완전한 육체입니다. 그러므로 현재의 우리로서는 실로 꿈만 같은 몸일 것입니다. 그래서 바울 사도는

"죽은 자의 부활도 이와 같으니 썩을 것으로 심고 썩지 아니할 것으로 다시 살아나며 욕된 것으로 심고 영광스러운 것으로 다시 살아나며 약한 것으로 심고 강한 것으로 다시 살아나며 육의 몸으로 심고 신령한 몸으로 다시 살아나나니 육의 몸이 있은즉 또 영의 몸도 있느니라"(고전 15:42-44)고 말한 것입니다.

(3) 각기 다른 부활체의 영광

성도들이 장차 입을 부활체의 모습에 대하여 바울 사도는 "하늘에 속한 형체도 있고 땅에 속한 형체도 있으나 하늘에 속한 것의 영광이 따로 있고 땅에 속한 것의 영광이 따로 있으니 해의 영광이 다르고 달의 영광이 다르며 별의 영광도 다른데 별과 별의 영광이 다르도다 죽은 자의 부활도 그와 같으니……"(고전 15:40-42)라고 하였습니다. 즉 부활체의 영광은 사람에 따라 다 각기 다를 것을 밝힌 것입니다.

이렇게 볼 때 부활체의 모습과 영광은 전적으로 당사자에게 달려 있다고 보아야 할 것입니다. 즉 현재의 몸은 부모로부터 받은 것이기 때문에 본인의 책임은 거의 없지만, 장차 입게 될 부활체는 성도가 세상에서 어떻게 살았는지에 따라 그 모습과 영광이 다르게 될 것이라는 의미입니다. 이처럼 부활체의 영광은 어떤 삶을 살았느냐에 달려 있기 때문에, 히브리서 기자는 "또 어떤 이들은 더 좋은 부활을 얻고자 하여 심한 고문을 받되 구차히 풀려나기를 원하지 아니하였으며 또 어떤 이들은 조롱과 채찍질뿐 아니라 결박과 옥에 갇히는 시련도 받았으며 돌로 치는 것과 톱으로 켜는 것과 시험과 칼로 죽임을 당하고 양과 염소의 가죽을 입고 유리하여 궁핍과 환난과 학대를 받았으니 이런 사람은 세상이 감당하지 못하느니라"(히 11:35-38)고 말한 것입니다.

그러므로 “내 사랑하는 형제들아 견실하며 흔들리지 말고 항상 주의 일에 더욱 힘쓰는 자들이 되라 이는 너희 수고가 주 안에서 헛되지 않은 줄 앎이라”(고전 15:58)는 말씀을 명심하고, 더 좋은 부활의 영광을 얻기 위해 어떤 핍박과 환란 속에서도 신앙을 지키며 하나님의 말씀과 성령의 뜻 안에 거해야 할 줄 믿습니다.

(4) 순교자의 부활

순교자들도 예수께서 강림하실 때 일반 성도들과 함께 부활하게 됩니다. 그런데 그들에게는 다음의 말씀과 같이 지상 천년왕국에서 왕권이 주어지게 됩니다.

> “……또 내가 보니 예수를 증언함과 하나님의 말씀 때문에 목 베임을 당한 자들의 영혼들과 또 짐승과 그의 우상에게 경배하지도 아니하고 그들의 이마와 손에 그의 표를 받지 아니한 자들이 살아서 그리스도와 더불어 천 년 동안 왕 노릇하니 (그 나머지 죽은 자들은 천 년이 차기까지 살지 못하더라) 이는 첫째 부활이라 이 첫째 부활에 참여하는 자들은 복이 있고 거룩하도다 둘째 사망이 그들을 다스리는 권세가 없고 도리어 그들이 하나님과 그리스도의 제사장이 되어 천 년 동안 그리스도와 더불어 왕 노릇하리로다”(계 20:4-6).

순교자들은 하나님을 위해 목숨까지 바친 자들이므로 지상 천년왕국에서 왕권을 주시는데 요한계시록은 순교자들을 세 부류로 구분합니다. 곧 예수를 증거하다 죽은 자들과 하나님의 말씀 때문에 목 베임을 당한 자들 및 짐승 통치하에서 신앙의 절개를 지키려다 죽임 당한 자들입니다. 이처럼 복음과 하나님의 말씀을 위해 죽으면 영원한 생명과 더불어 지상에서 영광이 기다리고 있기 때문에 성령께서 이러한 말씀을 하신 것 같습니다.

"기록하라 지금 이후로 주 안에서 죽는 자들은 복이 있도다 하시매 성령이 이르시되 그러하다 그들이 수고를 그치고 쉬리니 이는 그들의 행한 일이 따름이라 하시더라"(계 14:13).

한편, 순교자들의 부활을 '첫째 부활'로 칭하고 있다는 데서 일반 성도들의 부활도 '첫째 부활'로 일컬어야 한다고 봅니다. 왜냐하면 순교자들과 일반 성도들의 부활 시기가 같을 뿐 아니라 순교했다 부활한 자들을 향하여 "복이 있고 거룩하도다 둘째 사망이 그들을 다스리는 권세가 없고"라고 하였는데, '둘째 사망'이란 영혼이 유황 불못에 들어가는 것을 의미하는 바 일반 성도들도 둘째 사망의 해를 받지 아니하고 영원한 천국의 복락을 누리기 때문입니다(계 21:8).

(5) 불신자의 부활

순교자의 부활에 대하여 말하던 중 "그 나머지 죽은 자들은 그 천 년이 차기까지 살지 못하더라"(계 20:5)고 하였습니다. 그러므로 불신자들은 지상 천년왕국 후에 부활하여 대 백보좌 심판대 앞에 서게 됩니다. 왜냐하면 여기서 "그 나머지 죽은 자들"이란 하나님과 예수를 모르고 이 세상에 살다가 죽은 자들을 가리키기 때문입니다. 따라서 불신자들의 부활은 '둘째 부활'로 칭해야 한다고 봅니다. 성도들의 '첫째 부활'이 있은 다음 천 년 후에나 부활할 것이기 때문입니다.

2. 성도의 휴거

휴거란 무엇일까요? 휴거의 의미와 휴거의 시기에 대하여 말씀을 상고해 본 다음 휴거 받을 자격에 대하여 고찰해 보겠습니다.

(1) 휴거의 의미

'휴거'라는 단어가 성경에 직접 사용되지는 않았습니다. 하지만 '끌 휴'(携)와 '들 거'(擧)가 '이끌어 들어 올린다'라는 뜻이므로, 성도의 들림 받음을 가장 적절히 나타내주기 때문에 종말론에서는 상용어가 된 단어입니다. 그러면 성도의 휴거를 나타내 주는 '데려감을 당하다'와 '끌어 올려'라는 두 단어를 통해 휴거의 의미를 자세히 살펴보겠습니다.

① 데려감을 당함

> "그때에 두 사람이 밭에 있으매 하나는 데려감을 당하고 하나는 버려둠을 당할 것이요 두 여자가 매를 갈고 있으매 하나는 데려감을 당하고 하나는 버려둠을 당할 것이니라"(마 24:40, 41).

'데려감을 당하고'의 헬라어 '파라람바네타이'(παραλαμβάνεται)는 '파라'(곁에)와 '람바네타이'(데려감을 당할 것이다, shall be taken, KJV / will be taken away, RSV)의 합성어입니다. 따라서 접두어 '파라'를 생각하면 누군가에 의하여 데려감을 당한다는 뜻입니다. 그런데 예수께서 "그가 큰 나팔 소리와 함께 천사들을 보내리니 그들이 그의 택하신 자들을 하늘 이 끝에서 저 끝까지 사방에서 모으리라"(마 24:31)고 말씀하셨으므로 천사에 의해 데려감을 당하게 됩니다.

② 끌어 올림

> "그 후에 우리 살아남은 자도 그들과 함께 구름 속으로 끌어 올려 공중에서 주를 영접하게 하시리니 그리하여 항상 우리가 주와 함께 있으리라"(살전 4:17).

'끌어 올려'는 헬라어 '하르파게소메따'(ἁρπαγεσόμεθα)로 '하르파조'(ἁρπάζω, 잡아채다)의 1인칭 복수 수동태 미래 직설법입니다. 따라서 '위로 낚아챔을 당할 것이다'(shall be caught up, KJV, RSV)라는 뜻입니다. 그러므로 이 말씀도 천사에 의해 순식간에 성도들이 공중으로 끌려 올라갈 것을 묘사한 말입니다. 그런데 성도들이 공중으로 끌려 올라가면서 그 몸에 큰 변화가 있게 됩니다. 즉 "나팔 소리가 나매 죽은 자들이 썩지 아니할 것으로 다시 살고 우리도 변화하리라"(고전 15:52)는 말씀처럼, 성도의 몸이 부활체와 같은 영광스러운 몸으로 변화되는 것입니다. 그래서 사도 요한은 "그가 나타나시면 우리가 그와 같을 줄을 아는 것은 그의 참모습 그대로 볼 것이기 때문이니"(요일 3:2)라고 말한 것입니다.

그러므로 '휴거는 성도가 천사에 의해 순식간에 공중으로 끌려 올라가면서 그 몸이 영화체(榮華體)로 변화되는 것이다'라고 정의할 수 있습니다.

(2) 휴거의 시기

두 증인과 하나님의 인침을 받은 14만 4천은 7년 대재난이 끝날 즈음, 곧 일곱째 나팔을 불 때 승천한다고 했습니다. 그러면 승천과 휴거는 어떤 점이 다를까요?

승천은 문자 그대로 하늘나라로 올라가는 것이고, 휴거는 재림하시는 주님을 맞이하려고 공중으로 끌려 올라가는 것이라는 점에서 다릅니다. 따라서 승천은 재림과 관계없이 이루어지지만, 휴거는 반드시 주의 강림과 함께 있다는 점에서 근본적 차이가 있습니다.

그런데 주의 재림과 휴거의 시기에 대하여 꼭 기억해야 할 것이 있습니다. 그것은 재림과 휴거에 관하여 날짜 계산을 해서 오직 그 날을 거룩하게 준비한다는 명목으로 가정이나 학교 및 직장을 떠나

기도원이나 수도원, 혹은 어떤 특별한 장소에서 모여 기도하고 찬송하며 예배를 드리면서 휴거를 기다려서는 안 된다는 것입니다. 왜냐하면 휴거에 관계된 주님의 말씀을 살펴보면, 예배 중에 들림 받는다고 하신 말씀은 한 군데도 없이 다만 밭에서 일을 하다가 들림 받거나(마 24:40), 혹은 맷돌을 갈고 있다가(눅 17:35), 때로는 잠을 자고 있다가 들림 받게 될 것이라는 말씀뿐이기 때문입니다(눅 17:34).

물론 세계 각지의 시간대가 다 다르기 때문에 기도하고 찬송하며 말씀을 듣는 중에 휴거 받을 자들도 분명 있을 것입니다. 하지만 주께서 휴거는 평범한 생활 중에 있을 것을 강조하신 이유는 무엇일까요?

예수님은 익은 곡식을 추수하러 오신다는 것을 부각시키기 위함이라고 생각합니다. 즉 성도가 결실했다는 증거는 특정한 장소에 모여 예배를 드리고 찬송을 부르는 데 있는 것이 아니요 가정이나 동네, 학교나 직장 등지에서 하나님의 계명을 실천하고 성령의 뜻을 준행함으로써 세상의 빛과 소금이 되는 데 있기 때문에, 휴거는 일상생활 속에서 일어난다는 것을 특히 강조하셨다는 뜻입니다. 그러므로 가정과 직장 및 학교를 떠나 어느 곳에 모여 휴거 받기를 준비하는 어떤 집단이 있다면 일단 이단이 아닌가 의심부터 해보아야 할 것입니다.

그러면 성도의 휴거는 언제 있을까요? 성경이 밝히고 있는 휴거의 시기에 대하여 고찰해 보겠습니다.

① 휴거는 거짓 그리스도의 출현 후에 있습니다.

바울 사도가 데살로니가 교회에 보낸 첫 번째 편지에서 주의 재림과 성도의 휴거에 대하여 언급한 것 때문에, 신자들이 주의 재림이 임박했다고 마음이 들떠 일상생활에 충실하지 못하고 공연히 두려움에 사로잡혀 있다는 소식이 들려왔습니다. 이에 사도 바울은 두 번째 편지를 보내 신자들의 두려워하는 마음과 들뜬 마음을 진정시키고 재림이 임박했다는 소리에 미혹받지 않도록 하기 위해 주의 강림과 휴거 시기를 밝혔는데, 그 내용은 바로 이것입니다.

> "형제들아 우리가 너희에게 구하는 것은 우리 주 예수 그리스도의 강림하심과 우리가 그 앞에 모임에 관하여 영으로나 또는 말로나 또는 우리에게서 받았다 하는 편지로나 주의 날이 이르렀다고 해서 쉽게 마음이 흔들리거나 두려워하지 말아야 한다는 것이라 누가 어떻게 하여도 너희가 미혹되지 말라 먼저 배교하는 일이 있고 저 불법의 사람 곧 멸망의 아들이 나타나기 전에는 그날이 이르지 아니하리니 그는 대적하는 자라 신(神)이라고 불리는 모든 것과 숭배함을 받는 것에 대항하여 그 위에 자기를 높이고 하나님의 성전에 앉아 자기를 하나님이라고 내세우느니라"(살후 2:1-4).

"우리가 그 앞에 모임에 관하여"는 성도의 휴거에 관한 것이라는 뜻입니다. 그런데 바울 사도는 주의 재림과 성도의 휴거에 관하여는 누가 계시를 받았다고 해도(혹 영으로나) 동요하지 말고, 누가 설교를 하여도(말로나) 들뜨지 말며, 또 사도들의 편지를 받았다고 해도 미혹받지 말라고 당부하면서 휴거의 시기를 밝혔는데, 그것은 "먼저 배교하는 일이 있고 저 불법의 사람 곧 멸망의 아들이 나타나기 전에는 그날이 이르지 아니한다"는 것이었습니다.

여기서 '배교'는 헬라어 '헤 아포스타시아'(ἡ ἀποστασία)로서 정관사 '헤'(ἡ)를 사용했기 때문에 '그 반역하는 일'(the rebellion RSV, NIV)입니다. 즉 말세에 예정되어 있는 반역 사건이란 뜻입니다. 그러면 종말시대에 예정되어 있는 '그 반역하는 일'이란 무엇일까요?

모든 종교를 똑같이 우대하겠다는 약속을 하며 세계 통합 국가의 최고 통치자에 오른 러시아 연방국의 대통령이 그 치세 중간에 자칭 하나님이요 메시아라고 하면서 하나님께 드리는 예배를 금지시키고, 자기의 우상을 성전 꼭대기에 세워 경배하게 함으로써 하나님께 대해 반역할 사건을 두고 한 말이 아니겠습니까? 이것이 분명한 것은 그 배교할 자를 '불법의 사람, 멸망의 아들'이라고 하였고, 또 "그는 대적하는 자라 신이라고 불리는 모든 것과 숭배함을 받는 것에 대항하여 그 위에 자기를 높이고 하나님의 성전에 앉아 자기를 하나님이라고 내세우느니라"고 했기 때문입니다.

그러므로 휴거는 세계 통합 국가의 왕이 후 3년 반 동안 거짓 그리스도의 역할을 하기 전에는 결코 발생하지 않는다는 뜻입니다. 그렇기 때문에 주님의 감람산 강론을 살펴보면, 한결같이 후 3년 반 동안 대환난을 겪게 될 성도들에 관한 말씀임을 다음과 같이 보게 됩니다.

> "그때에 사람이 너희에게 말하되 보라 그리스도가 여기 있다 혹은 저기 있다 하여도 믿지 말라 거짓 그리스도들과 거짓 선지자들이 일어나 큰 표적과 기사를 보여 할 수만 있으면 택하신 자들도 미혹하리라 보라 내가 너희에게 미리 말하였노라 그러면 사람들이 너희에게 말하되 보라 그리스도가 광야에 있다 하여도 나가지 말고 보라 골방에 있다 하여도 믿지 말라 번개가 동편에서 나서 서편까지 번쩍임같이 인자의 임함도 그러하리라 주검이 있는 곳에는 독수리들이 모일 것이니라"(마 24:26-28).

'그때에'는 문맥상 후 3년 반의 짐승 통치 시기를 가리킵니다. 그런데 거짓 그리스도들과 거짓 선지자들이 큰 표적과 기사를 행하면서 그리스도가 여기 있다 저기 있다고 해도 믿지 말고 재림주가 광야에 있다거나 골방에 있다는 말에도 속지 말라고 하신 것은 후 3년 반 동안에는 재림과 휴거가 없으니 그런 감언이설에 미혹받지 말라는 말씀이 아닙니까? 그래서 "번개가 동편에서 나서 서편까지 번쩍임

같이 인자의 임함도 그러하리라"는 말씀을 하신 것입니다. 즉 주님은 온 세상이 다 알게 오실 것이므로 재림주가 어디에 왔다는 유언비어에 속지 말라는 당부이십니다. 그러므로 성도의 휴거는 후 3년 반 성도의 대환난이 끝난 이후에 있습니다.

② 휴거는 예수께서 재림하시면서 세상을 심판하실 때 있습니다.

성도 휴거의 시기에 관해서는 주께서 감람산 강론에서 다음과 같이 밝히셨습니다.

> "그날 환난 후에 즉시 해가 어두워지며 달이 빛을 내지 아니하며 별들이 하늘에서 떨어지며 하늘의 권능들이 흔들리리라 그때에 인자의 징조가 하늘에서 보이겠고 그때에 땅의 모든 족속들이 통곡하며 그들이 인자가 구름을 타고 능력과 큰 영광으로 오는 것을 보리라 그가 큰 나팔 소리와 함께 천사들을 보내리니 그들이 그의 택하신 자들을 하늘 이 끝에서 저 끝까지 사방에서 모으리라"(마 24:29-31).

'그날 환난 후'는 성도의 대환난 후를 뜻하고, "해가 어두워지며 달이 빛을 내지 아니하며……하늘의 권능들이 흔들리리라"고 한 부분은 이 세상이 멸망 받는 최후 심판날의 모습입니다. 그런데 바로 그때 예수께서 강림하실 것을 언급하시면서 "그가 큰 나팔 소리와 함께 천사들을 보내리니 그들이 그의 택하신 자들을 하늘 이 끝에서 저 끝까지 사방에서 모으리라"고 하셨습니다.

그러므로 성도의 휴거는 예수께서 재림하시면서 이 세상을 심판하실 때 큰 나팔 소리와 함께 있습니다. 즉 재림과 심판과 휴거는 한 날의 사건이라는 의미입니다. 그래서 주님은 "노아의 때와 같이 인자의 임함도 그러하리라 홍수 전에 노아가 방주에 들어가던 날까지 사람들이 먹고 마시고 장가들고 시집가고 있으면서 홍수가 나서 그들을 다 멸하기까지 깨닫지 못하였으니 인자의 임함도 이와 같으리라 그때에 두 사람이 밭에 있으매 한 사람은 버려두고 한 사람은 데려감을 당할 것이요"(마 24:37-40)라는 말씀으로, 주의 재림과 성도의 휴거는 이 세상이 심판받는 같은 날에 있을 것임을 명백히 하신 것입니다.

③ 휴거는 이 세상 마지막 날 죽은 성도들의 부활에 이어 있습니다.

예수께서 "내 아버지의 뜻은 아들을 보고 믿는 자마다 영생을 얻는 이것이니 마지막 날에 내가 이를 다시 살리리라"(요 6:40)고 말씀하셨습니다. 그러므로 예수를 믿다 죽은 성도들은 주께서 재림하시는 최후의 심판날에 모두 부활하게 됩니다.

그런데 바울 사도는 "주께서 강림하실 때까지 우리 살아남아 있는 자도 자는 자보다 결코 앞서지 못하리라"(살전 4:15)고 하였습니다. 즉 죽은 성도의 부활이 살아남은 성도의 휴거보다 앞선다고 한 것입니다. 그래서 그는 데살로니가 교회에 보낸 편지에서도 "주께서 호령과 천사장의 소리와 하나님의 나팔 소리로 친히 하늘로부터 강림하시리니 그리스도 안에서 죽은 자들이 먼저 일어나고 그 후에 우리 살아남은 자들도 그들과 함께 구름 속으로 끌어 올려 공중에서 주를 영접하게 하시리니"(살전 4:16, 17)라고 말한 것입니다.

한편, 사도 바울은 고린도 교회에 보낸 서신에서 "보라 내가 비밀을 말하노니 우리가 다 잠잘 것이 아니요 마지막 나팔에 순식간에 홀연히 다 변화되리니 나팔 소리가 나매 죽은 자들이 썩지 아니할 것으로 다시 살아나고 우리도 변화되리라"(고전 15:51, 52)고 하였습니다. 즉 데살로니가 교회에는 "하나님의 나팔"(살전 4:16)이라고 한 것을 고린도 교회에는 "마지막 나팔"이라고 한 것입니다. 따라서 주께서 강림하시면서 죽은 성도들을 부활시키고, 살아남은 성도들을 휴거시키는 나팔을 예수님은 "큰 나팔"(마 24:31)이라고 하셨는데, 사도 바울은 '하나님의 나팔'이자 '마지막 나팔'이라고 한 것입니다.

이상의 고찰과 같이 14만 4천과 두 증인은 7년 대재난이 끝나면서 일곱째 나팔을 불 때 승천하고, 그 외의 성도들은 예수께서 마지막 일곱째 대접을 부으시면서 강림하시는 최후의 심판 날에 죽은 성도를 부활시킨 다음 들림 받게 됩니다. 그러므로 이것을 도표화하면 다음과 같이 됩니다.

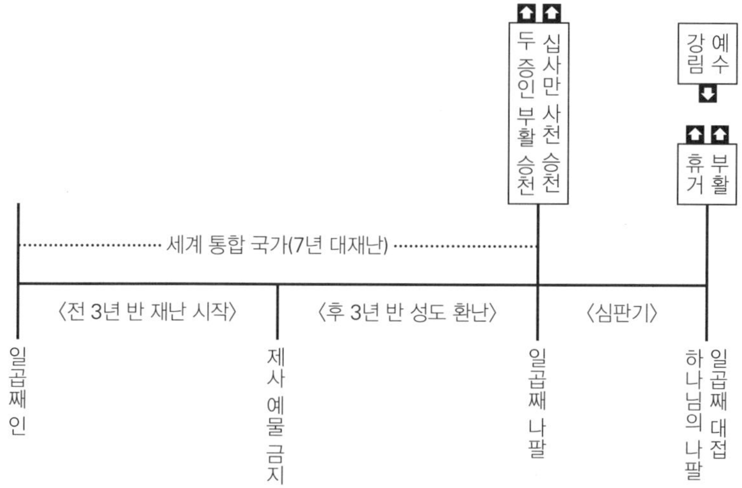

이처럼 성경은 후 3년 반 성도의 대환난 후, 예수께서 재림하시면서 일곱째 대접으로 세상을 완전히 심판하실 때, 마지막 하나님의 큰 나팔 소리로 주 안에서 죽은 성도들을 부활시킨 다음, 성도들의 휴거가 있을 것을 명백히 밝히고 있습니다. 그런데도 불구하고 7년 대재난 전에 휴거된다거나 그 중간에 휴거된다는 이, 혹은 7년 대재난 동안 여러 번에 나누어 휴거된다고 주장하는 이들조차 있어 교계에 큰 혼란을 주고 있습니다. 그러면 이 여러 휴거설 중 많은 이들이 성경적인 것으로 착각하고 있는 7년 대재난 전 휴거설, 곧 7년 대재난 전에 주께서 공중 재림하시고, 7년간 공중에서 혼인 잔치를 한 후 7년 대재난 후에 지상 재림한다는 세대주의 휴거설의 잘못된 점을 성경적 관점에서 비판해 보겠습니다.

(3) 7년 대재난 전 휴거설에 대한 비판

① 7년 대재난 전에 예수님의 공중 재림과 성도의 휴거가 있는가?

이 주장은 다음과 같은 이유에서 결코 성경적이 아닙니다.

첫째, 제자들이 감람산에서 주의 재림과 세상 종말에 대한 징조를 물었을 때, 예수님의 답변은 '거짓 그리스도의 출현과 각종 재난 및 성도의 대환난'이었습니다(마 24:4-13). 그런데 거짓 그리스도가 출현하고, 세상에 재난이 일어나며, 성도들이 환난을 당하는 것은 7년 대재난 중에 일어날 사건이 아닙니까? 즉 재림과 종말의 가장 유력한 징조로 삼으신 것이 7년 대재난이었다는 뜻입니다. 그러니 어떻게 주의 강림과 성도의 휴거가 7년 대재난 전에 있을 수 있겠습니까? 그 이후라는 것은 너무나 당연하지 않습니까? 그렇기 때문에 예수님의 감람산 종말론 강론을 보면 한결같이 후 3년 반의 짐승 통치하에서 환난을 겪고 있는 성도들에 대한 말씀뿐임을 보게 되는데, 다음의 말씀이 그 좋은 예가 됩니다.

> "그때에 사람들이 너희를 환난에 넘겨주겠으며 너희를 죽이리니 너희가 내 이름 때문에 모든 민족에게 미움을 받으리라 그때에 많은 사람이 실족하게 되어 서로 잡아 주고 서로 미워하겠으며 거짓 선지자가 많이 일어나 많은 사람을 미혹하겠으며 불법이 성하므로 많은 사람의 사랑이 식어지리라 그러나 끝까지 견디는 자는 구원을 얻으리라 이 천국 복음이 모든 민족에게 증언되기 위하여 온 세상에 전파되리니 그제야 끝이 오리라"(마 24:9-14).

보십시오! 신자들이 환난에 넘겨지고, 죽임도 당하게 되며, 예수 이름 때문에 온 민족에게 미움을 받고, 또 거짓 선지자가 득세하며 불법이 성한 세상이라고 하였으니 후 3년 반 동안 적그리스도의 치하에서 고통받을 신도들에 대한 말씀이 분명하지 않습니까? 그런데 "끝까지 견디는 자는 구원을 얻으리라"는 말씀을 생각해 봅시다. 이는 짐승의 우상에게 절하고 짐승표를 받으라는 시험을 끝까지 이겨야만 주께서 강림하실 때 들림 받을 수 있다는 의미가 아닙니까? 그러니 어떻게 7년 대재난 전에 휴거가 있을 수 있겠습니까?

더 나아가 "이 천국 복음이 모든 민족에게 증언되기 위하여 온 세상에 전파되리니 그제야 끝이 오리라"고 하신 말씀도, 주의 재림과 성도의 휴거는 7년 대재난 전에 결코 있을 수 없음을 증명해 주는 부분입니다. 왜냐하면 문맥상 이 말씀은 후 3년 반 동안에도 천국 복음이 전파되어야 한다는 의미인데, 천국 복음이 온 세상에 전파되지도 아니한 7년 대재난 전에 예수께서 강림하시어 성도들을 휴거시킨다는 것은 있을 수 없기 때문입니다.

그런데 어떤 이들은 위의 대목을 휴거 받지 못하고 뒤에 남은 신자들에 대한 말씀이라고 주장합니다. 과연 그럴까요? 다음의 말씀은 그런 주장이 전혀 오류임을 여실히 보여줍니다.

> "이는 그때에 큰 환난이 있겠음이라 창세로부터 지금까지 이런 환난이 없었고 후에도 없으리라 그날들을 감하지 아니하면 모든 육체가 구원을 얻지 못할 것이나 그러나 택하신 자들을 위하여 그날들을 감하시리라"(마 24:21, 22).

"창세로부터 지금까지 이런 환난이 없었고"라고 한 부분에서, 짐승통치 시의 환난이 얼마나 극심할 것인지를 익히 짐작할 수 있습니다. 그런데 보십시오! 주님은 "그날들을 감하지 아니하면 모든 육체가 구원을 얻지 못할 것이나 그러나 택하신 자들을 위하여 그날들을 감하시리라"고 하셨습니다. 따라서 이 말씀만 보아도 대환난 전에는 휴거가 있을 수 없음이 명백합니다. 왜냐하면 만일 7년 대재난 전에 성도를 휴거시킨다면, 택하신 자들을 위해 환난의 날수를 감해 주신다는 말씀은 하실 수도, 할 필요도 없기 때문입니다. 더 나아가 본문의 '택하신 자들'을 휴거 받지 못하고 뒤에 남은 신자들로 볼 수 없습니다. 왜냐하면 주께서 천국을 혼인 잔치를 베푼 어떤 임금에 비유하여 "청함을 받은 자는 많되 택함을 입은 자는 적으니라"(마 22:14)고 말씀하신 것을 보면, '택함을 입은 자'란 들림 받아 혼인 잔치에 들어갈 성도를 가리키기 때문입니다.

둘째, 요한계시록 7장의 하나님의 인치는 역사는 7년 대재난에 대비한 조치이고, 10장의 작은 두루마리는 짐승 통치하에 처할 교회와 온 세상을 위한 조치이며, 11장의 두 증인은 적그리스도의 치하에 있을 유대인들을 위한 조치이고, 12장의 예비처는 "해를 입은 여자"와 "유대에 있는 자들"을 도피시키기 위한 대비책임을 제3장에서 살펴보았습니다. 이처럼 하나님은 7년 대재난과 후 3년 반에 있을 성도의 대환난을 위하여 다각도로 대비책을 세우셨는데, 만일 7년 대재난 전에 성도가 휴거되어 버린다면 이러한 조치들을 취할 하등의 이유가 무엇이겠습니까? 그러므로 7년 대재난 전 휴거설은 어불성설입니다.

셋째, 전술한 것처럼, 성경은 죽은 성도의 부활이 살아남은 성도의 휴거보다 앞설 것을 증언합니다. 따라서 만일 성도의 휴거가 7년 대재난 전에 있다면 부활한 성도 중에는 후 3년 반의 짐승 통치하에서 죽임당한 자는 하나도 없어야 할 것입니다. 하지만 요한계시록은 짐승 통치하에서 순교당했다가 부활할 자들이 있을 것을 명백하게 증언하고 있지 않습니까?(계 20:4) 따라서 7년 대재난 전 휴거설은 언어도단(言語道斷)입니다.

넷째, 휴거란 재림하시는 주님을 맞이하게 하려고 열매 맺은 성도들을 순식간에 공중으로 끌고 올라가는 것을 말합니다. 그런데 세계 통합 국가가 발족할 무렵까지는 결실한 성도가 하나도 없다는 점에서 7년 대재난 휴거설은 허구입니다. 왜냐하면 처음 익은 열매인 14만 4천조차도 세계 통합 국가가 발족한 다음 반 년에 걸쳐서 하나님의 인침을 받게 될 것을 성경은 증언하고 있기 때문입니다(계 7:1-8). 더욱이 하나님의 인침을 받은 14만 4천의 승천이 7년 대재난이 끝나는 무렵에 있다는 점에서도(계 14:1) 일반 성도의 휴거가 7년 대재난 전이라는 것은 상식 밖의 주장입니다. 왜냐하면 처음 익은 열매는 먼저 추수하고 나중 익은 열매는 나중에 추수하는 것이 농사의 상식이라는 관점에서 볼 때, 나중에 익을 열매인 일반 성도의 휴거는 첫 열매인 14만 4천이 승천한 그 이후에나 가능하기 때문입니다.

이상의 고찰에서 알 수 있듯이, 7년 대재난 전에 공중 재림과 휴거가 있다는 주장은 성경과는 전혀 배치되는 낭설입니다.

② 공중 재림과 지상 재림, 휴거와 심판은 7년을 격(隔)한 사건이며, 혼인 잔치를 7년 동안 공중에서 하는가?

주의 강림과 이 세상 심판 및 성도의 휴거는 한 날의 사건임을 앞에서 밝혔거니와 마가는 또 이렇게 증언합니다.

> "그때에 그 환난 후 해가 어두워지며 달이 빛을 내지 아니하며 별들이 하늘에서 떨어지며 하늘에 있는 권능들이 흔들리리라 그때에 인자가 구름을 타고 큰 권능과 영광으로 오는 것을 사람들이 보리라 또 그때에 그가 천사들을 보내어 자기가 택하신 자들을 땅 끝으로부터 하늘 끝까지 사방에서 모으리라"(막 13:24-27).

24절의 '그때'는 세상 심판의 때요, 26절의 '그때'는 주의 재림의 때이며, 27절의 '그때'는 성도들의 휴거를 가리킵니다. 이처럼 예수님은 '그때'라는 말로 심판과 재림과 휴거는 한 날의 사건임을 명백히 밝히셨는데 어떻게 공중 재림과 지상 재림, 그리고 휴거와 심판이 7년을 격한 사건이 될 수 있겠습니까? 그래서 주님은 "노아의 때에 된 것과 같이 인자의 때에도 그러하리라 노아가 방주에 들어가던 날까지 사람들이 먹고 마시고 장가들고 시집가더니 홍수가 나서 그들을 다 멸망시켰으며"(눅 17:26, 27)라는 말씀으로 세상 심판과 주의 강림은 한 날의 사건임을 분명히 하신 다음 곧이어 "그 밤에 둘이 한 자리에 누워 있으매 하나는 데려감을 얻고 하나는 버려둠을 당할 것이요"(34절)라는 말씀으로 휴거 역시 바로 그 날에 있을 것임을 확실히 하신 것입니다. 따라서 재림과 심판과 휴거는 한 날의 사건일 뿐, 공중 재림과 지상 재림 및 휴거와 심판이 7년을 격한 사건일 수는 없습니다.

그런데 예수님의 강림을 '공중 재림'과 '지상 재림'으로 나누는 것 자체가 잘못입니다. 왜냐하면 이것은 예수께서 두 번에 거쳐 재림하신다는 의미이기 때문입니다. 그러나 예수님은 오직 한 번 재림하십니다. 공중에 강림하시면서 그날에 감람 산을 밟으시기 때문입니다. 물론 약간의 시차(時差)는 있을 수 있겠으나 공중과 지상에 거의 동시에 강림하시기 때문에 재림은 오직 한 번뿐이라는 뜻입니다.

한편, '장차 될 일'을 순서적으로 배열하고 있는 요한계시록은 제16장부터 18장까지 세상 심판에 대하여 언급한 다음, 어린양의 혼인 잔치는 19장에 가서 소개합니다(계 19:6-8). 즉 혼인 잔치는 세상이 심판받은 후에 있다는 뜻입니다. 따라서 7년 대재난 중이라면 세상이 심판 받기 이전인데 어떻게 혼인 잔치가 공중에서, 그것도 7년간이나 있을 수 있겠습니까? 뿐만 아니라 혼인 잔치가 공중에서 있다는 말조차 성경에는 없습니다. 다만 혼인 잔치의 자리가 천국일 것이라는 것은 다음의 말씀으로 짐작할 수 있습니다.

> "천국은 마치 자기 아들을 위하여 혼인 잔치를 베푼 어떤 임금과 같으니 그 종들을 보내어 청한 사람들을 혼인 잔치에 오라 하였더니 오기를 싫어하거늘……종들이 길에 나가 악한 자나 선한 자나 만나는 대로 모두 데려오니 혼인 잔치에 손님들이 가득한지라 임금이 손님들을 보러 들어올새 거기서 예복을 입지 않은 한 사람을 보고 이르되 친구여 어찌하여 예복을 입지 않고 여기 들어왔느냐 하니 그가 아무 말도 못하거늘 임금이 사환들에게 말하되 그 손발을 묶어 바깥 어두운 데에 내던지라 거기서 슬피 울며 이를 갈게 되리라 하더라"(마 22:2-13).

예수께서 천국을 혼인 잔치를 베푼 어떤 임금에 비유한 것 자체가 혼인 잔치는 천국에서 있다는 의미가 아닙니까? 또한 임금이 손님을 '보러 들어왔다'는 표현이나 예복을 입지 않은 사람에게 "어찌하여 예복을 입지 않고 여기 들어왔느냐"는 묘사, 그리고 그 "손발을 묶어 바깥 어두운 데 내던지라"는 표현 등은 혼인 잔치 자리가 천국이라는 것을 인지하기에 충분한 것들입니다. 그러므로 어린양의 혼인 잔치가 공중에서 7년간 있다는 말은 성경에는 없는 이야기입니다.

③ 요한계시록 3장까지 등장했던 교회가 요한이 하늘로 불려 올라간 4장 이후에는 없으므로 교회가 휴거된 증거라는 주장에 대하여.

일단 사도 요한이 낙원으로 불려 올라간 것을 휴거의 상징으로 보는 것 자체가 잘못입니다. 왜냐하면 주께서 장차 될 일을 보여주시려고 그의 영혼을 입신(入神)시킨 것뿐이기 때문입니다. 그리고 요한계시록 4장 이후 교회라는 단어가 사용되지 않은 것은, 아시아 일곱 교회에 말씀하셨던 것처럼 어떤 지역 교회를 지목하여 말씀하신 것이 아니라, 전 세계의 모든 교회를 대상으로 말씀하셨기 때문입니다. 그렇기 때문에 "하나님의 종들"(계 7:3), "흰옷 입은 큰 무리"(계 7:9), "하나님의 말씀을 지키며 예수 이름을 가진 자"(계 12:7), "성도"(계 8:3, 4, 13:7, 10, 14:12, 16:6, 17:16, 18:24, 19:8), "어린양의 아내"(계 19:7) 등 다양한 표현을 하신 것입니다. 따라서 이러한 묘사들을 보아도 지상에 교회와 성도들이 있다는 것은 명백합니다.

그러므로 교회라는 단어가 보이지 않기 때문에 교회가 휴거된 증거라는 것은 전혀 이치에 맞지 않는 주장입니다. 그런데 사실은 '교회가 휴거된다'는 말 자체도 부정확한 표현입니다. 왜냐하면 교회가 휴거되는 것이 아니라 완전히 결실한 성도들이 휴거되는 것이기 때문입니다.

④ 예수님은 '장래 노하심에서 건지시는 분'(살전 1:10)이므로, 7년 대재난 전에 휴거된다는 주장에 대하여.

데살로니가전서 1장 10절은 "또 죽은 자들 가운데서 다시 살리신 그의 아들이 하늘로부터 강림하실 것을 너희가 어떻게 기다리는지를 말하니 이는 장래의 노하심에서 우리를 구하시는 예수시니라"고 되어 있습니다. 그런데 '노하심'의 헬라어 '오르게'(ὀργή)는 '진노'(wrath)의 뜻으로 세상을 심판할 때 사용된 단어입니다(참조. 엡 2:3; 롬 5:9; 계 6:16, 16:17, 19:15). 따라서 "장래의 노하심에서 우리를 구하시는 예수"란 장차 있을 이 세상 심판으로부터 우리를 구하시는 예수라는 뜻이지, 7년 대재난으로부터 구하시는 예수라는 의미가 아닙니다.

7년 대재난 중에 있을 여러 가지 재앙은 앞에서 고찰해 본 바와 같이, 성도들의 기도에 의하여 세계 통합 정부에 내리시는 재난일 뿐, 세상을 심판하시는 하나님의 '진노'는 아닙니다. 하나님의 '진노'는 일곱째 나팔로 말미암아 세상에 붓게 될 일곱 대접 심판입니다. 더욱이 신자들이 겪게 될 후 3년 반의 '환난'은 성도들을 연단시켜 거룩한 그리스도의 신부로 삼기 위해 필요한 고난입니다. 그러므로 "장래의 노하심에서 우리를 구하시는 예수"라는 말씀을 들어 7년 대재난 전의 휴거를 주장하는 것은 '노하심'의 본뜻을 모르고 한 주장입니다.

⑤ 공중 재림은 세상이 모르게 몰래 오시고 지상 재림은 다 알게 오신다는 주장에 대하여.

주의 재림에 관한 그 어떤 말씀도 예수께서 세상이 모르게 몰래 오신다고 말씀하신 부분이 없습니다. 오히려 다 알게 오신다는 것뿐입니다(마 24:30; 계 1:7). 그래서 이사야 선지자는 "그날에 사람이 자기를 지으신 자를 바라보겠으며 그의 눈이 이스라엘의 거룩하신 이를 뵙겠고"(사 17:7)라고 예언한 것입니다. 그런데 이런 주장을 하는 까닭은 '도둑같이 오신다'는 말씀을 오해한 것 같으므로 그 부분을 살펴보겠습니다.

> "형제들아 때와 시기에 관하여는 너희에게 쓸 것이 없음은 주의 날이 밤에 도둑같이 이를 줄을 너희 자신이 자세히 알기 때문이라 그들이 평안하다, 안전하다 할 그때에 임신한 여자에게 해산의 고통이 이름과 같이 멸망이 갑자기 그들에게 이르리니 결코 피하지 못하리라"(살전 5:1-3).

"주의 날이 밤에 도둑같이 이른다"는 말씀만 보면 도둑이 밤에 몰래 와서 물건을 훔쳐가듯이, 주께서 7년 대재난 전에 세상이 모르게 공중 재림하시어 성도들만 몰래 데리고 가시는 것으로 오해할 수도 있습니다. 하지만 여기서 '주의 날'(the Lord's day)은 이 세상이 심판받는 최후의 날을 가리키는 용어임을 알아야 합니다(벧후 3:10, '여호와의 날', 습 1:14). 그렇기 때문에 이어지는 말씀을 보면 "그들이 평안하다 안전하다 할 그때에 임신한 여자에게 해산의 고통이 이름과 같이 멸망이 갑자기 그들에게 이르리니 결코 피하지 못하리라"고 하여, '주의 날'은 곧 세상이 심판받는 날임을 분명히 한 것입니다.

따라서 본문의 "평안하다 안전하다 할 그때"란 세계 통합 국가의 시대를 가리킵니다. 왜냐하면 그때는 세계가 하나의 정부를 이루었으므로 전쟁 같은 것은 더 이상 없을 것으로 착각하는 시대일 것이기 때문입니다. 그러므로 “도둑같이 이른다”는 말은 재림의 시기, 곧 ‘그날과 그때’를 모르게 오신다는 ‘시기’에 관한 말씀이지 세상이 모르게 몰래 오신다는 ‘양태’에 관한 말씀이 아닙니다.

한편, “보라 내가 도둑같이 오리니 누구든지 깨어 자기 옷을 지켜 벌거벗고 다니지 아니하며 자기의 부끄러움을 보이지 아니하는 자는 복이 있도다”(계 16:15)라는 말씀도 세상이 모르게 몰래 오시는 예수님으로 오해하기 쉬운 부분입니다. 하지만 이 말씀은 여섯째 대접을 붓고 마지막 일곱째 대접을 바로 앞둔 시점에서 하신 말씀이기 때문에, 이 말씀을 들어 7년 대재난 전에 몰래 오시는 예수님이라고 주장하는 것은 있을 수 없습니다.

⑥ “시험의 때를 면하게 하리니”(계 3:10)라는 말씀이 환난 전 휴거를 입증한다는 주장에 대하여.

이 말씀은 빌라델비아 교회에 하신 말씀입니다. 따라서 이 말씀을 휴거로 본다면 빌라델비아 교회의 성도들만 휴거된다는 의미이므로 그 자체가 잘못입니다. 게다가 “시험의 때를 면하게 하리니”라는 말씀 중 ‘면하게 한다’의 헬라어 ‘테레소 에크’(τηρήσω ἐκ)는 ‘~으로부터 지켜 보호해 준다’(keep from)라는 뜻입니다. 그래서 표준새번역은 “시험을 받을 때에 나도 너를 지켜 주겠다”로, 공동번역은 “환난이 닥쳐올 때에 나는 너를 보호해 주겠다”로, 영어 성경은 “그 시련의 때로부터 보호해 주겠다”(I will keep you from the hour of trial, RSV, NIV)라고 번역한 것입니다.

그러므로 이 말씀은 빌라델비아 교회의 성도들을 예비처로 도피시켜 후 3년 반에 있을 시련의 때로부터 지켜 보호해 주신다는 말씀이지 휴거에 관한 말씀은 아닙니다. 그리고 “시험의 때를 면하게 하리니”라는 말씀이 휴거가 아닌 것은 이어지는 말씀이 명백한 증거가 됩니다.

> "내가 속히 오리니 네가 가진 것을 굳게 잡아 아무도 네 면류관을 빼앗지 못하게 하라"(계 3:11).

10절에서 "내가 너를 지키어 시험의 때를 면하게 하리니"라고 하신 다음 11절에서 "내가 속히 오리니"라고 말씀하셨으므로, 10절의 상황은 예수께서 아직 재림하시지 않은 상황이 분명하지 않습니까? 그러므로 "시험의 때를 면하게 하리니"라는 말씀은 예비처로 도피시켜 보호해 주신다는 뜻이지, 공중으로 휴거시켜 시험의 때를 면하게 한다는 의미는 결코 아닙니다.

이상으로 성도의 휴거가 7년 대재난 전에는 절대로 있을 수 없음을 성경적으로 밝혔습니다. 그러므로 7년 대재난 전에 공중 재림과 휴거가 있다는 주장은 재난과 환난을 피하고 싶은 도피 심리가 만들어낸 오류이거나, 혹은 성경 말씀을 잘못 해석한 결과라고 볼 수밖에 없습니다.

그러면 누가 과연 휴거를 받을 수 있을까요? 휴거 받을 자격자에 대하여 말씀을 고찰해 보겠습니다.

(4) 휴거 받을 자격자

사도 요한은 흰 구름 위에 금 면류관을 쓰고 예리한 낫을 가진 인자 같은 이가 앉아 계신 것을 봅니다(계 14:14). 그때 성전으로부터 그를 향하여 "당신의 낫을 휘둘러 거두소서 땅의 곡식이 다 익어 거둘 때가 이르렀음이니이다"(계 14:15)라는 큰 음성이 나자 구름 위에 앉으신 이가 낫을 땅에 휘두르매 땅의 곡식이 거두어지니라고 하였습니다(16절).

그러므로 휴거 받을 자격자는 '이삭에 충실한 곡식'처럼 완전히 열매 맺은 자입니다. 즉 영원한 복음에 따라 짐승과 그의 우상에게 경배하지 않고 하나님만 섬기며, 짐승표를 받지 않고 예수 믿음을 지킬 뿐 아니라 사랑의 계명까지 지키는 자라는 뜻입니다. 물론 짐승통치를 받지 않는 상황에서는 하나님을 사랑하는 의로운 형상과 주님(성령)의 인도를 받는 거룩한 형상 및 이웃을 사랑하는 선한 형상을 온전히 이룬 자가 휴거의 영광을 얻게 됩니다.

그런데 완전한 그리스도인이란 죄와 상관이 없는 자가 아닙니까? 그래서 히브리 기자는 "이와 같이 그리스도도 많은 사람의 죄를 담당하시려고 단번에 드리신 바 되셨고 구원에 이르게 하기 위하여 죄와 상관없이 자기를 바라는 자들에게 두 번째 나타나시리라"(히 9:28)고 말한 것이요, 이사야 선지자는 "구속자가 시온에 임하여 야곱의 자손 가운데서 죄과를 떠나는 자에게 임하리라"(사 59:20)고 예언한 것입니다.

한편, 바울 사도는 "평강의 하나님이 친히 너희를 온전히 거룩하게 하시고 또 너희의 온 영과 혼과 몸이 우리 주 예수 그리스도께서 강림하실 때에 흠 없게 보존되기를 원하노라"(살전 5:23)고 하였습니다. 즉 그는 영과 혼과 몸이 온전히 거룩하여야 휴거 받을 수 있다고 한 것입니다. 그런데 '거룩성'이란 하나님에게만 있는 유일한 속성이고, 인간이 거룩해지려면 하나님의 영에 접촉할 때만 가능하다는 점에서, 이 말은 곧 영과 혼과 몸에 온전한 성전을 이루어야만 재림의 주를 맞이할 수 있다는 의미가 아니겠습니까?

이렇게 볼 때, 사도 바울은 그리스도의 형상을 이루는 것을 영, 혼, 몸에 온전한 성전을 이루는 것으로 달리 표현한 것이라고 볼 수 있습니다. 그러므로 영, 혼, 몸에 이루어지는 온전한 성전에 대하여 고찰해 보겠습니다.

영과 혼과 몸에 이루어지는 온전한 성전

제1장에서 살펴보았던 것처럼 성전의 구조와 인간의 구조는 서로 상응합니다. 그러므로 성전의 원형인 성막의 구조와 인간의 구조를 대비해 보면서 영, 혼, 몸에 이루어지는 온전한 성전에 대하여 고찰해 보겠습니다.

● **영의 성전** : 인간의 영(spirit)은 성막의 지성소에 상응한다고 하였습니다. 지성소에는 길이 두 규빗 반, 너비 한 규빗 반, 높이 한 규빗 반 되는 법궤가 있었는데, 조각목으로 만들어 순금으로 쌌고 그 안에 십계명의 두 돌판을 보관했습니다(출 25:10-16). 그리고 법궤의 뚜껑은 길이 두 규빗 반, 너비 한 규빗 반 되게 순금으로 만들고, 그 위에 두 그룹 천사가 양 끝에서 날개를 편 모양의 속죄소를 만들어 법궤를 덮었으며, 하나님은 그곳을 당신의 거처로 삼으셨습니다(출 25:17-21). 그래서 하나님은 "거기서 내가 너와 만나고 속죄소 위 곧 증거궤 위에 있는 두 그룹 사이에서 내가 이스라엘 자손을 위하여 네게 명령할 모든 일을 네게 이르리라"(출 25:22)고 말씀하신 것이요, 모세는 속죄소 위의 두 그룹 사이에서 들려주시는 여호와의 목소리를 들었던 것입니다(민 7:89).

그러므로 구원받은 성도는 하나님의 음성을 들을 수 있는 지성소를 지니고 있는 복된 존재라고 말할 수 있습니다. 왜냐하면 하나님께서 지성소의 속죄소에서 말씀하셨다면, 내주하시는 성령께서도 성도들에게 말씀하실 것이기 때문입니다.

이렇게 볼 때, 영의 성전은 예수 그리스도를 구주로 영접해야만 이룰 수 있음이 분명합니다. 예수를 믿고 죄 사함을 받을 때 성령께서 영에 좌정하시기 때문입니다. 그래서 바울 사도는 고린도 교회를 향하여 "너희가 하나님의 성전인 것과 하나님의 성령이 너희 안에 계시는 것을 알지 못하느냐"(고전 3:16)고 말한 것입니다.

● **혼의 성전** : 사람의 혼(soul)은 성소에 상응하고, 성소에 비치되었던 등잔대와 떡상과 분향단은 각각 지성과 감성과 의지를 상징한다고 하였습니다. 그러면 성소에 있었던 세 기구들에 관한 말씀을 고찰해 봄으로써 인간의 지정의(知情意)는 어떤 상태에 있어야 성소로서의 역할을 할 수 있는지를 찾아보겠습니다.

• **지성**(知性) : 지성을 상징하는 등잔대는 순금 한 달란트로 살구꽃 모양의 일곱 등잔을 만들었는데(출 25:31-40), 등잔대를 살구꽃 모양으로 만들었다는 것 자체가 지성을 상징하기 위함이라고 보아야 합니다. 왜냐하면 살구꽃은 히브리어 '솨케드'(שָׁקֵד)로서 '깨우는 자, 지키는 자'라는 뜻인데, 사람을 깨우고 지키는 것은 마음의 눈인 지성이기 때문입니다.

제사장은 순결한 감람유로 저녁마다 등잔불을 켜서 성소를 밝혔습니다(출 27:20, 21; 레 24:2-4). 따라서 마음의 눈이 밝아야 지성이 성소의 역할을 할 수 있다는 의미입니다. 그래서 주님은 "눈은 몸의 등불이니 그러므로 네 눈이 성하면 온몸이 밝을 것이요 눈이 나쁘면 온몸이 어둘 것이니 그러므로 네게 있는 빛이 어두우면 그 어둠이 얼마나 더하겠느냐"(마 6:22, 23)라고 말씀하신 것입니다. 즉 심안(心眼)이 밝아야 지성이 등잔대의 역할을 할 수 있다는 뜻입니다.

밝은 마음의 눈이란 어떤 안목일까요? 영적인 안목이고 성경적인 사고방식입니다. 따라서 육적인 안목과 세상적 사고방식은 어두운 심안(心眼)입니다. 그러면 지성은 어떻게 해야 영적이고 성경적인 밝은 마음의 눈을 소유할 수 있을까요?

일단은 하나님의 말씀을 읽고 그 말씀을 묵상해야 합니다. 왜냐하면 “여호와의 계명은 순결하여 눈을 밝게 하도다”(시 19:8)라는 시처럼 순결한 말씀만이 지성을 밝게 하기 때문입니다. 그리고 등잔불을 밝혔던 기름은 ‘순결한 감람유’였는데, ‘감람유’는 성령을 상징했습니다(슥 4:11-14). 그러므로 성령의 세례를 받아 성령 충만한 삶을 살면 영적인 사고방식을 소유하게 되면서 지성은 등잔대의 역할을 하게 될 것입니다.

• **감성** : 감성을 상징하는 떡상은 길이 두 규빗, 너비 한 규빗, 높이 한 규빗 반 되게 조각목으로 만들어 순금으로 쌌고(출 25:23-30), 그 위에 고운 가루로 열두 덩이 떡을 만들어 안식일마다 두 줄로 하나님께 진설해 드렸습니다(레 24:5-9). 따라서 열두 덩이 떡이 상징하는 의미를 찾는다면, 하나님께서 함께하실 수 있는 거룩한 감성(heart, feeling)은 무엇인지를 알 수 있을 것입니다. 그런데 그 진설병에 대하여 하나님은 이렇게 말씀하셨습니다.

> “너는 고운 가루를 가져다가 떡 열두 개를 굽되 각 덩이를 십분의 이에바로 하여 여호와 앞 순결한 상 위에 두 줄로 한 줄에 여섯씩 진설하고 ……안식일마다 이 떡을 여호와 앞에 항상 진설할지니 이는 이스라엘 자손을 위한 것이요 영원한 언약이니라”(레 24:5-8).

열두 덩이 떡은 하나님께 드리는 것인데, 그것은 또 “이스라엘 자손을 위한 것”이라고 하였습니다. 그러면 그 의미가 무엇일까요? 떡상이 인간의 감정을 상징한다는 면에서 하나님께서 기뻐하시는 마음이자 사람을 위하는 마음이 아니겠습니까? 그러면 그것은 어떤 마음일까요?

의롭고 선한 마음이라고 보아야 합니다. 모든 의로움은 하나님을 사랑하는 데서 나오고, 온갖 선한 것은 인간을 사랑하는 데서 나오기 때문입니다. 그러므로 한쪽의 여섯 덩이는 진실, 믿음, 정의, 공평, 인내, 성실 등의 의로운 마음을 상징하고, 다른 쪽의 여섯 덩이는 이해, 용서, 겸손, 자비, 섬김, 나눔 등의 선한 마음을 상징한다고 보아야 합니다. 따라서 마음과 뜻과 목숨과 힘을 다하여 하나님을 사랑하고 또 이웃을 내 몸처럼 사랑하면 감성은 떡상의 역할을 수행한다고 볼 수 있습니다.

• **의지** : 의지를 상징하는 분향단은 길이와 너비를 각각 한 규빗, 높이는 두 규빗 되게 조각목으로 만들어 순금으로 쌌고 금테를 둘렀습니다. 제사장은 이곳에서 끊임없이 향을 피워 올렸는데(출 30:1-10), 하나님께 항상 피워 올렸던 '향'은 기도를 상징했습니다(계 5:8, 8:3, 4, 시 141:2). 이처럼 '향'이 기도를 상징한다는 면에서도 분향단은 의지를 가리킵니다. 왜냐하면 기도의 가장 큰 목적은 하나님의 뜻을 분별하여 그 뜻을 따르려는 것이기 때문입니다. 그러므로 쉬지 않고 기도함과 동시에 자기의 뜻을 모두 내려놓고 전적으로 하나님의 뜻, 주님의 뜻만 따를 때 의지는 분향단의 역할을 한다고 말할 수 있습니다.

이상의 고찰로 볼 때, 혼의 성전은 '지어져 가는 성전'인 셈입니다. 영혼이 성장 성화해 가면서 점점 형성되어 가는 성전이기 때문입니다. 그래서 바울 사도는 에베소 교회를 향하여 "그의 안에서 건물마다 서로 연결하여 주 안에서 성전이 되어 가고 너희도 성령 안에서 하나님의 거하실 처소가 되기 위하여 그리스도 예수 안에서 함께 지어져 가느니라"(엡 2:21, 22)고 말한 것이라고 봅니다. 즉 "하나님의 거하실 처소가 되기 위하여 지어져 가는 성전"이라는 표현을 했다는 점에서 혼에 이루어지는 성전을 염두에 둔 권면이라는 뜻입니다.

● **몸의 성전** : 인간의 몸(body)은 성전의 바깥뜰에 상응합니다. 성막뜰은 남편과 북편 길이를 백 규빗, 동편과 서편 길이는 오십 규빗으로 하고 오 규빗 높이의 세마포 장으로 둘러쌌는데(출 27:9-19), 성막뜰에는 번제단과 물두멍이 있었습니다. 번제단은 길이 다섯 규빗, 너비 다섯 규빗, 높이는 세 규빗 되게 조각목으로 만들어 놋으로 쌌으며(출 27:-8), 제사장은 이곳에서 번제, 소제, 속죄제, 화목제 등 각종 제사를 드렸고, 물두멍에서는 수족(手足)을 씻었습니다(출 30:18-21). 그리고 번제단의 불은 꺼지지 않고 항상 피우도록 하여, 어느 때나 즉시 제사를 드릴 수 있는 준비 상태에 있도록 하셨습니다(레 6:12, 13).

그러므로 인간의 몸이 성막뜰로서의 역할을 하려면, 하나님께 예배를 드리려는 마음의 준비를 항상 하고 있음과 동시에 예배를 드려야 한다는 의미입니다. 그러면 하나님께 예배를 드리려고 준비하는 마음 상태는 무엇일까요?

경건이라고 보아야 합니다. 왜냐하면 '경건'의 헬라어 '유세베이아'(εὐσέβεια)는 예배를 의미하는 '세보마이'(σέβομαι)에서 유래했으므로 '경건'이란 하나님께 예배를 드리려는 심리 상태, 곧 하나님의 존전에 선 것과 같은 마음 자세이기 때문입니다. 그러므로 일단 경건한 삶을 살아야 몸에 성전을 이룰 수 있습니다. 그래서 바울 사도는 믿음의 아들 디모데에게 "망령되고 허탄한 신화를 버리고 경건에 이르도록 네 자신을 연단하라 육체의 연단은 약간의 유익이 있으나 경건은 범사에 유익하니 금생과 내생에 약속이 있느니라"(딤전 4:7, 8)고 한 것이요, 또 야고보 선생은 "하나님 아버지 앞에서 더러움이 없는 경건은 곧 고아와 과부를 그 환난 중에 돌보고 또 자기를 지켜 세속에 물들지 아니하는 그것이니라"(약 1:27)고 말한 것입니다.

그리고 예배를 드려야 성도의 몸이 성전이 될 수 있으므로 주일 예배는 물론, 주일 저녁 예배를 비롯하여 수요 예배와 구역 예배 및 새벽 예배까지 드림으로써 성도의 몸이 성전이 되도록 해야 할 것입니다.

그런데 직업상 또는 어떤 사정상 주일 예배밖에 드릴 수 없는 분들은 '몸에 성전을 어떻게 이룰까?'라고 염려할 필요는 없습니다. 생활 속의 예배도 있기 때문입니다. 이것을 바울 사도는 "그러므로 형제들아 내가 하나님의 모든 자비하심으로 너희를 권하노니 너희 몸을 하나님이 기뻐하시는 거룩한 산 제물로 드리라 이는 너희의 드릴 영적 예배니라"(롬 12:1)고 한 것입니다. 즉 생활 속에서 제사를 드리는 것 같은 삶을 살면 그것이 곧 영적 예배라는 의미인데, '영적'은 '로기켄'(λογικήν)으로 '합리적'이라는 뜻입니다. 그러므로 생활 속에서 우리 몸을 거룩한 산 제물로 드리는 것은 '합리적인 예배'가 된다는 뜻입니다. 그러면 삶 속에서 우리 몸을 하나님이 기뻐하시는 산 제물로 드리는 영적 예배, 곧 합리적 예배란 무엇을 의미할까요?

바울 사도는 자기의 쓸 것을 제공했던 빌립보 교회의 섬김을 "받으실 만한 향기로운 제물이요 하나님을 기쁘시게 한 것이라"(빌 4:18)고 하였습니다. 즉 목회자를 섬기는 사랑에 대하여 '하나님을 기쁘시게 하는 향기로운 제물'이라고 한 것입니다. 그렇다면 목회자를 비롯하여 이웃을 섬기는 사랑은 또 하나의 예배라는 의미가 아닙니까? 그래서 히브리 기자도 "오직 선을 행함과 서로 나누어 주기를 잊지 말라 하나님은 이 같은 제사를 기뻐하시느니라"(히 13:16)는 말을 합니다. 이처럼 '이웃 사랑'이 몸에 성전을 이루는 것이라는 것은 주님의 다음의 말씀 속에서도 확인됩니다.

> "사람이 나를 사랑하면 내 말을 지키리니 내 아버지께서 그를 사랑하실 것이요 우리가 그에게 가서 거처를 그와 함께하리라"(요 14:23).

"우리가 그에게 가서 거처를 그와 함께하리라"고 하셨으므로 하나님과 예수님께서 성전으로 삼으시겠다는 뜻입니다. 그런데 주께서 성전으로 삼으시겠다는 사람은 예수님의 말씀을 지키는 자라고 하였으니, 이는 곧 '서로 사랑하라'는 주님의 계명을 지키는 자라는 뜻이 아닙니까? 즉 사랑의 계명을 지키는 자는 생활 속의 예배를 드리는 자이므로 그 몸이 하나님께서 거하시는 성전이 될 수 있다는 의미입니다.

그러므로 하나님께 나아가서는 영과 진리로 예배드리고, 가정이나 직장 및 사회생활 속에서는 경건한 마음으로 맡겨진 일을 성실히 수행함과 동시에 이웃을 사랑하면, 그것이 곧 영적이고 합리적인 예배가 되어 몸에 성전을 이루는 것이 될 것입니다.

이상으로 영, 혼, 몸에 이루어지는 성전에 대하여 고찰해 보았습니다. 그러므로 하나님은 '건물'에 거하시는 분이 아니라 '사람' 속에 거하시는 분임을 깨달아야 하겠습니다. 즉 하나님은 아무리 웅장하고 멋진 건물이라도 그곳에 계시지 않고 예수를 믿는 자의 영에 내주하시고, 그리스도의 성품과 인격을 이룬 신자의 마음(혼)에 함께하시며, 경건하여 예배를 드리면서 이웃을 사랑하는 성도의 몸에 거하신다는 진리를 꼭 명심해야 한다는 의미입니다. 왜냐하면 영과 혼과 몸에 온전한 성전을 이루어야만 그리스도의 신부로서 아름다운 단장을 한 셈이 되어 신랑 되신 예수께서 강림하실 때 죽음을 보지 않고 산 채로 들림 받을 수 있기 때문입니다.

Ⅳ. 혼인 잔치와 그리스도의 심판대

1. 혼인 잔치

예수께서 강림하실 때 세상은 심판받지만 부활한 성도들과 휴거된 성도들은 공중에서 예수님을 영접한 다음, 함께 어린양의 혼인 잔치에 들어가게 됩니다. 이것을 요한계시록은 이렇게 증언합니다.

> "……할렐루야 주 우리 하나님 곧 전능하신 이가 통치하시도다 우리가 즐거워하고 크게 기뻐하며 그에게 영광을 돌리세 어린양의 혼인 기약이 이르렀고 그의 아내가 자신을 준비하였으므로 그에게 빛나고 깨끗한 세마포 옷을 입도록 허락하셨으니 이 세마포 옷은 성도들의 옳은 행실이로다 하더라 천사가 내게 말하기를 기록하라 어린양의 혼인 잔치에 청함을 받은 자들은 복이 있도다 하고 또 내게 말하되 이것은 하나님의 참되신 말씀이라"(계 19:6-9).

그러면 혼인 잔치의 의의와 혼인 잔치에 청함을 입은 자 및 세마포 예복에 대하여 말씀을 고찰해 보겠습니다.

(1) 혼인 잔치의 의의

혼인 잔치란 결혼식을 마치고 그 결혼을 축하하는 잔치이므로 신랑 되시는 예수님과 신부 되는 성도들이 결혼했음을 축하하는 잔치가 열린다는 뜻입니다. 따라서 혼인 잔치의 의의는 예수님과 성도들이 부부가 되어 영원토록 환희에 넘치는 천국 생활을 시작하게 되었다는 데 있습니다. 그런데 성경이 혼례식에 대해서는 언급하지 않고 혼인 잔치에 대해서만 언급한 것을 보면 예수님과의 결혼은 혼례식 없이 그냥 혼인 잔치만 있을 것으로 보입니다.

그러면 결혼예식은 언제 치러진 것으로 보아야 할까요? 예수께서 강림하실 때 부활한 성도들과 휴거된 성도들이 공중에서 주를 영접하는 순간을 혼례식을 치른 것으로 간주해야 한다고 봅니다.

(2) 혼인 잔치에 청함을 받은 자

성경이 "어린양의 혼인 기약이 이르렀고 그의 아내가 자신을 준비하였으므로"(계 19:7)라고 한 다음 "어린양의 혼인 잔치에 청함을 받은 자들은 복이 있도다"(9절)라고 했기 때문에, 그리스도의 신부가 될 성도들이 따로 있고 혼인 잔치에 청함을 받을 하객 성도가 따로 있을 것으로 생각하기 쉽습니다. 하지만 예수께서 천국을 어떤 임금이 자기 아들을 위하여 혼인 잔치를 베푼 것으로 비유하셨을 때, 신부가 될 자들에 대해서는 언급함이 없이 오직 혼인 잔치에 청함을 입은 자들에 대해서만 언급하셨다는 점에서(마 22:1-14) "혼인 잔치에 청함을 받은 자"는 구원받은 모든 성도를 가리킨다고 보아야 할 것입니다.

환언하면 신부가 될 성도와 하객의 위치에 있을 성도가 따로 있는 것이 아니라 주의 재림 시에 부활, 혹은 들림 받은 성도들은 모두 그리스도의 신부이자 혼인 잔치에 청함을 받은 자라는 뜻입니다.

(3) 세마포 예복

혼인 잔치에 참여할 그리스도의 신부들이 입을 옷을 "빛나고 깨끗한 세마포 옷"이라고 하였습니다. 따라서 이 세마포는 단순히 믿음으로 받는 옷이라고 볼 수 없습니다. 왜냐하면 "그의 아내가 자신을 준비하였으므로"라는 표현도 그렇지만 "이 세마포 옷은 성도들의 옳은 행실이로다"라고 명시했기 때문입니다. 즉 믿음으로 거듭난 후 영적 성장을 계속하여 의롭고 거룩하며 선한 행실을 갖추었기 때문에 입게 되는 옷이 '세마포 예복'이라는 뜻입니다. 그래서 이사야 선지자는 성도들이 입을 옷에 대하여 다음과 같은 예언을 합니다.

> "내가 여호와로 말미암아 크게 기뻐하며 내 영혼이 나의 하나님으로 말미암아 즐거워하리니 이는 그가 구원의 옷을 내게 입히시며 공의의 겉옷을 내게 더하심이 신랑이 사모를 쓰며 신부가 자기 보물로 단장함 같게 하셨음이라"(사 61:10).

"구원의 옷을 내게 입히시며"는 믿음으로 받게 되는 옷을 가리키고, "공의의 겉옷으로 내게 더하심이"라고 한 부분은 행위로 말미암아 받게 되는 세마포 예복을 가리킨다고 보아야 합니다. 왜냐하면 그 옷에 대하여 '내게 더하심이'라고 했으므로 '구원의 옷'과는 별개의 옷이 분명한데, 또한 "신부가 자기 보물로 단장함 같게 하셨음이라"고 했기 때문입니다.

그러므로 종말의 성도들은 꼭 기억해야 합니다. 오직 '믿음'만 가지고는 혼인 잔치에 참석할 수 없다는 것을 말입니다! 즉 영원한 복음에 따라 의롭고 거룩하며 선한 그리스도의 형상을 이루어야만 세마포 예복을 입고 혼인 잔치에 참여할 수 있다는 진리를 명심해야 한다는 뜻입니다. 그렇기 때문에 주께서 예복을 준비하지 못한 자는 혼인 잔치의 자리에서 쫓겨난다는 이야기를 다음과 같이 들려주신 것이 아니겠습니까?

> "천국은 마치 자기 아들을 위하여 혼인 잔치를 베푼 어떤 임금과 같으니……종들이 길에 나가 악한 자나 선한 자나 만나는 대로 모두 데려오니 혼인 잔치에 손님들이 가득한지라 임금이 손님들을 보러 들어올새 거기서 예복을 입지 않은 한 사람을 보고 이르되 친구여 어찌하여 예복을 입지 않고 여기 들어왔느냐 하니 그가 아무 말도 못하거늘 임금

이 사환들에게 말하되 그 손발을 묶어 바깥 어두운 데에 내던지라 거기서 슬피 울며 이를 갈게 되리라"(마 22:2-13).

한편, 성도가 예수님의 아내가 된다는 것에 대해서는 다시 한 번 숙고해 보지 않을 수 없는 부분입니다. 왜냐하면 결혼이란 수준이 같아야만 할 수 있다는 상식에서 생각해 볼 때, 신(神)이신 예수님과 결혼한다는 것은 사람이 신적 경지에 올랐다는 뜻이기 때문입니다. 그러므로 이 부분에 대하여 좀 더 상고해 보고자 합니다.

신적 경지에 오르도록 지음 받은 인간

하나님께서 사람을 당신의 형상과 모양대로 지으셨고(창 1:26), 비록 타락하였으나 복음으로써 자녀의 지위를 회복시켜 성령과 말씀으로 기르시다가, 종말시대에는 영원한 복음과 초막절 은혜로써 그리스도의 신부가 되도록 양육하시는 것을 보면, 인간은 신적 경지에 오르도록 지음받은 존재로 보지 않을 수 없습니다. 다시 말하면 사람이 신은 될 수 없지만 완전히 결실하여 그리스도의 형상을 이루면, 예수님의 신부로서 주님과 일체가 된다는 면에서, 사람은 신인합일(神人合一)의 경지에 오르기 위해 지음받은 존귀한 존재라는 뜻입니다.

이것은 또한 예수께서 "나와 아버지는 하나이니라"(요 10:30)라고 말씀하신 것으로 인하여 유대인들이 신성모독이라고 하면서 돌을 들어 치려 하였을 때, 주께서 "너희 율법에 기록된 바 내가 너희를 신(神)이라 하였노라 하지 아니하였느냐 성경은 폐하지 못하나니 하나님의 말씀을 받은 사람들을 신이라 하셨거든 하물며 아버지께서 거룩하게 하사 세상에 보내신 자가 나는 하나님의 아들이라 하는 것으로 너희가 어찌 신성모독이라 하느냐"(요 10:34-36)고 반박하신 데서도 얼마든지 가질 수 있는 사상입니다. 왜냐하면 주께서 "너희는 신들이며 다 지존자의 아들들이라"(시 82:6)고 한 시편의 말씀을 인용하시어 "하나님의 말씀을 받은 사람들을 신이라 하셨거든"이라고 하시면서 당신을 변호하셨다는 면에서, 인간은 신적 경지에 오르도록 지음 받은 존재로 보지 않을 수 없기 때문입니다.

이처럼 사람은 그리스도의 신부로서 주님과 한 몸을 이루기 위하여 지음 받았고 또 구원 받았다는 것은, 최후의 만찬 식사 후 예수께서 제자들과 우리를 위해 하셨던 마지막 기도에서도 확인됩니다.

> "아버지여 아버지께서 내 안에, 내가 아버지 안에 있는 것같이 그들도 다 하나가 되어 우리 안에 있게 하사 세상으로 아버지께서 나를 보내신 것을 믿게 하옵소서 내게 주신 영광을 내가 그들에게 주었사오니 이는 우리가 하나 된 것같이 그들도 하나가 되게 하려 함이니이다 곧 내가 그들 안에 있고 아버지께서 내 안에 계시어 그들로 온전함을 이루어 하나가 되게 하려 함은 아버지께서 나를 보내신 것과 또 나를 사랑하심같이 그들도 사랑하신 것을 세상으로 알게 하려 함이로소이다"(요 17:21-23).

"그들도 다 하나되게 하옵소서"라는 기도는 일반적으로 해석하듯이 신자와 신자, 혹은 교회와 교회끼리 횡적(橫的)으로 하나가 되기 위한 기도가 아닙니다. "아버지께서 내 안에, 내가 아버지 안에 있는 것같이 그들도 다 하나가 되어 우리 안에 있게 하사"라고 말씀하신 데서 알 수 있듯이 '예수님이 성도 안에, 성도가 예수님 안에' 거하여 성도들이 종적(縱的)으로 예수님과 하나가 되기 위한 기도, 곧 주님의 신부로서 예수님과 일체가 되기 위한 기도입니다. 그래서 사도 바울은 "그러므로 사람이 부모를 떠나 그의 아내와 합하여 그 둘이 한 육체가 될지니 이 비밀이 크도다 나는 그리스도와 교회에 대하여 말하노라"(엡 5:31, 32)는 말을 한 것입니다.

바로 이런 까닭에서 '신부'에 해당하는 히브리어 '카라'(כַּלָּה)에 '완성'이라는 의미가 있는 것이라고 생각합니다. 곧 세상에서의 결혼이 남자와 여자를 완성시키듯이 성도는 그리스도의 신부가 됨으로써 영적으로 완성된다는 의미입니다.

그런데 성도가 그리스도의 형상을 이루어 주님의 신부가 되는 것은, 주께서 강림하실 때 산 채로 들림 받는 길임과 동시에 또한 예수님에게 있는 모든 복된 것들을 얻는 길도 된다는 것을 알아야 합니다. 왜냐하면 예수께서 하나님과 일체가 되심으로 말미암아 "무릇 아버지께 있는 것은 다 내 것이라"(요 16:15)고 말씀하신 것처럼, 그리스도의 신부로서 주님과 하나가 되면 예수님에게 있는 모든 것들이 다 그의 차지가 될 것이기 때문입니다. 바로 이런 면에서 요한계시록은 "그들이 세세토록 왕 노릇하리로다"(계 22:5)라는 말을 한 것이라고 봅니다.

자신의 가치를 발견하고 큰 비전을 갖자!

그러므로 성도들은 자신의 가치를 발견하고 큰 비전을 가져야 하겠습니다. 즉 아무리 재능이 없고 각종 장애에 시달리며, 혹은 가난에 쪼들리고 좋지 않은 환경 속에 산다 할지라도 예수를 진심으로 믿고 하나님의 자녀가 된 성도라면 "나는 그리스도의 신부가 될 신적 존재"라는 자신의 가치를 발견하고 예수님과 한 몸을 이루어 영원히 왕 노릇을 할 수 있다는 큰 비전을 가져야 한다는 뜻입니다.

그러므로 종말의 성도들은 영혼 구원에 만족하지 말고 영원한 복음에 따라 그리스도의 형상을 온전히 이루겠다는 각오를 다시 한 번 다짐해야 하겠습니다. 왜냐하면 주님의 인격과 성품을 이루어 예수님의 신부가 된다면 주님께 있는 모든 것들, 곧 영생을 비롯하여 지혜, 능력, 건강, 부요, 형통, 성공 등이 다 그의 것이 될 것이기 때문입니다. 바로 이런 면에서 바울 사도는 "내게 능력 주시는 자 안에서 내가 모든 것을 할 수 있느니라"(빌 4:13)는 말을 한 것으로 보입니다.

2. 그리스도의 심판대

혼인 잔치가 끝나면 그리스도의 심판대 앞에서 모든 성도들이 심판을 받게 됩니다. 이러한 심판에 대해서 예수님은 "아버지께서 아무도 심판하지 아니하시고 심판을 다 아들에게 맡기셨으니……또 인자 됨으로 말미암아 심판하는 권한을 주셨느니라"(요 5:22, 27)고 하셨고, 바울 사도는 "이는 우리가 다 반드시 그리스도의 심판대 앞에 나타나게 되어 각각 선악 간에 그 몸으로 행한 것을 따라 받으려 함이라"(고후 5:10)고 말한 것입니다.

그러므로 혼인 잔치가 끝나면 재판장이신 그리스도 앞에 모든 성도들이 나아가 심판을 받게 됩니다. 그리고 다니엘이 "땅의 티끌 가운데에서 자는 자 중에서 많은 사람이 깨어나 영생을 받는 자도 있겠고 수치를 당하여서 영원히 부끄러움을 당할 자도 있을 것이며"(단 12:2)라고 예언하였으므로, 구약시대의 성도들도 주의 재림 시에 부활하여 그리스도의 심판대 앞에 서게 될 것입니다.

한편, 요한계시록은 "또 내가 보좌들을 보니 거기에 앉은 자들이 있어 심판하는 권세를 받았더라"(계 20:4)고 하였습니다. 즉 예수님 외에 보좌에 앉아 심판하는 권세를 받은 분들이 또 있다고 한 것입니다. 그러면 그들은 어떤 이들일까요?

심판의 권세를 받은 보좌에 앉은 자들에 대한 고찰

출애굽했던 이스라엘이 광야 생활을 하는 동안 모세는 백성들의 송사 문제에 대한 재판을 홀로 담당하였습니다. 그것을 본 이드로 제사장은 그렇게 하면 모세와 백성 모두가 다 기력이 쇠할 것이라고 하면서 "너는 또 온 백성 가운데서 능력 있는 사람들 곧 하나님을 두려워하며 진실하며 불의한 이익을 미워하는 자를 살펴서 백성 위에 세워 천부장, 백부장, 오십부장, 십부장을 삼아 그들이 때를 따라 백성을 재판하게 하라 큰 일은 모두 네게 가져갈 것이요 작은 일은 그들이 모두 재판할 것이니 그리하면 그들이 너와 함께 담당할 것인즉 일이 네게 쉬우리라"(출 18:21, 22)고 권고하였습니다.

이에 모세는 장인의 충고에 따라 이스라엘 무리 중에서 능력 있는 사람들을 택하여 천부장과 백부장과 오십부장과 십부장을 세우고 그들로 하여금 재판을 돕도록 하였습니다(출 18:25, 26).

이처럼 모세가 하나님을 두려워하고 진실하며 불의한 이익을 미워하는 능력 있는 자들을 세워 그의 재판을 돕도록 하였다면, '심판의 권세를 받은 보좌에 앉은 자들'도 그리스도의 심판대를 돕기 위해 선택된 '능력 있는 자들'로 보아야 하지 않겠습니까? 왜냐하면 구약시대와 신약시대 및 종말시대의 성도들을 모두 합친다면, 심판의 대상자는 무수히 많을 것이므로 주께서 혼자 감당하신다는 것은 무리이기 때문입니다. 그러면 예수님의 재판을 도울 '보좌에 앉은 자들'은 누구로 보아야 할까요?

일단은 보좌 주위의 24장로들이라고 보아야 합니다. 주께서 심판이라는 매우 중대한 일을 하시는데 그들이 구경만 하고 있을 리는 없기 때문입니다. 그리고 천국으로 먼저 승천해 올라온 두 증인과 14만 4천도 예상할 수 있습니다. 특히 14만 4천은 하늘나라에서 기둥 같은 분들이므로 모세 당시의 백부장이나 오십부장과 같은 역할을 충분히 해낼 수 있을 것이라는 데서도 그렇습니다.

그러면 그리스도의 심판대의 목적과 두 종류의 심판대에 대하여 고찰해 보겠습니다.

(1) 그리스도의 심판대의 목적

심판대의 목적은 두 가지입니다. 하나는 참 신자와 거짓 신자를 가려서 천국과 지옥으로 나누기 위함이고, 다른 하나는 성도들이 행한 대로 상을 주기 위함입니다.

참 신자와 거짓 신자를 가려서 천국과 지옥으로 나누는 것에 대해서는, 세례 요한이 예수님에 대하여 "손에 키를 들고 자기의 타작 마당을 정하게 하사 알곡은 모아 곳간에 들이고 쭉정이는 꺼지지 않는 불에 태우시리라"(마 3:12)고 증언하였고, 예수님은 다음과 같이 말씀하셨습니다.

> "또 천국은 마치 바다에 치고 각종 물고기를 모는 그물과 같으니 그물에 가득하매 물가로 끌어내고 앉아서 좋은 것은 그릇에 담고 못된 것은 내버리느니라 세상 끝에도 이러하리라 천사들이 와서 의인 중에서 악인을 갈라내어 풀무 불에 던져 넣으리니 거기서 울며 이를 갈리라"(마 13:47-50).

한편, 상을 주시는 것에 대해서는 예수께서 "인자가 아버지의 영광으로 그 천사들과 함께 오리니 그때에 각 사람이 행한 대로 갚으리라"(마 16:27)고 하셨고, 또 "보라 내가 속히 오리니 내가 줄 상이 내게 있어 각 사람에게 그가 행한 대로 갚아 주리라"(계 22:12)고 약속하셨습니다.

주께서 약속하신 상에는 예수 이름으로 핍박을 받는 자에게 주시는 상과(마 5:11, 12), 원수까지도 사랑하는 자에게 주시는 상(눅 6:35) 및 주의 이름을 경외하는 자에게 주시는 상(계 11:18), 그리고 죽도록 충성할 때 주시는 상이 있으며(계 2:10), 또 다음과 같은 상도 있음을 말씀하셨습니다.

"선지자의 이름으로 선지자를 대접하는 자는 선지자의 상을 받을 것이요 의인의 이름으로 의인을 영접하는 자는 의인의 상을 받을 것이요 또 누구든지 제자의 이름으로 이 작은 자 중 하나에게 냉수 한 그릇이라도 주는 자는 내가 진실로 너희에게 이르노니 그 사람이 결단코 상을 잃지 아니하리라"(마 10:41, 42).

이처럼 성도들의 앞에는 하늘의 상이 기다리고 있기 때문에 바울 사도는 "나는 선한 싸움을 싸우고 나의 달려갈 길을 마치고 믿음을 지켰으니 이제 후로는 나를 위하여 의의 면류관이 예비되었으므로 주 곧 의로우신 재판장이 그날에 내게 주실 것이며 내게만 아니라 주의 나타나심을 사모하는 모든 자에게도니라"(딤후 4:7, 8)고 한 것입니다. 또 "푯대를 향하여 그리스도 예수 안에서 하나님이 위에서 부르신 상을 위하여 달려가노라"(빌 3:14)고도 말한 것입니다.

그런데 유념해야 할 것이 있습니다. 그것은 진실한 행위만 상을 받게 되고 사람의 눈을 의식한 외식적인 행위는 상을 받지 못한다는 것입니다. 이것은 주께서 "사람에게 보이려고 그들 앞에서 너의 의를 행하지 아니하도록 주의하라 그렇지 아니하면 하늘에 계신 너희 아버지께 상을 얻지 못하느니라"(마 6:1)고 말씀하신 데서 증명되고, 또 다음의 말씀 속에서도 확인됩니다.

"그러므로 구제할 때에 외식하는 자가 사람에게서 영광을 받으려고 회당과 거리에서 하는 것같이 너희 앞에 나팔을 불지 말라 진실로 너희에게 이르노니 그들은 자기 상을 이미 받았느니라……또 너희는 기도할 때에 외식하는 자와 같이 하지 말라 그들은 사람에게 보이려고 회당과 큰 거리 어귀에 서서 기도하기를 좋아하느니라 내가 진실로 너희에게 이르노니 그들은 자기 상을 이미 받았느니라……금식할 때에 너희는 외식하는 자들과 같이 슬픈 기색을 보이지 말라 그들은 금식하는 것을 사람에게 보이려고 얼굴을 흉하게 하느니라 내가 진실로 너희에게 이르노니 그들은 자기 상을 이미 받았느니라"(마 6:2, 5, 16).

예수님은 사람의 눈을 의식하는 선행은 진실한 선행이 아니므로 더 이상 받을 상이 없다고 하시면서 "자기 상을 이미 받았느니라"고 말씀하셨습니다. 그러므로 자기를 위해서 행하는 일체의 선행들, 곧 자신의 이익과 영광을 위해 하는 모든 의롭고 선한 행위들은 아무 소용이 없다는 것을 깨달아야 합니다. 즉 자기의 명예와 영광을 위해 교회를 세우고 선교 단체를 운영한다든지, 자기가 찬사를 받으려고 헌금이나 구제를 하는 등 공명심에서 섬기고 봉사하는 모든 선행들은 세상에서 충분한 보상을 받았기 때문에 하늘에서는 더 이상 받을 상이 없다는 뜻입니다. 그래서 바울 사도는 진정한 선행만이 영원한 상급으로 남게 됨을 이렇게 말합니다.

> "만일 누구든지 금이나 은이나 보석이나 나무나 풀이나 짚으로 이 터 위에 세우면 각 사람의 공적이 나타날 터인데 그날이 공적을 밝히리니 이는 불로 나타내고 그 불이 각 사람의 공적이 어떠한 것을 시험할 것임이라 만일 누구든지 그 위에 세운 공적이 그대로 있으면 상을 받고 누구든지 그 공적이 불타면 해를 받으리니 그러나 자신은 구원을 받되 불 가운데서 받은 것 같으니라"(고전 3:12-15).

즉 진정한 충성과 선행은 금이나 은이나 보석과 같아서 영원한 상으로 남지만, 눈가림의 충성이나 위선적 선행은 나무나 풀이나 짚 같아서 불에 타서 없어지고 상(賞)이 되지 못한다고 한 것입니다. 그러므로 자기는 의식하지 아니하고 다만 하나님의 뜻이기 때문에 주의 일을 하고, 예수님을 사랑하는 마음에서 교회를 섬기며, 이웃을 진심으로 동정하여 봉사하는 선행만이 상급으로 남아 금과 은과 보석처럼 영원히 빛나게 된다는 것을 잊지 말아야 하겠습니다.

이렇게 볼 때 진정한 선행은 플러스로 작용하고 위선적 선행은 마이너스로 작용하여 그것들을 합산한 결과가 상이 되는 것이라고 추정할 수 있습니다.

(2) 두 종류의 심판대

그리스도의 심판대에는 달란트 심판대와 양과 염소 심판대가 있습니다. 이렇게 두 종류의 심판대가 있는 이유는 천국 백성 중에는 사람보다 하나님을 더 사랑하는 하나님 중심의 하늘 백성과, 하나님보다는 사람을 더 사랑하는 인간 중심의 천국 백성이 있기 때문입니다. 그런데 더 많은 열매를 맺는 부분을 가지고 심판을 해야 더 큰 상을 받을 수 있기 때문에 사랑과 지혜의 하나님께서 두 심판대가 있도록 조치하신 것입니다.

그러면 두 심판대에 관한 말씀을 상고해 봄으로써, 각 심판대는 어떤 부류의 성도를 심판하는 심판대이고, 또 심판의 기준과 상급의 기준은 무엇인지에 대해서도 살펴보겠습니다.

① 달란트 심판대(마 25:14-30)

어떤 사람이 타국에 가면서 종들에게 각기 다섯 달란트와 두 달란트와 한 달란트를 주고 떠났다는 것은, 부활 승천하신 예수께서 신자들의 그릇에 따라 각기 사명을 주셨다는 의미입니다. 그리고 오랜 후에 주인이 돌아와 종들과 회계한다는 것은 예수께서 재림하시어 그리스도의 심판대를 주재하신다는 뜻입니다. 따라서 이 심판대는 대인 관계보다 대신(對神) 관계에 더 적극적인 천국 백성들의 심판대입니다. 왜냐하면 심판의 기준은 주께서 주신 사명을 수행했는지의 여부가 될 수밖에 없기 때문입니다.

그러므로 이 심판대 앞에 설 자들은 대체로 구약시대와 신약시대의 성도일 것이라고 추정할 수 있습니다. 왜냐하면 구약시대의 핵심은 하나님을 경외하여 그 명령을 준행하는 데 있고, 신약시대의 포인

트도 예수님을 믿고 성령의 인도를 받는 데 있기 때문에, 구약시대와 신약시대의 성도들은 사람보다는 하나님을 더 중시하는 신 중심의 천국 백성일 수밖에 없기 때문입니다.

따라서 달란트 심판대를 통해 천국에 들어갈 자들은, 이미 영혼의 구원을 받아 낙원에 올라가 있다가 주께서 강림하실 때 부활의 몸을 입고 혼인 잔치에 참여한 뒤 이 심판대 앞에 서는 것이요, 지옥의 판결을 받을 자는 이미 음부에 내려가 있다가 심판의 부활로 나와 이 심판대 앞에 서게 되는 것입니다. 그리고 종말시대의 성도 중에서 달란트 심판대 앞에 설 자들은, 주께서 재림하실 때 산 채로 들림 받아 공중에서 주를 영접한 뒤 혼인 잔치를 거쳐 이 심판대 앞에 서게 됩니다.

그러면 달란트 심판대의 심판의 기준에 대하여 좀 더 살펴본 다음, 상급의 기준과 한 달란트 받은 자에 대하여 생각해 보겠습니다.

㉠ **심판의 기준** : 다섯 달란트와 두 달란트 받은 자들이 각기 또 다섯 달란트와 두 달란트를 남겨 가지고 왔을 때, 주인이 "잘하였도다 착하고 충성된 종아 네가 적은 일에 충성하였으매 내가 많은 것을 네게 맡기리니 네 주인의 즐거움에 참여할지어다"(21, 23절)라고 하였고, 아무것도 남기지 않은 채 그대로 한 달란트를 가지고 온 자에게는 악하고 게으른 종이라고 하면서 "이 무익한 종을 바깥 어둔 데로 내쫓으라 거기서 슬피 울며 이를 갈리라"(30절)고 선고하였으므로 심판의 기준은 사명을 수행했는지의 여부입니다.

그런데 예수님을 사랑해야만 주께서 주신 사명을 수행할 수 있다는 관점에서 볼 때, 다섯 달란트와 두 달란트 받은 자는 예수님을 진심으로 믿고, 구원받은 자로 보아야 합니다. 왜냐하면 예수를 구주로 믿고 구원을 받으면 자연히 하나님과 예수님을 사랑하게 되기 때문입니다.

이렇게 볼 때 '믿음으로 구원받는다'는 복음과 '사명을 수행함으로써 천국에 들어간다'는 심판의 기준은 동전의 앞뒤와 같다고 말할 수 있습니다. 즉 예수를 믿었으면 사명을 수행하게 되어 있고, 사명을 수행하지 않는 것을 보면 예수를 중심으로 믿지 않았다는 증거라는 뜻입니다. 이런 면에서 야고보 선생은 "행함이 없는 믿음은 그 자체가 죽은 것이라"(약 2:17)고 하였고, 또 "믿음이 그의 행함과 함께 일하고 행함으로 믿음이 온전하게 되었느니라"(약 2:22)고 말한 것 같습니다.

㉡ **상급의 기준** : 상급은 사명을 수행한 정도에 달려 있음이 분명합니다. 예수님은 공의로우신 분이므로 행한 대로, 일한 대로 갚으실 것이기 때문입니다. 이것은 예수께서 은 한 므나로 열 므나를 남긴 자에게는 열 고을을 다스릴 권세를 주고, 다섯 므나를 남긴 자에게는 다섯 고을을 다스릴 권세를 주신다고 하신 말씀 속에서도 입증됩니다(눅 19:17-19).

그런데 다섯 달란트 받은 자가 다섯 달란트를 남겨 왔을 때 칭찬하신 말씀과, 두 달란트 받은 자가 두 달란트를 남겨 왔을 때 칭찬하신 말씀이 자귀(字句) 하나 틀리지 않고 똑같았던 것을 보면 주님의 평가는 절대평가임을 알 수 있습니다. 그래서 주님은 "무릇 많이 받은 자에게는 많이 요구할 것이요 많이 맡은 자에게는 많이 달라 할 것이니라"(눅 12:48)고 하신 것이요, 또 가난한 과부가 한 고드란트를 헌금함에 넣는 것을 보셨을 때는 "내가 진실로 너희에게 이르노니 이 가난한 과부는 헌금함에 넣는 모든 사람보다 많이 넣었도다 그들은 다 그 풍족한 중에 넣었거니와 이 과부는 그 가난한 중에서 자기의 모든 소유 곧 생활비 전부를 넣었느니라"(막 12:43-44)고 말씀하신 것입니다.

그러므로 얼마나 큰 사명을 받았느냐가 중요한 것이 아니라 받은 사명을 얼마나 충성스럽게 수행하느냐가 더 중요하다는 것을 깨닫고 '왜 내게는 한 달란트밖에 주지 않으셨느냐?'는 불평 대신 받은 사명에 최선을 다해야 할 것입니다. 왜냐하면 한 달란트 받은 자가 만일 한 달란트를 남긴다면, 다섯 달란트 받은 자가 세 달란트를 남긴 것보다 더 큰 상과 칭찬을 받을 수 있기 때문입니다.

㉢ **한 달란트 받은 자에 대한 고찰** : 그러면 한 달란트 받은 자는 왜 주인이 맡긴 일을 전혀 하지 않았다가 지옥 어두운 데로 쫓겨났을까요? 그는 주인에게 "주인이여 당신은 굳은 사람이라 심지 않은 데서 거두고 헤치지 않은 데서 모으는 줄을 내가 알았으므로 두려워하여 나가서 당신의 달란트를 땅에 감추어 두었었나이다"(24-25절)라고 말했는데, 여기서 '굳은'은 헬라어 '스클레로스'(σκληρός)로서 '박정(薄情)하고 포악하며 거칠다'는 뜻입니다. 즉 주인은 심지도 않고 거두고 뿌리지도 않고 거두는 포악하고 파렴치한 사람이기 때문에 두려워서 달란트를 땅에 감추어 두었다고 한 것입니다.

그러므로 한 달란트 받은 자는 거듭나기는커녕 하나님이나 예수님에 대하여 전혀 모르는 자가 분명합니다. 왜냐하면 진심으로 예수를 믿고 중생한 자라면 죄인을 위하여 몸까지 버리신 그리스도의 사랑과, 독생자까지 아끼지 아니하시고 인류를 위해 내어주신 하나님의 은혜를 모를 리가 없는데, 그는 주인에 대하여 악담을 서슴지 않았기 때문입니다.

바로 이런 면에서 예수님은 "영생은 곧 유일하신 참 하나님과 그가 보내신 자 예수 그리스도를 아는 것이니이다"(요 17:3)라는 말씀을 하신 것 같습니다. 즉 하나님과 예수님에 대해 알아야 구원을 받을 수 있다는 말씀입니다. 그리고 여기서 '안다'는 것은 하나님과 예수님을 머리가 아닌 가슴으로, 곧 체험적으로 아는 것을 의미함은 물론입니다. 환언하면 예수를 진심으로 믿고 거듭나 주님의 사랑을 느낌으로써 예수님과 하나님을 마음으로 아는 자가 영생을 얻을 수 있다는 뜻입니다.

② 양과 염소 심판대(마 25:31-46)

예수께서 재림하시어 영광의 보좌에 앉으실 때, 모든 민족을 모으고 목자가 양과 염소를 구분하듯이 양은 오른편에, 염소는 왼편에 둔 후 오른편 양에게는 "내 아버지께 복 받을 자들이여 나아와 창세로부터 너희를 위하여 예비된 나라를 상속받으라"(34절)고 판결하시고, 왼편 염소들에게는 "저주를 받은 자들아 나를 떠나 마귀와 그 사자들을 위하여 예비된 영원한 불에 들어가라"(41절)고 선고하신다고 했습니다.

그런데 오른편 양들에게는 이웃에게 선을 베풀었다는 이유로 천국의 판결을 하셨고, 왼편 염소들은 선을 베풀지 않았다는 이유로 지옥의 선고를 하셨다는 점에서 이 심판대의 심판의 기준은 '이웃 사랑'임을 알 수 있습니다. 따라서 양과 염소 심판대는 대신(對神) 관계보다 대인 관계에 더 적극적이어서, 이웃 사랑의 열매를 많이 맺는 천국 백성들의 심판대임과 동시에 종말시대 신도들의 심판대입니다. 마지막 때의 기쁜 소식인 영원한 복음의 핵심은 '이웃 사랑'이기 때문입니다. 그러므로 왼편 염소들은 주께서 강림하실 때 죽임을 당해 그 영혼이 음부로 내려가 있다가 심판의 부활로 나와 이 심판대 앞에 서는 것입니다.

그러면 이 심판대의 심판의 기준에 대하여 좀 더 규명해 본 다음, 상급의 기준과 왼편 염소들에 대하여 고찰해 보겠습니다.

㉠ **심판의 기준** : 임금이 오른편 양들에게 "내가 주릴 때에 너희가 먹을 것을 주었고 목마를 때에 마시게 하였고 나그네 되었을 때에 영접하였고 헐벗었을 때에 옷을 입혔고 병들었을 때에 돌보았고 옥에 갇혔을 때에 와서 보았느니라"(35-36절)고 했으므로, 양과 염소 심판대에서 천국의 판결을 받을 자들은 일단 예수님을 구주로 영접하여 주님을 사랑하는 이들입니다.

그런데 오른편 양들이 언제 우리가 그렇게 했느냐고 반문했을 때, 임금이 "내가 진실로 너희에게 이르노니 너희가 여기 내 형제 중에 지극히 작은 자 하나에게 한 것이 곧 내게 한 것이니라"(40절)고 대답한 것을 보면 예수님을 사랑하는 마음이 '서로 사랑하라'는 주님의 계명을 지킬 정도로 결실했기 때문에 천국의 판결을 받은 것입니다. 그리고 "내 형제 중에 지극히 작은 자에게 한 것이 곧 내게 한 것"이라는 의미는 진실한 이웃 사랑만이 구원의 조건이 된다는 뜻입니다. 왜냐하면 지극히 작은 자는 외면한 채 신분이 높고 유력한 자에게만 베푸는 선행은 진실한 사랑이라고 볼 수 없기 때문입니다.

그러므로 오른편 양들은 예수를 믿고 중생하여 영적 성장을 계속하다가 영원한 복음에 따라 이웃을 사랑하는 선한 열매까지 맺었기 때문에 천국의 판결을 받은 것입니다.

㉡ **상급의 기준** : 상급의 기준은 선을 행한 정도에 달려 있음이 명백합니다. 즉 얼마나 많은 선행을 이웃에게 베풀었느냐에 달려 있다는 뜻입니다. 예수님은 행한 대로 갚으시는 공의로우신 분이기 때문입니다. 그러므로 기회 있는 대로 이웃에게 선을 베풀어야 합니다. 천사가 로마의 백부장 고넬료에게 "네 기도와 구제가 하나님 앞에 상달되어 기억하신 바가 되었으니"(행 10:4)라고 말한 것처럼, 이웃에게 베푸는 그 어떤 선행도 진실한 것이면 하나님께서 결코 잊지 아니

하시고 반드시 갚아주실 것이기 때문입니다.

㉢ **왼편 염소에 대한 고찰** : 그러면 왼편 염소들은 왜 이웃 사랑을 실천하지 않아서 이처럼 지옥 형벌을 선고받는 것일까요? 임금이 왼편 염소들에게 "내가 주릴 때에 너희가 먹을 것을 주지 아니하였고 목마를 때에 마시게 하지 아니하였고 나그네 되었을 때에 영접하지 아니하였고 헐벗었을 때에 옷 입히지 아니하였고 병들었을 때와 옥에 갇혔을 때에 돌보지 아니하였느니라"(42-43절)고 말씀하신 것을 보면, 이들은 일단 예수를 믿는 신자임에는 틀림없습니다. 왜냐하면 불신자에게 '왜 예수님을 사랑하지 않았느냐?'는 힐책(詰責)은 할 수 없기 때문입니다. 이것은 또 그들이 임금을 '주'라고 호칭한 데서도 충분히 뒷받침됩니다.

그런데 그들이 언제 우리가 주께 그렇게 하지 않았느냐고 반문하자 임금은 "내가 진실로 진실로 너희에게 이르노니 이 지극히 작은 자 하나에게 하지 아니한 것이 곧 내게 하지 아니한 것이니라"(마 25:45)고 답변하셨습니다. 그러므로 예수님을 사랑하지 않는 마음이 사랑의 계명을 지키지 않은 것으로 입증되었기 때문에 지옥 선고를 받은 것입니다.

이렇게 볼 때, 왼편 염소들은 예수를 진심으로 믿지 않았거나 혹은 믿고 거듭나기는 하였지만, 영적 성장을 제대로 이루지 못했기 때문에 지옥의 판결을 받은 것이라고 보아야 합니다. 마치 사데 교회처럼 구원의 흰옷이 더럽혀졌는데도 불구하고 그 옷을 빨지 않았다든지, 혹은 라오디게아 교회처럼 구원의 옷을 상실했는데도 불구하고 흰옷을 다시 사지 않았기 때문이라는 뜻입니다.

그러므로 종말의 성도들은 "자기 두루마기를 빠는 자들은 복이 있으니 이는 그들이 생명나무에 나아가며 문들을 통하여 성에 들어갈 권세를 받으려 함이로다"(계 22:14)라는 말씀을 명심하고, '두루마기를 빠는 것'처럼 철저히 회개한 후 영적 성장을 계속하여 사랑의 열매까지 맺음으로써 양과 염소 심판대에 대비해야 할 것입니다.

제 6 장

지상 천년왕국과 새 예루살렘

Ⅰ. 사탄의 무저갱 유폐

Ⅱ. 지상 천년왕국

Ⅲ. 대 백보좌 심판

Ⅳ. 영원한 천국 새 예루살렘

Ⅰ. 사탄의 무저갱 유폐

1. 사탄의 체포와 무저갱 감금

예수께서 강림하여 세상을 심판하실 때, 세계 통합 국가의 왕인 짐승과 그의 앞잡이인 거짓 선지자만 체포하는 것이 아니라, 사탄도 체포하여 무저갱에 가두실 것입니다. 요한계시록은 이것을 이렇게 증언합니다.

> "또 내가 보매 천사가 무저갱의 열쇠와 큰 쇠사슬을 그의 손에 가지고 하늘로부터 내려와서 용을 잡으니 곧 옛 뱀이요 마귀요 사탄이라 잡아서 천 년 동안 결박하여 무저갱에 던져 넣어 잠그고 그 위에 인봉하여 천 년이 차도록 다시는 만국을 미혹하지 못하게 하였는데 그 후에는 반드시 잠깐 놓이리라"(계 20:1-3).

마귀는 7년 대재난의 전반기가 끝날 즈음, 미가엘 천사장과의 공중 전투에서 패하여 지상으로 쫓겨 내려와(계 12:7-9), 후 3년 반 동안 세계 통합 국가의 왕과 거짓 선지자를 배후에서 조종하여 하나님을 대적하고 성도를 괴롭힐 것입니다. 그러나 이처럼 주의 재림 시에 천사에 의해 체포되어 큰 쇠사슬에 결박된 채 천 년 동안 무저갱에 갇히게 됩니다. 뿐만 아니라 온갖 귀신들도 같은 운명에 처해지게 됩니다. 하나님께서 "그날에 내가 우상의 이름을 이 땅에서 끊어서 기억도 되지 못하게 할 것이며 거짓 선지자와 더러운 귀신을 이 땅에서 떠나게 할 것이라"(슥 13:2)고 말씀하셨기 때문입니다.

지상 천년왕국이 죄와 고통이 없는 평화의 시대가 되는 까닭이 바로 이 때문입니다. 즉 사람을 미혹하고 괴롭히는 흑암의 세력들이 전부 무저갱에 갇힘으로써 더 이상 활동을 하지 못하기 때문입니다. 그런데 요한계시록이 "용을 잡으니 곧 옛 뱀이요 마귀요 사탄이라"(계 20:2)고 한 것을 보면, 성경은 사탄과 마귀를 같은 의미로 사용하는 것을 알 수 있습니다.

그러면 사탄 마귀는 어떤 존재일까요? 이것과 함께 악령이나 귀신에 대해서도 고찰해 보겠습니다.

2. 사탄 마귀는 어떤 존재인가?

사탄(satan)은 히브리어 '사탄'(שָׂטָן)의 음역(音域)을 그대로 딴 말로 '대적자, 대항자'라는 뜻입니다. 따라서 하나님을 대적하는 사탄의 본성이 그 명칭에 그대로 드러난 것입니다. 이처럼 사탄은 하나님을 대적하는 자이기 때문에 사람을 미혹하여 하나님을 대적하는 일에 동참시킵니다. 성경이 사탄을 "온 천하를 꾀는 자"(계 12:9), 혹은 "시험하는 자"(마 4:3)로 일컫는 이유가 바로 이 때문입니다.

마귀(devil)는 헬라어로 '디아볼로스'(διάβολος)인데, 이는 '고발하다, 비방하다, 헐뜯다, 중상하다'라는 의미를 가진 '디아발로'(διαβάλω)에서 파생되었습니다. 따라서 보좌 앞에서는 하나님의 백성들을 헐뜯고 고발하며 사람 앞에서는 하나님과 인간을 비방하며 중상하는 마귀의 속성이 그 이름에 잘 나타나 있는 것입니다. 그래서 성경은 마귀를 '밤낮 참소하는 자'(계 12:10)로, 또는 '악한 자'(마 5:37; 요일 5:19)로 칭합니다. 왜냐하면 하나님 앞에서는 인간을, 인간 앞에서는 하나님과 이웃을 비방하여 하나님과 인간, 사람과 사람 사이를 갈라놓는 이간질은 큰 악이기 때문입니다. 그런데 이간질을 하려면 거짓말은 필수가 아니겠습니까? 그래서 예수님은 마귀를 "거짓말쟁이요 거짓의 아비"(요 8:44)라고 칭하십니다.

이와 같이 사탄 마귀는 하나님을 대적하고 사람을 죄에 빠뜨려 망하게 하는 거짓말쟁이임을 생각해 볼 때, 사탄은 예수님의 사역과 정반대의 일을 하는 악한 존재로 보지 않을 수 없습니다. 왜냐하면 예수님은 인간을 바른길로 인도하시는 빛이신데, 사탄은 사람을 미혹하는 흑암이고(요 12:35), 예수님은 인류를 구원하시려고 사람이 되어 유대 땅에 오셨는데, 마귀는 인류를 타락시키려고 뱀으로 화신(化身)하여 에덴동산에 왔으며, 주님은 보좌 앞에서 성도들을 변호하시는 분인데(요일 2:1), 마귀는 하나님 앞에서 성도들을 밤낮 참소하는 자이기 때문입니다(계 12:10). 그래서 바울 사도는 "……빛과 어둠이 어찌 사귀며 그리스도와 벨리알이 어찌 조화되며……"(고후 6:14, 15)라는 말로 빛이신 예수님과 흑암인 마귀(벨리알)를 대칭적인 존재로 묘사한 것입니다.

3. 악령 및 귀신은 어떤 존재인가?

(1) 용어에 대한 고찰

악령은 문자 그대로 악한 영(evil spirit)입니다. 즉 사람에게 악한 마음의 충동을 주는 어둠의 영이라는 뜻입니다. 따라서 거짓의 영, 교만의 영, 미움의 영, 음란의 영, 호색의 영, 시기의 영, 허영의 영, 질투의 영, 사치의 영, 폭력의 영, 분노의 영, 복수의 영, 간음의 영, 게으름의 영, 불평의 영, 혈기의 영, 원망의 영, 살인의 영, 절도의 영 등, 수많은 악령들이 타락한 인간의 육체에 잠복해 있다가 사람들의 마음에 악한 충동을 주는 것입니다.

귀신(demons)은 헬라어 '다이모니온'(δαιμόνιον), 혹은 축소하여 '다이몬'(δαιμων)인데, 이것은 '그늘'이라는 뜻의 어원에서 파생하여 '힘, 세력, 능력'을 의미하다가 점점 '불결한 영들'(unclean spirits)을 가리키는 말로 사용되었습니다. 그래서 귀신의 왕으로 불리어지는 '바알세불'의 의미가 '똥의 주인'으로 더러운 존재임을 나타내고 있고(마 10:25, 12:24-27; 막 3:22), 성경이 귀신을 언급할 때마다 항상 '더러운 귀신'이라고 칭하는 이유가 바로 이 때문입니다(마 10:1, 12:43; 막 3:11, 5:2; 눅 11:24).

귀신은 사람의 속에 들어가 질병이나 신체 장애를 일으키고(마 4:24; 막 9:18-26; 눅 11:14, 13:11), 정신 장애를 일으키며(마 11:18; 막 5:1-9; 요 10:20), 죄를 짓게도 하고(삿 9:23), 때로는 점을 치게도 하는 등(행 16:16) 다양한 활동을 한다는 면에서 사람에게 재앙을 가져다주고, 죄에 빠뜨리며, 어떤 능력도 행하게 하는 어둠의 영입니다. 그런데 주께서 18년 동안이나 귀신 들려 앓으며 꼬부라져 조금도 펴지 못했던 한 여인을 고쳐 주셨을 때, 그 여인을 "열여덟 해 동안 사탄에게 매인 바 된 아브라함의 딸"(눅 13:16)이라고 칭하신 것을 보면, 성경은 악령이나 귀신을 사탄 마귀와 혼용하고 있음을 알 수 있습니다.

그러면 성경이 말하고 있는 세 유형의 악령이나 귀신에 대하여 고찰해 보겠습니다.

(2) 성경이 말하고 있는 세 유형의 악령 및 귀신

① 공중의 권세를 잡고 있는 귀신이나 악령

사도 바울은 "우리의 씨름은 혈과 육을 상대하는 것이 아니요 통치자들과 권세들과 이 어둠의 세상 주관자들과 하늘에 있는 악의 영들을 상대함이라"(엡 6:12)고 하였습니다. 따라서 일단 '통치자들과 권세들과 세상 주관자들과 공중에 있는 악령'으로 불리어지는 귀신들이 있습니다. 그런데 '통치자들과 권세들과 세상 주관자들'이란 세상을 통치하는 권세를 가진 악령들이라는 의미이므로, 이런 귀신들은 인간의 삶에 길흉화복을 가져다주는 귀신들이라고 보아야 합니다.

바로 이런 면에서 예수님은 마귀를 "이 세상의 임금"(요 12:31, 14:30, 16:11)이라고 칭하신 것으로 보입니다. 즉 사탄은 인간의 생사화복권을 쥐고 있는 세상의 왕이라는 뜻입니다. 종종 애굽은 세상으로, 애굽 왕 바로는 세상의 임금인 사탄의 모형으로 간주하는 이유가 바로 여기 있다고 봅니다. 즉 바로 왕이 애굽을 통치하였을 때 애굽인들의 운명은 물론, 그곳에서 종살이하던 이스라엘의 운명도 바로 왕의 손에 달려 있었던 것같이, 사탄은 구원받지 못한 사람들의 운명을 쥐고 있는 세상의 왕이라는 의미입니다.

하지만 예수를 믿고 구원받은 자들의 운명이 전적으로 하나님께 달려 있다는 것은 두말할 나위가 없습니다. 마치 모세의 인도를 받아 출애굽했던 이스라엘의 운명이 오로지 하나님께 달려 있었던 것처럼 말입니다. 그러므로 만일 신자라고 하면서 사주팔자나 성명 철학으로 운세를 보려고 한다면 맞지도 않거니와 죄가 된다는 것을 깨달아야 합니다. 왜냐하면 불의한 사탄으로서는 선을 행하는 자에게 복을 주고 악을 행하는 자에게 화를 주는 의로운 통치를 할 수 없으므로, 사주팔자나 성명은 마귀가 불신자들의 운명을 다스리는 수단일 수도 있기 때문입니다. 환언하면, 사주팔자나 성명 철학에 의한 운세는, 예수님을 모르는 자들에게는 맞을 수도 있으나 성도들과는 아무런 상관이 없을 뿐 아니라 죄가 되므로 절대 보아서는 안 된다는 뜻입니다.

한편, "하늘에 있는 악령들"이란 사람을 범죄하도록 유혹하고, 어떤 능력을 행하게 하며, 성령의 역사인 것처럼 성도를 속이는 고급 귀신들로 보아야 합니다. 즉 가룟 유다에게 예수님을 팔 생각을 넣었던 마귀나(요 13:2), 사도 바울 일행이 빌립보 지역에서 만났던 점치는 여종 속에 들어갔던 귀신이 곧 '하늘의 악령'이라는 의미입니다(행 16:16-18). 왜냐하면 그 귀신은 바울 일행에게 "이 사람들은 지극히 높으신 하나님의 종으로 구원의 길을 너희에게 전하는 자라"(행 16:17)고 외쳤는데, 점치는 능력과 더불어 그러한 지식까지 소유한 것을 보면 공중 권세를 잡고 있는 고급령으로 보지 않을 수 없기 때문입니다.

그러므로 성령의 역사인 것처럼 성도를 속이는 귀신들은 모두 "하늘에 있는 악령들"로 보아야 합니다. 즉 거짓 예언을 하게 하고, 잘못된 환상을 보게 하며, 미혹의 음성을 듣게 하고, 헛된 꿈을 꾸게 하거나 거짓 입신을 하게 하는 마귀들은 모두 "하늘에 있는 악령"들이라는 의미입니다. 그래서 사도 요한은 영을 다 믿지 말고 오직 영들이 하나님께 속하였나 분별하라고 한 것이요(요일 4:1), 사도 바울은 "……사탄도 자기를 광명의 천사로 가장하나니 그러므로 사탄의 일꾼들도 자기를 의의 일꾼으로 가장하는 것이 또한 대단한 일이 아니니라……"(고후 11:14, 15)고 말한 것입니다.

이렇게 볼 때, 주께서 언급하신 "사탄의 사자들"(마 25:41)이 곧 하늘의 악령들이라고 보아야 합니다. 왜냐하면 그런 유의 귀신들은 몸을 입은 적이 없는 영적 존재들이기 때문입니다.

② 짐승의 사후령(死後靈)으로서의 악령 및 귀신

70인 제자들이 전도를 마치고 주님께 돌아와 "주여 주의 이름이면 귀신들도 우리에게 항복하더이다"(눅 10:17)라고 보고했을 때, 예수님은 "사탄이 하늘로부터 번개같이 떨어지는 것을 내가 보았노라 내가 너희에게 뱀과 전갈을 밟으며 원수의 모든 능력을 제어할 권능을 주었으니 너희를 해칠 자가 결코 없으리라"(눅 10:18, 19)고 말씀하셨습니다. 즉 예수님은 귀신을 '뱀과 전갈'로 표현하신 것입니다.

예수님은 왜 귀신을 '뱀과 전갈'로 묘사하셨을까요? 불꽃 같은 눈으로 귀신의 속까지 꿰뚫어보시는 주님의 눈에는 그 귀신의 정체가 뱀이요 전갈이기 때문이 아니겠습니까? 그러므로 악령이나 귀신 중에는 짐승의 사후령도 있다고 보아야 합니다.

그런데 문제는 '짐승에게도 영이 있을까?'일 것입니다. 왜냐하면 대부분의 사람들은 '짐승에게는 영이 없고 혼만 있다'는 생각을 하고 있기 때문입니다. 그러므로 이 문제를 짚고 넘어가고자 합니다.

짐승에게는 혼만 있고 영은 없는가?

제1장에서 '영'은 사람을 향한 하나님의 뜻과 계획이 새겨져 있는 생명 부분이고, '혼'은 영이 몸을 만남으로써 영으로부터 파생된 지정의(知情意)의 인격 부분, 곧 몸을 움직이는 넓은 의미의 '마음'이라고 하였습니다. 따라서 '짐승에게는 혼만 있고 영은 없다'는 말은 그 자체가 잘못입니다. 왜냐하면 '혼'이란 영에 속한 정신 작용이기 때문에 영(靈) 없이 혼(魂)만 독자적으로 존재할 수는 없기 때문입니다. 그러므로 짐승에게도 영혼이 있습니다. 짐승에게 생명이 있다는 것은 '영'이 있다는 증거요, 짐승이 몸을 입고 활동한다는 것은 '혼'이 있다는 증거이기 때문입니다.

이처럼 짐승에게도 영혼이 있다는 것은 발람이 탔던 나귀가 여호와의 사자를 보았던 것에서 입증되고(민 22:23-27), 또 발람이 나귀를 때렸을 때 하나님께서 나귀의 입을 열자 그 나귀가 주인에게 불평을 털어놓았다는 데서 확인됩니다(28-30절). 다시 말하면 만일 짐승에게 영이 없다면 나귀가 천사를 볼 수 없었을 것이고, 짐승에게 혼이 없다면 그 나귀가 발람에게 푸념을 털어놓을 수 없었다는 데서 짐승에게도 영혼이 있다는 의미입니다.

그런데 무엇보다도 짐승이 영적 존재라는 것은 사탄이 뱀으로 화신(化身)하여 에덴에 침입했었다는 것이 결정적인 증거가 됩니다. 왜냐하면 만일 뱀에게 영이 없다면 영적 존재인 마귀가 뱀으로 화신(化身)할 수 없고, 또 그 뱀이 붉은 용으로 변신, 승천하여 현재 공중 권세를 잡고 있으면서 이 세상의 임금으로 활동할 수 없기 때문입니다.

더 나아가 예수께서 지옥에 대하여 "거기에서는 구더기도 죽지 않고 불도 꺼지지 아니하느니라"(막 9:48)고 하신 말씀도 동물 역시 영적 존재임을 뒷받침해 주는 대목입니다. 왜냐하면 "구더기가 죽지 않는다"는 말은 구더기의 영에 대한 말씀이기 때문입니다.

노아의 홍수 이후 하나님께서 다시는 홍수로 세상을 멸하지 않으시겠다는 언약을 사람에게만 하신 것이 아니요 모든 생물에게도 하신 이유가 바로 여기 있다고 보아야 합니다(창 9:10-17). 즉 동물도 영적 존재이기 때문에 하나님께서 다시는 물로 세상을 멸하지 않겠다는 무지개 약속을 동물들과도 하셨다는 뜻입니다. 그렇기 때문에 솔로몬은 "인생들의 영('루아흐', רוּחַ)은 위로 올라가고 짐승의 영('루아흐'이므로 혼은 오역, spirit, KJV, RSV, NIV, NLT)은 아래 곧 땅으로 내려가는 줄을 누가 알랴"(전 3:21)는 표현을 합니다. 곧 성경이 '짐승의 혼'이라고 하지 않고 '짐승의 영'이라고 칭했다는 데서 짐승도 영적 존재가 분명하다는 뜻입니다.

하지만 짐승의 영혼, 곧 동물의 영혼은 인간에 비하여 그 차원이 다릅니다. 그러면 어떤 면에서 다를까요?

우선 영(靈)의 경우, 사람의 영에는 하나님과 이웃을 사랑하라는 하나님의 선한 뜻이 새겨져 있고 또 성령의 보좌가 있지만, 동물의 영에는 그 외형이 상징해 주는 각종 악과 더러움이 새겨져 있을 뿐 성령의 보좌는 없다는 점에서 다릅니다. 물론 짐승에게 선하게 보이는 면도 있습니다. 소의 성실함과 개의 충성심 및 비둘기의 순결함과 양의 온순함 등이 그것입니다. 하지만 그런 짐승 역시 하나님을 예배할 줄 모르고, 이웃을 사랑할 줄 모르며, 무엇보다도 '성실, 충성, 순결, 온순' 등이 무엇인지도 모른 채 단순히 본능적으로 그런 모습만 띠고 있다는 점에서 짐승은 여전히 악하고 더러운 존재입니다.

그러므로 사람의 영은 '선하고 거룩한 영'이지만 짐승의 영은 '악하고 더러운 영'입니다. 그래서 구약의 시인은 "그들은 양같이 스올에 두기로 작정되었으니 사망이 그들의 목자일 것이라"(시 49:14)고 노래합니다. 즉 양처럼 온순한 짐승도 사후에 그 영이 음부로 내려가게 되어 있음을 읊조렸다는 점이 짐승의 영은 악하고 더러운 영임을 확인해 주는 대목입니다.

바로 여기에서 타락한 인생은 짐승과 같은 존재임을 발견하게 됩니다. 왜냐하면 영적으로 죽은 인간은 짐승처럼 사후에 음부에 내려갈 수밖에 없고, 육적으로 타락한 인간은 질병이나 사고 등 각종 고난 가운데 살다가 결국 죽을 수밖에 없다는 점에서 또한 짐승과 같기 때문입니다. 그래서 구약의 시인은 이렇게 노래합니다.

> "사람은 존귀하나 장구하지 못함이여 멸망하는 짐승 같도다"(시 49:12).
> "존귀하나 깨닫지 못하는 사람은 멸망하는 짐승 같도다"(시 49:20).

한편, 짐승의 혼은 사람의 혼에 비하여 어떤 면이 다를까요? 인간의 혼에는 자유의지가 있지만 짐승의 혼에는 자유의지가 없다는 면에서 다릅니다. 즉 짐승은 하나님께서 그 영에 각기 종류대로 새겨 주신 악하고 더러운 것만 생각하고[知], 좋아하며[情], 결정하는[意] 영에 묶인 존재, 곧 본능적으로만 활동하는 존재라는 점에서 인간과는 근본적으로 다르다는 뜻입니다. 그러면 하나님께서 인간의 혼에는 자유의지를 주셨지만 동물에게는 주시지 않은 이유는 무엇일까요?

인간은 하나님의 형상을 닮은 선한 존재이지만, 동물은 하나님의 형상이 없는 악한 존재이기 때문입니다. 즉 선의 가치와 행복은 그 반대 개념인 악을 경험해야 온전히 알 수 있기 때문에, 인간의 혼에는 자유의지를 주시어 죄를 짓고 악에 빠질 수도 있도록 하셨습니다. 하지만 악한 존재인 동물의 입장에서는 선에 대해서 몰라야 '악은 나쁜 것이다'라는 의식조차 가질 수 없기 때문에 동물에게는 자유의지를 주시지 않은 것입니다.

다시 말하면 빛을 전혀 경험하지 못한 채 어둠 속에만 있으면 어둠에 대한 의식이나 개념은 물론, 어둠은 나쁜 것이라는 판단조차 할 수 없는 것같이, 사랑과 지혜의 하나님께서 짐승에게는 악에 대한 개념이나 악은 나쁜 것이라는 의식조차 갖지 못하게 하시려고 동물에게는 자유의지를 주지 않으셨다는 의미입니다. 그렇기 때문에 쇠똥구리는 평생을 소똥만 먹고 살면서도 그것이 더러운 줄을 모를 뿐 아니라 오히려 그것을 즐기는 것이 아닙니까?

하나님께서 인간들에게는 언어의 자유를 주셨지만 동물들에게는 주시지 않은 까닭도 같은 이유에서입니다. 즉 인간에게는 언어가 있어야만 교육을 통해 선과 악에 대한 지식을 습득할 수 있기 때문에 언어의 자유를 주셨지만, 동물에게는 선과 악에 대한 교육을 받을 수 없도록 하시려고 언어의 자유를 주시지 않았다는 뜻입니다.

이상의 고찰과 같이 짐승에게도 영혼이 있습니다. 하지만 '동물에게 영혼이 있다'고 하기보다는 '동물에게 영이 있다'고 해야 더 적절한 표현입니다. 왜냐하면 동물의 혼에는 자유의지가 없어 독자성이 전혀 없기 때문에 영과 혼을 구분할 필요가 없기 때문입니다.

이처럼 짐승의 영이 악하고 더러운 영이라면 짐승이 사후에 악령의 역할을 할 수 있다는 것은 얼마든지 가능한 것이 아니겠습니까? 따라서 사람의 마음에 악한 충동을 주고 질병을 일으키는 저급한 악령들은 대부분 짐승의 영들이라고 볼 수 있습니다.

③ 사람의 사후령(死後靈)으로서의 귀신

하나님은 이사야 선지자를 통해 "어떤 사람이 너희에게 말하기를 주절거리며 속살거리는 신접한 자와 마술사에게 물으라 하거든 백성이 자기 하나님께 구할 것이 아니냐 산 자를 위하여 죽은 자에게 구하겠느냐 하라"(사 8:19)고 말씀하셨습니다. 즉 살아 있는 사람을 위하여 하나님께 묻지 아니하고 신접한 자와 마술사에게 묻는 것을 몹시 통분히 여기신 것인데, 여기서 신접한 자와 마술사에게 묻는 것을 '죽은 자에게 구하겠느냐'라고 하신 말씀에 주목해야 합니다. 왜냐하면 이 말씀은 신접한 자나 마술사에게 묻는 것은 곧 '죽은 사람의 영'에게 묻는 것이라는 뜻이기 때문입니다. 따라서 이 말씀은 사람이 죽은 후에 귀신의 역할을 하는 경우가 있음을 보여주는 대목입니다.

이것은 또 이스라엘 백성이 싯딤에서 모압 여인들과 음행하며 바알브올 신에게 절한 것에 대하여(민 25:1-3) 구약의 시인이 "그들이 또 브올의 바알과 연합하여 죽은 자에게 제사한 음식을 먹어서 그 행위로 주를 격노하게 함으로써 재앙이 그들 중에 크게 유행하였도다"(시 106:28, 29)라고 노래한 데서도 뒷받침됩니다. 왜냐하면 바알브올 귀신을 '죽은 자'라고 묘사한 것은 그 귀신이 사람의 사후령이라는 의미이기 때문입니다.

그러면 사람이 어떻게 사후에 귀신 노릇을 할 수 있을까요? 사람 중에는 짐승 같은 자도 있기 때문이라고 생각합니다. 이것은 예수님의 동생 유다가 "또 그들은 이성 없는 짐승같이 본능으로 아는 그것으로 멸망하느니라"(유 1:10)고 말한 데서, 베드로는 "그러나 이 사람들은 본래 잡혀 죽기 위하여 난 이성 없는 짐승 같아서 그 알지 못하는 것을 비방하고……탐욕에 연단된 마음을 가진 자들이니 저주의 자식이라"(벧후 2:12-14)고 말한 데서 입증됩니다. 이처럼 사람 중에는 그 속이 짐승 같은 자가 있기 때문에 주님은 헤롯 왕을 "여우"(눅 13:32)라고 칭하셨고, 외식하는 서기관과 바리새인들을 향하여는 "뱀들, 독사의 새끼들"(마 23:33)이라고 꾸짖으셨으며, 더 나아가 "거룩한 것을 개에게 주지 말며 너희 진주를 돼지 앞에 던지지 말라"(마 7:6)는 말씀까지 하신 것이 아니겠습니까?

그러므로 귀신 중에는 사람의 사후령(死後靈)도 분명 있습니다. 예수께서 거라사 지방에서 만났던 귀신 들린 자에게 "네 이름이 무엇이냐"(막 5:9)라고 물으신 까닭이 바로 이 때문이라고 보아야 합니다. 왜냐하면 이름을 가진 존재는 사람밖에 없기 때문입니다. 또한 그 군대 귀신 들렸던 자가 무덤 가운데 거했다는 점도 그 귀신들은 사람의 사후령이라고 추정하게 하는 부분입니다.

하지만 구원받지 못하고 죽은 사람 전부가 사후에 귀신 노릇을 한다고는 볼 수 없습니다. 왜냐하면 구원받지 못한 사람 중에는 예수께서 뿌리신 천국의 좋은 씨도 있을 뿐 아니라, 예수께서 들려주신 부자와 나사로의 이야기를 보면 부자는 사후에 귀신 노릇을 한 것이 아니라 곧장 음부로 내려갔기 때문입니다(눅 16:19-31).

그런데 사람의 사후령이 귀신 노릇을 하는 경우는 짐승의 경우보다 그 폐해가 더 크다고 보지 않을 수 없습니다. 왜냐하면 짐승 영의 경우는 대체로 악한 충동을 주고 질병의 원인만 되지만, 사람 귀신인 경우는 각종 사고와 재앙을 일으킴은 물론, 침입한 귀신이 그 사람의 주인 노릇까지 하려는 과정에서 그를 정신 이상자로 만들 수도 있기 때문입니다.

이상으로 사탄 마귀 및 악령과 귀신에 대하여 고찰해 보았습니다. 그런데 이러한 흑암의 세력들은 하나님을 대적하고, 복음을 훼방하며, 성도들을 죄에 빠뜨려 망하게 하는 어둠의 영들이라는 면에서 여호와의 원수요(삼하 12:14), 예수님의 원수며(시 110:1), 성도들의 원수입니다(마 13:39; 눅 10:19). 그러므로 원수 사탄을 이기고 귀신을 내쫓는 길에 대해서 말씀을 고찰해 보겠습니다.

4. 원수 마귀를 이기고 귀신을 내쫓는 길

(1) 마귀의 시험을 이기는 길

예수를 믿고 구원받은 신자라 할지라도 영혼의 성장과 완성을 위해 하나님은 사탄의 시험을 허락하십니다. 그런데 시험에 지면 "죄를 범하는 자는 죄의 종이라"(요 8:34), "누구든지 진 자는 이긴 자의 종이 됨이라"(벧후 2:19)는 말씀과 같이 마귀에게 재앙을 일으킬 권세가 주어지기 때문에, 사탄은 사람을 미혹하여 넘어뜨리려고 혈안이 되어 있습니다. 그렇기 때문에 다윗이 범죄하였을 때 나단 선지자가 찾아와 "이 일로 말미암아 여호와의 원수가 크게 비방할 거리를 얻게 하였으니 당신이 낳은 아이가 반드시 죽으리이다"(삼하 12:14)라고 말한 것이요, 다윗의 금식 기도와 철야 기도에도 불구하고 그 아기는 결국 죽고 만 것입니다.

따라서 어떻게 해서든지 마귀의 시험을 극복하고 죄를 범하지 말아야 할 것인데, 사탄을 이기는 길은 무엇일까요? 예수께서 마귀의 시험을 이기신 방법을 통해, 그리고 바울 사도가 말한 전신 갑주를 입음으로써 사탄을 이기는 길을 모색해 보겠습니다.

① 예수께서 보여주신 마귀의 시험을 이기는 길

ⓐ 육적 시험은 육신보다 영혼을 더 중시하고, 세상보다 하나님을 더 사랑하면 이길 수 있습니다.

마귀는 금식으로 주린 상태에 계셨던 예수님을 찾아와 "네가 만일 하나님의 아들이어든 명하여 이 돌들로 떡덩이가 되게 하라"(마 4:3)고 시험했습니다. 즉 예수께서 배가 고프신 틈을 타 창조의 질서를 파괴하는 죄를 범해서라도 굶주린 배를 채우라고 유혹한 것입니다. 그러므로 이것은 육적 차원의 시험입니다. 그리고 이런 유의 시험에는 돈, 음란, 폭력, 도박, 게임, 마약 등으로 미혹하는 시험이 있습니다. 하지만 예수님은 "기록되었으되 사람이 떡으로만 사는 것이 아니요 하나님의 입으로부터 나오는 모든 말씀으로 살 것이라"(마 4:4)는 말씀으로 물리쳤습니다. 즉 사람에게는 육신보다 더 귀중한 영혼이 있으므로 육신을 위해 돌로 떡을 만들어 먹는 불의를 저지를 수 없다는 의미이셨습니다. 따라서 육신보다 영혼이 더 귀중하다는 것을 깨달으면 이러한 육적 차원의 시험은 이길 수 있습니다. 그렇기 때문에 예수님은 "살리는 것은 영이니 육은 무익하니라"(요 6:63)고 말씀하십니다.

그런데 몸은 세상과 교통하는 관문이고, 영은 하늘과 교통하는 관문이라는 점에서 육신보다 영혼을 더 귀중하게 여긴다는 것은, 곧 세상보다 하나님을 더 사랑한다는 의미가 아니겠습니까? 그러므로 세상보다 하나님을 더 사랑할 때 또한 육적 차원의 시험을 이길 수 있습니다. 그래서 사도 요한은 다음과 같은 권면을 합니다.

> "이 세상이나 세상에 있는 것들을 사랑하지 말라 누구든지 세상을 사랑하면 아버지의 사랑이 그 안에 있지 아니하니 이는 세상에 있는 모든 것이 육신의 정욕과 안목의 정욕과 이생의 자랑이니 다 아버지께로부터 온 것이 아니요 세상으로부터 온 것이라 이 세상도, 그 정욕도 지나가되 오직 하나님의 뜻을 행하는 자는 영원히 거하느니라"(요일

2:15-17).

ⓑ 혼적 차원의 시험은 자신보다 하나님, 자기보다 예수님을 더 사랑하면 이길 수 있습니다.

마귀는 예수님을 이끌고 높이 올라가서 천하 만국을 순식간에 보이며 이르기를 "이 모든 권위와 그 영광을 내가 네게 주리라 이것은 내게 넘겨준 것이므로 내가 원하는 자에게 주노라 그러므로 네가 만일 내게 절하면 다 네 것이 되리라"(눅 4:6, 7)고 유혹했습니다.

즉 온 세상의 권세와 영광을 주겠으니 사탄을 숭배하는 불의를 저질러서라도 그것을 얻으라고 미혹한 것입니다. 그러므로 이런 유의 시험은 혼적 차원의 시험입니다. 왜냐하면 혼은 곧 '자아'인데, 자신의 영광을 위하여 불의한 수단을 써서라도 세상의 권세나 명예를 얻으라는 유혹이기 때문입니다. 따라서 정당한 과정을 거치지 아니하고 불법이나 편법으로 권력이나 지위, 인기나 학위 등을 얻으라는 유혹 및 불의한 방법을 써서라도 벼락 출세를 하고 벼락 감투를 쓰라는 지름길 미혹들은 모두 이 부류에 속하는 시험들로 볼 수 있습니다.

하지만 예수님은 "기록된 바 주 너의 하나님께 경배하고 다만 그를 섬기라 하였느니라"(눅 4:8)는 말씀으로 그 시험을 일축하셨습니다. 즉 예수님은 자신보다 하나님을 더 사랑하시기 때문에 세상 영광을 위하여 하나님을 배신하는 죄를 결코 지을 수 없다는 의미셨습니다. 따라서 이런 유형의 혼적 시험은 자기보다 하나님, 자신보다 예수님을 더 사랑하여 자신을 위해 살지 않고 하나님과 예수님을 위해 살 때 이길 수 있습니다. 그래서 사도 바울은 "너희가 먹든지 마시든지 무엇을 하든지 다 하나님의 영광을 위하여 하라"(고전 10:31)고 권면한 것이요, 또 이러한 신앙 고백도 한 것입니다.

"우리 중에 누구든지 자기를 위하여 사는 자도 없고 자기를 위하여 죽는 자도 없도다 우리가 살아도 주를 위하여 살고 죽어도 주를 위하여 죽나니 그러므로 사나 죽으나 우리가 주의 것이로다"(롬 14:7, 8).

이 얼마나 자신을 위해 살지 않고 오직 주님의 영광을 위해 사는 바울의 아름다운 신앙이 깊이 배어 있는 고백입니까? 그런데 하늘 백성은 본래 하나님을 위해 지음 받은 존재입니다. 그래서 하나님은 "이 백성은 내가 나를 위하여 지었나니 나를 찬송하게 하려 함이니라"(사 43:21)고 말씀하신 것입니다. 그러므로 성도는 하나님을 위해 지음 받은 존재임을 한시도 잊지 말고 나의 영광이 아닌 하나님의 영광을 위해 삶으로써 혼적 차원의 시험을 이겨야 하겠습니다.

ⓒ 영적 차원의 시험은 말씀과 기도로 무장함과 동시에 겸손하면 이길 수 있습니다.

사탄은 또 예수님을 성전 꼭대기에 세우고 "네가 만일 하나님의 아들이어든 여기서 뛰어내리라 기록되었으되 하나님이 너를 위하여 그 사자들을 명하사 너를 지키게 하시리라 하였고 또한 그들이 손으로 너를 받들어 네 발이 돌에 부딪치지 않게 하시리라 하였느니라"(눅 4:9-11)고 시험했습니다. 두 번에 걸친 시험을 모두 하나님의 말씀으로 물리치자, 이번에는 역으로 말씀을 가지고 유혹한 것입니다. 그런데 이것은 고도로 계산된 아주 간교한 시험입니다. 왜냐하면 뛰어내리지 않는다면 하나님의 말씀을 믿지 못하는 불신앙으로 비쳐지기 때문에 뛰어내릴 수밖에 없게 되는데, 만일 뛰어내린다면 하나님을 시험하는 죄가 되기 때문입니다.

그러므로 이 시험은 영적 차원의 시험입니다. 하나님의 말씀을 가지고 시험한 것도 그렇거니와 성전 꼭대기에서 뛰어내려도 다치지 않으면 사람들이 신(神)처럼 추앙할 것이니 그런 인기를 얻도록 뛰어내려

보라는 복선도 깔린 시험이기 때문입니다. 하지만 예수님은 "또 기록되었으되 주 너의 하나님을 시험하지 말라 하셨느니라"(마 4:7)는 말씀으로 역시 성령의 검인 하나님의 말씀으로 물리치셨습니다.

따라서 이런 영적 차원의 시험은 하나님의 말씀을 온전히 알고 항상 기도하며 또 겸손하면 이길 수 있습니다. 왜냐하면 진리의 말씀 위에 온전히 서면 사탄의 계교를 알 수 있고, 또 항상 기도하면 성령께서 사탄의 흉계를 알려 주실 뿐 아니라, 아울러 겸손하면 사탄이 던지는 그 어떤 미끼에도 걸려들지 않게 되기 때문입니다. 따라서 이단에 빠진 사람들은 결국 하나님의 말씀을 제대로 알지 못하고 기도하지도 않을 뿐 아니라, 또한 교만하기 때문에 사탄의 시험에 넘어간 것이라고 진단할 수 있습니다.

② 전신 갑주를 입으면 이길 수 있습니다.

사도 바울은 믿음의 아들 디모데에게 "너는 그리스도 예수의 좋은 병사로 나와 함께 고난을 받으라 병사로 복무하는 자는 자기 생활에 얽매이는 자가 하나도 없나니 이는 병사로 모집한 자를 기쁘게 하려 함이라"(딤후 2:3, 4)고 하였습니다. 즉 성도는 군 사령관 되시는 예수님의 부르심을 받은 영적 군사라는 뜻입니다. 그래서 그는 영적 전투에서의 승리를 위해 전신 갑주를 입어야 할 것을 이렇게 말합니다.

> "마귀의 궤계를 능히 대적하기 위하여 전신 갑주를 입으라……그런즉 서서 진리로 너희 허리띠를 띠고 의의 호심경을 붙이고 평안의 복음이 준비한 것으로 신을 신고 모든 것 위에 믿음의 방패를 가지고 이로써 능히 악한 자의 모든 불화살을 소멸하고 구원의 투구와 성령의 검 곧 하나님의 말씀을 가지라 모든 기도와 간구를 하되 항상 성령 안에서 기도하고 이를 위하여 깨어 구하기를 항상 힘쓰며 여러 성도를 위하여 구하라"(엡 6:11,14-18).

그러면 이 말씀 속에서 성도들이 갖추어야 할 전신 갑주는 무엇인지에 대하여 고찰해 보겠습니다.

● **진리의 허리띠** : 군인은 허리띠가 전투에 있어서 얼마나 중요한 지를 잘 압니다. 허리띠는 하의(下衣)가 흘러내려가지 않도록 함은 물론, 전투에 필요한 물품들도 부착되어 있기 때문입니다. 그런데 사탄과의 영적 전투에서 승리하려면 진리의 허리띠를 띠어야 한다고 하였습니다. 여기서 '진리'는 헬라어 '알레데이아'(ἀλήθεια)로서 '진실', '성실'입니다. 즉 진실하고 성실한 마음을 소유하면 그것이 허리띠를 마련한 것이 되어 마귀의 시험을 이길 수 있다는 뜻입니다. 따라서 진실의 허리띠가 없으면 시험에 패배함으로 말미암아 바지가 흘려내리는 것과 같은 수치를 당하게 된다는 의미이기도 합니다.

● **의의 호심경** : '호심경'은 가슴, 곧 심폐(心肺)를 보호하는 중요한 갑주입니다. 따라서 의의 호심경을 마련하지 못하면 사탄의 시험에 패배함으로써 가슴을 에는 듯한 심적 고통을 당하게 된다는 뜻입니다. 그런데 '의'는 '디카이오수네'(δικαιοσύνη)로 교리적 칭의가 아닌 올바르고 선한 도덕적 의를 말합니다. 그러므로 정의롭고 선한 마음을 소유하면, 그것이 곧 의의 호심경을 마련한 것이 되어 사탄의 시험에 대비하는 것이 될 것입니다.

● **복음의 신** : 눈에 보이지는 않아도 곳곳에는 악령이나 귀신들이 도사리고 있습니다. 따라서 함부로 돌아다니면 귀신의 침입을 받을 수 있기 때문에 바울 사도는 "또 그들은 게으름을 익혀 집집으로 돌아다니고 게으를 뿐 아니라 쓸데없는 말을 하며 일을 만들며 마땅히 아니할 말을 하나니"(딤전 5:13)라고 경계한 것입니다.

그러면 어떤 마음으로 다녀야 악령의 침입으로부터 보호받을 수 있을까요? '복음의 신을 신으라'고 하였으므로 복음을 전하려는 목적이나 선교하는 심정 및 하나님의 뜻을 수행한다는 목적으로 다니면 그것이 곧 복음의 신을 신고 나들이를 하는 셈이 되어 악령의 침입으로부터 자신을 지킬 수 있게 될 것입니다.

● **믿음의 방패** : 마귀는 사건을 일으킨 후 불안과 근심을 가져다 주는 불화살을 쏘아댑니다. 따라서 만일 믿음의 방패가 없다면 어떤 사건이 터졌을 때 사탄이 쏘아대는 불화살로 말미암아 괴로움에 잠도 못자고 식사도 못하며 전전긍긍하게 될 것입니다.

'믿음의 방패'는 무엇일까요? 어떤 일을 당해도 하나님께서 함께 하시니 염려 없다는 신앙을 갖는 것이요, 혹시 문제가 속히 해결되지 않더라도 하나님의 깊은 뜻이 계시다는 섭리 신앙을 소유하는 것입니다. 그러므로 믿음의 방패를 마련함으로써 사건을 일으킨 후 불화살을 쏘아대는 사탄의 공격에 대비해야 하겠습니다.

● **구원의 투구** : 신체에서 가장 중요한 부분은 머리이므로 전사(戰士)마다 투구를 씁니다. 그런데 성도가 쓸 투구는 구원의 투구라고 하였습니다. 즉 예수를 그리스도와 주로 믿으면 사탄의 공격으로부터 머리를 보호할 수 있는 투구를 쓴 셈이라는 의미입니다. 따라서 구원론이 불분명한 자나 예수를 믿는다고는 하면서도 주님 대신 다른 그 무엇을 주인으로 삼는 자는 구원의 투구를 마련하지 않은 전사(戰士)와 같아서 영적 전투에서 치명상을 입을 수 있음을 깨달아야 할 것입니다.

● **성령의 검** : 바울 사도가 하나님의 말씀을 '성령의 검'이라고 일

컬었듯이(엡 6:17) 사탄의 시험을 물리치는 유일한 공격 무기는 하나님의 말씀입니다. 따라서 만일 성령의 검을 마련하지 못한다면 사탄의 공격에 항상 방어만 해야 하는 입장에 처하게 될 것입니다. 그러므로 영적 전투의 승리를 위해 성경 말씀을 배우고 익힘으로써 성령의 검을 준비하여야 하겠습니다.

● **기도와 간구와 도고**(禱告) : '기도'는 일상적인 주님과의 대화요, '간구'는 문제의 해결이나 소원을 위해 간절히 구하는 것이며, '도고'(禱告)는 타인을 위해 기도하는 것을 말합니다. 사도 바울이 영적 군사가 입어야 할 전신 갑주를 말하면서 끝으로 이러한 기도를 언급한 까닭은 무엇일까요?

사탄과의 영적 전투에서 기도만큼 중요한 것은 없기 때문입니다. 이것은 겟세마네 동산에서 피땀 어린 기도를 하셨던 예수님은 승리했지만, 기도를 못하고 졸기만 했던 제자들은 마귀의 시험에 패배했다는 데서도 여실히 증명됩니다. 그래서 예수님은 "시험에 들지 않게 깨어 있어 기도하라"(마 26:41)고 충고하신 것입니다. 그러므로 무시로 성령 안에서 기도함으로써 사탄의 시험에 대비해야 하겠습니다.

(2) 귀신을 내쫓는 길

① 귀신을 쫓을 수 있는 권세가 주어졌다는 믿음

예수께서 "믿는 자들에게는 이런 표적이 따르리니 곧 그들이 내 이름으로 귀신을 쫓아내며"(막 16:17)라고 말씀하셨습니다. 따라서 예수를 믿고 구원받은 자들에게는 귀신을 내쫓을 수 있는 권세가 주어져 있음을 믿는다면 귀신을 내쫓을 수 있습니다. 하지만 그런 믿음이 없으면 귀신을 쫓을 수 없습니다. 왜냐하면 예수를 믿고 거듭났다고 해서 자동적으로 축귀(逐鬼)의 권세가 주어지는 것이 아니라 예수님의 말씀에 따라 '나에게는 귀신을 쫓을 수 있는 권세가 주어졌다'고 믿고, 실제로 귀신 들린 자에게 예수 이름으로 '나가라'고 명하면서 축귀 사역을 하는 사람에게만 그런 능력이 주어지기 때문입니다.

이것은 주께서 이어서 하신 말씀, 곧 "뱀을 집어 올리며 무슨 독을 마실지라도 해를 받지 아니하며 병든 사람에게 손을 얹은즉 나으리라"(막 16:18)고 하신 말씀에서도 똑같이 적용됩니다. 즉 자동적으로 그 말씀이 이루어지는 것이 아니라, 그 말씀을 나에게 주신 말씀으로 믿고 그 믿음을 실천할 때 그런 기적이 나타난다는 뜻입니다. 바울 사도가 독사에게 물렸지만 조금도 해를 받지 않았던 것도 바울에게 그런 믿음이 있었기 때문이 분명합니다(행 28:3-5).

② 축귀를 위한 기도

성경은 예수께서 제자들에게 귀신을 쫓아내는 권능을 주셨다고 했고(참조. 마 10:1; 눅 10:19), 또 제자들이 조용히 예수님을 찾아와 간질 귀신 들린 아이를 고쳐주지 못한 까닭을 물었을 때 "기도 외에 다른 것으로는 이런 종류가 나갈 수 없느니라"(막 9:29)고 말씀하셨습니다. 그러므로 귀신을 쫓는 능력을 달라고 기도하여 축귀의 능력을 받아야만 귀신을 내쫓을 수 있습니다.

그런데 초막절 은혜로서 육체에 거하는 악령이 쫓겨 나가는 것과 예수의 이름으로 귀신을 내쫓는 것과는 차이가 있습니다. 즉 초막절 은혜로 쫓겨 나가는 경우는 지체에 거하는 악령의 집이 허물어지면서 쫓겨 나가는 것이기 때문에 마귀가 다시 들어올 수 없지만 예수 이름으로 쫓는 경우는 재침입할 수도 있다는 뜻입니다. 왜냐하면 그 경우는 귀신의 집을 그대로 둔 채 예수 이름의 권세로 내쫓는 것이기 때문입니다. 그래서 주님은 이런 말씀을 하신 것 같습니다.

> "더러운 귀신이 사람에게서 나갔을 때에 물 없는 곳으로 다니며 쉬기를 구하되 쉴 곳을 얻지 못하고 이에 이르되 내가 나온 내 집으로 돌아가리라 하고 와 보니 그 집이 비고 청소되고 수리되었거늘 이에 가서 저보다 더 악한 귀신 일곱을 데리고 들어가서 거하니 그 사람의 나중 형편이 전보다 더욱 심하게 되느니라"(마 12:43-45).

여기서 '청소되었다'는 것은 더러운 귀신이 나감으로써 깨끗해졌다는 의미이며, '수리되었다'는 것은 귀신 때문에 고장 났던 육체의 부분이 치료되어 건강해졌다는 뜻입니다. 그런데 문제는 '집이 비었다'는 데 있습니다. 왜냐하면 귀신의 집이 허물어지지 않고 빈 상태로 있음으로 말미암아, 떠났던 귀신이 자기보다 더 악한 귀신 일곱을 데리고 들어가 다시 거함으로써 그 사람의 형편이 더 악화되었기 때문입니다. 이처럼 예수 이름으로 귀신을 내쫓는 경우는 다시 들어올 수도 있으므로 말씀과 성령으로 단단히 대비를 해야 한다는 것을 명심해야 할 것입니다.

그런데 귀신은 정체가 드러나면 꼬리를 감추는 속성이 있습니다. 따라서 귀신의 정체를 알면 보다 쉽게 귀신을 내쫓을 수 있습니다. 이것은 예수께서 베드로의 장모가 열병을 앓았을 때 그 열병을 꾸짖었더니 그 열병이 떠났다는 데서 증명됩니다(눅 4:39). 왜냐하면 '꾸짖다'는 것은 어떤 인격체에게 할 수 있는 것이므로, 주께서 열병을 일으켰던 귀신의 정체를 드러내어 꾸짖음으로써, 그 마귀가 꼬리를 감추었다는 뜻이기 때문입니다. 이렇게 볼 때 귀신들이 가장 좋아하는 사상(思想)은 '귀신은 세상에 없다'는 것이라고 말할 수 있습니다. 왜냐하면 그런 잘못된 의식 속에 숨어 귀신은 마음껏 암약(暗躍)하며 각종 사건이나 재난을 일으킬 수 있기 때문입니다.

그러면 악령이나 귀신은 어떤 경로를 통해 육체에 침입하게 될까요? 귀신이 침입하는 경로를 살펴봄으로써 귀신을 쫓아내는 데 도움을 얻고자 합니다. 정체가 탄로난 귀신은 나갈 기회를 엿볼 것이기 때문입니다.

악령이나 귀신이 육체에 침입하는 경로

● **유전적으로 침입합니다** : 악령은 일단 유전을 통해 침입합니다. 즉 아담의 범죄로 인하여 그의 영이 죽었을 때 그 영적 타락이 그의 후손들에게 대대로 유전된 것처럼, 하나님의 아들들이 사람의 딸들과 이기적 결혼을 함으로 말미암아 야기된 육적 타락도 그의 후손들에게 대대로 유전된다는 뜻입니다. 따라서 '유전 악'이란 결국 유전적으로 받은 악하고 더러운 영을 가리킨다고 볼 수 있습니다. 또한 어떤 병이 대를 이어 발생하는 이유도 질병을 일으키는 마귀가 그 자손들에게 유전되기 때문으로 보아야 합니다. 그래서 다윗은 "내가 죄악 중에 출생하였음이여 모친이 죄 중에 나를 잉태하였나이다"(시 51:5)라고 고백하는 것입니다.

즉 그는 간음죄와 살인죄를 회개하는 과정에서 자기 속의 악은 부모를 통해 유전적으로 받은 것임을 깨닫고 그런 시를 읊은 것입니다.

그러므로 지체에서 역사하는 마귀가 유전적으로 들어온 것임을 깨달았으면, 그 귀신의 정체를 드러내며 예수 이름으로 쫓으면 보다 쉽게 악령을 내쫓을 수 있습니다.

● **범죄할 때 침입합니다** : 예수께서 "죄를 범하는 자는 죄의 종이라"(요 8:34)고 말씀하신 것같이 마귀의 시험에 넘어가 죄를 지으면 사탄의 종이 됨으로 말미암아 악령이나 귀신에게 침입의 빌미를 제

공해 줍니다. 그렇기 때문에 사울 왕이 범죄했을 때, 성경은 "여호와의 영이 사울에게서 떠나고 하나님께서 부리시는 악령이 그를 번뇌하게 한지라"(삼상 16:14)고 한 것입니다. 그러므로 어떤 죄로 인하여 귀신이 침입한지를 깨달았으면, 회개한 후 그 귀신의 정체를 드러내며 예수 이름으로 나가라고 명하면 보다 쉽게 귀신을 내쫓을 수 있습니다.

● **악한 마음이나 어두운 생각을 계속 품으면 침입합니다** : 가인이 아벨을 살해한 것이나 사울이 다윗을 집요하게 죽이려 했던 것은, 그들이 시기심을 계속 품음으로 말미암아 그들 속에 살인 귀신이 들어갔기 때문입니다. 또한 다윗의 맏아들 암논이 이복 여동생 다말을 강간한 것도 그가 음란한 마음을 계속 품음으로 말미암아 그의 속에 음란 귀신이 들어갔기 때문이었습니다. 즉 악하고 더러운 마음을 계속 품고 있으면 귀신이 침입한다는 좋은 예입니다. 왜냐하면 시궁창에는 쥐새끼들이 찾아오고, 분뇨더미에는 똥파리들이 날아들듯이, 악하고 더러운 마음은 영계에 악취를 풍기게 되어 같은 성향의 악령들이 그 냄새를 맡고 몰려들기 때문입니다. 따라서 '나는 세상이 싫어! 나는 살고 싶지 않아! 나 같은 것은 살 자격조차 없어!' 라는 등의 염세적이고 절망적인 생각을 계속 품는 것도, 낙심과 좌절의 영 및 자살 귀신을 불러들이는 계기가 된다는 것을 깨달아야 할 것입니다.

그러므로 성도는 자신의 생각과 마음을 잘 관리하여 항상 밝고 긍정적인 생각 및 의롭고 선한 마음만을 품어야 합니다. 그래서 솔로몬은 "모든 지킬 만한 것 중에 더욱 네 마음을 지키라 생명의 근원이 이에서 남이니라"(잠 4:23)고 말한 것이요, 또 "사람의 심령은 그의 병을 능히 이기려니와 심령이 상하면 그것을 누가 일으키겠느냐"(잠

18:14)라고도 한 것입니다.

따라서 마음에 어떤 상처를 받았으면 즉시 치유해야 합니다. 왜냐하면 육체의 상처를 치료하지 않고 방치하면 파리가 찾아와 달라붙고 새끼까지 낳듯이, 만일 마음의 상처를 치료하지 않고 한(恨)을 계속 품으면 귀신이 찾아와 집을 짓기 때문입니다. 그래서 사도 바울은 "분을 내어도 죄를 짓지 말며 해가 지도록 분을 품지 말고 마귀에게 틈을 주지 말라"(엡 4:26, 27)고 권면합니다.

● **사고로 정신을 잃거나 심적인 충격을 받을 때, 또는 공포에 사로잡힐 때 침입할 수 있습니다** : 교통사고나 화재 사고 및 익사 사고 등 어떤 사고로 인하여 정신을 잃는 경우 악령이나 귀신이 틈을 타기도 하고, 사랑하는 친족의 죽음으로 심적 충격을 받는 경우에도 마음을 다스리지 못하면 귀신이 들어올 수 있습니다. 그래서 솔로몬은 "자기의 마음을 제어하지 아니하는 자는 성읍이 무너지고 성벽이 없는 것 같으니라"(잠 25:28)고 한 것입니다.

또한 아주 무서운 이야기를 듣거나 어떤 끔찍스런 광경을 보고 공포에 사로잡히는 경우, 때로는 치한 때문에 놀라 두려움에 사로잡히는 경우에도 악령이나 귀신에게 침입의 기회를 줍니다. 그러므로 사고에서 지켜주시기를 항상 기도해야 하고, 또한 사별의 슬픔을 신앙으로 잘 극복해야 할 것입니다.

● **이단 교리를 받아들이거나 안수를 잘못 받을 때 들어옵니다** : 이단 교리의 배후에는 사탄이 있습니다. 따라서 그러한 잘못된 사상을 받아들이면 귀신이 따라 들어옵니다. 이단에 빠진 사람들이 비정상적일 만큼 열심인 이유나, 비이성적인 일을 서슴없이 자행하는 것은 그 속에 귀신이 들어와 역사하기 때문입니다.

한편, 예언을 하고 병을 치료하는 등의 능력을 행하는 이들 중에는, 성령이 아닌 악령에게 사로잡혀 그러한 사역을 하는 이들이 있습니다. 따라서 그런 자들에게 안수를 받으면 귀신이 따라 들어옵니다. 그러므로 어느 때 누구에게 안수를 받음으로 인하여 악령이 들어오게 되었는지를 깨달았으면, 그 귀신의 정체를 드러내면서 예수 이름으로 '나가라'고 명하면 보다 쉽게 귀신을 내쫓을 수 있습니다.

● **만나는 사람이나 방문지를 통해 들어오는 경우도 있습니다** : 광야 길을 걸었던 이스라엘 백성들이 탐욕 때문에 하나님과 모세를 원망한 것에 대하여, 성경은 "그들 중에 섞여 사는 다른 인종들이 탐욕을 품으매 이스라엘 자손도 다시 울며 이르되 누가 우리에게 고기를 주어 먹게 하랴"(민 11:4)고 기록하였습니다. 즉 이스라엘 중에 섞여 살던 타 민족들이 탐욕을 품으니까 그것에 감염되어 이스라엘 백성도 탐심을 품고 불평하고 원망하였다는 뜻입니다.

따라서 사람은 만나고 사귀는 사람을 통해 악령이나 귀신이 침입하는 경우도 있음을 알아야 합니다. 그래서 솔로몬은 "노를 품는 자와 사귀지 말며 울분한 자와 동행하지 말지니 그의 행위를 본받아 네 영혼을 올무에 빠뜨릴까 두려움이라"(잠 22:24-25)고 충고한 것입니다. 그러므로 교제하는 사람을 선별하는 것도 중요하지만 또한 마음을 주지 않는 것도 중요합니다. 왜냐하면 귀신은 마음을 줄 때 틈타기 때문입니다. 즉 과시를 좋아하는 사람과 교제하며 마음을 주면 사치와 허영의 영이 따라 들어올 수 있고, 포악한 사람과 교제하면서 그를 좋아하면 폭력 마귀가 들어올 수도 있으며, 위선적인 사람과 교제하며 마음을 주면 거짓의 영이 들어올 수 있으므로 반드시 마음을 지켜야 한다는 의미입니다.

한편, 공동묘지나 불신자의 상가, 혹은 무당굿을 하는 곳이나 흉가 같은 곳은 귀신이 자주 출몰하는 지역입니다. 따라서 그런 곳을 방문해야 하는 경우에는 삼가 조심해야 합니다. 왜냐하면 귀신이 침입할 수도 있기 때문입니다. 그러므로 기도로 성령의 보호하심을 구함과 동시에 반드시 마음을 지켜야 한다는 것을 명심해야 하겠습니다.

Ⅱ. 지상 천년왕국

예수께서 강림하시면서 세상을 심판하시고 혼인 잔치와 그리스도의 심판대를 주재하신 후에는 지상에 하나님의 나라를 건설하시고 온 세상의 왕으로 등극하십니다. 그래서 세상 심판을 알리는 일곱째 나팔이 불 때 하늘에서 "세상 나라가 우리 주와 그의 그리스도의 나라가 되어 그가 세세토록 왕 노릇하시리로다"(계 11:15)라는 큰 음성이 난 것이요, 백마를 타고 재림하시는 예수님에 대해서는 "그의 입에서 예리한 검이 나오니 그것으로 만국을 치겠고 친히 그들을 철장으로 다스리며"(계 19:15)라고 한 것입니다. 그리고 세상 심판이 끝났을 때는 하늘에서 허다한 무리들이 "할렐루야 주 우리 하나님 곧 전능하신 이가 통치하시도다 우리가 즐거워하고 크게 기뻐하며 그에게 영광을 돌리세"(계 19:6, 7)라는 큰소리를 발한 것입니다.

또한 스가랴 선지자가 "여호와께서 천하의 왕이 되시리니 그날에는 여호와께서 홀로 한 분이실 것이요 그의 이름이 홀로 하나이실 것이라"(슥 14:9)고 한 부분도 예수께서 온 세상의 임금이 되실 것에 대한 예언입니다. 예수님은 하나님과 일체가 되신 분이기 때문입니다(요 10:30, 14:9, 10).

그런데 예수님의 지상 통치는 '천 년'입니다. 요한계시록이 "이 첫째 부활에 참여하는 자들은 복이 있고 거룩하도다……그들이 하나님과 그리스도의 제사장이 되어 천 년 동안 그리스도로 더불어 왕 노릇 하리라"(계 20:6)고 예언했기 때문입니다. 바로 이런 이유에서 성경은 마귀를 쇠사슬에 묶어 무저갱에 가두는 기간도 '천 년'임을 명시합니다(계 20:2, 3).

이처럼 성경은 장차 예수께서 강림하시어 세상을 심판하신 다음 지상에 천년왕국을 건설하시고 온 세계의 왕으로 등극하실 것을 명백하게 증언하고 있는데도 불구하고, 교회 일각에서는 예수께서 재림하시기 전에 천년왕국이 있다는 설과 실제적인 천년왕국은 없다는 설 등 비성경적인 천년왕국설이 제기되어 왔습니다.

그러면 먼저 이러한 비성경적인 천년왕국설에 대한 비판을 한 다음, 천년왕국 시대의 종족과 왕권을 받을 자들 및 지상 천년왕국의 복락에 대하여 말씀을 고찰해 보겠습니다.

1. 비성경적 천년왕국론에 대한 비판

예수께서 천년왕국 전에 재림하신다는 전천년기론(premillennialism)이 성경적 천국왕국론입니다. 하지만 천년왕국 후에 재림하신다는 후천년기론(postmillennialism)과 천년왕국을 상징적으로 해석하여 현 교회시대를 천년왕국시대로 간주하고, 실제적인 천년왕국 없이 주의 재림 후 영원한 천국이 시작된다는 무천년론기론(amillennialism)도 제기되어 왔습니다.

그러면 먼저 교회사에 나타난 천년왕국설을 살펴보고, 후천년설과 무천년설이 등장하게 된 배경에 대하여 알아본 다음, 비성경적 천년왕국론에 대하여 비판해 보겠습니다.

(1) 교회사에 나타난 천년왕국설

초대 교회에서는 예수 그리스도께서 강림하시어 천년왕국을 건설하신다는 전천년왕국설이 널리 유포되어 있었습니다. 많은 초대 교부들, 예컨대 유스티누스, 이레니우스, 테르툴리아누스, 히폴리투스,

락탄티우스 등이 전천년설을 굳게 신봉했고, 전천년설은 3세기 이전까지 교회의 지배적인 이론이었습니다. 그래서 바나바서, 파피아스, 클레멘트의 첫 편지 등에도 이 사상이 잘 나타나 있습니다. 그런데 어거스틴이 《신의 도성》에서 "교회는 그리스도의 왕국이며 하늘의 왕국"이라고 주장한 후부터 무천년설과 후천년설이 교회사에 등장하게 됩니다. 가톨릭교회는 어거스틴의 교리를 정통적인 교리로 받아들여 AD 431년 에베소 회의에서 천년왕국 신앙을 미신적인 탈선으로 정죄하였습니다. 그리하여 그 후 중세 교회는 근 천 년 동안이나 무천년설을 신봉하게 됩니다.

천년왕국 신앙이 이처럼 공적(公的)으로 억제를 당하게 되자 전천년설은 신학자들의 세계에서 잠적하여 '시빌린 예언서', 은자(隱者)의 소책자 《아스클레피우스》 등 비기독교적인 묵시록과 함께 일반 민간 신앙에서만 명맥을 잇게 되었습니다. 그러나 종교개혁과 더불어 초대 교회의 전천년왕국 신앙은 재빨리 재현되기 시작하여 바울파, 카다리파, 사보나롤라 등의 개혁 선구자들과 초기 종교개혁자들은 그리스도의 심판은 천년왕국을 안내한다고 하였고, 재세례파는 종말과 천년왕국을 강하게 주장했으며, 존 웨슬리와 청교도들도 성경을 문자적으로 해석하여 전천년설을 주장했습니다.

하지만 유감스럽게도 루터와 칼빈은 무천년주의자였습니다. 루터는 "역사가 존속하는 한 그리스도인은 고난 가운데 살며 그리스도의 적과 싸워야 하기 때문에, 역사 안에 있는 왕국에서 세상적인 즐거움을 누린다는 것은 있을 수 없다"고 하며 천년왕국을 부정하였습니다. 칼빈은 "주께서 심판주로 오시면 이 세상은 끝나고 새 하늘과 새 땅의 세계로 들어가는데 다시금 현세의 연장을 바란다는 것은 이치에 맞지 않는다"고 하면서 천년왕국을 '광신자들의 겁주는 말'이라며 거부했습니다.

한편, 16-17세기 동안 화란의 개혁파 신학자들은 후천년설을 주장하고 나섰습니다. 그들은 전 세계가 성령의 사역과 복음의 확장을 통해 교회가 황금기를 맞이하고 영적 번영을 이루어 의와 평화의 시대를 이루게 되는데, 그것이 곧 천년왕국이고 예수는 그 천년왕국 후에 재림한다고 한 것입니다. 이런 이론을 초기 보수형 후천년설이라고 하는데 후기의 후천년설인 자유주의적 후천년주의자들은 천년왕국의 복이 그리스도의 성령에 의해서가 아니라 인간의 힘을 통해서 점진적으로 이루어진다는 인본주의적 주장을 폈습니다.

그러나 19세기에 이르러 대각성 운동이 일어나 자유주의 운동에 대항하여 성경주의(Biblicism) 운동이 전개되고, 다비(J. N. Darby)나 스코필드(C. I. Scofield) 등의 세대주의자들에 의해 주석 성경(스코필드 주석 성경, 톰슨 주석 성경) 등이 발간되면서 고등 비평가나 자유주의 신학자들에 의해 실추되었던 성경의 권위가 되살아나기 시작했습니다. 그래서 계시록 20장의 천년왕국에 관한 말씀을 문자적으로 해석하는 전천년설 신앙이 다시 유포되기 시작한 것입니다.

그러면 초대 교회의 굳건한 신앙이었던 전천년왕국 신앙이 어떻게 해서 무천년설과 후천년설의 강한 도전을 받게 되었을까요? 이런 주장이 교회에 등장하게 된 원인과 배경에 대하여 좀 더 살펴보고자 합니다.

(2) 무천년설과 후천년설이 등장하게 된 원인과 배경

① 성경 해석학에 철학적 사상을 도입했기 때문입니다.

전술(前述)한 대로, 무천년설과 후천년설은 어거스틴(Augustine)이 천년왕국을 상징적으로 영해(靈解)하여 현 교회가 그리스도의 왕국이며 신의 도성이라고 말한 데서 시작되었습니다. 그러면 어거스틴은 누구의 영향을 받아 성경을 영적으로 해석하게 되었을까요?

화란 우트레후트(Utrecht) 대학의 반 오트(Van Ort) 교수는 "오리겐(Origen)이 신플라톤주의의 영향을 받아 구체적인 성경 사실을 상징적, 우화적(寓話的, allegorical)으로 영해하면서부터 문자적 해석 방법이 영적 해석 방법으로 바뀌었고, 오리겐은 디오니시우스(Dionysius)에게, 디오니시우스는 어거스틴에게 영향을 주어 무천년설이 교회에 들어오게 되었다"고 말했습니다. 오리겐의 우주관은 다분히 신플라톤적이었고, 어거스틴이 철학적으로 하나님을 생각할 때는 신플라톤주의에서 빌려온 개념을 떠나지 못했다는 것이 정설이므로, 이처럼 성경 해석학에 철학적 사상이 도입됨으로 말미암아 무천년설과 후천년설이 교계에 출현하게 된 것입니다.

② 교회의 평안이 천년왕국 신앙을 퇴색시켰기 때문입니다.

어거스틴의 무천년설이 가톨릭의 정통 교리로 받아들여지게 된 배경에는 AD 313년 콘스탄티누스 대제의 기독교 공인과 AD 392년 테오도시우스 황제의 기독교 국교화가 있었습니다. 즉 교회가 박해 없는 태평시대를 맞이하자, 그리스도의 재림을 생생하게 고대했던 전천년설 신앙이 무천년설 신앙으로 대체된 것입니다.

③ 인간의 능력을 과신한 원인도 있습니다.

산업혁명으로 인한 경제적 풍요와 눈부신 과학 문명의 발달은 사람들에게 유토피아의 낭만을 심어 주었고, 인간의 능력을 과신하게 하여 그리스도의 강림 없이도 낙원을 건설할 수 있다는 망상을 심어주었습니다. 후기 자유주의 후천년설은 전적으로 여기에서 기인합니다.

(3) 비성경적 천년왕국설에 대한 비판

① 무천년설에 대한 비판

ⓐ 가시적(可視的)이고 실제적인 천년왕국은 존재하지 않는다는 것에 대하여 : 무천년주의자들은 지상에 가시적이고 실제적인 하나님 나라는 없다고 주장합니다. 하지만 다음과 같은 이유에서 이 주장은 결코 성경적일 수가 없습니다.

첫째, 제자들이 승천을 앞둔 예수님께 "주께서 이스라엘 나라를 회복하심이 이때니이까"(행 1:6)라고 질문했을 때, 예수님은 "때와 시기는 아버지께서 자기의 권한에 두셨으니 너희가 알 바 아니요 오직 성령이 너희에게 임하시면……땅 끝까지 이르러 내 증인이 되리라"(7-8절)고 대답하셨기 때문입니다. 즉 예수님은 지상의 하나님 나라를 부정하신 것이 아니라, 때와 시기는 아버지께 맡기고 우선은 성령의 능력을 받아 복음을 전파하라고 하셨기 때문에, 주께서 여운으로 남기신 실제적인 하나님 나라는 분명히 있다는 뜻입니다.

둘째, 주님의 실제적인 지상 통치에 대하여 성경은 너무도 생생하게 증언하고 있기 때문입니다. 우선 이사야의 예언을 봅시다.

> "이새의 줄기에서 한 싹이 나며 그 뿌리에서 한 가지가 나서 결실할 것이요 그의 위에 여호와의 영 곧 지혜와 총명의 영이요 모략과 재능의 영이요 지식과 여호와를 경외하는 영이 강림하시리니 그가 여호와를 경외함으로 즐거움을 삼을 것이며 그의 눈에 보이는 대로 심판하지 아니하며 그의 귀에 들리는 대로 판단하지 아니하며 공의로 가난한 자를 심판하며 정직으로 세상의 겸손한 자를 판단할 것이며 그의 입의 막대기로 세상을 치며 그의 입술의 기운으로 악인을 죽일 것이며 공의로 허리띠를 삼으며 성실로 그의 몸의 띠를 삼으리라 그 때에 이리가 어린 양과 함께 살며 표범이 어린 염소와 함께 누우며 송아지와 어린 사자

와 살진 짐승이 함께 있어 어린아이에게 끌리며 암소와 곰이 함께 먹으며 그것들의 새끼가 함께 엎드리며 사자가 소처럼 풀을 먹을 것이며 젖 먹는 아이가 독사의 구멍에서 장난하며 젖 뗀 어린아이가 독사의 굴에 손을 넣을 것이라 내 거룩한 산 모든 곳에서 해됨도 없고 상함도 없을 것이니 이는 물이 바다를 덮음같이 여호와를 아는 지식이 세상에 충만할 것임이니라"(사 11:1-9).

1절의 "이새의 줄기에서 한 싹이 나며 그 뿌리에서 한 가지가 나서 결실할 것이요"는 다윗의 후손으로 2천 년 전에 세상에 오셨던 예수께서 재림하실 것에 대한 예언입니다. 또한 다시 오시는 주님은 세상을 통치하실 만왕의 왕으로 오시기 때문에, 10절에서 "이새의 뿌리에서 한 싹이 나서 만민의 기치로 설 것이요 열방이 그에게로 돌아오리니"라고 예언한 것입니다.

그리고 "그의 눈에 보이는 대로 심판하지 아니하며 그의 귀에 들리는 대로 판단하지 아니하며 공의로 가난한 자를 심판하며……그의 입의 막대기로 세상을 치며"라는 말씀은 예수께서 공평과 정의로 세상을 통치하실 것에 대한 예언이며, "그때에 이리가 어린 양과 함께 살며 표범이 어린 염소와 함께 누우며……암소와 곰이 함께 먹으며 사자가 소처럼 풀을 먹을 것이며"는 동물계까지도 평화가 깃들일 천년왕국시대에 대한 모습입니다. 또한 "젖 먹는 아이가 독사의 구멍에서 장난하며 젖 뗀 어린아이가 독사의 굴에 손을 넣을 것이라"라는 표현은 모든 질서가 회복되어 그 어떤 짐승도 사람을 해하지 못할 천년왕국시대의 안전에 대한 묘사입니다. 그래서 "내 거룩한 산 모든 곳에서 해됨도 없고 상함도 없을 것이니 이는 물이 바다를 덮음같이 여호와를 아는 지식이 세상에 충만할 것임이니라"(9절)고 예언한 것입니다.

이처럼 성경은 지상에 이루어질 평화의 천년왕국에 대하여 너무도 생생하게 증거하고 있는데, 실제적인 지상 천년왕국이 없다는 주장은 도대체 무엇을 근거로 한 것입니까? 더 나아가 이사야의 다음의 예언은 지상 천년왕국의 실재(實在)를 더욱 실감나게 해주는 말씀입니다.

> "보라 내가 새 하늘과 새 땅을 창조하나니 이전 것은 기억되거나 마음에 생각나지 아니할 것이라……거기는 날수가 많지 못하여 죽는 어린이와 수한이 차지 못한 노인이 다시는 없을 것이라 곧 백 세에 죽는 자를 젊은이라 하겠고 백 세가 못 되어 죽는 자는 저주받은 자이리라 그들이 가옥을 건축하고 그 안에 살겠고 포도나무를 심고 열매를 먹을 것이며……이는 내 백성의 수한이 나무의 수한 같겠고 내가 택한 자가 그 손으로 일한 것을 길이 누릴 것이며……그들이 부르기 전에 내가 응답하겠고 그들이 말을 마치기 전에 내가 들을 것이며 이리와 어린 양이 함께 먹을 것이며 사자가 소처럼 짚을 먹을 것이며 뱀은 흙을 양식으로 삼을 것이니 나의 성산에서는 해함도 없겠고 상함도 없으리라 여호와께서 말씀하시니라"(사 65:17-25).

여기서 '새 하늘과 새 땅'은 영원한 천국 새 예루살렘이 아닙니다. 불로 심판 받은 후 새롭게 될 지상의 신천신지(新天新地)를 가리킵니다. 왜냐하면 죽음도 있고, 출산도 있고, 건축도 있고, 농업도 있는 지상의 상황을 언급하고 있기 때문입니다. 이처럼 새 하늘과 새 땅이면서 죽음도 있고, 결혼과 출산도 있으며, 의식주를 위한 건축과 농업이 있다면, 바로 이것이 지상에 이루어질 하나님의 나라가 아니고 무엇이겠습니까?

그런데 보십시오! "그들이 부르기 전에 내가 응답하겠고 그들이 말을 마치기 전에 내가 들을 것이며"(24절)라고 하였습니다. 그러면 어떻게 해서 하나님께서 그처럼 빨리 기도에 응답하실 수가 있겠습니까? 공중 권세를 잡고 있던 마귀가 무저갱에 갇힘으로 말미암아 기도를 훼방하고 응답을 가로막는 일을 더 이상 할 수 없기 때문이 아닙니까?

한편, "여호와가 말하노라 매월 초하루와 매 안식일에 모든 혈육이 내 앞에 나아와 예배하리라"(사 66:23)고 하신 말씀도 지상 천년왕국이 실제로 존재함을 극명하게 보여주는 부분입니다. 왜냐하면 천년왕국이 아니고서는 세상의 모든 거민들이 안식일과 초하루마다 하나님께 나아가 예배드릴 수는 없기 때문입니다.

더 나아가 베드로가 "우리가 모든 것을 버리고 주를 따랐사온대 그런즉 우리가 무엇을 얻으리이까"(마 19:27)라고 질문했을 때, 주께서 "세상이 새롭게 되어 인자가 자기 영광의 보좌에 앉을 때에 나를 따르는 너희도 열두 보좌에 앉아 이스라엘 열두 지파를 심판하리라"(마 19:28)고 하신 말씀도 지상 천년왕국의 실재를 입증해 주는 대목입니다. 왜냐하면 '세상이 새롭게 되어 인자가 자기 영광의 보좌에 앉을 때'란 곧 지상천년왕국을 가리키기 때문입니다. 그러니 어떻게 지상 천년왕국을 상징적으로 간주하여 지상에 실제적인 하나님 나라는 없다는 주장을 할 수 있겠습니까?

ⓑ **요한계시록 20장 1-3절 말씀을 영해(靈解)하여 교회시대가 천년왕국이라는 주장에 대하여** : 무천년주의자들은 요한계시록 20장 1절부터 3절의 사탄 체포 감금 기사를 상징적인 것으로 봅니다. 그래서 예수께서 사탄의 시험을 이기고 귀신을 내쫓으시며 부활하심으로써 사탄의 권세를 깨치시고 교회를 세우신 것을, 사탄이 천사에 의해 결박당해 천 년 동안 무저갱에 갇힌 것으로 해석합니다. 따라서 지금의 교회시대는 사탄이 결박당해 활동하지 못하는 그 '천 년'에 해당하는 천년왕국시대라는 것입니다. 물론 예수께서 교회의 머리가 되시고 신자들을 영적으로 다스리신다는 점에서는 교회가 현재적 의미의 하나님 나라이기는 합니다. 하지만 결코 지상 천년왕국

은 아닙니다. 왜냐하면 교회시대의 통치는 영적이며 신앙 양심적인 통치인 반면, 천년왕국시대의 통치는 국가 권력에 의한 통치이기 때문입니다. 그렇기 때문에 천년왕국시대의 통치에 대하여 "철장으로 다스린다"(계 2:27, 19:15)는 표현을 하는 것이 아닙니까?

그리고 만일 현 교회시대가 천년왕국시대라면 현재는 사탄의 활동이 전혀 없어야 하는데, 마귀는 우는 사자처럼 두루 다니며 여전히 삼킬 자를 찾고 있고, 귀신의 역사도 없어야 하는데 귀신으로 말미암아 지체 및 정신 장애를 겪고 있는 자들이 수없이 많습니다. 또한 천년왕국시대라면 전쟁, 질병, 사고, 재난 및 천재지변 등도 없어야 하는데, 현재는 그런 것들이 비일비재하다는 점에서 현 교회시대를 천년왕국이라는 주장은 어불성설이라 하겠습니다.

그뿐만이 아닙니다. 천년왕국시대에는 하나님을 아는 지식이 물이 바다를 덮음같이 충만하다고 하였고(사 11:9), 여호와의 영광을 인정하는 것이 물이 바다를 덮음같이 세상에 가득하다고 하였으며(합 2:14), 광야에서 물이 솟고 사막에 시내가 흐르는 등 자연계가 회복되고(사 35:1-7), 사자가 소처럼 짚을 먹는 등 동물계까지 회복되는 평화의 시대가 될 것이라고 하였습니다(사 65:25). 그러나 현재는 그러한 예언들이 하나도 성취되지 않았다는 점에서, 교회시대를 천년왕국으로 보는 것은 언어도단입니다.

ⓒ **요한계시록 20장 4-6절을 영해(靈解)하여 순교당한 영혼들이 천국에서 현재 영적 통치를 하고 있다는 주장에 대하여** : 무천년주의자들은 요한계시록 20장 4절에서 6절까지를 영적으로 해석하여 순교자들이 "살아서 그리스도와 더불어 천 년 동안 왕 노릇하니"라는 말씀을 순교자들의 영혼이 천국에서 소생하여 주님과 함께 영적 통치를 한다는 것으로 해석합니다. 따라서 그 '천 년 통치'란 곧 교회

시대 동안 성도들을 영적으로 다스리는 것이라고 주장합니다.

그러나 '살아서'의 헬라어 '에제산'(ἔζησαν)은 언제나 육체적인 부활을 가리킬 때 사용된 단어이지(참조. 계 1:18, 2:8, 13:14; 마 9:18; 요 11:25; 행 1:3, 9:41; 롬 14:9) 그 어느 곳에서도 죽은 자의 영혼이 낙원에서 소생하는 것으로 사용된 적이 없다는 점에서 이 주장 또한 터무니없습니다. 또한 "살아서 그리스도와 더불어 왕 노릇한다"는 것을 성경은 분명히 '첫째 부활'이라고 칭하는데도 불구하고, 그것을 영적 소생이라고 강변하는 것은 극심한 성경의 왜곡이 아닐 수 없습니다.

더욱이 '살아서'를 순교자의 영혼이 낙원에서 소생하는 것으로 간주한다면, "그리스도로 더불어 천 년 동안 왕 노릇한다"는 말씀은 성립될 수 없다는 점에서도 이 주장은 오류입니다. 왜냐하면 순교자들의 순교 시점이 모두 다르기 때문입니다. 하지만 '살아서'를 첫째 부활로 보면 전혀 무리가 없습니다. 왜냐하면 부활의 시점이 모두 같으므로 "그리스도로 더불어 천 년 동안 왕 노릇한다"는 말은 정확한 표현이 되기 때문입니다.

ⓓ 사탄의 체포 감금 기사가 초림의 사건이라는 주장에 대하여
: 무천년주의자들은 임의로 만든 요한계시록의 일곱 부분들(1-3장, 4-7장, 8-11장, 12-14장, 15-16장, 17-19장, 20-22장)이 각각 예수의 초림에서부터 재림까지의 교회와 세상의 상황을 되풀이하면서, 때로는 점진성을 보이며 상호 병행한다는 소위 반복 진행적(progressive recapitulation or parallelism) 구조 이론을 내세워 19장 끝부분의 짐승 체포와 20장 앞부분의 사탄 체포 기사는 아무런 연결성이 없고 단절된 것이라고 주장합니다. 즉 19장 끝 부분의 짐승 체포는 재림 시의 사건이고, 20장 첫 부분에 있는 사탄의 무저갱 유폐는 예수 초림 시의 사건이라는 것입니다.

그러나 '요한계시록의 일곱 부분들'이라는 것 자체도 유심히 살펴보면 어떤 기준이 없이 자의적으로 만든 것임을 알 수 있지만, 19장 끝부분의 짐승 체포 기사와 20장 첫 부분의 사탄 체포 기사는 아주 자연스러운 연결이라는 점에서 이 주장 또한 용인될 수 없습니다. 왜냐하면 19장 끝부분은 아마겟돈 전쟁을 일으켰던 짐승과 거짓 선지자에 대한 기사인데, 하나님을 대적하고 성도를 괴롭혔던 짐승과 거짓 선지자를 체포하여 유황 불못에 던져 버렸다면, 그들에게 능력과 권세를 주어 그들을 배후에서 조종했던 마귀를 체포하여 심판한다는 것은 너무나 당연한 수순이기 때문입니다.

더욱이 마귀는 천국 백성들의 영적 성장을 위한 도구입니다. 따라서 그를 체포하여 무저갱에 유폐시키는 것은 마땅히 천국 농사를 마칠 때이어야 하지 않겠습니까? 그러므로 사탄의 체포 감금을 예수 초림 때의 사건이라고 주장하는 것은, 하나님께서 마귀를 내신 목적에도 전혀 부합하지 않은 상식 밖의 주장입니다.

② 후천년설에 대한 비판

ⓐ 복음의 확산만으로 평화의 천년왕국시대가 도래할 수 있다는 주장에 대하여 : 후천년주의자들은 세월이 흐를수록 모든 민족이 예수를 믿게 되어 그 믿음을 세상 삶에 적용하면 세상의 정치, 경제, 사회, 문화 등 제 영역이 기독교적이 되어 자연히 그리스도께서 영적으로 통치하시는 평화의 천년왕국이 이루어진다고 주장합니다. 그러나 복음은 전파되는데도 세상은 점점 더 악해져 가고 있고, 주께서는 "그러나 인자가 올 때에 세상에서 믿음을 보겠느냐"(눅 18:8)고 하셨으며, 더 나아가 "불법이 성함으로 많은 사람의 사랑이 식어지리라"(마 24:12)는 말씀도 하셨다는 점에서 이 주장 또한 성경적으로 볼

수 없습니다.

그러므로 주님이 재림하시기 전에 성령의 역사와 복음의 확산 및 인간의 힘으로 평화의 천년왕국이 도래한다는 후천년주의자들의 주장은 비현실적일 뿐 아니라 비성경적인 주장입니다.

ⓑ **천년왕국 후에 예수께서 재림하신다는 주장에 대하여** : 후천년주의자들은 평화의 천년왕국시대가 지난 후 예수께서 재림하신다고 주장하기 때문에, 그들이 말하는 천년왕국은 예수께서 만왕의 왕으로 등극하시지 않고 단순히 교회시대처럼 영적으로 통치하는 시대가 될 것입니다. 하지만 성경은 "또 내가 하늘이 열린 것을 보니 보라 백마와 그것을 탄 자가 있으니 그 이름은 충신과 진실이라"(계 19:11)고 하여 하늘로부터 강림하시는 예수님에 대해 소개한 다음, 이어서 "그의 입에서 이한 검이 나오니 그것으로 만국을 치겠고 친히 저희를 철장으로 다스리며"(15절)라고 하였습니다.

즉 강림하시면서 세상을 멸하시고 만국을 통치하실 예수님에 대하여 증언한 것입니다. 그러므로 천년왕국 후에 예수께서 재림하신다는 후천년주의자들의 주장은 전혀 성경과 맞지 않습니다.

이상으로 무천년설과 후천년설의 비성경적인 면들을 비판해 보았습니다. 그러므로 성경의 가르침이자 초대 교회의 굳건한 신앙이었던 전천년설이 올바른 천년왕국설인 줄 믿고, 주의 강림을 간절히 고대함과 동시에 지상 천년왕국에 대한 확고한 소망을 가져야 할 줄 믿습니다.

2. 천년왕국시대의 종족 및 왕권을 받은 자들

(1) 천년왕국시대의 종족들

① 예수주의국의 백성들

하나님께서 마지막 때에 세우실 예수주의 국가는 세상 심판에 동참할 나라이기 때문에, 세상 심판에서 유일하게 보호를 받으면서 자연히 천년왕국시대의 종족이 됩니다. 물론 예수주의 국가의 백성 중 완전히 열매 맺은 자들은 주의 재림 시에 들림 받아 영원한 천국으로 올라가게 됩니다. 하지만 미처 결실하지 못한 자들은 천년왕국의 백성으로 남아 영적 성장을 계속한다는 뜻입니다.

② 이스라엘 백성들

예수께서 강림하시면서 짐승 군대를 물리치시고 위기에 처한 이스라엘을 구원하시면, 유대인들은 거국적인 회개를 하면서 예수님을 구주로 영접하기 때문에, 유대인들도 세상 심판에서 보호를 받다가 지상 천년왕국의 종족이 됩니다. 그래서 하나님은 "여호와께서 시온에서 부르짖고 예루살렘에서 목소리를 내시리니 하늘과 땅이 진동하리로다 그러나 여호와께서 그의 백성의 피난처, 이스라엘 자손의 산성이 되시리로다"(욜 3:16)라고 말씀하신 것이요, 이사야 선지자는 다음과 같은 예언을 한 것입니다.

> "그날에 여호와의 싹이 아름답고 영화로울 것이요 그 땅의 소산은 이스라엘의 피난한 자를 위하여 영화롭고 아름다울 것이며 시온에 남아 있는 자, 예루살렘에 머물러 있는 자 곧 예루살렘 안에 생존한 자 중 기록된 모든 사람은 거룩하다 칭함을 얻으리니 이는 주께서 심판하는 영과 소멸하는 영으로 시온의 딸들의 더러움을 씻기시며 예루살렘의 피를 그중에서 청결하게 하실 때가 됨이라"(사 4:2-4).

여기서 '여호와의 싹'은 재림하실 예수님을 가리키고, '피난한 자'

는 후 3년 반의 짐승 통치를 피해 예비처로 도피할 '유대에 있는 자들'을 가리키며, '시온에 남아 있는 자'는 미처 도피하지는 못하였지만 혹독한 적그리스도의 통치를 통과하면서 성결해질 백성들을 가리킵니다. 그래서 "예루살렘 안에 생존한 자 중 기록된 모든 사람은 거룩하다 칭함을 얻으리니"(3절)라고 한 것입니다. 따라서 바로 이들이 지상 천년왕국의 종족이 됩니다. 그래서 이사야 선지자는 그들을 '거룩한 씨'라고 이렇게 묘사합니다.

> "밤나무와 상수리나무가 베임을 당하여도 그 그루터기는 남아 있는 것 같이 거룩한 씨가 이 땅의 그루터기니라"(사 6:13).

③ 선하게 살다가 하나님께 돌아오는 자들

이 세상의 심판을 예언한 스바냐서에 다음과 같은 말씀이 나옵니다.

> "여호와의 규례를 지키는 세상의 모든 겸손한 자들아 너희는 여호와를 찾으며 공의와 겸손을 구하라 너희가 혹시 여호와의 분노의 날에 숨김을 얻으리라"(습 2:3).

'여호와의 규례'는 본래 이스라엘에게 주신 율법입니다. 그런데 바울 사도가 양심에 따라 사는 자들도 율법을 지키는 것으로 간주해야 한다고 하였으므로(참조. 롬 2:14, 15), 본문 속의 "여호와의 규례를 지키는 세상의 모든 겸손한 자들"은 유대교인이나 기독교인 외에 양심에 따라, 혹은 어떤 종교의 계율에 따라 의롭고 선하게 사는 자들을 가리킨다고 보아야 합니다. 왜냐하면 그들에게 "너희는 여호와를 찾으며"라고 했는데, 유대교인이나 기독교인들은 이미 여호와 하나님을 섬기고 있는 하늘 백성들이기 때문입니다.

그런데 "너희는 여호와를 찾으며 공의와 겸손을 구하라 너희가 혹시 여호와의 분노의 날에 숨김을 얻으리라"고 하였으므로, 그들이 대접 심판의 와중에 예수님을 구주로 영접하고 하나님 아버지께로 돌아오면, 일곱째 대접으로 있게 될 최후의 심판으로부터 보호해 주신다는 의미로 해석됩니다.

이렇게 볼 때, 그들은 후 3년 반의 짐승 통치하에서 세계 통합국의 왕을 신처럼 섬기지도 아니하고, 그의 우상에게 경배하지도 아니하며 또 666표도 받지 않을 것이기 때문에, 하나님께서 예수를 구주로 영접할 성령의 감동을 주신 것이라고 보아야 할 것입니다.

이와 같이 이방인 중에서도 최후의 심판에서 살아남을 사람들이 있다는 것은 "예루살렘을 치러 왔던 이방 나라들 중에 남은 자가 해마다 올라와서 그 왕 만군의 여호와께 경배하며 초막절을 지킬 것이라"(슥 14:16)는 말씀과, "그날에 이스라엘이 애굽 및 앗수르와 더불어 셋이 세계 중에 복이 되리니 이는 만군의 여호와께서 복을 주시며 이르시되 내 백성 애굽이여 내 손으로 지은 앗수르여 나의 기업 이스라엘이여 복이 있을지어다"(사 19:24, 25)라고 하신 예언에서 찾을 수 있습니다.

하지만 최후의 심판으로부터 보호받을 이방인들은 극히 소수일 것입니다. 왜냐하면 하나님께서 "내가 사람을 순금보다 희소하게 하며 인생을 오빌의 금보다 희귀하게 하리로다"(사 13:12)라고 하셨고, 또 "세계 민족 중에 이러한 일이 있으리니 곧 감람나무를 흔듦 같고 포도를 거둔 후에 그 남은 것을 주움 같을 것이니라"(사 24:13)고 말씀하셨기 때문입니다.

그러면 지상 천년왕국시대에 종족이 될 유대인들과 세상의 모든 겸손한 자들은 최후의 심판으로부터 어떻게 보호를 받았다가 차세대의 종족이 될까요?

최후의 심판 때 구원의 방주는 어디인가?

하나님께서는 "너희는 바위틈에 들어가며 진토에 숨어 여호와의 위엄과 그 광대하심의 영광을 피하라"(사 2:10)고 하셨고, "내 백성아 갈지어다 네 밀실에 들어가서 네 문을 닫고 분노가 지나기까지 잠깐 숨을지어다"(사 26:20)라고 말씀하셨으며, 또 다음과 같은 말씀도 하셨습니다.

> "사람들이 암혈과 토굴로 들어가서 여호와께서 땅을 진동시키려고 일어나실 때에 그의 위엄과 그 광대하심의 영광을 피할 것이라 사람이 자기를 위하여 경배하려고 만들었던 은 우상과 금 우상을 그날에 두더쥐와 박쥐에게 던지고 암혈과 험악한 바위틈에 들어가서 여호와께서 땅을 진동시키려고 일어나실 때에 그의 위엄과 그 광대하심의 영광을 피하리라"(사 2:19-21).

그러므로 주의 강림 시에 민족적 대회개를 할 유대인들과, 첫째 대접부터 여섯째 대접까지 부어지는 세상 심판의 와중에서 막차로 예수를 구주로 영접한 이들은 바위틈이나 밀실, 혹은 암혈이나 토굴 등지에서 잠시 피해 있다가 세상 심판이 끝났을 때 지상으로 올라와 천년왕국의 종족이 될 것입니다. 따라서 장차 있을 불 심판에서의 구원의 방주는 하나님께서 예비하신 암혈이나 토굴 등지라고 말할 수 있습니다.

그런데 이들은 매우 귀한 자들입니다. 비록 영혼이 완성되지 아니하여 산 채로 들림 받지는 못하였지만, 지상 천년왕국에서 새로운 영(靈) 문명을 펼칠 새 시대의 주역들이기 때문입니다.

(2) 천년왕국에서 왕권을 받는 자들

① 순교당한 이들

요한계시록은 “예수를 증언함과 하나님의 말씀 때문에 목 베임을 당한 자들의 영혼들과 또 짐승과 그의 우상에게 경배하지 아니하고 그들의 이마와 손에 그의 표를 받지 아니한 자들이 살아서 그리스도와 더불어 천 년 동안 왕 노릇하니”(계 20:4)라고 하였습니다. 그러므로 순교당한 분들은 지상 천년왕국에서 예수님과 함께 천 년 동안 왕 노릇하게 됩니다. 순교자들은 예수님과 하나님을 위해 목숨까지 버린 분들이므로 그들의 충성을 보상해 주는 의미에서 지상 천년왕국의 왕권을 주시는 것입니다.

② 두아디라 교회의 이긴 자들

두아디라 교회에 대하여 “이기는 자와 끝까지 내 일을 지키는 그에게 만국을 다스리는 권세를 주리니 그가 철장을 가지고 그들을 다스려 질그릇 깨뜨리는 것과 같이 하리라”(계 2:26, 27)고 하였습니다. 그러므로 두아디라 교회의 이긴 자들에게도 지상 천년왕국의 왕권이 주어지게 됩니다. 따라서 예수께서 강림하실 때 첫째 부활에 참여한 자들 중에서는 순교자들만이, 휴거된 자들 중에서는 두아디라 교회의 성도들만 지상 천년왕국의 왕권을 받게 됩니다.

3. 천년왕국 시대의 복락

(1) 유대인의 귀환과 이스라엘의 영광 회복

① 유대인들의 귀환

예수께서 강림하심으로 말미암아 위기에 처한 이스라엘이 구원을 받게 되면 이스라엘은 거국적인 회개를 함과 동시에 이방 땅에 있던 유대인들은 모두 본국으로 돌아오게 됩니다. 이러한 유대인들의 귀환에 대해서 이사야 선지자는 "그날에 주께서 다시 그의 손을 펴사 그의 남은 백성을 앗수르와 애굽과 바드로스와 구스와 엘람과 시날과 하맛과 바다 섬들에서 돌아오게 하실 것이라 여호와께서 열방을 향하여 기치를 세우시고 이스라엘의 쫓긴 자들을 모으시며 땅 사방에서 유다의 흩어진 자들을 모으시리니"(사 11:11, 12)라고 예언하였고, 하나님은 에스겔 선지자에게 골짜기의 마른 뼈들이 살아 일어나 극히 큰 군대가 되는 환상을 보게 하시면서(겔 37:1-10) 이런 말씀을 하셨습니다.

> "인자야 이 뼈들은 이스라엘 온 족속이라 그들이 말하기를 우리의 뼈들이 말랐고 우리의 소망이 없어졌으니 우리는 다 멸절되었다 하느니라 그러므로 너는 대언하여 그들에게 이르기를 주 여호와께서 이같이 말씀하시기를 내 백성들아 내가 너희의 무덤을 열고 너희로 거기에서 나오게 하고 이스라엘 땅으로 들어가게 하리라 내 백성들아 내가 너희의 무덤을 열고 너희로 거기서 나오게 한즉 너희는 내가 여호와인 줄을 알리라 내가 또 내 영을 너희 속에 두어 너희가 살아나게 하고 내가 또 너희를 너희 고국 땅에 두리니 나 여호와가 이 일을 말하고 이룬 줄을 너희가 알리라"(겔 37:11-14).

그러므로 이국 땅에 남아 있던 유대인들이 본국으로 돌아올 때는 모두 예수를 그리스도로 고백하면서 돌아오게 될 것입니다. 그래서 "내 영을 너희 속에 두어 너희가 살아나게 하고"라고 말씀하신 것입니다. 왜냐하면 예수를 구주로 믿지 아니하면 성령이 내주하실 수 없기 때문입니다.

② 이스라엘의 영광의 회복

지상 천년왕국에서 만왕의 왕으로 등극하실 예수님은 예루살렘에 보좌를 두고 세상을 통치하실 것이기 때문에(렘 3:17; 슥 2:10-13, 8:3) 이스라엘은 온 세계 만국의 영광이 됩니다. 이것을 스바냐 선지자는 "시온의 딸아 노래할지어다 이스라엘아 즐거이 부를지어다……너의 하나님 여호와가 너의 가운데에 계시니 그는 구원을 베푸실 전능자이시라"(습 3:14, 17)고 예언한 것이요, 스가랴 선지자는 "이날에 그들의 하나님 여호와께서 그들을 자기 백성의 양 떼같이 구원하시리니 그들이 왕관의 보석같이 여호와의 땅에 빛나리로다"(슥 9:16)라고 예언한 것입니다. 그리고 이사야 선지자는 다음과 같이 하나님의 말씀을 대언한 바 있습니다.

> "나는 시온의 의가 빛같이, 예루살렘의 구원이 횃불같이 나타나도록 시온을 위하여 잠잠하지 아니하며 예루살렘을 위하여 쉬지 아니할 것인즉 이방 나라들이 네 공의를, 뭇 왕이 다 네 영광을 볼 것이요 너는 여호와의 입으로 정하실 새 이름으로 일컬음이 될 것이며 너는 또 여호와의 손의 아름다운 관, 네 하나님의 손의 왕관이 될 것이라 다시는 너를 버림받은 자라 부르지 아니하며 다시는 네 땅을 황무지라 부르지 아니하고 오직 너를 헵시바라 하며 네 땅을 뿔라라 하리니 이는 여호와께서 너를 기뻐하실 것이며 네 땅이 결혼한 것처럼 될 것이니라 마치 청년이 처녀와 결혼함같이 네 아들들이 너를 취하겠고 신랑이 신부를 기뻐함같이 네 하나님이 너를 기뻐하시리라"(사 62:1-5).

'헵시바'란 '나의 기쁨이 그에게 있다'는 뜻이고, '뿔라'란 '결혼한 여자'라는 의미입니다. 즉 하나님께서 이스라엘 백성들을 사랑스런 아내처럼 기뻐하신다는 뜻입니다. 그러니 천년왕국 시대에서 이스라엘의 영광이 얼마나 크겠습니까? 뿐만 아니라 이사야 선지자는 "말일에 여호와의 전의 산이 모든 산꼭대기에 굳게 설 것이요 모든 작은 산 위에 뛰어나리니 만방이 그리로 모여들 것이라 많은 백성이 가며 이르기를 오라 우리가 여호와의 산에 오르며 야곱의 하나님의 전에 이르자 그가 그의 길을 우리에게 가르치실 것이라 우리가 그 길로 행하리라 하리니 이는 율법이 시온에서부터 나올 것이요 여호와의 말씀이 예루살렘에서부터 나올 것임이니라"(사 2:2, 3)고 예언하였으므로 이스라엘은 신앙의 중심지가 될 것입니다.

(2) 정의와 공평으로 다스리는 시대

지상 천년왕국 시대의 통치에 대하여 이사야 선지자는 "그 정사와 평강의 더함이 무궁하며 또 다윗의 왕좌와 그의 나라에 군림하여 그 나라를 굳게 세우고 지금 이후로 영원히 정의와 공의로 그것을 보존하실 것이라 만군의 여호와의 열심히 이를 이루시리라"(사 9:7)고 하였고, 예레미야 선지자는 예수께서 다스리실 천년왕국 시대의 통치에 대하여 이렇게 예언하였습니다.

> "여호와의 말씀이니라 보라 때가 이르리니 내가 다윗에게 한 의로운 가지를 일으킬 것이라 그가 왕이 되어 지혜롭게 다스리며 세상에서 정의와 공의를 행할 것이며 그의 날에 유다는 구원을 받겠고 이스라엘은 평안히 살 것이며 그의 이름은 여호와 우리의 공의라 일컬음을 받으리라"(렘 23:5, 6).

그러므로 지상 천년왕국은 정의와 공평이 가득한 의로운 시대가 될 것입니다.

(3) 전쟁이 없는 평화의 시대

이사야 선지자는 "무리가 그들의 칼을 쳐서 보습을 만들고 그들의 창을 쳐서 낫을 만들 것이며 이 나라와 저 나라가 다시는 칼을 들고 서로 치지 아니하며 다시는 전쟁을 연습하지 아니하리라"(사 2:4)고 하였고, 미가 선지자는 "……무리가 그 칼을 쳐서 보습을 만들고 창을 쳐서 낫을 만들 것이며 이 나라와 저 나라가 다시는 칼을 들고 서로 치지 아니하며 다시는 전쟁을 연습하지 아니하고 각 사람이 자기 포도나무 아래와 자기 무화과나무 아래에 앉을 것이라 그들을 두렵게 할 자가 없으리니 이는 만군의 여호와의 입이 이같이 말씀하셨음이라"(미 4:3, 4)고 예언하였습니다.

그러므로 천년왕국 시대에는 무기도, 군대도, 군사 훈련도, 그 어떤 전쟁도 없는 지극히 평화로운 시대가 될 것입니다.

(4) 질병, 노쇠, 죽음이 없고 수명이 나무 수한 같은 시대

하나님께서 말라기 선지자를 통해 "보라 용광로 불 같은 날이 이르리니 교만한 자와 악을 행하는 자는 다 지푸라기 같을 것이라 그 이르는 날에 그들을 살라 그 뿌리와 가지를 남기지 아니할 것이로되 내 이름을 경외하는 너희에게는 공의로운 해가 떠올라서 치료하는 광선을 비추리니 너희가 나가서 외양간에서 나온 송아지같이 뛰리라"(말 4:1, 2)고 말씀하셨습니다.

그러므로 주께서 강림하실 때 암혈과 토굴 등지에서 보호를 받다가 지상 천년왕국의 종족이 될 자들에게는 치료하는 광선이 비추어 모든 질병으로부터 고침 받는 역사가 나타나게 될 것입니다. 뿐만 아니라 "그때에 맹인의 눈이 밝을 것이며 못 듣는 사람의 귀가 열릴 것이며 그때에 저는 자는 사슴같이 뛸 것이며 말 못하는 자의 혀는 노래하리니"(사 35:5, 6)라고 예언하였으므로 온갖 종류의 신체 장애로부터도 해방받게 됩니다. 이렇게 볼 때 그 '치료하는 광선'은 하나님의 형상대로 지음 받았던 당시의 거룩했던 몸으로 복귀시키는 광선이라고 보아야 합니다. 즉 질병이나 장애도 없이 근 천 년을 살 수 있었던 복되고 영광스러웠던 몸으로 환원시키는 빛이란 뜻입니다.

그러므로 천년왕국 시대에는 원칙적으로 죽음이 없는 시대가 됩니다. 그래서 "사망을 영원히 멸하실 것이라 주 여호와께서 모든 얼굴에서 눈물을 씻기시며 자기 백성의 수치를 온 천하에서 제하시리라"(사 25:8)고 하였고, 또 "내가 그들을 스올의 권세에서 속량하며 사망에서 구속하리니 사망아 네 재앙이 어디 있느냐 스올아 네 멸망이 어디 있느냐"(호 13:14)라고 말씀하신 것입니다. 따라서 천년왕국시대의 성도들은 나무 수한처럼 장수하다가(사 65:22) 완성되는 대로 하늘로 승천해 올라갈 것입니다. 영원한 천국 새 예루살렘의 성문을 닫지 아니할 것이라는 다음의 말씀이 지상 천년왕국에서 올라오는 성도들의 입성을 위한 것으로 보입니다.

> "낮에 성문들을 도무지 닫지 아니하리니 거기에는 밤이 없음이라 사람들이 만국의 영광과 존귀를 가지고 그리로 들어가겠고"(계 21:25, 26)

(5) 자연계가 회복된 시대

아담의 범죄로 말미암아 땅이 저주를 받아 가시덤불과 엉겅퀴를 내고(창 3:17, 18) 가뭄, 홍수, 지진, 태풍, 토네이도, 폭우, 폭설, 혹한, 혹서, 화산, 해일, 산사태, 사막화 등의 천재지변이 많았는데, 천년왕국시대에는 그러한 재앙들이 모두 사라지게 됩니다. 이러한 현상에 대하여 이사야 선지자는 "광야와 메마른 땅이 기뻐하며 사막이 백합화같이 피어 즐거워하며……광야에서 물이 솟겠고 사막에서 시내가 흐를 것임이라 뜨거운 사막이 변하여 못이 될 것이며 메마른 땅이 변하여 원천이 될 것이며 승냥이의 눕던 곳에 풀과 갈대와 부들이 날 것이며"(사 35:1, 6, 7)라고 예언하였습니다.

뿐만 아니라 동물계까지 회복되어 약육강식이 사라지고 모든 동물이 초식(草食)을 하는 창조 당시의 본래의 모습으로 되돌아가게 됩니다(창 1:30). 그래서 이사야 선지자는 "그때에 이리가 어린 양과 함께 살며 표범이 어린 염소와 함께 누우며 송아지와 어린 사자와 살진 짐승이 함께 있어 어린아이에게 끌리며 암소와 곰이 함께 먹으며 그것들의 새끼가 함께 엎드리며 사자가 소처럼 풀을 먹을 것이며"(사 11:6, 7)라고 하였고, 또 "사자가 소처럼 짚을 먹을 것이며 뱀은 흙을 양식으로 삼을 것이니 나의 성산에서는 해함도 없겠고 상함도 없으리라"(사 65:25)고 예언한 것입니다.

그러므로 천년왕국 시대는 그 어떤 천재지변이나 재난이 있을 수 없고 평화와 행복만이 넘치는 지상낙원이 될 것입니다.

4. 사탄의 일시 방면(放免) 및 곡과 마곡에 의한 전쟁(계 20:7-10)

지상 천년왕국이 끝났을 때 하나님께서는 무저갱에 갇혀 있던 사탄을 잠시 방면하십니다(계 20:7). 그런데 마귀는 본성 그대로 또다시 곡과 마곡 백성을 미혹하여 그들로 하여금 성도들의 진과 하나님께서 사랑하시는 성을 포위 공격합니다(8-9절). 그러므로 하나님의 백성들로서는 큰 위기가 아닐 수 없을 것입니다. 무기도 없고 병사도 없는 상태에서 바다의 모래처럼 많은 곡과 마곡 백성들의 공격을 받기 때문입니다. 그러나 "하늘에서 불이 내려와 그들을 태워버리고"(9절)라고 했습니다. 즉 하나님께서 불을 내려 그들을 모두 소멸하신다는 뜻입니다. 그러므로 싸움은 너무 싱겁게 끝날 것입니다. 하늘 백성의 일방적인 승리요 사탄 진영의 완전한 패배로 말입니다.

그런데 여기서 '곡과 마곡'은 주의 재림 직전에 아마겟돈 전쟁을 일으킬 마곡 땅에 있는 곡이 아닙니다(겔 38:2). 왜냐하면 "로스와 메섹과 두발 왕 곡"(겔 38:15, 39:2)은 북방에 위치한 러시아 열 연방국을 가리키는데, '곡과 마곡'은 천년왕국 시대가 끝나갈 무렵에 출현할 땅의 사방 백성들을 지칭하기 때문입니다.

그러면 하나님께서는 왜 천년왕국이 끝날 무렵에 사탄을 일시 방면하시고, 또 땅의 사방 백성인 곡과 마곡을 출현시키시어, 그들이 마귀의 미혹을 받아 하나님의 백성들을 공격하도록 허락하시는 것일까요?

지상 천년왕국에서 태어날 제2세들의 교육을 위한 것이라고 보아야 합니다. 왜냐하면 그들은 사탄이 없는 평화의 세상에서 살 것이므로 악이나 죄, 질병이나 사고, 전쟁이나 천재지변 등의 재앙 및 마귀나 귀신, 그리고 심판 같은 것들에 대해서는 전혀 모를 것이기 때문입니다.

그리고 그 전쟁을 배후에서 조종했던 사탄은 또다시 체포되어 유황 불못에 던져지게 됩니다. 다시는 나올 수 없는 영원한 지옥으로 말입니다.

Ⅲ. 대 백보좌 심판

곡과 마곡 백성을 멸하고 사탄을 유황 불못에 던져버린 다음에는 크고 흰 보좌 심판이 펼쳐지게 됩니다. 이제 그 마지막 심판과 영원한 지옥에 대하여 살펴보겠습니다.

1. 크고 흰 보좌 심판

사도 요한은 크고 흰 보좌와 그 위에 앉으신 이를 봅니다. 그런데 땅과 하늘이 그 앞에서 피하여 간데없더라고 하였습니다. 따라서 이 심판은 지상 천년왕국이 끝나면서 있게 될 마지막 대심판입니다.

> "또 내가 크고 흰 보좌와 그 위에 앉으신 이를 보니 땅과 하늘이 그 앞에서 피하여 간 데 없더라 또 내가 보니 죽은 자들이 큰 자나 작은 자나 그 보좌 앞에 서 있는데 책들이 펴 있고 또 다른 책이 펴졌으니 곧 생명책이라 죽은 자들이 자기 행위를 따라 책들에 기록된 대로 심판을 받으니 바다가 그 가운데에서 죽은 자들을 내주고 또 사망과 음부도 그 가운데에서 죽은 자들을 내주매 각 사람이 자기의 행위대로 심판을 받고 사망과 음부도 불못에 던져지니 이것은 둘째 사망 곧 불못이라 누구든지 생명책에 기록되지 못한 자는 불못에 던져지더라"(계 20:11-15).

그러면 대 백보좌 심판대 앞에 서게 될 자들과 재판장, 그리고 심판의 기준 및 그 심판대에서 구원받을 자들에 대하여 말씀을 고찰해 보겠습니다.

(1) 심판의 대상자

대 백보좌 심판대 앞에서 심판을 받을 자들은 그리스도의 심판대 앞에 서지 않았던 자들입니다. 즉 하나님이나 예수님을 모르고 죽은 모든 사람들이 그 대상자라는 뜻입니다. 그래서 계시록은 첫째 부활에 참여하여 그리스도의 심판대 앞에 설 자들에 대하여 언급할 때 "그 나머지 죽은 자들은 그 천 년이 차기까지 살지 못하더라"(계 20:5)고 말한 것입니다. 따라서 창세 이후 하나님이나 예수님을 믿지 못하고 죽은 모든 불신자와 미신자(未信者)들은 대 백보좌 심판대 앞에 서게 됩니다. 여기서 '불신자'란 하나님이나 복음을 거부하고 믿지 않은 자들을 가리키고, '미신자'란 하나님이나 복음에 대해서 듣지 못하였거나, 혹은 들었어도 믿을 수 없는 불가피한 환경에 있던 사람들을 가리킵니다.

그런데 "바다가 그 가운데에서 죽은 자들을 내주고 사망과 음부도 그 가운데에서 죽은 자들을 내주매"(13절)라고 하였습니다. 따라서 이들은 '바다, 사망, 음부'로 불리는 사후 세계에 있다가 크고 흰 보좌 심판대 앞에 서게 됩니다. 그러므로 '바다, 사망, 음부'는 구원받지 못한 영혼들의 사후 세계인 음부를 셋으로 나눈 것으로 보아야 합니다. 그런데 예수께서 "사망과 음부의 열쇠를 가졌다"(계 1:18)고 말씀하신 것을 보면, '사망과 음부'는 반드시 지옥의 판결을 받아야 할 중죄인들의 감옥으로 보아야 할 것입니다.

(2) 재판장

크고 흰 보좌 심판대의 재판장은 성부 하나님입니다. 요한계시록이 '보좌에 앉으신 이'라는 표현을 항상 성부 하나님의 경우에만 사용했을 뿐 아니라(계 4:2, 5:7, 21:5) 다니엘 선지자는 하나님께서 주재(主宰)하실 심판에 대한 환상을 다음과 같이 보았기 때문입니다.

"내가 보니 왕좌가 놓이고 옛적부터 항상 계신 이가 좌정하셨는데 그의 옷은 희기가 눈 같고 그의 머리털은 깨끗한 양의 털 같고 그의 보좌는 불꽃이요 그의 바퀴는 타오르는 불이며 불이 강처럼 흘러 그 앞에서 나오며 그를 섬기는 자는 천천이요 그 앞에서 모셔 선 자는 만만이며 심판을 베푸는데 책들이 펴 놓였더라"(단 7:9, 10).

"옛적부터 항상 계신 이"는 성부 하나님을 가리킵니다. 보좌가 불꽃이고 섬기는 자는 천천이며 모셔 선 자는 만만이라는 표현도 그렇지만, 무엇보다도 이어지는 13-14절에서 "인자 같은 이가 하늘 구름을 타고 와서 옛적부터 항상 계신 이에게 나아가 그 앞으로 인도되매 그에게 권세와 영광과 나라를 주고"라고 하였기 때문입니다. 즉 성자 예수께서 성부 하나님으로부터 왕권을 받으시는 장면이므로, 7절의 "옛적부터 항상 계신 이"는 성부 하나님이시라는 뜻입니다. 그러므로 예수께서 재림하실 때 있게 될 그리스도의 심판대는 성자께서 주재하시지만, 지상 천년왕국 후에 있게 될 대 백보좌 심판대는 이처럼 성부 하나님께서 친국(親鞫)하시는 것입니다.

그리스도의 심판대를 예수께서 주재하시는 이유는 예수님은 구원받은 성도들의 통치자, 곧 빛의 세계의 왕이시기 때문입니다. 이런 면에서 예수님은 마귀를 향하여 "그는 내게 관계할 것이 없으니"(요 14:30)라는 말씀을 하신 것 같습니다. 그러나 불신자들을 심판하는 대 백보좌 심판대를 성부께서 주재하시는 까닭은, 하나님은 구원받지 못하는 자들의 세계인 어두운 지옥까지 다스리시는 온 우주의 왕이시기 때문입니다. 그리고 이 보좌를 "크고 흰 보좌"라고 일컬었다는 데서 하나님의 심판은 아주 깨끗하고, 악에 대한 승리이며, 또한 하나님의 영광을 크게 드러낸다는 의미가 있다고 보아야 합니다. 왜냐하면 흰색은 '순결, 승리, 영광'을 상징하기 때문입니다.

(3) 심판의 기준

"책들이 펴 있고……죽은 자들이 자기 행위를 따라 책들에 기록된 대로 심판을 받으니"(12절)라고 하였으므로 심판의 기준은 사람이 생전에 살았던 삶의 모습, 곧 행위입니다. 그래서 솔로몬은 "하나님은 모든 행위와 모든 은밀한 일을 선악 간에 심판하시리라"(전 12:14)고 말한 것입니다. 인간은 자유의지를 부여받은 고귀한 존재이지만 또한 그 자유에 대하여 책임을 져야 하는 존재이므로 본능에 의해 사는 짐승과는 달리 인간 앞에는 이처럼 심판이 놓여 있는 것입니다.

그러므로 하루하루를 정말 바르게 살아야 하겠습니다. 자유의지가 주어졌다고 마음대로 살지 말고 양심에 따라 바르게 살아야 한다는 의미입니다. 왜냐하면 하루하루의 삶이 고스란히 행위록에 기록되어 나중 심판의 근거 자료가 될 것이기 때문입니다.

(4) 대 백보좌 심판에서 구원받는 자들

심판대 앞에는 행위를 기록한 책뿐이 아니요 생명책도 펴졌다고 했고, 또 "누구든지 생명책에 기록되지 못한 자는 불못에 던지우더라"고 하였습니다. 그러므로 크고 흰 보좌 심판대에서 구원받을 자들이 있다고 보아야 합니다. 왜냐하면 만일 생명록에 기록된 자가 하나도 없다면, 생명책을 펼 이유가 없고 또 "생명책에 기록되지 못한 자는 불못에 던지우더라"는 말도 할 필요가 없기 때문입니다.

더욱이 구원받지 못한 영혼들의 사후 세계인 '바다, 사망, 음부' 중 대 백보좌 심판이 끝난 후 불못에 던져버린 것은 '사망과 음부'만이었다는 점에서도 그렇게 보아야 합니다. 왜냐하면 '바다'로 일컬어지는 음부에 있던 영혼들은 구원받을 수도 있음을 암시하는 조치로 보이기 때문입니다. 그런데 사도 바울이 언급한 부활의 순서를 살펴보면 대 백보좌 심판대에서 구원받을 자들이 확실히 있을 것으로 보입니다.

> "그러나 각각 자기 차례대로 되리니 먼저는 첫 열매인 그리스도요 다음에는 그가 강림하실 때에 그리스도에게 속한 자요 그 후에는 마지막이니 그가 모든 통치와 모든 권세와 능력을 멸하시고 나라를 하나님 아버지께 바칠 때라"(고전 15:23-24).

본문 속에서 바울이 말하고 있는 '부활'은 심판의 부활이 아니요 생명의 부활입니다. 왜냐하면 바로 앞 절에서 "아담 안에서 모든 사람이 죽은 것같이 그리스도 안에서 모든 사람이 삶을 얻으리라"(22절)고 말하면서 "그러나 각각 자기 차례대로 되리니"라고 말했기 때문입니다. 그러므로 "첫 열매인 그리스도요 다음에는 그가 강림하실 때에 그리스도에게 속한 자요"라고 한 것은, 부활의 효시가 되신 예수님과 주의 재림 시에 있을 첫째 부활에 참여할 성도를 가리킨 것입니다. 그리고 "그가 모든 통치와 모든 권세와 능력을 멸하시고 나라를 하나님 아버지께 바칠 때라"(24절)고 한 것은, 지상 천년왕국 후에 있을 대 백보좌 심판 때를 지칭한 것입니다.

그러므로 크고 흰 보좌 심판대에서 생명의 부활로 나올 자들이 확실히 있다고 보아야 할 것입니다. 그러면 음부에 있던 영혼들이 어떻게 생명의 부활로 나와 구원을 받게 될까요?

음부에서도 전파되는 복음

예수께서 "이를 놀랍게 여기지 말라 무덤 속에 있는 자가 다 그의 음성을 들을 때가 오나니 선한 일을 행한 자는 생명의 부활로, 악한 일을 행한 자는 심판의 부활로 나오리라"(요 5:28-29)고 말씀하셨습니다. 즉 복음을 듣지 못하고 죽어 음부에 간 사람에게도 복음이 전파될 때가 있다는 것과, 선하게 산 사람들은 생명의 부활로 나오지만 악하게 산 사람들은 심판의 부활로 나온다는 말씀이었습니다.

이처럼 음부에 내려간 영혼들에게도 복음이 전파된다는 것은, 베드로가 십자가에서 돌아가신 예수님에 대하여 "그가 또한 영으로 가서 옥에 있는 영들에게 선포하시니라"(벧전 3:19)고 말한 데서도 뒷받침됩니다. 물론 베드로는 그 대상이 노아 홍수 시대에 죽어 음부에 가 있는 사람이라고 하였습니다(20절). 하지만 하나님은 공평하신 분인데, 노아시대에 죽은 자들에게만 복음을 듣게 한다고 볼 수는 없지 않습니까?

그래서 베드로는 4장에 와서 "이를 위하여 죽은 자들에게도 복음이 전파되었으니 이는 육체로는 사람으로 심판을 받으나 영으로는 하나님을 따라 살게 하려 함이라"(벧전 4:6)는 말을 합니다. 즉 노아시대의 사람들에게만 복음이 전파되었다는 의혹을 불식시키려고, "죽은 자들에게도 복음이 전파되었으니"라고 말한 것이라는 뜻입니다.

그러므로 음부에서도 복음이 전파되는 것은 확실합니다. 그리고 이것은 공의로우신 하나님의 속성으로 볼 때 지극히 당연한 조치라고 보지 않을 수 없습니다. 왜냐하면 복음을 전혀 듣지도 못하고 죽은 사람들이나, 듣기는 했어도 믿을 수 없는 피치 못할 환경 때문에 복음을 받아들이지 못한 미신자(未信者)들에게 예수를 믿지 않았다는 이유로 지옥 형벌을 선고하신다면, 그런 하나님은 공의롭지도 공평하지도, 또한 자비롭지도 못한 분이기 때문입니다.

그런데 주께서 "선한 일을 행한 자는 생명의 부활로, 악한 일을 행한 자는 심판의 부활로 나오리라"고 말씀하셨으므로, 생전에 선하게 살았던 자들은 음부에서 전파되는 복음을 믿음으로써 생명의 부활로 나오는 것이요, 생전에 악하게 살았던 사람들은 음부에서라도 복음을 받아들이지 않기 때문에 심판의 부활로 나온다고 보아야 할 것입니다. 왜냐하면 예수를 구주로 영접해야만 거듭날 수 있다는 구원의 도리는 이 세상에서나 음부에서나 동일할 것이기 때문입니다.

이렇게 볼 때, 생전에 선하게 살았던 사람들은 사후 '바다'로 일컬어지는 음부에 가 있다가 거기서 전파되는 복음을 받아들여 그 이름이 생명책에 기록되는 것이고, 생전에 악하게 살았던 자들은 '사망과 음부'로 불리는 영계(靈界)의 감옥에 가 있다가 거기서도 복음을 받아들이지 않을 것이기 때문에 영원한 지옥 형벌을 받는 것이라고 추정할 수 있습니다.

2. 영원한 지옥 유황 불못

성경은 "누구든지 생명책에 기록되지 못한 자는 불못에 던져지더라"(계 20:15)고 했으므로 예수를 구주로 영접하지 않아서 생명록에 이름이 기록되지 못한 자들은 지옥 불못에 떨어지게 됩니다. 그래서 요한계시록은 "그러나 두려워하는 자들과 믿지 아니하는 자들과 흉악한 자들과 살인자들과 음행하는 자들과 점술가들과 우상 숭배자들과 거짓말하는 모든 자들은 불과 유황으로 타는 못에 던져지리니 이것이 둘째 사망이라"(계 21:8)고 한 것이요, 또 "개들과 점술가들과 음행하는 자들과 살인자들과 우상 숭배자들과 및 거짓말을 좋아하며 지어내는 자는 다 성 밖에 있으리라"(계 22:15)고 한 것입니다.

그런데 그 지옥 형벌은 영원합니다. "또 저희를 미혹하는 마귀가 불과 유황 못에 던지우니 거기는 그 짐승과 거짓 선지자도 있어 세세토록 밤낮 괴로움을 받으리라"(계 20:10)고 했기 때문입니다. 따라서 사랑의 하나님께서 고통스런 지옥을 영원히 계속되도록 만드실 리 없으므로, 지옥은 일시적 교육 장소이거나 혹은 하나의 가상 세계일 뿐 실제로는 없다는 주장은 전혀 오류입니다.

지옥이 영원한 까닭은 천국이 영원하기 때문입니다. 환언하면 천국과 지옥은 서로 대칭되는 세계이므로, 만일 한 곳이 없다면 다른 한 곳도 그 존재 의의가 사라진다는 점에서 천국의 영원함 같이 지옥 또한 영원하다는 것입니다. 그러면 지옥은 어떤 곳일까요?

(1) 악과 거짓 및 더러움이 가득한 흑암의 세계

천국은 하나님의 빛이 비추이는 밝은 세계인 반면, 지옥은 그 빛이 차단된 캄캄한 세계입니다(벧후 2:17; 유 1:3). 지옥이 흑암인 이유는 빛이신 하나님과 예수님을 주인으로 모셔 들이지 아니하고 오직 자기가 주인이라고 여기는 자들만이 모여 있는 곳이기 때문입니다. 바로 이런 이유에서 지옥은 악과 거짓 및 더러움이 가득한 곳입니다. 왜냐하면 자기의 이익을 위하여 서로 투쟁하는 과정에서 자연히 악과 거짓 및 더러움이 발생하기 때문입니다.

(2) 뜨거운 불의 고통과 갈증에 시달리는 괴로운 곳

요한계시록은 지옥을 '유황 불못'이라고 칭했거니와 예수님도 "거기에서는 구더기도 죽지 않고 불도 꺼지지 아니하느니라 사람마다 불로써 소금 치듯 함을 받으리라"(막 9:48, 49)고 말씀하셨습니다. 그러므로 지옥은 유황불이 끓는 뜨거운 장소요 그로 말미암아 갈증에 시달리는 괴로운 곳입니다. 이것은 예수께서 말씀하신 부자와 나사로 비유에서 음부에 떨어진 부자가 아브라함에게 나사로의 손가락 끝에 물을 찍어 혀를 서늘하게 해달라는 부탁을 했다는 데서도 충분히 확인됩니다(눅 16:24).

(3) 자유는 없고 절망만 가득한 곳

예수께서 비유로 드신 부자와 나사로의 이야기를 보면 음부에서 부자가 요청했던 것들, 곧 혀를 서늘하게 해달라는 요구나 나사로를 그 형제에게 보내 사후 세계에 대하여 전하게 해달라는 부탁 등은 모두 거절당했습니다(눅 16:24-31). 따라서 지옥은 아무 자유가 없고 그 어떤 희망도 없는 절망만 가득한 곳입니다.

천국보다 지옥을 더 선호하는 악인

그런데 이상한 것은 지옥이 어둡고 괴로우며 자유와 평화가 없고 절망만 가득한 곳이지만, 하나님과 예수님을 믿지 않으며 선과 정의를 비웃는 악인들은 천국보다 오히려 지옥을 더 좋아한다는 것입니다. 이는 마치 바위 밑에 살고 있던 벌레들이 바위를 들추면 빛이 싫어 어둠을 향해 달려가는 것과 같고, 부나비들이 불에 타 죽을 줄 알면서도 불이 좋아 불속으로 날아드는 것과도 같습니다.

그러면 악인들이 밝은 천국보다 어두운 지옥을 더 선호하는 까닭은 무엇일까요? 두 가지 이유를 생각할 수 있습니다.

첫째는, 악인들의 마음의 파장은 천국보다는 지옥에 더 어울리기 때문입니다. 즉 악인들의 속은 짐승이므로 의롭고 거룩하고 선한 것보다는 불의하고 더럽고 악한 것이 그들의 마음에 더 편안함을 주기 때문이라는 뜻입니다.

둘째는, 그들의 죄악이 드러날까 두려워하기 때문입니다. 모든 범죄가 어두운 곳에서 자행된다는 것을 생각하면 충분히 수긍이 가는 부분입니다. 그래서 예수님은 "빛이 세상에 왔으되 사람들이 자기의 행위가 악하므로 빛보다 어둠을 더 사랑한 것이니라 악을 행하는 자마다 빛을 미워하여 빛으로 오지 아니하나니 이는 그 행위가 드러날까 함이요"(요 3:19, 20)라고 말씀하신 것입니다.

이렇게 볼 때, 악인들을 위하여 지옥을 만드신 하나님은 공의로우실 뿐 아니라 또한 지혜로우신 분이라고 말하지 않을 수 없습니다.

Ⅳ. 영원한 천국 새 예루살렘

예수께서 강림하시어 이 세상을 심판하시면 영원한 천국과 지상 천년왕국이 동시에 전개됩니다. 세대주의적 전천년주의자들과 역사적 전천년주의자들 및 후천년주의자들은 영원한 천국이 천년왕국 후에 시작되는 줄로 알고 있고, 무천년주의자들은 지상 천년왕국 없이 곧바로 영원한 천국이 시작되는 줄로 생각하지만 그렇지 않습니다. 예수께서 강림하실 때 부활한 성도들과 휴거된 성도들이 함께 공중에서 주를 만나 혼인 잔치에 들어가고, 그리스도의 심판대를 통해 논공행상(論功行賞)이 끝나면, 지상 천년왕국에서 왕 노릇할 자와 영원한 천국에 들어갈 자가 분류되면서 지상에는 천년왕국이, 천상의 새 예루살렘에는 영원한 천국이 동시에 시작되는 것입니다.

주의 재림으로 말미암아 영원한 천국이 열린다는 것은 "내가 너희를 위하여 거처를 예비하러 가노니 가서 너희를 위하여 거처를 예비하면 내가 다시 와서 너희를 내게로 영접하여 나 있는 곳에 너희도 있게 하리라"(요 14:2, 3)고 말씀하신 데서 입증됩니다.

주의 강림하심으로 지상 천년왕국이 열린다는 것은 세상을 심판하는 일곱째 천사의 나팔이 불 때, 보좌 앞의 24장로들이 하나님께 경배하면서 "감사하옵나니 옛적에도 계셨고 지금도 계신 주 하나님 곧 전능하신 이여 친히 큰 권능을 잡으시고 왕 노릇하시도다 이방들이 분노하매 주의 진노가 내려 죽은 자를 심판하시며 종 선지자들과 성도들과 또 작은 자든지 큰 자든지 주의 이름을 경외하는 자들에게 상 주시며 또 땅을 망하게 하는 자들을 멸망시키실 때로소이다"(계 11:17-18)라고 하나님을 찬양한 데서 확인됩니다.

그러므로 주의 재림 전에는 지상에는 교회가 있고 하늘에는 낙원이 있는 것처럼, 재림 후에는 땅에는 천년왕국이 있고 천상의 새 예루살렘에는 영원한 천국이 있는 것입니다. 그리고 예수님은 지상 천년왕국과 새 예루살렘에서 동시에 임금이 되십니다. 예수님은 무소부재하신 신으로서 하늘과 땅의 권세를 모두 받으신 분이기 때문입니다. 또한 예수께서 직접 통치하시는 것이나 예수주의 정치 사상으로 통치하는 것은 마찬가지 때문이기도 합니다.

한편, 지상 천년왕국의 백성들은 완성되는 대로 새 예루살렘 천국으로 승천해 올라가게 됩니다. "땅의 왕들이 자기 영광을 가지고 그리로 들어가리라"(계 21:24)고 한 말씀이나, "사람들이 만국의 영광과 존귀를 가지고 그리로 들어가겠고"(계 21:26)라는 말씀이 완성된 성도들의 승천에 관한 말씀입니다. 그리고 크고 흰 보좌 심판을 통해 들어오는 사람들을 마지막으로 받으면서 마침내 새 예루살렘은 완성되고, 그 후로는 지상 천년왕국도 사라진 채 오직 새 예루살렘 영원한 천국만 남아 하나님 아버지와 신랑 예수님과 함께 행복에 넘치는 천국의 삶이 세세 무궁토록 펼쳐지게 될 것입니다.

그러면 새 예루살렘의 구조와 재료 및 환경에 대하여 살펴본 다음, 새 예루살렘의 복락과 그곳에 들어갈 수 있는 자격에 대하여 말씀을 고찰해 보겠습니다.

1. 새 예루살렘의 구조와 재료 및 환경

(1) 새 예루살렘의 구조

새 예루살렘은 크고 높은 성곽으로 둘러싸여 있고(계 21:12) 동서남북에 각각 세 문이 있어 도합 열두 문이 있는데, 그 문들 위에 이스라엘 열두 지파의 이름이 새겨져 있습니다(12, 13절). 그리고 성의 성곽에는 열두 기초석이 있고, 그 위에 열두 사도의 이름들이 있으며(14절), 성의 크기는 길이와 너비와 높이가 각각 만 이천 스다디온(약 2,200km)인 정입방체의 도성입니다(16절).

따라서 "그 성곽을 측량하매 백사십사 규빗이니"(17절)라고 한 것은 성곽의 높이가 아니라 두께에 대한 묘사입니다. 왜냐하면 성의 높이는 바로 앞에서 일만 이천 스다디온이라고 말했기 때문입니다. 그러므로 굉장히 견고한 성임을 알 수 있습니다. 성곽의 두께가 144 규빗이라면 약 65m 내지 70m나 되기 때문입니다.

한편, 이러한 천국의 크기에 대한 묘사들을 문자적으로 보는 것에 대하여 비판하는 이들이 있습니다만, 문자 그대로 보아야 합니다. 왜냐하면 성경이 명백하게 "사람의 측량 곧 천사의 측량"(계 21:17)이라고 했기 때문입니다. 즉 사람이 측량하는 것과 동일한 방법으로 천사들이 측량했다는 뜻이므로 문자적으로 보아야 한다는 뜻입니다. 하지만 완전한 도성이라는 영적 의미는 분명히 있습니다. 왜냐하면 '12'라는 수는 땅의 수 '4'에 하늘의 수 '3'을 곱한 입체적 완전수인데, 성곽의 두께가 144 규빗이라고 하여 12×12로 되어 있고, 성곽의 크기도 길이와 너비와 높이가 각각 일만 이천 스다디온이라고 하여 12×1,000으로 되어 있기 때문입니다.

그런데 천국이 길이와 너비와 높이가 각각 일만 이천 스다디온이라면, 이 세상처럼 평면으로 되어 있지 않고 입체로 되어 있다는 뜻이 아닙니까? 그러면 그 의미는 무엇일까요?

입체로 되어 있다는 천국의 의미

천국이 입체로 되어 있다는 것은 천국은 층(層)으로 되어 있다는 의미로 보아야 합니다. 왜냐하면 이 세상처럼 단순히 평면으로 되어 있다면 높이에 대하여는 말할 수 없기 때문입니다. 그런데 음부가 '바다, 사망, 음부'의 삼 세계로 나누어져 있다고 하였으므로(계 20:13) 영원한 천국도 3층으로 구성되어 있다고 보아야 합니다. 왜냐하면 음부와 천국은 서로 대칭되는 세계이기 때문입니다.

이렇게 볼 때 하나님께서 노아의 방주를 상, 중, 하의 삼층으로 만들라고 명하셨던 것은(창 6:16) 삼층천 천국을 암시하기 위한 의도로 볼 수 있고, 이스라엘의 행정 구역이 유대, 사마리아, 갈릴리의 셋으로 구성된 것도 이스라엘이 천국의 그림자이기 때문으로 보아야 할 것입니다.

그런데 앞에서 '바다'는 구원받을 가능성이 있는 자들의 사후 세계요, '사망과 음부'는 가능성이 전혀 없는 중죄인들의 감옥이라고 하였습니다. 그렇다면 제1층 지옥보다는 제2층 지옥이 더 괴로운 지옥이고, 제2층 지옥보다는 제3층 지옥이 더 캄캄하고 고통스러운 지옥이라고 보아야 하지 않겠습니까? 이처럼 지옥의 세계가 죄의 경중에 따라 차등이 있기 때문에 주께서 "주인의 뜻을 알고도 준비하지 아니하고 그 뜻대로 행하지 아니한 종은 많이 맞을 것이요 알지 못하고 맞을 일을 행한 종은 적게 맞으리라"(눅 12:47, 48)고 말씀하신 것이라고 생각합니다. 또한 "그들은 과부의 가산을 삼키며 외식으로 길게 기도하니 그들이 더 엄중한 심판을 받으리라"(눅 20:47)고 하신 말씀과 예수께서 빌라도에게 "그러므로 나를 네게 넘겨 준 자의 죄는 더 크니라"(요 19:11)고 하신 말씀도 같은 맥락으로 볼 수 있습니다.

이렇게 볼 때, 지옥에 대칭되는 천국도 1층천보다는 2층천이 더 밝은 천국이고, 2층천보다는 3층천이 더 환하고 영광스러운 천국이라고 보아야 합니다. 이처럼 천국의 영광에 차등이 있기 때문에 예수께서 "여자가 낳은 자 중에 요한보다 큰 자가 없도다 그러나 하나님의 나라에서는 극히 작은 자라도 그보다 크니라"(눅 7:28)고 하신 것이요, 또 "너희 모든 사람 중에 가장 작은 그가 큰 자니라"(눅 9:48)는 말씀도 하신 것이며, 더 나아가 "보라 나중 된 자로서 먼저 될 자들도 있고 먼저 된 자로서 나중 될 자도 있느니라"(눅 13:30)는 말씀도 하신 것이라고 생각합니다.

(2) 새 예루살렘 성의 재료

새 예루살렘 성에 사용된 건축 자재는 가장 귀한 보석들입니다. 성곽은 벽옥이고 성 자체는 맑은 유리 같은 정금이며 성곽의 열두 기초석은 벽옥, 남보석, 옥수, 녹보석, 홍마노, 홍보석, 황옥, 녹옥, 담황옥, 비취옥, 청옥, 자정의 열두 보석이라고 했기 때문입니다(계 21:18-20). 그리고 열두 문은 열두 진주로 되어 있고, 성안의 길도 모두 맑은 유리 같은 정금이라고 하니(21절), 흙먼지 속에서 살았던 지구인(地球人)들로서는 실로 꿈만 같은 천국일 것입니다. 그래서 "하나님의 영광이 있어 그 성의 빛이 지극히 귀한 보석 같고 벽옥과 수정같이 맑더라"(계 21:11)고 하였고, 또 "신부가 남편을 위하여 단장한 것 같더라"(계 21:2)고 한 것입니다.

(3) 새 예루살렘의 환경

새 예루살렘은 해, 달, 별이 없고 그보다 훨씬 더 밝은 하나님의 영광의 광채와 어린양 예수의 빛이 세세 무궁토록 비추는 광명한 세계입니다(계 21:23). 즉 일월성신(日月星辰)이 없는 '새 하늘'이며(계 22:5) 밤과 바다도 없는 '새 땅'입니다(계 21:1). 또한 하나님과 어린양의 보좌로부터 수정같이 맑은 생명수 강이 흘러나와 길 가운데로 흐르고, 강 좌우에는 생명나무가 있어 달마다 열두 가지 실과가 맺히며, 그 나무 잎사귀들은 만국을 치료하기 위하여 있는 행복의 동산입니다(계 22:2).

그런데 "성 안에서 내가 성전을 보지 못하였으니 이는 주 하나님 곧 전능하신 이와 및 어린양이 그 성전이심이라"(계 21:22)고 하였습니다. 따라서 새 예루살렘에는 성전이 따로 없고 하나님과 예수님 자체가 성전이 되시는 천국입니다.

이상과 같이 요한계시록 21-22장에 소개되어 있는 새 예루살렘 천국을 살펴볼 때, 그 천국은 요한계시록 4-5장에 언급된 천국과는 다른 천국임을 발견하게 됩니다. 왜냐하면 4-5장의 천국에는 성전이 있다고 했는데(계 7:15, 15:5-8) 새 예루살렘에는 성전이 따로 없다고 했고, 4-5장의 천국에는 보좌 앞에 유리 바다가 있다고 했는데 21-22장의 천국에는 보좌로부터 생명수 강이 흐른다고 했기 때문입니다. 더 나아가, 4-5장의 천국의 보좌는 '하나님의 보좌'로만 일컬어지는 데 비해, 21-22장 천국의 보좌는 '하나님과 어린양의 보좌'라고 일컬어진다는 점에서도 그렇습니다. 그러므로 이 두 천국에 대해서 비교해 보겠습니다.

요한계시록 4-5장의 천국과 21-22장의 천국

요한계시록 4-5장의 천국은 믿음으로 구원받은 성도들의 현 안식처로 음부에 대칭되는 낙원 천국인 반면, 21-22장의 천국은 장차 완성된 성도들이 들어갈 영원한 천국으로 영원한 지옥인 유황 불못에 대칭되는 천국으로 보아야 합니다. 4-5장의 천국은 단순히 '하늘'로 불리지만(참조. 마 5:12, 16; 요 3:13; 행 7:56; 엡 4:10; 벧전 3:22), 21-22장의 천국은 '새 하늘과 새 땅'으로 일컬어지는 까닭이 바로 이 때문으로 보입니다. 즉 4-5장의 천국은 영혼들만의 임시 거처이므로 '하늘'로만 불리지만, 21-22장의 천국은 몸을 입은 완성된 자들의 영원한 천국이기 때문에 '새 하늘과 새 땅'으로 일컬어진다는 의미입니다.

그리고 4-5장의 천국에는 성부의 보좌만 있다고 하였으므로 그 천국은 성부께서 온 우주를 통치하시는 천국입니다. 하지만 21-22장의 천국에는 하나님의 보좌와 어린양의 보좌가 있다는 점에서, 그 천국은 성부와 성자께서 함께 다스리시는 구원받은 자들의 천국으로 보아야 합니다.

그러므로 현재 낙원 천국에 있는 영혼들은 주께서 재림하실 때 부활의 몸을 입고 휴거된 성도들과 함께 혼인 잔치와 그리스도의 심판대를 거쳐 새 예루살렘 천국으로 들어가게 될 것입니다. 이렇게 볼 때 4-5장의 천국은 영원 전부터 존재하여 영원토록 계속되는 천국이지만, 21-22장의 천국은 성부 하나님께서 신랑 예수와 신부 성도들을 위해 새롭게 마련해 주시는 천국으로 현재는 건설 중에 있는 천국으로 보아야 합니다. 바로 이런 이유로 주님은 "내가 너희를 위하여 거처를 예비하러 가노니"(요 14:2)라고 말씀하신 것이요, 또 새 예루살렘 천국을 "하나님께로부터 하늘에서 내려오는 거룩한 성"이라고 칭한 것 같습니다.

2. 새 예루살렘의 복락

영원한 천국 새 예루살렘의 복락은 다음의 말씀으로 짐작할 수 있습니다.

> "보라 하나님의 장막이 사람들과 함께 있으매 하나님이 그들과 함께 계시리니 그들은 하나님의 백성이 되고 하나님은 친히 그들과 함께 계셔서 모든 눈물을 그 눈에서 닦아 주시니 다시는 사망이 없고 애통하는 것이나 곡하는 것이나 아픈 것이 다시 있지 아니하리니 처음 것들이 다 지나갔음이러라 보좌에 앉으신 이가 이르시되 보라 내가 만물을 새

롭게 하노라 하시고 또 이르시되 이 말은 신실하고 참되니 기록하라 하시고 또 내게 말씀하시되 이루었도다 나는 알파와 오메가요 처음과 마지막이라 내가 생명수 샘물을 목마른 자에게 값없이 주리니"(계 21:3-6).

천국의 복락은 "하나님의 장막이 사람들과 함께 있으매 하나님이 그들과 함께 계시리니"라는 말씀 가운데 다 들어 있다고 해도 과언이 아닙니다. 왜냐하면 하나님이 함께하시는 임마누엘의 복만큼 더 큰 복은 없기 때문입니다. 이것은 지옥이 하나님으로부터 격리된 세계이기 때문에 캄캄하고, 괴롭고, 절망이 가득한 처소임을 생각해 보면 충분히 이해할 수 있는 부분입니다. 아울러 "다시는 사망이 없고 애통하는 것이나 곡하는 것이나 아픈 것이 다시 있지 아니하리니 처음 것들이 다 지나갔음이러라"(4절)고 하셨으므로 천국에는 질병이나 사고, 노쇠나 죽음은 물론, 슬픔도, 사건도, 이별도, 고민거리도, 천재지변이나 그 어떤 고통이 있을 수 없는, 그야말로 완전히 새로워진 지복(至福)의 세계입니다. 그래서 하나님은 "보라 내가 만물을 새롭게 하리라"고 말씀하십니다.

그런데 "하나님과 그 어린양의 보좌가 그 가운데에 있으리니 그의 종들이 그를 섬기며 그의 얼굴을 볼 터이요 그의 이름도 그들의 이마에 있으리라"(계 22:3, 4)고 한 말씀 중 "그의 얼굴을 볼 터이요"라는 부분은 얼마나 가슴을 뭉클하게 하는 대목인지 모릅니다. 왜냐하면 성도들의 한결같은 소원은 하나님 아버지의 얼굴을 뵈옵는 것이기 때문입니다.

한편 "이루었도다 나는 알파와 오메가요 처음과 마지막이라"고 하신 것은 천국 농부 되신 하나님께서 천국 농사를 다 끝마치셨다는 선언입니다. 바로 여기에서 성도들은 하나님께서 땅에 심으신 천국의 곡식들이 열매 맺기를 얼마나 원하시는지를 깨달아야 합니다. 이것은 주께서 비유로 드신 다음의 이야기를 통해서도 충분히 확인됩니다.

> "한 사람이 포도원에 무화과나무를 심은 것이 있더니 와서 그 열매를 구하였으나 얻지 못한지라 포도원지기에게 이르되 내가 삼 년을 와서 이 무화과나무에서 열매를 구하되 얻지 못하니 찍어버리라 어찌 땅만 버리게 하겠느냐 대답하여 이르되 주인이여 금년에도 그대로 두소서 내가 두루 파고 거름을 주리니 이 후에 만일 열매가 열면 좋거니와 그렇지 않으면 찍어버리소서 하였다 하시니라"(눅 13:6-9).

포도원 주인이 포도원지기에게 "내가 삼 년을 와서 이 무화과나무에서 열매를 구하되 얻지 못하니 찍어버리라 어찌 땅만 버리게 하겠느냐"라는 대목에서 열매를 원하시는 하나님의 심정이 얼마나 간절한지를 짐작할 수 있는 것이 아니겠습니까?

그러므로 말세의 성도들은 다시 한 번 명심해야 합니다. 신앙생활의 목적은 영혼의 구원이나 육신의 복, 혹은 소원 성취에 있지 않고 영혼의 성장과 완성에 있다는 것을 말입니다. 즉 그리스도의 형상을 이루어 주님과 하나가 되는 것, 환언하면 영, 혼, 몸에 완전한 성전을 이루어 주님의 신부로서 신인 합일(神人合一)의 경지에 오르는 것이 신앙생활의 궁극적 목표가 되어야 한다는 의미입니다.

하지만 초조해할 필요는 없습니다. 반드시 결실해야 되겠다는 비전을 가지고 포도나무 되신 예수님께 꼭 붙어 있기만 한다면(요 15:1-5) 천국 농부 되신 하나님께서 이루어주실 것이기 때문입니다. 그래서 바울 사도는 "너희 안에서 착한 일을 시작하신 이가 그리스도 예수의 날까지 이루실 줄을 우리가 확신하노라"(빌 1:6)고 한 것이요, 또 "너희를 부르신 이는 미쁘시니 그가 또한 이루시리라"(살전 5:24)고도 말한 것입니다.

그런데 예수께서 "내 안에 거하라 나도 너희 안에 거하리라 가지가 포도나무에 붙어 있지 아니하면 스스로 열매를 맺을 수 없음같이 너희도 내 안에 있지 아니하면 그러하리라 나는 포도나무요 너희는 가지라 그가 내 안에, 내가 그 안에 거하면 사람이 열매를 많이 맺나니 나를 떠나서는 너희가 아무것도 할 수 없음이라"(요 15:4-5)고 말씀하셨습니다. 즉 성도는 예수님께 꼭 붙어 있어야만 열매를 맺을 수 있다는 의미입니다.

그러면 가지 된 성도가 포도나무 되신 예수님께 꼭 붙어 있는 모습, 곧 완전한 열매를 맺기 위해 '주안에 거하는 것'이란 무엇을 의미할까요?

가지가 포도나무에 꼭 붙어 있는 것이란?

기본적으로는 중심으로 기도하고, 찬송 부르며, 예배를 드리고, 말씀을 읽고 묵상하는 것이 가지가 포도나무에 붙어 있는 모습입니다. 하지만 삶 속에서는 다음의 모습들이 성도가 예수님께 꼭 붙어 있는 것이라고 말할 수 있습니다.

첫째, 무슨 일을 만나든지 조금도 걱정하지 않고 주님을 절대 의지하는 것입니다. 주께서 "너희는 마음에 근심하지 말라 하나님을 믿으니 또 나를 믿으라"(요 14:1)고 하셨고, 바울 사도는 "아무것도 염려하지 말고 다만 모든 일에 기도와 간구로 너희 구할 것을 감사함으로 하나님께 아뢰라"(빌 4:6)고 했기 때문입니다. 따라서 문제가 발생했다고 염려와 근심에 휩싸이고, 사건이 발생했다고 불안과 두려움에 떨어서는 열매를 맺을 수 없음을 깨달아야 합니다. 그것은 불신앙으로써 포도나무에서 격리된 모습이기 때문입니다.

둘째, 어떤 불행한 일이 발생한다 할지라도 하나님의 섭리와 뜻이 있다는 섭리 신앙을 소유함으로써, 항상 기뻐하고 범사에 감사하는 것이 가지가 포도나무에 붙어 있는 모습입니다. 이것은 "하나님을 사랑하는 자 곧 그 뜻대로 부르심을 입은 자들에게는 모든 것이 합력하여 선을 이루느니라"(롬 8:28)는 말씀 가운데서 가질 수 있는 신앙입니다. 따라서 환경이 여의치 않다고 불평하거나 외적 상황에 따라 일희일비(一喜一悲)해서는 결실할 수 없음을 깨달아야 할 것입니다.

셋째, 시편 기자가 "내가 항상 주와 함께하니 주께서 내 오른손을 붙드셨나이다……하늘에서는 주 외에 누가 내게 있으리요 땅에서는 주밖에 내가 사모할 이 없나이다"(시 73:23, 25)라고 노래한 것처럼, 성도 편에서 능동적으로 범사를 예수님과 함께하고 언제나 주님을 사모하는 것이 예수님께 꼭 붙어 있는 모습입니다.

넷째, '서로 사랑하라'는 주님의 계명을 지키는 것이 가지가 포도나무에 꼭 붙어 있는 모습입니다. 왜냐하면 예수께서 "내가 아버지의 계명을 지켜 그의 사랑 안에 거하는 것같이 너희도 내 계명을 지키면 내 사랑 안에 거하리라"(요 15:10)고 말씀하셨기 때문입니다.

이상과 같이 기도와 말씀과 찬양과 예배로서 기본적인 경건의 삶을 살면서 아무것도 염려하지 않고, 항상 기뻐하면서 범사에 감사하면, 또 모든 일에 주님과 동행하면서 언제나 예수님을 앙망할 뿐 아니라 이웃을 사랑하면, 가지가 포도나무에 꼭 붙어 있는 것이 되어 아름다운 열매를 풍성하게 맺게 될 것입니다.

그러면 천국은 어떤 곳인지에 대하여 고찰해 보겠습니다.

(1) 의와 거룩함과 선이 가득한 광명의 세계

천국은 해와 달과 별들이 없는 대신 하나님의 영광의 광채와 어린양 예수님의 빛이 항상 비추는 광명한 세계입니다. 따라서 찬란한 빛이 상징하는 의와 거룩함과 선이 가득한 곳입니다. 천국에 의(義)가 가득한 이유는 온 백성들이 하나님을 사랑하여 그 말씀에 절대 순종하기 때문이고, 거룩함이 가득한 것은 예수님을 사랑하여 성령의 인도를 받기 때문이며, 선이 가득한 것은 이웃을 사랑하기 때문입니다. 그리고 그러한 의와 거룩함과 선은 영원히 진보하며 계속 향상될 것입니다.

(2) 기쁨과 평화가 가득한 행복의 나라

바울 사도가 "하나님의 나라는 먹는 것과 마시는 것이 아니요 오직 성령 안에 있는 의와 평강과 희락이라"(롬 14:17)고 말한 것같이, 영원한 천국은 기쁨과 평화와 행복이 가득한 나라입니다.

천국에 기쁨과 평화와 행복이 충만한 이유는 무엇일까요? 하나님을 사랑하는 것은 행복의 근원이 되고, 주님(성령)의 인도를 받는 것은 평화의 원천이 되며, 이웃을 사랑하는 것은 기쁨의 원인이 되기 때문입니다. 그래서 주님은 "평안을 너희에게 끼치노니 곧 나의 평안을 너희에게 주노라 내가 너희에게 주는 것은 세상이 주는 것과 같지 아니하니라"(요 14:27)고 말씀하신 것입니다.

(3) 자유와 희망이 가득한 참 만족의 세계

바울 사도는 "주의 영이 계신 곳에는 자유함이 있느니라"(고후 3:17)고 하였고, 예수님은 "진리를 알지니 진리가 너희를 자유하게 하리라"(요 8:32)고 말씀하셨습니다. 따라서 천국은 참된 자유가 있는 곳입니다. 또한 주께서 "내가 생명수 샘물로 목마른 자에게 값없이 주리니"(계 21:6)라고 하셨으므로, 천국은 그 어떤 갈증도 없는 만족한 곳이요 희망이 가득한 곳입니다. 그래서 "성령과 신부가 말씀하시기를 오라 하시는도다 듣는 자도 오라 할 것이요 목마른 자도 올 것이요 또 원하는 자는 값없이 생명수를 받으라 하시더라"(계 22:17)고 한 것입니다. 그러므로 천국은 자유와 희망이 가득한 참 만족의 세계입니다.

그러면 과연 누가 영원한 천국의 복락을 누릴 수 있을까요? 새 예루살렘에서 영원한 복락을 누릴 자격자에 대하여 말씀을 고찰해 보겠습니다.

3. 영원한 천국의 복락을 누릴 자격자

성경은 "무엇이든지 속된 것이나 가증한 일 또는 거짓말하는 자는 결코 그리로 들어가지 못하되 오직 어린양의 생명책에 기록된 자들만 들어가리라"(계 21:27)고 하였습니다. 그러므로 일단 예수를 그리스도로 믿고 하늘의 생명을 얻어 어린양의 생명책에 그 이름이 등재된 자들이 새 예루살렘 천국에 들어가게 됩니다.

그런데 하나님은 또 "내가 생명수 샘물을 목마른 자에게 값없이 주리니 이기는 자는 이것들을 상속으로 받으리라"(계 21:6-7)고 말씀하셨습니다. 즉 천국의 복락은 '이기는 자'가 되어야 누릴 수 있다고 하신 것입니다. 바로 여기에서 '믿음으로 구원받고 행위로 천국에 들어간다'는 하나님 나라의 원리가 다시 한 번 나타난 것을 보게 됩니다. 왜냐하면 '이기는 자'란 곧 행위를 갖춘 자이기 때문입니다.

그러면 '이기는 자가 된다'고 할 때 구체적으로 무엇을 이기는 자가 되어야 할까요? 작은 두루마리의 비밀인 영원한 복음이 '짐승과 그의 우상에게 경배하지 않고 하나님만 섬기며, 짐승표를 받지 않고 예수 믿음을 지키며 이웃을 사랑하면, 주께서 강림하시어 세상을 심판하실 때 산 채로 들림 받아 천국에 들어간다'는 것이므로 이 말씀 속에서 무엇을 이겨야 하는지를 찾아보겠습니다.

첫째, 세상을 이겨야 합니다. 짐승과 그의 우상에게 경배하지 아니하고 짐승표를 받지 아니하려면 세상을 이겨야 하기 때문입니다.

세상은 어떻게 이길 수 있을까요? "세상을 이기는 승리는 이것이니 우리의 믿음이니라"(요일 5:4)고 말한 것같이, 오직 '믿음'으로만이 세상을 이길 수 있습니다. 즉 하나님은 전지전능한 창조주이시면서 우리의 아버지라는 믿음과, 예수님은 구주이시면서 영원한 신랑이라는 신앙 및 이 세상이 전부가 아니요 영원한 천국이 있다는 믿음, 그리고 주께서 곧 재림하시어 세상을 심판하신다는 믿음을 가지면 세상을 이길 수 있다는 의미입니다.

둘째, 자아를 이기는 자가 되어야 합니다. 곧 세상을 사랑하는 세속적 자아와 주인 노릇을 하는 교만한 자아 및 자기만 사랑하는 이기적 자아를 이겨야 한다는 뜻입니다. 왜냐하면 세속적 자아를 이기지 못하면 하나님을 온전히 사랑할 수 없고, 교만한 자아를 이기지 못하면 주님의 뜻을 온전히 따를 수 없으며, 이기적 자아를 이기지 못하면 이웃을 온전히 사랑할 수 없기 때문입니다.

세속적이고 교만하며 이기적인 자아는 '육적 자아'입니다. 그리고 신자에게 여전히 질병과 재난, 불행과 죽음이 찾아오는 것은 아직도 '육적 자아'를 벗지 못하기 때문입니다. 그래서 바울 사도는 음란과 부정과 사욕과 악한 정욕과 탐심 같은 땅에 있는 지체를 죽이라고 하면서 "이것들로 말미암아 하나님의 진노가 임하느니라"(골 3:6)고 말한 것입니다. 아울러 영(靈)에 예정되어 있는 영원한 생명을 비롯하여 지혜와 능력과 부와 건강 등의 온갖 복된 것들을 막는 것도 바로 이 '육적 자아'입니다.

그러므로 육적 자아를 벗어버리고 깨뜨려 버림으로써 육적 자아를 이겨야 합니다. 즉 세속적이고 교만하며 이기적인 자아를 미워하고 부정하고 죽여야 한다는 뜻입니다. 계란 속의 병아리는 껍질을 깨고 나와야 살 수 있고, 고치 속의 나비는 고치를 찢고 나와야만 살 수 있듯이 말입니다. 그래서 사도 바울은 "그리스도 예수의 사람들은 육체와 함께 그 정욕과 탐심을 십자가에 못 박았느니라"(갈 5:24)고 한 것이요, 예수님은 "자기의 생명을 사랑하는 자는 잃어버릴 것이요 이 세상에서 자기의 생명을 미워하는 자는 영생하도록 보전하리라"(요 12:25)고 말씀하신 것입니다.

셋째, 마귀를 이기는 자가 되어야 합니다. 첫 사람 아담이 낙원을 잃은 것은 사탄에게 졌기 때문이므로, 말세의 성도들이 천국의 복락을 얻으려면 사탄의 시험을 이겨야 합니다.

사탄의 유혹은 어떻게 이길 수 있을까요? 육신보다 영혼을 더 귀중히 여기고, 세상보다 하나님, 자신보다 예수님을 더 사랑하며, 또 전신 갑주를 입고 말씀과 성령으로 무장하여 항상 기도하면서 겸손하면 이길 수 있습니다.

그러므로 종말의 성도들은 세상을 이기고, 자아를 이기며, 사탄을 이기는 승리자가 됨으로써 새 예루살렘 천국의 복락을 세세토록 누리는 복된 성도가 되어야 하겠습니다.

제 7 장

아브라함의 하나님, 이삭의 하나님, 야곱의 하나님

I. 아브라함과 이삭과 야곱의 하나님의 의미

II. 3인에게 나타난 하나님의 속성과 3인의 영성

III. 제 4영성에 대한 고찰

IV. 네 유형의 천국민의 종합적 영성 비교

I. 아브라함과 이삭과 야곱의 하나님의 의미

호렙 산 가시나무 불꽃 가운데서 나타나셨던 하나님은 모세에게 "나는 아브라함의 하나님이요 이삭의 하나님이요 야곱의 하나님이라"고 당신을 계시하시면서 "이는 나의 영원한 이름이요 대대로 기억할 나의 칭호니라"(출 3:15)고 말씀하셨습니다.

성경에는 수많은 신앙의 인물들이 등장하는데 왜 하나님은 유독 이 3인만의 하나님으로 당신의 이름을 삼으시고 영원한 칭호로 삼으셨을까요? "아브라함의 하나님, 이삭의 하나님, 야곱의 하나님"이란 말속에 담겨진 진리를 찾아보고자 합니다.

1. 하나님은 당신의 속성을 시대에 따라 조금씩 더 계시하시는 분이라는 뜻입니다

하나님께서 아브라함에게는 말씀에 순종하는 한 복을 주시는 공의로우신 분으로 나타나셨고, 이삭에게는 생명을 구원해 주시며 인도하시는 은혜의 하나님으로 나타나셨으며, 야곱에게는 간교하고 이기적일지라도 허물을 덮어주며 함께하시는 큰 사랑의 하나님으로 나타나셨습니다. 그러므로 "아브라함의 하나님, 이삭의 하나님, 야곱의 하나님"이란 말은 하나님께서 당신의 속성을 시대에 따라 조금씩 더 계시하시는 분이라는 의미입니다.

이처럼 하나님은 시대에 따라 당신의 모습을 좀 더 발전적으로 드러내 보이시기 때문에, 하나님은 모세에게 "내가 아브라함과 이삭과 야곱에게는 전능의 하나님으로 나타났으나 나의 이름을 여호와로는 그들에게 알리지 아니하였고"(출 6:3)라고 말씀하신 것이요, 사도 요한은 "율법은 모세로 말미암아 주어진 것이요 은혜와 진리는 예수 그리스도로 말미암아 온 것이라"(요 1:17)고 말한 것입니다. 바로 이런 점에서 이사야 선지자가 "구원자 이스라엘의 하나님이여 진실로 주는 스스로 숨어 계시는 하나님이시니이다"(사 45:15)라는 말을 한 것으로 보입니다.

그런데 하나님께서 시대에 따라 당신의 속성을 조금씩 더 계시하시는 것은 소위 과정 신학(progress theology)에서 말하고 있는 하나님이기 때문은 아닙니다. 즉 하나님께서 생성, 변화, 진화하는 분이기 때문에 그렇게 하시는 것은 아니라는 뜻입니다. 하나님은 절대 완전하시고 영원토록 불변하십니다. 이것은 하나님께서 "나 여호와는 변하지 아니하나니 그러므로 야곱의 자손들아 너희가 소멸되지 아니하느니라"(말 3:6)고 말씀하신 데서 충분히 입증됩니다. 그래서 야고보도 "온갖 좋은 은사와 온전한 선물이 다 위로부터 빛들의 아버지께로부터 내려오나니 그는 변함도 없으시고 회전하는 그림자도 없으시니라"(약 1:17)고 말한 것입니다. 그러므로 천국 백성들의 영적 성장을 위해, 또한 다양한 영적 특성을 가진 하늘 백성을 양육하시려고 시대에 따라 하나님의 모습을 조금씩 더 계시하시는 것뿐입니다.

이렇게 볼 때, 하나님께서 천년왕국 시대에는 당신을 온전히 계시하실 것이 아니겠습니까? 그래서 천년왕국 시대에 대하여 하박국 선지자는 "이는 물이 바다를 덮음같이 여호와의 영광을 인정하는 것이 세상에 가득함이니라"(합 2:14)고 예언한 것이요, 이사야 선지자는 "내 거룩한 모든 곳에서 해 됨도 없고 상함도 없을 것이니 이는 물이 바다를 덮음같이 여호와를 아는 지식이 세상에 충만할 것임이니라"

(사 11:9)고 하나님의 말씀을 대언한 것입니다.

2. 천국 백성의 다양함을 나타내 주는 말입니다

하나님은 아브라함과 이삭과 야곱에게 각기 다른 모습으로 나타나시어 그들을 각각 다른 방법으로 양육하셨습니다. 따라서 아브라함과 이삭과 야곱이 아는 하나님은 각기 다를 수밖에 없으며, 아울러 그들의 영적 특성도 각각 다르게 됩니다. 그러므로 "아브라함의 하나님, 이삭의 하나님, 야곱의 하나님"이란 말은 천국 백성의 다양함을 나타내 주는 말입니다.

이처럼 천국 백성은 다양하기 때문에 예수님은 "사람들이 동서남북으로부터 와서 하나님의 나라 잔치에 참여하리니 보라 나중 된 자로서 먼저 된 자들이 있고 먼저 된 자로서 나중 될 자들도 있느니라"(눅 13:29-30)고 말씀하신 것이요, 히브리서 기자는 "그러나 너희가 이른 곳은 시온 산과 살아 계신 하나님의 도성인 하늘의 예루살렘과 천만 천사와 하늘에 기록된 장자들의 모임과 교회와 만민의 심판자이신 하나님과 및 온전하게 된 의인의 영들과 새 언약의 중보자이신 예수와 및 아벨의 피보다 더 나은 것을 말하는 뿌린 피니라"(히 12:22-24)고 말한 것입니다.

그리고 바울 사도가 "큰 집에는 금 그릇과 은 그릇뿐 아니라 나무 그릇과 질그릇도 있어 귀하게 쓰는 것도 있고 천하게 쓰는 것도 있나니 그러므로 누구든지 이런 것에서 자기를 깨끗하게 하면 귀히 쓰는 그릇이 되어 거룩하고 주인의 쓰심에 합당하며 모든 선한 일에 준비함이 되리라"(딤후 2:20-21)고 말한 것도 천국 백성의 다양함을 언급한 것으로 볼 수 있습니다.

3. 하나님은 영적으로 산 자의 하나님이라는 뜻입니다

예수께서 "죽은 자의 부활을 논할진대 하나님이 너희에게 말씀하신 바 나는 아브라함의 하나님이요 이삭의 하나님이요 야곱의 하나님이로라 하신 말씀을 읽어보지 못하였느냐 하나님은 죽은 자의 하나님이 아니요 살아 있는 자의 하나님이시니라"(마 22:32)고 말씀하셨습니다. 즉 하나님은 영적으로 산 자, 곧 아브라함과 이삭과 야곱처럼 하나님을 알고 섬기며 하나님의 말씀에 순종하는 자들의 하나님이라는 것과, 또한 그렇게 하나님과 관계를 맺고 사는 자들만이 나중에 부활의 영광에 참여할 수 있다는 말씀이셨습니다.

이와 같이 하나님은 영적으로 산 자의 하나님이시기 때문에 블레셋 왕 아비멜렉은 아브라함을 찾아와 "네가 무슨 일을 하든지 하나님이 너와 함께 계시도다"(창 21:22)라고 하였고, 이삭을 찾아와서는 "여호와께서 너와 함께 계심을 우리가 분명히 보았으므로 우리의 사이 곧 우리와 너 사이에 맹세하여 너와 계약을 맺으리라"(창 26:28)고 말한 것입니다. 그리고 야곱을 해치려고 추격해 왔던 라반이 "너를 해할 만한 능력이 내 손에 있으나 너희 아버지의 하나님이 어제 밤에 내게 말씀하시기를 너는 삼가 야곱에게 선악 간에 말하지 말라 하셨느니라"(창 31:29)고 실토한 것도, 하나님은 영적으로 산 자의 하나님이심을 확인해 주는 대목입니다.

그러므로 '영적으로 산 자', 곧 하나님과 관계를 맺고 하나님의 말씀과 뜻대로 사는 사람만큼 복된 자는 세상에 없다고 보아야 합니다. 왜냐하면 하나님께서 함께하심으로 말미암아 성공적이고 복된 삶을 보장받을 수 있을 뿐 아니라 나중 부활의 영광에도 참여할 수 있기 때문입니다.

그러면 3인에게 나타나신 하나님의 속성과 3인의 영적 특성을 심도 있게 연구해 봄으로써 “아브라함의 하나님, 이삭의 하나님, 야곱의 하나님” 속에 담겨진 진리를 규명해 보겠습니다.

Ⅱ. 3인에게 나타난 하나님의 속성과 3인의 영적 특성

1. 아브라함 - 공의로우신 하나님으로 나타나시어 주종(主從) 관계를 맺으시고, 하나님을 믿고 경외하여 그 말씀에 절대 순복하는 의로운 천국 백성으로 기르심

하나님께서 아브람에게 나타나셨을 때 "너는 너의 고향과 친척과 아버지의 집을 떠나 내가 네게 보여줄 땅으로 가라 내가 너로 큰 민족을 이루고 네게 복을 주어 네 이름을 창대하게 하리니 너는 복이 될지라 너를 축복하는 자에게는 내가 복을 내리고 너를 저주하는 자에게는 내가 저주하리니 땅의 모든 족속이 너로 말미암아 복을 얻을 것이라"(창 12:1-3)고 말씀하셨습니다.

즉 고향과 친척과 아버지 집을 떠나 하나님께서 보여줄 땅으로 가라는 명령에 순종하거나 복종하면 복을 주신다고 하신 것이니, 하나님은 아브람에게 공의로우신 분으로 나타나신 것입니다. 하나님의 말씀에 순복하면 복을 주시고 불순종하면 화를 내리시는 것은 하나님의 공의의 발로이기 때문입니다. 그러면 하나님은 아브라함과 어떤 관계를 맺으시려고 그런 명령을 하셨을까요?

주종(主從) 관계입니다. 명령과 복종의 관계, 그리고 불순종하면 끊어질 수밖에 없는 관계는 주인과 종의 관계이기 때문입니다.

아브람은 하나님의 명령에 순복하여 고향, 친척, 아버지 집을 떠나 가나안 땅 세겜에 이릅니다. 그때 하나님께서 나타나시어 "내가 이 땅을 네 자손에게 주리라"(창 12:7)고 축복하셨는데, 이는 그가 하나님의 명령에 순종했기 때문이었습니다.

아브람이 가나안에 정착한 지 얼마 되지 않아서 그곳에 기근이 찾아옵니다. 이에 아브람은 당시의 피난처로 여겼던 애굽으로 내려갑니다. 아내의 미모로 말미암아 죽임을 당할지도 모른다는 불안감에 부인 사래를 누이동생이라고 거짓말까지 하면서 말입니다. 하지만 그런 기지를 발휘한 아무 보람도 없이 아브람은 바로 왕에게 아내를 빼앗기는 아픔을 겪게 됩니다(창 12:10-20). 그러면 아브람에게 왜 이런 시련이 찾아 왔을까요? 환경 여건이 어렵다고 가나안에 머물라는 명령을 어기고 마음대로 거처를 옮기는 것은 종으로서의 자세가 아님을 깨닫게 하시려는 섭리 속의 사건이었기 때문입니다.

하나님의 뜻을 깨닫고 다시 가나안으로 올라온 아브람은 조카 롯과 함께 벧엘에 거합니다. 그런데 아브람의 목자와 롯의 목자가 서로 다투는 사건이 발생합니다(창 13:1-7). 그러면 이 사건의 의미는 또 무엇일까요?

아브람은 '친척을 떠나라'는 하나님의 명령에도 불구하고 아버지를 일찍 여읜 조카 롯을 인정상 차마 버려두지 못하고 하란에서부터 계속 데리고 다녔습니다. 따라서 신앙은 인정을 초월해야 함을 교육시키려는 사건이었습니다. 그렇기 때문에 아브람이 롯에게 "나를 떠나가라 네가 좌 하면 나는 우 하고 네가 우 하면 나는 좌 하리라"(창 13:9)는 말로 조카를 떠나 보내자, 하나님께서 나타나시어 "너는 눈을 들어 너 있는 곳에서 북쪽과 남쪽 그리고 동쪽과 서쪽을 바라보라 보이는 땅을 내가 너와 네 자손에게 주리니 영원히 이르리라"(창 13:14, 15)는 말씀으로 아브람을 축복하신 것입니다.

하나님은 그 후 아브람에게 환상 중에 나타나시어 "두려워하지 말라 나는 네 방패요 너의 지극히 큰 상급이니라"(창 15:1)고 말씀하셨고, 아브람을 밖으로 이끌고 나가 하늘을 우러러 뭇별을 셀 수 있나 보라고 하시면서 "네 자손이 이와 같으리라"(창 15:5)고 약속하셨습니다. 이에 아브람은 그 말씀을 의심 없이 믿었고 하나님은 그 믿음을 그의 의로 여기셨습니다(창 15:6).

그러나 자식을 주신다는 하나님의 약속이 속히 이루어지지 않자 부인 사래는 몸종 하갈을 통해 자녀를 얻자고 제의합니다. 그때 아브람은 하나님의 약속을 믿고 좀 더 기다려 보자며 거절해야 마땅했습니다. 하지만 그는 그 제의를 받아들여 그만 하갈과 동침하고 맙니다(창 16:1, 2). 따라서 부인을 통해 치러진 시험에 불합격한 셈입니다.

그러자 아브람의 가정에는 큰 풍랑이 일어납니다. 하갈은 임신을 했다고 여주인 사래를 업신여겼고, 사래는 아브람을 원망하며 하갈을 학대하였으며, 하갈은 무거운 몸인데도 불구하고 아무 대책 없이 집을 뛰쳐나가는 등 잠잠했던 아브람의 가정에 회오리바람이 불어닥친 것입니다(창 16:3-6). 그러면 아브람의 가정에 왜 이러한 불미스러운 사건이 또 발생한 것일까요?

믿음이란 하나님의 약속을 믿고 끝까지 기다리는 것임과 동시에 하늘 백성은 그 누구의 말보다도 하나님의 말씀에 복종해야 함을 교육시키고자 함이었습니다.

아브람의 나이 어느덧 99세가 되었을 때 하나님은 그에게 다시 나타나시어 "나는 전능한 하나님이라 너는 내 앞에서 행하여 완전하라"(창 17:1)고 하시면서 할례의 언약을 주셨고 아브람은 아브라함으로, 사래는 사라로 개명해 주셨습니다. 따라서 이는 아브라함의 신앙에 큰 전환점이 올 것을 내다보신 조치였습니다(창 17:2-16). 왜냐하면 '아브람'이란 '고귀한 아버지'라는 뜻이고, '아브라함'은 '열국의 아버지'라는 뜻인데, 이는 그가 단순히 한 가문의 조상이 아닌 모든 신앙인의 조상이 될 것을 내다보신 개명이었기 때문입니다.

아브라함은 할례를 받으라는 명령에 순복합니다. 당시는 돌칼로 포피를 베어내야 했고 상처를 꿰매는 시술조차 제대로 할 수 없던 때였으므로, 99세의 고령에 할례를 받는다는 것은 매우 위험한 일이었음에도 불구하고 명령에 복종한 것입니다. 그러자 아브라함의 가정에 기적이 일어납니다. 100세가 다 된 아브라함에게는 회춘의 기적이, 경수가 끊어진 지 벌써 오랜 90세의 할머니 사라에게는 배란의 기적이 일어난 것입니다. 그리하여 그 이듬해에는 사라가 이삭을 출산하는 큰 경사가 일어납니다(창 21:1, 2).

한편, 아브라함이 네게브 땅으로 이주하여 그랄에 거주하였을 때는 그랄 왕에게 아내를 빼앗길 위기를 또 당했었습니다. 하지만 그때는 하나님께서 그랄 왕에게 현몽하심으로써 사라를 지켜주셨습니다(창 20:1-7). 까닭인즉 아브라함의 나쁜 습관, 곧 아내를 누이라고 거짓말하는 습성을 고쳐주기 위한 사건이었기 때문입니다.

이처럼 하나님의 손길을 통해 부족한 부분까지 교정받으면서 위대한 신앙의 인물로 성장하게 된 아브라함은, 하갈과 그의 아들을 내쫓으라는 사라의 말을 들었을 땐 매우 근심했지만, 하나님께서 사라의 말을 들으라고 하셨을 때는 주저 없이 두 모자(母子)를 떠나보냅니다(창 21:9-14).

이삭이 어느덧 10대의 소년으로 성장한 어느 날, 하나님은 아브라함에게 "네 아들 네 사랑하는 독자 이삭을 데리고 모리아 땅으로 가서 내가 네게 일러준 한 산 거기서 그를 번제로 드리라"(창 22:2)고 명령하십니다. 아브라함이 하나님을 경외하여 외아들 이삭보다 하나님을 더 중히 여기는지의 여부를 알아보시려는 마지막 시험이었습니다. 이에 아브라함은 아침 일찍이 일어나 두 종과 이삭을 데리고 모리아 산으로 가 하나님께서 일러주신 장소에 이르러 이삭을 번제물로 드림으로써 그 시험을 너끈히 통과합니다.

그러자 하나님은 “네가 네 아들 네 독자까지도 내게 아끼지 아니하였으니 내가 이제야 네가 하나님을 경외하는 줄을 아노라”(창 22:12)고 하시면서, “네가 이같이 행하여 네 아들 네 독자도 아끼지 아니하였은즉 내가 네게 큰 복을 주고 네 씨가 크게 번성하여 하늘의 별과 같고 바닷가의 모래와 같게 하리니 네 씨가 그 대적의 성문을 차지하리라 또 네 씨로 말미암아 천하 만민이 복을 받으리니 이는 네가 나의 말을 준행하였음이니라”(창 22:16-18)는 말씀으로 아브라함을 축복하셨습니다.

그러면 하나님께서 아브라함에게는 왜 공의로우신 분으로 나타나시어 믿음을 심어주시고, 또 하나님을 경외하여 그 말씀에 절대 순복하는 의로운 천국 백성으로 양육하셨을까요?

하와가 하나님의 말씀보다 뱀의 말을 더 믿었고, 또 하나님을 경외하지도 못하여 뱀의 꼬임에 넘어가 죄를 범했기 때문입니다. 즉 하나님의 말씀에 절대 순복하는 하늘 백성으로 성장시키려면 하나님에 대한 믿음과 경외심을 심어주어야 하기 때문에, 아브라함에게는 공의의 하나님으로 나타나 하나님을 믿고 경외하는 천국 백성으로 양육시키셨다는 뜻입니다.

그런데 하나님은 구약시대에도 공의의 하나님으로 나타나시어 이스라엘과 주종 관계를 맺으시고 그들을 아브라함처럼 양육하셨습니다. 즉 모세를 통해 율법을 주시고 율법에 순종하면 복을 주시고, 불순종하면 화를 내리시는 공의로우신 여호와로 나타나심으로써, 하나님을 믿고 경외하여 그 말씀에 절대 복종하는 의로운 하늘 백성으로 기르신 것입니다. 그러므로 구약시대는 공의의 성부 하나님 시대이며, 구약시대의 이스라엘이나 현재의 유대교인들은 아브라함처럼 하나님을 믿고 경외하여 그 말씀에 절대 순복하는 의로운 종으로 양육받았고, 또 받고 있는 중입니다. 따라서 유대교는 아브라함적 천국 백성을 양성하는 종교라고 말할 수 있습니다.

2. 이삭 - 은혜의 하나님으로 나타나시어 부자(父子) 관계를 맺으시고, 하나님을 사랑하여 그의 인도를 따르는 거룩한 천국 백성으로 양육하심

이삭이 처음 경험한 하나님은 그의 생명을 구원해 주시는 은혜의 하나님이었습니다. 즉 그가 모리아 산에서 번제물로 죽을 수밖에 없었을 때, 하나님께서 숫양을 제물로 받는 대신 그의 생명을 구원해 주시는 대속의 은혜를 베푸신 것입니다(창 22:9-13).

이삭을 향한 하나님의 사랑은 계속되어 아브라함의 믿음 때문에 아름다운 아내 리브가를 주셨고(창세기 24장), 그녀가 임신하지 못했을 때는 이삭의 기도를 들으시고 쌍태(雙胎)를 여셨습니다(창 25:21). 그리고 가나안 땅에 기근이 들어 이삭이 애굽으로 내려가려 했을 때는 "애굽으로 내려가지 말고 내가 네게 지시하는 땅에 거주하라 이 땅에 거류하면 내가 너와 함께 있어 네게 복을 주고 내가 이 모든 땅을 너와 네 자손에게 주리라"(창 26:2, 3)는 말씀으로 그의 갈 길을 인도하신 것입니다.

그런데 바로 이 대목이 하나님께서 이삭을 아브라함과는 다르게 기르신 부분입니다. 왜냐하면 아브라함의 경우는 그가 애굽으로 내려가려는 것을 막지 않으셨지만, 이삭의 경우에는 그의 애굽행을 막으시면서 그의 갈 길을 인도해 주셨기 때문입니다.

그러면 하나님은 이삭과 어떤 관계를 맺으시려고 아브라함 때와는 달리 이처럼 인도하시는 은혜를 베푸신 것일까요?

부자(父子) 관계를 맺으시려는 것이라고 보아야 합니다. 생명을 주고 삶을 인도하는 은혜는 부모가 자식에게 베푸는 사랑이기 때문입니다. 아울러 하나님을 향한 사랑이 동기가 되어 하나님께 순복하는 천국 백성으로 삼기 위함이기도 합니다. 왜냐하면 하나님의 은혜를 받게 되면 자연히 하나님을 사랑하게 되기 때문입니다.

그러므로 아브라함의 경우는 믿음과 경외심이 동기가 되어 말씀에 순복하게 하시려고 공의의 하나님으로 나타나셨지만, 이삭의 경우는 하나님을 사랑하는 마음이 동기가 되어 하나님께 순종하도록 하시려고 은혜의 하나님으로 나타나신 것입니다.

하나님의 인도하심에 따라 그랄 땅에 머물게 된 이삭은 큰 복을 받습니다. 농사를 지어 100배나 얻었고 가축은 떼를 이루어 창대하고 왕성하여 마침내 거부가 된 것입니다. 따라서 하나님의 인도하심에 순종하면 복을 받는다는 것을 교육시킨 것입니다(창 26:12-14).

한편, 이삭은 그랄에 머무는 동안 리브가의 미모 때문에 해를 받을까 두려워하여 아내를 누이동생이라고 거짓말합니다. 부전자전(父傳子傳)으로 말입니다. 그러나 블레셋 왕 아비멜렉은 그녀가 이삭의 아내임을 알고 이삭을 불러 거짓말한 이유를 물은 다음 이삭 부부를 보호하는 명령을 내립니다(창 26:7-11). 그러므로 이 경우에도 아브라함 때와는 달리 하나님께서 이삭에게는 또 은혜를 베푸신 것입니다.

그런데 이 사건은 이삭에게 새로운 신앙의 눈을 뜨게 해주는 계기가 되었습니다. 즉 그는 하나님께서 사람과 사건 및 환경을 통하여 뜻을 보이시며 인도하시는 분임을 깨닫게 된 것입니다. 왜냐하면 이삭이 리브가를 껴안았을 때 아비멜렉이 그 장면을 보았던 것이나, 그 왕이 이삭을 불러 거짓말한 연유를 물은 것, 그리고 아비멜렉 왕이 이삭 부부를 보호하는 명령을 내린 일련의 사건들은, 하나님께서 배후에서 역사하지 않으면 있을 수 없는 사건임을 그가 깨달았기 때문입니다.

이처럼 사람과 사건 및 환경을 통해 뜻을 보이시며 인도하시는 하나님임을 깨닫게 된 이삭은, 블레셋 사람들이 이삭을 시기하여 아브라함 때 팠던 우물을 메웠어도 다투지 아니하였고, 블레셋 왕 아비멜렉이 그곳을 떠나라고 했어도 일언반구의 불평도 없이 떠납니다(창 26:15-17). 왜냐하면 그곳을 떠나는 것이 하나님의 뜻이므로 그들이 우물을 메웠고, 또 떠나라는 말도 했다고 믿었기 때문입니다.

이삭은 그곳을 떠나 그랄 골짜기에서 샘 근원을 얻습니다. 하지만 그랄 목자들이 자기들 것이라고 우김으로 말미암아 양보하고 다른 곳에서 우물을 팝니다. 그런데 그곳에서조차 또 자기들 것이라고 다투기 때문에 또 양보하고 다른 곳으로 옮깁니다(창 26:19-21).

이삭이 이처럼 싸우지 않고 계속 양보했던 이유는 사람과 사건을 통해 인도하시는 하나님을 믿었기 때문입니다. 환언하면, 그곳에 정착하는 것이 하나님의 뜻이 아니므로 그들이 시비를 걸었다고 판단했다는 뜻입니다. 그래서 세 번째 우물을 얻었을 때 더 이상의 시비가 없자 "이제는 여호와께서 우리를 위하여 넓게 하셨으니 이 땅에서 우리가 번성하리로다"(창 26:22)라고 말한 것입니다.

이삭이 이처럼 사람이나 사건 및 환경을 통해 들려주시는 하나님의 뜻까지 헤아리며 그 인도하심에 온전히 순종하는 하나님의 아들로 성장하자 하나님은 그에게 나타나시어 "나는 네 아버지 아브라함의 하나님이니 두려워하지 말라 내 종 아브라함을 위하여 내가 너와 함께 있어 네게 복을 주어 네 자손이 번성하게 하리라"(창 26:24)고 하시면서 그를 축복하신 것입니다.

그러면 하나님께서 이삭에게는 사랑의 하나님으로 나타나시어 그에게 대속의 은혜를 베푸시고, 또 그의 삶을 인도하시는 은총을 베푸신 까닭은 무엇일까요?

첫 사람 아담이 하나님보다 아내를 더 사랑하여 하나님의 명령을 어기고 하와가 건네주는 선악과를 먹었기 때문입니다. 즉 하나님보다 더 사랑하는 사람이 있다면 하나님 말씀보다 사랑하는 사람의 말을 더 따를 수밖에 없기 때문에, 이삭에게는 은혜의 하나님으로 나타나시어 그의 마음에 하나님을 향한 사랑을 심어주셨다는 뜻입니다.

그런데 하나님은 신약시대에도 은혜의 하나님으로 나타나시어 예수를 믿는 자들을 이삭처럼 기르십니다. 즉 독생자 예수를 보내시어 생명을 구원해주시는 대속의 은혜를 베푸셨고, 보혜사 성령을 보내시어 인도하시는 은총을 베풀고 계시는 것입니다. 그러므로 신약시대는 하나님께서 천국 자민(子民)들을 양육하시는 은혜의 성령 하나님 시대이며, 기독교는 이삭적 천국민을 양성하는 종교인 셈입니다.

3. 야곱 - 진리의 하나님으로 나타나시어 부부 관계를 맺으시고, 삶의 아픔을 통해 사랑이 진리임을 깨닫게 하심으로써 하나님과 이웃을 사랑하는 완전한 천국 백성으로 양육하심.

야곱이 아버지를 속이고 형의 축복을 가로챔으로 말미암아 형의 미움을 사 하란으로 도피해 가던 날 밤, 하나님은 그에게 나타나시어 다음과 같은 말씀을 들려주셨습니다.

> "나는 여호와니 너의 조부 아브라함의 하나님이요 이삭의 하나님이라 네가 누워 있는 땅을 너와 네 자손에게 주리니 네 자손이 땅의 티끌같이 되어 네가 서쪽과 동쪽과 북쪽과 남쪽으로 퍼져 나갈지며 땅의 모든 족속이 너와 네 자손으로 말미암아 복을 받으리라 내가 너와 함께 있어 네가 어디로 가든지 너를 지키며 너를 이끌어 이 땅으로 돌아오게

할지라 내가 네게 허락한 것을 다 이루기까지 너를 떠나지 아니하리라" (창 28:13-15).

하나님은 야곱이 형의 약점을 이용하여 장자의 명분을 빼앗은 교활한 자요 또 아버지까지 속이면서 형의 축복을 가로챈 이기적인 자인 줄 다 아셨습니다. 하지만 그에 대해서는 일절 언급하지 아니하신 채 그를 축복하시고 야곱이 어디를 가든지 지키시며 함께하실 뿐만 아니라 하나님께서 야곱에게 허락한 것을 다 이루기까지 그를 떠나지 않겠다는 큰 사랑의 하나님으로 나타나신 것입니다. 하나님은 왜 야곱의 허물에 대해서는 일절 함구하신 채 오히려 그를 축복하시며 함께하시겠다는 놀라운 사랑의 하나님으로 나타나셨을까요?

야곱은 간일발(間一髮)의 차이로 장자가 되지 못한 것에 대한 한이 있는 자임을 양찰(諒察)하시고, 그가 형의 장자의 명분을 산 것을 이해하셨으며, 아버지를 속이고 형이 받을 축복을 가로챈 것도 어머니의 사주가 있었음을 감안하셨기 때문일 것입니다. 또 축복을 가로챘다고 동생을 죽이기까지 하려는 몰인정한 형으로 인하여 정든 고향과 부모를 떠나 미지의 땅으로 도망갈 수밖에 없었던 야곱의 서글프고 외로운 심정을 익히 헤아리셨기 때문이라고 보아야 합니다. 그러므로 하나님께서 야곱에게는 수직적 상하 관계에 있는 분이 아니라, 눈높이를 인간 차원으로 낮추시어 수평적 대등 관계에 있는 하나님으로 나타나셨기 때문에 야곱의 처지를 십분 이해하시는 놀라운 사랑의 하나님으로 나타나신 것이라고 볼 수 있습니다.

이렇게 볼 때 하나님께서 야곱에게 보이신 사랑은 진리 차원의 사랑이라고 보아야 합니다. 왜냐하면 친구와 같은 수평적 입장에서 야곱이 처한 형편과 처지를 생각해 볼 때, 그를 이해하고 허물을 덮어주면서 함께하는 것은 마땅한 도리요 참된 이치라는 점에서 그러한 사랑은 진리이기 때문입니다.

그러면 하나님은 도대체 야곱과 어떤 관계를 맺으시려고 그처럼 파격적인 모습을 보이신 것일까요?

부부지간(夫婦之間)의 관계를 맺으시려는 것이라고 보아야 합니다. 왜냐하면 부부지간은 어떤 허물이 있을지라도 이해하고 덮어 주면서 함께해야 하는 관계라는 점에서 부부 사이의 사랑은 진리이기 때문입니다.

이처럼 하나님께서 야곱을 아내처럼 대하셨다는 것은 잠에서 깬 야곱이 베개로 삼았던 돌을 가져다가 기둥으로 세우고 "하나님이 나와 함께 계셔서 내가 가는 이 길에서 나를 지키시고 먹을 떡과 입을 옷을 주시어 내가 평안히 아버지 집으로 돌아가게 하시오면 여호와께서 나의 하나님이 되실 것이요 내가 기둥으로 세운 이 돌이 하나님의 집이 될 것이요 하나님께서 내게 주신 모든 것에서 십분의 일을 내가 반드시 하나님께 드리겠나이다"(창 28:20-22)라는 심히 불경스러운 기도를 드렸음에도 불구하고 받아주신 데서 뒷받침됩니다. 즉 사람으로서 감히 하나님께 조건을 내걸고 그 조건을 들어주면 하나님을 섬기겠다는 무례하기 짝이 없는 기도를 드렸지만, 그런 기도까지 다 들어주셨다는 데서 하나님은 야곱을 신부처럼 대하셨다는 뜻입니다.

이로 볼 때, 하나님께서 인간에게 베푸시는 사랑에는 세 차원이 있음을 보게 됩니다. 즉 아브라함에게 보이신 공의의 차원과 이삭에게 베푸신 은혜의 차원 및 야곱에게 보이신 진리의 차원입니다. 아울러 인간 편에서 하나님을 사랑하는 것도 마찬가지입니다. 곧 아브라함처럼 공의의 차원에서 사랑하는 것과(경외가 더 어울리지만), 이삭처럼 은혜의 차원에서 사랑하는 것, 그리고 야곱처럼 진리의 차원에서 하나님을 사랑하는 것입니다. 여기서 '진리 차원의 사랑'이란 하나님이 공의롭거나 은혜로워서 사랑하는 것이 아니라 그것이 마땅한 도리이기 때문에, 곧 하나님을 사랑하는 것은 인간으로서 당연한 이치이기 때문에 사랑한다는 의미입니다.

한편, 하란 땅에 머물게 된 야곱은 자기보다 더 이기적이고 교활한 외삼촌으로 인하여 마음 상하는 사건들을 여러 번 겪게 됩니다. 즉 외삼촌 라반을 통해 결혼 사기를 당하기도 하고, 일방적으로 품삯을 열 번이나 바꾸는 등의 많은 상처를 받은 것입니다(참조. 창 29:16-30, 31:7). 그러나 그런 일련의 사건들 속에서 야곱은 자기의 옛 모습을 떠올리지 않을 수 없었을 것입니다. 즉 간교하게 형의 장자의 명분을 샀던 과거의 모습과 또 형이 받을 축복을 가로챘던 그의 이기적인 옛 모습 말입니다.

하나님은 왜 야곱으로 하여금 라반을 통해 과거의 그의 모습을 보게 하셨을까요? 간교하고 이기적인 야곱이었지만 하나님께서 그를 용서하시고 함께하셨던 것처럼, 야곱 역시 교활하고 이기적인 외삼촌이지만 그를 관용하여 사랑하기를 원하셨기 때문이 아니겠습니까?

그러므로 야곱으로 하여금 이웃 사랑이 진리임을 깨닫게 해주시려고 외삼촌을 통해 많은 상처를 받게 하셨다고 보아야 합니다. 왜냐하면 아무리 이기적이고 간교한 외삼촌이라 할지라도, 두 아내의 아버지이자 처남들도 있는 상황에서 그의 잘못에 대하여 따지고 다투는 것보다는 이해하고 허물을 덮어줌으로써 좋은 관계를 유지하는 것이 더 낫다는 사랑의 진리를 야곱이 깨닫지 않을 수 없었을 것이기 때문입니다.

이처럼 하나님의 손길을 통해 이웃 사랑이 진리임을 깨닫고 사랑의 인물로 성장하게 된 야곱은, 형 에서가 20년 만에 고향으로 돌아오는 야곱을 복수하겠다고 400명이나 되는 사람들을 끌고 왔지만, 그에게 대항하지 아니하고 기도를 통해 형과 극적인 화해를 합니다(창 32, 33장). 뿐만 아니라 딸 디나가 강간당했다고 시므온과 레위가 세겜 성읍에 저지른 만행에 대해서도 크게 분노하면서(창 34장) 그 아들들을 저주까지 합니다(창 49:5-7). 왜냐하면 보복은 더 큰 보복을 낳으므로 용서로써 보복의 악순환을 끊는 것이 진리임을 야곱은 삶의 아픔을 통해 터득했는데, 아들들은 그 진리를 모르고 피의 복수를 했기 때문입니다.

한편, 허벅지 관절이 위골되기까지 끈질긴 얍복 강변의 기도를 통해 하나님의 응답을 얻어낸 야곱은 '이스라엘'이라는 새 이름을 얻게 됩니다. 그러면 그 이름의 의미는 무엇일까요?

'이스라엘'이라는 이름의 의미

'이스라엘'은 '하나님과 겨루어 이겼고, 사람과도 겨루어 이겼다'(you have striven with God and with man, and have prevailed, RSV)는 뜻으로 곧 '황태자'(prince, KJV)가 되었다는 뜻입니다. 그러면 하나님을 이긴다는 것은 무슨 뜻이고, 사람을 이긴다는 것은 어떤 의미일까요?

● **하나님을 이긴 야곱** : 야곱이 얍복 강변에서 천사와 씨름했다는 것은 그가 형의 보복으로부터 구원받기 위한 기도를 했다는 뜻입니다. 그러므로 그가 하나님을 이겼다는 말은 하나님의 응답을 이끌어냈다는 뜻입니다. 그러면 야곱은 어떤 기도를 드렸기에 하나님을 이겨 그 응답을 받아냈을까요?

야곱과 씨름하던 천사는 도저히 그를 이길 수 없다고 판단하자 야곱의 허벅지 관절을 쳐 뼈를 어긋나게 합니다(창 32:24, 25). 그리고 그 천사는 야곱에게 날이 새려 하니 가게 해달라고 부탁합니다. 하지만 야곱은 "당신이 내게 축복하지 아니하면 가게 하지 아니하겠나이다"(26절)라고 하면서 끝까지 붙들었는데, 바로 여기에 하나님을 이긴 비결이 있습니다. 왜냐하면 그 모습은 하나님의 사랑을 절대 신뢰하는 모습임과 동시에 진리의 차원에서 하나님을 사랑한 모습이기 때문입니다. 왜 그럴까요? 야곱이 모든 가솔들을 보내고 혼자 남아 천사와 씨름했다는 것은 여차하면 삼십육계 줄행랑을 치겠다는 속셈이었다고 보지 않을 수 없습니다. 하지만 허벅지 관절이 부러지자 그런 계산은 완전히 깨지게 됩니다. 즉 더 이상 도망갈 수 없는 처지가 되자 오직 하나님만 의지하는 절대 신앙의 사람이 되었다는 뜻입니다. 그리고 축복은커녕 불구자가 되었는데도 불구하고 끝까지 천사를 붙든 것은 그가 진리의 차원에서 하나님을 사랑하는 자가 되었다는 의미이기도 합니다. 이처럼 하나님을 절대 신뢰하면서 진리의 차원에서 하나님을 사랑하면 어떤 기도라도 응답 받을 수 있기 때문에 야곱은 '하나님을 이긴 자'라는 의미의 '이스라엘'이라는 이름을 얻은 것입니다.

● **사람을 이긴 야곱** : 에서가 야곱을 죽이겠다고 400인이나 끌고 왔을 때, 야곱은 부자였으므로 그도 얼마든지 용병을 사서 대항할 수 있었습니다. 그러나 그가 그렇게 하지 않고 쌍둥이 형을 '주'라고 부르면서 그에게 은혜를 구했고, 또 형에게 푸짐한 선물까지 보내면서 그의 마음을 풀려고 애썼던 것은(창 32:13-20), 그가 사랑이 진리임을 깨달은 선한 천국 백성으로 성장했기 때문입니다. 따라서 천사가 야곱의 허벅지 관절을 위골시키면서까지 가게 해달라고 했던 것은, 사실 야곱이 형과 화해하려는 의지가 얼마나 강한지를 시험해 보기 위한 하나님의 모략이었다고 보지 않을 수 없습니다. 그런데 야곱이 끝까지 축복을 애원하자 그가 진심으로 사랑의 진리를 깨달은 자로 성장했음을 인지하시고, '사람과 겨루어 이겼다'는 의미의 이스라엘이라는 이름을 주신 것입니다.

다시 말하면 야곱이 '붙잡는 자'라는 그 이름의 뜻 그대로 자기만 아는 이기적인 사람이었을 때는 대인 관계의 패배자였지만, 이제 사랑이 진리임을 깨닫고 끝까지 형과 화해하려는 이타적인 모습을 보이자, 사람을 이긴 승리자라는 의미에서 '이스라엘'이라는 이름을 주셨다는 뜻입니다.

그러므로 야곱이 변하여 '이스라엘'이 되었다는 것은, 그가 마침내 진리의 차원에서 하나님과 이웃을 사랑하는 완전한 하늘 백성으로 결실했다는 표징이었습니다. 이렇게 볼 때 아브라함과 이삭은 대인관계보다 대신관계를 더 중시하는 하나님 중심의 천국 백성이지만, 야곱은 하나님과 이웃을 똑같이 중시(重視)하는 하늘 백성이라고 볼 수 있습니다.

그러면 하나님께서 야곱에게는 진리의 하나님으로 나타나시어, 그를 진리의 차원에서 하나님과 이웃을 사랑하는 완전한 천국 백성으로 양육하신 이유는 무엇일까요?

가인은 진리의 하나님도 모르고 이웃 사랑이 진리라는 것도 몰라서 아우 아벨을 살해했기 때문입니다(창 4:1-8). 가인이 진리의 하나님에 대해 몰랐다는 것은 하나님께서 가인에게 "네 아우 아벨이 어디 있느냐"(창 4:9)고 추궁하셨을 때 그가 "내가 알지 못하나이다 내가 내 아우를 지키는 자니이까?(9절)라고 대답한 데서 익히 알 수 있습니다. 그뿐 아니라 아우가 없으면 삶이 더 힘들어진다는 사랑의 진리조차도 몰라서 아벨을 죽였기 때문에 하나님께서 야곱에게는 진리의 하나님으로 나타나시어 그를 진리의 차원에서 하나님과 이웃을 사랑하는 천국 백성으로 기르신 것입니다.

그러면 하나님께서 눈높이를 인간 차원으로 낮추시어 무조건적인 사랑을 베푸심으로써, 야곱과 같은 천국 백성을 양육하시는 진리의 하나님 시대는 언제일까요?

영원한 복음이 전파되는 종말시대로 보아야 합니다. 왜냐하면 하나님은 천국 농사철이 바뀌는 것을 계기로, 천국의 곡식을 한 차원

더 성장시키면서 새로운 영성의 하늘 백성들을 또 배출하시기 때문입니다. 즉 구약시대에는 율법으로 말미암아 천국의 씨앗을 싹을 틔워 자라게 하시면서 아브라함과 같은 천국 백성을 양육하셨던 하나님께서, 신약시대에는 복음으로써 이삭이 패도록 하시면서 이삭과 같은 천국 백성을 양육하시는 것처럼, 종말시대에는 영원한 복음으로 말미암아 이삭에 충실한 곡식이 되게 하시면서, 야곱과 같은 천국 백성을 또 기르신다는 의미입니다.

더욱이 종말시대는 영적 이스라엘 열두 지파가 모두 나타나는 때라는 면에서도 야곱의 하나님 시대가 되어야 합니다. 왜냐하면 구약시대에 야곱의 열두 아들들을 통해 이스라엘 열두 지파가 형성되었듯이, 종말시대에도 야곱의 영성을 가진 이들이 출현하지 아니하면, 영적 이스라엘 열두 지파가 형성될 수 없기 때문입니다. 그러므로 영원한 복음을 전파하는 종말시대의 기독교는 야곱적 천국민을 양성하는 종교라고 볼 수 있습니다.

그런데 영원한 복음이 전파되는 종말시대부터는 십자가의 의미를 재해석해야 한다고 봅니다. 즉 십자가에서 하나님의 공의와 사랑만 나타난 것이 아니라 진리도 나타났다고 보아야 한다는 뜻입니다. 왜냐하면 성부 하나님의 입장에서는 십자가에서 하나님의 공의와 사랑이 나타난 것이지만, 성자 예수님의 입장에서 볼 때는 진리의 사랑이 나타난 것이기 때문입니다. 그러면 여기서 예수님이 보여주셨던 사랑의 성격에 대하여 고찰해 보겠습니다.

예수께서 보여주신 사랑은 진리의 사랑!

2천 년 전 유다 땅에 오시어 인간을 사랑하신 예수님의 사랑은 하나님께서 야곱에게 보이신 사랑과 같은 진리 차원의 사랑이었습니다. 왜냐하면 하나님의 독생자께서 인간의 몸을 입으셨다는 것 자체가 눈높이를 인간 차원으로 낮추신 것이지만, 예수께서 질병을 치료해 주시고, 귀신을 내쫓아 주시며, 소외당한 이들의 친구가 되어 주시고, 무엇보다도 아담의 죄로 말미암아 고통 받는 인류를 긍휼히 여기사 대속의 십자가를 지신 고귀한 희생은 인간의 형편과 처지를 깊이 이해하시고 무조건적인 은혜를 베푸신 진리 차원의 사랑이었기 때문입니다.

이렇게 볼 때, 인류를 향한 예수님의 사랑은 신랑으로서 신부를 얻기 위한 사랑이라고 보아야 합니다. 그래서 세례 요한은 "신부를 취하는 자는 신랑이나 서서 신랑의 음성을 듣는 친구가 크게 기뻐하나니 나는 이러한 기쁨으로 충만하였노라"(요 3:29)고 한 것이요, 바울 사도는 "내가 너희를 정결한 처녀로 한 남편인 그리스도께 드리려고 중매함이로다"(고후 11:2)라고 말한 것입니다.

그러므로 종말의 야곱의 하나님 시대는 진리의 성자 시대입니다. 곧 진리의 사랑을 베푸신 예수님을 영원한 남편으로 삼아, 예수님께 무조건적인 사랑을 드리는 시대가 곧 종말시대라는 의미입니다. 아울러 이웃에게 잘못한 대인죄(對人罪)까지 십자가의 피로 무조건 용서받는 시대가 될 것인데, 이 부분에 대하여 좀 더 고찰해 보겠습니다.

종말시대는 대인죄를 무조건 사함 받는 진리 시대

신약시대는 십자가의 피를 통해 죄 씻음을 받는 은혜의 시대이지만, 아담의 죄가 전가된 원죄(原罪)를 비롯하여 하나님께 잘못한 대신죄(對神罪)에서만 씻음 받을 뿐, 이웃에게 잘못한 대인죄(對人罪)까지 십자가의 보혈로 무조건 씻음 받는 시대는 아닙니다.

이것은 예수께서 가르쳐 주신 주기도문, 곧 "우리가 우리에게 죄 지은 자를 사하여 준 것같이 우리 죄를 사하여 주시옵고"(마 6:12)라고 하신 부분에서 입증됩니다. 왜냐하면 이는 대인죄에서 용서받으려면 먼저 이웃의 잘못을 용서해 주어야 한다는 조건을 붙이신 것이기 때문입니다. 그래서 주기도문을 마치시면서도 "너희가 사람의 잘못을 용서하면 너희 하늘 아버지께서도 너희 잘못을 용서하시려니와 너희가 사람의 잘못을 용서하지 아니하면 너희 아버지께서도 너희 잘못을 용서하지 아니하시리라"(마 6:14, 15)고 부연하신 것입니다.

바로 이런 이유로 예수님은 "서서 기도할 때에 아무에게나 혐의가 있거든 용서하라 그리하여야 하늘에 계신 너희 아버지께서도 너희 허물을 사하여 주시리라"(막 11:25)고 가르치신 것이요, 또 베드로가 예수님께 "주여 형제가 내게 죄를 범하면 몇 번이나 용서하여 주리이까 일곱 번까지 하오리이까"(마 18:21)라는 질문을 했을 때는 일곱 번 뿐 아니라 일곱 번을 일흔 번까지라도 용서해 주어야 한다고 하시면서 1만 달란트의 빚을 탕감 받은 어떤 종의 이야기를 해주신 것입니다(마 18:21-34).

즉 주인에게 만 달란트나 되는 엄청난 빚을 탕감 받은 종이 자기에게 백 데나리온밖에 빚을 지지 않은 동료는 용서하지 않고 옥에 가두었기 때문에, 주인도 그 1만 달란트를 다 갚도록 그 종을 옥졸에게 넘겼다는 이야기를 해주심으로써, 이웃의 허물을 용서해 주지 않으면 자기의 잘못도 용서받을 수 없음을 다시 한 번 일깨워주셨다는 뜻입니다. 그래서 "너희가 각각 마음으로부터 형제를 용서하지 아니하면 나의 하늘 아버지께서도 너희에게 이와 같이 하시리라"(35절)는 말씀으로 그 이야기를 마무리하신 것입니다.

예수께서 제자들과 유월절 식사를 마치신 후 수건을 허리에 두르시고 제자들의 발을 씻겨주셨던 이유가 바로 이 때문이었습니다. 즉 예수께서 흘리실 십자가의 피가 대신죄(對神罪)는 물론 대인죄까지 씻어주는 보혈이 되려면, 서로의 잘못을 용서해 주는 사람이 되어야 하기 때문에, 용서의 모범을 보이시려고 제자들의 발을 씻겨주셨다는 뜻입니다.

예수님의 세족에 대하여 일반적으로는 '섬김과 봉사'의 본을 보여 주신 것으로 이해하고 있습니다. 물론 그렇게 해석하여 섬김의 사랑을 배우는 것도 상당한 유익이 됩니다. 하지만 그 근본 취지는 용서의 가르침을 주시려는 목적이었는데, 그 까닭은 다음과 같습니다.

첫째, 베드로의 순서가 되어 그가 "주께서 내 발을 씻으시나이까"라고 했을 때, "내가 하는 것을 네가 지금은 알지 못하나 이 후에는 알리라"(요 13:7)고 말씀하셨기 때문입니다. 즉 세족의 의미가 누구나 알 수 있는 '섬김과 봉사'라면 그렇게 말씀하실 수 없지만, 몇 시간 후면 베드로가 예수를 모른다고 부인할 죄를 미리 용서해 준다는 의미에서 발을 씻기신 것이기 때문에 "네가 지금은 알지 못하나 이 후에는 알리라"는 말씀을 하신 것입니다.

둘째, 베드로가 예수님의 의도를 깨닫지 못하고 "내 발을 절대로 씻지 못하시리이다"라고 하였을 때, 주께서 "내가 너를 씻어주지 아니하면 네가 나와 상관이 없으리라"(요 13:8)고 말씀하셨기 때문입니다. 즉 발을 씻기는 의미가 단순히 '섬김과 봉사'라면, '네가 나와 상관이 없다'는 말씀을 하실 수 없지만 '용서'의 의미였기 때문에 그렇게 말씀하셨다는 것입니다. 만일 주께서 베드로의 잘못을 용서해 주지 아니하시면 베드로는 주님과 상관없는 자가 될 수밖에 없기 때문입니다.

셋째, 예수께서 발을 씻어주지 아니하면 주님과 상관이 없다는 말씀에 놀란 베드로가 "주여 내 발뿐 아니라 손과 머리도 씻어 주옵소서"(요 13:9)라는 말로 주님과 더 깊은 관계를 맺고 싶은 심정을 피력했을 때, 주께서 "이미 목욕한 자는 발밖에 씻을 필요가 없느니라"(요 13:10)고 하시면서 그의 요구를 거절하신 것은 세족의 의미가 '용서'였음을 결정적으로 입증해 주는 대목이었습니다. 왜냐하면 만일 세족의 의미가 '섬김과 봉사'였다면 마땅히 베드로의 요구대로 머리와 손까지 씻어주셔야 했지만, 주님은 그럴 필요가 없다고 하시면서 그의 발만 씻어주셨기 때문입니다.

그러므로 "이미 목욕한 자는 발밖에 씻을 필요가 없느니라"고 하신 것은, 제자들은 이미 예수를 구주로 믿음으로 말미암아 전신이 깨끗해졌으므로, 스승에게 잘못하는 죄에 대해서만 용서받으면 된다는 의미에서 하신 말씀이었습니다. 따라서 "너희가 깨끗하나 다는 아니니라"(10절)고 하신 것은 예수를 믿지 아니했던 가룟 유다를 염두에 두신 말씀이 분명합니다. 이렇게 볼 때 하나님께 잘못하는 대신죄는 전신을 더럽히는 큰 죄이지만, 이웃에게 잘못하는 대인죄는 발만 더러워지는 작은 죄임을 깨닫게 됩니다.

이상의 고찰과 같이 예수님의 세족의 의미는 명백하게 '용서'였습니다. 즉 십자가의 희생이 대신죄(對神罪)는 물론, 대인죄(對人罪)까지 씻어주는 것이 되려면 먼저 서로의 잘못을 용서해 주어야 하기 때문에 용서의 본을 보이시려고 제자들의 발을 씻겨주셨다는 뜻입니다.

이렇게 볼 때, 신약시대에는 대인죄에서 용서받는 경우가 극히 드물다고 보지 않을 수 없습니다. 왜냐하면 이웃의 잘못을 먼저 용서해줄 정도로 성숙한 신자는 그리 많지 않기 때문입니다.

그러나 종말시대, 곧 야곱의 하나님 시대는 이웃의 잘못을 먼저 용서해 주지 않아도 이웃에게 범한 대인죄(對人罪)를 십자가의 피를 의지하여 회개하기만 하면 무조건 사함 받을 수 있는 진리의 시대라는 의미입니다.

따라서 구약시대에는 대인죄(對人罪)에서 용서받으려면 '눈에는 눈, 이에는 이'라고 한 말씀처럼 범한 죄의 값을 본인이 그대로 치러야 하는 율법시대였고, 신약시대에는 십자가의 피를 의지하되 먼저 이웃의 잘못을 용서해 주어야 하는 조건부 은혜시대입니다. 하지만 종말시대는 십자가의 피를 의지하기만 하면 아무 조건 없이 대인죄를 사함 받을 수 있는 진리의 시대라는 뜻입니다.

그러므로 십자가의 효험이 완전히 나타나는 시대는, 종말의 야곱의 하나님 시대라고 말하지 않을 수 없습니다. 왜냐하면 예수 그리스도의 보혈을 의지하기만 하면, 대신죄(對神罪)는 물론 그 어떤 대인죄라 할지라도 아무 조건 없이 사함 받을 수 있는 시대가 종말시대이기 때문입니다.

따라서 종말시대는 진리 차원의 이웃 사랑이 요구되는 시대입니다. 그렇기 때문에 주께서 '서로 사랑하라'는 새 계명을 주시면서 "내가 너희를 사랑한 것같이 너희도 서로 사랑하라"(요 13:34)는 말씀을 하신 것입니다. 즉 예수께서 우리에게 베푸신 것 같은 사랑을 하라고 명하셨으므로 진리 차원의 사랑을 요구하셨다는 뜻입니다.

그러므로 종말시대에는 하나님은 아버지로, 예수님은 신랑으로 섬기는 진리의 시대요, 아울러 이웃에게도 진리의 사랑을 베푸는 야곱의 하나님 시대임을 명심해야 할 것입니다.

4. 포도원 비유 속에 나타난 세 유형의 천국 백성

예수께서 들려주신 다음의 포도원 비유는 천국 백성에 세 유형이 있음을 보여주는 이야기입니다.

> "천국은 마치 품꾼을 얻어 포도원에 들여보내려고 이른 아침에 나간 집주인과 같으니 그가 하루 한 데나리온씩 품꾼들과 약속하여 포도원에 들여보내고 또 제삼시에 나가 보니 장터에 놀고 서 있는 사람들이 또 있는지라 그들에게 이르되 너희도 포도원에 들어가라 내가 너희에게 상당하게 주리라 하니 그들이 가고 제육시와 제구시에 또 나가 그와

같이 하고 제십일시에도 나가 보니 서 있는 사람들이 또 있는지라 이르되 너희는 어찌하여 종일토록 놀고 여기 서 있느냐 이르되 우리를 품꾼으로 쓰는 이가 없음이니이다 이르되 너희도 포도원에 들어가라 하니라 저물매 포도원 주인이 청지기에게 이르되 품꾼들을 불러 나중 온 자로부터 시작하여 먼저 온 자까지 삯을 주라 하니 제십일시에 온 자들이 와서 한 데나리온씩을 받거늘 먼저 온 자들이 와서 더 받을 줄 알았더니 그들도 한 데나리온씩 받은지라 받은 후 집주인을 원망하여 이르되 나중 온 이 사람들은 한 시간밖에 일하지 아니하였거늘 그들을 종일 수고하며 더위를 견딘 우리와 같게 하였나이다 주인이 그 중의 한 사람에게 대답하여 이르되 친구여 내가 네게 잘못한 것이 없노라 네가 나와 한 데나리온의 약속을 하지 아니하였느냐 네 것이나 가지고 가라 나중 온 이 사람에게 너와 같이 주는 것이 내 뜻이니라 내 것을 가지고 내 뜻대로 할 것이 아니냐 내가 선하므로 네가 악하게 보느냐 이와 같이 나중 된 자로서 먼저 되고 먼저 된 자로서 나중 되리라"(마 20:1-16).

이 비유 속의 포도원 주인은 하나님이시고, 포도원은 이스라엘이나 교회이며, 품꾼들은 유대인이나 교회의 신자들이고, 품삯 한 데나리온은 구원 혹은 천국을 상징합니다. 품꾼들에는 세 부류가 있었습니다. 이른 아침(오전 6시)에 포도원에 들어간 자들과 제3시(오전 9시), 제6시(정오), 제9시(오후 3시)에 들어간 자들 및 제11시(오후 5시)에 들어간 자들입니다.

그런데 포도원 주인이 이른 아침에 들어간 자들에게는 하루 한 데나리온의 약속을 했고, 중간에 들어간 자들에게는 '상당하게 준다'는 언질을 했습니다만, 마지막으로 들어간 자들에게는 한 데나리온의 약속도, 상당하게 준다는 언질도 않은 채 그냥 포도원에 들어가라고만 했습니다. 그러나 품삯은 모두 동일하게 지급했다는 데서 예수님의 이 비유는 세 유형의 천국민에 대한 말씀이라고 보아야 합니다. 왜냐하면 시간대를 달리하여 포도원에 들어간 품꾼들의 주인관, 곧 하나님에 대한 신관(神觀)이나 영적 특성들이 각기 다를 수밖에 없기 때문입니다.

그러면 시간을 달리하여 들어간 품꾼들은 각기 어떤 유형의 천국 백성을 상징할까요?

(1) 이른 아침에 포도원에 들어간 품꾼들

이른 아침에 포도원에 들어간 자들은 주인을 공의로운 분이라고 여기게 됩니다. 왜냐하면 나중 온 사람들에게도 품삯을 똑같이 지급한 것에 대하여 항의했을 때, 주인은 "내가 네게 잘못한 것이 없노라 네가 나와 한 데나리온의 약속을 하지 아니하였느냐"고 하면서 약속한 그대로 한 데나리온의 품삯만 지급했기 때문입니다. 그러므로 이른 아침에 포도원에 들어간 품꾼들은 구약시대에 율법으로 하나님과 언약을 맺은 이스라엘, 곧 아브라함의 영성을 소유한 자들을 상징합니다,

(2) 중간에 들어간 품꾼들

중간에 들어간 자들은 주인의 처사에 고마움을 느끼면서 주인을 은혜로우신 분이라고 여기게 됩니다. '상당하게 주리라'는 언질 때문에 한 데나리온까지는 기대하지 않았는데 한 데나리온이나 받았기 때문입니다. 그리고 그 감사의 느낌은 제3시에 들어간 자들보다는 제6시, 제6시에 들어간 사람보다는 제9시에 들어간 자들이 더 컸을 것입니다. 왜냐하면 일한 시간이 상대적으로 적었는데도 불구하고 한 데나리온이나 받았기 때문입니다.

그러므로 중간에 들어간 자들은 십자가의 은혜로 구원을 받아 하나님을 사랑하고 성령의 인도를 받는 신약시대의 성도들을 상징합니다. 즉 이삭과 같은 영성의 소유자들이라는 뜻입니다. 그런데 중간에 들어간 품꾼들에는 세 부류가 있었으므로, 이삭의 영성을 소유한 세 부류의 천국민에 대하여 고찰해 보겠습니다.

① 제3시(오전 9시)에 들어간 품꾼들

예수를 믿고 구원받는 것은 하나님의 은혜입니다만, 성령의 세례는 제2차로 받게 되는 더 깊은 은혜입니다. 그런데 성령의 은혜에는 받는 정도에 따라 차등이 또 있습니다. 이것은 하나님께서 에스겔에게 보여주신 다음의 환상에서 입증됩니다.

> "그가 나를 데리고 성전 문에 이르시니 성전의 앞면이 동쪽을 향하였는데 그 문지방 밑에서 물이 나와 동쪽으로 흐르다가 성전 오른쪽 제단 남쪽으로 흘러내리더라……그 사람이 손에 줄을 잡고 동쪽으로 나아가며 천 척을 측량한 후에 내게 그 물을 건너게 하시니 물이 발목에 오르더니 다시 천 척을 측량하고 내게 물을 건너게 하시니 물이 무릎에 오르고 다시 천 척을 측량하고 내게 물을 건너게 하시니 물이 허리에 오르고 다시 천 척을 측량하시니 물이 내가 건너지 못할 강이 된지라 그 물이 가득하여 헤엄칠 만한 물이요 사람이 능히 건너지 못할 강이더라"(겔 47:1-5).

성전 문지방 밑에서부터 흘러나온 물에 대하여 "이 물이 동쪽으로 향하여 흘러 아라바로 내려가서 바다에 이르리니 이 흘러내리는 물로 그 바다의 물이 되살아나리라 이 강물이 이르는 곳마다 번성하는 모든 생물이 살고……이 강이 이르는 각처에 모든 것이 살 것이며"(겔 47:8-9)라고 하였으므로, 성전으로부터 흘러나오는 물은 하나님의 은혜를 상징합니다. 하나님의 은혜로 말미암아 만물이 소생하기 때문입니다.

하나님께서 에스겔에게 보이신 은혜의 강물은 네 단계였습니다. 즉 천 척을 측량한 후에는 강물이 발목에 올랐고, 다시 천 척을 쟀을 때는 강물이 무릎에 올랐으며, 또 천 척을 측량했을 때는 강물이 허리에 올랐고, 또 다시 천 척을 쟀을 때는 강물이 창일하여 헤엄칠 수밖에 없는 깊은 강이었습니다.

그런데 일천 척 은혜는 강물이 발목에 오르는 은혜라는 점에서 이 은혜는 예수를 믿고 거듭나는 은혜를 상징한다고 보아야 합니다. 왜냐하면 스스로 설 수 있는 은혜라는 점에서 하늘의 생명을 얻는 구원을 가리킨다고 보아야 하기 때문입니다. 그리고 강물이 무릎에 오르고, 허리에 오르며, 헤엄칠 수밖에 없을 정도로 창일한 것은 오순절 성령의 은혜를 받는 정도를 3단계로 구분한 것으로 보아야 합니다. 즉 어떤 신자는 성령의 은혜를 무릎에 오를 정도로 받고, 어떤 성도는 허리 정도에, 또 다른 성도는 창일하여 헤엄칠 정도로 깊은 성령의 은혜를 받는다는 뜻입니다.

그러므로 3시에 포도원에 들어간 자들은 성령의 은혜를 무릎에 찰 정도로 받는 신자를 상징합니다. 즉 이천 척의 은혜를 받은 성도라는 뜻입니다. 따라서 가장 기본적 은사인 방언을 받아 방언 기도를 하며, 문제가 발생할 때마다 주님을 의지하며 기도할 줄 아는 정도의 믿음을 가진 신자들입니다.

② 제6시(정오)에 들어간 품꾼들

이들은 보혜사 성령의 은혜를 허리에 오를 정도로 받은 자들, 곧 삼천 척의 은혜를 받은 자들입니다. 따라서 성령의 은사를 상당히 체험하고 성령의 능력도 꽤 나타나 병을 고치고 귀신을 쫓아내는 등의 성령의 역사를 체험하는 이들로 볼 수 있습니다. 그러므로 제3시에 포도원에 들어간 신자들보다 하나님을 더 사랑하는 이들입니다. 왜냐하면 하나님의 은혜를 많이 받을수록 하나님을 더 사랑할 수밖에 없기 때문입니다.

③ 제9시(오후 3시)에 들어간 품꾼들

이들은 헤엄칠 수밖에 없을 정도로 창일한 성령의 은혜, 곧 충만한 사천 척 성령의 은혜를 받은 성도들입니다. 따라서 성령의 여러 가지 은사들을 비롯하여(고전 12:4-11), 그 외에 신령한 은혜까지 경험한 자들로 보아야 합니다.

그런데 이처럼 깊은 은혜의 경지에 있는 사람들은 그 은혜를 경험하지 못한 자들로부터 종종 오해와 비난을 받는 경우가 있습니다. 왜냐하면 깊은 은혜의 경지는, 체험하지 아니하면 이해할 수 없는 심오한 경지이기 때문입니다. 따라서 중간에 들어간 자들 중에는 주님을 가장 사랑하는 자들이요 제일 영성이 높은 이들입니다.

(3) 제11시(오후 5시)에 들어간 품꾼들

제11시에 포도원에 들어간 자들은 아무런 언질을 받지 못하고 들어갔기 때문에 품삯은 거의 기대하지 않고 일을 했을 것인데, 뜻밖에 한 데나리온이나 받았으므로 주인을 사랑이 풍성하신 자로 여기게 됩니다.

그런데 그 사랑은 '진리'라고 보지 않을 수 없습니다. 왜냐하면 일할 시간이 한 시간밖에 남지 않은 사람을 써주었다는 것은 그들이 처한 입장을 긍휼히 여긴 것이라는 점에서 진리의 사랑이요, 아울러 한 시간밖에 일하지 않은 그들에게 하루 종일 일한 자들과 똑같이 한 데나리온이나 주었다는 것도, 한 데나리온은 있어야 가족을 부양할 수 있다는 것을 깊이 헤아려준 진리의 사랑이기 때문입니다. 그러므로 제11시에 들어간 자들은 종말시대에 양성될 야곱의 영성을 소유한 이들을 상징합니다.

한편, 주님은 이 비유의 말미에서 "이와 같이 나중 된 자로서 먼저 되고 먼저 된 자로서 나중 되리라"는 말씀을 하셨습니다. 그러면 그 의미가 무엇일까요?

하나님을 공의로우신 분으로 아는 것보다는 은혜의 하나님으로 아는 것이 하나님을 더 깊이 아는 것이며, 은혜의 하나님으로 아는 것보다는 진리의 하나님으로 아는 것이 하나님을 더 완전하게 아는 것이라는 의미입니다. 왜 그럴까요?

공의로우신 하나님은 존경스럽기는 하지만 한편 두렵기도 하기 때문에 가까이하기는 어려운 사이이고, 은혜의 하나님은 부모처럼 좋기는 하지만 세대 차이로 말미암아 사상과 마음까지 하나가 될 수는 없다는 점에서 여전히 격의가 있습니다. 하지만 진리의 하나님은 인간의 형편과 처지를 깊이 이해해 주시면서 허물을 덮어주시고 함께해 주신다는 점에서, 부부지간처럼 가깝고 친구처럼 친밀한 사이이기 때문입니다.

Ⅲ. 제 4영성에 대한 고찰

1. 제 4영성의 소유자가 또 있어야 하는 까닭

(1) 이스라엘의 열두 지파는 네 계열로 되어 있기 때문입니다.

구약의 이스라엘 열두 지파는 종말시대에 나타날 영적 이스라엘 열두 지파의 모형과 예표입니다. 그런데 구약의 열두 지파는 네 계열로 형성되었습니다. 즉 야곱의 두 부인이었던 레아와 라헬의 소생들 및 두 몸종이었던 빌하와 실바의 소생들입니다. 이처럼 이스라엘의 열두 지파가 네 계열, 네 계통으로 구성되었다면 아브라함과 이삭과 야곱 외에 제 4영성을 소유한 천국 백성이 또 있다고 보아야 하지 않겠습니까?

(2) 공의의 차원에서 이웃을 사랑하는 천국 백성이 있어야 하기 때문입니다.

아브라함의 영성을 가진 이들은 공의의 차원에서 하나님을 섬기는 천국백성이고, 이삭의 영성을 소유한 이들은 은혜의 차원에서, 야곱의 영성을 가진 이들은 진리의 차원에서 하나님을 사랑하는 하늘 백성임을 이미 살펴보았습니다. 그러므로 대신(對神) 관계의 사랑은 '공의'의 기초 위에 서 있는 셈입니다. 그래서 시편 기자는 "의와 공평이 그의 보좌의 기초로다"(시 97:2)라고 노래한 것이라고 봅니다.

이처럼 대신(對神) 관계의 사랑이 '공의'의 기초 위에 서 있다면 대인 관계의 사랑 역시 '공의'의 기초 위에 서 있다고 보아야 하지 않겠습니까? 즉 공의의 차원에서 이웃을 사랑하는 천국민 위에 진리의 차원에서 이웃을 사랑하는 천국민이 있다는 의미입니다. 그리고 대인 관계의 사랑에 은혜의 차원에서 이웃을 사랑하는 천국 백성이 없는 이유는, 사람은 신이 아니므로 이웃에게 생명을 주고 인도하는 은혜를 베풀 수 없기 때문입니다. 그런데 진리의 차원에서 이웃을 사랑하는 하늘 백성은 야곱의 영성을 가진 자들이 아닙니까? 따라서 공의 차원에서 이웃을 사랑하는 자들이 곧 제 4영성의 천국 백성이라고 보아야 할 것입니다. 그러면 공의의 차원의 이웃 사랑은 어떤 형태의 사랑일까요?

공의 차원의 하나님 사랑이 율법에 의한 것이듯 공의 차원의 이웃 사랑도 대인 관계의 율법에 의한 사랑이라고 보아야 하지 않겠습니까? 그러면 하나님께서 세우신 대인 관계의 율법은 무엇일까요? 다음의 이 말씀입니다.

> "그러나 다른 해가 있으면 갚되 생명은 생명으로, 눈은 눈으로, 이는 이로, 손은 손으로, 발은 발로, 덴 것은 덴 것으로, 상하게 한 것은 상함으로, 때린 것은 때림으로 갚을지니라"(출 21:23-25).

즉 만일 사람이 이웃에게 해를 끼치면 해를 끼친 그대로 되돌려 받게 되어 있는 것이 대인 관계의 율법이라는 의미입니다. 그렇다면 같은 맥락에서 이웃에게 선을 행하면 선을 행한 그대로 되돌아오는 것이 또한 대인 관계의 율법이 아니겠습니까? 그래서 주님은 "그러므로 무엇이든지 남에게 대접을 받고자 하는 대로 너희도 남을 대접하라 이것이 율법이요 선지자니라"(마 7:12)는 말씀을 하신 것이라고 봅니다.

그러므로 이웃에게 악을 행하면 악을 행한 그대로 해(害)가 되돌아오기 때문에 악을 행하지 아니하고, 이웃에게 선을 행하면 선을 행한 그대로 복을 받기 때문에 선을 행하는 천국 백성이 곧 제 4영성을 소유한 자들입니다.

그러면 제 4영성을 소유한 이들은 그동안 어떻게 양육되어 왔다고 보아야 할까요?

기독교 이외의 타 종교에 대한 고찰

세상에는 기독교 이외에 여러 종교가 있습니다. 그런데 윤리성이나 사회성은 없이 기복(祈福)만 추구하는 무속(巫俗) 종교가 아니고 장구한 세월에 걸쳐 수많은 사람들에게 신에 대한 복종과 인간에 대한 사랑을 전하는 종교라면 그런 종교들은 하나님의 섭리 속에 세상에 출현하게 된 것이라고 보지 않을 수 없습니다.

다시 말하면 비록 타 종교의 신의 명칭은 다르고 그 교리에 비성경적인 부분이 있다 할지라도 내세의 존재와 윤리·도덕을 가르치는 고등종교들은 세속적이고 이기적 욕망에 물들기 쉬운 인간의 마음을 정화(淨化)시키는 혼의 종교의 역할은 한다는 의미입니다. 바로 이런 면에서 주님은 이러한 말씀을 하신 것으로 보입니다.

> "또 이 우리에 들지 아니한 다른 양들이 내게 있어 내가 인도하여야 할 터이니 그들도 내 음성을 듣고 한 무리가 되어 한 목자에게 있으리라" (요 10:16).

여기서 '이 우리'란 예수를 믿는 무리인 '교회'를 가리킵니다. 그러므로 "이 우리에 들지 아니한 다른 양들이 내게 있다"는 것은 교회 밖에서 기르는 주님의 양들이 또 있다는 뜻입니다.

그러면 교회 밖에 있는 주님의 양들은 어떻게 길러진다고 보아야 할까요? 하나님께서 섭리 가운데 세상에 출현시킨 고등종교들을 통해 양성된다고 보아야 하지 않겠습니까? 왜냐하면 영혼을 의롭고 선한 길로 인도하는 일은 종교만이 감당할 수 있는 일이기 때문입니다. 이렇게 볼 때 유대교인을 비롯하여 이슬람교도나 불교도 및 힌두교도나 유교인들은 교회 밖에서 길러지는 '다른 양'이라고 보아야 할 것입니다.

그러면 제 4의 영성을 가진 이들은 어떤 종교를 통해 양성되었다고 보아야 할까요?

2. 제 4영성을 양성하는 종교에 대한 고찰

불교는 인간 중심의 종교입니다. 석가모니께서 이웃을 향한 자비를 역설하였기 때문입니다. 특히 불교의 기본 교리는 '업보(業報)의 법'입니다. 즉 내가 행한 것, 나에게서 나가는 모든 것을 '업'(業)으로 칭하고 그것이 그대로 되돌아오기 때문에 그것을 또한 '보'(報)라고 일컬으면서, 인간은 그러한 업보의 굴레 속에서 살아간다고 한 것입니다. 그래서 석가모니는 그 업보의 굴레에서 해탈(解脫)하기 위한 사성체(四聖諦)와 팔정도(八正道) 등을 설법(說法)하였습니다.

그런데 그 '업보의 법'이란 결국 하나님께서 이 세상에 시행하고 계시는 대인(對人) 공의의 율법을 달리 표현한 것이 아닙니까? 그러므로 제 4영성을 양성하는 종교는 불교라고 보아야 합니다. 왜냐하면 불교는 인간의 영에 심어진 '이웃을 사랑하라'는 법을 계발시켜 마음에 이웃 사랑의 선을 심어주는 종교이기 때문입니다. 즉 영을 살리는 종교는 아니지만 마음을 변화시키는 혼의 종교라는 데서, 불교인들은 그동안 교회 밖에서 양육되어 온 '다른 양'이라는 뜻입니다.

그러므로 불자들은 잠재적인 예비 천국 백성이라고 보아야 합니다. 즉 예수께서 "그들도 내 음성을 듣고 한 무리가 되어 한 목자에게 있으리라"고 말씀하셨으므로 불교인들도 종말시대에는 예수를 믿고 하나님 품으로 돌아오게 된다는 의미입니다. 왜냐하면 종말시대는 세상에 뿌려진 천국의 곡식들이 열매를 맺을 때인데 아무리 마음(혼)에 이웃을 사랑하는 천국의 상(像)을 이루었다고 해도 예수를 구주로 믿지 아니하면 영에 생명이 없어 완성에 이르지 못하고 쭉정이가 될 수밖에 없기 때문입니다.

이렇게 볼 때 기독교는 영을 먼저 구원한 다음 혼을 성장시켜 완성에 이르는 종교인 반면, 불교는 먼저 혼을 변화시킨 다음 나중에 예수를 믿고 영의 생명을 얻음으로써 완성에 이르는 역순의 종교라고 말할 수 있습니다. 이런 면에서 불교는 유대교와 맥을 같이 합니다. 유대교 역시 먼저 혼을 성장시킨 다음, 종말시대에 예수를 믿음으로써 완성에 이르는 종교이기 때문입니다.

그런데 불교인들은 버려야 할 것이 있습니다. 그것은 불상을 만들어 섬기는 행위입니다.

불상 앞에 복을 비는 행위에 대한 비판

불가(佛家)에서는 석가모니 불상을 만들어 놓고 그 앞에서 제사를 드리며 복을 빕니다. 하지만 이것은 세존(世尊)의 가르침에서 벗어난 큰 잘못임을 지적하지 않을 수 없습니다. 왜냐하면 석가모니가 친히 "나는 다만 도(道)를 가르치는 자라", "법을 본 자는 나를 본 자다"라고 말한 데서 알 수 있듯이, 그는 큰 깨달음을 얻은 훌륭한 각자(覺者, 부처, 여래)일 뿐 절대자나 신은 아닌데, 불상 앞에서 제사를 드리며 복을 빌고 있기 때문입니다.

뿐만 아니라 석가여래가 당신의 사후를 염려하는 제자들에게 "자기를 물섬(燈明)으로 삼고 스스로를 의지할 장소로 삼되 남을 의지할 곳으로 삼지는 말라. 법을 물섬으로 삼고 법을 의지할 장소로 삼되 딴 것을 의지할 곳으로 삼지는 말라"는 말씀으로 부처님조차도 의지하지 말고 오직 자기 자신과 법만을 의지하라고 가르치셨다는 데서, 불상 앞에서 복을 비는 행위는 석가모니의 교훈을 저버리는 잘못이요 참 불교에서 변질된 모습이 아닐 수 없습니다.

물론 인간의 능력과 지혜에는 한계가 있고, 또 석가모니는 신(神)에 대해서는 전혀 언급하지 않았기 때문에, 석가모니를 신격화하여 그 앞에 소원을 빌고 그의 도움을 받으려는 심정을 이해할 수는 있습니다. 하지만 석가모니는 깨달음을 얻은 훌륭한 인간일 뿐 신(神)은 결코 아니므로 불상 앞에서 아무리 제사를 드리며 빌어도 그는 도와줄 수 없고 오히려 귀신만 장난친다는 점에서 그러한 어리석음을 지양하고 다만 부처님의 가르침에 따라 마음을 닦고 수양하는 데 정진해야 한다는 의미입니다.

이런 면에서 스님들을 볼 때 얼마나 안타까운지 모릅니다. 왜냐하면 업보의 법을 믿고 윤회의 굴레를 벗어나 부처의 경지에 오르겠다고 출가하여 외로운 산사에서 좋은 음식, 좋은 옷 마다하고 온갖 고행을 다하면서도, 그 업보의 법을 만들어 시행하시는 분이 누구인지는 알지도 못한 채, 또한 이 세상이 어떻게 종말을 맞을지에 대해서는 관심도 갖지 않은 채, 오직 염불을 외우며 수행에만 매달리고 있기 때문입니다.

사람이 영혼과 육체로 구성되어 있다는 것은 누구나 인정하는 사실입니다. 그런데 사람의 육체가 저절로 존재하는 것이 아니요 부모로부터 그 생명을 받은 것이라면, 영혼 역시 스스로 존재하는 것이 아니요 영적 부모님으로부터 받은 것이라는 생각을 얼마든지 해야 되는 것이 아니겠습니까?

아울러 사람다운 사람이 되려면 부모님이 어떤 분인지를 알고 그 부모님께 효도를 해야 하는 것처럼, 참된 종교인이 되려면 영의 부모님이 누구며 영혼을 기르시는 분이 누구인지를 알아 그분을 섬겨야 마땅합니다. 그런데 스님들은 영혼의 부모님이 누구이고 생명의 주인이 누구이며, 우주를 통치하시는 이가 누구인지를 알려고도 하지 않은 채 속세를 떠나 오로지 성불(成佛)에만 매달리고 있다는 데서 안타까운 심정을 금할 수 없는 것입니다.

Ⅳ. 네 유형의 천국민의 종합적 영성 비교

	아브라함	이삭	야곱	제 4영성
신(神) 닮음	공의	사랑	진리	공의
열두 지파	갓, 아셀	르우벤, 시므온, 레위, 유다, 잇사갈, 스불론	요셉, 므낫세	베냐민, 납달리
예수 지체	다리	몸통	머리	팔
삼층 천국	일층천	이층천	삼층천	일층천
양성 종교	유대교, 회교	기독교	기독교	불교, 힌두교
지역 분포도	중동·아프리카	유럽·아메리카	극동 아시아	동남·중앙아
주도적 역할기	구약시대	신약시대	종말시대	종말시대

1. 신(神) 닮음

하나님 보좌 주변의 네 생물들을 통해 나타난 하나님의 속성은 '공의와 사랑(은혜)과 진리와 능력'이라고 하였습니다. 사람은 하나님의 형상대로 지음 받은 하나님의 자녀라는 점에서 하나님의 속성을 닮게 되어 있습니다만, 인간이 닮을 수 있는 하나님의 속성은 '공의와 사랑과 진리'뿐이라고 보아야 합니다. 즉 신적 능력은 닮지 않게 되어 있다는 뜻입니다. 왜냐하면 그러한 부분까지 닮는다면 인간은 교만하여 자신이 신(神)인 줄로 착각할 수 있기 때문입니다.

그렇기 때문에 신적인 능력은 필요한 때만 주셨다가 거두십니다. 즉 특별한 사명이 있는 자에게 주셨다가 거두시고, 성령의 세례를 받는 자에게 부분적으로 주셨다가 회수하시며, 그리고 그리스도의 형상을 온전히 이루어 주님과 일체가 되었을 때는 필요한 때에 주님의 뜻에 따라 그 능력을 행사하도록 하시는 것입니다. 그러면 네 유형의 천국백성들은 하나님의 어떤 속성을 닮았다고 보아야 할까요?

아브라함과 제 4의 영성을 소유한 이들은 하나님의 '공의'의 면을 닮은 하늘 백성입니다. 아브라함적 천국민은 대신(對神) 공의의 율법 속에서, 제 4의 영성을 가진 자는 대인(對人) 업보의 법 속에서 양육받기 때문입니다. 그리고 이삭의 영성을 소유한 이는 하나님의 은혜 속에서 양육받기 때문에 '사랑'의 면을, 야곱의 영성을 가진 이는 진리의 하나님을 통해 양육받으므로 '진리'의 면을 닮게 됩니다.

그런데 아브라함이나 제 4의 영성을 가진 자들은 은혜나 진리는 모르는 상태에서 하나님의 '공의'의 부분을 닮은 하늘 백성이고, 이삭의 영성을 가진 자들은 공의는 알지만 진리는 모른 채 하나님의 '은혜'의 면을 닮은 천국 백성이며, 야곱의 영성을 가진 이들은 공의와 은혜를 다 알면서 하나님의 '진리'의 면을 닮은 하늘 백성이라는 차이가 있습니다.

2. 열두 지파

종말시대에 나타나게 될 영적 이스라엘 열두 지파가 어떤 영성을 소유할 것인가에 대해서는 구약시대의 이스라엘 열두 지파로부터 유추해 낼 수밖에 없습니다. 구약시대의 열두 지파는 야곱의 열두 아들로 말미암아 형성되었는데, 야곱은 첫째 부인 레아로부터 여섯 아들을 얻었고, 둘째 부인 라헬을 통해서는 두 아들을, 그리고 첩인 빌하와 실바를 통해서도 각각 두 아들씩을 얻었습니다.

그런데 첩의 소생은 본처의 소생에 비하여 처신이 조심스러울 수밖에 없고, 또 공의는 은혜에 비해 엄위로운 것이 아닙니까? 그러므로 첩의 소생들은 공의의 차원에서 길러지는 천국 백성이요, 본처의 소생들은 은혜, 혹은 진리의 차원에서 양육되는 하늘 백성으로 보아야 할 것입니다.

이렇게 볼 때, 요셉은 야곱의 영성을 소유한다고 보아야 합니다. 왜냐하면 그는 본처 라헬의 소생으로서 억울하게 애굽의 노예로 팔려갔어도 불평 없이 하나님을 섬겼고, 죄 없이 감옥에 갇혔어도 여전히 하나님을 경외하며 섬겼다는 점에서 진리의 차원에서 하나님을 사랑한 천국 백성이기 때문입니다. 또한 그가 보디발의 아내에게 복수하지 아니한 것이나 형들에게 보복은커녕 오히려 형들을 위로하면서 그 가족들을 돌본 것은 그가 진리 차원에서 이웃을 사랑한 야곱적 천국민이라는 충분한 증거가 됩니다. 그런데 요셉은 두 지파를 얻었으므로 야곱의 영성을 소유한 지파에는 요셉(에브라임) 지파와 므낫세 지파가 있는 셈입니다.

그리고 본처 레아의 소생들은 은혜의 차원에서 양육되었을 것이므로 레아의 소생인 르우벤, 시므온, 레위, 유다, 잇사갈, 스불론 여섯 지파는 이삭의 영성을 소유하게 됩니다.

한편, 실바는 레아의 몸종이므로 그들의 소생들은 레아의 소생들처럼 하나님 중심의 천국 백성으로 보아야 합니다. 그러므로 실바의 아들인 갓과 아셀 지파는 공의의 차원에서 하나님을 사랑하는 아브라함의 영성을 소유합니다.

그리고 빌하는 라헬의 몸종이라는 점에서 그녀의 소생들은 대인관계에 적극적인 공의의 영성을 갖게 될 것이므로, 빌하의 소생인 단과 납달리는 제 4의 영성을 소유한 지파로 분류해야 합니다.

그런데 하나님의 인 맞은 열두 지파를 유심히 보면 단 지파가 빠졌습니다. 즉 영적 이스라엘 열두 지파, 곧 천국의 열두 지파에는 단 지파가 없다는 뜻입니다(참조. 계 7:5-8). 따라서 단 지파 자리에 베냐민 지파를 넣어야 한다고 봅니다. 왜냐하면 베냐민은 본처 라헬의 소생이지만 출생하면서부터 어머니를 잃음으로 서자처럼 살았으므로 제 4영성으로 분류하는 것이 옳기 때문입니다. 즉 제 4의 영성을 소유한 지파에는 베냐민 지파와 납달리 지파가 있다는 뜻입니다.

3. 예수 지체

교회는 예수님의 몸이요 지체의 각 부분이므로(롬 12:5; 고전 12:27; 골 1:18) 천국 백성들은 각기 맡은 사명이 다 다르게 됩니다. 그러면 네 유형의 천국 백성들은 주님 몸의 어떤 부분, 어떤 지체로서의 사명을 수행한다고 보아야 할까요?

아브라함의 영성을 가진 이들은 공의의 차원에서 하나님을 섬기는 자들이므로 '다리'의 사명을 수행한다고 보아야 합니다. 왜냐하면 천국을 떠받치는 기초는 '공의'인데(시 89:14), 몸을 떠받치고 지탱해 주는 것은 '다리'이기 때문입니다.

이삭과 같은 천국 백성들은 예수님을 사랑하여 성령의 인도를 받는 자들이므로 '몸통'의 사명을 수행한다고 보아야 합니다. 몸통에는 생명을 관장하는 오장육부가 들어 있는데, 주님을 사랑하여 성령의 인도를 받는 것은 생명과 같은 것이기 때문입니다.

한편, 야곱의 영성을 가진 이들은 진리의 차원에서 하나님과 이웃을 사랑하는 천국 백성이므로 '머리'의 사명을 수행하게 됩니다. 따라서 이들은 교회의 머리 되신 예수님과 함께 천국을 다스리는 사명이 있다고 볼 수 있습니다.

그리고 제 4의 영성을 가진 이들은 공의의 차원에서 이웃을 사랑하는 자들이므로 '팔'의 역할을 수행한다고 보아야 합니다. 팔이 몸을 보살피는 것은 사랑이지만 다리와 같은 수준이므로 공의의 차원이기 때문입니다. 따라서 이들에게는 천국 백성을 섬기고 돌보는 사명이 주어지게 될 것입니다.

그러므로 귀하지 않은 천국 백성은 하나도 없습니다. 손의 역할을 입이 대신할 수 없고 발의 사명을 눈이 대행할 수 없기 때문입니다. 즉 각자 맡은 사명이 다 다르기 때문에 그 누구도 없어서는 안 될 존귀한 주님의 지체들이라는 의미입니다. 그렇기 때문에 바울 사도는 "눈이 손더러 내가 너를 쓸데가 없다 하거나 또한 머리가 발더러 내가 너를 쓸데가 없다 하지 못하리라"(고전 12:21)고 말한 것이요, 또 "만일 한 지체가 고통을 받으면 모든 지체가 함께 고통을 받고 한 지체가 영광을 얻으면 모든 지체가 함께 즐거워하느니라"(고전 12:26)고도 한 것입니다.

4. 삼층 천국

전장(前章)에서 천국은 삼층으로 형성된 입체적 천국이라고 하였습니다. 그리고 1층천보다는 2층천이, 2층천보다는 3층천이 더 밝고 환한 천국이라고 하였습니다. 그렇다면 1층천은 공의의 빛의 세계이고, 2층천은 은혜의 빛의 천국이며, 3층천은 진리의 빛이 비추는 세계라고 보아야 할 것입니다. 즉 일층천은 공의의 차원에서 하나님을 사랑하고 이웃을 사랑하는 천국이며, 이층천은 은혜의 차원에서 하나님을 사랑하는 천국이고, 삼층천은 진리의 차원에서 하나님과 이웃을 사랑하는 천국이라는 의미입니다.

그런데 은혜의 차원에서 하나님을 섬기는 천국 백성에는 또 세 부류가 있다고 했습니다. 즉 성령의 은혜를 무릎까지 오를 정도로 받는 자들과, 허리까지 오를 정도로 받는 이들 및 창일하여 충만한 성령의 은혜를 받는 자들입니다. 그렇다면 이층천은 또 삼층으로 구분된다고 보아야 합니다. 왜냐하면 천국은 그 어떤 불편도 없는 곳이어야 하는데, 은혜의 정도가 다른 성도들과 함께 살면 이해하지 못하는 부분이 있음으로 인하여 서로 불편할 수밖에 없기 때문입니다.

이상의 고찰로 볼 때, 새 예루살렘 천국은 삼층천으로 된 입체 천국으로 공의의 빛의 세계인 일층천은 아브라함의 의의 천국과 제 4 영성의 선(善)의 천국으로 나누어지고, 은혜의 빛이 비추는 이삭의 이층천은 은혜의 정도에 따라 또 3층으로 나누어지며, 진리의 빛의 세계인 야곱의 삼층천은 의로움과 선함이 충만한 수도(首都) 천국이라고 말할 수 있습니다. 하나님과 어린양의 보좌는 삼층천에 있을 것이기 때문입니다.

5. 양성(養成) 종교

앞에서 유대교는 아브라함의 영성을 가진 천국 백성을 양성하고, 기독교는 이삭과 야곱의 영성을 가진 이들을 양육하며, 불교는 제 4 영성을 가진 이들을 양육하는 종교임을 살펴보았습니다.

그러면 세계적 종교인 이슬람교와 힌두교는 어떤 유형의 천국 백성을 양성하는 사명을 띤 종교라고 보아야 할까요?

마호메트교는 유일신 알라에게 절대 복종을 가르치고, 하루 다섯 번씩 기도를 드리며, '눈에는 눈, 이에는 이'의 반보법(返報法)을 가르칩니다. 또 사육(死肉)이나 피 및 돈육(豚肉)을 금하며, 만날 때마다 '당신에게 평화가 있기를'이라고 인사합니다. 그러므로 회교는 아브라함의 영성을 가진 자들을 양육하는 종교로 보아야 합니다. 이렇게 볼 때 하나님께서 가브리엘 천사를 통해 마호메트에게 코란을 줌으로써 회교를 일으키신 까닭은 이스마엘의 자손 및 에서의 후손들을 아브라함의 영성을 갖도록 양육하기 위함이라고 볼 수 있습니다.

다시 말하면 하나님께서는 아브라함과 이삭과 야곱으로 이어지는 계보(系譜)을 통해 당신의 모습을 점진적으로 계시하시면서, 각기 영성이 다른 천국 백성들을 양육하는 방법을 취하시기 때문에 자연히 이스마엘과 에서는 홀대받은 것처럼 비쳐지게 되어 그 후손들이 성경을 통해 양육받기는 어려우므로 지혜로우신 하나님께서 아랍인들의 영혼을 위해 이슬람교를 일으키셨다는 뜻입니다. 회교의 상당 부분이 유대교와 비슷하고, 코란 또한 구약성경과 유사한 부분이 많은 까닭이 바로 이 때문으로 볼 수 있습니다.

한편, 힌두교는 다신 사상에 범신(凡神) 사상을 가졌을 뿐 아니라 소를 숭배한다는 점에서 귀신에게 속고 있는 면이 있음을 부인할 수는 없습니다. 하지만 그럼에도 불구하고 힌두교 역시 업보의 법에 의한 이웃 사랑을 가르친다는 면에서 불교처럼 '제 4영성'의 천국 백성을 양성하는 종교로 보아야 합니다.

그러므로 말세의 성도들은 기독교 이외의 종교를 무조건 백안시하는 배타주의에서 떠나, 타종교인들도 하나님의 섭리 속에 교회 밖에서 양육받고 있는 잠재적 천국 백성이라는 넓은 안목을 가지고, 그들을 포용하며 위하여 기도하고 그들에게 영원한 복음을 전해야 할 것입니다.

반면에, 그동안 교회 밖에서 타 종교에 의해 양육받아왔던 예비 천국 백성들은 종말시대를 맞이하여 이제는 예수를 구주로 영접하고 하나님 아버지 품으로 돌아와야 합니다. 왜냐하면 마지막 때는 추수 때이므로 열매를 맺어야 할 때인데, 아무리 마음(혼)에 신(비록 명칭은 다를지라도)에 대한 경외심과 이웃에 대한 사랑을 형성했다 할지라도, 예수를 그리스도로 믿지 아니하면 그 영(靈)에 생명이 없어 결국 완성에 이를 수 없기 때문입니다.

그렇기 때문에 예수님은 "내가 곧 길이요 진리요 생명이니 나로 말미암지 않고는 아버지께로 올 자가 없느니라"(요 14:6)고 말씀하신 것이요, 수제자 베드로는 "다른 이로서는 구원을 받을 수 없나니 천하 사람 중에 구원을 받을 만한 다른 이름을 우리에게 주신 일이 없음이라"(행 4:12)고 외친 것입니다. 그리고 사도 요한은 "아들이 있는 자에게는 생명이 있고 아들이 없는 자에게는 생명이 없느니라"(요일 5:12)는 말로써 하늘의 생명은 오직 예수를 믿는 데 있음을 증언한 것입니다.

그런데 예수를 구세주로 믿어야 한다는 것은 말세를 사는 사람들로서는 선택의 여지가 없는 불가피한 일임을 깨달아야 합니다. 왜냐하면 "정하신 사람으로 하여금 천하를 공의로 심판할 날을 작정하셨다"(행 17:31)는 말씀처럼, 예수님은 불원간 강림하시어 세상을 심판하실 것인데, 만일 예수를 구주로 믿지 아니하면 멸망을 피할 수 없기 때문입니다. 그래서 바울 사도는 "주 예수께서 자기의 능력의 천사들과 함께 하늘로부터 불꽃 가운데에 나타나실 때에 하나님을 모르는 자들과 우리 주 예수의 복음에 복종하지 않는 자들에게 형벌을 내리시리니 이런 자들은 주의 얼굴과 그 힘의 영광을 떠나 영원한 멸망의 형벌을 받으리로다"(살후 1:7-9)라고 말한 것입니다.

사람들은 기독교를 편협하고 독선적이라고 비난합니다. 산 정상에 오르는 데는 여러 길이 있는데 유독 기독교에만 구원이 있다고 주장하는 것은 하나밖에 모르는 오만의 소치라는 것입니다. 아주 그럴듯한 비판입니다만 진리는 아닙니다. 왜냐하면 부패한 마음을 정화시키는 데는 과연 여러 길이 있지만, 하늘의 생명을 얻는 길은 오직 예수를 구주로 믿는 길밖에는 없기 때문입니다.

따라서 모든 종교에 구원이 있다는 종교 다원주의는 잘못입니다. 왜냐하면 타 종교들은 부패한 마음(혼)에 천국의 영성을 심어주는 역할은 해도 죽은 영을 살리지 못하고, 죽은 육체를 부활시키지도 못하며, 또 산 채로 휴거시키지도 못하기 때문입니다. 즉 기독교 이외의 종교들은 혼을 성장 성화시키는 나름대로의 사명은 있지만 구원의 종교, 생명의 종교는 아니라는 의미입니다. 왜냐하면 영의 구원이란 죽었던 영이 하늘의 생명을 얻는 것을 뜻하고, 육의 구원이란 육체가 죽음을 보지 않고 산 채로 들림 받는 것을 의미하는데, 복음을 믿지 아니하면 거듭날 수 없고, 영원한 복음을 받아들이지 아니하면 산 채로 들림 받을 수 없다는 점에서 구원은 오직 기독교에만 있기 때문입니다.

그러므로 천국 곡식이 영글어가는 종말시대를 맞이하여, 그동안 복음으로써 하나님의 자녀로 양육받아 왔던 신약시대의 성도들은, 이제 예수님의 정결한 신부가 되기 위해 영원한 복음으로써 그리스도의 형상을 이루는 데로 나아가야 할 것입니다. 그리고 타 종교 속에서 양육받아 왔던 예비 천국 백성들은 이제 예수를 구주로 믿고 하나님 아버지께로 돌아옴으로써, 하늘의 생명을 얻음과 동시에 재림의 주를 맞이할 준비를 해야 할 것입니다.

6. 지역 분포도

네 유형의 천국 백성들이 전 세계에 흩어져 살고 있지만 특히 같은 영성의 소유자들끼리 많이 모여 사는 지역이 있습니다.

아브라함의 영성을 소유한 자들은 주로 중동과 북아프리카에 많이 거주한다고 볼 수 있습니다. 그 지역의 지배 종교인 유대교와 마호메트교가 아브라함적 천국민을 양성하고 있기 때문입니다.

이삭의 영성을 소유한 자들은 유럽과 아메리카 쪽에 많이 분포되어 있습니다. 성령께서 사도 바울로 하여금 유럽 쪽으로 복음을 전하게 하심으로 말미암아 유럽과 아메리카 지역은 기독교가 왕성한 지역이기 때문입니다.

야곱의 영성을 가진 이들은 극동 아시아에 많이 분포되어 있다고 보아야 합니다. 왜냐하면 그 지역은 한때 경천애인(敬天愛人)의 사상을 가진 유교가 왕성했던 곳일 뿐 아니라, 극동 지역은 신(神) 중심의 서양 문명과 인간 중심의 동양 문명이 만나는 곳이므로, 진리의 하나님을 통해 하나님과 인간을 아울러 사랑하는 완전한 천국민으로 양성하기에 적합한 지역이기 때문입니다.

한편, 제 4의 영성을 가진 자들은 동남아 및 중앙아시아 쪽에 많이 분포되어 있습니다. 동남아의 주종교인 불교가 제 4의 영성을 가진 천국 백성을 양육하고 있고, 인도의 힌두교 역시 업보에서의 해탈을 가르침으로 말미암아 같은 역할을 하고 있기 때문입니다.

7. 주도적 역할기

구약시대는 하나님께서 율법을 통해 아브라함의 영성을 가진 천국 백성을 양육하셨던 공의의 성부 하나님 시대였습니다. 그렇기 때문에 구약시대에는 하나님을 경외하는 의로운 천국 백성들이 세계를 주도해 왔음을 보게 되는데, 그들은 대체로 중동 지역에 거주하고 있었으므로 구약 아브라함의 시대는 중동 지중해 시대였습니다.

신약시대는 하나님께서 은혜의 하나님으로 나타나시어 이삭과 같은 천국 자녀들을 양육하시는 성령 하나님 시대입니다. 따라서 신약시대는 하나님을 사랑하는 의로움과 성령의 인도를 받는 거룩함이 탁월한 천국 백성들이 세계를 주도하고 있음을 보게 되는데, 그들은 대부분 서양에 분포되어 있으므로 신약 이삭의 하나님 시대는 서양 대서양 시대입니다.

그러나 종말시대는 하나님께서 진리의 하나님으로 나타나시어 야곱과 같은 천국 백성을 기르시는 진리의 성자 시대라고 하였습니다. 그러므로 진리의 차원에서 하나님과 이웃을 사랑하는 야곱의 영성을 가진 이들이 세계를 주도하게 될 것입니다. 아울러 인간 사랑이 탁월한 제 4영성의 소유자들도 상당한 역할을 하게 될 것입니다. 그런데 야곱의 영성을 가진 자들은 극동 쪽에, 다른 양들은 동남 중앙아시아 쪽에 많이 분포되어 있으므로 다가올 종말시대는 아시아 태평양시대로 일컬어지게 될 것입니다. 그러므로 네 유형의 천국 백성들이 시대를 따라 세계를 주도해 왔고, 주도하고 있으며, 또 앞으로 주도할 것을 도표화한다면 다음과 같다고 볼 수 있습니다.

구약시대	신약시대	종말시대
아브라함 하나님 시대	이삭의 하나님 시대	야곱의 하나님 시대
공의의 성부 시대	은혜의 성령 시대	진리의 성자 시대
하나님 사랑 시대	하·예수님 사랑 시대	하·예·인간 사랑 시대
중동·지중해 시대	서양·대서양 시대	아시아·태평양 시대

노아홍수 | 예수초림 | 영원한 복음 | 예수재림

이 도표에서 구약시대를 공의의 성부 하나님 시대, 신약시대를 은혜의 성령 하나님 시대, 종말시대를 진리의 성자 예수님 시대로 구분했다고 해서 성부에게는 공의만, 성령에게는 은혜만, 성자에게는 진리만 있다는 의미는 아닙니다. 성삼위에 세 가지 속성이 모두 있지만 삼위께서 각 시대에 따라 그런 모습으로 나타나시어 당신의 백성들을 양육하셨고, 하고 계시며, 하실 것이라는 뜻입니다. 아울러 구약시대로 공의의 하나님 시대는 끝나고, 신약시대로 은혜의 성령 시대가 끝난다는 의미도 아닙니다. 그때로부터 시작하여 영원히 계속된다는 의미입니다.

그리고 구약시대나 신약시대는 약 2천 년쯤 되는데, 여러 정황으로 볼 때 기십(幾十) 년밖에 될 수 없는 종말시대를 마지막 농사철로 간주하여 구분한 이유는 영적 농사철의 구분은 물리적으로 시대를 나누는 '크로노스'(χρόνος)에 의함이 아니요, 하나님의 주권에 의해 나누는 카이로스(καιρός)로 구분했기 때문입니다.

한편, 구약시대를 하나님 사랑 시대, 신약시대를 하나님·예수님 사랑 시대, 종말시대를 하나님·예수님·인간 사랑 시대라고 표기한 것은 하나님께서 시대에 따라 당신의 모습을 좀 더 계시하심으로써, 천국백성들도 시대에 따라 사랑의 스펙트럼이 점점 확대되어 가는 것을 나타내 주는 도표입니다. 다시 말하면 구약시대에는 하나님께서 공의의 하나님으로 나타나셨기 때문에 하나님만 사랑했던 시대였고, 신약시대에는 복음을 통해 은혜의 하나님으로 나타나시기 때문에 하나님과 예수님을 아울러 사랑하는 시대이지만 종말시대에는 영원한 복음과 함께 진리의 하나님으로 나타나시는 시대이기 때문에 하나님과 예수님뿐 아니라 인간도 사랑하는 시대라는 의미입니다.

그러므로 구약 아브라함 시대의 핵심 가치는 '율법'이었고, 신약 이삭의 하나님 시대의 화두는 '믿음'입니다만, 종말 야곱의 하나님 시대의 키워드는 '사랑'이라고 말할 수 있습니다. 왜냐하면 구약시대는 율법을 지켜야 하나님의 백성으로서 복을 받는 시대였고, 신약시대는 예수를 믿어야만 영혼의 구원을 받아 하나님의 자녀가 되는 시대이지만, 종말시대는 하나님과 예수님은 물론 인간까지 사랑해야만 완전히 결실한 성도가 되어 육체가 죽음을 보지 않고 산 채로 들림 받는 시대이기 때문입니다.

이렇게 볼 때 하나님의 천국농사란 인간의 타락으로 말미암아 하늘과 땅만큼이나 멀리 떨어져 있던 하나님과 인간 사이의 간극을, 천국 농사철에 따라 조금씩 좁혀 오다가 예수께서 강림하시어 천년왕국을 세우시면서 완전히 하나가 되게 하는 것이라고 볼 수 있습니다. 바로 이런 이유에서 주님은 "나라가 임하시오며 뜻이 하늘에서 이루어진 것같이 땅에서도 이루어지이다"(마 6:10)라는 기도를 가르쳐 주신 것으로 볼 수 있습니다.

그러므로 천국 농사철에 따라 하나님의 뜻이 점점 세상에 이루어지는 과정을 도표화한다면 다음과 같게 됩니다.

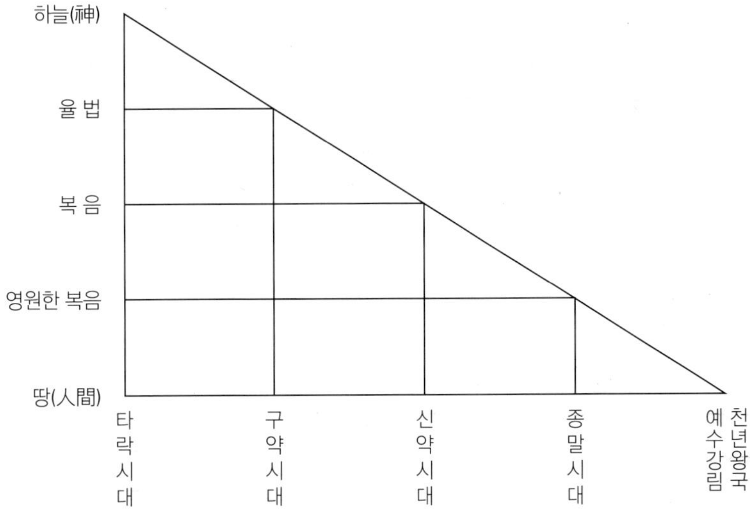

이처럼 지상 천년왕국 시대는 하나님의 뜻이 땅 위에 온전히 이루어져, 하늘과 땅이 맞닿은 것처럼 하나님과 인간이 하나가 되는 시대이기 때문에, 하나님은 "신랑이 신부를 기뻐함같이 네 하나님이 너를 기뻐하시리라"(사 62:5)고 하신 것이요, 또 "내가 네게 장가들어 영원히 살되 공의와 정의와 은총과 긍휼히 여김으로 네게 장가들며 진실함으로 네게 장가들리니 네가 여호와를 알리라"(호 2:19, 20)는 말씀도 하신 것입니다.

열리는 야곱의 하나님 시대

아브라함의 하나님 시대는 모세를 통해 율법을 주셨던 때부터 열렸고, 이삭의 하나님 시대는 예수 그리스도를 통해 복음이 전파되기 시작했던 때부터 열렸습니다. 그리고 야곱의 하나님 시대는 말세에 영원한 복음이 전파되는 때부터 열리게 됩니다.

구약시대에는 하나님께서 이스라엘과 율법으로 언약을 맺으시고 이스라엘의 하나님으로 활동하셨기 때문에 하나님은 유대인만의 민족 신처럼 여겨졌고, 또한 유대인들은 선민의식을 갖지 않을 수 없었습니다. 하지만 하나님은 모든 민족의 하나님이셨습니다. 그래서 사도 바울은 "하나님은 다만 유대인의 하나님이시냐 또한 이방인의 하나님은 아니시냐 진실로 이방인의 하나님도 되시느니라"(롬 3:29)고 말한 것입니다.

신약시대는 예수를 믿는 사람들을 구원하여 하나님의 자녀로 삼으시는 은혜의 시대이므로, 하나님은 기독교인만의 하나님으로 인식될 수밖에 없으며 교회 또한 자연히 선민의식을 갖게 됩니다. 그러나 하나님은 예수를 믿는 자들만의 하나님이 아니고 교회 밖에서 양심, 혹은 타 종교의 계율에 따라 신을 경외하고 이웃을 사랑하는 이들의 하나님도 되십니다.

하나님이 유대인만의 민족 신이라는 좁은 생각은 유대인과 타민족간의 갈등을 야기할 수밖에 없었고, 하나님이 기독교인만의 하나님이라는 편협한 생각도 기독교와 타 종교간의 마찰을 불러올 수밖에 없었습니다. 그 결과 다 같은 하나님의 자녀들이 그동안 역사 속에서 얼마나 많은 피를 흘리며 어리석게 싸워 왔는지 모릅니다.

그러나 이제는 하나님께서 아브라함의 하나님도 되시고, 이삭의 하나님도 되시며, 야곱의 하나님도 되실 뿐 아니라, 다른 양의 하나님도 되신다는 진리가 드러난 시대가 되었습니다. 따라서 민족과 종교를 뛰어넘어 온 인류가 한 하나님 아버지 아래, 한 주(主) 예수 그리스도를 섬기며, 서로 사랑으로 하나가 되어 하나님의 나라를 건설해야 할 때가 도래한 것입니다.

그러므로 종말시대의 성도들은 유대교인들은 물론이요 불교도들이나 모슬렘들 및 힌두교도들도 모두 다 잠재적 천국 백성으로, 장차 영원한 천국에서 하나님 아버지와 예수 그리스도의 통치를 함께 받게 될 형제자매임을 깨닫고, 그들을 위하여 기도하며 영원한 복음을 전하여야 할 것입니다. 따라서 "땅 끝까지 이르러 내 증인이 되리라"(행 1:8)고 말씀하셨을 때의 '땅 끝'이란 유대교를 포함한 타 종교라고 보아야 합니다. 왜냐하면 복음을 전하기가 가장 어려운 지역, 그래서 아직까지 공략하지 못하고 있는 영역은 타 종교의 영역이기 때문입니다.

이렇게 볼 때 "땅 끝까지 이르러 내 증인이 되리라"는 명령을 제대로 수행할 수 있는 교회는, 하나님의 큰 은혜를 입고 성도를 완전하게 할 진리 위에 서서 영적 이스라엘 열두 지파로 형성된 "해를 옷 입은 여자", 곧 그리스도의 신부 단장을 할 빌라델비아 교회라고 볼 수밖에 없습니다. 왜냐하면 복음만 전파하는 신약시대의 기독교는 타 종교와의 마찰을 피할 수 없어 선교가 벽에 부딪칠 수밖에 없지만, 영원한 복음과 함께 '아브라함과 이삭과 야곱의 하나님'의 진리를 전하는 종말 시대의 교회, 곧 업그레이드 된 종말시대의 기독교는 모든 타 종교와 소통이 가능하므로 보다 용이하게 예수 그리스도를 전할 수 있기 때문입니다.

그러므로 아브라함과 이삭과 야곱의 하나님의 진리는 진정한 에큐메니즘(ecumenism)이요, 세계에 참된 평화를 가져올 유일한 진리라고 말하지 않을 수 없습니다. 왜냐하면 복음의 원리는 조금도 훼손하지 않은 채 타 종교까지 품고 아우름으로써 역사적으로 그토록 많은 피를 흘리게 했던 종교 분쟁을 근본적으로 종식시킬 수 있는 상생과 화합의 진리이기 때문입니다. 이렇게 볼 때, 종말시대의 기독교는 신약시대의 기독교를 완전하게 할 뿐 아니라, 여타 종교들을 완전하게 하는 역할을 한다고 보지 않을 수 없습니다. 왜냐하면 유대교인들을 비롯하여 불교인들이나 마호메트 교인들 및 힌두교인들은 종말시대의 기독교를 받아들임으로써만 비로소 구원을 얻고 완성에 이를 수 있기 때문입니다.

새로운 시대의 여명이 밝아오고 있습니다. 하나님께서 예수님을 통해 인간 차원으로 눈높이를 낮추시어 인간의 형편과 처지를 깊이 이해하시고 허물을 덮어주시는 야곱의 하나님 시대와, 영원한 복음으로써 천국 백성들을 완전히 결실하게 하여 죽음을 보지 않고 산채로 들림 받게 하는 종말시대가 도래한다는 의미입니다.

하나님께서 종말시대에 이처럼 진리의 하나님으로 나타나시어 작은 두루마리의 비밀인 영원한 복음을 전파하시는 이유는, 진리 차원에서 하나님과 인간을 사랑하는 야곱적 천국민을 양성하기 위함과 동시에 땅에 뿌려진 모든 종류의 천국 곡식들을 '이삭에 충실한 곡식'처럼 완전히 결실하게 하여 그리스도의 신부로 삼고자 하기 때문입니다.

그러므로 이러한 종말시대를 맞이하여 특별히 인간 사랑의 가치에 눈을 떠야 하겠습니다. 왜냐하면 이웃 사랑은 성도를 완전하게 하고(엡 4:15), 그리스도의 신부가 되게 하며(요 15:10), 죽음까지 극복하게 하는 영약(靈藥)이기 때문입니다. 그래서 사랑의 사도 요한은 "사랑하는 자들아 우리가 서로 사랑하자 사랑은 하나님께 속한 것이니 사랑하는 자마다 하나님께로부터 나서 하나님을 알고 사랑하지 아니하는 자는 하나님을 알지 못하나니 이는 하나님은 사랑이심이라"(요일 4:7, 8)고 한 것이요, 또한 "어느 때나 하나님을 본 사람이 없으되 만일 우리가 서로 사랑하면 하나님이 우리 안에 거하시고 그의 사랑이 우리 안에 온전히 이루어지느니라"(요일 4:12)고 말한 것입니다.

이 우주에 사랑처럼 고귀하고, 사랑처럼 위대하며, 사랑처럼 가치 있고, 사랑처럼 아름다운 것은 없습니다. 아울러 사랑만큼 감동을 주고, 사랑만큼 기쁨을 주며, 사랑만큼 희망을 주고, 사랑만큼 사람을 변화시키는 것도 없습니다. 그러므로 사랑은 가장 큰 힘이요 제일 강력한 에너지입니다. 그렇기 때문에 하나님의 가장 완전한 모습이 사랑이요, 종말시대에 사랑이 핵심이 되는 영원한 복음이 전파되는 것도 바로 이 때문입니다.

기독교는 생명의 종교입니다. 그런데 생명의 신비는 성장과 완성에 있습니다. 풀 한 포기, 나무 한 그루라도 생명이 있으면 자라 꽃을 피우고 열매를 맺기 때문입니다. 그러므로 '복음'으로 하늘의 생명을 얻은 신약시대의 성도들은, 이제 종말시대를 맞이하여 '영원한 복음'으로써 완전한 열매를 맺어야 합니다. 왜냐하면 다시 오시는 예수님은 익은 곡식을 추수하러 오시는데, '사랑'이 핵심인 영원한 복음에 의해 그리스도의 형상을 이루지 아니하면 재림의 주를 맞이할 수 없기 때문입니다.

그러므로 말세의 성도들은 작은 두루마리의 비밀에 따라 하나님을 사랑하여 그 말씀에 절대 순종하고, 예수님에 대한 믿음을 지켜 성령의 인도를 받으며, 이웃 사랑의 계명을 지켜 아름다운 신부 단장을 함으로써 주께서 강림하시어 세상을 심판하실 때 죽음을 보지 않고 산 채로 들림 받는 영광의 자리에 나아가야 하겠습니다.

우리의 구주! 존경하고 사랑하는 우리의 위대한 왕! 우리의 모든 것을 다 바쳐도 유위부족(猶爲不足)한 우리의 전부! 영원하신 신랑 예수께서 말씀하십니다.

"내가 진실로 속히 오리라"(계 22:20).

아멘, 주 예수여, 어서 오시옵소서!

참고 도서

강병도, 《호크마 종합 주석》, 기독지혜사, 1993.

강병도, 《카리스 종합 주석》, 기독지혜사, 2006.

강성주, 《종말과 계시》, 기독교문사, 1992.

권성수, 《요한계시록》, 선교횃불, 1999.

고범서, 《해방 신학》, 범화사, 1985.

공영길, 《내게 부르짖으라》, 하나님의 말씀 연구회, 1988.

김봉일, 《내가 진실로 속히 오리라》, 도서출판 주심, 1997.

김종배, 《신비한 인체 창조 섭리》, 국민일보사, 1993.

김춘배, 《기독교 대사전》, 대한기독교서회, 1961.

김충렬, 《종교의 설화》, 아카데미, 1983.

김치원, 《창조과학 성경 공부》, 도서출판 갈릴리, 2006.

노재성, 《교회, 민주주의, 윤리》, 나눔사, 1989.

동아출판사, 《동아 원색 세계 대백과사전》, 1992.

류영흠, 《성경에 계시된 그리스도의 재림》, 카이로스, 1991.

류형기, 《성서 주해》, 감리교총리원출판부, 1967.

목창균, 《현대 신학 논쟁》, 두란노, 1995.

목창균, 《종말론 논쟁》, 두란노, 1998.

박윤선, 《성경 주석》, 영음사, 1973.

신성종, 《요한계시록 강해 상·하》, 두란노서원, 1996.

양용의, 《하나님 나라》, 성서유니온선교회, 2005.

월간현대종교편집부, 《휴거와 666의 정체》, 국종출판사, 1991.

이관, 《주님 따라 본 대로 들은 대로》, 대중문화사, 1988.

이광복, 《휴거와 예비처》, 도서출판 그리심, 1988.

__, 《계시록 강해》, 도서출판 흰돌, 1993.

__, 《휴거 논쟁》, 도서출판 흰돌, 1995.

이윤근, 《개혁주의 입장에서 본 종말론》, 성광문화사, 1992.

이윤재 외 21인, 《별세와 한국 교회》, 쿰란출판사, 2007.

이종성, 《종말론》, 대한기독교출판사, 1990.

이한규, 《리더의 축복을 꿈꾸라》, 미션퍼블릭, 2010.

이현갑, 《세계의 종교들》, 청파, 1991.

임종만, 《내세론》, 성광문화사, 1992.

정인찬, 《성서 대백과》, 생명의말씀사, 1981.

조용기, 《요한계시록 강해》, 서울말씀사, 1996.

진희경, 《단장》, 램프레스, 2010.

차준희, 《교회 다니면서 십계명도 몰라?》, 국제제자훈련원, 2012.

홍창표, 《하나님 나라와 종말론》, 도서출판 하나, 1993.

게리 코헨, 이상길 역, 《휴거의 나팔소리》, 1988.

데니스 맥켄, 김쾌상 역, 《기독교 현실주의와 해방 신학》, 대한기독교출판사, 1986.

데이비드 차, 《마지막 신호》, 예영, 2010.

드와이트 펜테코스트, 임병일 역, 《세대주의 종말론》, 대한기독교서회, 1998.

로버트 G. 클라우스, 권호덕 역, 《천년왕국》, 성광문화사, 1995.

리차드 월프, 《이스라엘과 인류 역사의 종말》, 생명의 말씀사, 1971.

매튜 헨리, 서기산 역, ≪성서 주석 시리즈≫, 기독교문사, 1979.

맥스웰 휘트, 이충렬 역, 《귀신아 내게 네게 명하노라》, 나침반사, 1995.

밀라드 J 에릭슨, 이은수 역, 《종말론》, 기독교문서선교회, 1994.

살렘 키르반, 권명달 역, 《666》, 보이스사, 1991.

안토니 A. 후크마, 유호준 역, 《개혁주의 종말론》, 기독교문서선교회, 1990.

윌리엄 R. 캐논, 전종옥 역, 《웨슬레 신학》, 총리원교육국, 1967.

윌리엄 헨드릭슨, 오성종 역, 《내세론》, 새순출판사, 1992.

조셉, J. 한, 《요한계시록 주해》, 도서출판 회명, 1996.

조이 도우슨, 방원선 옮김, 《하나님의 음성을 듣는 삶》, 도서출판 예수전도단, 2002.

존 칼빈, 이형기 옮김, 《기독교 강요 요약》, 크리스천다이제스트, 1987.

칼 야스퍼스, 헨리 토마스 공저, 황필호 역, 《소크라테스, 불타, 공자, 예수, 모하메드》, 종로서적, 1986.

헨리 C. 디이슨, 권혁봉 역, 《조직신학강론》, 생명의말씀사, 1975.

J. 몰트만, 전경연 역, 《정치 신학》, 대한기독교서회, 1976.

__, 전경연 역, 《본회퍼의 사회윤리》, 대한기독교서회, 1977.

W. J. 그리어, 명종남 역, 《재림과 천년왕국》, 새순출판사, 1990

W. 워커, 강근환 외 2인 공저, 《세계 기독교회사》, 대한기독교서회, 1976.

작은 두루마리의 비밀

영원한 복음

2014년 1월 20일 인쇄
2014년 1월 25일 발행

지은이 | 이경환
발행인 | 이형규
발행처 | 쿰란출판사

주소 | 서울시 종로구 이화동 184-3
TEL | 745-1007, 745-1301~2, 747-1212, 743-1300
영업부 | 747-1004, FAX/745-8490
본사평생전화번호 | 0502-756-1004
홈페이지 | http://www.qumran.co.kr
E-mail | qrbooks@gmail.com
qrbooks@daum.net
한글인터넷주소 | 쿰란, 쿰란출판사

등록 | 제1-670호(1988.2.27)

책임교열 | 김향숙·신영미

값 20,000원

ISBN 978-89-6562-544-5 93230